《新时代晋江谱牒学论丛》编委会

主编单位
晋江市社会科学界联合会

协编单位
晋江市谱牒民俗学会

编委会
主　　编：尹继雄　　周仪扬

副 主 编：庄慕娴　　施若凡

编　　委：洪国泰　李雅彬　王人廷　蔡长谋
　　　　　蔡书剑　吕跃钢　张军伟

晋江人文社科丛书⑦

新时代晋江谱牒学论丛

晋江市社会科学界联合会 编

尹继雄 周仪扬 主编

厦门大学出版社
XIAMEN UNIVERSITY PRESS
国家一级出版社
全国百佳图书出版单位

图书在版编目（CIP）数据

新时代晋江谱牒学论丛 / 晋江市社会科学界联合会编. -- 厦门：厦门大学出版社，2024.12. -- （晋江人文社科丛书）. -- ISBN 978-7-5615-9550-3

Ⅰ. K820.9

中国国家版本馆 CIP 数据核字第 2024WK3430 号

责任编辑	章木良
美术编辑	蒋卓群
技术编辑	朱 楷

出版发行　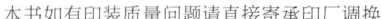

社　　址　厦门市软件园二期望海路 39 号
邮政编码　361008
总　　机　0592-2181111　0592-2181406(传真)
营销中心　0592-2184458　0592-2181365
网　　址　http://www.xmupress.com
邮　　箱　xmup@xmupress.com
印　　刷　厦门集大印刷有限公司

开本　720 mm×1 020 mm　1/16
印张　41.75
插页　2
字数　650 千字
版次　2024 年 12 月第 1 版
印次　2024 年 12 月第 1 次印刷
定价　188.00 元

本书如有印装质量问题请直接寄承印厂调换

厦门大学出版社
微信二维码

厦门大学出版社
微博二维码

序 一

袁义达[*]

闽海之滨,晋江之畔,自古乃人文荟萃之地,改革开放之春风拂面,经济腾飞,文化亦繁荣昌盛。余应友人之邀,赴此宝地,参与海峡学术交流之盛会,得遇周仪扬先生,其温文尔雅,思维活跃,学识渊博。言谈间,方知先生乃晋江之退休干部,二十余年前,独辟蹊径,创立"晋江市谱牒民俗学会"(原晋江市谱牒研究会),以谱牒、姓氏、闽台信俗为研究之圭臬,矢志不渝,耕耘不辍。

夫谱牒者,家族之史也,姓氏之根也,信俗之载体也。其于正史、方志之外,独辟一家之言,以辨一族之血脉,承一脉之文化。周先生创立斯会,旨在服务我国港澳台同胞及东南亚等地的华侨华人,助其寻根问祖,对接族谱,功莫大焉。斯会自成立以来,活动频仍,与政府部门、社会团体携手,共襄闽台、晋台、晋金之传统文化交流盛举,每两年一度之研讨会,群贤毕至,少长咸集,共话谱牒之奥秘、姓氏之渊源、信俗之魅力。二十七载春秋,硕果累累,出版论文集十三册、简讯一百零二期、会刊四十八期、图册八部,更借电视、网络、公众号等现代传媒之力,广传姓氏文化,弘扬中华文明。其成效之显著,有目共睹,实为民间学术研究之典范。

夫姓氏者,人之所以生也,族之所以立也。自伏羲氏画八卦,造书契,以代结绳之政,姓氏之制始立。自此以降,中华文明绵延五千余年,国必有史,方必有志,家必有谱,三者相辅相成,共同书写着中华儿女之辉煌篇章。家谱者,家族之荣辱兴衰,血脉之绵延不绝,皆系于此。其不仅是文化之载体,更是情感之纽带,连接着每一个中华儿女对根的思念与追寻。一部家谱,既是一部家族史,亦是一部中华文明史之缩影。

---

[*] 序者是中国科学院姓氏群体遗传学专家,华夏姓氏源流研究中心主任、研究员。

晋江与台湾，一衣带水，同根同源，共享着地缘、血缘、文缘、商缘、法缘之共同文化和历史追溯。几百年来，无数旅外华人将家族家谱、家乡信仰带至海外各地，生根发芽，繁衍生息。他们以中华民族特有之传统文化为纽带，凝聚人心，共谋发展。谱牒作为中华民族之宗脉血缘联系之依据，更是维系两岸同胞不可割断之亲情、乡情之情结所在。

　　国家之统一，乃中华民族之普遍价值取向与理想追求。每当海内外同宗同源之交流盛会举行之际，追溯姓氏之源流，翻阅家谱之篇章，无不勾起人们对同宗分离之遗痕之感慨，对同祖历史之追思之共鸣。此情此景，无不激发起我们更加厚重之家国情怀与民族自豪感。

　　中华五千余年文明史，犹如一幅波澜壮阔之画卷，清晰地记载着文明古国之每一个脚印。两岸融合，方为实现中华大同之根本。闽台两地同时拥有致力于姓氏和传统文化研究之民间力量，他们犹如一股股清泉，汇聚成海，为推动两岸融合发展发挥作用。晋江市谱牒民俗学会是海峡两岸一个比较活跃、影响较大的社团。他们以实际行动诠释着对中华文化的热爱与传承。

　　今闻晋江市社会科学界联合会将联合晋江市谱牒民俗学会，把二十七年来之研究成果选篇结集出版，命名为《新时代晋江谱牒学论丛》。此举不仅是对晋江谱牒人辛勤耕耘之肯定与表彰，更是晋江市委、市政府重视经济建设与文化产业同步发展之具体体现。余谨代表华夏姓氏源流研究中心向《新时代晋江谱牒学论丛》之出版表示由衷之祝贺！愿此书能成为连接两岸同胞情感之桥梁，促进中华文化之传承与发展。

2024 年 9 月 17 日

序 二

王金战[*]

晋江之地，山川秀美，人文荟萃，自古便是东南沿海之明珠。此地不仅经济繁荣，更以其与台湾之间割舍不断的血脉联系而著称于世。在历史的长河中，晋江与台湾共沐风雨，同享阳光，共同书写着中华民族的辉煌篇章。

自改革开放以来，晋江以其独特的区位优势和深厚的文化底蕴，成为海峡两岸交流合作的桥头堡。2011年，晋台民间交流协会的成立，更是为这一地区的民间交流注入了新的活力。该会秉持"以民间促官方，以经济带文化"的宗旨，致力于加强与台湾基层民众的沟通与联系，推动晋台民间经济、文化的双向交流，为两岸关系的和平发展贡献了积极力量。

在这片充满生机的土地上，晋江市谱牒民俗学会（原晋江市谱牒研究会）犹如一颗璀璨的明珠，熠熠生辉。自1997年中秋节创立以来，该会成员以高度的历史责任感和深厚的学术素养，深耕谱牒研究之田，以姓氏为纲，以宗族为目，编织出一幅幅生动翔实的家族历史画卷。他们不仅致力于学术研究的深入挖掘，更积极投身于涉台涉侨工作之中，为港澳台同胞及东南亚的华侨华人提供寻根谒祖、族谱对接等服务，赢得了广泛的赞誉和尊敬。

多年来，晋江市谱牒民俗学会与晋台民间交流协会携手并进，共同举办了一系列丰富多彩的文化交流活动。从谱牒、宗族到姓氏、信俗，从学术研讨会到文化展览，每一次活动都凝聚着两岸同胞的心血与智慧，都承载着对中华传统文化的热爱与传承。这些活动不仅加深了两岸同胞之间的了解和友谊，更促进了中华文化的传承与发展。

---

[*] 序者是中共晋江市委原常委、晋江市晋台民间交流协会会长。

尤为值得一提的是,《晋江谱牒民俗》(原名《晋江谱牒研究》)的出版。这部刊物自创刊以来,始终坚持高标准的学术要求和严谨的编辑态度,为学术界和广大读者提供了大量宝贵的文献资料和研究成果。四十八期,期期精彩纷呈,字字珠玑闪烁,成为研究闽台姓氏和宗族文化不可或缺的重要参考。

　　如今,晋江市社科联联合晋江市谱牒民俗学会,从该会二十七年来积累的丰富成果中摘选精华,结集成书,命名为《新时代晋江谱牒学论丛》。本书的出版不仅是对晋江市谱牒民俗学会二十七年来辛勤耕耘的肯定和表彰,更是晋江市委市政府对海峡两岸共有之中华优秀传统文化高度重视和支持的具体体现。它将成为连接两岸同胞情感与文化的桥梁,进一步推动两岸文化的交流与融合。

　　"深化两岸融合发展"是新时代赋予我们的历史使命。福建与台湾之间地缘相近、血缘相亲、文缘相承、商缘相连、法缘相循的"五缘"优势,为我们提供了得天独厚的条件。我们应该充分利用这些优势,深化闽台社会人文交流,促进文化领域的融合发展,发挥民间信仰和信俗交流的精神纽带作用,让两岸同胞在共同的文化氛围中,增进了解、加深友谊、凝聚共识。

　　展望未来,我们信心满怀。相信在全体中华儿女的共同努力下,"两岸一家亲"的理念将更加深入人心,祖国统一必将早日实现。让我们携手并进,共创辉煌,为中华民族的伟大复兴贡献智慧和力量!

　　"文化交融心更近,和平统一梦飞扬。"愿以此为序,共勉之!

2024 年 9 月

序 三

施若凡[*]

早在1984年,国家档案局、教育部、文化部联合下发文件《关于协助编好〈中国家谱综合目录〉的通知》(国档会字〔1984〕7号)。这个文件在全国各地的家谱整理工作和学术研究中发挥了重要作用。但时处改革初期,受限于各种客观条件,全国范围尚有大量家谱未能收入其中。

历史上,福建曾是中国传统家族制度最为兴盛和完善的地区之一,拥有种类和数量繁多的谱牒,福建所特有的自然人文条件等,造就了福建族谱的某些独特风格。特别是福建作为全国著名侨乡和台湾同胞的主要祖籍地,其族谱更具有特殊的意义。

晋江,地处福建东南沿海,是全国著名侨乡,"十户人家九户侨"是晋江最富特色的人文现象。在晋江特殊的侨亲纽带关系维系下,民间对于家谱编修格外重视,因为家谱是海外族亲寻根问祖的"工具书",且与宗祠、民间信俗融为一体,随之带来的还有招商引资、文化交流等现实意义。

1997年8月,时值香港回归前夕,晋江市谱牒研究会(后改名晋江市谱牒民俗学会)获民政部门批准,正式挂牌成立,这是全国首个在县级行政区成立的专注于家谱研究的社会民间组织。从晋江市侨联副主席一职退休的周仪扬同志经组织章程选举,被推选为首届会长。至此,晋江地域内谱牒研究进入一个从民间自发到学术组织,从零散到系统的研究发展阶段。作为学术交流平台,研究会创办了刊物《晋江谱牒研究》(后改名《晋江谱牒民俗》),在成立一周年时即举办"从谱牒看闽台关系"研讨会。会上,两岸从事谱牒研究或编修的专家学者齐聚一堂,

---

[*] 序者是晋江市谱牒民俗学会第七届会长。

认真务实,阐述观点,演讲论文。国内谱牒研究权威、上海图书馆馆长王鹤鸣特赠"开发谱牒资源,弘扬历史文化"字幅。

从此,晋江的谱牒研究紧跟时代步伐,面迎改革开放大潮,主动拥抱机遇,从文化层面向世人诠释"敢为天下先"的晋江精神。

回顾二十七年的发展,研究会经历了如下三个阶段:

第一阶段:敢为人先——创立期。1996年之前,在晋江市外经贸委工作的周仪扬,专门负责进出口合同项目审批工作,接触了很多华侨华人与港澳台同胞,其中很多人凭着族谱资料向他提出寻根问祖的请求。周仪扬首先想到的最重要的依据就是谱牒,他便决心创建一个以谱牒研究为对象,服务于华侨华人与港澳台同胞寻根问祖的纯公益社会团体。

第二阶段:系统研究——发展期。2002年,研究会秉持守正创新、兼容并包的研究发展的理念,与福建省民俗学会在晋江市举行"闽台谱牒民俗研讨会",厦门大学、华侨大学、集美大学10多位教授,美国犹他州家谱学会、台湾省各姓渊源研究学会、台北市晋江同乡会等单位负责人,厦门市社会科学界联合会原副主席陈朝宗以及晋江市人大常委会副主任吴松茂、市政府副市长颜子鸿、市政协副主席郭金醒和各地专家学者共120多人参加了会议。大会收到论文50多篇。其间出版了《谱牒研究与闽台源流》一书。此后,每两年举办一届学术研讨会,会后汇编论文集,依次结集有《谱牒研究与华侨华人》《谱牒研究与五缘文化》《谱牒研究与海洋晋江》等十数本论文集。2014年,晋江市谱牒研究会第五届理事会履新,会上经全体会员表决同意,晋江市谱牒研究会正式更名为晋江市谱牒民俗学会,热心于民俗研究的蔡长谋当选为会长。晋江市谱牒民俗学会以一个学术组织的新身份,继续传承优秀传统文化,发挥其独特功能。

第三阶段:理论学科构建——成熟期。经过二十余载的孜孜以求,晋江的谱牒研究有了深厚的积累,以谱牒研究为中心而拓展的有关宗祠文化、中华姓氏文化、优良家风家训、家国情怀等的一系列研究成果层出不穷。在研究过程中,学会十分注重与高校的交流合作,频繁与厦门大学、福建师范大学、华侨大学等高校相关研究领域的诸多教授相互探讨,如郭志超(已故)、林国平、连心豪、石奕龙、刘家军、范政义、刘守正、叶茂樟等，以提升理论研究高度；与此同时，学会作为地方学会，也积极地为各高校学科研究提供大量一手田野调查资料，二者相得益彰。

2020年，经我会陈丽娜女士热心牵引，我会有幸得到中国科学院原遗传研究所主任、《中华姓氏大辞典》主编袁义达教授，以及农工民主党中央联络委委员、《姓氏文化学》主编聂振强教授的指导。两位教授是国内姓氏文化研究领域的学术权威，其时，正在筹划在国内公办高校创立"姓氏文化学"学科。经过多次深入交流后，两位教授充分肯定了晋江谱牒研究的丰硕成果，并向我会发出学科共建邀请，我会周仪扬带领的一批学术骨干积极投入其中，学术研究水平取得长足进步。我会参编的《家庭 家教 家风》和《姓氏文化学》分别于2022年由北京出版社、2024年由山东大学出版社相继出版，其中《姓氏文化学》一书兼具史料性、学术性、科学性，是一部较为全面反映姓氏文化学的著作。

本次结集出版的《新时代晋江谱牒学论丛》是有关专家学者和本会全体成员集体智慧的结晶，也是学会成立二十七年来研究工作的阶段性回顾总结。在此，向各位作者致以诚挚敬意，正是他们的辛勤付出，才有了本书的面世。在此，感谢晋江市社会科学界联合会的长期关心，以及对本次出版的鼎力资助；感谢晋江市文化体育和旅游局的关心和指导，感谢晋江市晋台民间交流协会、金门宗族文化研究协会、金门采风文化发展协会的合力支持。

"雄关漫道真如铁，而今迈步从头越。"回首学会走过的二十七年，谱牒民俗学会始终与历史同行，与时代同步。进入新时代，晋江谱牒人始终不忘初心，坚守宗旨，继续谱写谱牒学研究新篇章。

2024年9月

目 录

第一篇　姓氏源流　谱牒编纂

谈谱牒的编纂 …………………………………… 蔡庆发（2）
发挥谱牒积极作用，促进中华民族团结 ………… 吕清玉（7）
略论谱牒的作用与价值 …………………………… 陈文敬（14）
族谱是姓氏宗亲标志性的历史缩影 ……… 蔡铁民　耿　虎（18）
新修谱牒的时代精神
　　——《锦绣庄氏山腰宗谱》评述 …………… 郭志超（25）
谱牒中的民间宗族文化实践
　　——以《金乡夏氏族谱》为例 ……………… 夏　敏（30）
泉州家谱简论 ……………………………………… 吴乔生（41）
宋儒与谱牒之学 …………………………………… 连心豪（48）
谱牒与闽台历史文化关系 ………………………… 孙英龙（61）
台湾"根在大陆"的民间意识
　　——读台湾《胡氏族谱》有感 ……………… 蓝达居（65）
族谱是"三胞"寻根的凭据
　　——兼谈寻根的体会 ………………………… 颜立水（70）
从族谱资料看明清时期晋江移民迁台的原因 …… 吴金鹏（77）
从谱牒的开发与利用管窥闽台关系 ……… 曾智良　黄龙泉（86）
发挥宗亲联谊、族谱研究在统一战线工作中的
　　作用 …………………………………… 颜华煨　陈诗忠（90）
加强谱牒文化知识和规范修谱的思考 …………… 黄龙泉（97）
略谈族谱作伪 ……………………………………… 粘良图（101）

族谱是世俗文化的一种形式 ……………… 蔡铁民　耿　虎(107)
档案馆馆藏族谱及其开发利用 ………………………… 陈咏民(116)
新加坡闽人的谱牒与族史：文献资源的开发、
　　管理与利用 ……………………………………… 李金生(122)
福建至台湾移民史料的开发与利用
　　——以南安溪东两岸李氏族谱为例 …………… 陈瑛珣(136)
族谱对接工作所蕴含的时代意义
　　——以南陈山侯亭修谱为例 …………………… 陈炎正(145)
姓氏寻根认祖的要素及注意事项初探 ………………… 黄鸿源(151)
基于血缘认同的精神感召
　　——以新编台北《陇西仙景李氏族谱》清白自许为例 … 吴贤俊(158)
谱牒与慎终追远 ………………………………………… 周建昌(172)
姓氏源流研究的几个问题 ……………………………… 陈国强(182)
族谱的作用和闽台关系 ………………………………… 罗耀九(198)
家国情怀是中华谱牒的精华所在 ……………………… 王人廷(202)
中国姓氏对传统文化和血缘寻根的影响 ……………… 袁义达(206)
晋江姓氏文化的电视表达
　　——以晋江电视台《咱厝咱人·晋江姓氏文化》
　　系列节目为例 …………………………………… 许水艇(211)

第二篇　闽台血缘　同根同祖

早期晋江人开发台湾的典型 …………………………… 陈炎正(218)
明清漳泉移民与台湾经济开发 ………… 刘大治　张宜珍(224)
台中县大甲镇民祖籍调查报告 ………………………… 张庆宗(232)
闽台民间故事的相关性研究 …………………………… 夏　敏(244)
从同名同村看闽台地缘的内涵 ………………………… 周仪扬(261)
同名村·同宗·血缘·乡愁
　　——以晋金两后山村同名同宗考略为例 ……… 周仪扬(272)
台湾地区姓氏演变初探 ………………………………… 林瑶棋(278)

台湾客家人的弱势族群情结……………………………………林瑶棋(288)
台湾鹿港郭厝回民郭顺直派的福建渊源………………………石奕龙(298)
从谱牒看闽台移民发展
　　——以台中牛骂头(清水地区)杨、蔡家族为例 ………陈炎正(307)
陈埭丁姓回族在台概说…………………………………………丁维灿(319)
从龙塘王氏族谱管窥闽台关系之一斑…………………………王人瑞(322)
鹿港郭系郑成功回教徒部队后裔说辩误 ………郭志超　邓晓华(326)
安海九房施与台湾八堡圳………………………………………郑梦星(329)
从族谱资料看东石与台湾的亲缘关系…………………………何振良(342)
一部《吕氏宗谱》承载的家国情怀………………………………吕跃钢(349)
五缘文化探讨概观 ………………………………郭志超　黄向春(353)
妈祖信仰的社会文化功能演变…………………………………陈兴贵(360)
晋台两地风信同出一辙
　　——以晋江深沪渔区为案 ……………………………… 周仪扬(368)

第三篇　以孝为本　家训家风

谱牒与孝道浅析
　　——以晋江谱牒、宗祠为例 ……………………………周仪扬(374)
提倡智孝，摒弃愚孝
　　——古代文学作品中孝行为的启发 …………陈育伦　张小琴(389)
孝道文化：中华文化的精髓……………………………………苏纯仁(397)
古代晋江孝子的孝行……………………………………………黄鸿源(405)
孝道在赡养纠纷案件中的运用…………………………………张军伟(414)
推动传统家训族规与新时代家风建设的思考…………………周仪扬(417)
祠堂与祖先崇拜…………………………………………………周仪扬(423)
重温家训家规精华，共铸社会道德文明基业…………………王人廷(431)

第四篇　扎根中华　花开五洲

海上丝绸之路文化传播的例析…………………………………郭志超(436)

晋江籍华侨华人与"一带一路"建设……………………曾少聪(441)
闽籍华侨在海丝建设中发挥的历史贡献………………江智猛(453)
海外华侨社群文化对侨乡慈善事业发展的
　　影响……………………………………蔡长谋　王海燕(464)
明代时东石一个著名的海商家族………………………蔡书剑(469)
从两本针路簿看清末民初晋江海上丝绸之路…………连心豪(475)
从晋江过番歌谣探讨泉州的海洋社会…………………陈瑛珣(480)
早期移居菲律宾的闽南华侨……………………………李金明(492)
从泉州侨乡族谱看海外华侨的不幸遭遇………………李天锡(502)
晋江人与妈祖信仰传播…………………………………李天锡(512)
从《世氏族谱》看泉州新发现的锡兰王裔题刻………李国宏(520)
台湾海峡两岸闽南话的渊源及发展……………………傅孙义(524)
传统宗族与跨国社会实践………………………………宋　平(530)
闽南民间信仰是维系"三胞"的精神纽带……………连心豪(548)

第五篇　民俗风情　传统礼仪

试论中国传统节日的文化意蕴…………………………文　城(568)
从朱子家礼谈敝家族之祭祀礼仪………………………黄奕展(575)
略论晋江传统年节文化内涵与社会功能
　　——兼谈晋江传统年节文化向我国台湾地区
　　及海外的传播………………………………………陈仲初(583)
闽南民俗与族群迁徙……………………………………史伟萍(597)
明清时期泉州府各地闽南人的端午节俗………………石奕龙(601)
重德尚礼向善　礼兴人和国强
　　——浅谈礼仪文化…………………………………周仪扬(614)
民间习俗与礼仪同样具有社会控制的功能……………石奕龙(622)
晋江东石型厝舞香龙民俗………………………………蔡书剑(629)
闽台节庆礼俗的某些典型演绎及历史情绪
　　——以贴春联为个案………………………………刘家军(634)

从祭祀礼仪看祖先崇拜的本根意识……………………周仪扬(639)
谱牒编修体例与礼仪
　——以晋江为例………………………………………施若凡(643)
修谱、神牌升阶及祭祖仪式………………………王再兴　周仪扬(646)

代　跋
　——根深叶茂…………………………………………周仪扬(652)

第一篇 姓氏源流 谱牒编纂

谈谱牒的编纂

蔡庆发[*]

随着新编地方志的出版与发行，一度销声匿迹的宗谱也悄悄在民间兴起。人们对这种修谱现象褒贬不一，有人认为盛世修志，民间重现修谱热，说明老百姓对国家对社会主义充满信心，要使中华民族文化传统代代相传；有人则认为修谱强化了人民群众头脑中的宗族观念，助长宗族势力，须加阻止。到底如何对待民间的修谱现象，以及如何对旧谱牒进行体例改革，编纂出有积极意义的新谱牒，以利于创立适应时代发展的现代谱牒学？为此，笔者特对新谱牒的编纂提些个人浅见，就教于方家。

一、谱牒是中华民族的文化遗产

谱牒亦称家谱、宗谱、家乘、族谱，是中国宗法血缘文化的产物；它是具体记载以父系氏族为主体的同宗共祖的族源，及其繁衍生息的血缘集团世系人物事迹等情况的历史图籍，是中华民族文化的重要组成部分，也是中华民族五千多年文明史的主要标志之一。谱牒不仅为海内外中国人寻根认祖提供了方便，而且蕴藏着大量的有关社会学、人口学、民族学、民俗学、教育学、经济学、历史学以及地方志资料，具有重要的学术价值。它与方志、正史三者共同构成中国史学大厦。

清《四库全书》馆正总裁蔡新在《家谱序》中说："家之有谱，所以辨尊卑，序昭穆，联族姓，而重一本也。"谱牒记述一个家族的方方面面，具

---

[*] 作者是中共莆田市委党史和地方志研究室副主任。本文于 2002 年"闽台谱牒民俗"研讨会上发表。

体包括：家族的历史沿革、世系繁衍、人口变迁、住居迁徙和婚姻状况；家族的经济状况及其兴衰变化；族人在科贡、官封、名谥等政治生涯中的地位与事迹；家族的丧葬、祀典、文物、聚居地的建筑和风景名胜；以及家族为管理、教化族众而制定的族规、家规、家法和名讳表等。内容齐全，堪称一族的百科全书。这说明谱牒在反映一族一地情况的广泛性与综合性方面，有其特殊的价值，是其他文献资料所无可匹敌的。

盛世修志、修史，谱牒是一方史志中不可缺少的基础资料。方志为一方之全史，是一方自然、经济、政治和文化的科学资料汇编，清代著名方志学家章学诚说："夫家有谱，州县有志，国有史，其义一也。"方志要反映一方的全貌，就需要大量的地方素材。谱牒以其特有地域性、广泛性、准确性和连续性，为地方志提供丰富的基础资料，尤其是人口、姓氏源流、地方名胜、文物、人物等篇章提供了第一手材料。诚如章学诚说："家谱有征，则县志取焉。县志有征，则国史取焉。"

当前，老百姓对蒸蒸日上的社会主义事业充满希望，对改革开放充满信心，因而在盛世修志中，自然而然地重现了修谱热，情有可原，无可非议。这是继承和发扬中华民族遗产的一个文化工程。

二、要善于从旧谱中去芜取精

我国的谱牒源远流长，商时就有"甲骨家谱"，几千年来沿袭不断。依照旧谱例编纂的谱牒，一般有序文、凡例、宗派、里居、行辈、世系、祖训、族规、家法、俚言、祠堂、墓地等，有的还设有诰敕、像赞、匾额、传文、艺文、后记（或跋）等。比较简单的也有序文、行辈与世系。在旧谱牒中，序文、祖训、族规、家法、俚言等，大都反映以儒家思想为指导的"孝、悌、忠、信、勤、慎、善、俭"等思想德行，倡导孝敬祖先，尊重老人，友爱兄弟，团结族人，诚信正直，乐善好施，勤于耕读，俭以持家，劝诫人勿做坏事等，体现了中华民族的传统美德，有较强的教化作用，对稳定社会、发展经济具有一定的意义。

在旧谱牒中，序言简述族源、迁徙、分支、立谱目的及经过。凡例说明收录范围，编写方法、规则、形式。世系以世系表为一伦次一代代记述,各支系并列,同一世系并列,从长支写起,不论其生年先后,分别介绍各人的字号、父讳、行次、子名、妻姓、生卒年月。其顺序为父讳行次置前,妻姓列旁,下记子名,重要人物述其简历、功德,主体名字及妻姓用大字,其余用小字,文字多寡,宜人而定。在记述方法上,一般采用记述体式,配有少量图表。

综观境内各个姓氏保存下来的不同时期的谱牒,详略不同,但所记内容与体例大同小异。

旧谱牒虽含有这么丰富的内容、较为完整的体例,但它毕竟是几千年来遗留下的文化遗产,属于旧文化范畴,有其时代和阶级局限性,有精华,亦有糟粕。试举几例:(1)旧谱牒只记男不记女,包括嫁出去女子和嫁入女子,反映男尊女卑的观念;(2)有的谱牒对祖上封号、恩德过分炫耀,甚至对祖先中镇压农民起义而升官晋级的也加以赞颂,带有明显的封建统治阶级观念;(3)有的谱牒对祖上忠臣大加褒赞,而对奸臣则避开不记,或不敢秉笔直书;(4)体例不一致,不完备,有些谱牒仅有序言与世系表,内容单调,不能全面反映一族盛衰起伏的历史;(5)考证不实,年代、事件张冠李戴,舛误百出,乃至以讹传讹,造成谬种流传。

鉴于此,我们在续修谱牒时,应以辩证唯物主义和历史唯物主义的观点加以分析研究,取精去芜,扬长避短,对旧谱一些资料重新考证,正本清源,特别续谱时引用旧谱牒材料,不能不加分析与考证就生搬硬套,对疑点一时考证不出,须作旁注,待考,使旧谱牒成为续谱时有益的借鉴与佐证资料。

三、应该如何编纂社会主义新谱牒

时下,各姓氏有续谱的,也有新编的,那么如何编纂社会主义新谱牒呢?

首先,在指导思想上新编谱牒应坚持以马列主义、毛泽东思想、邓小平理论为指导,坚持实事求是路线,运用辩证唯物主义和历史唯物主义立场、观点和方法,真实、全面地反映一地一族的历史与现状,力求思想性、科学性和资料性相统一。

其次,在内容上新编地方志已为我们提供了范例,虽其内容和体例不能生搬硬套,但也有模仿的价值。新编方志广泛收集、研究历代的谱牒,对谱牒的整理注入新观点,即采用社会主义精神文明建设的各种论点和立场,正确处理继承与创新的关系,改造旧谱牒,编纂新谱牒,使之更富有时代感和科学性,让新编谱牒进入现代精神文明产品行列。因此新谱牒的内容应是:(1)客观反映家族的繁衍生息、迁移分化、荣衰升沉的史实,不夸张、不溢美,注重史料稽考,力求资料丰富。(2)对历史上涉及政治观点的问题,秉笔直书,需保持原记述的可列注辩证;涉及党的历史上政治问题的内容,遵循《中共中央关于建国以来党的若干历史问题的决议》记述,对历史上宗族因地域、房产等发生的仇斗应当回避,以免旧怨重生,事与愿违。(3)对本族女子应予入谱,其后代不再记入,嫁入女子参与该族后代的繁衍,从简记入。(4)对有功德、有影响的人物,不分男性、女性,列传表彰,并可载入照片,不够立传标准的人物可列表展示;劣迹昭彰者,应点明其过,以警后世。(参见朱本生《简说谱牒体例的改革》)

最后,编纂新谱牒,除了在内容上应健康和全面外,还应在体例上进行改革。体例的改革先要考虑摒弃旧谱牒的条目体,改用章节体,按事物归类,设章立节,这样便于运用现代理论观点和现代科技手段,重新评估一个家族上千年的历史。参照有关新编谱牒,拟订以下条目供编章设节立目时参考。

1. 序言(应在旧谱牒上有所改进,着重表述修谱经过和谱牒内容,可请本族有名人士写序)

2. 凡例(编写本谱牒的规范)

3. 概述(或叫综述,扼要简述一族一地的自然环境、族源、迁徙、分支情况,以及社会经济、文化、人物的历史与现状等)

4. 姓氏源流(本条目起拟可设章,记述姓氏源流,尤其要认真记述入闽入本境域时间路线、派系,以及迁徙外地的情况,详记本支,略记他支)

5. 行辈

6. 文献、典章、文物(拟设三节,包括祖上文献资料、祖训、家训、家规、家法、堂号、姓氏联、祖坟等)

7.人物(拟设三节,已逝世的立传,健在的名人作录,有影响的人物设表)

8.世系(引述旧谱时,女子无记的可待考,近现代本族所有女性均应入谱)

9.附录(凡不便归入以上各类的可记入附录)

新编谱牒文字采用白话文和规范的简化字。语言简练、朴实,保持谱牒乡土气息。引述旧谱序文须加标点。采用公元纪年,历史纪年后加注公元纪年。以上仅供参考,篇目的设置须视本族内容多寡而定。尽量规范化、化繁就简,千万不能不分精芜巨细,把本族东西都塞进去,避免把族谱编成大杂烩。应该指出,当代修谱不宜普遍提倡,也不必由官定"统一规例",但已着手修谱的应解放思想,更新观念,努力提高学术品位,编纂出适应时代发展的新谱牒。

发挥谱牒积极作用,促进中华民族团结

吕清玉[*]

谱牒、地方志、通史(正史)是中国史学的三大支柱,谱牒在民间尤为人们所器重,成为家珍族宝。三者有密切联系,相互影响。清代著名方志学家章学诚指出:"夫家有谱,州县有志,国有史,其义一也。""家谱有征,则县志取焉。县志有征,则国史取焉。"在旧社会编修的谱牒较多。到了20世纪50—70年代,人们重视通史、正史的学习与研究,忽略谱牒、地方志,许多谱牒被视为封建宗族产物而被焚毁。改革开放后,随着思想解放和经济发展,中外交流增加,华侨华人、港澳同胞纷纷到内地探亲访友,寻根谒祖,同时随着新编地方志陆续出版发行,民间也掀起修谱热潮,比如三明市修邓氏、罗氏族谱等,形成官修方志、民编谱牒的新格局。对此人们有些议论,我们应正确对待,通过研讨找出存在问题,想办法妥善解决,发挥谱牒积极作用,促进中华民族团结,推动社会主义事业向前迈进。

一、摈弃谱牒的消极因素,避免影响团结

1998年5月,时任国务院总理李鹏在会见全国地方志工作会议全体代表时高度赞扬社会主义方志工作,他说:地方志"是进行革命传统教育、爱国主义教育和社会主义教育"的好教材。他对编修谱牒也发表了自己的看法。中国是文明古国,有极其丰富的历史典籍,其中谱牒占很大数量,令人感兴趣而又困惑,丰富多彩又鱼龙混杂,内容有敦信真

---

[*] 作者是中共三明市委党史和地方志研究室市成员。本文于2002年"闽台谱牒民俗"研讨会上发表。

实,也有诡伪百出,有存史教化的一面,又有助长宗派势力的一面。它为地方志、通史提供很多资料,却不够系统、可靠,它具有矛盾而又相对统一的二重特点和特有的学术研究价值及跨越时代的社会功能。它具有消极的一面,又具有积极的一面,我们要正确对待,充分利用其积极因素,为社会服务。

(一)真伪史实,令人争论不休,影响团结

大部分谱牒记录各家各族的历史,真实可靠,也有些旧谱失真。为了提高自家知名度,有些族谱把同姓的历史名人列为自己的祖宗,并向外宣传,结果后代引用该谱作为辩论根据时造成不良后果。比如:长期以来,将乐县和明溪县的一些学者争论杨时出生地在本县,双方引用大量依据,其中谱牒是重要组成部分。将乐县志写杨时高祖杨荣"迁将乐县城北郊龟山之麓龙池团杉田建宅落户",杨时出生于此。明溪县志则写杨时生于"南剑西镛龙池团,即今明溪县瀚仙镇龙湖村",两地相距甚远。一个人不可能诞生于两地,必然有一处是真,一处是假。但双方都引用各自的谱牒及有关资料,造成"公婆"都有理的现象,省方志委同意两部县志都为杨时立传,各写各的。市民政局地名办、旅游局、文物办、文化局、方志委的有关人员各执一词,局外人更搞不清楚是怎么回事,杨时出生地便成历史悬案。有的学者说要等以后考古有新的发现,才能澄清史实。由此可见,伪劣的谱牒资料不仅令人困惑,争论不休,影响团结,还影响工作。再如:(1)陈俦,沙县县志写他是"沙县城西劝忠坊人",永安市志则写他是永安贡川人。对于陈世卿、陈瓘等人也有争议。(2)邓肃,沙县县志写他是"沙县八都邓墩人,邓光布后裔",永安市志写他是"永安栟榈村人"。(3)邓茂七,沙县县志写他是"沙县二十四都黄竹坑人",永安市志则写他是"沙县二十四都人(现永安上坪乡、三元区中村)"。实际上,邓茂七是从江西避难到沙县的。为了争上述名人,沙县和永安相关人士打了一场笔战,议论纷纷。

(二)与名人攀亲,误导舆论

萧瑀是唐朝名臣,出生于北方,根本没来过三明,清流县某地有其墓碑,有些人宣传他出生于该地。结果某报发表文章,说他生于清流。

有的宣传材料甚至写道："三明，人文荟萃，人杰地灵，唐太宗用'疾风知劲草'盛赞的名臣萧瑀，以及一代宗师朱熹等，出生于三明地区。"萧瑀诞生于三明地区的误传，来源于某报采访清流萧姓族人后所写的报道，当时也看了所谓墓地、谱牒等。笔者主编《三明人物志》时，询问清流县方志办，该县县志不登其传，说他是北方人，唐史萧瑀传也未写他出生于清流，《三明人物志》就不为其立传。

（三）有些人编造、崇拜神灵

家族祖先崇拜与民间信仰关系极为密切。中原移民不断迁居三明等地区，通过艰苦奋斗，取得各自的生存空间，形成根深蒂固的家族、宗亲观念，有的人崇拜祖先也感谢上天神灵，建立家族寺庙，形成迷信崇拜。

闽西《赖氏族牒》详载"长塔建醮彩旗联"、"保生大帝吴公佛寮联"及拜神仪则等。连城《邹氏家谱》记载该家族为了维持家庙及其祭典的正常运转，设立"天后宫龙翔会""神宫田"等祭产。闽西何氏家族有香火很旺的何仙姑，她是宋初人，是何氏家族开基祖何大郎的女儿。此外，何氏供奉的定光古佛，已成为闽西地区最重要的地方神之一。

闽西邹氏家族奉泰宁县宋代状元邹应龙为始祖，久而久之，传成神仙。连城《邹氏族谱》记载："因唐季边虏侵疆，声势猖獗，祖腾云驾雾，统领阴兵于扬子江，又造纸船出售边寇，渡江溺死无数。"邹应龙是宋代人，怎会于"唐季"率阴兵抗边虏？封他为"昭仁显烈威济广佑圣王"，是后人编造的神灵。清流县《李氏族谱》载其第七十一世祖五郎公曾跟随邹应龙学仙术，后来一道成仙。邹为南宋人，李为北宋人，比邹早生一百余年，怎么跟"岳父邹仲恭（应龙）"学仙术呢？显然也是后人编造的。

二、发挥谱牒的积极作用，促进团结

中华谱牒藏量极丰，是中华宗法血缘文化产物，是中华民族五千年文明史的主要标志之一，不仅为中华儿女寻根谒祖提供依据，还包含大量有关民俗、地方志、教育、行政区划等方面的资料，具有可贵的学术价值。当前,老百姓生活水平提高了,也掀起修谱热潮,情有可原,只要他们不违反宪法规定的言论自由、出版自由、结社自由等,求真务实,成立联谊会,召开大会等,也是法律允许的。当然,违法违规、拉帮结派搞宗派斗争、械斗等是不好的,应加以劝止或制止。

(一)搞好家庭,促进社会安定

旧家谱中存在一些封建因素,例如提倡愚忠、纯孝,男女不平等,对祖先的功过不实事求是,记功不言过,甚至夸大其词等。但倡导孝敬祖先,尊重老人,团结族人,诚信正直,勤于耕读,勤俭持家,乐善好施,勿做坏事等就体现了中华民族传统美德,比起当今世上见利忘义、忘恩负义的现象好多了。修家谱的目的之一是引导家庭成员向善,家庭是社会的重要细胞,它的好坏直接影响社会的安定团结与发展等。

新社会的家谱应有新的指导思想、原则、要求、体例等,反映新的道德、标准,比如忠于祖国,忠于人民,忠诚为社会服务,孝敬父母、长辈等,为建设新型文明家庭而努力。笔者在中学时代曾听一位校长说,国家国家,乃国与家组成,没国就无家,没家不成国,若每一个家庭都是文明家庭,那么中国就会变成文明国家了。

纵观近年来的社会治安情况,与家庭文明建设息息相关。例如20世纪80年代,三明大抓精神文明建设,涌现一大批五好家庭、模范丈夫(妻子),社会风气大大好转,学雷锋做好事者甚众,社会治安案件也少了。可见,家庭文明建设很重要,它不仅关系到家族,也影响社会治安和国家的发展。

(二)搞好宗族团结,促进社会发展

中华民族由56个民族组成。每个民族团结一致,并和兄弟民族和睦相处,那么中华民族就会大团结、大繁荣。中华人民共和国成立后人们的觉悟提高了,更加重视团结友爱,过着社会主义大家庭生活。近年来随着国内外形势变化,我省纷纷成立同乡会、联谊会等,召开恳亲会,举行祭祖大典等。这说明宗族、民系与同乡活动越来越多。正当的合法的上述活动,不仅促进本族、本系、本乡团结,也促进社会发展,许多党政领导带头参与活动。比如宁化客家祖地祭祖大典就是明显的例子,它的社会效益、经济效益都很好。近年来在三明地区最活跃、最引人注目、最有成效的民系、宗族活动正是客家联谊活动,它已成为三明的王牌之一。客家研究于近半个世纪已取得一系列成果。罗香林所著《客家源流考》广泛利用客家族谱资料,对客家民系源流做出有创见性的研究。宁化县方志办于1984年收集县志资料时,发现宁化在客家史上有重要地位。他们用大量人力财力走遍全国有关城乡,收集大批谱牒与有关材料,考证从东汉至明代有81姓氏由中原迁入宁化石壁一带休养生息,然后逐步外迁。石壁成为客家祖地。该办于1991年1月成立了客家研究会,由县方志办主任担任会长。同年5月编辑全国第一本县级客家学刊《宁化客家研究》,陈丕显、杨成武、伍洪祥等老领导题词。该刊在当时引起轰动。该会成立5年共接待中外来访者130多批5万多人次,筹款120多万元兴建客家祖地公祠等。1992年秋,该会建议县政府举办首届客家民俗文化节及学术研讨会,中外学者、专家300多人参加,共11万多人参加商贸洽谈会活动等。外商投资1.2亿元,贸易成交8100万元。1994年又引进外资203万美元。1995年吸收外资200万美元。

去年,三明市客家联谊会经市领导批准正式成立,市委原副书记兰德明(长汀人)任会长。该会编印《三明客家》期刊,于今年2月召开第八届国际客家研讨会论文审稿会,计划于今年底召开大型研讨会。该会主要负责人于5月参加马来西亚客家联谊、研讨会。客家研究与活动成果累累,成为三明市主要特色之一。三明借此打"客家牌",促进中外交流,引进大量资金,促进了当地经济和文化的发展。

(三)利用族谱增进感情,促进中外交流

中美建交初期,美国政府向柴泽民大使赠送柴氏族谱,令人感动与惊讶。外国人很重视收集我们的谱牒,日本、英国等国也收藏很多。中国国家图书馆收藏谱牒2200多种,上海图书馆收藏12000多种。其他图书馆、档案馆收藏的谱牒总计起来,更是不计其数。

华侨华人、港澳台同胞热爱中华民族,热爱祖国和家乡。他们的民族自尊心很强,家乡观念、宗族观念也很强。他们很重视修谱与收藏谱牒,许多族谱是海外华侨华人出资捐修并送给国内宗亲的。他们回到祖国探亲谒祖,来往甚频。他们出国时可以不带土特产,族谱与地方志却少不了,这是他们的传家宝。笔者在缅甸学习时,堂叔德晖叫我去其家观阅族谱。看了族谱,顿觉一股暖流透胸而过,它像一根红线将族人联系在一起,团结在一起。1994年6月出版的吕氏族谱由新加坡吕氏公会出版,寄了一大批给国内宗亲,移民到明溪的亲戚也获得一部,视为宝贝,不肯外借。

宁化县方志办于1989年建议兴建客家公祠,作为对外开放与交流的窗口,杨成武将军为它题了词,全国政协副主席叶选平题写了牌匾。1995年11月28日举行公祠落成及世界客家祭祖大典时,马来西亚、泰国等国家和地区140个祭祖团莅临,13个国家和地区的202个客家社团以及20位海内外知名人士发来贺电、贺信、贺礼。同年马来西亚客家代表团500人前来宁化谒祖。1996年上半年有8批朝拜考察者到石壁。新加坡何华英女士等人捐30万元建客家医院,张让先生4次到石壁捐13万元修古建筑,香港沈炳麟先生捐18.4万元建小学教学楼,胡文虎基金会捐30万元建石壁客家中学,香港南源永芳公司董事长姚美良先生赞助100万元给石壁客家文化中心。华侨华人还访问了其他地方,开展商业活动与文化交流等。上述事实证明,修谱可增进宗亲感情,开展联谊活动等可以促进中外经济文化交流。

(四)闽台同宗同族同俗,应加强团结,促进祖国统一

中国人具有根深蒂固的宗族观念,无论何时何地都不忘自己的根,不轻易遗弃祖先牌位或坟墓而远走他乡,即使生活所逼也不全部出走。移民到台湾者不少人赚了钱就回家了。在外定居者也和家乡的亲人保持经常联系,台湾各地宗族活动基本上与福建相同,比如宗族组织系统、置族产、建祠堂、修祖墓、编族谱与祭祖等。谱牒为两地宗亲组织活动提供了完备的材料。台湾闽籍移民的族谱是福建各姓氏族谱的延续,其编纂目的、原则、体例、内容、方法等都是一样的。由于祖宗相同,台湾许多族谱几乎完全抄录福建同姓谱牒,甚至直接带闽谱到台。谱牒似一根红线将闽台宗亲紧密联系在一起,促进本族团结,促进家族精神发扬光大,发展家庭事业与经济等。闽台人民同血缘、同语言、同信仰、同风俗,无数事实证明闽台同胞是一家人。在加强中华民族团结和

促进祖国统一大业中,我省负有特别重大的责任。我们应常向闽台后代展示族谱,争取他们共修续谱,努力寻找大同,存小异,加强联系,经常开展联谊活动,共同祭祖、洽谈商务,交流新谱牒、新方志等。我们要大力宣传中华民族利益、国家利益高于一切。作为一些台湾政要祖籍地的闽西南的某些县市,应争取更多的台湾同胞回来寻根谒祖。团结绝大多数人,孤立一小撮顽固不化或被外人利用的"台独分子",促进早日"三通",共促两岸繁荣,尽快实现祖国统一。前年,在龙岩市、三明市召开世界客属大型活动时台湾国民党副主席亲自率团莅临恳亲大会。近来,章孝严接受中央电视台采访。这些都是很好的例子。我们应加倍努力,修好族谱、地方志和通史等,以史为鉴,以情感人,以谱系人,力促民族和睦,促进中华民族大团结,促进两岸日益繁荣富强,人民幸福安康。

  总之,谱牒很复杂,牵涉面甚广,又很敏感,众说纷纭,应慎重对待,一分为二分析其利弊。一、坚持好的,保留有利于团结的真品。二、尊重宪法的言论自由、出版自由、结社自由的规定,依法管理之。三、尊重民意,做有利于大众的事,因势利导。四、贯彻"一国两制",尊重港、澳、台胞的感情。五、编修地方志的姓氏志、人物志、民俗志等,仍需要大量的谱牒做参考。六、美国、日本等国收藏大量中国谱牒,我们要多加利用。七、对新谱牒要求要严格,应规范化、科学化,切勿粗制滥造,浪费人力物力。八、继续发动有关人员广泛深入地研讨谱牒,充分发挥其积极作用。

略论谱牒的作用与价值

陈文敬[*]

谱牒学是研究谱牒的产生、发展、作用、辨订的一门学科,这门学科关系宗法、史学、纂例、簿籍等方面的知识。所谓"谱",即按照事物类别或系统编成的表册,如家谱、年谱;所谓"牒",系指古代的书板,如玉牒、金牒这种特指谱籍。家谱俗称族谱或宗谱,又称家乘、支谱、世谱。皇族的家谱称作"玉牒"。谱牒是一个家庭或宗族的世系表谱,是同宗共祖的血亲集团以特殊形式记载本族世系和事迹的历史图籍,与正史、方志并列为中国史学的三大支柱。

我国的谱牒历史悠久,早在商代已有谱牒档案,如现存甲骨档案中,"库"1506,详细地记述了"兜"的家谱,计有11世之多。从周代以后,历代的谱牒都有一定的发展和新的变化。明清之际,修谱之风更为盛行。同时,历代有不少名儒学者亲撰谱牒,兴趣十足,谱学家代有人才。如宋有欧阳修、苏洵、曾巩,元有陶宗仪,明有张云汉,清有魏禧、钱大昕、黄宗羲,民国有罗振玉、王迪谌等。谱序的作者大多为当朝当代名人,或以官显,或以文重。像较早的范文正、朱熹、文天祥、王守仁、方孝孺,乃至曾国藩、李鸿章、徐世昌、孙中山、蔡元培、冯玉祥、章炳麟、张謇等人,都曾为族谱写过序文。

我国的老祖宗当初为什么要制作谱牒,他们的目的何在?本文根据有关资料,略述谱牒的作用和价值,不一定全面和准确,仅供研究参考。

谱牒的作用和价值,在古代主要有以下五个方面:

第一,可以使族人确认。凡是谱上有名的,便是出自同一始祖,因

---

[*] 作者是原中共晋江市委党史研究室主任。本文于2002年"闽台谱牒民俗"研讨会上发表。

此谱内详列有关祖先的祭礼,以及坟墓的墓记、墓图、祠祀、祠规、祭仪、祭法等,使其后无数代的子孙都能饮水思源,借此认识和崇拜自己的始祖及历代的列祖列宗。如朱熹为陈氏族谱写的序中所言:"谱存而宗可考,是故君子重之。"

第二,可以加强族人间的血缘观念,让大家都知道,同登一族的人,相互间是以相同的血缘联结在一起的。所以,所有的族谱中必不可少的内容,就是按血缘系统之前后秩序安排世系、世表、宗派,以及迁居情形和昭穆排行等。"昭穆"由来已久,早在三千年前的周朝初期,就已为老祖宗奉行不违。周朝实行宗法制和分封制,宗族分为大宗与小宗,确立了嫡系长子的权位继承制。为了"定世系,辨昭穆",周代的谱牒有了相当的发展。周王朝与各诸侯国均有官员掌管谱系,以防宗族昭穆的错乱,确保宗法制和分封制的实行。司马迁在写《史记》时,还能见到周朝的谱牒,并据此编成"三代世表"。如朱熹在上述同一序文中所说:"然昭穆既明,本源自辨,后有作者,果能追念前由,无忘厥祖,披图按籍,孝思勃生,则勉旃不怠,庶光前业已。"

第三,基于祖先关爱后世子孙的心意,可以把此后族人间互相帮助的办法,像义田、义庄、义学、义冢的设置等明载在族谱之中而垂万世。如孙中山在《合肥阚氏重修谱牒序》中,赞扬"合肥一族,于元季迁自江南。五百年来,丁户逾千。男女皆悉力耕织,老幼咸秉其礼教。其秀者修文讲武,不甘庸以自限,近又自办学校,议立族规,纂续谱牒,储集公产,自治精神卓然为一乡楷模"。

第四,一方面,透过族谱中有关祖先的荣誉、功业、德行、节烈、耆寿、学问、文艺等的记述,像诰敕、像赞、墓志铭、家传、先德传、官宦纪、忠孝纪、节烈纪、耆寿纪、旌表纪、儒学纪、生员纪、艺文志等,可以使子孙以提高家族的声望为己任,不使祖先的声誉受到任何的玷辱。另一方面,有的族谱中还有"出族"的纂例。出族即从家谱中除名,这是对家族中出现的坏人的严厉惩罚。家谱每世一修,在修新谱时,要对族中不贤不孝之人"讳其事,阴其名"。讳其事,即不载其事迹;阴其名,即在谱系中只书某某,某某之后书其子名,示不绝之意。这种除名亦由来已久,如《汉书·景帝本纪》载:"吴王濞等为逆……除其籍,毋令污宗室。"梁武帝之子萧综,在前线投敌,梁武帝忍无可忍,只好从萧氏家谱中将其除籍。近代浙江吴兴人陆连奎少年时以犯族规被除名出族,流亡上海,后成为上海富豪,于家乡重建宗祠时准许其复名入族,抗战时陆沦为汉奸,又被除出族名。1915年,前驻日公使陆宗舆与曹汝霖、章宗祥一起出卖国家主权,后激起全国公愤。陆宗舆的家乡浙江海宁举行宗族大会,将其除名出族。

第五,可以经由世代相传的家规、宗约等,确立宗族的体制;还可借族谱中所收录的遗训、家范、宗范等,规范子孙的行为,贯彻族人的教化。这样,可以起到"或亦佐治道、厚风俗之助焉"(引自陈树藩《湘陕陈氏通谱序》)的作用。

随着时代的发展,谱牒的作用和价值也在发展,古今不同,这是十分明显的。谱牒在当代有什么作用和价值,当代谱牒学应将其作为一个重要课题加以认真研究和探讨。当代的专家学者一致公认的是谱牒的史料价值和学术价值。我们今天主要是利用谱牒的史料价值,以使古为今用。据笔者有限的见闻,谱牒已经在以下几方面发挥明显的作用:

第一,谱牒独特的寻根问祖功能,这是任何其他文献所不能代替的。它对凝聚中华民族的向心力,促进海峡两岸的和平统一具有重要的意义。许多台湾同胞和华人、华侨,往往通过家谱来寻找其血缘关系,他们把家谱视作命根,因为这是他们寻根问祖最科学、最可靠、最长久的依据。有关这方面的资料和报道很多,这里不再记述。

第二,谱牒可以为编纂地方志提供丰富的地情资料。编纂地方志,首先是广泛地收集当地的文字资料、口述资料和实物资料,而在各种文字资料中,族谱有着地域性、广泛性、准确性和连续性四个方面的特点和长处。所以著名方志学家章学诚说:"家谱有征,则县志取焉。县志有征,则国史取焉。"(《文史通义》)

第三,通过谱牒,可以查考历史名人事迹。内容丰富的谱牒资料,可详正史之略,从中撷取资料,把正史中的人物写得更翔实、更丰满。例有1980年,云南安宁禄腾公社中村生产队农民岳万才、岳万云向昆明市文物管理委员会献出《岳氏宗谱》。这部家谱刊印于清道光十九年(1839),以岳飞的父亲岳和为第一代,到岳万才的孙子,已历34代800多年。有意义的是,《岳氏宗谱》载岳云是岳飞"长子",与新版《辞海》所说"养子"不同,这给研究岳飞家族与宋史提供了新的资料。修订版《辞海》遂修订为"岳飞养子(一说长子)"。

第四,由于谱牒中所记载的有关姓族世系、迁徙流源、人口消长、艺文著作等均详于其他史书,故后人可以利用谱牒来为研究人口变迁、风土人情、著作佚文、文物考古等服务。如盛唐诗人王徵(王季友),《全唐诗》只录了他的六首诗,而近人王迪谞所编的《王氏家乘·艺文编》却采录了他八首诗,还有一篇任何古籍都未载的《甘露赋》,这为唐诗研究提供了宝贵的史料。在福建南安象运梁氏祠宇的古族谱中,收录有朱熹为梁克家写的一篇挽文。朱熹是宋代的大学者,是和梁克家同一时代的人物,又曾同朝为官,由于皆为方正之士,两个人私交也很好。梁克家的年龄大概要比朱熹大,他去世之后,朱熹曾于宋孝宗淳熙十四年(1187年)八月间写了这篇挽文,文情并茂,对于梁克家一生的事迹有极为翔实的记述,是研究梁克家生平事迹十分珍贵的文献。

第五,新修族谱的作用和价值也值得研究。新修族谱是近年来比较突出的现象,现在编修的某些族谱与传统族谱有很大的不同。比如有的将家谱编成一部姓氏文化史,对族姓源流详加考订;有的加进社会主义精神文明的内容,如将族中捐款献给"希望工程"、义务赡养孤老、为村民无偿服务等"善举"悉数记录下来,以晓谕后代;有的在"家规"中提倡爱国主义,维护邻里团结;有的添进许多现代化的图像资料,成为记载新风貌的有效载体。我们不应回避新修族谱中的问题,而应加以正确引导,摈弃封建迷信糟粕,发扬中华民族爱家爱国的优良传统。

以上说明,谱牒学的研究在当代仍有重要意义和作用,我们应该把谱牒学的研究搞得更好,为发展我国的文化事业做出应有的贡献。

族谱是姓氏宗亲标志性的历史缩影

蔡铁民　耿　虎[*]

顾名思义,族谱是姓氏宗亲繁衍的谱系记录,或者说,它是宗亲传宗接代的结构体系图表化。它的容纳范围大于家谱,又称宗亲文献、宗法社会亚文化。原始部族部落时代,其标志性的东西是图腾。后来,宗法观念加强,人口激增,出现了宗庙、宗祠、家祠作为皇权或姓氏宗亲标志性的建筑。族谱则是因姓氏繁衍,成员分散,为了收拢族亲,明确尊卑,长幼有序而出现的册籍,客观上又是认亲认族的依据,这种谱系使该姓氏宗亲得以掌握该姓氏从始祖到修谱时成员的全面性情况。掌握资料越多越丰富,谱系就越清楚,流衍也就清晰了。谱系断层,衍派脉络就有局限。

族谱的实质是以人为中心,记录以血缘为标志的特殊人群中人与人之间的社会关系,罗列人与社会特殊环境的存在意识,以人为本位扣紧与历史的密切性。由于它是阶级社会形成之后,特别是封建社会之后出现的产物,因而带有明显的封建性。因此我们研究传统的族谱不能离开这一历史背景。当然,历史的演变使族谱具有明显的时代性和变异性,有它特殊的历史价值,这就是我们今天为什么不把它作为遗留物而研究的原因。我们的研究还应该分析它存在的特点,发现它的功能,以便使族谱更好地为民族大团结、人与人的亲和关系做出贡献。

---

[*] 作者蔡铁民是厦门大学原中文系主任;耿虎是厦门大学海外教育学院教授。本文于2002年"闽台谱牒民俗"研讨会上发表。

一

　　族谱经过历史的积淀，形成了自己独特的特点。这些特点跟其他历史传记、人物描述、事件记载区别开来。族谱是姓氏宗亲繁衍历史的真实记录。它的出现有其社会历史因由。中华民族是以华夏为主，经过各民族的交往、融合而形成的。由于历史上各朝代的争战、更替，中原人民遭受种种苦难，历经几次向南迁移。这种迁移是地域性分散的，并不是以姓氏宗亲为核心的集体迁移。到了南方各地，常以个人或家庭为单元寻找落脚点，自立门户，终于离开了祖籍地，离开了同姓同宗。相当一部分移居台湾岛，再者漂泊海外南洋各地。经过几代人的变迁，在传统宗法意识的驱使下，为寻找宗亲的历史足迹，寻根问祖之风兴起，并把宗亲的来龙去脉书面化，出现了修族谱的历史必然性。如林氏，追溯到该姓氏是出自黄帝高辛之后，太始祖比干（纣王之叔），后来，衍播九州，东徙齐鲁，南迁八闽，涉足台湾，远浮海外异埠。林氏后裔便一埠一地尽可能地追溯祖先，修撰了几百部族谱。

　　一个姓氏宗亲在聚居地经过几代人的传衍，成员多数艰难前进。其中有的走向仕途，有的经商，有的成为地方绅士等有影响力的显赫人物。前辈的荣光加上晚辈有展现自己的业绩，理顺宗亲中各种关系，留下一笔宗亲遗产的愿望，催生了修谱事业。这从许许多多族谱的序言中可以窥见其原因。如顾姓，通过族谱追溯到先祖大禹、越王勾践，出现在历史上的名人顾雍、顾恺之、顾况、顾宪成，并以此作为顾氏宗亲引以为荣的顾门俊秀。那么，族谱是怎样记录姓氏宗亲的历史？一般地说，族谱的内容及其分类、结构是以人的辈分为中轴示意的，又称谱系、谱序（顺序），其中包括：

　　1.序言。邀请本族亲中有名望的人士，或修撰者本人，介绍为什么修撰本族谱，修撰的目的、内容要点等。

　　2.世系源流。对祖先身世、任职的朝代、官衔，宗亲分支系及其迁移地的繁衍，一一用图表表示。如《惠安白奇郭氏族谱》，在追溯族源中资料欠缺，便从始祖周虢叔公，一跳进入汉代津亭公，转而隋代履球公。

只要有史可查,便列出祖先的官衔,如郭子仪为太子太傅,其子曜公袭公职官太子少保,侄子暄公官太子右谕德等。又如《海内外林氏源流》,仅唐代,便列出晋安14世玄泰为唐瀛州御史。他的宋代裔孙吏部尚书赞之:"德音炯炯,莘映闽南,清时器重,弹庆华簪,谢家宝树……"该源流对近现代林氏名人的彰显尤为突出。

3.命名取字。中国人取名和字,具有独特又深刻的文化内涵。我们审视许多族谱,可以一目了然地发现一个家族名字的辈次,行序清晰,即所谓同姓通谱。

人们重视命名所象征的或者蕴含的起名者的社会观念、道德意念,以及提倡的为人准则,其中,有优美含蓄、清雅隽永,有用典巧妙、独尊儒术,有注重修身、直抒胸臆。不同历史时期,用名取字,又体现时代特征。《李氏族谱》记载新加坡内阁资政李光耀先生在中国族亲的渊源。该族谱追溯传至第25世祖沐文及其兄弟沐琪、沐蛟、沐恩。从沐文再传四代,便是光耀、金耀、祥耀、天耀。这两代人名字含义深邃。前者以水之"沐",有受润泽之意;后者之"耀",即光芒耀眼,因而有光、金、祥、天之名字出现,表达李氏先辈对子孙无限的寄托和祈望。用名字表示辈次是族谱谱系中的重要部分。就说朱元璋,他的子孙多,便亲自厘定子孙字辈谱,他的第四子后代的字辈是一首哲理高雅的五言诗:"高瞻祁见祐,厚载翊常由。慈和怡伯仲,简靖迪先猷。"又如孔子的子孙,都挨辈取名,就名训字。明清两代皇帝为孔氏家族钦定字辈,不准随意妄呼。朱元璋为孔家钦定为:希、言、公、彦、承、弘、闻、贞、尚、衍。清康熙帝又新定十字:兴、毓、传、继、广、照、宪、庆、繁、祥。孔家都严格遵依,世代相继,昭穆了然。

4.族谱中记载的宗祠、会馆、墓志铭(包括墓碑)是宗亲的三大物象。

宗祠即宗亲庙宇,是姓氏族人联络的中心,是对祖先行孝的地方,也是宗亲议事的会堂。族谱中记载了宗祠的筹建过程、资金来源、选址依据、祖先木主排序、修建宗祠人的祈求和寄托。我们从《惠安白奇郭氏族谱》中记载的宗祠一对楹联中,获得郭氏源流的或实或虚的轨迹:"祖汾阳,派富阳,族螺阳,三阳开泰;祖晋水,分清水,聚奇水,万水朝宗。"

宗祠和宗亲会馆(堂)是宗亲联络的双璧。凡同一宗亲人口繁衍，分散各地、海外各国，都会在当地(埠)相应地设立宗亲会馆，并作为宗亲特殊机构载入族谱中。如林氏，明代以来，从福建迁移台湾，至今将近200万人，并在台湾的县市建宗祠，设会馆，在鹿港、彰化、淡水、台北、基隆、凤山等地，都有村民修谱，建宗祠、会馆的壮举。如先前有林凤营，随后的雾峰林家更是鼎鼎有名于世。林氏向海外延伸建立会馆已有100多年的历史，美国旧金山林西河总堂、旅加林族堂所、日本林氏宗亲总会、泰国林氏宗亲总会等，足以说明林氏在海外生存、发展的足迹。族谱中记载会馆宗旨，一般是联络宗亲情感，发挥宗亲互助合作精神，进而对社会、对国家有所贡献；同时发扬尊祖敬宗、敦亲睦族的精神，促进社会和谐团结，繁荣昌盛。

族谱中记载的墓志铭(包括墓志)是刻在方形碑上放入墓穴内的。从它可以窥见族源和先人生平事迹，并开列先辈、晚辈诸族亲名字，它是族人文字记载重要的历史佐证，或者说是族谱的物象依据。如《惠安白奇郭氏族谱》记载该族许多先人的墓志铭，提供了很多信息：逝者姓名、逝世年月、死因、世次、功名、科次年代、官衔品位或爵位、立铭年代；为逝者立铭的族亲辈次，撰写志铭者与逝者的关系，娶妻概况，以及逝者生前训示等内容。另一种族谱的物象依据是"石笔"。如闽西永定下洋镇中川村客家胡氏祖厝门前，竖立许多细长石柱。这些"石笔"(后人取俗名)，高一般5米以上，身为圆形，多截榫合衔接，底座有龛笼，记载丰表。"石笔"既是家族功名的遗物，又是修谱必不可少的物象，它是家族成员笃行的楷模，是有上进心的祖先事迹表，又是光宗耀祖的景观。

以上分析了族谱内容的基本框架。由于中国地域辽阔，姓氏上万个，各地条件差异悬殊，族谱修撰便出现多样性，不可用一种模式套用一切，这是客观必然现象。

二

族谱是梳理族亲关系的书面记载。人们修谱的价值取向仍是强化族亲在宗法社会中调整对内对外关系的作用，维护宗法制。因此，一般

地说,修谱有以下几条核心原则:

(一)以血缘关系为修谱的准绳

什么人可以入谱,什么人不可以入谱,都是以血缘为坐标。那些不同称谓、辈分或者展现族亲内部结构,辈分不断扩大而近亲、远亲的平行旁系,即所谓"一辈亲,两辈远,三辈无人管",都由血缘关系决定入谱。它的最终价值取向是维持父系血统的纯洁性,并形成一个上下左右纵横的血亲网络系统,如果传至哪一辈无后代而抱养一外姓养子,要写入族谱中时,必须在谱系交代属于"嗣",即继承、接续。就是招进女婿入赘成为女家的家庭成员,都要标明其差异性,避免混乱。

有些家族,为了血缘关系获得社会认可,采用父祖连名、父子连名,以此表明上下血缘关系无法更改。如:

　　友仁　　　　礼贤
　　　仁义　　　　贤能
　　　　义举　　　　能强

这种连名法,虽然打破了子不言父名的忌讳,但它是辈分的彰显、血缘关系的证明。所以,族谱中体现血缘关系是必然的,有着精确的表述,目的是厘清族亲的发展脉络。传统社会许多官家名府的人士,常言他们的成就、业绩,宣扬他们的业大、家大,一荣俱荣,子孙能出人头地,都是祖先血脉相传的结果,形成门当户对、贵贱有别的观念。这种以血缘为准绳的宗族观念延伸到社会,便出现相互提携,剔除非血缘关系的因袭弊端。

当然,从某种意义上讲,血缘关系扩大到中华民族,使其内聚力大大加强,不为任何外来势力所征服、所同化,又有它积极的一面。

(二)以孝为核心,加强宗法观念

晚清龚自珍曾经说过:"姑试之一州,州蓬跣之子,言必称祖宗,学必世谱牒。宗能收族,族能敬宗。宗与是州长久。"他主观设想社会恢复宗法制,推广到地方,以此挽救社会的颓败。我们撇开他的社会主张,就族谱而言,他把族—宗—族谱形成一种族链,有他的合理性。而族亲的核心是孝,族谱体现以孝为本的族亲伦理。

族谱提倡"生孝"和"死孝",体现族亲的重要德行。"生孝",即把族亲中杰出人物、官家绅士、名人志士的业绩载入族谱中,达到扬名当代,启迪后世的效果,让他们能对在世的父母行孝,报答父母养育之恩。"死孝",即"追孝""享孝"祖先。

孝也促使父母注意对子女的养育和教导。因此,族谱中把历代的家训、家书、家教等为人准则一一列举,促使子女或后辈对父母及前辈的服从和敬重,体现了孟子的延展孝慈,惠及他人。所以,孝是族亲内部的黏结剂。

(三)以男性为中心的族亲结构

中国进入父系氏族社会之后,男性权力不断增加膨胀,达到不可加的程度,形成主宰家庭、主宰女性的父权至上观念。为了保证血缘家族延续的排外性,传统的族谱上便出现男性统括一切的特点,即使有血缘关系的在室女也不能写入族谱中,更不必说缘亲的妇女。其中关键在于以男子为中心,家族继承权归兄弟,姐妹无继承权。那么,什么情况下妇女才能写入族谱中?(1)先辈官员、名人的妻子可以入谱修书,把她们与丈夫结发的缘亲历史、丈夫的业绩做简介,既推崇先辈的光辉,荣宗耀祖,又因缘亲的庇荫,互为荣耀,以启迪后人,努力上进。(2)新编族谱容纳族人女性入谱。如1998年出版的《海内外林氏源流》一书,冲破传统修谱的规矩,为已逝的林巧稚、健在的林月琴(罗荣桓夫人)、物理学家林兰英、作家林海音等做了详简有致的宣扬和表彰。

(四)明确自己的"名分",承担与自己辈分相符的职责

"名分"又称"本分",即"伦",是以本人推出差等的次序、远近亲疏的差序。梳理众多族亲的复杂性关系,首先要看把本人摆在什么位置上。因为长幼有序,兄弟有别,辈分分明,伯仲叔季是不能颠倒、不能更改的。这种永远存在的差别,规定了不同的责任、义务和权利。孔子提倡的"君君、臣臣、父父、子子"的思想,荀子加进的"兄兄、弟弟",就是"名分",子对父,侄对伯叔等堂亲的长辈都要绝对服从。这样,族谱就起着以"三纲"来管束人们的书面明示作用。那么,怎样在族谱中确定"本分"?用名字表示辈次,即"挨辈取名,就名训字",人人严格遵依。

三

上述诸方面显示出传统族谱的特点、功能,我们还应该看到它在现代社会生活中的功能。

传统的族谱是一种可贵的民俗文化遗产。据了解,全国有将近一百万部族谱。大至一个姓,小至一个家族,都有明确崇尚的价值取向,向社会呈现本族亲的内部结构、地位和权力。族谱中开列的族亲应遵循的族规、族训,是该族长期形成并行之有效的规范人们行为、言论的准则,对族亲内部或者社会群团的融洽交往,以及社会风尚起着积极的作用。

另外,族谱对人们研究地方历史、村社变化很有帮助。谱中记述的本族祖居地、迁移地、新居地,以及人口流动、社会兴衰、城镇形成、风俗习惯、行业变迁、血缘与地缘的结合等,都给人们提供了客观的史料。所以,族谱又称地方别史。

族谱又是认宗认祖的书面依据。中国大陆、台湾,海外华人聚居地,遍布中华民族的子孙。而以姓氏撰修的族谱是繁衍各地的姓氏传人寻根问祖的有力依据。这方面,已有许多学者做了科学的分析和探讨,这里不再赘述了。我们期待,各姓氏在有条件的情况下,撰写像林氏一样的新族谱,继承传统族谱的优点,用新的观点、新的思路、新的角度,体现男女平等,血亲缘亲结合,突出亲善和合、族亲之间的天人合一、仁爱为本的特点,符合时代要求。这种新族谱能团结宗亲并向社会延伸,负起社会责任,为国效力,推动谱牒文化健康发展。

新修谱牒的时代精神

——《锦绣庄氏山腰宗谱》评述

郭志超*

谱牒是姓氏群体的史志,只要姓氏群体还存在,谱牒之修应不会终结。有着3000多年悠久历史的谱牒,是故步自封,蹒跚于改革开放的新时代,还是与时俱进,洋溢着时代精神,重新焕发青春的风采?阅读科荣出版社2002年9月出版的(惠安)《锦绣庄氏山腰宗谱》(以下简称《山腰宗谱》),我找到了答案。

传统的谱牒除了世系这一主体外,较完备的体例还包括谱序、先世考、像赞、行状、规训、祠堂坟茔,这些通常篇幅有限,文字简略。有的谱牒简略到除了谱序、先世考外,就是世系了。概之,谱牒关注的是姓氏群体血缘关系的轨迹,而对于血缘群体的社会文化活动,对于所处空间的地方风物,则熟视无睹。这样,血缘之脉犹如孤立无依之物,谱牒与方志也就缺乏应有的联系。《山腰宗谱》共分六卷,依序为祖墓宗祠、世系谱图、人物传记、旧谱辑录、资料文选、文物事迹,其体例,特别是内容在谱牒的撰修上富有创新。

我们把炎黄当作中华民族先民源头的象征,各个姓氏源流都整合在这个神圣的符号下,各个地方性宗族又都整合在某一姓氏的流脉里。这种群体的象征体系,是古往今来中华民族凝聚力的重要源泉。家的认同,宗族的认同,地域群体的认同,民族共同体的认同,国家的认同,是社会认同由漪心逐次推开的漪环。无论中国人分布到世界的哪个角落,那里就有中国城,那里就有宗亲和同乡的组织。在华人华侨分布最集中的东南亚,宗亲会是最普遍的组织。在台湾,与大陆最割不断的联

---

* 作者是厦门大学人类学与民族学系教授。本文于2002年"闽台谱牒民俗"研讨会上发表。

系是血缘宗亲纽带,血缘的认同延伸着两岸华夏子孙的认同,一个中国的认同。《山腰宗谱》以《山腰华侨》和《山腰台胞》,记述了侨胞、台胞的移民史、创业史,对家乡的亲情和贡献。

山腰侨胞。山腰现有庄氏华侨华人47000余人,绝大多数分布于南洋诸国,马来西亚和新加坡是主要侨居地。山腰庄氏华侨在明清时期就开始出洋南岛,民国更甚。20世纪50年代中期和60年代早期,又有一些侨眷获准移民到新加坡、马来西亚以及印度尼西亚与亲人团聚。另外,在港澳台的族人也有少数向外移民。改革开放以来,又有出国并定居的"新移民"。《山腰华侨》追溯族人在海外艰辛的创业史,介绍海外宗亲会的组织和活动,如宗亲所参加的惠安公会和1939年4月在新加坡组织的庄姓宗亲会即庄氏公会,以及在庄氏公会基础上于1990年11月组织的世界庄严(联宗)宗亲总会。这些地缘和血缘组织对散居的族人发挥了重要的凝聚作用。《山腰华侨》以较多的篇幅,介绍海外宗亲以"报得三春晖"的"寸草心"回报唐山故园,他们慨捐校舍之建、奖教奖学之设,以及医药卫生、老人福利基金、社区基础建设等公益事业,仅最近10年,庄氏侨胞捐资家乡公益事业将近1000万元,续写"南洋钱唐山福"的佳话。对于有突出业绩和贡献的侨胞宗亲,或以综述,或以专文介绍。

山腰台胞。据不完全统计,山腰台胞现有137户800多人,包括山腰庄姓在内的庄氏入闽一世祖派下的台胞现有157144人。《山腰宗谱》的"旧谱辑录"部分收录了山腰庄姓所从属的庄氏入闽一世祖派下的族人迁台的谱牒资料,其中有:同安县,崇祯年间弁机公迁居澎湖,清康熙二十二年(1683)朴直公自浯州(金门)入垦台南县学甲镇;晋江县,南明永历十五年(1661)崇德公随郑成功来台,入垦台南县佳里镇;雍正、乾隆年间可曲公、汪述公先后入垦台中县梧栖镇,允权公入垦彰化县线西,信直公、端睦公、春香公、执中公先后入垦彰化县鹿港,道光年间汪笞公迁居台南;惠安县,乾隆年间有德公入垦彰化县芬园村,明义公入垦南投县草屯村,志生公入垦彰化县埔盐村,籍生公入垦新竹,后移垦南投;南安县,乾隆年间济生公入垦彰化县溪湖镇;等等。山腰庄姓迁台,始于明成化、弘治年间,清代渐多。山腰庄氏在台宗亲所编的《庄氏山腰家谱》记述了族人在台湾西部平原的陆续垦殖。从乾隆到光绪年间,开垦地点北起新竹,南至恒春。移垦后,逐渐创建家庙。《山腰台胞》还深情地历述了山腰宗亲寻根谒祖的概况,体现了"海峡纵有千重浪,难断游子骨肉情"的血缘亲情。从1987年11月台湾当局开放台胞到大陆探亲以来,山腰庄氏台胞捐资家乡公益事业达500多万新台币,另外还投资家乡建设金山商业街。

祖宗的业绩通过谱牒记载使后人知晓,策励后人继续前进,去创造更辉煌的业绩以光宗耀祖。这里所说的光辉业绩不仅仅是那些名垂史册、为人景仰的事迹,还包括一切推动社会生产力发展、默默无闻的劳动者的辛勤贡献。《山腰宗谱》辑录了包括山腰庄姓在内的庄氏入闽一世祖派下的先贤事迹,如明代晋江青阳乡绅庄用宾偕其两弟,率领三百乡兵奋勇抗倭,被授予"一门忠烈"匾,后入乡贤祠崇祀。庄氏族人开基惠安山腰已历六百年,从明代起,盐业是其传统产业,清乾隆时开始将大片海滩开发为盐场,改"洗卤煎盐"为晒盐法。他们逐步积累了一整套生产技能和管理经验,后来这些生产技能和管理经验甚至传播到九龙江以南的漳州沿海地带。"资料文选"部分的《宗族史话》对族人这类群体性的生产史做了翔实的追述。

传统的修谱,也记载与本族有关的古迹,主要内容是坟墓,较之《山腰宗谱》那么详尽地呈现本族乃至本乡的文物事迹,大有荧月之别,特别是用数以百计图片的这种再现形式,用动态的民族学手法以激活静态的文物资料,《山腰宗谱》可谓是另辟蹊径。古厝民居、雕梁画栋、碑铭匾楹、井盂石臼、牛犁铁耙、鱼罾钓具,等等,这些经历岁月沧桑的民俗文物在至今仍有遗存的民俗生活的图片映衬下,散发着浓郁的乡土气息,回放着生动的历史图景。即使是那些平淡无奇的劳动场景也都收入"文物事迹"部分的《上山下海》。即使对这些事物十分稔熟的庄姓族人,在翻阅这些图片、说明时,也感到十分新鲜、亲切和自豪。"文物事迹"部分可以教育乡民懂得爱护身边的文物,他们通过了解乡土已经和正在发生的沧桑巨变,获得了参悟,进而更理性地对待历史、审视现在和前瞻未来。我们从乡民阅览文物事迹的感受,可以领悟到:建设新时期的社会主义农村,不仅要有科技的投入,还要有情感的投入。这种情感就是对族人乡民的亲情,对乡土文化的眷念。从这个意义来说,乡土文化涵养着农业生产力,并且可以转化为农业生产力。这种新修谱牒可以提升乡土文化的理性和感性层面,这一点往往是不易引起重视的。

新修谱牒应反封建、倡民主。宋代理学家朱熹确立的"三纲五常"的伦理思想成为维系封建宗法制度的主要思想链条,它是反封建意识的主要对象。当今,三纲思想当然早已没有市场,但其残余影响如男尊女卑观念远未绝迹,应坚决破除这种残余的封建意识,在族谱领域把它清除干净。传统的修谱,血缘传承唯男无女,而《山腰宗谱》的世系谱图,以世系辈示为坐标,以分房支派为次序,列成图表,用红线标明承继关系和血缘网络状况,将女儿名字列入表中,加括号注明性别。这是修谱的一个突破,是观念的重要更新,也充分体现了对计划生育政策的理解和支持。"人物传记"部分共收入451人,其中,女性有40人,包括嫁出女和媳妇。《大学生名录》有560人,其中,庄氏女大学生有125人。

新修谱牒应扬弃传统的宗族法律文化,倡导社会主义精神文明,宣传和贯彻党和政府的政策法规。对于族规、训诫、禁示、祭典、祭仪以及谱序等旧谱内容,《山腰宗谱》将这些另类收入"旧谱辑录"部分。当然,上述内容也有的是属于优秀的传统文化。例如:戒酒、色、赌、斗和讲孝悌、和睦、安分勤业的"训言";敦孝悌、敬祖宗、笃宗族、修祠墓、端品行、谨职业、恤孤寡、立书田、清国课等"族规十戒"。谱中还收录诸如《祠堂文化活动守则》《文物保护通知》等精神文明建设的条文。《山腰宗谱》注意宣传党和政府的政策法规,例如:在"资料文选"部分的《侨务机构与侨务工作》介绍本县侨务机构的沿革和现状,介绍《中华人民共和国归侨侨眷权益保护法》及其在本地的贯彻落实情况。新时期统一战线的性质、内容发生了重要的变化,尤其是在爱国的旗帜下最大限度地体现其广泛性。对此,《山腰宗谱》也有所体现。在"人物传记"部分选入宗亲中若干国民党军政人员,特别是在抗日战争立下战功者,或在台湾建祠修谱、热爱大陆祖家这样有宗族懿行的人。

谱牒的编修本身就是敦族睦亲、爱乡爱国的一种社会实践,并且是使之不枯而常青的必要保证。在宗谱编修的发起及其后的过程中,山腰庄氏的海外侨胞和台湾同胞积极参与,踊跃襄举,宗谱的编修进一步拉近他们与族亲、家乡,与祖国、大陆的心灵距离。对于谱牒文化,不宜采取厚古薄今的短见。中华民族的谱牒文化不应只是历史之河,它应该涌动于现在,并且流向未来。当然,这种谱牒文化应该是与时俱进、符合时代精神的。

谱牒编修的意义可谓大矣。极左时期造成偏误的一些谬见,遮掩了谱牒编修工作的亮色。同时,知识的层次也制约着谱牒编修的品位。《山腰宗谱》的总编纂、厦门大学的庄景辉教授,兼治考古学和历史学,擅长地方史研究,他把高层次的综合见识和学术思想融入谱牒的编纂中,使这部新编纂的宗谱,为当代修谱如何与时俱进,提供一定的示范。希望更多的有识之士能参与谱牒的编纂工作,修出传统谱牒的新时代精神。

谱牒中的民间宗族文化实践
——以《金乡夏氏族谱》为例

夏 敏[*]

千年宗法制度文化传统在中国民间的重要表现就是撰修谱牒（简称修谱）。古代谱牒的产生，是为了维系氏族、家族和家庭的血缘纽带。唐以前重官修，宋以后私家修谱之风日盛，谱牒社会功能缩减，修谱主要目的转为重视族内世系、婚姻、亲疏远近关系以及敬宗睦族的伦理道德教化上。

今年初春，出于研究民间文化发展和浙南民间习俗的需要，我托故里（浙江苍南县金乡镇）亲友搜集多本《金乡夏氏族谱》研读，试图从中做一些民俗学或人类学的观测。所见谱牒最早的是明代撰修的，清代及民国的为最多，最近的是 20 世纪 80 年代重修的。这些族谱多有残损，不少内容相互出入，说法纰漏处较多。加之一些族谱难寻或已失传，一些祠堂和坟茔废弃，一些熟知家族情况的老人去世以及其他一些人为因素，均在无形中加大了我的研究工作量。尽管如此，所见夏氏谱牒基本保持了宋明以降汉族修谱的惯例，主体部分为记族人世系，序跋、凡例及其他附文（如族内显赫者的墓志、行状、诗钞、年谱、寿序）内容涉及土地、山林、河湖、房屋、人口、族支、族规家法等。作为民间文化的重要事象，夏氏家谱不仅可以印证、对应明清以来中国社会发展史，而且能体现浙南民间区域文化的某些特征。

可见，家谱既有史学价值，也有民俗、社会、人口等多种学科的价值。从民俗学角度看，私家修谱是中国本土特有的文化事象，具有非官方特征，在民间以书面形式传承上千年，绵延至今。过去一些民俗学者认为，"无文字""非书面"文化是民俗，今天看来民俗也有书面的，家谱

---

[*] 作者是集美大学文学院教授。本文于 2002 年"闽台谱牒民俗"研讨会上发表。

基本上可以纳入此种民俗。据其性质,可将家谱研究划入钟敬文先生提出的"家族民俗文化学"范畴。

家谱这种民俗事象以血缘意识为根基,故基本上可把修谱行为视作表现汉民族宗族观念的精神民俗。精神民俗是传统思想观念的实际表现,传统的思想观念、思维方式也就相应地支配、控制着民间族谱的撰修意图和撰修方法。研究族谱仅是我们透视传统文化、观念的一种手段,我们的真正兴趣在于研究传统思想观念是如何在谱牒民俗中表现出来的。

一、传统观念作用下的族谱撰修方法与特征

(一)参照官修正史的某些方法

我国正史常以叙事方法对历史人物进行记述,如《史记》的《世家》《传》中有许多精彩的人物传记,在家谱中被因袭为本族内声名显赫者的行状或传赞。家谱在撰写世系的同时,按照传统伦理道德的标准将世系中合乎标准者大加渲染。族谱中虽族内名士、凡子皆收,追求脉络清晰,但有行事突出,合乎礼法者,则必为其立传,传主有迁入本地的始祖、官宦者、文人学士、忠孝节义贞者、建功立业者。《金乡夏氏族谱·凡例》:"族中文人学士生平,所存著作,或亲友题赠寿章、匾额及传、志、铭、诔等有关世道人心者,皆行备录以示子孙。""祖宗有忠孝节义以及建功立业者,皆宜立传,风示后人。至于其人尚在,果有懿行可嘉者,亦从是志记为实行。"或言之,修谱者沿袭着中国民间修谱的基本思路予以实际操作,即谱牒之中突出表现仁义礼智信及孝悌等旧式传统观念,以只称美而不言恶的原则来撰修族谱。于是我们从本族谱牒之中又看到许多对不得入谱者的严格规定:"子孙如有不孝、不悌、侈肆妄行者,族中尊长务宜谆谆劝诫,使其发愤自新,复归正道,若怙恶不悛,即将各项削去以正宗风;或有身入空门,愿为僧道者,此亦命生前定,谱中姑存其名,不详其行。"

(二)澄明血脉关系

中国老话有"国之本在家"及"积家而成国"之说。传统中国社会的最大特质是家族本位,以家族为社会生活的重心。在家族中又以父子关系为核心,这种关系实为以血缘纽带为基础的宗法伦理关系。所见金乡夏氏各宗支族谱,均注重父子关系相沿袭的血脉关系,世系均按男性家长计,是中国宗法社会的缩影。在宗谱中我们看到,凡有血缘关系者皆用红线勾连,外派者则以黑线或文字注明。《金乡夏氏族谱·总卷》云:"支图横竖皆画以朱笔,像血脉贯通也;如外姓入继者,则易之以墨。"又云:"凡本族出继外姓者,必于本生父下注明出继某处,盖欲望其归宗也;倘有外姓入继本族者必注明某处某姓之人,盖恐乱厥宗祧也。"各支宗谱严遵血缘关系脉络,记载了族内人口的增减、变动、迁移、数量结构、寿命等情况,这些人口资料的可信程度和详细程度,远远超过官方籍账(户口簿)的统计资料。虽从先世迄今历时多朝数代,其间支派繁衍,瓜瓞绵绵,但一族谱牒基本能详源流,可明主干与分支。代际都有明晰的总分关系。

(三)修谱被视为宗法制度的一项重大举措

既然传统社会组织把家族作为社会活动的核心,那么家族史(家谱)的记述则成为中国民间宗法制度的一个起码的规定。修谱者既是传统观念的自觉执行者,又是荣宗耀祖活动的热心参与者。清光绪年间,金乡夏氏十七世孙薰南公在《新修族谱序》中写道:"予于光绪纪元乙亥之秋接掌族务,知夏氏谱牒于乾隆丙午修辑,之后近百年于兹,即房谱亦五十余年不修矣。观他族谱列,十年一修,迟至三十年世修无旷之。自古谱牒其绪甚繁,修之之法讳深,总其任者非得文翰凤优之士不可。于是访浙泰(浙江泰顺)周司籍雪樵先生,主修监者,予与宋廉叔、承虞任等,自戊迄庚阅三寒暑,凡三易稿而族谱成。"可见修谱者应是家族内的文化精英或知识阶层,是传统观念的"言说者"。虽然他们多数于史无名,名没经传,但在维系一族的血缘与宗法联系方面,他们堪称家族内的话语权威。修谱者除本族内的地方秀才(庠生)、进士、举人外,还有能识文断字的旁亲、好友及同族中的名士。谱牒经过他们之手编出或续出或修缮增删,多数辗转于他们之间,并逐代保存至今。各代修谱序文一致认为修谱事大,"族之有谱与宗祠并重,祠所以敬宗,谱所以聚族",谱中一般把修族谱与祭祖祠相提并论,视二事为族内大事,故谱中除有世系内容外,还要写祭祖事宜,包括建宗祠与祭祠等。为避免编谱活动的中断,常在相距若干年间,家族内就会有人"纠族众会议,增修合族谱牒,举诚实任事者数人,依前代某公旧业,从而绘支图,增益辑录"(《续修谱序》)。尽管如此,家谱编修也偶有中断。影响续谱的原因有三:(1)战乱、天灾中丢失族谱。"吾族上世频遭兵燹,先人纂集《会稽源流》与《会稽世系》,俱残缺失次","族属颇繁衍,而独惜谱牒之传缺,兵火播折,续谱失常","奈遭兵灾,卷帙脱落,十仅存一,几乎无从考证","此九十余年不知谱牒宜修,何哉?盖吾邑前累遭水旱,癸丑、甲寅以来复有寇戎之变数矣,今能续谱,则斯谱之成岂非吾夏之大幸乎?"(2)族支迁徙,系脉断离。"今吾族人犹有服者不过百人,而稍远者至死不相往来","吾族聚居固多,然其间多流离迁徙。若浙温之永嘉、玉环,吾郡之霞涓,福安数百里而遥,百十里而近,冠昏吉凶不相闻者,比比将使族异源同流之","自洪杨拘难,家室流离,转徙关内,比游浙东……盖夏氏自南明中叶由泰顺迁居平阳,历两姓四百余岁,子孙繁殖至于今日……如今日自越以东之俗亦岂易"(《八美夏氏宗谱》)。(3)家族活动和族内文士减少,是影响修谱的又一因素。即便如此,人们一样视谱牒为至宝,因为"家无一谱,犹族无一祖也"。

二、分化与整合,社会演化与家族迁徙

治文化史者常重文化事象本身,忽视创造文化的主体即人本身,而文化的传播与演变却跟人口的迁徙有直接关系。家族的迁移、流动是社会文化演化的具体表现。从我所读到的家谱看,各宗族间一致认为他们同宗不同族,许多汉族夏姓族谱都自豪地把自己的最远祖追为中国国家的第一个缔造者、史前传说时代治水的大禹(又名夏禹)。著名历史学家夏鼐亦参照夏氏史来研究上古时代的中国社会。现在散佚在民间的多种宗谱(《金乡夏氏族谱》中有八美村夏氏、东门夏氏、余庄夏

氏、城隍庙夏氏多种)亦溯远祖为夏禹。我在其他地方读到的夏氏谱牒亦作如是说。在心理认同方面似乎同宗没有什么问题,"此夏氏春秋数千年班班可考老也……夫称神禹之后,敕号以为氏"(《新修玉塘夏氏族谱序》),"我八美村夏氏系出会稽,按其先大禹以明德,有天下,国号夏,后以为氏也","世雅夏氏系传神禹郡会稽三代以来,世远莫考"[《希雄公派夏氏族谱旧序》,雍正元年(1723)进士夏绍善作],"夫禹之明德远矣,世雅夏氏为神明之胄,发迹有其后嗣"。夏氏的这种同宗意识所强调的是一宗绵延而下的跨族联系,即从传统家庭联系扩展成为一种社会联系。这是传统的、因袭的并且是努力使之不变的同根观念的反映,也是宗法社会中家族成员整合意识、群体意识的体现。

不过,宗法社会内部家族成员的自然增多,天灾、战乱等各种因素的影响,又经常在动摇和瓦解这种同源意识或整合意识。《金乡夏氏族谱》中常常可以看到移民事实的发生,通过夏姓迁徙的记载,我们可以为明清时期社会的演化提供佐证,许多材料可以直接拿来印证明清社会史、文化史和经济史。据旧《平阳县志》载,元明时倭寇骚扰江浙沿海,明洪武年间,太祖朱元璋命名将汤和筑金镇卫(即今之金乡镇)以御倭寇。最早来金乡的抗倭将士系金乡最早居民。根据我对金乡各大姓家谱调查所知,现在金乡人多为明代从浙江宁波及安徽定远、凤阳南下戍边的抗倭将士之后。金乡人陈则之先生的《金乡史话》引民国户籍资料,对金乡人口来源做过统计,祖籍宁波者占来金乡人口总数的70%左右。笔者这一房家谱按血脉上溯至明代初期来金乡的始迁者叫夏盖山,浙江宁波慈溪人,系抗倭军士。因其为来金乡一世祖,谱中尊称盖山公。宗谱写道:"盖山公本宁波庭桓公入继之子,庭桓公娶妻杨氏,惟生二女。幸波斯来甬(宁波)富贾麻汗堆氏(疑为穆罕默德)与庭桓公交好,情同手足,以其四子继庭桓公为其子,即盖山公也……波斯裔盖山公深目隆鼻,易父随姓夏,盖先人之意也。"(《金乡房夏氏谱序》)该则难得的资料表明,由笔者一辈前溯二十一代至夏盖山乃波斯来华经商者之子(明代宁波是波斯商人聚居的重要商埠),也就是说笔者这一宗支的金乡夏姓已融入了外来民族血统。可见族谱的研究有益于辨明居民族别和原籍。

夏姓为金乡镇内大姓,除笔者所属一族系由明代来自宁波的盖山公一门衍化而来外，其他一些夏姓来金乡的时间和原居地又有所不同，略别之还有三种。一是明末因李自成起义，希雄公一门由金华（婺州）永康南迁至金乡，其谱曰："今金乡夏氏一支分派衍代，金乡肇基之祖希雄公乃金华府永康县之贵胄也，昔乃祖敬孝通判婺州，生淳祐二年（即1242年，宋理宗二年）。至希雄公时，四方盗贼蠢起，惟流寇李自成势最猖獗，为避寇乱历瓯（即温州）抵平（温州府平阳县），不欲托足，终驻足金城（金乡）东门。"但该谱部分传赞则认为希雄公南下时间为明万历年间，因缺明代家谱，故其来金乡时间未可详知。二是明初由安徽凤阳、定远来到福建的福鼎玉塘（今称塘底），再经数代出玉塘迁至浙江泰顺，历数代而终迁至金乡镇外夏八美村，该门谱牒载："玉塘夏氏，（福）鼎南望族也，其源发于涂山，世居凤阳、定远，其先世不能详。明初有万真公者，从明太祖征讨宇内，官拜将军。永乐二年（1404）屯卫建宁，开福宁东北路田，因就辞官就田而居。其间十丈公从族中迁出而至泰顺；后至日升、日午二公时又迁至平（阳）之金镇卫八美村迄今。"三是与盖山公同来金乡的抗倭将士中的其他夏姓一定也是有的，但因材料所限，本文已无从考证了。

不过人口的迁徙、繁衍、发展是相当复杂的，我们无法排除元明以前温州地区有来自不同地区夏姓的可能性。因为东晋以来，北方汉人有六七次大的南迁，这些南迁有各种各样的社会、政治因素（特别是战乱），可以说夏姓肯定有在元明以前即汇入当地姓氏行列之中的情况，而金乡夏姓只是明初金乡建卫时发展起来的。

与迁来的情况相反，一些夏姓在金乡经过若干代发展后又有部分迁走，从而发展成为新的房头或支系。如上述盖山公后代分别人有迁往蒲门、南汇等地；希雄公后代有人迁往福鼎桐山，有的移居永嘉或宁波；万真公后代有人迁往马站、瑞安、福鼎鹿坵，不一而足。但不论迁入还是迁出，南迁现象多于北迁。南迁之中，北方的语言、文化南流现象在金乡居民中的表现特别明显。不同的迁入者带来了不同地方的方言和风俗。随着北部将士来到金乡，在这里诞生了一种混融了闽南、浙北方言特点并明显带有北方官话和北部吴语特点的金乡话，而且使金乡镇内的风俗与温州当地的风俗形成明显差异。例如金乡各姓性格耿直，纵情豪饮，习武成风，敬拜关公与城隍，与初来金乡者皆为戍边将士有极大关系。可见一地文化的分化或整合与该地人口流变有关，而人口流变又常常是当时社会经济、政治等多种因素造成的。

三、从命名看传统名谓习惯

族谱对男性先逝者一律尊称为公，如希雄公、维韬公、斗西公。谱牒规定："谱内书公者，加尊号也。"族谱系统网罗了历代登谱男子的名、字、号，它们是历代传人的"代名词"，但这些"代名词"却鲜明地反映了传统社会的名谓习惯与规定。这是我们研究传统命名方式的重要内容。按通常理解，姓氏是属于群体和家族的，是家族的总名，但一个人毕竟要拥有自己的名字，与姓相比，名是属于个人的，是个人的特称；前人不仅要有名，在其成年（约二十岁）之后还须有字。《礼记·曲礼》："男子二十冠而字。"字是名的解释和补充。所有入谱者有名亦有字，古人因字与名相表里，故又叫表字，名字配合使用方合旧礼，而有名无字是违背传统宗族社会称谓制度的。从名字关系看，名、字意义多相辅相成，如夏维韬，字期略；夏逢炯，字仲明；等等。

迄今仍在一定程度上左右人们取名心理的就是如何表示行辈。明清以来，汉族人姓名多有三字，首字为姓，中间一字（即名的首字）表排行。名内表示排行的单字，是同辈人在名中享有的一个共同的名。传统社会中的家族极强调长幼、上下的伦次，排行的第一个作用在于明长幼之序，晓同宗之意，使繁衍出来的新支系不至于在血亲之内混淆长幼、尊卑。排行的第二个作用是避免日后家族成员过多而出现重名，即便如此我们仍在家谱中不止一次发现过重名现象。但因不同族支、房头内部行辈排列方法或表行辈的用字各有差异，所循标准不一，故夏姓重名在所难免。另，该房头行辈用字也不一定适宜于另一房头。如作为排行用字的"可"在盖山公一支排为第十四代（生活在乾隆、嘉庆年间），而在万真公支则为第二十代（20世纪70年代出生者）。

为了使排行论辈清晰可见，前代人依照祖训规定了承上启下的排行用字。如盖山公族十六代裔孙于清嘉庆年间重列排行用字，编为《百代歌》（五律）共四十字，收入族谱。如首二句"守训存忠厚，诒谋永锡光",按照《百代歌》的先后用字,十七代男性裔孙行辈用字统一使用"守",十八代用"训",以下依此类推。从族谱可以见出,女子有名但不行行辈。新中国成立前后,个别接受新思想的男子或更名取消行辈用字,或已将行辈用字略去。姓与行辈用字是家族成员姓名中统一共享的,唯姓名第三字才是自己的。该字使用一般要避家讳(或祖讳),不得与祖上或其他亲人重名或同音。然而不是所有人都能见得到或拥有家谱,故后代与前辈共名者亦偶有所见。但知情者多有讳字,如元臣公讳廷桂,大成公讳达成,等等。另从姓名后二字出发并参照赐名者(父亲等)的爱好、习惯、职业等的记载,可以见出赐名者的文化教养和职业性质。如取名"鸿达""金屿""永发"者,其父多从商业;取名"梅泉""星槎""节儒"者,其父多为文士。

家谱中还能见到不少"号"。号本是姓、名、字之外的别称,古时限于文人及社会上层人士使用。家谱中查得的前代文士皆有其号,如生于明永乐年间的夏仁昭,号肇一;其子夏廷德,号尊一;等等。

四、家谱:传统民间文化的多棱镜

综上所言可知,金乡夏姓非常重视修谱,是汉民族敬祖祀宗、厚古薄今、强调血脉联系的文化心理显现。谱牒如实反映了明清以来北部移民开发浙南的心路历程,可与明清国史(正史)相参证。清雍正进士夏绍善在《夏氏族谱序》中说"家乘实与国史相表里",是为明见也。五四以降,国史多以白话文撰,家史(宗谱)亦无中断,仍用文言修谱,体现了强烈的传统意识。从序文及传赞中可以发现,这种传统意识或隐或显地呈示了传统中国人的文化价值系统和乡土情谊,其文化形态和价值取向具体表现在宗教伦理、行为举止、婚姻礼仪、服饰丧葬、民间文艺、风俗习惯、典章制度等方面,内在于其中的文化蕴含是民族文化长期发展积淀的必然结果。

(一)宗教伦理

从家谱可知,历代夏氏对神的信仰不占重要地位,他们关切的是颇具人文色彩的向善重理、敬祖睦宗的人生观念。族谱凡述及夏姓文士，皆称其好程朱理学，教子讲究以仁、义、礼、知、信、温、良、恭、俭、让十字为道德准绳，香火祭拜、建坟筑祠等宗教性活动主要用来表现对列祖列宗的最高致敬。例如盖山公房谱强调，本房每年正月十五日祭祖，并将祭祀场所夏氏祠堂(如金乡镇北门狮山麓的夏氏祠堂、城隍庙附近的夏氏小宗祠)绘入谱中；另谱内收入《祠堂志》《家庙灾记》《重修祠堂记》等文。

族谱文字多处盛赞或美化祖上的德操，以此表示对祖荫恩庇的感怀和虔敬。例如传赞明洪武年间的万真公，称其"为人忠厚，时为乡誉""倦于戎马，殷然喜归田以老"，传赞明崇祯年间的齐贤公"不为己私，每遇歉岁，慷慨好施，里党赖之"。若是文墨儒生，则言其"研究精习，学问益进"。谱牒所录夏氏文士诗钞更显示了他们清心寡欲、内省无争的精神状态，颇具一种儒道互补的精神风范。如生于乾隆年间的夏蔗轩之诗钞有《夜圣书怀》云："夜色凉如许，西风瘦骨侵。火微知药熟，灯暗识更深。书每模糊看，诗多放浪吟。保身无别计，寡欲与清心。"

(二)婚姻家庭

宋代理学兴起之后，妇女不仅在家庭中没有地位，而且被片面地要求贞操。族谱规定："妻女于谱中不得有名，女子出嫁已属外姓，兄弟置于父名之下，书明某公生女之数目，长适某处某人，次适某处某人；若妻节孝可风，或教子显登仕官，则书之以见母训之有由也，余皆不录。"我们从谱内看到盛赞某些"孺人"(明清时期对妻子的封号)的传、序，皆与她们恪守妇道有关，如《夏贞母李孺人传》《林孺人暨方孺人贞节序》等，族谱指出："族内妇人及出适女子孀居守志，终始不渝者，必从是志之风范，以劲节操也。"而男子在婚姻关系上则少有约束，"不孝有三，无后为大"，多生子续衍香火是宗法社会重男轻女、一夫多妻思想的托词。《四世祖齐贤公传》："(公)娶七室，嫡张氏……生子三：长□、次□、三钊；生一女，适桑园翁姓；续娶叶氏、蔡氏俱无育；侧室王氏生子一，名铤。"

(三)丧葬习俗

明代南下来到浙南的夏氏以金乡为永久居留地，则其丧葬习俗也经历了入乡随俗的演化过程。族谱内绘有来金一世祖和先辈中位尊者的祖坟及其方位图。这些坟茔基本保留至今,坟式皆为座椅形,故又称椅子坟。此种坟式是浙南、闽北两地特有的。坟冢坐落于草木葱郁的山腰,坟面为白色,中设棺洞若干以纳陆续逝去的直系亲人,表现了祖先亡故后坐在椅子上尽享冥寿、坐赏山水、天人合一的建筑思想。族谱所列祠规称,坟冢须由风水先生来定点、定向,再由泥水匠营造。这种风水择坟的象征意义来自人对自然的理解,其中大概也有"仁者乐山"的意蕴在内。其他坟式极少见,偶从明代先祖传赞文章中见到一些,如"天启四年甲子(即1627年,明熹宗四年),营葬父景铭公、叔景清公于南溪龟坟"。龟取义为寿,但今日浙南已难见到。除祖坟方位图外,谱内多具诸世祖之葬地,如"盖山公,宁波慈溪县人,葬乾溪头","南提公,妻张氏,皆葬将军山下",这样做,意在便于后代祭扫。

(四)祠祭

族谱所收族规对祭祖(入本族祠堂定时献祭)有明文规定,修祠、净宇、入祭均有严格要求。《宗规》:"祠堂所以妥先灵而报本,反始之心也;今后凡遇朔望,值事者必赴宗祠洒扫、焚香、长揖而退迨;祭时必前一日斋宿,厥明夙兴,设庭燎,陈牲、醴、茶,率家众行奠,如喧哗、失礼及执事不到,即以不敬论罚,以儆后来者。"族谱内绘有夏氏祠堂及其方位图,方位在北门狮山麓及城隍庙附近,今已毁。从画面看,飞檐上翅很高,祠呈庭院式,白墙,堂前设祖先牌位。祠堂整体上讲求对称,表现了中庸、统一、平衡的传统建筑思想。

(五)审美文化

翻开族谱,呈现于我们眼前的不仅是一部家族史,而且是一部展示传统民间文化的全书。我们的祖辈倾注于其间的除了有精神指导性的宗法观念、世俗情感,同时也刻意在谱牒装帧、印刷、版面设计、抄录书体及谱内插图上倾注了自己的审美理想,因为唯有美的,才是可以敬献列祖、风范后代的。本文只谈三个方面。

一是诗文。谱内收有文士出身者的一些诗文,以诗钞为多。读谱可知,历史上夏氏多文士,其诗或吟风弄月抒怀,或附庸风雅示才。清诗本重门派,好诗不多;谱牒所录许多诗均有此弊,但亦能偶见佳制。如梅泉公诗《初秋夜雨》:"蕉窗摇影迓残更,一枕生凉暗自惊。万事关心眠未得,又教夜雨助秋声。"相比之下,谱中传赞、墓志、序跋等散文体的审美情致则逊于诗歌。

二是插图。包括人物画(祖图)和山水画(祖坟方位图、金乡夏氏祖祠鸟瞰图)两种。可绘成遗像入族谱的先辈需符合两个条件:一是始迁祖(如盖山公),他是来金繁衍成族、发展人口的第一人,当写真以志其音容;二是家族内涌现出的官宦和文人,出于光宗耀祖的观念,谱牒不仅收其诗文,还要绘其肖像。肖像多以传统工笔素描正面像的画法绘制,而山水画则是典型的国画。从画风看,插图用笔洗练,张弛有序,具有传统民间美术的基本特点。

三是服饰。从谱中所收二十三幅祖先遗像看,始迁祖盖山公头戴方巾,着明服,能与其所处朝代相吻合;十二世祖(清顺治、康熙年间)以后出生者皆身绘清服,说明古代汉族改装易服现象是随朝代更迭而发生的。从先辈所着清服看,他们有的是普通的清代布衣,有的文官打扮或一身戎装。但查生平,他们少有人做官,修谱者之所以于画谱中使其着官服,推想原因有二:一是以官为荣,体现封建社会官本位思想;二是想象他们去冥府做官,以补生前之憾。这些官服多为袍装、襟衫、马蹄袖,胸前有方形图饰,着戎装者均有披肩,这是清代服饰的真实记录。从人类学的角度解释庶民着官服的心理是,原本此人今生不能做官,其肖像身绘官服即有了官运,此乃模仿巫术心理所使然。

对宗谱的研究使我认识到,在民间传统文化迅速消失的今天,加强对传承传统文化有过功绩的族谱的研究,从中进一步破译族谱中的文化内涵,确已成为亟待之事。

参考文献:

①温端政:《苍南方言志》,北京:语文出版社,1993年。
②周振鹤、游汝杰:《方言与中国文化》,上海:上海人民出版社,1986年。

泉州家谱简论

吴乔生[*]

家谱是中国历史文化遗产中为数浩瀚的一种记载一姓世系和重要人物事迹的谱籍（文献），其中蕴藏着有关人口学、社会学、民族学、经济史、人物传记、宗族制度以及地方史等方面的丰富资料，并含有大量可供海内外中华儿女寻根认祖的线索。泉州社会历史源远流长，上下越千年，是福建乃至中国传统家族制度最为兴盛和完善的地区之一。家谱文化成为泉州基层社会传统的文化特征，包含着泉州社会的政治、经济、文化、宗教、伦理、道德、风俗、习惯等各个领域，并伴随着大批泉州人向外移居而播迁我国台湾地区及海外各地。泉州家谱文化丰富多彩，社会功能多样，人们不仅可以借此认识泉州社会的历史，而且可以认识泉州与台湾同胞及海外侨胞的渊源关系。

编纂家谱是宗族社会的一项重要活动。多姿多彩的泉州家谱文化，是与历史上中原和北方士民大量南迁紧密相关的，是由不断南迁泉州的中原移民逐步孕育出来的。翻阅泉州的民间家谱，我们一方面感受到泉州传统文化的独特风情，另一方面也感受到泉州居民与中原、北方地区的关系，接着又是与我国台湾地区、东南亚等地的源流关系。泉州家谱和泉州地方志一样，是泉州历史文化的深厚积淀，都属于泉州地方文献的范畴，要研究、开发泉州地方文献，就必须研究、开发泉州的家谱资源。泉州家谱是一部厚重的书，更是一部厚重的史，是泉州人民一笔宝贵的精神财富和物质财富，亟须引起我们足够的重视。本文只为"简论"，意在抛砖引玉。

---

[*] 作者是泉州市图书馆原研究员。本文于 2002 年"闽台谱牒民俗"研讨会上发表。

一、泉州家谱纂修源流、种类及数量

中原汉民入泉之前,闽族和越族是泉州的土著居民。翻阅泉州家谱,大多数家族在追溯自己祖先的源流时,都清楚地载明自己的根在中原或北方,本家族是来自中原或北方某一望族某一分支徙居泉州的后裔。如《福建通志》云:"永嘉二年,中州板荡,衣冠始入闽者八族,林、黄、陈、郑、詹、邱、何、胡是也。"泉州民间家谱也记载着其祖先就是在这个时期从中原南渡入泉州的。如泉州《杨氏族谱》称:"其先权农人,永嘉过江,迁于闽越。"南安《梁氏族谱》称,其祖先于"晋室乱离,梁芳以族随晋渡江……因家南安"。以上说明,从西晋末年起,有大批中原人民徙居泉州。又如,晋江龙山《曾氏族谱》云:"唐僖宗光启年间,王潮由光州固始入闽,中原士民避难者皆徙以从,曾氏亦随迁于泉。"泉州《吴氏宗谱》云:"吴氏一支于唐宣宗年间由河南光州固始入闽,择居晋江南门外龟湖象畔,是为新厅之肇祖。"泉州家谱中的"家族源流"大都记载出自光州固始。北人南下,中原文化从此浸润泉州大地,融合成海滨邹鲁。

由于家谱是私修的,印数也很少,主要保存在民间,有的家谱还"秘不示人",经过历代浩劫,水火虫蛀,藏于民间的大量家谱散佚,但还是有很大一批被幸运地保存下来。现存于世的泉州家谱,清代、民国年间的居多。

泉州家谱、族谱可以是同一始祖分支下并且聚居在同一地方的家族谱牒,也可以是同一始祖分支并且迁居外地的各派子孙的谱牒。泉州的谱牒种类不少,但家谱、族谱则是泉州民间各家族广泛使用的名称。

二、泉州家谱的内容、体例及特征

(一)内容

明以前泉州家谱散佚无考。明以后,一种以尊祖、敬宗、睦族为宗旨,根据理学纲常制定宗规家法以约束族众的新的家族制度开始形成。"尊祖"必编修家谱,"敬宗"当建祠堂祭祀,"睦族"须赈济族人。于是修谱建祠,开办义学,耕种义田、族田,管理祠产,家族活动也就增多了。家谱的内容自然也逐渐由记载单一的血缘世系发展到记载家族的整体情况,内容愈来愈多,篇幅愈来愈大。这种情况自进入清代以后,尤其突出。

进入清代以后,泉州家谱纂修数量骤增,内容不断增加。就总体情况而论,编撰格式基本包括下列各项:

谱序。谱序是每部家谱不可或缺的内容,它包括族人写的和邀请外族人(当时名流)写的序。谱序的内容主要是介绍家族世系渊源、传承关系、修谱缘由和经过以及任事人员等,是熟悉、研究一部家谱的切入点,是了解该家族世系源流的重要资料。由于一次次的续修,谱序也就不断增多,这也是很自然的事。

谱例、谱论和目录。谱例又称凡例,常用条文形式主要阐明族谱纂修原则和体例以及类目安排的理由。谱论一般是摘录前代名人论家谱之重要性的语录,也有直接把皇帝的谕民榜、诏书刊载在谱前,以告诫族人。目录,又称总目,说明该谱的卷数,每卷的主要内容,但多不注明页码,给检索带来一定困难。谱例和目录是族谱的入门指南,缘径方可探幽。

先世考。先世考是指该氏族的渊源考,主要考述本姓来源,本族之历史源流及始祖、世派各分支迁徙情况。如《陈埭丁姓族谱》云:"我族丁氏,肇基于始祖节斋公,由姑苏行贾入泉,居于桐城之文山里……至硕德公徙居陈江。"

恩论录。恩论录又称恩荣录、褒颂、诰敕、赐谕、靠身、公文等,主要登载历代皇帝和中央、地方政府官员对家族成员的封赠、褒奖文字,举凡敕书、诰命、上谕、御制碑文、祭文、赐匾等,无不备载。如《温陵芝山刘氏大宗世牒》有清高宗御赐"精忠贯日"。

族规、家训。族规、家训内容繁杂。除了各种家法、族规、家范等传统宗法内容外,还有财产继承、婚姻纠纷、墓地纠纷、禁盗禁赌、封山禁伐等。有的谱载族规、家训几十条。如晋江弼佐刘氏族规云:"同姓之亲,俱系祖宗血脉,不许革出;异姓之人,非我族类,不许冒认……"泉州锡兰世氏家族族训云："匹偶宜审择也,凡娶妇嫁女务必耕读人家,工商亦可。至如倡优隶卒,虽富甲王侯,莫以论。"

祠堂、墓图、墓志。祠堂(宗祠)是各家族进行祭祀的主要场所。族谱对于各自宗祠修建历史、建筑规模及地理位置都有详尽的记录,还有图示。如泉州开元寺中的檀越祠,建于唐垂拱年间,《紫云黄氏宗谱》云："黄守恭舍地建开元寺,公既有德于寺,寺中众僧建檀越祠,以祀公。"墓图绘有所在地地名、方位四至交界。墓志介绍墓主的生平和墓庐建置情况。泉州家谱特别重视墓图,不少家谱都有。

世系图表。世系是各家族血缘的直接表述,是族谱最重要的一环,也是主体部分。古谱的世系多用文字记载,后来大都以图表的形式出现,图实为表,以五世为一图,下五世格尽另起。称始祖为第一世或第一派祖,以此序列,清晰可考。有的谱分外世纪和内世纪。外世纪从受姓始祖至谱尊始祖(或始迁祖),内世纪则以始祖(或始迁祖)为一世祖或一派祖。

传记。家谱中的传记可包括行状、墓志铭、神道碑以及年谱等多种形式。一般家谱都有先祖礼赞、小传,把本族先祖中有显赫身份的人绘成遗像载诸谱端,并附像赞。还有的列传,为本族名望著世或德行懿范者作传。传记的体例分德行、孝友、烈女、仕宦等篇目。

仕宦录。仕宦录又称科第录、科名志等。登载历代及第入仕族人的名单,有的比较详细,还包括其简要业绩及著述。

族产。族产包括祀田、墓山、山林、义庄、庙产、房屋、店铺等,是家谱组织赖以运转的支柱。一般族谱都有记载族产的数量、管理的规则、收支账目以及经营租田等情况。

家礼。家礼或称典制,包括冠礼、笄礼、婚礼、祭礼等,有的族谱以仪礼统之,含仪文、图式、器具的制作,繁文缛节,长篇累牍。族谱中的家礼主要记载祭祖仪式,包括祭品的数量、排设及祭文等。

艺文录。艺文录即收入族人或家族相关的各种著述诗文等。

昭穆。昭穆之名称,有"行序""辈序""辈分"等,俗称"字云"。此是我国社会伦理制度之一。昭穆多以四字、五字或七字为词句,或有对偶落韵而成诗,尽属勉励族裔昌盛发达之嘉言。如晋江《罗山林口柯氏族谱》的昭穆为:"懋昭懿则,仪表千世。孝子贤孙,遵法秉礼。

绍闻依德,家声克振。"

编后记及捐款、领谱名目。编后记是修谱的心得与感想。由编后记可知本部族谱编修之困难及解决之道,是修撰者的经验传承,可供后世修谱借鉴。捐款、领谱名目则是族人捐款修谱及领谱人之总记录。

以上项目是泉州家谱常出现之项目,但并非所有项目均要有,具体是修谱人根据情况而设置。

(二)体例

清代以后,泉州家谱的体例虽然依照宋元"一图一传"谱式,却也有所发展,"传"不仅有小传,还有列传之类;又增加了"图",如墓图、祠图、人物图;"考"的内容也增加了,有"世系源流考";"志",如墓志;"纪",记本族名人;"记",记历年发生的本族大事;"录",如先祖遗训录、嘉言录等。泉州家谱在清代体例基础上,渐次发展完善,民国期间又有所创新。

(三)特征

一是大宗大姓家谱编修多。纵观泉州家谱,编修及现存最多的是大姓家族,如王、张、李、林、吴、蔡、陈、苏等。这与大姓人丁兴旺有关。

二是迁泉始祖多来自河南光州固始。现所见泉州家谱中,在记述世系源流时,十有八九称始迁祖在唐、五代来自固始。由光州固始,随王潮兄弟入闽入泉,并在泉州形成聚族而居的传统,不可否认其具有一定真实性,但其中的牵强附会也是明显的。这可能是崇尚门第之风气流行的结果。为了现实的需要,有的亦不惜改换门庭,附会固始祖籍。

三是版刻特征。泉州家谱在清道光、嘉庆以前大多是雕版印刷,字体多宋体,书品大,一般刻印较精。清光绪及民国间,多为石印本。以后,家谱大都由书局印刷,质量相对提高了。

四是女子入谱。家谱是封建伦理道德的产物,女子只能作为男子附属入谱,只记姓不记名。泉州家谱也是这样。民国以后,有的家谱才把女子跟男子以同等地位写到家谱中。

三、泉州家谱的社会价值

其一，泉州是中国传统文化非常浓厚的地方。泉州家谱是泉州文化的一种重要传承性载体，体现着传统文化巨大的凝聚力和地域文化的辐射力。它能辐射到我国台湾地区、东南亚乃至世界各地，将泉人子孙后裔凝聚到祖籍地来谒祖。这种力量是弘扬民族文化、振奋民族精神的一种动力。它在现代社会中起着一种积极进步的作用。这就是泉州家谱文化具有较高的文化价值之所在。

其二，应当明确，作为根植于封建宗法社会的泉州家谱，其内容是有一些封建糟粕的。然而，其中也有着不可忽视的现实价值。泉州家谱中蕴藏着大量人口迁移史、社会学、民族学、民俗学、经济史、家族制度以及有关地方历史和人物的资料，它对于研究泉州家族制度、婚姻制度、经济变化、社会民俗、古代教育、人口迁移等有着极其珍贵的资料价值，尤其是对研究大陆人民移居台湾史的工作很有意义。1984年，福建人民出版社出版的《闽台关系族谱资料选编》一书就是一个典型代表。此书由庄为玑、王连茂收集一百部泉州各姓族谱中与台湾有关系的资料，汇编而成。

其三，是社会教化价值。族谱中一般都有"家训""族规"之类的内容，固然有不少封建主义思想，但其中如敬长者、孝父母、尊师长、崇俭朴、戒奢侈、禁赌博等伦理规范，对促进现代精神文明建设也有积极的作用，可以借鉴。

其四，为台湾同胞、海外华侨寻根认祖提供重要依据。泉州是台湾同胞和海外侨胞的重要祖籍地。丰富多彩的泉州家谱文化，几百年来伴随着历史上一批又一批泉州人传播到台湾，弥散于渡台泉人社会的各个领域，成为其社会生活的重要方面，成为台湾家族文化的组成部分，这对台湾同胞和对泉台关系都产生深远的影响。泉州人最早徙居台湾的，现有文字记载的是北宋末南宋初的德化县苏姓。据《德化使星坊南市苏氏族谱》序文云："苏氏分于泉州……台湾，散居各处。"永春《岵山陈氏族谱》、南安《丰州陈氏族谱》中，均有记元代族人迁台之事。

改革开放以来,台湾同胞不断回来寻根认祖。族谱则为寻根认祖提供了实物资料佐证。近年来,泉州各家族的后裔从我国台湾地区、东南亚等地回到祖地进行寻根,到泉州市图书馆来查阅族谱资料(我馆族谱资料目录已上网,台胞在台可查到,据此来馆查阅)。又如 1995 年,据晋江罗山《上郭柯氏东升公房谱》的记载,菲律宾国父何塞·黎刹的高祖父柯仪南在其世系排列为第十九世,后仪南移居菲律宾,从而查出何塞·黎刹根在中国。再如,2002 年 7 月 1 日,关岛议会议长安东尼奥·雷耶斯·安平科回到大浯塘村(今灵源街道英塘社区)寻根认祖,根据该村翁氏族谱的记载,寻到了自己的根在中国晋江。100 多年前,其曾祖父翁悌仰从晋江远涉菲律宾,后又移居关岛,与当地土著成亲,其后代从此在关岛生息繁衍。

四、家谱利用中应注意的问题

我们既要充分肯定家谱的史料价值,确定它在历史文献中的地位,同时,也要认识到利用家谱史料,必须严格区别真伪,不可全信全疑。因为私修的家谱有真有伪,要把家谱放在历史与社会中去鉴别。

由于家谱对开展学术研究有其重要价值,同时对海内外华人寻根认祖,增强民族凝聚力有着重要意义,因此,国家档案局、教育部、文化部曾于 1984 年 11 月 20 日专门发布《关于协助编好〈中国家谱综合目录〉的通知》(国档会字〔1984〕7 号),经过十余年的努力,《中国家谱综合目录》已于 1997 年由中华书局正式出版。但当时受种种客观条件限制,尚有大量家谱未收入。近两年来,上海图书馆主持编撰《中国家谱总目》,这是中国家谱资源开发与利用的又一项重要工作,它的完成将积极推动谱牒学的研究,为进一步加强海内外华人的民族认同发挥作用,意义深远。我们应当积极参与,做好这项工作,为中华民族的复兴贡献一分力量。

总之,泉州家谱文化丰富多彩,我们应当进一步收集、整理,进行研究,积极发挥它的重要作用。

宋儒与谱牒之学

连心豪[*]

宋代是谱牒学重兴的重要时期,宋儒从理论观念到实践上对谱牒之学做出了突出的贡献。本文试申论之。

一

清儒黄宗羲说:"氏族之谱……大抵子孙粗读书者为之,掇拾讹传,不知考究,抵牾正史,徒诒嗤笑。"[①]其实不尽然。在实行九品中正制的魏晋南北朝,门阀世族为维护其政治、经济特权,注重士庶之别,盛行修谱,出现了贾弼之、贾渊、刘湛、王俭、王僧孺、魏收等一批著名的谱学家。唐代为了品题新贵,重新确立封建等级社会秩序,官方设立谱局修纂《氏族志》《姓氏录》《姓族系录》《元和姓纂》等大型谱牒著作。门阀世族残余经唐末五代战乱已不复存在,因此宋代没有像前代一样开谱局纂修全国性的谱牒。但两宋硕儒名家治谱牒之学者大有人在。史学家、唐宋八大家之一的欧阳修在主持编修《新唐书》时十分重视谱牒,专门设置了《宗室世系》和《宰相世系》,用于记录李唐皇室宗族世系和有唐一代369名宰相凡98姓的世系,唐代高门阀阅大多在录。实际编纂《新唐书》的《宗室世系》和《宰相世系》者是"自发凡讫于竣事"[②]的吕夏卿。"夏卿学长于史,贯穿唐事,博采传记杂说数百家,折中整比。又通谱学,创为世系诸表,于《新唐书》最有功云。"[③]吕夏卿还撰有《历代氏族谱志》《古今系表》。[④]《新唐书》修订后,欧阳修发现欧阳氏族人不太

---

[*] 作者是厦门大学历史与文化遗产学院教授。本文于2002年"闽台谱牒民俗"研讨会上发表。

清楚自己的家族世系,为了使族人和子孙了解祖先遗德,他采用史书的体例和图表方式,将五世祖安福府君欧阳万以来,欧阳家族的迁徙、婚嫁、爵禄、名谥、享年、墓葬及其行事等,编成一部新型的族谱《欧阳氏谱图》。⑤几乎与此同时,同为唐宋八大家之一的苏洵于宋仁宗至和二年(1055)也编成《苏氏族谱》。⑥

著名史学家郑樵综合历代史料而成《通志》,其中二十略为作者用力之作,是为该书精华。《氏族略》列于二十略之首,与六书、七音、都邑、昆虫、草木等六略为旧史所无,尤为珍贵。郑樵于绍兴九年(1139)作《荥阳谱序》。⑦唐宋八大家之另一人王安石撰有《许氏世谱》。⑧文学家朱长文于绍圣二年(1095)撰《朱氏世谱》。⑨理学家陈亮撰有《书家谱石刻后》。⑩到南宋,民间修谱已很普遍,在宋人文集中屡屡可见为本族或他族撰写的谱序,在一些明清大族的宗谱中,也可见到流传下来的南宋谱序。著名理学家叶梦得于绍兴五年(1135)作《吴郡叶氏世谱序》。⑪咸淳六年(1270),左丞相兼枢密使江万里为仙游古濑叶氏撰《叶氏家乘世系序》。江氏序文称:"矧蒙端明殿学士蔡公、侍读杨公、端明郑公,俱各有铭、有志、有撰、有述……"可知宋儒蔡襄、杨时、郑丙分别为仙游古濑《叶氏家乘》作了铭、志、撰、述。⑫婺源武口王汝舟、王偶先后于嘉祐三年(1058)、咸淳十年(1274)辑《九族图》《惇叙图》。⑬淳熙元年(1174),朱伯云作《本宗族谱序》;宝祐六年(1258),朱莹作《徽城朱氏谱序》;咸淳四年(1268),朱耆作《渭南湖村朱氏支谱引》。⑭宋代理学之集大成者朱熹于淳熙十年(1183)撰成《婺源茶院朱氏世谱》。⑮欧阳修与苏洵曾就谱牒之学进行过学术讨论、交流,并就小宗之法达成了共识;⑯还曾与王深甫探讨过世谱问题,⑰与曾探讨过曾氏的得姓及其源流。⑱

记载孔子弟子、圣门十哲的仲子——子路生平事迹及其后裔的《仲里志》,和孔子的《阙里志》、颜子的《陋巷志》、孟子的《三迁志》并称中国四部古代家志之一。《仲里志》除了序、跋,共6卷,分为像图、礼乐、世家、恩典、艺文(上、下)志。其中《世家志》记叙了仲子本传、仲子年谱、仲子集纪、仲子遗迹、宗子世表、支子世表、闻达列传、节孝;《艺文志》则主要记载了历朝御制诗、御制对联、御制赞文、祭文、碑记、序论、颂、志铭、诗赋等。⑲由此可见,完整意义的谱牒是应该包括年谱、祭文、碑记、志铭等内容的。或者说,年谱、祭文、碑记、志铭等也属于谱牒记载的内容。如不久前,在厦门市杏林《鹤浦石氏族谱》中发现朱熹佚文《泉州同安鹤浦祖祠堂记》。㉑宋儒著有大量学术性的著作、年谱,据不完全统计,现存及见于其他著作、目录记载宋人所编年谱约有165部。㉒仅就杨殿珣《中国历代年谱总录》做一粗略统计,不下50部:

王　质:《陶渊明年谱》

吴仁杰:《陶靖节先生(潜)年谱》

张　縯:《吴谱辨证》

留元刚:《颜鲁公(真卿)年谱》

吕大防:《杜工部(甫)年谱》

蔡兴宗:《杜工部(甫)年谱》

吕大防:《韩吏部文公(愈)年谱》

程　俱:《韩文公历官记》

洪兴祖:《韩子(愈)年谱》

樊汝霖:《韩文公(愈)年谱》

方崧卿:《韩文公(愈)年表》

陈振孙:《白香山(居易)年谱》

文安礼:《柳先生(宗元)年谱》

赵德麟:《微之(元稹)年谱》

范坰、林禹:《武肃王(钱镠)年表》《文穆王(钱元瓘)年表》《忠献王(钱弘佐)年表》《忠逊王(钱弘倧)年表》《忠懿王(钱弘俶)年表》

钱　昱:《诚应武肃王(钱镠)年谱》

陈天麟:《二梅公(梅询)年谱》

楼　钥:《范文正公(仲淹)年谱》

胡　柯:《庐陵欧阳文忠公(修)年谱》

何　抡:《眉阳三苏先生(洵、轼、辙)年谱》

度　正:《元公(周敦颐)年表》

陈　晔:《古灵先生(陈襄)年谱》

家诚之:《石室先生(文同)年谱》

詹大和:《王荆文公(安石)年谱》

朱　熹:《伊川先生(程颐)年谱》

王宗稷：《东坡先生(苏轼)年谱》

傅　藻：《东坡纪年录》

孙汝听：《苏颍滨(辙)年表》

黄　䓖：《山谷先生(黄庭坚)年谱》《黄文节公(庭坚)年谱》

任　渊：《山谷(黄庭坚)年谱》

黄去疾：《龟山先生文靖杨公(时)年谱》

陈载兴：《陈忠肃公(瓘)年谱》

王时敏：《和靖尹先生(焞)年谱》

李　纶：《梁溪先生(李纲)年谱》

郑世成：《宣抚资政郑公(刚中)年谱》

释祖咏：《大慧普觉禅师(宗杲)年谱》

胡　稚：《简斋先生(陈与义)年谱》

岳　珂：《岳忠武王(飞)行实编年》

郑　竦：《郑忠肃公(兴裔)年谱》

周　纶：《周益国文忠公(必大)年谱》

李方子：《朱文公(熹)年谱》

李恭伯：《陆象山先生(九渊)年谱》

袁　燮：《象山先生(九渊)年谱》

沈　间：《云庄先生刘文简公(爚)年谱》

郑元肃：《勉斋先生黄文肃公(榦)年谱》

阳少箕：《字溪先生(阳枋)纪年录》

文天祥：《文山先生(文天祥)纪年录》

欧阳修有自传《六一居士传》，无独有偶，刘挚有《刘忠肃公行年纪》，马扩有《茆斋自叙》，真德秀有《真西山年谱》。

宋儒文集中更有大量的神道碑铭、墓表、墓志铭、石椁铭、碑记、行状、行述、祭文。如此看来，宋儒是颇致力于谱牒之学的。

二

欧阳修有感于"自唐末之乱，士族亡其家谱。今虽显族名家，多失其世次，谱学由是废绝。而唐之遗族，往往有藏其旧谱者，时得见之。而谱皆无图，岂其亡之，抑前世简而未备欤。因采太史公《史记·表》、郑玄《诗谱》，略依其上下旁行，作为谱图"[22]。其实《欧阳氏谱图》与此二者有很大的不同，是欧阳修的新创。[23]《欧阳氏谱》有序、图、传三部分，构成一个较完整的体系。序，叙述本支自得姓以来的源流概况。图，即家谱世系图。传，即世传、行传，依世次列名人的小传，内容为名、字、科举、仕宦、迁徙、生卒、葬处、婚姻及值得称道的事迹。在这个体系中，核心是谱图。"上自高祖，下止玄孙，而别自为世。使别为世者，上承其祖为玄孙，下系其孙为高祖，凡世再别而九族之亲备。推而上下之，则知源流之所自。旁行而列之，则见子孙之多少。夫惟多与久，其势必分，此物之常理也。凡玄孙别而自为世者，各系其子孙，则上同其出祖而下别其亲疏。如此，则子孙虽多而不乱，世传虽远而无穷，此谱图之法也。"[24]五世一断，只记本支，是欧阳修创立的修谱体例。"谱例曰，姓氏之出，其来也远，故其上世多亡不见。谱图之法，断自可见之世，即为高祖，下至五世玄孙而别自为世。如此，世久子孙多，则官爵功行载于谱者，不胜其繁。宜以远近亲疏为别，凡远者疏者略之，近者亲者详之，此人情之常也。玄孙既别自为世，则各详其亲，各系其所出，是详者不繁而略者不遗也。凡诸房子孙，各纪其当纪者，使谱牒互见，亲疏有伦，宜视此例而审求之。"[25]即以支为经，以世次为纬，一世祖之下，以长幼顺序横列其子辈，每一子之下又横列其子辈，五世一幅。第二幅起于本支的第五世，至第九世止，以下依此类推。

苏洵也感叹唐末以来谱牒失修，"古者诸侯世国卿大夫世家，死者有庙，生者有宗，以相次也。是以百世而不相忘，此非独贤士大夫尊祖而贵宗。盖其昭穆存乎其庙，迁毁之主存乎其太祖之室，其族人相与为服，死丧嫁娶相告而不绝，则其势将自至于不忘也。……盖自唐衰，谱牒废绝，士大夫不讲而世人不载。于是乎由贱而贵者耻言其先，由贫而富者不录其祖，而谱遂大废。昔者洵尝自先子之言而咨考焉。由今而上，得五世；由五世而上，得一世。一世之上，失其世次。而其本出于赵郡苏氏，以为《苏氏族谱》。它日欧阳公见而叹曰，吾尝为之矣。出而观之，有异法焉。曰，是不可使独吾二人为之，将天下举不可无也。洵于是又为大宗谱法，以尽谱之变，而并载欧阳氏之谱，以为谱例。附以欧阳公题刘氏碑后之文,以告当世之君子,盖将有从焉者"[26]。

"而洵始为族谱,以纪其族属。谱之所记,上至于吾之高祖,下至于吾之昆弟,昆弟死而及昆弟之子。曰,呜呼！高祖之上不可详矣,自吾之前而吾莫之知焉,已矣。自吾之后而吾莫之知焉,则从吾谱而益广之,可以至于无穷。盖高祖之子孙,家授一谱而藏之。其法曰,凡嫡子而后得为谱,为谱者皆存其高祖,而迁其高祖之父,世世存其先人之谱,无废也。而其不及高祖者,自其得为谱者之父始,而存其所宗之谱,皆以吾谱冠焉。其说曰,此古之小宗也。古者有大宗,有小宗。《传》曰：'别子为祖,继别为宗,继祢者为小宗。有百世不迁之宗,有五世则迁之宗。百世不迁者,别子之后也。宗其继别子之所自出者,百世不迁者也。宗其继高祖者,五世则迁者也。'别子者,公子及士之始为大夫者也。别子不得祢其父而自使其嫡子后之则为大宗。故曰,继别为宗,族人宗之。虽百世而大宗死,则为之齐衰三月,其母妻亡亦然。死而无子,则支子以其昭穆后之。此所谓百世不迁之宗也。别子之庶子,又不得祢别子,而自使其嫡子为后,则为小宗。故曰,继祢者为小宗。小宗五世之外,则易宗其继祢者,亲兄弟宗之。……其继高祖者,三从兄弟宗之。死而无子,则支子亦以其昭穆后之。此所谓五世则迁之宗也。凡今天下之人,惟天子之子与始为大夫而后可以为大宗,其余则否,独小宗之法犹可施于天下。故为族谱,其法皆从小宗。……百世之后,凡吾高祖之子孙得其家之谱而观之,则为小宗;得吾高祖之子孙之谱而合之,而以吾谱考焉,则至于无穷而不可乱也。是为谱之志云尔。"[27]宗法制度的根本是嫡长子继承制。苏洵所引,出自《礼记·大传》。郑玄注曰："别子谓公子若(或)始来在此国者,后世以为祖也。"《周礼·春官·甸祝》有："舍奠于祖庙,祢亦如之。"注曰："郑司农(众)云:祢,父庙。"《公羊传·隐公元年》载称："惠公者何？隐(公)之考也。"何休注云："生称父,死称考,入庙称祢。"父死后,在宗庙中为其设立神主,称之为祢,即进主祭祖。诸侯卒,其嫡长子继承为国君,嫡长子作为该国大宗宗子才有权祭祀先君。其第二、三诸子不得祭先君,亦不得视现任国君为其大宗,而别为其后代的始祖,故称别子。别子的嫡长子则为继别子的大宗宗子,嫡长子的嫡长子、嫡长孙、嫡长曾孙又世世为族人的大宗,受到宗奉,百世不变。别子的第二、三诸子各为小宗宗子,又由其嫡长子继承,被众弟奉为继祢小宗。继祢小宗的嫡长子为继祖小宗,被众弟及从兄弟宗奉。继祖小宗的嫡长子为继曾祖小宗,被众弟、从兄弟、再从兄弟宗奉。继曾祖小宗的嫡长子为继高祖小宗,被众弟、从兄弟、再从兄弟、三从兄弟宗奉。至继高祖小宗的嫡长子,最多只被三从兄弟宗奉,而不被四从兄弟所宗。即四从兄弟不宗奉其五世祖(小宗宗子)的宗子,这就是五世则迁。

欧阳修与苏洵都是采用小宗之法,以五世祖作为本支系的家族始祖。这是由于五代以来,整个社会成员的政治、经济地位都不是固定不变的,一般家庭很少能够世代富贵,倘若追溯五世以上的祖先事迹时,往往会碰到几世贫贱,族人脸上无光。因此,一般家族只好采用小宗之法。[28]小宗之法既切实可行、可操作性强,又符合儒家宗法制度与伦理纲常。"谱不及焉者,亲尽也。亲尽则曷为不及谱,为亲作也。凡子得书而孙不得书,何也?以著代也。自吾之父,以至吾之高祖,仕不仕,娶某氏,享年几,某日卒,皆书而他不书,何也?详吾之所自出也。自吾之父,以至吾之高祖,皆曰讳某,而他则遂名之,何也?尊吾之所自出也。谱为苏氏作,而独吾之所自出得详与尊,何也?谱吾作也。呜呼!观吾之谱者,孝弟之心可以油然而生矣。情见乎亲,亲见于服,服始于衰,而至于缌麻,而至于无服。无服则亲尽,亲尽则情尽,情尽则喜不庆忧不吊,喜不庆忧不吊则涂人也。吾之所以相视如涂人者,其初兄弟也,兄弟其初一人之身也。悲夫!一人之身,分而至于涂人,此吾谱之所以作也。其意曰,分而至于涂人者,势也。势吾无如之何也已,幸其未至于涂人也,使之无至于忽忘焉,可也。呜呼!观吾之谱者,孝弟之心可以油然而生矣。"[29]从北宋开始,民间自发组成以男系血统为中心的宗族共同体,宗法组织在此新的基础上以新的结构方式重建,成为社会结构中具有普遍性的主流社会组织。宋代宗族共同体一经构造成普遍性的社会组织,便发挥了强大的社会文化功能。在隋唐以来等级制度受到各种力量的冲击下,宗族共同体致力于维护以血缘为纽带的伦常秩序,在宗族内部构造一个微型金字塔,于等级中求稳定。[30]两宋理学家不遗余力地从哲学、伦理学论证宗族共同体的合理性与神圣性。儒学把同居共财理解为孝悌的表现,理学则对它加以理论的抽象和概括,认为这是天理对社会和事物的一种万古长存的规定,是人的本质的体现。[31]如苏洵和欧阳修都强调修谱尊祖敬宗收族的社会功能。"自秦汉以来,仕者不世,然其贤人君子犹能识其先人,或至百世而不绝。无庙无宗,而祖宗不忘,宗族不散,其势宜亡而独存,则由有谱之力也。"[32]"使有谱焉……虽百世之远而祖考不忘,宗族不散,尊祖敬宗之心将油然而兴。"[33]朱熹则表彰洪氏宗族公社,"洪门亦以累世义居……况天性人心,不易之理"[34]。族权亦普遍为宋代理学家所垂青。如关学之张载主张"立宗子法",以"管摄天下人心,收宗族,厚风俗"[35]关学之程颐进一步指出,"若立宗子法,则人知尊祖重本。既重本,则朝廷之势自尊"[36]。闽学之朱熹则设计了更具体的宗子法方案。两宋族权的膨胀,与理学家的推波助澜是分不开的。[37]修谱所播扬倡导的长幼有序、孝悌亲情等儒家传统伦理道德观念,正是宗法制度的基础。因此,谱牒之学在宋代应运重兴。入宋以后,谱牒学主要是民间私家修谱的历史。修谱的目的主要在于团结宗族,帮助后辈了解祖先,且寓有教育后辈发扬祖先孝悌、勤俭、学而优则仕等传统,以光宗耀祖。程朱理学的流行,使社会上尊祖收族的思想更加强烈。宋代谱牒学与理学的兴起,可谓相为表里,相得益彰。

苏洵《苏氏族谱》之后还附有《苏氏族谱亭记》。"今吾族人犹有服者不过百人,而岁时腊社不能相与尽其欢欣爱洽,稍远者至不相往来。是无以示吾乡党邻里也,乃作《苏氏族谱》。立亭于高祖墓茔之西南,而刻石焉。既而告之曰:凡在此者,死必赴;冠、娶妻必告;少而孤,则老者字之;贫而无归,则富者收之。而不然者,族人之所共诮让也。岁正月,相与拜奠于墓下。既奠,列坐于亭。其老者顾少者而叹曰:'是不及见吾乡邻风俗之美矣。自吾少时,见有为不义者则众相与疾之,如见怪物焉,栗焉而不宁。其后少衰也,犹相与笑之。今也,则相与安之耳,是起于某人也夫。某人者,是乡之望人也。而大乱吾俗焉,是故其诱人也速,其为害也深。自斯人之逐其兄之遗孤子而不恤也,而骨肉之恩薄;自斯人之多取其先人之赀田而欺其诸孤子也,而孝弟之行缺;自斯人之为其诸孤子之所讼也,而礼义之节废;自斯人之以妾加其妻也,而嫡庶之别混;自斯人之笃于声色而父子杂处谨哗不严也,而闺门之政乱;自斯人之渎财无厌惟富者之为贤也,而廉耻之路塞。此六行者,吾往时所谓大惭而不容者也。今无知之人皆曰,某人何人也,犹且为之。其舆马赫奕、婢妾靓丽,足以荡惑里巷之小人;其官爵货力,足以摇动府县;其矫诈修饰言语,足以欺罔君子。是州里之大盗也,吾不敢以告乡人,而私以戒族人焉。仿佛于斯人之一节者,愿无过吾门也。'予闻之,惧而请书焉。老人曰:'书其事而阙其姓名,使他人观之则不知其为谁;而夫人之观之,则面热内惭、汗出而食不下也。且无彰之,庶其有悔乎。'予曰:'然。'乃记之。"㊳由此可见,苏洵修谱还深寓臧否人物、扬善戒恶的教化警示功能,这在当今社会仍不失其积极的现实意义。

三

时人认同欧阳修与苏洵的谱法及其修谱的理念。"古者宗子之法,有大宗小宗。大宗惟一,历百世而不迁;小宗有四,递一世而一迁。《传》所谓身事五宗者,此也。是法一立,故历世愈远,分系愈繁,而人知宗派所由来,则本枝联属,骨肉不离,昭穆有序,宗庙常严。上有以事祖宗,而尽尊尊之义;下有以合族,而笃亲亲之恩。此有周而上,王化之所以盛,道德一而风俗同,其大经大法端有在乎此也。及周之衰,宗法不立,是以人罕知其宗,而轻去其邦邑,比比皆然。其间学士大夫,不忍忘其先者,于是始有谱牒之作,以支缀其宗绪,则宗法尚有可推,恩义不至泯灭,此亦礼废羊存之义,而学者述谱之心,顾不在兹乎。"㊴宋代程朱理学讲求义理,认为尊祖敬宗的宗法制度是维系社会的根基。"斯谱之作,名正言顺,信以传信,疑以传疑,本支既联,等杀攸分,俾将来昭不混穆,穆不混昭,内以尽志,外以尽物,莫不谱牒重光之可考也。苟谱图之弗修,宗法之弗立,将何以笃恩义之隆而尊孔法之盛哉?自兹以往,派从何来,支从何分,百世之下,世系昭然。亲者,无失其为亲;故者,无失其为故。则本支联属,实可以事祖宗而尽尊尊之义;骨肉不离,有可以合族属而笃亲亲之恩。夫如是,自然同心同德,同气同声,虽世远人繁,而恩义自与日月同光而不泯焉。"㊵

"国朝(按:指宋朝)言氏谱者,未闻其人。由其取人之途,不论家世,荜门圭窦之人,无尺寸功伐,而可以显贵。名公巨卿之裔,或不能缀辑时文以取科第,则俯首叹贫贱,与闾阎无差。礼闱之中,衣冠之胄,与商贾流辈，并呼名而进，古无是也。呜呼，贵胄凌夷，未有甚于此时。”㊶郑樵更深刻地揭示了谱牒之学式微的社会根源，在于唐代以前取士主要依据门第出身，因此士人个个讲究姓氏谱牒；而宋代则主要依据科举考试，因此不重视谱牒之学。“唐以前论氏族取人者，以其家世目熟耳详，父兄之施设教训，其于礼乐政事，皆箕裘业也。故有司以此铨衡人物，民间以此讲求姻好，所以人多习氏族之学。国朝患主司之徇私，故禁其名氏，付之于公，但取纸上语耳。由是氏族之学皆化为时文之学矣，故曰未闻其人。”㊷其实郑樵本人就是宋儒致力于谱牒之学且颇有造诣者。如其所言，“樵为此学旧矣”㊸，谨以郑樵《荥阳谱序》为例观之。“绍兴八年秋，莆田郑丞得宣教郎蒙庵撰公出《荥阳谱》以示，实虫蚁之余篇。”㊹郑樵“观其楮墨之灭，与卷帙差缝之饰，知非近代物也。又见其文字有缺避者，皆为唐讳也。复于其篇之后，有吕氏之墨迹，乃知唐四库中文字，系乙部第十二类，所谓《荥阳家谱》一卷，即此书也。今《唐书》郑氏《宰相世系》，皆出于此，实嘉祐中编修吕夏卿因撰《唐书》得之也”㊺。郑樵十分推崇唐代谱学家，“氏族之学，唐有路敬淳、柳冲、韦述之徒，相为表里，故得此书如许详雅”㊻。郑樵肯定《新唐书》“惟《宰相世系》实出己意”㊼。但是批评“夫《宰相世系》何所取乎，取诸家图谱而为之，且欧阳文忠公言信史矣，奈何取人家谱以实史典乎？且人之墓志，皆隐恶暴美；人之家谱，皆剔削寒微、附会贵显，此何足信？夫人家谱者，私记也；史册者，公籍也。奈何取私家无凭之书，以为公家定著之籍乎！”㊽他根据《荥阳谱》校勘了《新唐书·宰相世系》中郑氏《宰相世系》的若干错误。如将小白之子白麟等人误作小白兄弟，将行俨之弟行均误作行俨之子，将长裕之弟少微误作长裕之子。㊾因此，他严厉批评《新唐书·宰相世系》，“他表如此讹谬，往往极多。乃知《新唐书》原不曾校勘，况笔出于众手，复杂取小说、家谱、墓志之类以为事实，书成又不复经眼，徒浪署姓名，纷纷妄误，取惑后人，可胜道哉”㊿。郑樵还批评了《新唐书·宰相世系》偏录的缺点。“今《唐书》但取其《宰相世系》而录之。且既曰世系，则其之所系当概举，岂可偏录。”(51)另外，文末还指出闽人多妄称祖籍光州固始之谬滥，并客观分析了之所以产生这一流弊的原因。“吾祖实出荥阳，过江入闽，皆有源流，孰为光州固始人也哉！今闽人称祖者，皆曰：自光州固始来。实自王绪举光、寿二州之众以附秦宗权,王潮兄弟以固始之众从之。后王绪与宗权有隙,遂拔二州南走入闽。王审知因其众以定闽中,因申以桑梓故,独优之。故闽人至今言氏族皆知固始。以当审知之时,贵固始也,其谬滥云。"㊼郑樵不盲从,不为贤者讳,客观严谨、实事求是的治学态度和研究方法,于修谱治史都是十分值得效法的。诚如郑樵所批评的,利用谱牒、墓志、小说、笔记等民间资料治史而未经审慎考订校勘,"徒浪署姓名"的不负责任态度,于今整治学术腐败也是值得引为鉴戒的。

郑樵批评《新唐书·宰相世系》的缺失,并不等于欧阳修、苏洵等人所开启的宋代谱牒之学一无是处。正相反,恰恰说明宋儒对谱牒之学的关注讲究。明清以降,氏族修谱率推崇宗法欧苏二氏谱法。"先子有言,士大夫必知祖。郯子能言其祖,所以见称于世。籍父之无后,由数典而忘其祖以致之。在春秋之时,尊祖敬宗之重已若此。自姓氏缺记,谱牒失官,宗法弗明,家乘坠绪,淆乱诬罔,夸耀侈观,自忘其祖亦甚矣。汉晋唐宋,硕哲鸿儒,人知修谱,唯庐陵、眉山之德烈文望为最著,故欧、苏二氏之谱法独传,世之士大夫修谱者多宗之。既不冒其所不可知以失于伪,亦不没其所可知以失于罔。所谓士大夫则知祖,正指其修谱之善,而知祖之真也。"㊽苏氏谱对后世的影响远不如欧阳氏谱。占公共图书馆现藏谱牒约三分之一的浙东各县市清代、民国宗谱,几乎都是欧式的世系图加世传,不过稍有改进,主要是后世的宗谱都是数支合修,分迁者的子孙凡是参与修谱的都载。现存量较多的湘东北长沙、岳阳等地区的族谱,主体也都是世系图加世传。苏南常州、苏州地区及皖南的宗谱,虽然多采用类似苏式世系表的形式,但也不是五世则迁。苏式谱不载高祖以前,不合人情,所以为后人所不取。㊾"世系之法,本自庐陵欧阳氏。上自高祖,下自元孙,五世一提头,元孙㊿再提为九世,又再提为十三世,以至提之无穷,盖取五服之义也。其图用笔牵画脉络联属,自下逆推而上之,子而父,父而祖,祖而曾、高,以见本原之有自。自上直推而下之,父而子,子而孙,孙而曾、元,以见衍派自久远。又自右横推而左之,自左横推而右之,为亲兄弟,为从兄弟,为再从、三从,以见亲疏长幼之序。其昭穆序次,一披览昭昭可考也。"㊿总而言之,宋儒从理论观念到实践上,于谱牒之学都做出了突出的贡献,尤其欧苏二氏谱法对后世产生了深远的影响,成为修谱的楷模,至今仍被奉为圭臬。

注释：

①黄宗羲：《南雷文定》第三集，卷一，清康熙二十七年(1688)刻本。

②(乾隆)《泉州府志》卷五四，《吕夏卿传》。

③《宋史》卷三三一，《吕夏卿传》，清乾隆四年(1739)刻本。

④(乾隆)《泉州府志》卷五四，《吕夏卿传》。

⑤《欧阳修全集》卷二一，《居士外集》，北京：中国书店，1986年。

⑥苏洵：《嘉祐集》卷一七，《苏氏族谱》，清道光十二年(1832)眉山三苏祠刻本。

⑦吴怀祺校补：《郑樵文集》，北京：书目文献出版社，1992年。

⑧《王文公文集》卷三三，上海：上海人民出版社，1974年，第391～394页。

⑨朱长文：《乐圃余稿》，参见王铁：《中国东南的宗族与宗谱》，上海：汉语大词典出版社，2002年，第77页。

⑩《陈亮集》，北京：中华书局，1974年，第198页。

⑪参见《长泰县珪塘叶氏源流宗谱》，1999年。

⑫参见福清《云山叶氏重修文忠公家谱》，1993年；漳平《南阳叶氏宗亲谱》，1996年。

⑬王铁：《中国东南的宗族与宗谱》，上海：汉语大词典出版社，2002年，第82页。

⑭王铁：《中国东南的宗族与宗谱》，上海：汉语大词典出版社，2002年，第11页。

⑮程敏政：《新安文献志》，参见王铁：《中国东南的宗族与宗谱》，上海：汉语大词典出版社，2002年，第82页。

⑯苏洵：《嘉祐集》卷一七，《谱例》，清道光十二年(1832)眉山三苏祠刻本。

⑰《欧阳修全集》，《居士外集》卷一九，《与王深甫论世谱帖》，北京：中国书店，1986年。

⑱《欧阳修全集》，《居士集》卷四七，《与曾巩论氏族书》，北京：中国书店，1986年。

⑲中言、马维森、杨淑荣：《浅谈仲氏谱志的史料价值》，《人民政协报》2000年4月11日。

⑳《厦门晚报》2002年6月14日。

㉑来新夏、徐建华：《中国的年谱与家谱》，北京：商务印书馆，1997年，第4页。

㉒《欧阳修全集》，《居士外集》卷二一，《(集本)欧阳氏谱图序》，北京：中国书店，1986年。

㉓王铁：《中国东南的宗族与宗谱》，上海：汉语大词典出版社，2002年，第9页。

㉔《欧阳修全集》，《居士外集》卷二一，《(集本)欧阳氏谱图序》，北京：中国书店，1986年。

㉕《欧阳修全集》，《居士外集》卷二一，《(石本)欧阳氏谱图序》，北京：中国书店，1986年，第517页。

㉖苏洵：《嘉祐集》卷一七，《谱例》，清道光十二年(1832)眉山三苏祠刻本。

㉗苏洵:《嘉祐集》卷一七,《族谱后录》。
㉘来新夏、徐建华:《中国的年谱与家谱》,北京:商务印书馆,1997年,第109页。
㉙苏洵:《嘉祐集》卷一七,《苏氏族谱》,清道光十二年(1832)眉山三苏祠刻本。
㉚冯天瑜、何晓明、周积明:《中华文化史》,上海:上海人民出版社,1990年,第664～665页。
㉛冯天瑜、何晓明、周积明:《中华文化史》,上海:上海人民出版社,1990年,第669页。
㉜苏洵:《嘉祐集》卷一七,《谱例》,清道光十二年(1832)眉山三苏祠刻本。
㉝欧阳修:《衡阳渔溪王氏谱序》,引自王铁:《中国东南的宗族与宗谱》,上海:汉语大词典出版社,2002年,第9页。
㉞《朱文公集》卷九九,《知南康榜文》,明嘉靖刻本。
㉟《张子全书》卷四,《宗法》,清光绪二十三年(1897)刻本。
㊱《朱子家礼》卷一,《通礼·杂录·祠堂》,明刻本。
㊲张岱年、方克立主编:《中国文化概论》,北京:北京师范大学出版社,1994年,第62页。
㊳苏洵:《嘉祐集》卷一七,《苏氏族谱亭记》,清道光十二年(1832)眉山三苏祠刻本。
㊴江万里:《叶氏家乘世系序》,见《长泰县珪塘叶氏源流宗谱》,1999年。
㊵江万里:《叶氏家乘世系序》,见《长泰县珪塘叶氏源流宗谱》,1999年。
㊶吴怀祺校补:《郑樵文集》,北京:书目文献出版社,1992年。
㊷吴怀祺校补:《郑樵文集》,北京:书目文献出版社,1992年。
㊸吴怀祺校补:《郑樵文集》,北京:书目文献出版社,1992年。
㊹吴怀祺校补:《郑樵文集》,北京:书目文献出版社,1992年。
㊺吴怀祺校补:《郑樵文集》,北京:书目文献出版社,1992年。
㊻吴怀祺校补:《郑樵文集》,北京:书目文献出版社,1992年。
㊼吴怀祺校补:《郑樵文集》,北京:书目文献出版社,1992年。
㊽吴怀祺校补:《郑樵文集》,北京:书目文献出版社,1992年。
㊾吴怀祺校补:《郑樵文集》,北京:书目文献出版社,1992年;《新唐书》卷七五上,《宰相世系》。
㊿吴怀祺校补:《郑樵文集》,北京:书目文献出版社,1992年。
㉛吴怀祺校补:《郑樵文集》,北京:书目文献出版社,1992年。
㉜吴怀祺校补:《郑樵文集》,北京:书目文献出版社,1992年。
㉝明嘉靖晋江《洛溪吴氏家谱》,蔡润宗序。
㉞王铁:《中国东南的宗族与宗谱》,上海:汉语大词典出版社,2002年,第10页。
㉟清代避康熙帝玄烨之讳,改称玄孙为元孙。
㊱清道光《清漳青礁颜氏族谱》,《例言》。

谱牒与闽台历史文化关系

孙英龙[*]

谱牒是中国传统文化的重要组成部分,也是海峡两岸历史渊源关系的珍贵资料。谱牒,又称族谱、宗谱、家谱、世谱,即记述由血缘所结合的人与人之间的关系的历史图籍,以增强"木本水源""敬宗睦族"的思想感情。一部比较系统的谱牒,就是一部家族史,记录着家族的来源、姓氏源流、迁徙、生息、繁衍、发展、风俗、婚姻、丧葬、族规、社会变故等。谱牒资料中,蕴含着正史和其他官方文献不可能具有的丰富内容,是历史学、社会学、人类学、民族学、人口学、民俗学等许多学科的重要资料来源之一。

谱牒在研究闽台历史渊源关系中起到了重要的作用,成了子孙后代寻根溯源的依据,使后裔一代又一代知根源、明宗支、分族从、识长幼、别昭穆、承祖德。所以说,谱牒是中华民族历史文化的沉淀,体现了闽台根深蒂固的宗法制度和丰富多彩的家族文化。台湾移民在宝岛开基创业、繁衍子孙,一刻也没有忘记自己的本源。今天,这一代子孙仍牢牢记着自己的"根"深埋于台湾海峡西岸,那一片有着五千多年文明史,绵延不绝孕育着中华儿女的沃土中。

当前"台独"势力掀起一股从文化上"去中国化"的思潮,企图否认两岸历史渊源关系,这不能不引起大家的重视和警惕。我们研究闽台谱牒,正是要以谱牒的真实记载,来反驳那些企图分裂闽台历史的"台独"势力。目的正是追溯闽台血脉根源,进一步从谱牒中关于福建人民移居台湾的真实而具体的史实,证明闽台的历史渊源关系,研究大陆特别是福建移民迁台历史。可以说,闽台谱牒是维系海峡两岸中华儿女的精神纽带,成为增强中华民族凝聚力的桥梁。这是任何力量都无法

---

[*] 作者是东山县博物馆原馆长。本文于 2002 年"闽台谱牒民俗"研讨会上发表。

摧毁的。许多台胞纷纷回到故里,寻找祖先遗迹,一部谱牒常常使他们得以认祖归宗,从而热泪盈眶,激动不已。有的台胞还热心投资家乡事业,为家乡和祖国经济发展添砖加瓦。

1.谱牒记载了大陆人民特别是福建人民移居台湾的史实

已故厦门大学历史系教授庄为玑和现任泉州海交馆馆长王连茂研究员,就致力于福建族谱的调查研究,编成《闽台关系族谱资料选编》(福建人民出版社),以大量的族谱证明了福建人民移居台湾的历史。他们共查阅150多部谱牒,其中70多部载有涉及闽台关系的资料,也就是记载了福建人民移居台湾的历史。

据陈在正《当前海内外姓氏源流研究的动态》(载于《台湾源流》第20期)说,台湾收藏族谱数量很大,1981年国学文献馆成立后,搜集、复印族谱6000多种,盛清沂编有文献馆族谱目录;1987年赵振绩主编的《台湾区族谱目录》数量已达10613种,其中陈氏1084种,李姓570种,苏姓93种。这些谱牒都记载了从大陆移居台湾的历史过程,同时也说明海峡两岸都很重视谱牒的收集、保藏。

1998年11月21日开始,"台闽族谱暨家传文物特展"在台湾历史博物馆举办1个月,展出了许多闽台族谱。《台湾源流》杂志社在第12期社论指出:"真正有文字记载的台湾历史是从汉人移民来台算起,所以说,台湾的历史也就是汉人东渡来台的移民史。""因此研究汉人的移民史当然以家族史(族谱)最为重要。"

如《闽台关系族谱资料选编》载:"见诸谱牒最早移民,乃是北宋末、南宋初的德化县苏姓。"据《德化使星坊南市苏氏族谱序》,七世祖苏钦于南宋绍兴三十年(1160)记载苏氏一族分于台湾。该序作于南宋初,则族人之分居台湾的时间,当可推到北宋甚至更早。

《寻根揽胜话泉州》载:泉州清代以前至少有101个姓氏8000人迁居台湾开基。其中、陈、林、黄三大姓均超千人。主要迁移地点在西部沿海平原地带的台北、新竹、台中、台南、高雄、澎湖等地。

《漳州过台湾》载,根据族谱资料统计,漳州向台湾移民的姓氏至少有98姓,其中南靖梧宅赖氏家庭300多人、梧宅林氏200多人、梅林魏氏三房309人、奎洋庄氏255人、云霄何地何氏392人、漳浦大坑陈氏231人迁居台湾。在族谱里还大量记载开台始祖凭借毅力、智慧和友爱互助,在台湾创业中与自然搏斗,垦荒辟地,衣不盖体,食不足粮,住无定所,行无通路的困苦生活,胼手胝足,白手起家,绵延后代,创建村落。这种种险境与辛酸历程,体现了福建人一往无前的开拓精神。

2.谱牒记载了闽台血缘关系的纽带——昭穆

在闽台族谱中,普遍记载着昭穆。昭穆是宗法社会里祖宗崇拜的产物,代表着每一个家族子孙的辈序排行,即所谓"辈分"顺序。凭着这个"辈分",一个家族的子孙后代,尽管迁徙再远,分离再久,也可以确认是出自同一血脉的族人,并且以此辈序来互相称谓、相认。昭穆在台湾宗亲寻根中发挥了巨大作用。台湾宗亲回乡寻根认祖,由于年代久远,隔了很长的几代人,族人相互不认识,因而在见面相会时首先对堂号,其次便是对辈序。

昭穆具有敬祖敦宗传世的内涵,一代传一代。昭穆多以四字、五字、七字为一句的诗词为表现形式,每一字代表一个辈序,每一首昭穆的诗中,绝不重复一字。昭穆是由族中贤达人士编的,制成后隆重编进族谱中,代代遵照执行,世系不乱。

昭穆是中华民族传统文化的组成部分,被视为家族文化瑰宝,长期奉行,至今保存完备。长泰江都村连氏宗祠"瞻依堂"内有一对联:"国土升华光世德,惟思懋建永昌宗。"这是连氏裔孙、光绪二年(1876)荣登台湾府举人连日春所撰,后来江都和开台连氏家族共同将它编入族谱,作为子孙昭穆,从十二世启用,至今两地相沿。

3.谱牒记载了福建在台湾发展史上的名人

明清以来,福建人在开拓台湾历史上扮演着重要的角色,闽籍乡亲为台湾的繁荣和发展奋斗不息,艰苦创业,名人辈出,涌现了许多开台先贤。福建先贤在台湾历史各个发展阶段,都发挥了巨大的作用。

众多闽台谱牒都有记载这些开发台湾先贤的事迹。如"开台王"颜思齐、郑芝龙、民族英雄郑成功、施琅将军、"破肚将军"蓝理、"鸭母王"朱一贵、人民起义领袖林爽文、"阿里山神"吴凤、"开兰始祖"吴沙、爱国史学家连横……又如连横《台湾通史》卷二九《列传》载:"林凤,福建龙溪人,为延平郡王部将,从入台,永历十五年(1661)率所部赴曾文溪屯田,则今之林凤营也。"连横先生未能说明林凤的祖籍地,而东山县康美村林氏族谱和台湾林氏族谱却详细记载了林凤的事迹:其系康美十世裔孙,其父林雪仔,于永历十一年(1657),年28岁参加郑成功部队。族谱还记载了其父入台屯田和抗击荷兰人的事迹。

1998年11月,应台湾民众要求,台湾历史博物馆与大陆有关方面联合在台北举办"台闽族谱暨家传文物特展",引起岛内强烈反响,很多人去抄录族谱,寻根认祖,增进了骨肉亲情。

总之,谱牒对于我们研究闽台关系,尤其福建人民移民台湾问题,为海峡两岸人民的寻根认祖,提供了难能可贵的资料;对于反驳当前台湾出现的"去中国化"的"台独"势力也是最有力的批判。闽台谱牒的研究,已经而且将继续为促进祖国统一大业做出贡献。

台湾"根在大陆"的民间意识
——读台湾《胡氏族谱》有感

蓝达居[*]

今年中秋节前后,由于要做有关侨乡社会方面的调查,我两次赴闽西永定下洋镇,为了了解下洋地方的历史民俗,我拜访了地方乡贤胡居达老先生。在其处获阅台湾胡氏族人赠予胡老先生的《胡氏族谱》。该谱有两个版本:一个是1987年所修版本,另一个是1994年所修版本。两个版本的族谱都书载胡氏之世系源流,其修法与内容,或隐或显地体现着当代台湾胡氏族人那种"根在大陆"的民众思想意识。

一、修谱寻根问源

该谱为台湾"舜裔第一百五十一世孙"胡均发先生所修编。1987年所修版本族谱之目录有:一、忠孝传家;二、妫汭五姓始祖圣像;三、《胡氏族谱序》(朱熹);四、前言;五、胡适先生事略;六、胡汉民先生事略;七、妫汭姓氏世系考;八、世系表(公谱);九、中国历代朝代演进过程图;十、胡氏家谱世系表。

修谱者胡均发在《前言》中说:

> 寻根工作着手十年来先将《胡氏族谱》于1982年元月编印颁发,又于1983年四月五日补述《胡氏族谱》附录《渊源追溯集》刊载在第九页。……本刊为进一步求证,先后求教于桃市胡震天先生。胡先生早年曾到永定县金丰里下洋乡祖祠祭祖,又在胡文虎/豹老

---

[*] 作者是厦门大学人类学与民族学系副教授。本文于2002年"闽台谱牒民俗"研讨会上发表。

家抄下胡公满→五六郎公为止之历代世系表,而使本族世系更趋明朗。又承胡震天先生建议,前往北投造访世界陈氏宗亲会拜访陈家添先生。借阅陈氏族谱资料发觉,虽然宗亲古代部分无从查对,又在世界族谱专家何兆钦先生处借阅《五姓族谱》,但多为近代者,古代世系资料缺少。最后会同何先生造访联合版报系查阅来自各地资料,并拜会该报盛主任老先生知悉:族谱之古代世系殊难检讨,但代世者则大同小异,因此再详阅宗亲谱系学会1981年、1982年两年刊后,综合以上诸先生所编资料进行评估结果,作为本族谱世系表,大致上认为相当可靠。因此按此编辑。祈盼各房宗亲照此世系自行分别按代衔接,如此昭穆分明,亦不失慎终追远之美意也。

从其前言可知,族谱的编撰出于"慎终追远之美意",乃是其作为台湾移民"寻根意识"的体现。而从该谱的内容,又可知其作为大陆到台湾的移民后裔,对于其血统的中国之源、文化之中国之根的自觉深刻的认同。

二、对血统之中国之源的认同

该谱从血统上确认,台湾胡氏一族来源于大陆中原。谱文书曰:

> 我姚、虞、陈、胡、田五姓,同出于有虞重华圣祖之后也。考,圣祖重华协帝,先国于虞,故曰有虞氏,系黄帝公八代孙。黄帝有熊氏传子昌意公封于汝南,昌意公生颛顼高阳氏,颛顼公生穷蝉,穷蝉公生敬康公,敬康公生句芒公封于平阳,句芒公生蟜牛公,蟜牛公生瞽瞍公,乃我圣祖之生父也。圣祖之生母握登氏,于唐尧壬午三十九年,感大虹生圣祖于姚墟(在今山西永济),因以姚为姓。

该谱将黄帝的第八代孙帝舜作为包括胡氏在内的妫汭五姓直系始祖:

> 一世　黄帝
> 二世　昌帝

三世　颛顼

四世　穷蝉

五世　敬康

六世　句芒

七世　蟜牛

八世　瞽瞍

九世　帝舜

该谱将胡公满作为胡氏一族的真正始祖，胡满公是自帝舜开始的第三十四世。

一世胡满公，帝舜之后，虞阏父之子武王以元女太姬配之，封诸陈都以备三恪，以奉舜祀，卒谥胡公，是为胡姓之始祖也。

由胡满公传至九十五世（按1994年所修新《胡氏族谱》为九十四世，下同递减）万九郎，宋末从江西迁入福建汀州，其三子九十六世七郎"始迁下洋"。七郎之子、九十七世十二郎生二子，名念七、念八。九十八世念八郎三子、第九十九世五六郎又生三子名百七郎、百八郎、百十郎。台湾这支胡氏族人将胡满公传下来的第一百世百十郎作为其家族的一世祖：

一世百十郎自河南中原徙，千辛万苦，披荆斩棘，渡过长江，经江西、福建，在永定县金丰里下洋乡坪头老屋肇基。

自百十郎传下十三世辉英，"生于康熙壬辰年，卒于乾隆壬辰年，传二大房昌福、昌禄，始来台湾，在汶水坑肇基"。修谱人胡均发先生即昌福（珅璋）五代孙。

由此，台湾胡氏一族以族谱编撰的形式确认了自己中华血脉的历史。

三、对文化之中国之根的认同

该谱有中国传统文化的代表人物、宋代理学家朱熹所撰《胡氏族谱序》：

自宗子法废而族无统。唐人重世族，故谱牒家有之。唐以后不能。然苟非世之富贵，多大儒族氏派系往往沦而莫可考矣。

胡氏之先自周武王封舜后胡公满于陈,子孙以谥为姓,历汉文恭广公以迄晋关内侯质公为立谱之鼻祖,相传二十五世中间,序昭穆,别疏戚,因流溯源,由本达枝,作谱以传,庶几不忘本也。胡氏子孙继此能自振于时,则斯谱之传愈久愈光,由一世以及千万世,莫可量也。

修谱是为了"不忘本",修谱也正是"不忘本"之体现。中国人讲究为人不要忘本,所以忠孝是做人的一个基本原则。不忘祖先之血统,不忘文化之根源,是为"不忘本"。修谱,一方面确认了血统之根,也确认了文化之根。黄帝是中国人的历史文化英雄,确认黄帝是自己的血统之根,也就同时确认黄帝所代表的文化是自己的文化之根。胡氏的始祖舜,作为黄帝八代孙的"圣祖重华协帝",也是中国著名的历史文化英雄,他的伟大业绩说明了胡氏族人那个"辉煌的过去":

圣祖性至孝,耕于历山,陶于河滨,渔于雷泽,竭力尽瘁,全无怨恨怼之心。尧闻而聘之,使总百揆,事以九男,妻以二女,长曰娥皇,次曰女英,居于妫汭,其后因为氏姓,故姓妫氏。圣祖年三十二岁相尧,计摄位二十有八载,举五贤(夏禹、后稷、子契、皋陶、伯益),诛四凶(共工、驩兜、鲧、三苗),天下大治。年六十有五岁,受禅为天子,国为虞,都于蒲阪,在位四十八年,让位于禹。长子商均公作宾于王家,封于虞,以虞为姓。至圣祖五世孙虞思公,少有贤德,夏后氏异焉。周武王克殷而有天下,复求圣祖之后,得虞阏父公,仕周为陶正。赖其陶冶器用,庸以元女姬配公之子,满公封诸陈邑,备受三恪,以奉舜祀,是为陈国侯爵之始,遂以陈为姓。满公卒谥胡公,子孙因以谥为姓,亦则为胡姓之始祖。陈宣公时,陈公子名完字敬仲,奔于齐国,齐桓公以其贤,拜为工正,赐食采于田,以田为姓,是为田氏之始祖。综观以上,则我姚、虞、陈、胡、田五姓,固圣德之裔,神明之胄,得姓受氏,虽历四千余年而不渝,子孙繁衍,几遍全球,诚哉我圣祖至德大孝,有以垂于远,而昌厥后者。

修谱者在1994年所修《胡氏族谱》里说:

中国固有文化,以儒家学说为中心,儒家学说虽公认孔子为开创的宗主,而穷源溯流实应始于尧舜禹相授受之心传。史称虞舜——重华公,起自侧陋,以大仁至孝承继唐尧道统与治统的两重大任:彼复以帝位与"危微精一"之旨,授之于禹,给中国正统的学术思想和政治理思,奠定了万世不拔的宏基。

在修谱者看来,胡氏族人不仅有着"辉煌的过去",也有着"伟大的现在":该谱附录有中国现代史上重要人物胡适、胡汉民两位胡氏族群历史人物的简历,"作为启后之榜样",也同样体现着修谱人对中华文化之根的体认。

总之,台湾胡均发先生代表族人所修之《胡氏族谱》确认了胡氏族人血统上的中国之源,也确认了胡氏族人文化上的中国之根,从一个层面反映了当代台湾"根在大陆"的民间意识形态。

族谱是"三胞"寻根的凭据
——兼谈寻根的体会

颜立水[*]

"三胞"(侨胞、台胞、港澳同胞)寻根的主要凭据就是历代相传的族谱。"文化大革命""破四旧"时,许多民间族谱焚于一炬。当然,也有如晋江罗山镇上郭(象阁)村大队会计柯贤清"冒险"抢救《象阁柯氏族谱》(也是菲律宾国父黎刹家族的原谱)的善士仁人,辽宁省灯塔市柳河子镇上柳村还有一家范氏农民婆媳两人相继"偷藏"范仲淹(北宋政治家、文学家)家谱的动人事迹。可惜许多民间谱牒还是在那场浩劫中化为灰烬,给改革开放以后"三胞"的寻根活动或重修族谱带来困难。但不管如何,中华儿女这种"根"的意识始终在血液中流淌。许多"三胞"家中保留着先人传承的族谱,有的虽然没有族谱,但他们仍然可以从祖宗的墓碑、神主牌甚至口头流传中了解到自己的"乌篮血迹",因而激发了寻根的情愫。这种尊祖睦宗的思想感情,上自显贵,下及平民都是一致的。大道理毋庸赘言,我仅举例为证。

菲律宾前总统科拉松·许寰哥·阿基诺夫人的祖籍地在福建同安已是众所周知,可是当时寻根也颇费周折。1985年9月,菲律宾许氏宗亲总会理事长许经习致函同安侨联,请求协查阿基诺夫人祖先的历史谱系。菲方没有提供多少具体的谱牒资料,他们只是从阿基诺夫人家乡打拉省班尼义镇阿基诺夫人曾祖父的纪念碑上,知道她的祖籍地在同安鸿渐村,因为该纪念碑上镌写:"同邑鸿渐皇清显考十九世尚志许公封碑。"而1957年以前同安有两处鸿渐,即东鸿渐和西鸿渐,而且都是许氏聚居地。开始时有些人跑到东鸿渐查访,但没有找到确凿的线索。后来从地方志书查到同安还有西鸿渐,即泉州府同安县积善里

---

[*] 作者是原同安县文化局局长。本文于2002年"闽台谱牒民俗"研讨会上发表。

白昆阳保鸿渐尾(1957年划属龙海县,现属龙海区角美镇)。1986年4月18日,笔者专程到鸿渐尾村拜访阿基诺夫人的堂叔许源兴和他的妻子郭玉蕊,了解到许源兴的父亲许团礼小时随祖父许瑞益(即阿基诺夫人曾祖父许尚志的哥哥)到菲律宾学习榨糖的经历,证实了阿基诺夫人的"根"确在"同邑鸿渐"。同年4月25日,《泉州晚报》发表拙作《访科拉松总统祖籍地》,阿基诺夫人的"根"更是家喻户晓了。1988年4月15日,菲律宾总统阿基诺夫人访华时特地到鸿渐尾许氏宗祠谒祖行香,在群众大会上她声称:"从某种意义上来说,我也是鸿渐村的女儿。"总统了却一桩夙愿,也为中菲友好关系谱写了一曲新的乐章。

菲律宾总统是委托当地宗亲会寻根,新加坡总理李光耀夫人柯玉芝则是交代胞侄寻根。1993年2月20日,李夫人的内侄、新加坡国家博物院院长柯宗元来泉州联系筹办"海上丝绸之路展览"事宜,顺便提请泉州人士帮他寻根。时任泉州闽台关系史博物馆馆长的黄炳元是我的老朋友,他让我帮忙查找。我根据同安行政区域古今地名资料,明确告诉他查找的地址。因为柯先生提供的资料虽然简单但比较明确。他提供的《柯氏家谱系》写道:"溯我柯氏祖宗,原籍中国福建省泉州府同安县十八都龙门保积善里鼎美乡后柯社兴理公派下。始祖庆文公本住泉州塘市,迨及四世国材公开基后柯社,又至二十四世祖振文讳其厘,二十五世祖纯怡公讳开逸,父子出外经商南洋爪哇岛地方名三宝垄,遂寓于此,以传子孙。"族谱中记载的"鼎美乡后柯社"已于1957年自同安县划归厦门市郊区,现属厦门市海沧区东孚街道。柯先生出示的资料与后柯社保存的《庄江柯氏族谱》[乾隆三十六年(1771)重修]完全吻合,就连十九至二十四世的辈序"昭兹来许绳其"也完全相同,柯先生终于完成了姑母交与的一桩"使命"。前几年晋江为菲律宾国父黎刹寻根,我查阅了同安《梧侣柯氏族谱》《霞崎柯氏族谱》和南安《济阳堂通谱》等,从中发现李光耀夫人柯玉芝与菲律宾国父黎刹(祖籍晋江上郭,十九世柯南玄孙)同是泉南柯氏一世祖柯庆文的第二十八世孙,而且都是南宋同安"理学名儒"柯国材(1116—1176)的派裔。这是寻根活动中由族谱翻出来的一件趣事。

有族谱的"根"比较容易查找,缺乏族谱资料的"根"有时就要"海底捞针"了。清代奇杰辜鸿铭,《清史稿》只说他是"福建同安人"。但民国元年(1912)以前的"同安"包括现在的金门、厦门及龙海角尾,同安新圩"辜宅"原来姓辜,可是现在全是姓黄,因此寻根难度较大。福建省著名作家钟兆云根据收集到的资料,在他所著《奇人辜鸿铭》一书中对辜鸿铭的先世做了具体的描述:辜鸿铭的先祖本姓陈,名叫陈敦源,世代在闽南捕鱼为生。一天陈敦源酒醉失手伤害人命,为逃避官府的缉拿,便偕带家眷,摇着自家的渔船,来到马来西亚半岛的槟榔屿落户。时过境迁,陈敦源对此事一直怀有罪疚之心,遂改姓为"辜",以示悔罪,自此其裔皆为辜姓。同安区政协文史资料委员会根据这一线索,查阅了同安所有陈姓族谱,走访了沿海陈姓乡村,终于在同安区新店镇濒临海港的浦尾村(按:今属翔安区新店街道溪尾社区)发现该村《浯浦陈氏家谱》(始祖陈福寿原籍金门,明嘉靖间避倭徙居同安翔风里十二都浦尾村,自立灯号"浯浦")中有十二世"敦"字辈的陈敦源、陈敦严、陈敦浅、陈敦查四人旅居马来西亚的记载。据当地老人回忆,抗战前马来西亚的辜氏还以陈敦源的名义写信给该村的私塾先生陈乌修请求寻祖认亲,可惜事无着落。后来陈敦源之孙辜安平定居台湾,成为台湾辜氏开基祖之一。1924年,现任台湾海基会会长辜振甫的父亲辜显荣曾写信邀请"宗兄"辜鸿铭赴台讲学,由此可以推测辜鸿铭与辜振甫是伯(叔)侄关系。因此可以这样说,凡属陈敦源派裔之辜姓,其根就在同安浦尾,钟兆云先生对此也持认同。由此可见,缺乏族谱凭据的"根",需要花费更多的心思和劳力。

  人们都说"闽台一家",台胞的"根"在大陆,福建是台湾同胞重要祖籍地,这些都不是空口瞎说,而是有"谱"为据。据1926年日本驻台总督官房调查课的调查,当年台湾在籍汉人有3751600人,其中属同安籍的有553100人(相当于今天同安区的人口数),占全台人口的14.7%。再根据闽台两地的族谱记载,明清时期同安有68个姓的移民到台湾,"插竹为社,斩茅为屋",这些都只是一个"同安籍"的统计数字。福建省昙石山遗址博物馆馆长欧潭生在他的著作《闽豫考古集》中还提供了一个数据:台湾于1953年做过户口统计,500以上的100个姓氏中,有63个姓氏的族谱记载他们的祖先来自河南,这63个姓共有670512户,占全省总户数的80.9%。在台湾,不仅有书《唐山过台湾的故事》、文物图片展览《根——台湾的过去和现在》,还有电影《源》。这些"根"的铁证任何人都改变不了。因此,对于那些大唱所谓"正名运动",大搞"文化台独"的人,就连海峡两岸和平统一促进会常务副会长郭俊次也说:"实在是不道德,也不应该。"[1]

台湾(包括金门)同胞到大陆,尤其是到福建寻根的事几乎天天都有,而且是闻"根"必寻。1998年6月,泉州发现锡兰王子后裔,年底台湾的王子后裔便携带《世氏族谱》前来寻根。2002年5月23日,台北市一位与我之前并不相识的杨先生突然打电话给我,说据他家族族谱的记载,他的先世居住在福建省泉州府安溪县积德乡新溪里五里埔员江尾,请我帮忙查询。我查阅新编的《安溪县志》,知道从前的新溪里五里埔现属官桥镇,再经与安溪县文物管理委员会办公室黄炯然主任联系,据说现在五里埔只有3户70多口杨姓人家。我把这个信息反馈给台北杨先生,请他适当的时候回来实地核查。在为"三胞"寻根服务中,我有两点感触,借此提出来与大家共勉:

一、要有甘当寻根使者的奉献精神

帮人寻根是件分外事,说句文雅话是:"为他人作嫁衣裳。"因为许多人素不相识,有的只是通过别人转述,提供一个简单甚至模糊的地址,在这种情况下,如果是"一声不知,百项无代(没事)",自然可以省掉诸多麻烦事。可是,一位有社会责任心的人总是放心不下。说句过头话,这项工作不做或者做不好,等于助长"台独分子"搞"台独"。台胞到大陆寻根,说明他们认祖归宗的向心力。这条"根"我们不抓,等到年老的日渐衰亡,有朝一日年轻的就可能把"闽南话"认作"台湾话"了。晋江市谱牒研究会自1997年9月16日正式成立以来,为"三胞"的寻根认祖活动做了许多卓有成效的工作,会长周仪扬,副会长王云传、孙远谋、曾智良、黄龙泉及一些会员热心为"三胞"寻根的事迹感人肺腑。我看过《晋江谱牒研究》简报材料,常常为他们无私奉献的执着精神击节。举个例子,台北市陈福义先生欲查其先祖陈承祖在晋江龙水五都内市祖籍地的资料,黄龙泉先生先后多次到安海塔兜、南安东头等地查阅族谱,而且深入田野墓地进行考察,最后确认陈先生祖籍地在晋江的安海塔兜，这种结论是"得来全要费功夫"。

这样的例子不胜枚举。1999年6月，金门爱心基金会董事长许金龙先生受贤厝卢姓乡亲委托，来电请我帮忙查访现在同安卢氏聚居村落的情况。我两次骑车到县西古庄查阅《西庄卢氏族谱》，得知卢氏开基祖卢邹（唐代侍御中丞）于乾符元年（874）游宦入闽，先居同安瓮内，后迁卢岭（今属汀溪镇），至十四世卢宗发于明代洪武年间举家迁往浯岛（金门），是为卢氏迁浯始祖，两地族谱所载十六至二十八世的昭穆也完全相同。同年3月8日、9日，《金门日报》发表拙文《卢若腾与卢戆章》，据许金龙先生回复，文中提供的族谱资料与金门吻合，金门卢氏宗祠修葺竣工后，他们将组团到同安谒祖。这些寻根工作非常琐碎，没有用心、留心、细心、恒心是做不来的。

二、要有丰富的地方文史知识

族谱因历代辗转传抄，难免会有鲁鱼亥豕之讹。由于行政区域的变化，许多地名也不断演变。因此，甘当寻根使者的人士对地方上的人文、历史、地名、方言、掌故、物产、风俗等都要有一定的了解和掌握。1987年4月，加拿大德·哈维兰飞机公司业务部区域处长郭正治先生，来厦门航空公司洽谈业务，也趁机给自己找"根"。根据族谱记载，他的祖父祖籍在同安，出生在台湾，后来移居加拿大。同安的祖籍地是同安县仁德里十二都姜瑞乡。当时厦门航空公司办公室王颐先生托人找我帮忙，我查阅《同安县志》和地名录，都没有找到"姜瑞乡"。但在民国版《同安县志》卷五找到仁德里有处郭厝埭，我推测这个冠姓埭名可能附近有郭姓住家。经过查询，知道现在厦门市集美区后溪镇的西井与下梧之间有座"姜屿山"，附近前进村的郭仔头自然村原来就叫郭厝埭。郭先生获此消息后，再次来厦门时径直到郭仔头认祖，刚到故居抬头便看到大门上的"汾阳堂"石匾。

有的村庄后来改名，因此需要核实古地名。如台胞王哈酷先生找遍福建地图，查不到父亲的祖籍地"晋江县玉园乡"。黄龙泉先生翻阅了八件王氏族谱，从中发现王氏支派有晋江玉园的记载。经过晋江市谱牒研究会会员蔡春草先生的考究,原来从前的"玉园"就是现在的东石麦园。这样台胞王先生在很短的时间内就找到了自己的"根"。

有的冠姓村名后来"改姓",这就需要认真查阅族谱。如台胞欧淑沧先生通过集美区统战部王进法先生欲查其同安欧厝的"根"。可欧厝现在姓王不姓欧,经查当地王氏族谱,才知道欧厝原来姓欧。南宋末期,王延政派裔王蒲三卜居同安翔风里十四都林前乡(今欧厝一个自然村),娶洪氏生二子:长子大舍,名思燕,居林前;次子二舍,名思翼,入赘欧厝欧氏,生二子。欧厝的欧氏后来举族迁往对面的金门开科欧厝村,原来欧氏的宗祠即由二房子孙承管,直到2000年才翻建为二房王氏家庙。这说明台胞欧先生到欧厝寻根也是有谱可据的。

在寻根活动中经常遇到一些谐音地名,例如石狮灵秀镇容卿村的济阳蔡氏与台北市洋坑的蔡氏同是石狮蔡氏始祖蔡均选的派裔,但"容卿"移到台湾就变成"洋坑"。台中有位陈先生,其开台始祖陈六合,祖籍是"泉州府同安县舍仁宫山仔脚边"。全县的宫庙普查没有"舍仁宫",后来访问新圩道士石尊贤,方知现在的"少年宫"是原来"舍仁宫"的谐音,而"山仔脚边"现在已是废乡,原来的陈姓住户已迁入缉熙亭村(今属五显镇)。新加坡早就有人到同安为李光耀夫人寻根,可是不知情的人把同安的"龙门保"指认是安溪的龙门;1984年8月台湾彰化县王功地区林西仓先生来厦门寻找明代的先祖林希元,有人给他介绍"林西源"是漳州人,幸好在漳州遇到厦门文史耆宿洪卜仁先生才转道同安。像这样不谙地方风情,就会给寻根者起到误导作用。所以,要为"三胞"寻根活动排忧解难,还真的要多学、多看、多听、多问,尽量让自己成为地方上的"活字典"。

族谱是中国宗法血缘文化的产物,也是所有中华儿女追根念祖的凭据。1976年美国黑人作家阿历克斯·哈利写了一部书叫《根》,引起了世界的"寻根热",据说美国有些家族特地花钱请人撰写族谱。1992年英国牛津大学加拿大籍学者宋怡明(Michael A. Szonyi)在美国发现了清朝末代皇帝溥仪老师陈宝琛续修的《螺江陈氏家谱》,引起了他研究中国宗法制度、习俗文化、民间信仰的兴趣,并先后两度到闽侯实地考察。两岸开放往来以后,闽台的谱牒交流日益频繁,甚至出现许多诸如数典寻源、同修宗谱,崇宗报本、共建宗祠的现象。金门叶钧培、黄奕展先生还合著了《金门族谱探源》一书,介绍了金门62部族谱、35个主要姓氏、192个灯号、67个宗亲会的主要情况。晋江市举办首届谱牒展览并把展出资料汇编成《根》一书出版。同安区政协文史资料委员会还编辑出版了《同安姓氏专辑》一书,载述了同安71个主要姓氏的源流及移居我国台湾地区、播迁海外的概况。这些举措对"三胞"的寻根活动甚有裨益,"它对推动谱牒学术研究和进一步加强海内外华人对中华文明的认同感及增强民族凝聚力有着重要的意义"。我们真诚欢迎"三胞"返乡寻根,也期盼有更多的新人从事寻根的工作。

注释:

①见《泉州晚报·海外版》,2002年5月28日第1版。

从族谱资料看明清时期晋江移民迁台的原因

吴金鹏[*]

族谱记载家族的历史,是家族的繁衍史,也是一部移民开发史。晋江一地的诸多族谱更是港澳台同胞、海外侨胞寻根谒祖的极好文献资料。

考古学家已经证明,居住在台湾的高山族祖先和居住在福建的最早人类都是古越人。秦汉以降,一批批汉人陆续进入福建,与当地古越族逐渐融合,每逢天灾、战乱,沿海人民就渡过海峡,涉足台湾这块未开发的处女地。宋代,泉晋渔民到澎湖和台湾北港捕鱼,有的人定居下来。元代在澎湖设巡检司,隶属晋江县,移民人数有所增加。明清时期,晋江迁台移民更由零星的、个别的转变为有组织的大批移民,其间出现了三次移民高潮。可见,晋江是台湾同胞的祖籍地之一,与台湾骨肉情深,血脉相连,语言相通,习俗相同,有着密切的"五缘"文化关系。在台湾开发史上,晋江人的地位十分显著,对于开发宝岛台湾,繁荣经济,发展科技文化事业起了重要作用。本文拟通过晋江部分族谱资料,探究明清时期晋江移民迁台的原因。

一、根本原因

(一)一水之隔,交通便捷

以海为生的晋江沿海居民,自古练就非凡的驾驭海洋的本领。宋元时期,晋江人就已倚仗先进的造船技术、高超的航海技术,闯出了一

---

[*] 作者是晋江市文保中心主任。本文发表于《晋江谱牒研究》总第 4 期,1999 年 1 月。

条海上丝绸之路。相比之下,晋江与台湾岛仅一水之隔,相距不过137海里(250多公里),就更不在话下了。"台湾在澎湖岛外,水路距漳泉约两日夜"①,晋江俗语有"一流水到台湾"之说。明清时期,晋江东渡台湾的港口有蚶江、石湖、祥芝、永宁、深沪、福全、围头、东石、安海等,遍布沿海,其他沿海渔村则凭帆船、渔船即可自由航渡。围头《鳌江范氏家谱》载范学洙言:"五月初一同景淳挈家避归,初三夜抵家矣。"如此便捷的交通,无论是明初实施"片板不准下海"的禁令,还是清康熙二十二年(1683)台湾归清后,曾公布渡台禁令,控制百姓迁台,晋江人仍然冒险偷渡到台湾谋生,出现了"禁者自禁,渡者自渡"的现象。如:

《吴氏宗支世系图·衔接灵水谱》标明:"鉴公字文炳,传台湾嘉义县刘厝村。镒公字稼轩,传台湾嘉义县草湖庄。"谱图虽没有生卒年月、去台具体时间,但据年谱推算,大约是在明成化、弘治年间(1465—1505)。

《安平颜氏族谱》记载,东北镇房十世龙源,生于嘉靖甲午(1534),居台湾;西长房十二世开誉,生万历辛亥(1611),迁台湾。

(二)山多田少,地瘠民贫

《晋江县志·田赋志》载:"泉环山带海,海滨地瘠卤","上腴田土不多"。宋惠安进士谢履的《泉南歌》云:"泉州人稠山谷瘠,虽欲就耕无处辟。州南有海浩无穷,每岁造舟通异域。"明清时期,晋江贫穷人家比比可见,"业无半亩之遗,惟佃耕以食,妇织佐之"②。为了解决"山多田少,地瘠民贫"的矛盾,就得面向海洋寻找出路,"当明之世,漳、泉地狭,民去其乡,以拓殖南洋,而至台湾者亦夥"③,而一水之隔的"台地肥沃,土旷人稀"④,有待于进一步开发,这对于晋江贫困的农民是最大的诱惑。为了谋生,不少晋江人冒险私渡。

"一水之隔,交通便捷"的地理位置,"山多田少,地瘠民贫"的自然条件和社会状况,决定了移民迁台成为晋江人谋生、改变命运的一种必然选择。由于明清时期曾多次发布禁海令,移民迁台只表现为个别的、零星的冒险偷渡,而形成有组织的大批移民迁台,还有其他原因。

二、直接原因

(一) 频频发生的自然灾害

据《晋江县志·祥异志》统计,明清两代共发生各种自然灾害136起,截取泉州人3次移民高潮的相应时间,即从明崇祯四年(1631)至清嘉庆二十一年(1816)的185年中,发生天灾84起,平均不到3年即有一起。天灾常造成严重损失,如清顺治十三年(1656)正月"大雨雪,平地五尺许";康熙十五年(1676)四月"大水,民畜溺死甚多";康熙四十二年(1703)"春旱无禾";乾隆十八年(1753)夏"大疫至十九年秋乃止,死者无数";乾隆五十三年(1788)"雨雪下如跳珠,是年大疫,死者无数"[⑤]……

水旱灾害、地震、台风、瘟疫等,使得农民被迫背井离乡,奔走谋生。崇祯元年(1628)郑芝龙归降明政府,值福建饥荒,郑氏在福建巡抚熊文灿的支持下,以"人给银三两,三人给牛一头"的优惠条件,招募沿海灾区饥民数万人移台开垦,"厥田惟上上,秋成所获,倍于中土"[⑥]。据族谱记载,晋江县农村,"天启七年,饥。崇祯元年春,斗米银三钱"。而所载移民中有安海颜姓、黄姓,青阳庄姓,永宁高姓,金井新市曾姓,东石郭岑郭氏,均属灾区居民,可资印证。《武城曾氏族谱(新市派)》就有六十三派曾宏质在明天启年间,随郑芝龙招募饥民往台垦荒的记载。其间形成了晋江移民迁台的第一次高潮。

《石狮蔡氏族谱》也记载,康熙四十二年(1703)春旱无禾,已居台湾洋坑(今容卿)的蔡氏返籍偕妻,并带走一大批亲友到台湾垦殖。

(二) 郑成功抗清斗争和野蛮的"迁界"

郑芝龙降清后,郑成功仍举旗反清,以晋江安海、东石为抗清基地开展了一场长达十五年之久的抗清斗争。特别是在郑成功收复台湾后,进入了郑氏移民时代,郑氏移民的主要特点是以军队移民为主体。当时不少晋江人参加郑氏抗清部队,这些人携带家眷一起跟随郑成功东渡台湾。《鳌江范氏家谱》载往台始祖范博梦"为郑氏督舟运饷",范魁文"体貌壮伟,膂力过人,时有外戚为郑氏从事,挟公与偕"。

郑清拉锯战的结果是生灵涂炭,百姓遭殃。东石郭岑村出现"迨至大清顺治庚子十七年(1660),兵燹,迁都,门庭鞠为茂草,堂阶尽属秽荒,父子兄弟,流离失所"⑦的惨象。顺治十八年(1661),清政府为了禁绝沿海人民对郑成功的支援,实施了野蛮的"迁界"政策,下令北起江浙,南至广东,所有各省沿海三十里居民一律迁居内地。泉州是迁界重点,劫难空前。"迁沿海居民,以垣为界,三十里以外悉墟其地。"⑧

在安海,除龙山寺外,余尽废墟,出现"无屋可居,无田可种,老弱转死沟壑,壮者散居外乡……泪洒西郊,露冷迁民之骨"⑨的凄凉景象。

在衙口,"辛丑顺治十八年(1661)秋,沿海迁界,颠沛流离,虽至亲不能相保"⑩。

在石壁,"际播迁之日,厥居拆毁,荒村灶冷,亲而壮者,散于四方;疏而老者,丧于沟壑"⑪。

一群群难民被迫离开已成废墟的故土。

面对清政府的"迁界"政策,郑成功采取了"收拾残民,移我东土,辟地休兵,养精蓄锐"⑫的对策,招徕了大量无家可归的晋江人东渡台湾,形成了晋江移民迁台的第二次高潮。如:

《温陵浔海施氏大宗族谱》载:"施嘉计,朝增男,生崇祯甲戌(1634),卒康熙间。妣黄氏,男敬鸿,生顺治己亥(1659),娶洪氏。孙赞英,生康熙壬申(1692),此一支往台湾。"

《安平颜氏族谱》载:"颜廷壁,容华四子,生天启乙丑(1625),卒澎湖。颜耀,字常英,号裕昆,名定,开誉长子,侨居台湾,遂世居其地,生崇祯戊寅(1638),卒康熙庚午(1690),葬台湾大南门外下林仔水蛙潭瓦窑下,碑'安平颜公墓';配偶懿黄氏,生崇祯癸未(1643),卒康熙庚戌(1670),葬郡东门外观音亭前;继室慈慎谢氏,生顺治庚寅(1650),卒乾隆戊午(1738),寿八十九,葬台湾大南门外林仔山城边。子三,颜克豫,侧室周氏,生顺治丁亥(1647),卒康熙丁巳(1677),葬台湾。"

(三)台湾归清,鹿港与蚶江对渡

1683年,台湾归清,晋江移民迁台的比以前更多了。负责闽台海防政务的施琅在《论开海禁疏》中认为对台湾移民要严加控制,同时建议严禁粤籍人民渡台。清政府采纳他的建议,颁发的渡台禁令明确规定"粤地屡为海盗渊薮,以积习未脱,禁其民渡台"[13]。施琅的排粤思想,从另一方面来说,有利于晋江人迁台,在此期间,施琅故里的浔海施氏亲属和族亲就大举迁台。《温陵浔海施氏大宗族谱》记载,追随施琅的亲属以军功授爵的有施琅的四男世骥、六男世骠、七男世骅;侄,世骧、世骏;族亲有施玮、施瑶、施璇、施肇勋等人。他们的后裔有的就此定居台湾。分派安平的十六世施启秉,以军功授左都督,后任提督军门,驻凤山。他的长子施世榜,凤山学拔贡生,袭职兵司马副指挥,康熙五十八年(1719)集众兴修水利、开圳筑陂;次子施世魁,为凤山武生;四子施世黻,为诸罗武生。施氏后裔成为台湾的望族。

乾隆四十九年(1784),清政府开放台湾鹿港与蚶江对渡,五十七年(1792)又开放淡水河口的八里岔与蚶江对口通商。蚶江港开放后,成为晋江对台交通中心,一时"大小商渔,往来利涉,其视鹿仔港,直户庭耳"[14]。因而出现了"群趋若鹜"的局面,大大有利于晋江移民迁台,形成了晋江移民迁台的第三次高潮。在晋江县南部,尤其是蚶江附近农村,迁台人数特别多。距蚶江三里许的石壁林氏据《玉山林氏宗谱》统计,其间迁台的有具体姓名者就达1000人左右;距蚶江一里的莲埭东间林氏有400人;金井新市曾姓280人;东石郭岑郭姓150人。[15]出现了兄弟相率,夫妻同往,甚至举家迁徙的现象。

《东石玉塘吴氏族谱》记载:乾、嘉年间,吴声养父子往台湾,住箔仔庄。

台湾《粘氏源流渡台开基族谱》记载:粘尚四十一岁时偕妻子合家七人,顺请祖居镇宅三神"丁府千岁",在乾隆五十三年(1788)往台经商,成为顶粘村的开基祖;粘粤、粘恩兄弟于乾隆五十五年(1790),背负祖父及父母的禄位开基厦粘村。

随着迁台人数的不断增多,移民的成分也复杂起来。在族谱资料中可以看到移民大军由早期的农民、士兵,发展到商人、官吏、知识分子、城市平民、医生、店员、手工业者、僧侣等,他们构成了台湾社会的各个阶层,促进了百业俱兴,也促进了台湾社会文明的繁荣。但是,他们迁台的个人行为和动机不尽相同。

三、移民的个人行为和动机

（一）往台垦殖

如上所述，晋江"山多田少，地瘠民贫"，加上天灾频频不断，而"台地肥沃，土旷人稀"，这对于晋江沿海农民是最大的诱惑。因此，他们或冒险私渡，或被招募，往台垦殖。当乡亲东渡台湾垦荒为田，"秋成所获，倍于中土"，有的甚至成为富甲一方的大地主的消息传来，更吸引晋江农民成群结队迁台。

移民在台湾募众垦殖，拥有田园，从而成为富甲一方大地主的不在少数，如蚶江石壁村林式霁。《玉山林氏宗谱》载："林式霁，字燕明，少失怙恃，为嫂氏所凌，年弱冠，航海之淡水，只身空乏，数十年间，蓄妻子，置田园。……自足省三贡院、台之考棚、淡之城郭，公俱与有力；族中祀典，岁费周章，公首揭重舍，倡建祀田。今持筹权者二千金，预为买沃计。"

（二）往台经商

台湾归清后，已经数十年的开拓垦殖，经济蓬勃发展，百业俱兴，鼓舞了更多为了谋生的手工业者，或为了追求更丰厚利润的商人大举迁台。

《玉山林氏宗谱》载："林诒祥，讳世凤，号德斋，生康熙己未（1679），卒乾隆癸酉（1753）。……十六岁身游东宁（台湾），建立'泉源行'以为托迹之所，招商为贾，贸易生计，一家衣食，无忧不给，即此谋始。"

又载，同族林式光，字燕晖，号白成，生乾隆三十六年（1771），卒道光十年（1830），一生曾四次渡台营商，"生理开张，利路渐进"。

林诒铉，讳世鼎，号象州，生顺治十七年（1660），卒康熙四十二年（1703），则先"羁旅东宁（台湾），托迹于军伍之列"，后"辞役弃职，营谋生路，在台关帝庙口开张糖行，财源颇聚"。于是旅里婚娶，"不数月挈眷赴台，以就生意"。

为了谋生的手工业者,如安海畲族《安海长溪蓝氏族谱》中有"十世振祥公,道光十八年(1838)在台湾大甲开打铁店,店号'源美'"。除此之外,这一时期去台从事手工业生产的还有磁灶吴姓去建窑烧瓷;安海曾埭村民去制作米粉;洪氏去开设布坊染房;东石肖下村民去晒盐;等等。

(三)求取功名

台湾归清后,始立府、县学,岁科试以取生员。但因草莱初辟,文化落后,故入泮较容易。这给那些屡困科场的晋江学子们带来了获取秀才资格的好机会,于是东渡求进学者十分之多。

经过岁考、科考之后,台湾府学、县学成绩优秀者,被选送到福州参加乡试,但因乡试中式的名额有限,而台湾文化教育事业又不发达,每科应试者寥寥无几,而中举人更是凤毛麟角。为了鼓励台湾生员积极到福州应试,清政府先后制定了一系列对台湾特殊照顾的政策。如康熙二十六年(1687),将参加应试的台湾生员另编字号,额外取中举人一名;雍正十三年(1735),准许增加第二个举人的保障名额;乾隆八年(1743),除应试名额定额二百名外,同意"择其文理精通者酌量宽余录送"[16]。上述对台湾的特殊照顾,"内地不可援以为例"[17]。这样就吸引更多的晋江士子东渡台湾冒籍参加乡试,以便更容易中举,求取功名。

《玉山林氏宗谱》载:"林宏礼,字孙敬,号省庵,官名名世,生康熙十九年(1680),卒乾隆二十年(1755)。他少年时,屡试晋水,久困莫售……爰喟然叹曰:'……何不遨游东宁(台湾),聊托一试?'于是,登堂拜别,羁迹台湾,凡御史观风月课,以逮府县两试,其夺矛试艺,几于累牍。果也,文宗吴昌祚公岁取入泮。"

《鳌江范氏家谱》载:范学洙,字尔泓,号怡轩。生于清康熙己巳(1689),卒于乾隆丁酉(1777)。康熙己亥(1719)东渡台湾,依族叔范光友,处馆教学。辛丑(1721)台湾朱一贵反,范学洙偕其叔挈家回归祖里,越年复往台湾参加考试,取诸罗县第三名。雍正壬子(1732)范学洙参加乡试,考第六名。

据《晋江县志》统计,从乾隆元年(1736)至二十年(1755),共有十名举人是台湾的秀才回籍考中的。

(四)传播文化,发展教育

清政府在郑氏的基础上,进一步发展台湾的文教事业。康熙二十三年(1684)"又建台湾府学及台湾、凤山二县学"[13]。除府县儒学外,又有书院、义学、社学、土番学、民学等,吸引了大批晋江文人渡台任学官或塾师,从事传播文化、发展教育活动。

据庄为玑、王连茂的《闽台关系族谱资料选编》记载,康乾时期晋江文人渡台任学官的有:

台湾府学教授:举人林华昌、蔡及时;进士丁莲。

凤山县学教谕:举人黄赐英、黄式度、富鹏业、郭际谋;岁贡吴周贞、施士岳。其中黄式度参加高拱乾倡修的《台湾府志》的校订工作。

凤山县儒学训导:岁贡王世茂。

诸罗县儒学教谕:举人蔡芳;岁贡施士岳、孙襄。

《鳌江范氏家谱》载,范学洙于乾隆四年(1739)应台湾学道刘良璧之聘主持台南崇文书院,延修《台湾郡志》。

任塾师的有:清末著名状元吴鲁的儿子吴钟善(光绪癸卯经济特科,廷试二等),曾应林维源之聘,渡台课授林家子弟经文。

四、结语

族谱资料所记载的明清时期晋江移民迁台的内容,全面地展示晋台关系,即人同祖、地同脉、语同音、民同俗的血乳交融的关系。移居台湾的晋江农民、手工业者,带去先进的生产技术,对台湾农业、手工业的发展做出巨大贡献;知识分子渡台,将大陆的文化传播到台湾,对台湾的文风教化产生重要影响;随郑成功、施琅军队渡台的晋江籍士兵,为抵御外来侵略和实现祖国统一做出了应有贡献;商人渡台,繁荣了台湾经济……总之,明清时期晋江迁台移民,应作为台湾开发史上的主力军而永载史册。

注释：

①孙承泽:《春明梦余录》卷四二。

②《鳌江范氏家谱》卷十三,"学胤公"条。

③连横:《台湾通史·田赋志》,北京:商务印书馆,1983年。

④连横:《台湾通史·田赋志》,北京:商务印书馆,1983年。

⑤(道光)《晋江县志·祥异志》。

⑥黄宗羲:《赐姓始末》,清宣统二年(1910)上海时中书局排印梨洲遗著汇刊本。

⑦《东石汾阳郭氏族谱》。

⑧(道光)《晋江县志·海防志》。

⑨《安海志》。

⑩《温陵浔海施氏大宗族谱》。

⑪《玉山林氏宗谱》。

⑫连横:《台湾通史·开辟记》,北京:商务印书馆,1983年。

⑬转引自林仁川、黄福才:《闽台文化交融史》,福州:福建教育出版社,1997年。

⑭《新建蚶江海防官署碑记》。

⑮庄为玑、王连茂:《从族谱资料看闽台关系》,《中国史研究》1984年第1期。

⑯转引自林仁川、黄福才:《闽台文化交融史》,福州:福建教育出版社,1997年。

⑰《清高宗实录》卷一九八。

⑱周伓、魏大业:《台湾大事纪要》,北京:时事出版社,1982年。

从谱牒的开发与利用管窥闽台关系

曾智良　黄龙泉[*]

中华儿女，代有谱牒的修纂，以载叙祖宗本源，子孙衍派，源流有考，远近有序，世系有存。谱牒遂成为我国的民族文化遗产，是历史典籍中一个重要的组成部分。

纵观中华大地，各姓各氏，贤哲俊彦，英雄义士，人文灿烂，丰功伟绩，彪炳史册，共同创造中华民族的辉煌历史；一姓一氏的骄傲自豪，组成中华民族共同的骄傲和自豪。故谱牒的发掘研究和利用，有助于弘扬中华优秀传统文化，增强民族自豪感和自信心。

随着海峡两岸人民对寻根谒祖的渴望，谱牒研究方兴未艾。晋江是著名侨乡，又是台胞主要的祖籍地之一，据悉，台湾汉族居民中，祖籍福建的占83%。其中泉属各县的占45%，漳属各县的占35%。近年来台胞及海外侨胞兴起一股"寻根热"，他们为与"祖家"理顺世系，认祖归宗，怀揣祖传族谱，专程返乡，查祖谱，对辈序，谒祖茔，访宗亲，叙亲谊，用祖先修纂的族谱，教育后代子孙与祖宗共魂魄。这种恳切之情、虔敬之心，令人动容，使人感念，显示我中华儿女同根同脉，生死与共，休戚相关。但因年代久远又经历时间的中断，给查访寻根者造成了不少困难。鉴于挖掘抢救谱牒和地方文献资料的重要性和紧迫性，晋江市图书馆即确定专人，负责筹备成立晋江市谱牒研究会事项，经充分酝酿，多方征求有关领导和社会人士的意见，终于取得共识。1997年9月，晋江市谱牒研究会正式诞生。一年来，积极组织会员及爱好者进行社会调查，了解本地区族谱纂修和保管情况，及时抢救即将中断的谱牒资料，为后人延续闽台的血缘关系，促进早日实现祖国统一大业，做了

---

[*] 作者曾智良是晋江市图书馆原馆长、晋江市谱牒民俗学会副会长；黄龙泉是晋江市谱牒民俗学会原副会长兼秘书长。本文发表于《晋江谱牒研究》总第5期，1999年5月。

一件有意义的事。现就从谱牒的开发与利用管窥闽台关系,谈几点看法,请教于史学界专家、学者。

一、谱牒是印证闽台两岸关系的第一手资料

谱牒蕴藏有关各种学术研究的重要参考资料,具有其他书籍不可代替的文献价值,国学大师梁启超视其为"史界瑰宝"。党和政府一贯重视谱牒的作用。1984年国家档案局、教育部、文化部联合发出通知,称:"家谱是我国宝贵文化遗产中亟待发掘的一部分,蕴藏着大量有关人口学、社会学、民族学、民俗学、经济学、人物传记、宗族制度以及地方史的资料,它不仅对开展学术研究有重要价值,而且对当前某些工作也起着很大作用。……许多根在大陆的台湾同胞、海外侨胞的思乡之情日趋浓烈,他们也亟须用家谱来寻找自己的血缘关系。"

我们从征集谱牒资料中得知,大量谱牒散存于民间,部分为明代版本,多数为清代和民国版本。如有的记载清乾隆年间杨、蔡二姓移民开发台中县牛骂头(清水地区)的经历,该区在开发过程中,所形成聚落除埤仔口蔡家为书香世家,大街豪商(蔡源顺)以及社口大租户(杨同兴)外,在有清一代,血缘聚落相当普遍。这些资料,与晋江青阳蔡厝村蔡永田口述情况基本相符。可见,谱牒资料印证了海峡两岸血缘、地缘千丝万缕的关系。在晋江各姓族谱中,均有先辈移民迁徙往台的记录,包括世系、姓名、生卒年、墓葬地等信息,这些文字记载证明我们祖先早期即往台开垦生息,拓展繁衍,诸姓在开发过程中都有历尽沧桑的故事。明初,郑成功收复台湾期间,晋江潘湖黄氏开始入台室居,后因代代长幼相携,赴台者日众,他们把祖家的当境金湖大元帅请到台湾建庙供奉,并把潘湖人聚居的地方取名为"潘湖渡头"。两岸乡亲常来常往。抗日战争爆发,由于海峡两岸藩篱阻隔,潘湖宗亲咫尺天涯,失去了来往。然而,毕竟血浓于水,亲情是割不断的。潘湖的黄穆等宗亲辗转到台湾寻找宗亲,受到热烈接待,并带回一批台湾宗亲赠送的礼品。如今,当年从台湾带回的一根竹扁担和一只箱子还保存在黄穆的孙子黄河水家中。改革开放以来,旅居台湾的金墩黄氏宗亲不断来潘湖寻根

问祖,捐资兴办家乡公益事业。1998年,台胞黄鸿图、黄春生、黄延顺等宗亲偕带眷属一行17人来到潘湖,将断了几十年的血缘之桥架通了。这些活生生的事实,同样载入黄姓族史,让下一代承前启后,继往开来。类似事例,不胜枚举。闽台一水之隔,自古以来,贾商贸易,舟楫往来不断,物资交流频繁,两岸人民情谊深厚,族谱记载是明证。

二、谱牒是两岸人民寻根问祖的金桥

国有史,家有谱,家而无谱,则一族之盛衰强弱与祖宗之嘉言懿行莫可考,而为子若孙亦将漠然冥然。像这样将族谱与国史相提并论的见解相当普遍。可见前人认为家族与民族有密切的关系,特别是在外族入侵的时期,人们更重视家谱在团结族人中的凝聚作用。随着我国国际地位的提高,海外侨胞和港澳台同胞对此都深有体会:以前他们离乡背井,在外过着寄人篱下的生活,根本不可能回乡探亲,也没有条件返样寻根问祖,现在国家富强了,为他们创造了良好的环境和条件。近几年来,返乡探亲或寻根问祖的侨胞、同胞日益增多。1997年12月6日,台湾高雄市李哲男回故乡晋江池店寻根,在本会会员李悌仁的支持下,查阅凤池李氏遗存族谱。据李哲男介绍,家谱载该族系陇西池店分出,祖曰捷,活动于1730年左右,经认真考查,找到了根。"捷"乃生于1700年,于1730年前后赴台未归,后继无法接上。通过这次返乡查证,终于实现了李哲男寻根的夙愿。李哲男临别之前对乡亲说,有关该族资料的编辑出版事宜,可以书信联系,家乡需要办什么事业,他当尽力支持。李哲男返台后,于同月17日晚电告李悌仁说,他通过这次回乡查证先祖之根,返台后再次认真核对,证实祖先根基在晋江池店村是百分之百正确,并嘱咐李悌仁与晋江市图书馆负责人共同制定编辑出版《李氏族史》一书的具体方案。1998年3月7日,台胞蒋士俊先生,以电子信件,通过"福建之窗"这一宣传媒体,由晋江市委宣传部转来图书馆,据云:三百年前其祖先带两对木主去台湾,有四个祖宗,血缘在泉州府晋江县三十三都或三十九都,地址福全所。这位台胞因不知大陆祖籍地在何处,请求有关单位代为查询。经图书馆有关同志查阅《晋江县地名录》和查询金井福全村蒋申智老先生,根据台胞蒋士俊提供的祖籍地福全所和第一女性于崇祯十一年(1638)葬于晋江三十九都赤泥祖坟山莲花座的信息,查对蒋氏族谱,发现第一女性系崇祯十一年(1638)葬于三十九都赤土莲花厅,情况基本符合,及时复电台胞反馈。以上事例说明,各姓族谱资料不仅为台胞寻根问祖提供了翔实的可靠证据,而且为海峡两岸文化交流提供了丰富的第一手资料。台湾和大陆文化的渊源与发展是同一体系的,这是不言而喻的。

三、侨乡盛开谱牒新花,两岸学者首聚晋江研讨

谱牒在人们的印象中,几乎是被遗忘的角落,史学界虽有涉及和探究,但仍属冷门,很少人问津。晋江市图书馆为了充实地方文献内容,配合市谱牒研究会,积极搜集谱牒资料,现已收藏91姓180部族谱资料,出版3期《晋江谱牒研究》,并于1998年10月13日举办"从谱牒看闽台关系"学术研讨会。本次研讨会共提交论文26篇,文章以无可辩驳的谱牒资料证实台湾与大陆有割不断的血缘关系,表达两岸同胞切盼和平统一的心声。福建省姓氏源流研究会会长孙新峰、副会长林嘉骒,台湾省各姓渊源研究学会理事长林瑶棋、顾问陈炎正,台北市晋江同乡会名誉理事长王人瑞,厦门大学陈国强、罗耀九、叶文程等专家、教授出席了研讨会。

综上所述,谱牒的开发与利用,既继承弘扬了我国优良民族文化,又增强了海内外中华儿女的民族自尊心与自豪感,还是促进实现祖国统一大业的需要,其价值是难以估计的。近年来,台湾同胞通过多种渠道,纷纷来大陆寻根问祖,就是最有力的明证。祖国统一,是大势所趋,民心所向。

参考文献:

①周仪扬主编:《从谱牒看闽台关系》,晋江:晋江市谱牒研究会,1998年。

发挥宗亲联谊、族谱研究在统一战线工作中的作用

颜华煨　陈诗忠[*]

在中华民族五千多年有文字记载的历史中,最令人感兴趣而又困惑的是血缘关系和族谱文化。早在20世纪初,史学大师梁启超等人就已经大声疾呼:"尽集天下之家谱,俾学者分科研究,实不朽之盛业。"后来,潘光旦、谭其骧、罗香林等史学前辈都对中国谱牒文化研究做了有益的尝试。新中国成立后,学者集中在生产力和生产关系的探讨上,很少有人问津族谱研究。改革开放以来,各级党政领导、专家学者和广大群众终于重新认识到宗亲联谊、族谱研究的重要性,特别是其在统一战线工作中的重要作用。

一、宗亲联谊的社会性加强中华民族的凝聚力

姓氏最早始于周朝,周王朝利用从氏族社会演变而来的血缘亲属关系和祖先崇拜的宗教观念,分封了一大批诸侯国。后来以国为姓的就有200多个姓氏,加上其他姓氏来源,现在56个民族,见于记载的姓氏多达5662个。姓氏成为血缘关系的符号。几千年来,特别是明末清初以来,随着不断的移民,各个姓氏的人们在我国台湾地区、东南亚以至五大洲各国繁衍生活。但是,不管命运把他们抛到哪里,他们都把"我没有忘本"作为自豪的话。他们对所在地、所在国的文明进步、繁荣昌盛做出积极贡献的同时,也念念不忘自己的祖根。正因为这样,才出

---

[*] 作者颜华煨是永春县统战部原部长;陈诗忠是永春县文化馆原创作干部。本文发表于《晋江谱牒研究》总第7期,2000年12月。

现了规模空前的"寻根热"。

20世纪70年代末,中华儿女的"寻根热"首先从台湾掀起。台湾《青年战士报》从1978年10月16日开始连续刊载《唐山过台湾的故事》,从台湾同胞的姓氏、宗教、文化、风俗等方面详细考察台湾与大陆的骨肉关系,明确指出台湾的祖根在大陆。台湾彭桂芳编著通俗历史丛书《五百年前是一家》,台湾著名学者张其昀在丛书序里深情地写道:"血浓于水,台湾同胞终于投入祖国怀抱,这是中华民族碧血之所坚凝。"台湾还拍了电影《源》《八千里路云和月》,通过故事片和纪录片描述台湾与大陆血肉相连的关系,把台湾同胞的"寻根热"发展到高潮。厦门大学黄典诚在《寻根母语到中原》一文中明确指出,台湾2100万人民,"寻根的起点是闽南,终点无疑是河南"。据陈晓亮、万淳慧著的《寻根揽胜话泉州》,祖籍福建的台湾人占83%,而福建人祖籍河南的也占80%以上。台湾有谚语说"陈林半天下,郑黄排满街",又说"陈林半天下,苏吴占一半",都是说陈、林、郑、黄、苏、吴是台湾的大姓,这些姓氏的人都纷纷到福建寻根。晋江市还利用侨资2600万元兴建"重华舜帝纪念堂",福建许多姓氏的"三胞"在家乡修建祖祠,祖籍永春的新加坡总理吴作栋也为家乡教育事业做出贡献。

我们应充分认识到血缘、地缘、文缘等是与海外华人、华侨和台胞联系的纽带,也是他们不忘祖国、民族、乡邦、宗族的根本,特别是打好"血缘关系"这张牌,不仅要与一般海外(境外)宗亲联系,更要同海外(境外)宗亲高层人士交往。如福建林氏召开"迎香港回归,纪念林则徐暨福建省首届林氏源流研讨会",而后半年内就与韩国、日本、马来西亚、泰国、菲律宾等国家和地区林氏知名人士访问团会面交流,建立了友好往来关系。由于长期交往,台湾谢顺笔先生捐建谢氏会址并在武夷山召开谢叠山诞生770周年纪念会,有泰国、美国、巴拿马等国知名人士几十人及国内各省人士150人与会,产生深远影响。世界陈氏宗亲会、世界林氏宗亲会、世界郑氏宗亲会、世界谢氏宗亲会、世界叶氏宗亲会、世界苏氏宗亲会等都多次到河南寻根祭祖。他们为什么热衷于此?根本原因正如美籍华人赵浩生所说:"我是一个中国人,我身体里流的还是中国人的血。"又正如欧洲客属崇正总会联合会会长张醒雄率团寻根时在河南说的:"这次不远千山万水前来寻根祭祖,一方面是为了扩大和提高海外客家人的爱国爱家意识,增强海外华人的凝聚力;另一方面,也是回来看看祖国改革开放后的变化和成就,考察投资环境,为建设祖国尽一分力量。"

二、族谱研究的学术性为"三胞"寻根问祖提供有力根据

通过对族谱和历史的研究,我们知道从汉朝以后,中原地区的士民不断南迁,带来了中原地区的政治、军事、经济和文化制度,对福建地区的社会经济开发起了决定性作用。先后有3次由中原迁居福建的高潮:第一次是在晋朝永嘉二年(308),北方战争频繁,贵族中的陈、林、黄、郑、詹、丘、何、胡八个姓迁入福建定居,史称"衣冠南渡,八姓入闽"。南北朝时期的陈朝,在建康(今南京)立国33年传5任皇帝,为隋所灭后,有个入闽小高潮。隋开皇九年(589),陈后主的儿子陈敬台偕二弟及族人、百工"来据清源郡桃林场(今之永春)陈岩山之溪西官田"。陈敬台生有三子:长子陈珙分居仙游;次子陈缘祀敬台公之故居溪西官田,复计自霸;三子陈鸣分居德化之溪下,古号归德乡(据明代永春后庙辜恂为永春鸣琴陈氏所作谱序)。第二次是在唐高宗总章二年(669),归德将军陈政奉命统领河南光州固始县五十八姓军校入闽,屯垦于漳州。陈政逝世后,21岁的儿子陈元光继任父职,而后任第一任漳州刺史,被称为开漳圣王。现在台湾有"开漳圣王庙"多达53座,闽台陈姓共仰之。近代旅居海外的著名爱国华侨陈嘉庚就是南院陈氏的后裔。第三次是在唐末五代时期,黄巢起义大军中,有河南光州固始县王潮、王审邦、王审知三兄弟投奔王绪,后来战局逆转,王绪率军南奔入闽,终于占领福建全境,唐王朝不得不任命王潮为福建监察使,王审知为副使。光化元年(898)王潮病卒,由王审知继任。后梁开平(907)晋朝廷封王审知为"闽王",以福州为治闽基地,有中原"十八姓从王"之说。现在台湾大企业家王永庆祖籍安溪,即其后裔。

颜氏在唐末五代开始入闽。唐代名臣、大书法家颜真卿(颜回40世孙)的孙颜景茂到福州(古称侯官)当县令,有四子:长为两浙湖杭通判;次为淮南庐州县令;三为颜芳,字教先,入游归德场(今德化);四为

潮州潮阳县主簿。颜芳成为福建颜氏始祖,其子颜仁郁成为归德场长,归德场后改德化县。颜景茂后裔分布很广。颜氏最早去台湾开发的是明万历年间的颜思齐,明清年间去台湾地区及东南亚一带的更多。1999年10月,第五届世界颜氏宗亲联谊大会在永春召开,有300位"三胞"与会,给我们的统战工作打开一个崭新的局面,为我们深入对外开放取得新的经验,也为旅游年掀起一个热潮。

另一次入闽小高潮是在南宋末年,元兵南下攻陷杭州后,皇帝赵昺经福建至广东新会崖山,沉海而亡。南宋宗室赵氏散逃泉州、澎湖、潮阳等地,后来在闽粤一带发展繁衍,从清康熙年间开始,赵氏陆续由闽粤迁居台湾,而后又有不少人移居海外,分布欧美及东南亚一些国家和地区。

这个时期,唐高宗李渊的21代孙李金德、木德、水德、火德、土行、田德兄弟也入闽,居住宁化石壁,是为客家人。李火德后裔分传闽、粤、台地区及东南亚、欧美。新加坡原总理李光耀祖籍广东大埔县,是李火德的后代。我国侨联第一届副主席李铁民则是永春的新加坡归侨。

总之,我们从族谱记载可知,由中原入闽的陈、林、黄、郑、张、李、刘等姓现已成为闽台二地名列十名内的大姓。其中号称"陈林半天下"的陈林两姓大多是先移居台湾地区,再迁往东南亚乃至世界各地的。林氏入闽始祖是晋朝的林禄,其七代孙林正有功,唐太宗赐他姓辜,御赐"嘉德堂"之号,后代分居闽、赣、粤、台及海外,首任海基会董事长、大企业家辜振甫祖籍永春后庙,是永春辜氏十四世辜琴的后代。永春鸣琴陈氏是晋代入闽的陈润的后代,先祖由福州传至舜帝97代孙陈迈居莆田,为莆田首任县令,传至105代陈齐居仙游榜头,为莆仙第一位进士,130代陈伯起在元末因"五陈"反元遭祸而避居永春龙头,衍为鸣琴派,后裔主要迁居台湾地区及星马一带,现在星马人数约达5000人,为国内人数的7倍,至归侨陈诗忠为舜裔150代。

福建各姓迁移台湾地区及海外的原因:一是在明末清初随郑成功大军去收复台湾而移居台湾;一是参加太平天国运动失败,逃到东南亚一带避难;一是民国年间为逃避匪乱及逃避国民党在抗日战争时期和解放战争时期抓壮丁而避居东南亚。他们满怀着对家乡的眷恋之情,往往组织地域性的同乡会或者单一家族姓的家族会、多姓联谊的宗亲会。海外华侨华人和台湾宗亲的赞助,对维持家族组织和撰修族谱等方面起到了重要作用。族谱作为敬宗收族、报本宗功、寻根问祖的重要依据,维系着每个家族成员的血缘与精神联系,也寄托着外迁族人寻根的慎终情怀。旅居台湾的国民党元老陈立夫先生以年届94岁的高龄给永春县文化馆副研究员、马来西亚第四代华裔、永春县陈氏联谊源流研究会会长陈诗忠亲笔题词:"不忘本、不忘恩为道德之衡量标准。"祖籍永春后庙的海基会董事长辜振甫也曾于1993年8月27日寄信给后庙宗亲,表示:"寻根之心,人皆有之,能逢适当机缘,再卜买棹之举。"1998年7月13日,辜振甫再次为永春辜氏宗祠题匾额。他们的殷殷故乡情都跃然纸上。正如国家档案局、教育部、文化部1984年7号文件《关于协助编好〈中国家谱综合目录〉的通知》指出的:"随着对外开放政策的实行,许多根在大陆的台湾同胞、海外侨胞的思乡之情日趋浓烈,他们也亟须利用家谱来寻找自己的血缘关系。"可见对谱牒文化的研究,不仅有其特殊的学术价值,而且有着重要的统战作用。

三、宗亲联谊和族谱研究的政治性 为经济文化发展和国家统一做出贡献

福建许多地方存在着家族会,这是由乡村单姓的血缘关系组织成的群众性家族组织,通常限于较小范围的祭祀、修谱和公益活动,也有些家族会重视对台湾地区和海外族人的联谊,也有一些县市成立了以宗亲联谊、族谱文化研究为宗旨的群众团体。如惠安县重华文史研究会,团结舜裔姚虞陈胡田五姓宗亲和各界有识之士,开展舜裔文史研究,弘扬中华民族优秀文化传统,联系"三胞"开展对外文化交流,引进外资近亿元。又如永春颜氏宗亲联谊会靠着群策群力,广泛同台湾地区及海外宗亲联系,一批批的宗亲回家乡探亲、旅游、捐建校舍、医院、桥梁、公路,修建文物古迹和兴建风景区,最近永春颜氏宗亲联谊会"鲁国联谊大厦"落成,成为海外宗亲寻根祭祖的一个重要活动场所。旅台王超英先生发动宗亲出钱出力,兴建永春王氏宗祠,辟为老年人活动中心,展出古今海内外著名书画家的作品,开展各种老年人文化体育活

动;还急家乡之所急,想乡亲之所想,大力促进闽台农业科技交流,特别是聘请台湾农业专家对永春柑橘生产的技术改造做出突出贡献。蓬莱巷梁氏宗亲以修缮祖祠、续修族谱为契机,凝聚海外宗亲的向心力,向永春一中、五中,南阳中学及泉州黎明职业大学投入大量办学资金,成为有口皆碑的盛事。永春县陈氏联谊源流研究会在1994年1月成立以来,注重对谱牒文化、谱牒钩玄、世系传承的研究,比较全面地收集探索永春陈氏各派系的源流;同时对历史上杰出人物进行追寻,光大其优秀品德,还对族谱中的传统道德进行探讨,弃其糟粕,取其精华,为社会主义精神文明建设服务,在海内外产生良好影响,不少论文在海内外刊发;并且为台湾地区和海外宗亲寻根做了许多工作,跟马来西亚陈氏宗亲总会和部分地域性宗亲会都有联系。世界苏氏宗亲会借《新编苏氏大族谱》在吉林长春发行之机,在吉林投资10亿元;安溪、永春苏氏以修大族谱为契机,弘扬苏颂事迹,促进海外族亲为家乡教育事业做出贡献。

值得多说的是,福建省姓氏源流研究会早在1989年10月就在主管单位中共福建省委统战部、依托单位民革福建省委会及省社团管理办公室的领导和支持下成立了,至今会务得到很大发展,先后成立了16个姓的专门委员会,发动会员有钱出钱,有力出力,在谱牒研究、专项学术研究、海外联谊诸方面都做了开拓性的工作,跟全世界40多个国家和地区建立了交流合作关系,前后接待来访专家学者及各界人士300多批6000人次,收集掌握了大量谱牒文献资料,组织召开了各种形式的学术会议、纪念会议,在发展福建经济、文化及开展统战工作、争取国家早日统一的大业中发挥越来越大的作用。据统计,前后10年举办了多次影响深远的学术交流活动,其中甲午海战中方伯谦问题研究会、林森学术研讨会、谢安与淝水之战研究会、陈宝琛与中国近代社会研讨会、中日甲午战争百年研讨会、首届闽台姓氏源流研讨会、谢枋得诞生770周年研讨会、豫闽台姓氏源流国际学术研讨会、闽省首届林氏源流研讨会、国际民间仪式与文化交流研讨会等都是较大规模的活动。此外,还在中日关系、闽台关系、民间信仰、各姓寻根、武术源流、苎麻布源流、文化源流、宗教源流、人物研究、海军渊源、理学源流、谱牒研究乃至引进项目资金技术等方面都做出较多成绩。这些活动引发闽台人员互访大增,促进海外来访交流,交流之广泛,层次之提高,已达到令史学界及其他各界叹为观止的地步。台、港、澳同胞和海外侨胞通过寻根祭祖活动、联谊活动和学术交流活动,对祖国对家乡有着更深入的了解,他们为了帮助故乡尽快实现四个现代化,不仅积极向有关方面出谋献策,提出许多建设性的意见,而且有不少宗亲组织和个人慷慨捐资,帮助故乡发展文化教育卫生事业和工农业生产,充分表达了他们对祖国对故乡的无限热爱的拳拳赤子之心。

总之,从与宗亲联谊的社会性、族谱研究的学术性以及宗亲联谊和族谱研究的政治性,可以看出它们在统一战线工作中的重大作用。我们应在政策允许的范围内,积极开展工作。

加强谱牒文化知识和规范修谱的思考

黄龙泉[*]

一、谱牒的意义

我国历史悠久,文化积淀深厚。从传统文化的范畴来说,谱牒是具有民族特色的一种文化,是先贤艰辛创造的精神财富,我们应该珍惜先辈的劳动成果。它是涵盖人口学、民族学、社会学、人文学、地理学和人物传记等的综合性学科,既是凝聚天下中华儿女亲情的一根有力纽带,也是正史和地方志的重要补充。

谱牒是记载姓氏不断发展变化的证据,同时也是反映宗族文化亲和力和凝聚力的重要资料。谱牒自古至今在民间广为流传,深受人们的关注和爱护。大部分民众认为修谱犹如写家史,既有教育意义,能体现后裔缅怀先祖的情结,又能激励后人承先启后、继往开来,具有深远的历史意义。因此,在修谱期间,族人都能积极提供资料。

可见,谱牒文化是中华文化不可或缺的部分,对谱牒文化加以保护传承,并发扬光大,这是民族自尊心的反映,也体现了对我中华文化的敬重之情和自豪感。

二、谱牒的形式和内容

族谱是一种通称,还有家乘、家谱、宗谱、大宗谱、通志、通书等叫

---

[*] 作者是晋江市谱牒民俗学会原副会长兼秘书长。本文发表于《晋江谱牒研究》总第26期,2010年6月。

法。早期的族谱多数是手抄本、木刻本,近现代族谱有铅印本、复印本、彩印本等版本,现在民间编修的族谱大多是手抄本、复印本。经济条件较好的地区都采用铅印本,此种族谱纸张质量好,印刷数量多,成本不高,便于交流,互通信息,为闽南地区普遍采用。

族谱主要有谱序、族源、世系、繁衍、迁徙等内容。图是世系分支图表;谱包括族人的生卒时间、重要人物传记、祠堂对联、昭穆(字辈)等;还有牒方面的内容,如墓志铭、碑记、碑刻、匾额等,这类实物是印证历史的重要依据。

三、修谱存在不规范的表现

如何规范修谱的问题,这是目前民间撰修族谱过程中较为受人关注的,也是修谱人员议论较为突出的。修谱质量好坏,与修谱人员的素质息息相关。例如修谱的体例,要经过编委会充分探讨,获得多数宗亲的认可。一般采用苏体的修谱方法,以昭穆(字辈)顺序编排,长辈排列在前,后辈排列在后,世系早的在前,世系晚的在后。这样的排列方法既不会遗漏差错,又便于寻根问祖。有的旧谱老化、文字模糊或缺页、损坏,修谱者应认真调查落实,及时补救。若对族谱缺字减页的现象抱着无所谓、不认真的态度,这既是对先祖不负责任,也是贻误后人。有的修谱人员作风不正,捕风捉影,自行编造历史,欺骗不明真相的人,对于这种现象应加以防范抵制,以保证修谱工作的严肃性。

四、如何求真、求善修好一部族谱

修谱的准则应该是求真、求善,让后裔子孙发扬先辈美德,和谐发展。

在现实社会中,修谱常见的问题是族系的归属问题。因先祖的历史遗迹被淹没,没有确凿的史实依据,修谱者往往为编出一位历史上地位比较显赫的祖先而多加修饰,这是过去许多族谱的通病。因此,修谱者要根据各姓的原始资料,有名人就写名人,没有名人绝不牵强附会。编修族谱若不尊重史实,自行篡改或伪造历史,对祖先是一种不尊重的行为,对自己也是违背良心的事。

修谱质量的问题,关键是在修谱之前的准备工作。首先必须选好修谱人员,要慎重考虑编撰者的文化素养、品德水平等综合素质。修谱人员要经过编委会统一研究、逐一审定,大多数赞成的,可聘为编撰族谱的主编。其次,对修谱人员应提几点要求。如进赘、嫁出归属,称谓或涉及其他疑难问题的,都要及时与编委会联系,以免局部错乱,影响大局。而编委会在研究修谱的具体工作时,必须做到有的放矢、心中有数,尽力为修谱者排忧解难,把各种矛盾化解于萌芽之中。这样才能缩短修谱时间,又好又快地完成修谱任务。

修谱是一项认真细致、严肃的大事,任何姓氏要编修一次族谱,都要投入一定的人力、物力和财力。倘若编委会的成员对这一重大工程的复杂性和艰巨性认识不足,在某方面失误,将会造成劳民伤财等不良后果。在研究族谱凡例时,最好聘请老一辈宗亲、宗长和社会有关人士参加,以免有些远亲近邻之事需要协调或因笔误遗留问题。凡例的制定是为修谱需要设定的,不要订立一些高攀莫及的设想,应制定符合实际、切实可行、利于修谱的规范。空话摆场、流于形式的概不入例。

还值得一提的是族谱中的家训、宗训或族规。这方面必须给予充分体现。有些人可能会将此方面的资料误解为封建约束的条文,其实不然,这是良好家教的具体反映。凡经过良好家教的子女,在待人接物上会表现出与人为善、和谐相处的态度,这与当今倡导精神文明建设是一致的。家训的宗旨也是引导族人崇尚文明、积极向上、弃恶从善、去旧立新,有利于构建和谐社会。有的家训还以名言警句组成,文字精炼,对后世颇有教育意义。当然,这部分内容在族谱中只能适当安排,篇幅不宜过大。

关于先祖绣像的安排也不要太多,图文比例要讲究,必要的相片采用,可用可不用的就不用,有科学的编撰,出版物就显得大方美观。在文字的编排上,也要注意字体的选择。建议修谱单位能与此方面较有见识的人探讨,多征求意见。特别是族谱出版之前,要做好校对工作,这项工作是出版工作重中之重,切勿忽视。

要编好一部族谱是多方面因素促成的,若能做到深思熟虑、认真研究、计划周密,编撰人员密切配合,这样出版的族谱,必然会受到族人宗亲和同人的喜爱和好评。至于修谱后发现某方面遗漏或资料差错的问题,修谱的主编人员对此应早有思想准备,沉着应对,及时组织编撰,和有关宗亲、宗长进行查对核实。如需考证的,应深入调查访问有关单位和知情者,经审定落实后,可采取补缺和更正声明的方法,以便补救。

以上略述谱牒文化和修谱做法的有关内容,由于专业知识有限,在认识上的广度和深度均有不足之处。笔者抛砖引玉,期待同人教正。

略谈族谱作伪

粘良图[*]

本文所说的族谱作伪，主要指族谱资料违背历史事实，编造作假。这种情况可以说自古已然，于今为烈，其害处多多，素为智者所不齿，是应当提请学术界研究族谱的同人，尤其是在民间撰修族谱的同人加以警惕、防范的。

读晋江的族谱会发现，大多族姓都提到自家的祖先是唐末随王审知入闽的，让人有一种印象，好像晋江的开发始于唐末五代。其实晋江早在唐开元六年（718）就已建县，当时泉州人口三万余户，晋江是其首县，在国内列为上县，人口当有数万，这些家族怎么可能到五代都消失无存呢？还有，晋江的王姓除沙塘一支为元代王翰后代外，都标榜"开闽世胄"，认为是王潮、王审邽、王审知的传人，其实，近年考古发现，早在南朝隆昌元年（494），晋江池店就有豪族王智首的墓葬，王智首生活的年代要比王潮在唐光启二年（886）任泉州刺史早上400多年，难道他就没有传人？如此，就让人不由对族谱的真实性产生疑问。

其实，古人修谱作伪的现象确实存在。因为古代好讲门第阀阅，高门华族地位高人一等，在社会上也吃得开，故有一些人尽管出身低微，偏要捏造出一个出身高贵的祖宗来炫耀；还有一些人有从众的心理，别人说祖先光启年间从河南迁来，我便也说祖先光启年间从河南迁来，后人不再深究，便以讹传讹；另外，古人有"为亲者讳"的说法，对自家的祖先，即便做了坏事也要加以掩饰，这就助长了不说真话说假话的风气；明清以来，人口增多，闽南族姓之间争夺资源，聚众械斗之事经常发生，为利益而联宗结派势在必然，有一些势力较小的宗支为了向势力较强

---

[*] 作者是晋江市谱牒民俗学会副会长。本文发表于《晋江谱牒研究》总第26期，2010年6月。

的宗支靠拢，不惜改变自己祖宗出处的事也有发生。

古人为什么要修族谱？最早的目的是"识尊卑，序长幼，明伦纪，分昭穆，以笃尊尊亲亲之谊，以究木本水源之理"。到后来，随着家族势力在社会上起着重要的作用，族谱又多出约束宗人遵循传统道德，劝善惩恶的功用。然而，如上面所指出的，由于种种原因，一些家族在修谱时不实事求是，而是夸大其词，过于吹嘘其先人或张冠李戴，将祖先往名人显贵身上靠等，其实都违背了修族谱的初衷。

古代有不少有识之士，对族谱作伪之事做出批评并有明确的态度。如晋江明代大儒陈琛曾为《笋江陈氏族谱》作序，他提出："凡君子必德荣福，而小人卒不免祸且辱……然多福贵于自求，不自求而惟求之先人，以为或能荣我福我，则朱均亦不能得之于尧舜，而况于所谓遥遥华胄者乎！"他认为，祸福主要靠本人，并不是靠祖先。尧是三代的圣君，可他的儿子丹朱不争气，骄傲暴虐，好游荡，照样留下恶名。儿子尚且不能从父辈那里得到光彩，更何况久远的祖辈？若自己不贤，而"著之谱以号于人曰：吾祖实某圣某贤"，则会引起人家的嗤笑和议论。所以他很赞赏"不敢妄有所扳附，以诬先代而诳后人"的《笋江陈氏族谱》。又如清代晋江学者范学洙在《鳌江范氏家谱》"凡例"中云："世人好铺张门面，其于族谱，每附显贵以饰冠冕。试思我能亢宗，虽世代侧陋，因我而荣。我甘颓坠，即世代烜赫，反因我而玷。且宗派紊杂，伊谁之咎？彼狄青不附梁公，与崇韬之祖汾阳，其优劣不径庭哉！"又云："记载征实若写真然，稍不相肖，便是他人面目。"作者认为，张大虚饰祖宗，不能给后人带来光彩，倒是后人奋发有为，替祖先争光更有意义。而作假矫饰，反暴露出人品的问题，像五代的郭崇韬，去拜与他不相干的唐代名将郭子仪墓，自称是他的后裔，成为人家的笑料；而出身低微的狄青，立功做官以后，有人为他修族谱，要写上唐代名相狄仁杰是他的祖先，狄青坦然地说，从来没有听说祖辈有做大官的。两人的高下便由此判别。还有，任意为祖先涂脂抹粉，那对祖先也是一种诬蔑，因为这样一来就不是祖宗真正的面目了，又有谁愿意拿别人家的祖宗当自家祖宗敬奉呢？

正因为有正确的认识，所以许多族谱在其修谱凡例中强调真实记录，不作矫饰。如《鳌江范氏家谱》记其始祖"鳌江公"，"第传由苏入闽，入闽之初不知位于何郡？或云与同安高浦同源,并不知孰为伯仲？或云由大田县分派者,缘未有考据,所以兹谱只就鳌江公着始,辑围江之一派也,至本所自阙之,以俟详查,不敢附会"。又如《雁山李氏族谱》记其始祖"廿四公","公宋季人也,丧乱之余,茕茕孑立,询及先世辄悲咽不言……是谱之作,以始自廿四公可矣,何必托诸遥遥世系以为光乎！"对于"为亲者讳",《青阳科甲肇基庄氏族谱》并不以为然,认为："我之子孙,苟有不安其分者,牒中则显书之以惩戒,后人或有下愚滋甚,所为不法而至于忝祖者,牒则之削其名字而不载,使后世知有警,而为宗族所弃也。"《锦里陈氏族谱》则强调："一、凡祖宗名字、行号、生娶卒葬及官迹行义,必据实详书,不可浪谈溢美,以诬先人,亦不可妄扳贵者、贤者,以光其族。如郭崇韬拜汾阳之墓,诒诮后世也。""一、家之有谱,犹国之有史……世远人亡,难以稽详,只据所可知者录之,其不可知缺之可也。《春秋》以疑传疑,君子是之；而史无阙文,夫子未免为世叹焉！"《潘湖金墩黄氏族谱》就同姓不同支派的"通族"行为发表看法："我泉郡鄙俗,多通族之举,以为彼此一家,岂知遥远莫据,虽强言分支析派,而昭穆终无其序……当世显贵者屡有族议之说,余甚非之。"《日湖八甲郭氏老爹厝叙世谱》则将翔实修谱提到道德的层面："公矢慎维勤维谨,照谱抄誊,逐房细查前之登载,旧谱者仍旧存之,后支派未入者依序编之……断不敢少有忽略,庶几上可以告无罪于祖宗,下可以不昧于寸心矣。"

正因为多数族谱秉持求真务实的态度,我们今日才可以凭借族谱来研究地方历史,了解许多逝去的人物和事件。

然而,时至今日,我们发现族谱作伪的现象仍旧存在,其危害比过去有过之而无不及。个别不负责任或别有所图的人滥竽充数,混在修谱的队伍中,胡编乱造,带来很大的危害。

厦大研究族谱的专家陈支平教授曾感叹,现在是个大修谱的年代,也是一个有历史研究价值的古谱大量损失的年代。有一些家族本来有古谱,现在要续修,请来的修谱人对旧谱资料不懂珍惜,为图省工,擅自删改、删节,或主家不懂,见新谱修成,就把旧谱丢弃,造成大量有历史资料价值谱本的损失。

更加不堪的,是个别修谱者,为显示其特别的"能耐",每每无中生有,捏造族谱资料,抛给媒体或出售给祖谱遗失无存的家族,骗取钱财不说，还给人家安上个张冠李戴或子虚乌有的祖宗。下面举两个例子：

《晋江谱牒研究》总第 22 期曾登载一篇《晋江苏内曾氏历代名人录》，该文章从苏内曾氏始祖曾信添写到清康熙间 10 位名人，文韬武略，会著书的就有 8 位。特别是曾信添，"工诗文，善画刻。其绘画，法于唐宋；书法以隶楷见长，时人颇推重；治印，为闽疆高手，印风布局平稳，以拙见巧；文步苏轼，故时人称其为东坡曾先生……设馆课教弟子。泉属诸邑学子皆慕名登门求教……著有《白石吟》五卷、《万石峰文集》二十卷、《信添印谱》、《草庵画稿》等……"

笔者有幸到过苏内，蒙乡老赐见过该村几本曾氏旧谱，记其始祖曾信添的内容皆为："世代实录：世远文湮，列祖列宗，枝派源流，不敢妄为之说。惟始祖则敢特立一传，以附百世不朽之意。降之列祖，以迄于今，生卒号葬，知者纪之，忘者阙之，绝者遗之，备载于左，以示来人。一世始祖讳文举，厥字信添，别号东坡，乃十八世元鼎公长子，由白石来隐高州之龙泉岩，与同友结草为庵居焉。遂赘于万石峰下之苏内里，配妣陈氏。生男二，长十四致政，次遐慕。公卒，葬东埔之原。"该传文字仅此而已，真不知道《晋江苏内曾氏历代名人录》所加的那些枝枝叶叶从哪里来？

写该实录的是苏内曾姓九世孙曾一贯，他说："我曾氏世居乡鄙，虽未获睹簪缨荐美，然家耕读而世厚重。"又说："苟我宗斯文相尚，行且掇科第以光前而照后者。"表明苏内曾氏从一世到九世还没人中过科举，有过功名。那么《晋江苏内曾氏历代名人录》所谓的元延祐监生曾庵兜、明嘉靖进士曾壮可、监生曾遐慕、天顺进士曾鉴、洪武知县曾爊等不知从何说起？

据苏内曾氏旧谱，其一世祖曾信添生男二，长十四致政，次遐慕；二世十四致政公，娶苏氏，生男三，长趣头、次奥辂、三"十六致政公"。《晋江苏内曾氏历代名人录》却说曾信添"子二：趣投、遐慕，均出类拔萃"。以孙为子，不知有何根据？

又见《晋江谱牒研究》总第 21 期登载一篇《唐代历史文化古村潘湖风物》。潘湖是唐代文豪欧阳詹故里不假，可该文居然还有"潘湖仁颖书院""潘湖黄相府""黄光升故宅""黄凤翔故宅"，真是闻所未闻！

《唐代历史文化古村潘湖风物》的作者说，为"纪念……后唐状元黄仁颖大兴儒学之功",欧阳詹之十世孙欧阳珣为建"潘湖仁颖书院"。笔者阅《潘湖金墩黄氏族谱》,得知潘湖黄氏始祖"三十一处士"元末从莆田迁来,娶欧阳氏,洪武初年,潘湖遭"乌蜂之变",欧阳一姓尽皆外迁,黄氏遂发展为潘湖大族。既如此,宋代的欧阳氏与黄氏风马牛不相及,欧阳珣不去建纪念自己老祖宗欧阳詹的书院,却去建什么"仁颖书院",不是太莫名其妙吗?

　　黄光升、黄凤翔都是晋江的名人,一任过户部、刑部尚书,一任过礼部尚书。可是他俩除了同姓黄,与潘湖并无关系。黄光升的祖父名黄永,永春人,从吏员升到宁波、湖州知府,才搬到泉州城来住,落籍晋江,这在何乔远《闽书》中记得很明白。黄凤翔原来住宅在泉州城南,万历辛丑(1601)"洪流暴涨,阑入城市,仓卒不及为防,家之老幼臧获登榻而坐"。而后他迁居早已建好的城东十里三十七都田头亭的新宅居住,这事由黄凤翔作记,载在《晋江县志》"古迹志"。何尝有"黄凤翔故宅"在潘湖?笔者也看过始修于明代,清代续修的《潘湖金墩黄氏族谱》,从明嘉靖五年(1526)黄时中"家规七则"记"……则我家族之大,不惟应科第无一人,下至于掌门户、读仓籍不识一串字,读户口不识丁字者有之",到清康熙十一年(1672)黄寅亮"四修谱序"记"……忆亮己卯领鹗荐,宗瀛叔同时贡成均,先子橙园公尝示余曰:'汝幸博一科,此食祖宗积功累仁之报。'",对黄光升、黄凤翔这般赫赫有名的人,族谱中并无一字记载。《唐代历史文化古村潘湖风物》的作者说黄光升、黄凤翔是潘湖人、潘湖有"黄相府",不知有什么文字依据?

　　从以上所举的两个例子,说明现在有人喜欢在族谱、史料方面作伪造假,欺世盗名。倘有学者写文章时只图资料新奇,不加分析辨别,引用其假资料,最后就会弄出差错,贻笑大方。而一个家族,一旦用上其造假的族谱,日后子孙后代不是要永远受到蒙骗?而且欺诈骗人这种风气一开,也会给社会带来负面的影响,比如前次就有人伪造印尼总统瓦希德祖先"陈金汉"的族谱资料,弄得不好收场,这岂不是开"国际玩笑"?

　　我们应该制止这种造假作伪的做法。一来要端正态度,古人所提倡的"记载征实""不浪谈溢美、不妄附显贵"还应作为今日修谱的信条。二来要对造假作伪的做法加以警觉防范,加以批评谴责,让作伪的人有所顾忌,及时收敛。俗话说得好,"耳听为虚,眼见是实",你说得天花乱坠,我要你拿出真凭实据,即有关文字依据来,否则就难以轻信(当然也有伪造的谱本,但容易识别)。三来还要加强学习,知识面广,自然触类旁通,能辨识造假作伪者的种种破绽,作伪者没有市场,只好"金盆洗手"了。

族谱是世俗文化的一种形式

蔡铁民　耿　虎[*]

　　弘扬优秀传统文化，提高全民族文化素质，增强民族凝聚力是当今社会文化建设的重要课题。要做好这方面工作，需要人们更加审慎地分析、思考、鉴别哪些是优秀的传统文化，应当怎样继承祖先为我们创造的这笔宝贵文化遗产。在传统文化中，以家族为核心的广泛而又深邃的世俗文化是值得人们深入研究的重要文化事项。而要研究世俗文化，一个好的切入点就是族谱研究。族谱是一个家庭、一个家族演变的历史见证，是以谱书的方式对族人繁衍的全过程记录。通过它，我们既可以全面把握一个家庭、一个家族发展的详细情况，又可以借助对多个家庭、多个家族的研究，加深对整个族群乃至整个社会发展的认识。那么，我们应该把族谱放在什么样的位置加以审视？族谱对当今弘扬优秀传统文化又有什么意义？这是族谱研究工作者首先必须做出认真回答的问题。

　　无论从宏观还是微观审视族谱的文化内涵，都应该把族谱视为一种中国特有的世俗文化形式。它是民族基层群体共同建构、共同提炼的人际关系的文化实体，是家族图表化的形态链。其文化内涵不仅来自世情，而且为世人所普遍遵行；其参与者之众、涵盖面之广、流布时间之长、影响之深远，实在是能够代表世俗文化的一种典型。我们可以透过族谱去考察人们的生活方式、社会组织、伦理观念、行为准则和人际关系等诸多文化现象，而通过透视族群的文化底蕴，剖析族谱深层的文化内涵和价值取向，对于继承弘扬优秀传统文化，建设和谐社会，维护祖国统一以及振兴中华都有着十分重大的意义。

---

[*] 作者蔡铁民是厦门大学原中文系主任；耿虎是厦门大学海外教育学院教授。本文于 2005 年"谱牒研究与华侨华人"研讨会上发表。

一、族谱是记载族群亲情的文化实体

一个家族的人口繁衍,伴随着家族成员人数的增多,迁徙与分散往往在所难免。在以小农经济为主的中国传统社会,数世同堂、聚族而居是常有的事,但从整个社会发展的历史进程来看,家族的迁徙与分散乃是一种必然趋势,且这种趋势愈到近世愈加明显。而值得关注的是,虽然迁徙与分散不可避免,但在这一变动过程中,族群成员之间的亲情并未因此而改变。长期以来形成的传统观念,即同宗同族的亲情美德,仍然维系着、牵连着每一位族人和家人,使他们虽身处异地,甚或身份、地位悬殊,而在血缘上的归属如故,感情上的亲爱如初。起到这种维系作用的不是别的,正是与生俱来的亲情观念,而作为这种亲情观念的物化,族谱便是族群亲情的实物依据,是认亲认宗的书面"档案"。试想在一个家族长期的发展过程中,如果失去了唯一记载它发展演变的实物凭据,那将会出现多么混乱而又不可思议的状况。血缘关系的不清,辈分的错乱,必然导致的是亲情世界的寂寞和永远的飘零。所以说,族谱对于一个人、一个家庭、一个家族的存在与发展都至关重要。

从范围上讲,家族亲情的表现形态是多方位的。一般地说,以九族为中心,同时还可以上下延伸至九族之外,直至同一姓氏,都属于"本家"、同宗。从内容上讲,土地(包括故土与耕地)是凝聚亲情的物质基础,土地与族人不仅不可分离,而且是编撰族谱不可回避的大事。

最为族亲关注的是故土,思念故土就跟思念亲人一样。因为故土是族人繁衍栖息的地方,是整个家族最初的诞生地,谁也无法更改它,哪里也无法代替它。大家都知道,客家人入闽立足点是宁化,宁化从此成为客家人入闽基地,每年举行隆重仪式,表达客家人不忘本、不忘故土的品行和性格。古代中国是农业为主的社会,广大农民以土地为基本生存资源,民不离耕、乡不离土是民间以土地为本的真实注脚。如福建南安市罗东镇(原称小罗溪、大罗溪),全乡五个自然村,全部姓黄。黄氏族谱中列祖列宗可追溯到周代黄国(现河南境内),黄氏也是至今全国十大姓氏之一。罗东镇黄氏祖先,先后置有土地几千亩,拥有这批土地耕种,庇荫子孙几十代人,收租办起四所小学,让族亲子女免费入学。追根溯源,许多姓氏族亲的先祖都与土地关系密切。再如巴氏,相传有位叫后照的人,到四川巴水上游落户,他的子孙就姓巴。又如源出于姒姓的鲍姓,乃是夏禹后人敬叔被封于鲍邑(今山东济南市历城区),他的儿子鲍叔牙以邑名为氏。这方面例子很多,说明各族人列祖列宗姓氏的出现,跟封地、封邑有着内在的关系。许多族谱中追溯祖先的根、自己姓氏的来源,都离不开封地、封邑。人们常说继承祖业,土地正是其中最为重要的组成部分。一个家族通过对祖业的继承,对土地的开发轮耕,家族繁衍才得以维持,亲情关系也由此发展。族谱中记载历代族亲的迁移,祖业、耕地的处置,先人墓地的方位,都是亲情可依托的可贵的实物载体。

二、族谱是以孝为核心,以齐家治国为目的的世俗文化

古语道:不孝有三,无后为大。在传统宗法社会,孝既是人们基本的伦理道德规范,也是人们内在的精神支柱。一个家族重视子孙的世代传承正是孝观念的具体体现,而族亲的繁衍则是孝行为的延伸和发展。反映到族谱中,谱系表支系繁多且清晰完整,为每一位家族成员的行孝提供了明确的依据。《礼记·大传》称:"自仁率亲,等而上之至于祖。自义率祖,顺而下之至于祢。是故人道亲亲也。亲亲故尊祖,尊祖故敬宗,敬宗故收族,收族故宗庙严,宗庙严故重社稷。"凡懂得亲亲,又能尊祖、敬宗,都体现孝。所以族谱就是按照孝的观念、孝的意识,使亲亲的血缘系统沿着纵向、横向的脉络传承下来。这是家族之内的孝。族内的孝搞好了,才能扩展至整个国家,亦即"宗庙严故重社稷"。

完整地讲,族谱中的孝是以血缘系统为准则,以父系血统为本源,上溯列祖列宗,下顺子孙后代,旁及亲、堂、族、宗。这一网络系统都是族内行孝的范围和对象。作为人人遵守的行为规范和凝聚族人的精神力量,孝使家族和睦、人丁兴旺而又团结友善。推而广之,可以以孝治天下。

孝既是族谱文化的核心内容,族谱中孝的功用以及对孝的要求也

是多方面的。

其一,孝起着规范族人伦理道德和人生理想的功能。孝以律己修身为出发点,让族人在社会上起积极的正面作用。孝的本能是齐家,在齐家的基础上进而实现治国、平天下的一体化人生抱负和理想。所以,族谱中既十分重视对孝的基本规范要求,同时又十分注意对孝的多层次内涵表达。如有的族谱中在列有先人行孝事迹以作为后世行孝表率的同时,又常常列有先辈的功勋和业绩,以激励后人;有的族谱以专门的家训、家教教育规范族人;有的族谱则把宋代王应麟《三字经》、宋代方逢辰《名物蒙求》、清代李毓秀《弟子规》等"蒙以养正"的教材作为族人必读书目。服侍左右、修身齐家是孝,建功立业、光宗耀祖也是孝。族谱中直接或间接对孝的多层次内涵的诠释与提倡,对每一位家族成员的伦理道德和人生理想都有着明显的影响。

其二,行孝以家庭为基本单位,逐步延及整个家族乃至整个社会。族谱中的孝从对父母的孝逐步推及尊老、敬老,以及互为关爱,让家庭成员与族人之间能够有序和睦地相处,追求的是纯厚聚合的族群人际关系。而在行孝的外围延展上,一个值得注意的动向就是这种延展往往不过多地涉及母系的缘亲,而是推及社会政治上的人际关系,即把孝与忠君结合起来,忠君就是孝族亲;甚至把祖与国联系起来,爱国亦即尊祖。至于为什么不过多地向母系血亲延展,这的确是一个饶有兴味且值得今后深入探讨的话题,而推及社会政治人际关系,则体现了中国式族谱的可贵之处。特别是爱国就是尊祖,使家族成员与所在国家融为一体,增强了民族凝聚力。在这方面许多海外华侨华人的族谱很有代表性。在这些族谱中,详细记载并充分阐述本族亲在海外爱国爱乡的壮举是其重要内容,也是其一大特色。如林贻荣先生《从吴氏族谱看爱国兴学的优良传统》[①]一文介绍了延陵吴氏几代华侨华人为祖国做出贡献的生动事迹,就是很有说服力的例证。

其三,孝还体现在习俗礼仪上,让族人的行为举止既符合族规,又符合伦理道德规范。礼仪是实现某种规范要求必要的程式。这种近似宗教化的形式在传统的宗法社会被极为看重。要在思想上实现孝的内涵,必须先在行动上符合礼的规范。族谱中围绕着孝的礼仪规范多种多样,其中包括对祖先家庙的祭拜,对财产的继承,为族中老人长辈祝寿,为死者举行丧葬仪式,坟墓的设置,甚至立碑坊牌楼、建孝子祠、为亡亲做"阴寿"等,无不是通过一定的仪式来以表孝心。在平时的待人接物上,更要遵循礼节行事,其形式要求则体现于日常生活的各个方面。有关行孝的礼仪规范不可逾越,不可抗拒,不可减免,以最初的或足够的强制性实现其日久成风、积习成俗的习惯性。

其四,以族人为本位,同时又注重孝的社会风气的塑造与提倡。一个家族之内的孝行事迹因对族人有明显的影响,故往往成为该家族族谱中必不可少的内容。而为了族际的交流与宣扬,这部分内容也常常作为彰显家族美德的典型事例予以突出介绍。这样,以一部部族谱为基础,以一件件生动感人的事例为榜样,社会的孝道正气就得以弘扬。有一本《毛泽东风范词典》②曾记载毛泽东怀念慈母而写下的一篇《祭母文》:"……吾母高风,首推博爱;遐迩亲疏,一皆覆载;恺恻慈祥,感动庶汇;爱力所致,原本真诚;……"毛泽东是世人皆知的孝子,韶山毛氏家族的族谱中一定会录下这段孝道风范美言,并会以此而感到自豪。如果我们翻开各地的族谱,就可以窥见众多宗族先人又忠又孝,或热爱桑梓,或孝慈传芳的感人事迹。尽管这些事迹由于为尊者讳、为长者讳的缘故不一定完全属实,其中所宣扬的道德品德在今天看来也不一定完全积极健康,但从总体上说它们还是展现了文明的人性,陶冶了族人及社会成员的性情,有利于良好社会风气的形成,故值得颂扬传布。

三、名字谱系是反映族谱文化的重要内容

人名是人特定的称谓符号。古今中外各民族为识别张三李四共同的做法就是为每一个人取一个特定的名字作为其标志。人口越多,名字就愈显重要。在取名一事上,中国人不仅也不例外,而且由于汉字特有的寓意特征,再加上人们头脑中传统的宗族、伦理观念影响,以及功利主义驱使,人们历来对起名一事特别重视。在人们看来,名字的好坏不仅意味着好运与歹运,而且会预示着实际的吉凶祸福。这样,无论是皇亲国戚还是市井小民,伴随着新生命的诞生,起名字就成为整个家族关注的一件大事。时至今日,新生儿名字的获取仍然牵动着众亲人的

心,许多家庭为了给孩子讨个吉利的名字,使出各种招数:找辞书、寻典故、请专家甚至求神拜佛,真可谓百般求索,费尽心思。由此便形成了富有中华文化特色的名字学。其中不仅有着一整套长期形成的起名字的法则,而且名字的命名有着多样化的价值取向。

在族谱中,为本族成员及后辈编出名字谱系,既是区分族内支系的基本方式,同时也形成了族谱内部名字的系列文化。某一名字虽是为家族中某一成员所起,但整个名字谱系却从一个侧面反映出该家族或该族谱的文化取向。总之,取名一事,事关全族,意义重大;名字谱系,富含文化,内容复杂。本文在此不妨选择几类,试做分析如下:

(一)取于自然界物象,寄寓情志

《海内外林姓源流》③一书中有"九牧传芳"的史料记载,在唐代有兄弟九人都曾担任过刺史,他们的名字分别为苇、藻、著、荐、晔、蕴、蒙、迈、蔇。九人的业绩及他们富有特色而又相互关联的名字,被后人传为佳话。这些名字的用字其本义都与草木有关,以大自然物象寄寓族人追求美好的愿望。本书还载有,源于福建晋江马平的林氏十八世诚霖生下四子,名为玉泉、锦泉、秀泉、茂泉;平和林氏十七世铁炼生下银水、来水、顺水,也都是发乎自然,寄寓"仁者乐山,知(智)者乐水"之意。再如自然界之梅、兰、竹、菊、松等,也常为人名所采用。以自然界物象取名,把自然客体融会到自己的怀抱中,从而达到观照自然、物我一体的境界,寄托了族人纯真美好的心灵。

(二)崇敬先祖,尊奉孝行

族谱名字谱系中对血亲远近法则的体现是明显的,在为同宗族成员起名时,往往带有相当浓厚的以孝为核心的宗法观念烙印。对祖先的崇敬,出现了念祖、继祖、承祖、敬祖、耀祖、兴祖、光祖、荣祖、崇祖、显祖等名字。对孝行的尊奉,出现了思孝、孝纯、孝伯、孝标、知孝、孝廉、孝友、孝严、孝慈之名。除此之外,乃是出于对先祖、孝的尊崇,族谱名字命名上还有所谓"挨辈取名,就名训字"的原则,即同辈兄弟排比辈分字。如前面所引《海内外林姓源流》一书中,辽宁康平就有以"凤长开广德,鸿福柏四方,英明显朝佐,振起庄家祥"作为辈分的次序纽带。不管后世子孙迁居何地,都要遵循这一辈分字起名,这样就为后人寻根问祖提供了依据。再如孔子后世谱系的辈分取名,要求就更为严格。由于孔子影响深远,孔子世家取名必须经皇帝钦定,任何平民百姓不得擅改,否则不能入谱系中。清康熙帝为孔家定名:兴、毓、传、继、广、昭、宪、庆、繁、祥;乾隆又为孔家辈分定序:令、德、维、垂、佑、钦、绍、念、显、扬。世代承袭,人人遵守,达到尊卑长幼有序而又自成一体,既彰显了先人,也维护了该家族发展的一脉相承。

(三)传统伦理道德观念的多样化追求

由众多族谱的名字谱系我们可以看出,名字的命名包含着对传统伦理道德观念的多样化阐发和追求。在传统社会中,任何人的言行都严格地受到当时伦理道德观念的制约和影响,特别是对中国这样一个宗法社会来讲,传统的伦理道德观念在过去更是人们判断是非好坏的不二法条。要考察、评价一个人,在还没有了解到他的言、行的情况下,名字是给人的重要直观印象之一。因为从名字的字面意义确也可为进一步了解、认识这个人提供一些最初的信息。对一个人是这样,对一个家族也是这样。故此,族谱的名字谱系常被视为展现族人伦理道德风范的一个标志和窗口。在这种展现中,我们除了可以看到上文提及的尊祖与尚孝这一核心内涵外,还可以看到人们对传统伦理道德观念的多样化追求。如对"仁"的崇尚,有仁爱、仁晃、笃仁等;对"德"的追求,有德明、德昭、德光、德思等;对"伦"的重视,有崇伦、学伦、育伦等;对"友"的看重,有友情、友忠、友理、友义等;此外还有诚信、良知等方面的名字。这些即是人们围绕着核心价值所做的多样化追求的具体表现。在传统社会中,"学而优则仕"是人们追求进步的理想路径,也是人们极为看重的价值取向,宗禄、宗仕、仕逵、仕达、仕兴之名因之而起;而在实际生活中,能够仕进的毕竟还是少数,更多的人还是务实地希望子女能在平安、幸福中度过一生,故带"平""福"的名字遂屡见不鲜。以上这些都说明,族谱中的名字谱系对传统伦理道德观念的反映是多方面的,其内容之丰富、文化观照之多样,实在值得人们去认真深入分析考察。本文在此只是略作引发,以引起更多的关注而已。

四、族谱研究对于继承弘扬优秀传统文化、建设和谐社会、维护祖国统一、振兴中华具有重要意义

族谱文化是有中国特色的传统文化的一部分,由于历史和编纂者的复杂原因,其中虽也有不健康和不积极的内容,但应当承认作为主流的族谱文化对于今天仍有许多借鉴价值和正面意义。要正确地对待族谱文化,首先需要人们正确地分析族谱中存在的问题。我们认为,对于历史上的族谱需要人们注意的主要是对封建思想的渲染和因各种原因对历史真实的掩饰,而对今天的族谱需要着力避免的则是修谱上的盲目攀比所造成的夸大不实。只要我们能正确认识这些问题,以扬弃的态度审慎地处理,就一定能充分发挥族谱文化的积极作用;而将族谱文化的积极作用充分发挥好,对于弘扬优秀传统文化无疑又会起到十分重要的作用。族谱文化是社会民众广泛参与的世俗文化,将族谱文化建设好,对于引导和促进世俗文化建设,也会起到很好的示范作用。文化重在建设,作为发展中的族谱文化、世俗文化亦是如此。新时代的族谱文化建设应从新族谱的编纂入手,在认真总结历史编纂经验和教训的基础上,力争编出既体现时代特征(如宗亲、缘亲并重等)、符合时代要求(如建设和谐社会等),又科学规范(如内容翔实、编排严谨等)的新族谱。值得欣喜的是,近年来由于各方面的重视和努力,族谱文化研究日益走向深入,可以相信这些踏实而科学的工作必将会进一步促进世俗文化建设和优秀传统文化的弘扬,新时代的文化一定会在多元建设中走向更加辉煌的繁荣。

家庭、家族是社会的基本细胞,整个社会的和谐,离不开一个个家庭、家族的和谐。族谱文化中对亲情的重视,对孝的提倡,对自然的热爱以及对传统伦理道德的多样化追求,无不体现在组织(包括华侨华人社团)开展各种活动,以增进内部团结,维护整体利益上。族谱、宗族组织、华侨华人社团在海外华人社会中扮演着十分重要的角色,发挥着十分重大的作用。海外华侨华人的族谱,在详细记载族人移居海外经历的同时,充盈着浓浓的思乡之情和寻根意识。它们既是海外华族成员

自强不息、艰苦奋斗的生动写照,也是海外中华儿女爱国爱乡、维护祖国统一的难得教材。世界上没有哪一个国家能像中国这样有着数千万的海外中华儿女,即使有,也没有哪一种文化能像中华文化这样将他们与祖籍国之间牢牢地联系团结起来。这是中国和平崛起的宝贵资源,也是中华民族伟大复兴的重要力量。从这一角度讲,搞好海外华侨华人族谱研究,对于增强民族凝聚力、振兴中华,意义甚莫大焉。

　　一部族谱可以说是世俗文化的一个集中缩影。其内容庞杂交错,繁而不一,既有历史的积淀,又有时代的差异;既有明哲的铺陈,也有落后的尘垢。本文在有限的篇幅内只是选取了几个方面,就族谱的世俗文化特征做以概说,除文中所论,族谱中尚有家训家教、宗族信仰、宗族组织、宗族会馆、族亲迁移、恳亲活动、缘亲关系等诸多文化现象,有待更加专门细致的探讨。族谱文化的确是一个涵盖面广,关联历史与现实,具有多方面价值与意义的重要研究课题。只要我们善于运用科学的观点和方法,本着与时俱进的精神,客观地分析其中合情合理的有益成分,族谱文化不仅会健康地发展,而且一定会在文化、社会、政治、民族等方面发挥越来越大的作用。

注释:

①林贻荣:《从吴氏族谱看爱国兴学的优良传统》,周仪扬、陈育伦主编:《谱牒研究与闽台源流》,北京:国际文化出版公司,2002年。

②刘学琦主编:《毛泽东风范词典》,北京:中国工人出版社,1991年。

③林树丹主编:《海内外林姓源流》,北京:中国华侨出版社,1998年。

档案馆馆藏族谱及其开发利用

陈咏民 *

族谱又称宗谱、家谱、家乘，是家族的民间档案资料，也是我国传统的历史文献之一，具有重要的学术价值。族谱是我国古代宗法社会的特有产物，它通过"载祖德、立族规、明宗支、分族丛"，借以增强"木本水源""敬宗睦族"的思想感情。虽然由于时代的局限性，这种以记述男性血缘为脉络的宗族世系之书带有封建性的消极因素，但是，谱牒所载的家族史，包含了诸如姓氏来源、家族兴替、人口升降、民族迁徙、风俗习惯、社会变故，甚至族人的政治、军事、经济、文化活动等，有些卷帙浩繁，内容丰富，具有重要的史料价值，无疑是中华传统文化的瑰宝之一。族谱可以补充历代官方正史的不足，印证史家之论断。对于民间的史籍，我国古代伟大的史学家司马迁最先利用了谱牒，为我们树立了光辉的典范。

一、档案部门较早发起研究利用族谱的热潮

20世纪以来，因族谱在中国历史典籍中具有学术研究价值和跨时代的社会文化功能，引起了国内外学者的普遍重视，发展至今已成为一门"显学"，人文科学各学科学者都可从中取得适合自己的有用史料。著名的美国犹他州家谱学会就收藏了大量的中国族谱缩微品，并出了许多研究成果，在开发利用方面产生了重大的国际影响。20世纪80年代以来，随着我国史学领域的不断得到开拓，族谱的重要性再次为人

---

* 作者是福建省档案馆研究馆员。本文于2005年"谱牒研究与华侨华人"研讨会上发表。

们所认识,不再被笼统地斥为"封建旧糟粕"。有关谱学研究的论文和著作不断问世,专门刊载谱学研究成果的杂志和书籍陆续出版。各种各样的谱牒研究团体不断涌现。今天,在史学研究中,抢救与发掘谱牒档案资料,用科学的态度加以分析运用,乃是一项重要的工作。

福建省各级档案部门主动积极地征集、收藏族谱档案。如晋江市档案馆就收藏较多的早期晋江各姓氏族谱,并在开发利用方面走在全省档案馆的前列。

早在1984年,国家档案局就会同教育部、文化部于11月20日专门发出《关于协助编好〈中国家谱综合目录〉的通知》(国档会字〔1984〕7号),明确指出收集范围包括:家谱、宗谱、族谱、世谱、专谱、家乘、世系表等。扩大档案征集范围,是丰富馆藏的补充形式。各地都注意收集特色档案,如族谱、家谱等,这类档案很多散存民间和个人手中,应将这些档案征集进馆。经过了十余年的努力,《中国家谱综合目录》终于在1997年由中华书局正式出版,其中就收录有不少福建各级档案馆收藏的家谱、族谱,对于家谱整理工作和提供学术研究发挥了重要作用。但当时由于受种种客观条件限制,尚有大量家谱未能收入。2000年,笔者曾到闽西调查族谱,惊奇地发现不少新编的族谱都不约而同地将国家档案局等三部委的上述文件显要地印在书前位置,其作用不言而喻。因此可以说,国家档案局是国内较早以正式发文件的形式肯定族谱档案历史价值的部门,功不可没。

二、闽省各级档案馆收藏族谱概况

历史上,福建是中国传统家族制度最为兴盛和完善的地区之一,历史文化积淀深厚,加之人文发达和有利的自然条件,造纸、印刷业繁盛,历代各地均重视族谱的编修,至少是"六十年一大修,三十年一小修"。因此,拥有种类和数量繁多的族谱。而福建所特有的开发历史、自然人文条件等,造就了福建族谱的某些独特风格,特别是福建作为全国著名侨乡和台湾同胞的主要祖籍地,其族谱更具有特殊的意义。

在人们的印象中,福建族谱的收藏单位和来源大多是各图书馆、文化馆、政协文史组、大学历史系、文博馆、方志办等单位和私人，对于闽省收藏有大量族谱的各级档案馆却很少有人提及，更不用说深入调查研究了。因为人们认为档案馆历来是收藏官方文书档案的机构，民间族谱似乎不在其收藏之列。其实，有相当一部分最终被收进了各地档案馆，并得以完好保存至今。

为了进一步做好调查摸底工作，笔者曾提出倡议，并得到单位领导批准，于2000年7月以福建省档案馆名义发出了《关于征集族谱提要的通知》，并印发《福建族谱目录调查表》，对全省各市县区档案馆收藏族谱的情况做了一次较全面系统的调查。从反馈的信息来看，闽省各级档案馆大多收藏有福建族谱，有的档案馆收藏族谱的质和量在省内各单位名列前茅。笔者还走访晋江、泉州、惠安、福清、龙岩、上杭、永定、武平、长汀、连城等档案馆。通过调查发现，全省共有58家档案馆收藏有525种族谱，起止时间为明嘉靖二十五年(1546)至2000年8月。这批族谱档案大多是外界鲜为人知的珍贵史料，从未公开出版过。内容以福建本乡本土为特色，具有浓厚的地方色彩。它们大多是1966年前后收集进馆的，以后又有档案馆陆续收购的及接受社会各界捐赠的。

此后，笔者还参与上海图书馆组织编纂的《中国家谱总目》福建省档案馆藏族谱填报工作，进一步深入调查了解馆藏族谱档案。

现简介其中几家档案馆馆藏的重要族谱档案情况。

1.福建省档案馆：林森陶江《林氏族谱》，即闽侯尚干林氏族谱，1931年印刷，末代帝师陈宝琛83岁时作序，还有陈培锟序，林森、蔡元培题；萨氏族谱有萨镇冰骑马照片，题有"行年九十壮志犹存"；李纲族谱；王氏族谱有王审知传记；泰宁明太仆寺卿江日彩族谱；等等。

2.晋江市档案馆：收藏有明清、民国时期的族谱达300多册，30多个姓氏，其中有反映出洋华侨、闽台关系、妈祖林默娘等的珍贵史料，颇具特色。

3.连江县档案馆：收藏有清至民国间形成的族谱197册，14个姓氏，30个家谱。排列长度6.49米。其中《开闽王氏传家之谱》中有闽王王审知家族繁衍的具体情况和王审知等人画像。馆藏族谱绝大部分为墨笔在宣纸上书写的，少数是木刻印本。

4.惠安县档案馆：《贺氏族谱》《王氏族谱》《杜氏家谱》等，尤其《出氏族谱》(出氏为元代铁木真"成吉思汗"后裔,蒙古族)是一部很有价值的谱牒,为研究少数民族史、人类学等提供宝贵的资料。

5.宁化县档案馆:客家7个姓氏族谱共70册。

6.武夷山市档案馆:朱熹家族的《朱氏家谱》、朱熹老师刘子翚家族的《刘氏家谱》。

7.尤溪县档案馆:朱熹家谱。

8.沙县档案馆:范仲淹家谱。

9.永定档案馆:胡文虎家谱。

10.福清市档案馆:收藏的民国时期《林氏族谱》,篇幅巨大,达八开本。

11.福州、厦门、漳州、平和、寿宁、连城、上杭、浦城、松溪、南安、南靖等馆各姓氏族谱均具有特色。

三、馆藏族谱的开发利用

族谱文献是中华正史的重要补充。顾颉刚先生曾做过精辟的论述:"我国史籍之富,举世无比。……而今我国史学领域尚待开发的二个'大金矿',即地方志和族谱。"而早在1957年,闽南侨乡晋江安海归侨洪少禄先生就曾深入民间搜集摘抄大量族谱,进行认真研究,可以说是从事族谱研究开发的先驱者。他撰写的论文《从族谱中获得安海居民侨外史料之探讨》至今仍常被人引用。20世纪80年代以来,一些学者致力于福建族谱的调查研究工作,出了一批成果,如出版有关研究书籍《闽台关系族谱资料选编》等,《历史研究》等专业刊物也发表过有关福建侨乡族谱的论文,福建省图书馆举办馆藏族谱展览,上杭县图书馆建立闽粤赣三省客家族谱中心,闽西世界客属第十六届恳亲大会举办族谱展览,晋江市成立谱牒研究会,晋江市图书馆开辟族谱陈列室等,都取得良好的社会效益和较大的社会反响。而相比之下,档案馆虽收藏有大量的族谱却大多深藏于政府大院的"最深处","养在深闺人未识"。我们认为族谱作为一种历史资料,如果不能开发利用而是被深藏在档案资料柜的角落里,那确实太令人惋惜了。

族谱是海外侨胞寻根问祖的重要依据之一。族谱是研究海内外优秀儿女最为珍贵的家族史料。前几年曾有晋江籍华侨通过晋江市档案馆所藏的族谱档案找到了自己在祖国故园的"根",类似这样的通过族谱"寻根"的例子时有所闻。我们可以利用族谱开展姓氏寻源,甚至对吸引海外华侨、华人回国投资、加快家乡现代化建设也具有重要作用,也可说是"以族谱为媒"。必须指出的是,对待寻根问祖,家谱可以起一定的作用,但正如任何史料都有其局限一样,现存的家谱不可能记载清楚每一个家庭的历史,更何况每一个人,有时至多有个大致的方向。总之,族谱可以在扩大对外开放,促进、激发海外侨胞和港澳台同胞的爱国爱乡热情,增强民族凝聚力上发挥纽带和桥梁的作用。

馆藏族谱与其他民间收藏族谱一样,蕴藏着取之不竭的历史资料,有待于我们深入发掘。为了更好地发挥馆藏优势,必须重点挖掘这一部分历史宝藏,应当注意的是,我们在研究编纂族谱档案时,必须实事求是,有所鉴别,有所选择。必要时,可从有关档案资料中扩充一些材料作为必要的补充和说明。可利用全国明清、民国档案目录中心的目录,广泛利用计算机进行检索,寻找最有价值的史料。

为了更好地开发与利用馆藏族谱,我们还设想利用自己的优势,在前人和今人研究的基础上,重点对省内各地档案馆所藏的丰富族谱档案进行全面调研,并在此基础上,编撰一部有内容提要的指南性质的工具书,出版一部《八闽馆藏福建族谱》,让人们都知道原来闽省各级档案馆竟也收藏着如此丰富的族谱,更为海内外各界利用族谱提供方便。本书的编撰出版对于提高档案馆的社会知名度,增强人们的档案意识,开发丰富的馆藏档案信息资源将有很大的意义,会产生良好的社会效益甚至经济效益。

充分利用福建族谱这一丰富的历史文化遗产,更好地开发与研究族谱信息资源,为我省改革开放和编史修志提供历史借鉴和工作参考,也为海外侨胞、港澳台同胞寻根问祖提供第一手的史料。实现资源共享,这就是我们开发利用馆藏族谱的目的。尽管族谱本身往往带有较大的局限性,但如果通过我们的进一步整理分析,并结合其他文献,把馆藏福建族谱的真实面貌描绘出来,揭示出有代表性的家族组织、基层社会的历史详情,将对福建族谱乃至中国族谱的学术研究有所帮助。

它不仅为宗法制度、家族社会史的研究提供不可替代的第一手资料,而且对华侨史、闽台关系史、福建经济史、人口史、教育史、民族史、民俗史、宗教史、妇女史等诸多方面的研究,都具有十分重要的参考价值。剔除其糟粕,吸收其精华,全在乎运用之妙。族谱前后往往有些序跋,还有种类繁杂的文献,如诗文钞(或艺文)、奏折、诰封等,甚至于有案卷、碑记、日记还有杂记等正史中未曾提及的内容。其中以清代至民国时期修纂的占绝大部分。族谱作为一种私家性质的记录,本不以公之于世为目标,族谱一旦成了档案,它就不再被家族垄断,而对国家、社会和人民都有保存、研究、利用的价值。它在历史研究中的旁证和辅助地位是其他史料所不及的。

新加坡闽人的谱牒与族史：
文献资源的开发、管理与利用

李金生[*]

一、前言

谱牒是一种记录家族始源、繁衍与昭穆等资料的文献，是正史、方志等原始文献之外的另一种珍贵参考资料。有关谱牒的史料价值，学术界早有肯定。[①]而包括福建人族谱在内的新加坡族谱及其价值，亦有崔贵强的专文讨论过。[②]本文将从图书馆文献的管理角度，简介新加坡现藏有关新加坡闽人谱牒史料的现况，并讨论这类文献在开发、管理与利用上所遭遇的困难及其可行的解决办法，以供学人参考、讨论。

二、新加坡简介

新加坡位于赤道以北约137公里处，介于北纬1度9分和1度29分、东经103度36分和104度25分之间，是赤道国家。记载新加坡早期历史的文字寥寥可数，有关这个国家的称谓也不一而足。3世纪，中国人称这里为蒲罗中，这个名字译自马来文"Pulau Ujong"，意即马来半岛"末端的岛屿"。

新加坡于1819年开埠，1965年建国，现有人口约350万，其中华

---

[*] 作者是新加坡国立大学中文图书馆馆长。本文于2005年"谱牒研究与华侨华人"研讨会上发表。

族占76.2%、马来人13.8%、印度人8.3%,其他种族1.7%。③华人中以祖籍福建的闽人后裔最多,其余依次是潮州人、广东人、海南人、客家人及其他籍人士。在新加坡的经济、社会历史发展过程中,福建移民及其后裔所形成的"闽帮",曾经扮演过很重要的领导角色。④

三、新加坡闽人族谱、族史

所谓新加坡闽人族谱,是指由新加坡福建人或其指定人士编纂,有关他们家族的起源、繁衍、播迁与发展的谱牒,包括总谱、宗谱、支谱、分谱、房谱、家谱等,名称内容或不同,形式或许不一,但皆包括在本文所称谱牒范围内。新加坡闽人族史,则包括新加坡闽人士编著与出版以及其他地区人士的有关著述与文献。这些族谱与族史在数量上虽然不多,但它们的内容基本上达到追本溯源、记述演变的目的,在一定程度上反映了新加坡闽人的宗族、家族历史,具有人类学、人口学、民俗学、经济学和社会学上的意义,尤其是族史资料,在族谱阙如的情况下更显珍贵。

新加坡闽人的谱牒与史料,往往只供族人阅览与收藏,印量不多,且载体不一,有手抄本、排印本、影印本、小册子、特刊以及报章、期刊、电子文档等形式,不一而足,给图书馆文献收藏与保存方面造成重重困难。

四、新加坡馆藏闽人谱牒、史料

在新加坡,收藏谱牒与史料的机构,包括公私机构,如图书馆、资料室和研究中心。其中以新加坡国立大学中文图书馆、犹他州家谱学会家族历史中心、新加坡宗乡会馆联合总会辖下的文史资料中心和新加坡国家图书馆(李光前参考图书馆)为最多,其他机构如新加坡国家档案馆与华裔馆亦略有收藏。前述崔贵强的论文《新加坡族谱及其价值》,曾就两种载体的族谱做出一个统计。他指出,就以纯族谱形式的出版物而言,有10多本,至于附属在纪念刊中的各姓氏族谱,数量却较多,估计大约有150本。⑤但这些数量是就全体新加坡华人族谱而言,若单就闽人族谱而论,其数量也就更少了。虽然如此,在整理这些族谱与史料目录的过程中,我必须亲自走访各个图书馆与资料中心,翻阅资料,确定内容,也确实花了一些功夫。这充分反映了谱牒文献在收藏、管理与利用上的问题。这主要有几个原因:

1.除第一类纯出版物外,其他形式的谱牒文献,无法通过线上图书馆目录得知其内容篇目;也不是每个族谱收藏机构均设有线上图书目录供查阅。

2.并不是每本宗族纪念刊内,都载有族谱或族史,由于财力与人力单薄或其他因素,有些纪念刊内容只偏重于一般资料如会馆简史、历届董事、先贤照片与庆典活动等,完全不载谱牒或族史文献。

3.不是每本姓氏纪念特刊的谱牒与族史,都含有闽人的资料。

在查阅过新加坡主要馆藏各姓谱牒与族史文献后,确定由新加坡闽人或其指定人士编纂或在新加坡出版的闽人谱牒(包括公谱、系表、族谱、世系图、谱帙、谱系、世系录、昭穆次序等)有《福建省安溪县榜头白氏族谱》《海澄峨山陈氏家谱》《林氏大族谱》《刘氏族谱》《陆氏族谱》《嵋山田内吕氏家谱》《闽粤吕氏族谱》《朴里五架仔吕氏时伦公家谱》《沈氏宗谱》《汪氏世系录》《王氏开宗百世录》《王氏宗谱》《王氏立姓开族百世谱》《漳州开闽王氏族谱》《南洋吴氏宗谱》《翁氏公谱直系表》《泉州安溪科榜世系表》《东山薛氏宗谱》《杨氏宗谱》《安溪榜头白氏1—10世系表》《同美乡陈氏族谱》《凤栖杜氏21世系》《方氏世系图(金紫莆田派)》《晋江温陵方氏昭穆次序》《洪氏洽浦世系图》《敦煌衍派开基始祖晋公世系图》《洪氏昭穆次序》《本族(黄氏)世系流源》《黄氏各地派下行序昭穆抄录》《江氏谱系》《(庄氏)世系表》等约30种。族史文献主要是史略、源流、史记、传说、族谱简介、分布、谱系简述、入闽始祖述略、考证、姓氏漫谈、人物介绍等约50条。两种资料共得白、陈、董、杜、方、龚、洪、黄、姬、江、李、林、刘、吕、彭、沈、施、苏、汪、王、翁、吴、谢、萧、徐、薛、颜、姚、杨、张、庄等31个姓氏文献(详细目录见附录)。

五、馆藏策略、管理与利用

新加坡主要图书馆与资料中心目前尚未编有新加坡谱牒文献联合目录,根据作者采访各馆所得,收藏中国与本地谱牒最丰的馆藏,是新加坡国立大学中文图书馆。以闽人谱牒的数量来说,该馆藏有谱牒原件及复印本23种、史料文献46件。收藏量居次者为新加坡宗乡会馆联合总会文史资料中心,有谱牒原件与复印本14种、史料文献20种;作为新加坡国家资料中心的李光前参考图书馆则有谱牒及复印本3种,史料文献18种,排名第三。

总体来说,新加坡馆藏的本地谱牒,数量较少。这一事实反映了两个现象:其一是本地华人对族谱、族史的历史意识薄弱,以至出版的谱牒为数不多;其二是新加坡图书馆与资料中心对族谱、族史资料的收藏热诚不足,投入较少。美国犹他州家谱学会在新加坡设有家族历史中心,收藏为数约两千卷的中国及其他地区家谱缩微胶卷,资料总数估计应有数百种,是新加坡民间收藏谱牒最丰富的中心。该中心的收藏以中国大陆与台湾地区谱牒为主,本地谱牒则屈指可数,且亦为其他馆藏所有。该中心每星期对外开放两次,每次两小时,开放时间稍嫌不足。

针对新加坡华人对族谱、族史文献的史料价值认识不足的现象,新加坡华裔馆曾在1999年开始筹划一系列华人族谱研究、资料收集及公众教育活动,并在2000年8月19日主办"族谱与海外华人研讨会"。华裔馆所收集到的族谱资料,在研讨会期间于新加坡宗乡会馆联合总会会所展出,吸引了不少听众与观众。新加坡国家图书馆管理局,也在2005年8月,假该馆新盖的大楼举办"新加坡家庭族谱展览"(Singapore Family Genealogy Exhibition),同样吸引了不少好奇的参观者。由此可见,族谱展览与教育活动是提高人民对族谱与族史认识的有效办法,收藏机构应该考虑经常主办类似活动,促进与加强人民的寻根意识,从而鼓励他们撰修与出版更多谱牒史料。

平心而论,新加坡国内出版与私人抄藏的族谱,远比公私收藏机构现藏的数量为多。例如《东山薛氏家谱》、《海澄峨山陈氏家谱》、原籍广东的新加坡先驱人物林义顺(1879—1936)的族谱《澄邑马西乡林氏族谱》等都是无意间发现的。⑥诸如此类尚未发现的谱牒,估计为数尚多。族谱收藏机构与研究学人应更加努力挖掘开发,一有发现,务当全力以赴,说服收藏者捐献或售卖予收藏机构,以利于保存与利用。此外,新加坡虽有《印刷与出版商法令》(Printer & Publisher Act),规定印刷商与出版商出版任何形式的刊物,都得送交两本给新加坡国家图书馆保存,并由后者收入《新加坡全国书目》,但许多非专业印刷商或出版商如宗族或姓氏组织都不知有此法令或藐视法令的规定。李光前参考图书馆仅藏三部族谱的事实充分说明了这点。作为《印刷与出版商法令》执行机构,国家图书馆全国书目组责无旁贷,必须尽快加强对法令的宣传与执行工作;其他收藏机构亦可互通讯息,从旁协助。

馆藏谱牒文献的管理方面,当务之急是编纂出版《新加坡谱牒文献联合目录》。在新加坡谱牒收藏机构中,新加坡国家图书馆管理局以及新加坡国立大学的谱牒与宗乡会馆刊物,皆遵循美国机读目录格式(USMARC)编目上网,并采用网络互相链接起来,无形中已形成一个联合目录。但是,新加坡宗乡会馆联合总会文史资料中心、新加坡华裔馆与犹他州家谱学会家族历史中心的目录都只限于馆内查询,无法通过网际网络查询。此外,除国立大学中文图书馆的目录外,其他收藏机构馆藏的宗亲会馆刊物目录都只是著录题名、责任者、出版年、出版者、页数、有无插图、馆藏索书号等数据,对特刊的详细内容并无著录。使用者必须亲身到馆翻阅原件始能得知其详,非常不便。因此,笔者倡议编纂《新加坡谱牒文献联合目录》,并制作提要,通过互联网发布,让全球华人皆可查阅。本文附录所示,只是一个初步尝试,日后将加以补充扩展,成为完整的全国谱牒文献提要目录。

尤有进者,今日的世界由于经济全球化的逐渐巩固,知识经济体的迅速发展,资讯网络日新月异,知识的获取日益迫切,人们已经不能满足于书目讯息及其他二次文献的查找,但也没有足够的时间到馆浏览全文,而是渴求通过桌上型电脑或个人膝上电脑,甚至于先进的手机界面迅速获得资讯。因此,在电子书、期刊全文数据库之类的资讯新载体纷纷出现的时候,谱牒文献全文数据库的建立已刻不容缓。在中国,作为收藏中国家谱原件最多的上海图书馆已在几年前开始设想开发馆藏家谱全文数据库,[7]新加坡的收藏机构也应该奋起直追,建设具有新加坡特色的谱牒全文数据库,方便人们浏览参考。

六、东南亚华人历史文献数据化计划

东南亚(旧称南洋)是中国移民海外历史较久、人数最多的地区。几百年来,从中国各省移居东南亚的华人在各个居留国组织社团、创办学校、开办报馆、出版刊物、纂修族谱,留下数以万计的历史文献。这些珍贵的文献,是研究东南亚华人移民史、社会史、经济史、政治活动与宗教传播等各方面的第一手资料,但可惜却因没有获得社会的重视,任由之随时日流逝而湮灭,不复留存者为数难以估计。

有鉴于此,作为收藏东南亚华人历史文献最丰的新加坡国立大学中文图书馆,乃于今年初主摧"东南亚华人历史文献数据化计划",希望在未来几年里分期将由各方保存下来的、没有版权争议的所有历史文献,加以数据化。其方法是利用数位影像技术制成复本,一方面有利于原始文件的保存,另一方面又可借助数位影像的形态,通过互联网,供国内外人士使用。该计划包括两方面的资源:一是该馆珍藏的一批国际瞩目的文献,如中英日报、杂志、社团及学校特刊、历史著作等;二是由其他机构或个人典藏的文献,如社团档案、会刊、家谱、家书、文物、单据、图片等。目前已完成数据化的文献有创刊于19世纪的《叻报》(1887—1932),支持孙中山革命运动的《新国民日报》(1916—1933),以及19世纪末及20世纪初期的历史文献《新加坡风土记》《南洋名人集传》等约40种。

已经纳入本计划的族谱有《东山薛氏宗谱》及《海澄峨山陈氏家谱》。这两本家谱,为研究19世纪初叶新加坡福建帮开山鼻祖薛佛记(1793—1847)及19世纪中期天福宫大董事陈笃生(1798—1850),提供了极其珍贵的第一手资料。东南亚华人历史文献全文数据,将从明年1月通过"东南亚华人文献"网页,向外发布。

七、结束语

谱牒文献是一种珍贵的历史资料,它的价值仅次于正史与方志。在中国,谱牒文献卷帙浩繁,种类亦多,但在海外则是凤毛麟角,不易多得的,其历史参考价值也就益显珍贵了。新加坡华人人口 260 余万,估计有 65 万户家庭,而收藏于主要收藏机构的族谱只有数十种,比例之少,令人失望。

众所周知,必须有可靠的史料才能撰写出信实的历史。谱牒文献作为一种仅次于正史与方志的珍贵资料,应受到一定的重视。因此,个人觉得新加坡华人及主要收藏机构都应该在纂修及出版、收藏、管理、利用各方面多做努力,使本地谱牒在质与量方面皆有所提升,以利于加强对新加坡华人历史的认识与研究,促进了解华族各姓氏的渊源、繁衍、南迁过程,达到寻根问祖的目的。

本文及附录的撰写,只是一个初步尝试,蜻蜓点水,不求深入,目的仅在抛砖引玉而已。

注释:

①例如罗香林:《中国族谱研究》,香港:香港中国学社,1971 年;陈绍馨:《姓氏、族谱、宗亲会》,《台湾的人口变迁与社会变迁》,台北:联经出版社,1979 年;尹章义:《族谱群效用与族谱之史料价值:以台湾发展史之研究为例》,《第一届亚洲族谱学术研讨会会议记录》,台北,1984 年。

②崔贵强:《新加坡族谱及其价值》,《族谱与海外华人移民研究》,新加坡:新加坡华裔馆,2002 年,第 87～107 页。

③《新加坡年鉴(2004)》,新加坡:新闻、通讯及艺术部,2004 年,第 38 页。

④杨进发:《战前星华社会结构与领导层初探》,新加坡:南洋学会,1977 年,第 22～23 页。

⑤崔贵强:《新加坡族谱及其价值》,《族谱与海外华人移民研究》,新加坡:新加坡华裔馆,2002 年,第 87～107 页。

⑥柯木林:《〈澄邑马西乡林氏族谱〉的发现及其史料价值》,《南洋问题研究》1991 年第 1 期,第 70 页。

⑦张奇:《上海图书馆家谱上网的设想》,沙其敏、钱正民编:《中国族谱地方志研究》,上海:上海科技文献出版社,2003 年,第 68～79 页。

附录：新加坡闽人谱牒与族史资料目录

白氏

《安溪榜头白氏 1—10 世系表》，《新加坡白氏公会五十周年纪念刊，1933—1983》，新加坡：新加坡白氏公会，1984 年，第 167~208 页。

白凤毛：《榜头白氏族史》，《新加坡白氏公会五十周年纪念特刊》，新加坡：新加坡白氏公会，1983 年，第 93~134 页。

新加坡白氏公会编辑委员会：《福建省安溪县榜头白氏族谱》，新加坡：新加坡白氏公会，1989 年，第 1013 页。

陈氏

陈顶：《陈氏宗祠保赤宫》，《新加坡颍川公所金禧纪念特刊，1937—1987》，新加坡：新加坡颍川公所，1987 年，第 49~51 页。

《陈氏世氏源流：我们的根》，《新加坡颍川公所金禧纪念特刊，1937—1987》，新加坡：新加坡颍川公所，1987 年，第 245~283 页。

陈有经：《陈氏史话》，《新加坡颍川公所金禧纪念特刊，1937—1987》，新加坡：新加坡颍川公所，1987 年，第 228~244 页。

《海澄峨山陈氏家谱》，影印本。

《同美社陈氏家谱》，《新加坡同美社成立四十五周年纪念特刊（1939—1984）暨族人世仪系统专辑》，新加坡：新加坡同美社，1985 年，第 1~109 页。

董氏

《董氏溯源与部分史迹》，《新加坡董氏公会庆祝成立五周年暨第七届全球董杨童恳亲大会纪念特刊》，新加坡：新加坡董氏公会，2001 年，第 26~30 页。

杜氏

杜南发：《大风起兮云飞扬　杜姓渊源三千年》，《新加坡杜氏贞义祖祠：贞义姑圣诞 554 周年暨京兆杜氏大厦落成纪念特刊》，新加坡：新加坡杜氏贞义祖祠，1999 年，第 80~87 页。

杜南发、杜丕勉：《开枝散叶木相连　凤栖杜氏 21 世系》，《新加坡杜氏贞义祖祠：贞义姑圣诞 554 周年暨京兆杜氏大厦落成纪念特刊》，新加坡：新加坡杜氏贞义祖祠，1999 年，第 113~115 页。

杜南发：《武库瀛州世泽长　凤栖杜姓衍派溯源》，《新加坡杜氏贞义祖祠：贞义姑圣诞 554 周年暨京兆杜氏大厦落成纪念特刊》，新加坡：新加坡杜氏贞义祖祠，1999 年，第 95~107 页。

杜丕勉:《乡里采风觅史迹　杜氏迁入凤栖的传说》,《新加坡杜氏贞义祖祠:贞义姑圣诞554周年暨京兆杜氏大厦落成纪念特刊》,新加坡:新加坡杜氏贞义祖祠,1999年,第116页。

杜丕勉:《源远流长春秋册　凤栖杜氏族谱简介》,《新加坡杜氏贞义祖祠:贞义姑圣诞554周年暨京兆杜氏大厦落成纪念特刊》,新加坡:新加坡杜氏贞义祖祠,1999年,第108～112页。

方氏

《方氏渊源述要》,《翁氏总会成立十二周年纪念特刊》,新加坡:翁氏总会,1978年,第290～292页。

《方氏世系图(金紫莆田派)》,《翁氏总会成立十二周年纪念特刊》,新加坡:翁氏总会,1978年,第293～299页。

《晋江温陵方氏昭穆次序》,《翁氏总会成立十二周年纪念特刊》,新加坡:翁氏总会,1978年,第293～299页。

龚氏

《龚氏渊源述要》,《翁氏总会成立十二周年纪念特刊》,新加坡:翁氏总会,1978年,第301～302页。

洪氏

《洪氏开宗史略》,《南洋洪氏总会复兴廿四周年纪念特刊》,新加坡:南洋洪氏总会,1973年,第61～76页。

《洪氏洽浦世系图》,《新加坡福州洪氏公会新会所开幕暨成立第十二周年纪念特刊》,新加坡:新加坡福州洪氏公会,1968年,第4～48页。

《洪氏源流总序》,《翁氏总会成立十二周年纪念特刊》,新加坡:翁氏总会,1978年,第226页。

《洽浦洪氏源流总序》,《翁氏总会成立十二周年纪念特刊》,新加坡:翁氏总会,1978年,第267页。

《敦煌衍派开基始祖晋公世系图》,《翁氏总会成立十二周年纪念特刊》,新加坡:翁氏总会,1978年,第269～272页。

《洪氏昭穆次序》,《翁氏总会成立十二周年纪念特刊》,新加坡:翁氏总会,1978年,第274～275页。

《闽南各县乡村洪姓分布表》,《翁氏总会成立十二周年纪念特刊》,新加坡:翁氏总会,1978年,第275～279页。

黄氏

黄二甲编撰:《本族世系流源》,《南洋黄氏总会银禧纪念特刊》,新加坡:

南洋黄氏总会,1976年,第A13～E97页。(包括公谱与派谱两部分。派谱收入紫云、禾坪、青山、虎丘、檗谷、冈州六派世表)

黄定文:《黄氏得姓的由来和江夏郡名的渊源》。

《黄氏各地派下行序昭穆抄录》。

《黄氏来源与派系》,《新加坡江夏公所银禧纪念特刊》,新加坡:江夏公所,1980年,第217～257页。

《江夏黄氏姓源及谱系》,《新加坡江夏平心阁金禧纪念、江夏公所卅五周年双庆特刊》,新加坡:江夏平心阁、江夏公所,1990年,第279～352页。

姬氏

《六桂堂源流》,《翁氏总会成立十二周年纪念特刊》,新加坡:翁氏总会,1978年,第210～211页。

《六桂姓氏考略》,《翁氏总会成立十二周年纪念特刊》,新加坡:翁氏总会,1978年,第212～2115页。

《至德先祖(姬姓)世系渊源考》,《翁氏总会成立十二周年纪念特刊》,新加坡:翁氏总会,1978年,第310～314页。

江氏

《江氏源流录要》,《翁氏总会成立十二周年纪念特刊》,新加坡:翁氏总会,1978年,第280页。

《江氏源流述要》,《翁氏总会成立十二周年纪念特刊》,新加坡:翁氏总会,1978年,第280页。

《江氏谱系》,《翁氏总会成立十二周年纪念特刊》,新加坡:翁氏总会,1978年,第281～286页。

李氏

《族史》,《陇西李氏纪念特刊》,新加坡:新加坡陇西李氏纪念特刊委员会,1971年,族系第1～64页。

《陇西李氏祖脉源流》,《新加坡李氏总会八十二周年纪念特刊》,新加坡:新加坡李氏总会,1990年,第105～109页。

张福成:《陇西李氏源流考》,《新加坡李氏总会八十二周年纪念特刊》,新加坡:新加坡李氏总会,1990年,第111～113页。

李龙:《李氏入闽始祖考》,《新加坡李氏总会八十二周年纪念特刊》,新加坡:新加坡李氏总会,1990年,第114页。

林氏

《林氏大族谱》,新加坡:新加坡林氏大宗祠九龙堂家族自治会,1992年。

刘氏

《刘氏族谱》,新加坡:协和印务公司,1920年,第118页。

吕氏

《福建吕氏世系考》,《新加坡吕氏公会银禧纪念特刊》,新加坡:新加坡吕氏公会,1978年,第64～70页。

《吕氏族谱史料选辑》,新加坡:新加坡吕氏公会,2000年,第164页。

《岷山田内吕氏家谱》,新加坡:新加坡吕氏公会,1994年,第478页。

吕日清编:《闽粤吕氏族谱》,新加坡:新加坡吕氏公会,1992年,第84页。

《朴里五架仔吕氏时伦公家谱》,新加坡:新加坡吕氏公会,2000年,第130页。

彭氏

彭卜维录:《泉州虹山彭氏渊源记》,《第六届世界彭氏宗亲联谊大会特刊》,武夷山,2004年,第118～120页。

沈氏

《沈氏宗谱》,新加坡:新加坡南洋沈氏公会,1989年,第86页。

施氏

施议旌:《供奉祖叔公的华堂府》,《新加坡南洋施氏公会第卅九周年纪念特刊》,新加坡:新加坡施氏公会,1985年,第35～38页。

施炳华:《认识祖先,施姓源流》,《新加坡南洋施氏公会第卅九周年纪念特刊》,新加坡:新加坡施氏公会,1985年,第49～54页。

施振民:《晋江施氏系派及分布》,《新加坡南洋施氏公会第卅九周年纪念特刊》,新加坡:新加坡施氏公会,1985年,第55～58页。

苏氏

苏进水、苏宜族、苏永晨:《苏氏源流及其历代兴盛史》,《苏氏公会庆祝六十周年纪念特刊》,新加坡:苏氏公会,1991年,第64～65页。

《苏氏入闽概述》,《苏氏公会庆祝六十周年纪念特刊》,新加坡:苏氏公会,1991年,第66页。

《苏氏渊源简介》,《苏氏公会庆祝六十周年纪念特刊》,新加坡:苏氏公会,1991年,第67～76页。

汪氏

《汪氏渊源述要》,《翁氏总会成立十二周年纪念特刊》,新加坡:翁氏总会,1978年,第304页。

《汪氏世系之各家记述》,《翁氏总会成立十二周年纪念特刊》,新加坡:翁氏总会,1978年,第304~305页。

《汪氏世系录》,《翁氏总会成立十二周年纪念特刊》,新加坡:翁氏总会,1978年,第305~306页。

王氏

王秀南主编:《王氏开宗百世录:新加坡开闽王氏总会庆先贤置山建祠设会百年纪念特刊》,新加坡:新加坡开闽王氏总会,1971年,第722页。

《王氏先贤献山百零五年:新加坡王氏慈善开闽公司特刊纪念》,新加坡:新加坡王氏慈善开闽公司管委会,1977年,第453页。

《王氏宗谱:新加坡观音山上地乡》,新加坡,1997年,第268页。

王秀南:《王氏立姓开族百世谱:暨海内外王氏宗亲会联谊录》,新加坡:百世谱编修委员会,1982年,第570页。

王春华编:《新加坡安溪峣阳王氏族亲录》,新加坡:新加坡安溪峣阳王氏族亲录出版委员会,1975年,第251页。

王作民编著:《漳州开闽王氏族谱》,新加坡:太原王氏公会,1989年,第68页。

翁氏

《六桂(翁氏)直系溯源表》,《第三届世界六桂恳亲大会纪念特刊》,新加坡:新加坡六桂堂,1994年,第72~74页。

《翁氏源流述要》,《翁氏总会成立十二周年纪念特刊》,新加坡:翁氏总会,1978年,第218~219页。

《黄祚世系:翁氏公谱系统溯源表》,《翁氏总会成立十二周年纪念特刊》,新加坡:翁氏总会,1978年,第220~221页。

《翁氏公谱直系表》,《翁氏总会成立十二周年纪念特刊》,新加坡:翁氏总会,1978年,第222~243页。

《泉州安溪科坂祖简介》,《翁氏总会成立十二周年纪念特刊》,新加坡:翁氏总会,1978年,第252~524页。

《泉州安溪科榜世系表》。

《翁氏源流分派系记》,《翁氏总会成立十二周年纪念特刊》,新加坡:翁氏总会,1978年,第225~247页。

吴氏

吴剑平编:《南洋吴氏宗谱:纪元前1293年—公元1976年合为3269年》,新加坡:南洋吴氏宗亲会重修宗谱编委会,1976年,第400页。(有《福建省永定县江南始祖宣公、开闽始祖承顺公千七郎公派世系实录》《永定县七十四世祖千七郎公派九十六世祖乃泉公房系实录》《吴氏渤海郡开闽始祖承顺公衍派裔传广东大麻裕州世系实录》《肇基闽西永定、粤北大铺承顺公世系实录》《福建晋江县灵水乡懒翁公派世系图》等文献，供本派后裔查阅）

《朴里五架仔吕氏时伧公家谱》，新加坡：新加坡吕氏公会，2000年，第130页。

谢氏

《昭伦宗史：谈、谭、许、谢》，《新加坡谢氏总会庆祝钻禧暨互助部卅七周年纪念特刊》，新加坡：新加坡谢氏总会，1990年，第191～192页。

遥清：《谢姓，一个世家大族》，新加坡：新加坡谢氏总会，1990年，第205～206页。

申光亚、谢海亭、谢其昌：《古谢邑今址考资料集》，新加坡：新加坡谢氏总会，1990年，第227～235页。

萧氏

萧遥天：《萧氏源流世系人物考》，新加坡：天风出版公司，1977年，第113页。

徐氏

徐添兰：《徐氏渊源及闽粤徐氏之源》，《新加坡南洋徐氏公会卅周年纪念特刊》，新加坡：新加坡南洋徐氏公会，1986年，第97～98页。

薛氏

《东山薛氏宗谱》，新加坡：叻报社，1920年，第13页。

颜氏

《颜氏之起源、繁衍及历代名贤》，《新加坡颜氏公会十周年纪念特刊，1966—1976》，新加坡：新加坡颜氏公会，1976年，第97～114页。

姚氏

《本族姓氏渊源》，《姚氏公会纪念特刊》，新加坡：新加坡姚氏公会，1959年，第甲10～11页。

杨氏

Yeo Tian Siew, Genealogy of the "Yeo" Clan, the Chinese Surnames and Their Roots: Genealogical Charts, Singapore.

杨大金编：《杨氏宗谱》，新加坡：星洲杨氏总会，1965年，第473页。

张氏

《张氏源流》，《新加坡张氏总会65周年纪念1937—2002、大厦扩建落成典礼双庆纪念特刊》，新加坡：新加坡张氏总会，2002年，第124页。

庄氏

《世系表》,《新加坡庄氏公会四十周年纪念特刊》,新加坡:新加坡庄氏公会,1980年,第96~108页。(本表列入公谱《庄氏古传系统》,福建永春桃源太初祖庄森派下、青阳始祖派下,福州玉融玉屿犀塘始祖至第十四等派系传略)

福建至台湾移民史料的开发与利用
——以南安溪东两岸李氏族谱为例

陈瑛珣[*]

一、前言

闽南人出洋往往具有冒险与吃苦的精神。经过努力,成功致富,荣归故里,在家乡建造新式洋楼,族人争相仿效,甘冒生命危险,远渡重洋,实现自己的梦想,追求更好的明天。

本文重点在探讨清代闽南先民渡海来台,借由精神上的血缘凝聚力与物质上的经济合作力量,以宗族为单位,建构生存空间,逐步地域社会化的过程。移民迁移到移居社会,所面对的自然、人文环境都不同,因应环境需要,所发展出来的移民聚落的地域社会文化特点也不尽相同。从事移民史的研究,不能只局限在某一特定区域社会,应该对相关地区都有所认识。移民家族的形成是因为这群人有生存的需求,其生存心态上的表现,首先是把有利于己的因素加以强化,拿一套共同的社会和文化特点或价值观把这个群体联结起来,扩大群体生存空间与生存力量。当代法国著名社会学家布尔迪厄(Pierre Bourdieu)分析个人与群体,在一般性历史进程和个别性历史进程中,在各种社会场域内遭遇到各种力量对比的影响下,在个人和各群体的"生存心态"结构上所经历的各种变化及其倾向的可能性。他提出的"生存心态"具有自我归并和自我认同的倾向:

---

[*] 作者是台湾侨光科技大学通识教育中心副教授。本文于2008年"谱牒研究与五缘文化"研讨会上发表。

> 对于生活经验中的各种因素,"生存心态"总是先对类似于它及有利于它自身的因素抱有强烈的同化和归并倾向,而对不利于它和异于它的因素进行尽可能排斥或加以改造。①

移民到新环境如何生存下去,成为移民的首要考量。有必要将族人集中在一起,集中群力(人力、物力)以满足在新环境中的生存需求。于是个人知觉被直接地过渡到社群知觉。从族谱中可以看到移民空间配置的具体展示。以血缘为主的家族共生结构中,可以看到宗族的凝聚力,促进了社会空间的流动,维持社会体系运作,不仅改善个人的生活,而且打造了一个可以让族人安居乐业的新天地。社会不是一个一成不变的惰性形态。

反映在区域社会,宗族以建立祖祠与祭祀公业这样的社会组织建构,象征群体的共同性。可以这么说:一个移民家族在移民社会,建立起自己的祖祠与祭祀公业,就可视为定居过程已经完成。

二、族谱资料

姓氏血缘宗族是中国几千年族谱演变的轴心。依据族谱的文本,探究移民的宗族组织及其在地化的经过,乃至族谱编撰活动,正是在血缘轴心意识上的延续。因此,族谱是一种庶民祖先尊崇的象征物。而族谱的编撰,以及族谱刊刻发行,这些行为融祖先崇拜和文化活动于一体。何明星说:

> 族谱文本和祖先文集,在祖先尊崇的社会心理,都具有一种宗教的图腾意义,在中国人的社会生活中,有着广泛的人格力量。②

从移民对于族谱的态度,也可以探析移民的在地化,因为修纂族谱可以凸显出家族凝聚力与组织运作能力。闽南港口型的移民聚落组织早期移居到台湾之后,受到教育水平与经济能力的限制,很少人能够从原乡带族谱到台湾。日后根据耆老们口述所撰写的族谱,对于祖先过往历史渊源多有所阙漏。但是,台湾闽南移民虽然拥有较少的文化资源,一旦落地生根定居之后,族人对于族谱保存与编修所贡献的心力却是不容忽视的。冯尔康《清代宗族、村落与自治问题》说:

族谱是宗族活动的记录,各个宗族都以定期兴修宗谱为职责。修谱要筹措经费,人心要齐,要有编写人才,还要联系外迁族人,是家族凝聚和组织管理能力的体现。③

文献探索聚焦于从历史演变过程探究聚落空间的地方性。所谓地方性,是历史脉络下的特定空间产物。因此,若没有历史感,则无从探究在一特定空间中的一群人曾经拥有过的生活形态。所以潘朝阳说:"历史的诠释,正是有效展示区域之地方性的不二法门。"④诠释闽南移民的聚落空间,依据族谱讨论移民的历史经过,并通过两岸族谱的对接,了解闽南移民历史过程之后,再配合实地考察生活空间的配置,将有助于探究聚落空间的地方性。

笔者挑选闽南姓氏大宗之一的李氏,并以泉州南安到台湾高雄红毛港的李氏家族为讨论对象。研究文献来源有两方面:台北故宫博物院族谱资料库、高雄红毛港李氏及原乡泉州南安石井李氏族谱。首先,由台北故宫博物院族谱资料库目录中,筛选出来的福建南安李氏族谱共有11部,详见表1。其中与本次实地调查个案相关的族谱,为微卷编号14307194(13-11)之《泉州府双溪来台李氏家谱》。

其次,依据台北故宫博物院族谱资料档案,统计福建迁台各姓氏族谱,依序为陈、林、李、王、张五大姓氏。李氏为族谱总数量的第三顺位。详见图1。

表1　台北故宫博物院族谱资料库之福建南安李氏族谱

微卷编号	名称
1411463(27-25)	李家族谱
1436724(15-12)	李氏族谱系统
13090364(6-2)	李家族谱
1411176(54-36)	陇西李氏芙蓉衍派滨溪分枝
1411132(36-7)	李氏世系图
14307194(13-11)	泉州府双溪来台李氏家谱
1365294(38-5)	李氏系统图
1365294(38-26)	李氏系统图
1407047(6-2)	(李氏)陇西家族谱
1407369(32-32)	李氏宗谱概说
1411108(45-25)	李氏世系图

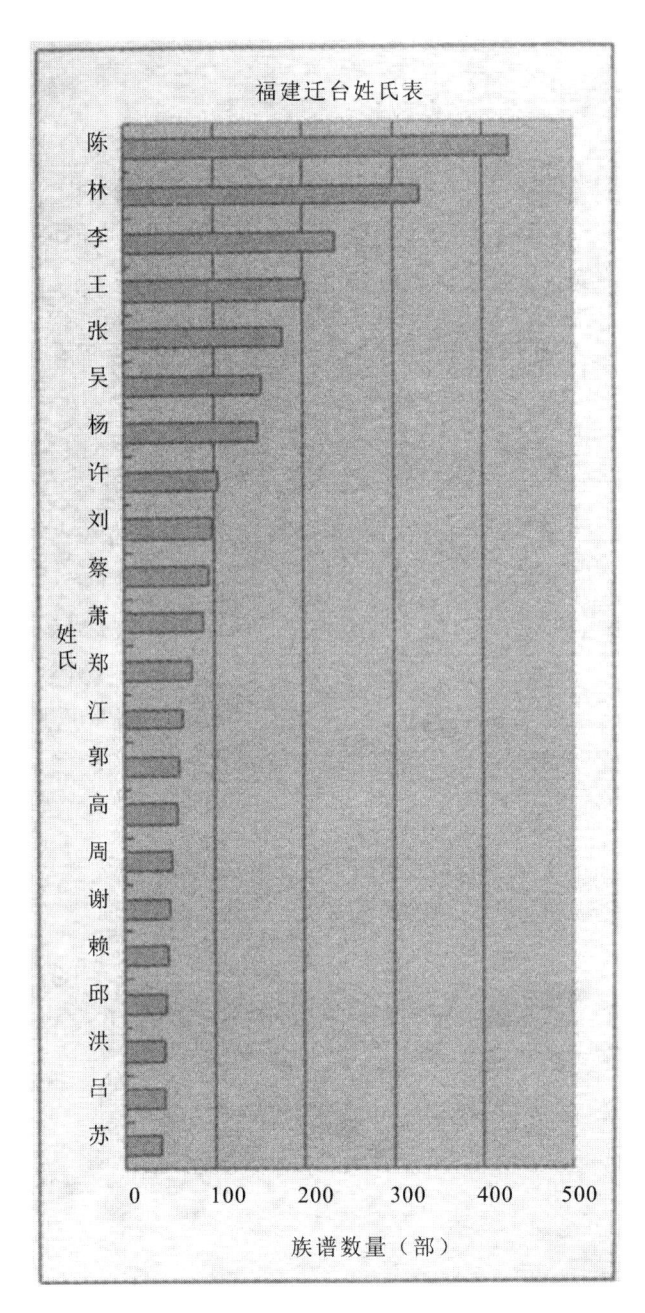

图1 据台北故宫博物院族谱资料档案统计的福建迁台各姓氏族谱数量

三、族谱文献研究开发

本文所采用的研究方法,是以移民社会的实地考察为主,辅以家谱、地方志等文献资料的探讨。研究重心在于调查闽南移民在移居地因应环境需求,配合血缘组织所建立的聚落空间。

(一)以台北故宫博物院族谱资料库为本,分析闽南移民姓氏与地点之大宗

首先通过台北故宫博物院取得福建、台湾两地移民家族的族谱线索。族谱往往称迁移到某一个地方后的第一个人为始迁祖,族谱的编写也是由始迁祖开始往下记载他的子孙。对于始迁祖的祖先是谁,却常语焉不详,大概只知道由何地迁来。因此,若要查其祖先,就必须回到迁出地去找。台北故宫博物院族谱资料库中虽有分类,但以往同个地方居住的人大都是同一姓氏,因此要从中找到迁台祖先姓名,难度很高。更何况来台开基祖在台湾使用的名字,可能与族谱上的不同。例如,高雄红毛港的李氏开台祖,后人根据口述记录称为"李远",在南安溪东李氏族谱内记录为"李卿贤讳远"。若能够将福建南安双溪李氏家族在闽台两地族谱所载世系表,完整键入资料库,建立交叉比对查询的网页,则有利于李氏后人查询,成为测试资料库查询功能的范本。在闽台族谱资料库的比对上,为了解决族谱数量庞杂、千头万绪的困扰,采取单个姓氏逐个击破的方式。以台北故宫博物院族谱资料库为例,其中与福建相关族谱有 3200 多部,记录福建迁台各姓氏的族谱共有 2732 部,进行建档、统计,交叉比对福建移民来台的姓氏与地点,用于分析各姓氏移民分布区域。

(二)族谱个案讯息分析比对

本文根据泉州南安石井李氏与高雄红毛港两地的李氏族谱,分析闽南移民历程。协助红毛港李氏家族与原乡族谱对接过程,汇整对接族谱所需要的讯息资料,以及关注经过数代移民之后,在定居地的族谱

所载昭穆跟原乡产生的某种程度的差异。南安李氏族谱所录父老云："尔有启兴卿,鸿图开泰运。文章正达时,朝廷逢科取,世代显容旗。"附注:九世从尔字起,余以类推。⑤而《高雄红毛港李氏家谱》所载昭穆辈序:"鸿图开泰运,文章正夺时。朝廷汉古取,世代献令旗。"⑥核对开台祖与原乡祖先世代人名、地名正确之后,还得进一步在昭穆字辈上确认无误。除去稍许口头误差之外,经过比对红毛港李氏族谱与南安溪东李氏族谱数部,确定两岸族谱对接成功。

四、族谱文献运用

（一）移民社会文化的区域特性

人类因有生存的需求,聚族而居是把有利于己的因素加以强化,拿一套共同的社会和文化特点或价值观把这个群体联结起来,扩大群体生存空间与生存力量。在闽南地区,为了面对大海无情的挑战,出海一趟,必须祈求神明照护,保证安全回家。救苦神、海神信仰变成地方不可或缺的民众心灵力量来源。姓氏聚落通过寺庙结合地方群众的力量,以寺庙的活动团结宗族成员,扩大地方影响力。

闽南人到台湾后,多半从港口开始发展。到高雄红毛港定居的泉州后裔,因应环境需求,配合血缘组织建立血缘聚落,居民多数以海为生,捕鱼为其重要的经济活动,渔业系当地之基础产业。早年因鱼产量丰,故红毛港地区居民生活尚称富足。

现今里界的划分大约依循着原有村落的规模,称为埔头仔、姓杨仔、姓李仔、姓洪仔、姓苏仔,分占聚落不同空间位置,家户紧邻,乡族意识浓烈。各姓氏有自己专属的姓氏角头庙,主要信仰有观音佛祖、天上圣母、广泽尊王、何府千岁、海神与王爷。老聚落的庙宇,以洪、杨、吴、李、苏五大姓氏的角头庙与聚落中心埔头仔的角头庙为主,形成一个具有权利义务关系的范围。范围内的居民虽要缴纳丁口钱,参与庙方活动,但庙的主神亦对范围内的族群负有保护之责。由于埔头仔以北的聚落主要因应血缘而生,因此血缘遂为角头庙祭祀圈的重要考量。这种姓氏角头庙,成为宗族结合神灵信仰的象征,有效地彰显姓氏在实质与象征上的意义。

(二)移民所捍卫的生存资本

闽南移民因应生存环境条件,在港口、渔村地区选择适合的生活环境,形成生存资本,具体如下。

1.自然环境

传统的住宅与聚落空间常被视为一个缩小的世界、一个生态与社会性空间,其空间的意涵亦隐含着人与环境之间一种有意义的关系。黄应贵说:"空间是以自然的地理形式及人为所构成的环境为其基本要素及中介物。"满足单纯的生存需求以及应对自然环境间的冲击与调和安适的生活,是人类生命最根源的需求之一。与原乡相比,闽南移民渡海迁到台湾港口地区,沿袭原乡靠海而居的谋生形式。采用血缘聚居与血缘团体集体开发形式,形成血缘宗族的共生结构,宗族团体运作采用祖先和神明共处形式。

2.经济资本:有效资本的独占

移民是以相当系统的族群姿态,在定居地建立其对某种有效经济资本的独占。有效维护并独占经济资本,成为家族生存的基本条件。所以,家谱中借由"风水林"传说,来制止族人滥砍山林,甚为有效。从族谱内记录的家族蒸尝田管理办法等条规,可以看出支撑家族的经济力量是如何具体运作的,分析移民族群经济管理机制。

3.生活空间

国家虽然是所有社会力量的决定点,但是地方的发展乃整个历史的连续性过程,有其地域性的制约因素,从而在相同的支配架构下,有不同的空间文化形式产生。民居对于居民而言,是具有独特意义的生活空间,此生活空间包含着不同尺度的场所,每一个场所都是居民糅合自然地理环境、文化、习俗、在地知识及生活智慧所形成的文化地景。移民以人为中心的概念,表现在传统建筑本体上,便是由民居设计来反映生活文化价值的延续。

因应人口不断繁衍,渔村腹地有限,于是私人空间不断狭小化。民居建筑包括合院、长条住屋、街屋,宗教建筑包括各里的角头庙、有应公庙、水流公庙等。

(三)文化资本:生存经验的养成

出身和生活于不同阶层的人,总是以其最初经验的沉淀物作为生存心态的根基,而且它一经形成,便具有相当程度的自律性和恒定性。布尔迪厄所谈的"生存心态",指的是一个持续的和可转换的系统,统合过去的经验,造成各式的社会行为样式。本身也就是某种资本,是内在于行动者的精神心态和禀性系统之中,也自然地贯穿于行动者的各种行为才能、组织能力和策略制定能力之中。⑦

在不同阶层和环境中长大的个人,对其周遭社会空间的反应及交互,也是其最早确定的生存经验。例如从闽南土楼二宜楼可看出,闽南人重商业利益、重享受、重隐私,与客家人之重功名官禄、重节俭、重群体,可谓泾渭分明。

(四)移民家族在地化

闽南人惯常出海谋生,移居到各地生活。从族谱资料看明清时期闽南移民迁台的主要原因是"一水之隔,交通便捷"。明清时期,闽南东渡台湾的港口有蚶江、石湖、围头、东石、安海等,遍布沿海,沿海村庄可凭船只自由航渡。台湾四面环海,遍布港口。以莫崇志绘清《台湾全图》为例,绘制年代约清光绪至宣统年间,大小为34.3厘米×41厘米,记有:"台湾府其地坐东南,面西北,延长一千五百二里。与闽之福、兴、泉、漳四郡对照。其居民虽曰五方杂居,实为闽粤人居多也。其民皆习闽语也。"可见,台湾与闽南地区有地利之便,成为移民出洋的主要目的地之一。

到台湾后由于环境改变,移民以生存为首要考量,有必要集中群力(人力、物力)以利于新环境中的生存需要。于是个人知觉被直接地过渡到社群知觉,族群在特定移民环境限制的生活条件下,形成一种打拼精神并重视集体生活。反映在区域社会,宗族建立祖祠与寺庙这样的社会组织建构,象征群体的共同性。移民家族在移民社会,建立起自己的祖祠与角头庙,作为唤起群体记忆的标志。当此群体记忆标志完成之际,移民在定居地的自我参照已经进入一个新的区域社会领域,此亦可视为移民在地化过程的完成。

五、结语

移民史料的开发与利用,端看如何从庞杂的族谱资料里面爬梳出有用的证据。本文试图要探索的,不是历史经验的内容,而是通过族谱编修行为与地方角头庙的形成,考察历史经验是如何形成的,经济活动中的个人经验又是如何形成的。以闽南移民渔村、港口形式聚落为主要调查内容,配合生存空间与生存心态,组成基本理论架构,实地调查福建南安石井溪东李氏跟台湾红毛港李氏之间的世系,考察港口聚落空间配置。2007年5月实地勘查记录并拍照完毕,也为现在已经完全被拆迁一空的红毛港建筑物,留下珍贵的历史见证。

注释:

①高宣扬:《布尔迪厄 Pierre Bourdieu》,台北:生智文化公司,2002年,第196~200页。

②何明星:《著述与宗族:清人文集编刻方式的社会学考察》,北京:中华书局,2007年,第136页。

③见《明清史》,《人大复印资料》2006年第3期。

④潘朝阳:《大湖地方性的构成——历史向度的地理诠释》,《地理研究报告》总第25期,1996年,第3页。

⑤《溪东李氏顶柱六房家谱》。

⑥李亿勋:《高雄红毛港李氏家谱》,高雄:红毛港齐天宫,1983年,第14页。

⑦高宣扬:《布尔迪厄 Pierre Bourdieu》,台北:生智文化公司,2002年,第225页。

族谱对接工作所蕴含的时代意义
——以南陈山侯亭修谱为例

陈炎正[*]

众所皆知,"国有国史,族有族谱",所以家族谱牒之编修,向为国人所重视。族谱是一个家族发展史的记录,亦是一个家族的传家之宝,是中华民族传统文化重要的组成部分。

本文试图从南陈山侯亭近年来修谱角度切入,来探讨其与闽南迁台移民间的关系。近年来陈氏家族重建家庙,寻根溯祖,并积极从事编修族谱对接工作,不遗余力,做出了相当贡献。

一、南陈太傅派闽南分布

唐建中二年(781),太傅派邕公裔孙,举家迁至嘉禾屿(今厦门)陈寮乡洗马坑开发,后代分布禾山、薛岭附近,即今高崎机场西北角,并以殿前社为主,再分居今湖里区及同安、马巷等地,唯同安阳翟派由浯州(今金门)移居至此。清代由同安县出洋者颇众,尤以台湾为主要目的地,至于泉州籍移民大多分布台湾滨海地区,从而形成泉州籍移民聚落,为台湾汉人移垦社会之一大特色。

(一)早期同安县辖陈氏大族庄社

1.禾山、殿前(店前):县后、墩上、浦源、江头、后浦、马垅、枋湖、西园、鹤山、轮山

---

[*] 作者是台湾省各姓渊源研究学会顾问。本文于 2008 年"谱牒研究与五缘文化"研讨会上发表。

2.阳翟(浯阳):由浯州(金门)迁入港头、前厝、西浦、渐前、院兜、土楼、田洋

3.东溪(东门桥):双溪口、溪头、西溪

4.丙洲(七星屿):薛岭

5.官山(内官):浦头、前庵、仑头

6.运头(云头):新圩

7.带溪(溪岸):陈胜元故居

8.吴仓(梧村):金榜山

9.岭兜(榄都)

10.灌口(溪南派)

11.东孚(鱼孚):登瀛派

12.汀溪:西源

(二)马巷辖陈氏大族庄社

1.五甲街、牛磨巷、卧龙边

2.山侯亭大乡十三社

3.陈新(陈头):陈下厝

(三)金门辖陈氏大族庄社

1.后浦(金城)

2.湖前(碧湖派)

3.阳翟(分族同安)

4.烈屿(小金门)

(四)其他乡里辖陈氏大族庄社

1.泉州、晋江

2.安溪山头陈

3.惠安后坑

4.南安霞尾、上玄

5.南安英内(易为洪姓)

6.永春赤崎

7. 漳浦鉴湖（赤湖派）

8. 海澄东泗派

9. 龙海圳尾

10. 长泰东陈派

11. 龙溪石码派

12. 海阳秋溪

13. 海阳、彭林、钦寮

二、南陈山侯亭家族的历史渊源与族人移台情形

所谓"南陈"是指"南院太傅派"陈氏家族而言，陈家自唐开元二十四年（736）陈忠及其子、太子太傅陈邕，迁居闽地，遂为入闽始祖。建中二年（781），陈邕派下裔孙，合家三百余口，移居嘉禾屿（今厦门）陈寮乡洗马坑开发，复与薛令之同里闬，故有"南陈北薛"之称。

迨至宋末，元兵南侵，陈家入闽廿三世祖仁秉公始由嘉禾屿迁至同安马巷辖翔风里十二都封侯保山亭，遂为山侯亭派陈家开基祖地。如今本地发展有十三社、外乡十八社，后代子孙传至廿三世，近代在厦门辖内各房派之宗亲，如官山（内官）、东溪（溪头）、店前、溪岸、丙洲、阳翟衍派等，将有十数万人，陈氏在同安地区可说是一大家族。

乾隆年间，大批闽南移民出洋，尤以台湾为主要目的地。从移垦社会的建立及家谱资料可见，有大半是泉州人，而山侯亭陈家也随着移民潮，不少族人移居台湾从事拓荒，至今仍保留有不少祠堂、族谱等，形成移民聚落与历史痕迹，遍布全台。如台北市陈德星堂大宗祠及北投区仁隆祖厝，即为陈氏移民最好的历史见证。

三、近年来陈家修谱对接工作的经验谈

中华民族对于饮水思源、慎终追远的美德，向来相当重视。陈氏族人移居台湾后，散居南北各地，早期移垦家族筚路蓝缕，力求团结奋发，

二百年来，所形成的血缘、地缘关系至为密切。

自从改革开放以来，台胞心系乡情，无日或释。除了因所谓神缘，涌向祖地进香朝圣，掀起高潮外，因血缘、地缘关系密切，也有不少宗亲热衷于族谱对接工作，寻根谒祖，从中也可见当前修谱具有重要性。

1987年，笔者到原乡探访祖厝。越明年祖厝（祠堂）倡议修建，1990年冬月，如期奠安祭祖，唯族谱重修未克付之落实，一直耿耿于怀！时光易逝，转眼又近二十年，遂向祖地宗亲说明编修族谱之重要性："惟我祖俊卿公〔南宋高宗绍兴八年（1138）状元〕，传至伯容公，容生仲昌公，仲昌生应瑞公，应瑞生作钟公，钟生仁秉公，分族封侯亭，今已有二十余代。其恐谱失序，本源恐不明，今览之慨然叹焉。故急需以稽录系图，使我辈一本知其源脉也。兹谨画系图。而陈氏入闽，自忠公始，而侯亭之始自仁秉公，昭穆相继，序次有别，使后人考之者得晓其本根，寻之者得其房分。画自始至止，其族众有二十余房，开处有二十余乡，子孙繁衍，序次难知。切愿各房知书识礼者，起义提倡，鸠集捐题修谱，切即自己房份，可从近代昭穆录起，按顺序安排签入接录，以全一族名次，长幼有序，定见亲亲追本睦族之笃也。"于是向各房派搜集世系图，并首先编印早期所保留吾族之文献史料，以期将来充实以资参考之用，愿我同宗亲人共勉旃，我族《南陈山侯亭族谱》早日编修完成。

兹据清同治十二年（1873）以及1928年两次编修族谱，参酌新谱格式，加以介绍海峡两岸一些新资讯，重新拟定目录如下：

一、序言

二、谱序

三、源流

（一）黄帝；（二）；得姓；（三）颖川始祖；（四）入闽祖；（五）山侯亭开基祖

四、南陈山侯亭大宗谱实录

五、山侯亭本支世叙

六、祖训

七、昭穆

八、传略

> 九、祠堂
>
> 十、祖茔
>
> 十一、庙祀
>
> 十二、轶闻
>
> 十三、山侯亭大宗各房支派世系(公谱)

四、建立谱牒中心，强化服务平台

近年来，我们发现有不少台胞对族谱对接工作束手无策，返乡时所遇到的困境不少，因早期移居台湾垦荒者大多是农民，文化水平不高。当年奔走异乡时，未带有家谱，资讯不足而对目前对接工作影响甚大。目前所见台湾新式修谱，都以入台祖为始迁祖，对大陆祖先认知有限，尤其老家地名变迁，给对接工作增加不少困难。因此，我们建议相关单位早日规划成立族谱中心，并在中国闽台缘博物馆长期举办族谱展览，健全各地宗亲会，鼓励编修族谱，为乡亲提供资讯，进而多办研讨会，出版有关族谱刊物介绍，如晋江市谱牒研究会，绩效卓著，令人敬佩，对于强化服务功能，必大有帮助。

近二十年来，我个人来往海峡两岸有百次之多，除了族谱对接工作，同时还协助老家修祠堂、祖茔，参与祭祖等活动，无不全力以赴，也颇感幸福。但至今仍有不少人不知道自己的直属世系，不禁令人感到遗憾。

五、结语

最近，漳、泉两地，积极从事族谱搜集展示活动，同时举办族谱对接工作研讨会。可知，族谱对接工作具有相当重要性。所谓血浓于水，在寻根热潮下，大家都在原乡筑梦，有着共同的目标。以族谱对接为最好的着力点，有助于加强血缘、地缘的认同，凝聚家乡向心力，强化民族情感，具有重大的时代意义。

参考文献：

①(道光)《同安县志》。
②(道光)《马巷厅志》。
③陈骏三：《重修南陈店顶宗祠记》，同治五年(1866)本。
④陈辙金编：《南陈侯亭大宗谱》，同治十二年(1873)本。
⑤陈珠蔗编：《封侯亭陈氏族谱》，1928年。
⑥《台湾德星堂陈氏大宗祠专辑》，1973年。
⑦陈庆余编著：《南陈台湾侯亭五大派大宗谱》，1982年。
⑧《南陈山侯亭族谱》，台中：台中县文教协会，1991年。
⑨《台中神冈陈荣利族谱》，台中：台中县文教协会，1991年。
⑩廖庆六编著：《族谱文献学》，台北：南天书局，2003年。
⑪《厦门陈氏》，厦门：厦门陈氏编委会，2004年。
⑫《漳台族谱对接成果展概览》，2007年。

姓氏寻根认祖的要素及注意事项初探

黄鸿源[*]

古语云："木有根，水有源；山祖昆仑，江河祖海。"我是谁？我从哪里来？我将到哪里去？我的故乡在哪里？这是经常萦绕在我们心中的问题。万物皆有其祖源，何况人呢？寻根认祖，不是要祈福于祖先，而是要明白先祖从何而来；因为血脉相连，先祖所经历的苦难和创造的辉煌，也要通过记载让后人知晓。所以说姓氏寻根，它的实质是文化寻源。我们对祖先的追溯，不是要沉湎于对远古的回忆，也不是要陶醉于昔日的辉煌，而是为了根的复壮，为了挺出新枝。

改革开放后，经济上的发展带动人民精神上的各种需求，海外华人回国寻根，姓氏宗系的连接与归属，牵动许多人。但由于诸多原因，许多人及家族找不到根，同时也产生诸多的争论。笔者根据个人多年来对姓氏活动的参与及对谱牒资料的研究，总结出姓氏寻根认祖的要素及注意事项，希望对正在寻根认祖的有心人有一定的帮助。

一、迁徙地地名

一个人或一个宗族从何地迁来，所记载的地名也即祖地，是一个重要的寻根线索。家族迁移定居后，经过数代繁衍发展，人丁兴旺，有一定经济实力，往往都会修编族谱，记载家族从何处迁入等，距离始迁祖的时间越近，代数越少，其记录也就越准确。家族记载其祖地地名，如与始迁祖上溯世系比较，真实度较高。但有一点要说明的是，福建许多

---

[*] 作者任职于晋江市中小学生劳动技术教育基地。本文发表于《晋江谱牒研究》总第26期，2010年6月。

家族都称是从河南固始来的,其可信度就很低,闽人多祖固始,是为了与五代十国来自固始的闽王王审知套乡情。

浙江《苍南黄氏通志》载:二十九世,魁梧公,字益忠,明季由闽晋碧谷迁来浙平北港北山,转移南港凤池西山。修谱时将此家族划入福建泉州紫云黄氏三房安溪纲公派下国佐公桓标公之系,并随意列为二十九世。而闽晋碧谷就是东石檗谷村,檗谷不属于紫云派。凤池西山黄氏显然是认错祖先,但因为族谱记载了从何地迁来,最终经过与檗谷黄氏的联系,提供家族史料比对后,纠正了错误的连接。在同书中还载:二十九世,心吾公,明时由福建泉州晋江县檗谷坑底迁入平阳县,五子茂公迁居苍南凤池溪头。这也是记住祖地而连错宗支。

祖地地名,使用的都是始迁祖时代的名称,由于历史上行政区域的变迁,地名的更换,村落的存废,地名的谐音、雅称、土话叫法、不同地区方言的互换变异等原因,寻根者都要花费一番考证,最快的捷径是请当地地方文史专家帮忙查找。

二、先祖名称

古代,一个人常有讳、字、号三个称呼,有极高名望或官宦之人还有谥号。但许多家族,由于各种原因,后人只记得先祖的其中一个名称,这就造成寻根认祖过程中的不便,不容易对接。有的先祖名号采用的还是方言谐音、葬所地名或居住地名。

三、世代间距

一个家族的世代平均年值,是指父系后裔各代之间出生年的平均年差,世代平均年值对考查一个世系各代之间的年代真实与否,有着重要的作用。上下代的生年关系,是否符合人类繁衍的基本规律,可用世代平均年值进行测验计算,准确性较高。根据对一些姓氏家族从元代至今生传世系的计算,大略得出:五世以内,代距在 22.5~26 年;十世以内,代距在 25～30 年;二十世以内,代距在 27～32 年;二十五世之内,代距则为 28～33 年。以上推算,仅为一个大概,因为有些官宦之家,娶妾多,生传多,四代之间,竟也有出现代距达到 40 余年的情况。我们习惯认为代距一般在 25～30 年,其实其准确性不高,而且代数越多,准确性更低,尤其超过二十代的家族,用它来计算是不适合的。

四、昭穆字辈

自明代以来,昭穆字辈的编排相当普遍。从昭穆字辈基本可看出某一支系或个人是属于哪一派系的后代。同姓不同派系之间,判定其是否属同一派系,昭穆字辈至少要达到六字相符。随着族人的迁徙,字辈因口误引起不同,因此音同的也可看作是同一派系。如陈埭庵上黄氏迁居石头街(今属丰泽区)欧厝的族人,其从第十二代起,自编字辈为:"圣天克基振,鸿宗进朝廷,孝友光孙业,文章式典型……"而台湾有黄氏家族,其字辈为:"胜天极气振,皇家进朝廷,孝友公孙业,文章克典型……"虽以上字辈有音字不同,但他们仍然可视为同一派系的族人。

五、先祖所处时代事件

古代人迁徙,其原因虽有多种,但大部分是战争、动荡、经商、官宦、社会事件。这些原因在史志中都会有或多或少的记载,可作为后代寻根认祖的线索。晋江历史上大事件如:建炎三年(1129)腊月,南外宗室迁至泉州;元末至正十七年(1357)到至正二十六年(1366),泉州发生一起持续十年的"亦思巴奚战乱";明嘉靖年间(1522—1566)泉州地区的倭患;顺治十八年辛丑(1661)清廷在泉州实行大规模的"迁界";明末清初郑成功与清军在闽南的拉锯战;清代晋江的东西佛械斗;自北宋至清代泉州农民起义等。如晋江粘氏,其始祖完颜·粘博温察尔,元朝大将,为避北方农民起义,举家南迁流寓泉州。时泉州反元烽火正炽,完颜·粘博温察尔的后裔为避祸,改完颜而姓粘。

六、先祖中杰出人物事迹

历史上出现的杰出人物,在国史、地方史中都有或多或少的记载。通过人物籍贯、所处时代背景,与族谱中人物相对应,核查是否同一人。如银青傅氏族谱称:唐僖宗广明元年(880),始祖傅实随从兄傅荀(字成之,唐武宗会昌二年进士)从河南光州固始县入闽。但地方史载,傅荀却是在唐会昌六年(846)即中进士,且未及第时在九日山白云坞"白云书室"苦读。按族谱,傅实与傅荀为同一祖父的堂兄弟,但傅荀年纪比傅实年长40~50岁。傅实入闽之前傅荀家族已居住在南安,说明傅氏祖先入闽更早,而非广明元年才从固始入闽。

七、同宗分支的异地族谱

同宗分支的异地族谱,都会或多或少地记载一些其他族谱所没有的族史资料,可以通过对比不同族谱所记载的内容,互相印证、补充。如池店潘湖黄氏始祖,族谱写讳权,字本经,行千三。莆田、安平谱则写讳权,字本经,行千二;又称"权,行千二,偕子洲携家徙泉晋江南关外十里许之潘湖"。这是相当明确的记载。不管谱载称行"千二"或"千三"都是迁来潘湖。为什么出现误差?关键在于族谱传抄过程中,经常出现笔误现象。"三"在用毛笔快速抄写时往往易写成或看成"二"字。另者,潘湖黄氏族谱没有记载黄洲这个人,经查对相关族谱,可能是潘湖黄氏世系中缺漏一代,族谱在传抄过程出现误抄或缺失。而潘湖黄氏宗谱首修于明嘉靖五年(1526),距1328年来潘湖已近200年,综合多方面资料,潘湖黄氏族谱应是缺漏一代。

八、家族历史上的重要事件

家族历史上由于居住地的自然灾害、异姓排挤、同姓强弱房之争、抗捐拒税、逃避兵役等原因而徙迁他乡,在族谱修编时通常会将这段历史记载下来,这些都可以作为寻根认祖的依据。如石狮沙堤董氏,原居住于晋江青阳董厝崎。因七世皆袭封侯伯,又有郡马王亲群众,兄弟多列仕籍,子孙昌盛,其家祠前竖有"下马牌",示意文武官员经过时要下马步行,以示尊崇。时当宋末元初,某天泉州知府从董厝崎经过,未下轿步行。族人甚感不满,便叫孩子掷石子袭击,恰巧一石子击中其太阳穴,致其当场流血身亡。朝廷闻讯,龙颜震怒,派兵前来围剿。《董氏族谱》载:"于是诏书特下,切责吾族之横。侯伯俱革世袭,族人多抵罪。而吾族始散逸寓他乡,或山谷海滨间。"董氏族人知悉围剿之事时,恰逢农历七月十五日将至,按闽南风俗,是日须祭祀祖先。于是,他们便匆忙于七月十四日提前进行祭祀,然后四处逃难。七月十四日便也成为家族的特殊日子。

九、墓志铭

墓志铭所写内容,虽然含有美化褒扬逝去之人的词语,但对其先祖从何处何时迁来的记载,还是比较真实可靠的。如陈埭洋埭林氏2002年出土一方先祖墓志铭,描述了其始祖林松及其夫人的生平德行与子孙繁衍情况,详细记载家族的迁徙:"靖斋林公,讳松,字友春,谥四官人。高祖乃清漳龙溪诗浦之故居也。……因外祖德先公以博通经史,钦除泉州府儒学教授,搬考妣从宦来游于泉。……遂占籍于泉,因家焉。"

十、家族口头故事传说

家族口头故事传说有家族居住地传说、先祖事迹传说等。如紫帽镇洋店黄氏,其始祖黄辉石清末年间自泉州新门街迁入,属于金墩派,但究竟属于潘湖还是安平金墩派,由于没有族谱或家族其他史料来查证,因此无法得出其祖源,而其家族传说祖上有做大官者,是水蛇精下凡转世。查晋江民间传说,安海金墩黄氏有明代礼部尚书黄汝良,民间传其为水蛇精下凡转世。由此可确认,洋店黄氏属于安海金墩黄氏一系。除此外,还有祖先养鹅、养鸭生双蛋的传说等。

十一、族谱谱序、祠堂楹联

族谱都附有谱序,内容涉及修谱缘由、姓氏渊源、家庭迁徙等,续修谱一般保存以前的谱序,大多由本族人撰写。如晋江《燕支苏氏族谱》序载:"唐光启元年(885)苏益自光州固始入闽居同安,为苏氏入闽始祖。至苏唐舍自同安徙于晋江燕支,为燕支苏氏支脉之肇基始祖。子孙繁衍,绵延迄今。"新修晋江《霞岑张氏家谱》序:"稽观霞岑张氏家谱,自始祖十二郎公肇世岑张乡,迄今六百有余年。长房则均公分住云霄埔尾,二房致政公分住下柯坑村,三房季隆公分住岑张祖庐。……"

祠堂楹联中有些联对高度概括了家族的迁徙、分支的情况。如陈埭庵上黄氏宗祠联:"派分湖曲砥烟浦;基拓莆阳肇金墩。"湖曲为池店潘湖的古地名;烟浦即庵上。内坑镇后山村朱氏宗祠联:"地起莆阳忠孝节廉我祖光前裕后;堂开琳井师儒时相望吾宗继往开来。"池店镇霞福朱氏宗祠联:"溯本开基支分黄石;思源教泽派衍泉山。"英林三欧欧阳氏宗祠:"源溯渤海延晋水;地经潘湖卜塘滨。""派衍潘湖当年肇八闽文物;源分渤海后人绵百世宗基。"

十二、墓碑、神主上地望的书写

闽南墓碑上一般都书写墓主生前居住地,即故乡的名称,如陈埭丁氏书"陈江";西滨林氏书"陈江"或"西林";庵上黄氏书"沿江"或"烟浦";潘湖黄氏书"鄱湖"或"金湖";池店李氏、魏氏书"凤池";紫帽园坂蔡氏书"紫坂"等。通过墓碑上地望的书写,即可判断先祖的籍贯。神主上地望书写也与墓碑相似。

十三、故乡风物

先祖对故乡自然风光的描述,祠堂祖厝之建筑特色、地理位置,都会在远徙他乡的族人心中留下特殊的印记。台湾首富蔡万霖家族,他们的先祖守意公临终前说:"记住我们的祖先是泉州南门外的石鼓蔡。"何乔远《闽书·方域志·青阳山》载:"山有八石,名八仙石,傍有石鼓山,石鼓庙在焉。"蔡厝的典型风物便是石鼓山、石鼓庙。

姓氏寻根认祖中,各种要素越多,寻到根的机会就越大,准确性就越高。如果没有确切的资料,不可贸然认祖,以免由于新资料出现,推翻以前的看法和结果,造成尴尬局面,留下笑话。

基于血缘认同的精神感召
——以新编台北《陇西仙景李氏族谱》清白自许为例

吴贤俊[*]

一、前言

编修族谱的目的,是希望透过祖先崇拜,产生宗族凝聚力。因此,台湾汉移民编族谱时,莫不致力于罗列让裔孙引以为傲的祖先,通常都免不了借姓氏溯源来攀龙附凤。

闽南、粤东、台湾,乃至海外的李氏,无论是客家人还是闽南人,往往都认客家李氏闽杭始祖李火德做先祖,以便再上溯至唐高祖李渊,增添家族荣耀。但年代明显不符者,实难以自圆其说。陈支平《福建族谱》早已举出铁证批驳此种歪风。

祖籍泉州安溪虎岫而移居台北的李氏后人李钦铭,与其堂弟李仍镇主编《陇西仙景李氏族谱》,查阅《四库全书·周益国公文忠集·李文敏公郦神道碑》得知,他们南宋时南渡的寓闽始祖李郦,乃唐高祖李渊叔叔郇王李祎的后裔,于是厘清该族"并非李纲或火德公后裔之传说","欢喜欲狂"。宗亲李俊英为该族谱写序,也说:"此编之问世,允将一扫台湾宗亲信以为来台各房系都为火德公派下之盲断","诚吾人毕生最痛快之事"。由此可见,闽南李氏中的有识之士早已对于认客家李氏闽杭始祖李火德为祖先,深感不妥,如今总算能够厘清,终于放下心头大石,非常快慰。

---

[*] 作者是台湾侨光科技大学应用华语文系副教授。本文于2008年"谱牒研究与五缘文化"研讨会上发表。

只是，原籍泉州安溪虎岫的台北李氏，既确认是李渊叔叔郇王李祎的后裔，则仍有攀附唐宗室之嫌。不过，如果仔细阅读《陇西仙景李氏族谱》，可以发现该族谱所津津乐道的，不是高贵的身份地位，而是廉洁的品格操守。

该族谱"家族绪论"说："因累世先祖皆以'清白'为训，故取'清白家'为本支派李氏之堂号。"不仅于"谱牒"栏中根据史书、文集等文献，称颂祖先的清高节操，更辟"家训"栏，摘录祖先诗、文，以及其碑、铭等文献10篇，披露"清白传家"的家训渊源。种种作为，无非呼吁族人勿忘"清白传家"的祖训。其用心可谓良苦。

对于祖先们高风亮节的榜样，裔孙自当引以为傲。景仰之余，仿效之心油然而生。这种基于血缘认同的精神感召，是形成宗族凝聚力的正大楷模，迥异于以名利相诱的庸俗手段。其崇尚志节的家风值得宣扬。

本文举台北《陇西仙景李氏族谱》清白自许为例，说明基于血缘的认同，祖先的风范可对裔孙产生风吹草偃般的精神感召。这是形成宗族凝聚力的正确示范，当有助于导正习非成是的庸俗世风。

二、以"清白家"为堂号

台北《陇西仙景李氏族谱·家族绪论》标示"南宋·仙景清白家李氏"是其堂号（灯号）。上文曾提到该族"因累世先祖皆以'清白'为训，故取'清白家'为本支派李氏之堂号"。既然已经有"清白家"这个堂号，何以又再冠一个叫"仙景"的堂号？该族谱解释说：

> 清同治时，虎岫古谱原称"清白家李氏"，后冠以龙涓地名"仙景"，合称为"仙景清白家"李氏。此后虎岫之谱名即称曰"仙景清白家南庄分派福岫大贰房世系基图"暨"仙景清白家福岫大贰房李氏谱牒"，盖沿此而来。自此，"仙景"一词，乃成堂号矣。

由此可知，"仙景"原是安溪县龙涓乡的地名，为标示地名而冠于"清白家"堂号之上。大概是为便于称呼而简称"仙景"，于是"仙景"就变成堂号。

族谱名称叫"仙景李氏"而不叫"仙景清白家李氏",单纯只是由于称呼简便。至于昭穆,仍称"仙景'清白家'李氏昭穆"。世系方面同样不省略,李景山以后称"仙景'清白家'李氏世系",李玄杰以后称"仙景清白家虎岫大二房之世系"。

族谱名称省略"清白家"三字,并非表示不再重视"清白传家"的祖训,否则在族谱中就不必那样极力称颂祖先的清高榜样,并以专栏呼吁勿忘祖先"清白传家"的训示。其实,不在族谱名称上标榜"清白家",而只在族谱中传颂祖先的清白传家,正显示该族的朴实诚恳,内敛而不浮夸。

至于在"仙景清白家李氏"的堂号之上标示"南宋",是标示该族为入闽始祖李邴的后裔。该族谱说:

> 南宋避金,李邴随驾南渡,后寓居于闽。后世子孙遂奉入闽始祖邴公之祖父景山公为南下支派之肇基祖。

该族宗亲李俊英说得更为具体详细:

> 按安溪旧谱记载,仙景李氏的肇基祖为景山公,原籍山东济州巨野县。其孙邴公于南宋建炎三年(1129)随驾南迁,以资政殿学士参资政事致仕,退隐泉州,为实际南迁泉州的始祖。

坐落于台北市信义路6段76巷2弄26号的仙景李氏大厅,墙壁上刻有一篇《仙景清白家李氏祖厝沿革》,指出李邴及其子孙之为官清廉,与"仙景清白家李氏"堂号有着密不可分的关系:

> 邴谥文敏、文肃,钦赐"清白贤相"匾额。邴之子孙屡有出仕,皆以清廉著称。缘此而后,堂号称为"仙景清白家李氏"。

李邴荣获皇帝赏赐的"清白贤相"匾额,加上他子孙为官清廉,是仙景李氏以"清白家"为堂号的深刻历史背景。于是,这个堂号便与李邴及其后人的清白风范紧密联结。一叫堂号,便令人联想到历代祖先的清白身教,让子孙为之思慕向往,自觉维护清白家风,不敢令先祖蒙羞。

三、祖先的清白风范

如果往上追溯血缘,从李邴还可以上溯至在五代的后汉任宰相的

李涛,乃至唐宗室郇王李祎。李钦铭《陇西仙景李氏族谱·编者自序》说:

> 由于《四库全书·周益公文忠集·李文敏公邴神道碑》之出现,始得知我族系出李唐宗室郇王祎房,十传至李涛,五代时任后汉宰相,宋初为兵部尚书,卒赠右仆射,再五传至李邴,从山东巨野县随宋室南渡,任兵部侍郎及参知政事,后定居于闽。邴初谥文敏,后改文肃。邴之学行本于伯父昭玘,闽中理学称草堂学派,且为朱熹紫阳学派之所本。循此进而厘清吾族并非李纲或火德公后裔之传说,当得此定论时欢喜欲狂。

李钦铭根据《李文敏公邴神道碑》,得知该族出自唐宗室郇王李祎,十传至在五代的后汉任宰相的李涛,五传至入闽始祖李邴。他为之欢喜欲狂,原因不是知道己族乃唐宗室后裔,而是澄清误传,确定己族并非李纲或火德公后裔,并得悉入闽始祖李邴的闽中草堂学派理学成就非凡,上继伯父李昭玘之学,下开朱熹理学的先河。该族之重真理甚于虚名,于此可见一斑,实不宜怀疑其有攀附唐宗室的意图。如果有意攀附唐宗室,则认李火德为先祖,便可以顺上杭李氏大宗祠之说,再上溯至唐高祖李渊,何必极力与李火德撇清关系?

(一)李涛

仙景清白家李氏入闽始祖李邴的清白传家,其来有自,至少可上溯至在五代的后汉任宰相的李涛。《陇西仙景李氏族谱·谱牒》说:

> 泾帅张彦泽杀记室张式,夺其妻,晋祖释其罪,涛伏合抗疏。晋祖不得已,罢彦泽节制。涛归洛下,赋诗自悼,有"三谏不从归去来"之句。……

> 涛慷慨,有大志,以经纶为己任。工为诗,笔札遒媚,性滑稽,善谐谑,亦未尝忤物,居家以孝友闻。(载《宋史》列传二十一)

李涛在朝尽忠,力谏君王,务必治权臣泾帅张彦泽杀下属而夺其妻的可恶罪行,结果权臣虽受惩戒,自己亦落得贬官外放,但仅以诗自伤,未尝稍有后悔之意。他在家则以孝顺双亲与友爱弟弟闻名;为人风趣,喜欢开玩笑,但未尝失去分寸。他的忠孝纯正,也是洁身自好的好榜样。

(二)李仲容

李涛的孙子李仲容也跟祖父一样风趣和纯厚。《陇西仙景李氏族谱·谱牒》说：

> 仲容性质醇易，喜书，善记问，宾至多命酒，笑谈而不及势利。……（载《隆平集》卷十四/十）
>
> 三弟早卒，字其诸孤十余人如己子，当世称其长者。（载《宋史》列传二十一）

李仲容为人豪爽，喜欢与友人喝酒说笑，但从来不谈势利之事；又重亲情，把早死的三弟所遗留的十几个孩子当作自己的孩子来抚养。李仲容也是纯厚可亲的好榜样。

(三)李昭玘

上文已提到李邴的学问承继自伯父李昭玘。伯父李昭玘的身教，想必影响李邴甚深。《陇西仙景李氏族谱·谱牒》说：

> 昭玘，景山之次子也。……元丰二年为苏轼所知，擢进士第、徐州教授。……坐元符党夺官。徽宗立，召为右司员外郎，迁太常少卿、起居舍人，出知沧州。崇宁初编入党籍，靖康初（1126）以起居舍人召，已卒。绍兴初，追复直徽猷阁，史称"昭玘坐废"。后闲居十五年，自号"乐静居士"，寓意法书、图画，贮以十囊，命曰"燕游十友"。侯蒙为昭玘校试所举士。及蒙执政，感旧恩，使人致意，昭玘惟求秘阁法帖而已。其孤介自守，不汲汲仕进如是。故其胸度夷旷，发为文章，皆光明俊伟，无依阿浇淡之态，亦无嚣呼愤戾之气。又早为苏轼所知，其耳濡目染，具有典型，北宋之末，翘然为一作者，当时与晁补之齐名，固不虚也，《宋史》有传。著有《乐静集》三十卷，今内缺第二卷。（搜藏于《四库全书·子部·乐静集》，《宋元学案补遗》载列为眉山苏东坡及高邮孙莘老之门人）

李昭玘《宋史》有传，著有《乐静集》30卷。他很早便被苏轼赏识，《宋元学案补遗》将他列为苏轼门人。他虽受朋党之争，连累罢官，闲置15年，却在家摹临法帖，钻研绘画，悠然自得。更难得的是，从前他曾提拔的侯蒙掌政，感念旧恩，使人致意，他不趁机求官，提出的要求竟然只是想要秘阁法帖。他不急于求官,坚持原则,所写的文章磊落光明,既不谄媚作态,也不嚣张跋扈,真是清白典范。

(四)李邴

入闽始祖李邴曾亲炙伯父李昭玘,道德、学问都得到他的真传,人品高尚,堪当楷模。《陇西仙景李氏族谱·谱牒》说:

> 邴……尝受学于其伯父右史乐静先生,而乐静之学又得自高邮孙中丞、眉山苏承旨。以道德、文章世其家。闽中理学属草堂学派。文章推中兴第一。……(《闽中理学渊源考》)
>
> ……门人有朱先生松(朱熹父)……(《宋元学案礼遗》八/十五、十六)
>
> 公寓泉州几二十年,因家焉。公天资高明,积学深至,早历清要,猝遇国难,大节凛然。避时相,不复出。读书作文,虽病不废。延纳后进,教诱无倦。称人之善,覆护所短。若亲旧行己未至,则质问再三,使归之正。奉养简薄,赈恤宗族,治家严而恕。每爱徐孺子、申屠子龙、陶渊明之为人。……论曰:李邴刚介,优于进谏、代言。(《宋史新编》卷一百八十/列传七十)

李邴学有所承,传伯父李昭玘之学,而李昭玘之学又得自苏轼。他创闽中草堂学派理学,朱熹父亲朱松是其门人,其学想必影响朱熹。为官耿直,代民请命,勇于进谏;虽遇国难,仍大节凛然。仰慕陶渊明为人,不愿同流合污,毅然退出政坛,不贪官禄;转而栽培人才,诲人不倦。治家虽严明,而能体恤宽恕;对亲友行为失当者,尤其悉心导正;自奉甚俭,对宗族则慷慨赈恤。这样有如圣人般的祖先,实令子孙景仰,而生效法之心。

(五)李缜

李邴长子李缜是朱熹诗友,为官清廉,事父母至孝。《陇西仙景李氏族谱·谱牒》根据朱熹《晦庵集·朝请大夫李公墓碣铭》对李缜有以下的描述:

> 缜,邴之长子也。……与朱子友,常以诗相和,以父任补承务郎,监南岳庙。差充福建转运司干办公事,再除转运司主管文

字,以去亲远不欲行,太师公强遣之,至官不一岁,竟两易主管敦宗院。丁内外艰,服除,连丐宗官旧秩。及为崇道祠官,逯处于家,不复有仕进意。盖方是时,丞相秦桧当国,猜暴叵测,故家大族一罹飞语,无不糜碎,公虽栖迟冗散,犹惧不得脱。于是益务潜晦,息绝交游,买园居第之东,结庐种树,翛然其间。秦桧卒,白为通判福州事,而公已病,恐怠其事,力请,得复奉祠以归。居二年而卒。……性至孝,事太师公及母和国夫人,油油翼翼,无故未尝辄去左右,虽进出数里必取期以还。其于授受必以义,接务必以诚,径情直行,不屑毁誉。为敦宗院凡三十年,官不易而家益贫,常颂其先训曰:"与其有求于人,曷若无欲于己;与其使人可贱,不若以贱自安。"……

当时秦桧当丞相,性多猜忌,大家族一旦被流言中伤,即家毁人亡。李缜为避免惹祸,便不再结交朋友,过着隐居生活;为尽孝道,不愿远离双亲。为祠官30年,官不易而家益贫,可见其为官之清廉。常以"无欲于己"与"以贱自安"自勉。他这样洁身自好,实足以当子孙榜样。

(六)李纶

李邴四子李纶任官亦有清廉美誉。《陇西仙景李氏族谱·谱牒》说:

> 纶,邴之四子也,字世美。以父仕任官,所至有清操,提举广东常平,日适伯诚出守恩平,酌于江滨,兄弟相励以不忘"清白传家"之语。纶公曰:"倘负君民,有如此水!"遂投杯于河。时河流汹汹,杯停不没者久之。观者莫不惊叹。民歌之曰:"石门之水清且清,晋吏一瓢千古荣。争如李公投杯盟,江流汹汹杯停停。"

"伯诚"是李邴次子李维的字。宋孝宗淳熙初年,任广东恩平守。当日李纶、李维两兄弟曾互相勉励勿忘"清白传家"的祖训。李纶发誓说:"倘负君民,有如此水!"就把酒杯投入河中。当时河水湍急,杯子却一直浮在水面,很久都不沉入水中,于是引为美谈。由此可见,李邴的确教导有方,儿子都誓言谨记"清白传家"的祖训。

(七)李訦

李邴孙子李訦既传承李邴家学,个性也一如他祖父那样清白刚正。《陇西仙景李氏族谱·谱牒》根据《真德秀西山文集》卷四二,对李訦有如下之描述:

> 訦……得草堂文肃之家学,能以文学、政事世其家。清白廉介,刚正笃实。……真文忠公德秀先生知泉州,以后进从之游,相予甚欢。……文肃公寓泉时,以其左僻,有意为洪饶之居,公买田,筑室于豫章,俾次子居之,命其堂曰"成志"。文肃公居泉,仅有埭田,岁租千斛,五房共之,至公悉推所当有,以与贫者。宗族及外姻之婚嫁死丧,多随力赒助之,所以奉养则淡泊如也。公卒,真西山德秀先生为之铭。

"文肃"是李邴的谥号。李訦得李邴草堂学派理学的家学真传,著名理学家真德秀以后学身份追随李訦,相得以欢,可见其学问人品令真德秀佩服。李訦自奉甚俭,还把自己从祖宗那里本该分得的田,给予穷困的族人,又对宗族及姻亲的婚嫁、死丧,主动量力出钱支助。可见其品行高洁,宅心仁厚,真是子孙的好榜样。

(八)李亢宗

李纶孙子李亢宗是朱熹门人,深受朱熹褒赏。《陇西仙景李氏族谱·谱牒》说:

> 亢宗……受业于朱熹,刻志问学,服习俭素,无贵介气习,朱熹称之。(《宋元学案补遗》)

朱熹称赞李亢宗的是服装俭朴,了无贵公子的骄纵气焰。这也是受清白家风熏陶所致。

《陇西仙景李氏族谱·谱牒》中,将入闽始祖李邴前后几代祖先的清白风范,一一依据史书、文集等可靠文献,如实记载,让子孙阅读。这些感人的身教,加上血缘的认同,令人倍感亲切深刻。

历代祖先的清白风范,证明"清白传家"的祖训不只是口号,而是老早便形塑成代代相传的家风。昔日已行之有效,如今的问题仅在于有心还是无心而已。《陇西仙景李氏族谱·谱牒》中历代祖先的清白风范就像磁铁一般,吸引着仙景李氏的子孙们走向清白高洁的正途。

四、以"清白传家"为家训

《陇西仙景李氏族谱》为了让子孙认识"清白传家"家训的真切含意,除了在"谱牒"栏中记述历代祖先的清白风范之外,更特设《"清白传家"家训渊源》专栏,摘录祖先诗、文,以及其碑、铭等文献10篇,披露"清白传家"的家训渊源,来加深子孙对清白家训的认识。

该专栏一开头就用祖先的口吻,表达祖先"清白传家"的用意:"人遗子孙以财,我遗子孙清白,使后世称为清白家子孙,以此遗之不亦厚乎!"

仙景李氏的祖先,不同于一般人以财产遗留子孙,认为与其遗留子孙财产,不如留给子孙操守廉正的清白榜样,使世世代代被称为清白家子孙,这才是最丰厚的遗产。

接着摘录祖先文献10篇,披露"清白传家"的家训渊源。提到的祖先,包括李景山、李昭玘兄长、李昭玘、李邴、李缜、李纶、李訦等7人。《陇西仙景李氏族谱·谱牒》中虽提及李景山,但并未描述其清白风范。至于李昭玘兄长,更是完全未曾提到,连名字都未详。这些都可作为"谱牒"栏的补充。其他5人,除李纶所录文字全同之外,虽然"谱牒"栏虽已根据史传及文集等文献,描述其清白风范,在"家训"栏中,仍用原始文献自己说话,凸显其人与"清白传家"家训的关系。

首先摘录的是李昭玘《乐静集》中的3篇诗文,分别提到李景山、李昭玘兄长和李昭玘自己。

(一)李景山

摘录的第一篇是《乐静集》卷十中的《上孙莘老求先人埋铭》:

先君(按:指仙景一世祖李景山)在仕四十年,信道守义,端重静肃。不作苟见,不治苟得。不趋俗,不干誉。世之所谓贫富贵贱,宠辱利害者,未尝撄拂其心。进退去就之际,漠如也。故见利则知畏,未衰而早休,安其志而已。夹此之志以游乎世,其为人深知也固寡矣。虽然在先君言之，志不愿知于人则可；在人子之心，不能明先君之志以贻子孙，以闻后世，则罪也。

从这篇铭文可以知道，李昭玘父亲（即入闽始祖李邴的祖父）李景山，超然于名利之外，在李昭玘、李邴之前，早已树立为官清正的典范。李昭玘只是加以承继发扬，传之后代子孙而已。

（二）李昭玘兄长

摘录的第二篇是《乐静集》卷十中的《上颜朝奉》：

先人弃养十年，门绪衰堕，兄弟仕宦，粗知所立，手足相助，日望起家。先兄最孝睦，行己端肃，有古人法度，不独兄弟所爱敬，乡人乐亲之。年方四十三，官至一尉，平生所志，未及开发一二，遽尔摧谢，天罚何大酷邪。

李昭玘兄弟为官，一起努力提振因父亲早死而走下坡的家风。他既称赞兄长，端己孝睦，一如古人理想，所以兄弟敬爱，同乡乐亲，又哀悼兄长壮志未酬而早逝。于此可见，李昭玘兄弟德行都极佳，真能传承其父端正之风。

（三）李昭玘

摘录的第三篇是《乐静集》卷四中的《赠子常》：

幽兰一曲思无涯，炊熟黄粱日已斜。
闭户终年心似水，读书万卷眼生花。
汗流不舍浯溪刻，粮绝犹须北苑芽。
束帛不来人已老，只将清白付吾家。

这首诗是李昭玘的自画像。说他自己罢官在家读书，过着穷苦日子，虽然复职无期，人已老去，但值得安慰的是，为家族留下清白的榜样。由此可见，李昭玘是多么重视人格的清白。

从以上3篇诗文可以知道，仙景一世祖李景山和他的儿子们都坚守清白，已初步形成清白家风。

（四）李邴

至于入闽始祖李邴，摘录《文忠集》卷六九中的有关记述：

仙景三世祖，泉州始祖，讳邴，字汉老，号云龛先生，性静忠实，幼警敏，喜读书，弱冠能文，其文演迤，贯理稳密。始以华重之文，藻饰王度，中以刚大之气，扶颠持危，晚以超卓之见，居安资深，允所谓间生之贤者也。崇宁五年，登进士第，累官为兵部侍郎、参知政事，以资政殿学士致仕。初谥文敏，后改文肃。朱熹题匾曰"清白贤相"。宋周必大为其铭神道碑。

李邴个性沉静忠实。早年以文词，修饰法制条文；中年以刚直气魄，力挽将颓的时局；晚年更见解非凡，是不可多得的人才。曾任参知政事，即宰相职，又为官清廉，朱熹题写"清白贤相"的牌匾。李邴这块牌匾，可谓"清白传家"的金漆招牌。

"家训"栏摘录另一篇关于李邴的重要文献——周必大《李文敏公邴神道碑》是这样写的：

资政殿学士、中大夫、参知政事、赠太师李文敏公邴神道碑铭曰：

齐鲁之间，儒学之渊。道闭贤隐，祥麟出焉。由汉迄唐，士多名世。

公生盛朝，亦拔乎萃。其来仪仪，资适逢时。以文华国，天子所知。

变起弗图，公奋烈烈。面折群凶，我勇彼慑。筹幄既咨，义旗既麾。

中外协力，乾清坤夷。俾彼宸章，灿若星日。告于万邦，丕显公迹。

上方用公，公曰归欤。成功者天，宠则难居。燕处超然，道则深造。

穷理尽性，庶其允蹈。生有自来，逝也名垂。刻诗道周，言何敢欺。

"变起弗图，公奋烈烈。面折群凶，我勇彼慑。筹幄既咨，义旗既麾。中外协力，乾清坤夷。俾彼宸章，灿若星日。告于万邦，丕显公迹。"这段文字生动地描述李邴以刚直气魄力挽狂澜，以非凡见解建立功绩。"上方用公，公曰归欤。成功者天，宠则难居。燕处超然，道则深造。"这说明李邴见事不可为而急流勇退，去过隐居潜修的生活。在朝思尽忠,在家则默养;超然自适,可谓得道。这真是清白楷模,值得子孙效法。

(五)李缜

关于李邴长子李缜,"家训"栏摘录《晦庵集》卷九二中有关叙述如下:

> 仙景四世祖,李公讳缜,字伯玉,号万如居士。官至右朝请大夫。邴公长子也。幼承家学,警悟绝人。年十二三时赋盆池诗,有"疑与月相吞"之句。性至孝,少以父,任补承务郎。未几,丁内外艰。盖方是时,秦丞相桧当国,猜暴叵测,不复有仕进意。常诵其先训曰:"与其有求于人,曷若无欲于己;与其使人可贱,不若以贱自安。"秦丞相死,众贤稍稍登用。丞相陈鲁公雅知,推挽甚力而不能致,乃白以为通判福州,而公已病矣。连帅汪公应辰亦知公贤,礼敬之且不欲烦以事,公曰:"食焉而怠其事,岂吾心哉。"力请,得复奉祠而归。生平与朱熹友善,尝以诗唱和,死后朱文公为其墓志铭。

此文乃"谱牒"栏记述李缜的根据,前半及末尾的内容,上文已曾提到,后半部分内容则可作为补充。连帅汪应辰赏识李缜,给予不用做事的闲职,让李缜坐领干薪。一般人求之不得,李缜却不以为然,极力求去,宁愿恢复祠官的小职位。做人这样有原则,可做子孙清白榜样。

"家训"栏摘录的关于李缜的文献,还有一篇《朝请大夫李公墓碣铭》:

> 右史之德,冲靖渊默。太师之文,泆为忠勋。
> 公承厥家,克笃其庆。惟德与文,既积而盛。
> 胡不逢遇,达于事功。浩其永归,闷此幽宫。
> 万如之篇,公实自赞。铭以昭之,不遐有叹。

"右史"指李昭玘,"太师"指李邴。李昭玘冲靖渊默的道德典范,以及李邴草堂学派的文章学问,都是李缜得自家传,而进一步发扬光大的。虽有志未伸,其人已逝,但文如其人,完美得令人赞叹。由这篇墓碣铭得知,李缜以清白遗留人世,如此实足以感动子孙,使之向善。

（六）李纶

关于李邴四子李纶，"家训"栏摘录的是文渊阁《四库全书》第529册第530页，《广东通志》卷三九、二九，《广东恩平县志·名宦》有关叙述。此文乃"谱牒"栏记述李纶的根据，文字全同，不再赘述。

（七）李訦

关于李邴孙李訦，"家训"栏摘录的《真西山文集》卷四二中有关叙述如下：

> 仙景五世祖，李公讳訦，字诚之，号臞庵，邴公孙也。公以家世文儒，少年励志，欲由科第进，诸兄弟方以文争胜，不相下，伯父万如先生（按：指李缜）独爱公，授以手所校《西汉书》曰："此予平日所用心，子侄非好学不以畀也。"公朝夕读，益从师友学为举子文，三预漕荐，一为榜首，再试礼部，不第，遂弃去不复为；而剚以它著撰及吏能取知诸公。官至宝文阁待制，为官清白廉洁，军民称颂，公卒赠宣奉大夫，真西山德秀先生为之铭。

李邴的孙子们都想考科举，个个文章都写得好，不分轩轾。李缜特别欣赏侄儿李訦好学，把平日悉心手校的《西汉书》拿出来，传授给李訦。李訦日夜阅读，更从老师朋友那里学写科举应试文章，结果三次应试都顺利通过，还有一次考榜首，只可惜最后礼部试落榜，此后不再应试。但凭他的著述文章和适合做官的能耐，得到赏识，做官做到宝文阁待制。他为官清白廉洁，军民齐声赞誉，显然又是一个清白传家的好榜样。

"家训"栏摘录关于李訦的文献，还有一篇《通议大夫宝文阁待制李公墓志铭》：

> 维古之人，世德是贵。爰及末流，以禄相侈。抑抑李公，奋于名家。一节初终，如玉不瑕。昔在沧州，清醇亮直。亦有云龛，毅然正色。元祐大论，建炎忠勋。奕叶相望，郁乎清芬。公曰：艰哉！曷继前烈？餐菊纫兰，漱芳灌洁。退然其容，山泽之臞。义激于中，可敌万夫。噫嗟柄臣，盗弄戈甲！公独从容，遏其萌蘖。惟恢首衅，惟冀鬻官。可使斯人，善地是安。言虽莫售，闻者增气。大

化既更,迨如公议。逆逆龙鳞,撄之匪难。料虎之颐,厥维孔艰。人谓公荣,簪笔持橐。孰知公心,优游一壑。容膝之隘,视若广居。梅竹之东,所晒者书。荡节鱼符,汉淮岭蜀。有田一墨,泰然自足。世教日沦,夷祖踮孙。谁如李公,不辱其门?乐哉斯丘!公斯自卜。铭以昭之,过者必肃。

李訦出自清白世家之后,一生保持节操。进可激于义愤,万夫莫敌;退可隐居自娱,优游自在。忠言虽逆耳而不纳,仍可鼓舞士气,真是不辱清白门风。

以上 10 篇文献,让子孙知道 7 位祖先是如何切实践履"清白传家"祖训的。可见"清白传家"并非空话,早已成为仙景李氏的家风。身为仙景李氏子孙,谁又敢辱没祖先世代相传的清白家风?

五、结语

新编台北《陇西仙景李氏族谱》,以"清白家"堂号,又于"谱牒"栏中记述 8 位祖先的清白风范,更辟"家训"专栏,摘录 10 篇文献,让文献自己说话,让子孙知道 7 位祖先是如何切实践履"清白传家"祖训的。种种作为,无非呼吁族人勿忘"清白传家"的祖训,其用心可谓良苦。

对于祖先们的高风亮节,裔孙自当引以为傲。景仰之余,仿效之心油然而生。这种基于血缘认同的精神感召,是形成宗族凝聚力的正大楷模,迥异于以名利相诱的庸俗手段。其崇尚志节的家风值得宣扬。这是形成宗族凝聚力的正确示范,当有助于导正习非成是的庸俗世风。

谱牒与慎终追远

周建昌[*]

本文从谱牒文字解释出发,试图解释传统谱牒在凝聚民心、团结族人方面的作用。从谱牒文化与传统的慎终追远的道德追求的关系,试图证明谱牒是慎终追远的手段和结果。最后点出漠视族谱的修撰是社会急功近利、族群内乱和社会不安的表现,人们不可不认真对待。

一、谱牒

(一)"布列见其事"

古之谱牒,其目的就是"广而告之",记族人族事,以流传后世,这是中华传统文化对族人的终极关怀。人生苦短,或载入史册,或记入志书,最后则录进族谱。

"谱第,或作諜,亦同,晡古反,《释名》云:谱,布也。《文字典说》云:稽诸谱牒,布列见其事也。从言,普声。"[①]"谱,布也。《广雅》:谱,牒也。《古今正字》:谱者,布列见其事也,从言,普声。"[②]"谱者,普也。注序世数,事得周普,故《史记》谓之谱牒是也。"[③]"上告祖灵,下书谱牒,海内远近谁不备闻。"[④]

(二)"别贵贱、明是非"

人与兽有别,人之所为人就在于有记忆,能传承,有荣誉感,期望能

---

[*] 作者是厦门大学图书馆副研究馆员。本文于2012年"谱牒研究与闽台节俗"研讨会上发表。

扬名立万,流芳百世,希望在历史上留下一点记忆。一般人做不到青史留名,因此退而求其次,争取能登入地方志书之中,再不济则入族谱家谱之内,留名迹以供子孙怀念。慎终而追远,认祖而归宗,中国人"编谱"心态正是传统文化凝聚力的体现。

古人云:"处广厦之下,细毡之上,明师居前,劝诵在后,岂与夫驰骋原兽同日而语哉。凡读书必以五经为本,所谓非圣人之书勿读,读之百遍其义自见。此外众书自可泛观耳。正史既见得失成败,此经国之所急,五经之外宜以正史为先。谱牒所以别贵贱明是非尤宜留意,或复中表亲疏,或复通塞升降,百世衣冠不可不悉。"⑤

族谱如何"别贵贱、明是非"？在一族之内,族谱记录名姓不分老幼,是本宗本族者皆录入,实际上代表的是族内平等。但这是表面的,传统社会中,族谱体现和保护的是老幼有序的宗法等级制度,这里的"贵贱"并不是一般意义上的高贵和贫贱,而应指"长为贵,幼为贱"的宗法思想,体现的是"长幼尊卑"的贵贱观念,这是传统宗法社会维持族内和谐发展的有效手段。虽然这种手段在当今人人平等的社会已经失效了,但眼见当今社会"啃老族""小皇帝",反小为大、反大为小,小不尊大、大不爱小,反老为贱、反小为贵的社会现实,宣传传统宗法制度中的长幼观念对于当今社会的家庭正常化、和谐家庭关系当有诸多好处。

《氏族序》:"自隋唐而上,官有簿状,家有谱系。官之选举必由于簿状,家之婚姻必由于谱系。历代并有图谱局,置郎令史以掌之,仍用博通古今之儒知撰谱事。凡百官族姓之有家状者,则上之官,为考定详实,藏于秘阁,副在左户。若私书,有滥则纠之,以官籍,官籍不及,则稽之以私书,此近古之制,以绳天下,使贵有常尊,贱有等威者也。所以人尚谱系之学,家藏谱系之书。自五季以来,取士不问家世,婚姻不问阀阅,故其书散佚,而其学不传。"⑥

(三)"以地望明贵贱"

传统的族谱除留名之外,还重"族望",即郡望。郡望指某姓氏在某地方的名门望族。

"余案自后魏太和中定四海望族,谱牒始以郡表姓,故唐人有某公某公之称,皆以郡望冠之,所谓言刘必出彭城,言李必出陇西者也。《义山集》中称汝南公者六皆周墀。称安平公者七,皆崔戎。称荥阳公者十一,皆郑亚。称河东公者四,皆柳仲郢。称濮阳公者八,皆王茂元。"⑦

姓氏源于地方,最初姓氏是氏族人群的符号。"姓"是女性之族群,是母系氏族公社时期的族群代号,"氏"是父亲氏族公社时期代表父系男性的一族符号,后世姓与氏混称,合称姓氏。郡望是周朝分封制度的结果,分封使某姓某族在某地得以壮大,因以得某郡之名门望族,郡望之称成矣。

"三代之前,姓氏分而为二,男子称氏,妇人称姓。氏所以别贵贱,贵者有氏,贱者有名无氏。今南方诸蛮此道犹存。古之诸侯诅辞多曰坠命亡氏,踣其国家以明亡氏,则与夺爵失国同,可知其为贱也。故姓可呼为氏,氏不可呼为姓,姓所以别婚姻,故有同姓、异姓、庶姓之别。氏同姓不同者婚姻可通,姓同氏不同者婚姻不可通,三代之后,姓氏合而为一,皆所以别婚姻,而以地望明贵贱,于文,女生为姓,故姓之字多从女,如姬、姜、嬴、姒、妫、姞、妘、嫪、姞、姚、嫪之类是也,所以为妇人之称,如伯姬、季姬、孟姜、叔姜之类并称,姓也。"⑧

(四)"因生以赐姓,胙之土而命之氏"

中国社会一般是聚族而居,一姓聚居于一次,分衍出去的也都聚居在一起,形成一个能相互照应、相互扶持、共同发展的社会群体,也就是族群。族群聚居进而使一姓独占一方,因而出现了一郡一方的名门望族,这就是郡望。周朝的宗法制度"天子建德,因生以赐姓,胙之土而命之氏",更促成并保护了这种族群聚居、地方姓氏与地方社会力量的一体化。如此,一村一姓已经成为基本的乡村社会生态。

"隐八年《左传》云:无骇卒,公问族于众仲,众仲对曰:'天子建德,因生以赐姓,胙之土而命之氏。诸侯以字为谥,因以为族,官有世功,则有官族,邑亦如之。'以此言之,天子因诸侯先祖所生,赐之曰姓。杜预云:'若舜生妫汭,赐姓曰妫;封舜之后于陈,以所封之土,命为氏。'舜后姓妫而氏曰陈,故郑《驳异义》云:'炎帝姓姜,大皞之所赐也。黄帝姓姬,炎帝之所赐也。故尧赐伯夷姓曰姜,赐禹姓曰姒,赐契姓曰子,赐稷姓曰姬,著在《书传》。'如郑此言,是天子赐姓也。诸侯赐卿大夫以氏,若同姓,公之子曰公子,公子之子曰公孙,公孙之子,其亲已远,不得上连于公,故以王父字为氏,若适夫人之子,则以五十字伯仲为氏,若鲁之仲孙、季孙是也。若庶子妾子,则以二十字为氏,则展氏、臧氏是也。若男女,则以父祖官及所食之邑为氏。以官为氏者,则司马、司城是也;以邑为氏者,若韩、赵、魏是也。凡赐氏族者,此为卿乃赐。有大功德者,生赐以族,若叔孙得臣是也。虽公子之身,若有大功德,则以公子之字赐以为族,若仲遂是也。其无功德,死后乃赐族,若无骇是也。若子孙不为卿,其君不赐族,子孙自以王父字为族也。氏、族对之为别,散则通也。故《左传》云问族于众仲,下云公命以字为展氏是也,其姓与氏散亦得通,故《春秋》有姜氏、子氏,姜子皆姓而云氏是也。"⑨

(五)"取之谱牒"

正史、方志、族谱是相辅相成的,正史不录,方志录之,方志不录,族谱录之。虽族谱往往有虚夸、附会、攀贵以至于捏造之事,但是就旧史而言,族谱为正史之补,已是显然矣。族谱是族人事迹的兜底记录,在某种意义上比正史、方志更具体、翔实,更加真切。古之修谱,家谱一代一修,族谱三代一纂,年谱则一名人一年谱。地方志的修纂,唐朝各州郡3年编一次图经,后改为5年。宋沿袭唐制,并成立九域图志局。元朝首创一统志,明、清三修一统志。清雍正年间规定一统志60年修一次。1929年,国民政府内政部颁布了《修志事例概要》22条,抗战胜利后,又颁布了《地方志纂修方法》9条,规定省志30年修一次,市、县15年编修一次。如今我国则规定20年一修。正史则一朝修一次。族谱虽不列入国家必修之史志,但其修谱的成果仍列入国家史志之中,如"氏族志",在史志所列的图书目录中也往往将编修较好的族谱、家谱列入,⑩以示族谱之存在,以明族谱之重要。

"《史记》自序三代尚矣,年纪不可考,盖取之谱牒、旧闻,作三代世表第一,周室衰微,诸侯专政,《春秋》有所不纪,而谱牒经略,作十二诸侯年表第二,则汉史未尝无氏族也,特未及百官耳。唐太宗尝以山东士人尚阀阅,后虽衰子孙,犹负世望,嫁娶必多取资人,谓卖昏,由是诏士廉韦挺、岑文本、令狐德棻责天下谱牒,参考史传,检正真伪,进忠贤,退悖恶,先宗室,后外姓,退新门,进旧望,左骨梁,右寒畯,合二百九十三姓,千六百五十一家,为九等,号曰《氏族志》一百卷。"⑪

二、慎终追远

(一)"不忘本也"

古之慎终追远主要目的就是让百姓不要忘记自己的本源,不要忘记祖上的荣与辱,记史可以明事物,知兴替,而编谱可以知源流,凝聚民心,构建和谐社会。儒家由身而家而国而天下的递进修养,同时也为传统社会从人的个体向家国天下方向凝聚,这正是中华民族经久而不衰,长存而不亡的原因所在。传统社会的每个个体都肩负着传承的任务,承担传宗接代的强烈责任感,"不孝有三,无后为大"的强烈接传观念,令所有中华儿女代代相传、永续不断、源远流长。

"师古曰:慎终,慎孝道之终也。追远,不忘本也。《论语》称孔子慎终追远,则民德归厚矣。"⑫

"谱城重矣,非徒纪名字生没葬娶已也,将以敬其所尊,爱其所亲于无穷。谱之重有三:考究精详一也,比次有法二也,序本支昭穆而不紊三也。而上不至于忘本,下不至于涂人家诗书、户、礼乐、岁时、祀典继继承承历数百年而不泯,此其所以为望姓也,此其所以为谱重也。"⑬

(二)"每事都要"

慎终追远,原来主要指的是丧祭,终即死亡,死亡意味着结束,而"盖棺定论"就是对死者的评价,就是对人一生的总结。人死是自然的,但传统以为死亡并未结束,人生将在子孙中延续,在社群中保存,在历史上留在。因此,古人十分重视死,司马迁所谓"死有重于泰山,或轻于鸿毛",正是中华传统社会对于生与死意义的追求。俗所谓死者为大,在尊长尊大的传统社会里,重视丧葬,理所当然。问题是死了为何还要费老大的力气,举办复杂的丧葬仪式?除了尊重死者,表达哀思,体现亲人对死者的关怀,更重要的是做给活着的人看,它所体现的是传统社会中对人的终极关怀,体现了传统社会对人生的价值与生命存在的认识和理解。如果"慎终"主要指丧葬的话,那么"追远"则必须依赖于记忆和记载,而记忆和记载的方式则包括祭祀活动和史志谱牒记录。

谱牒是古人"追远"的结果,也是"追远"的重要手段,通过谱牒将一家一姓一族的前后来源理清楚了,排定明白了,其结果既是对族人一生的记述,也是对族人一生的肯定和安排。

"'慎终追远',伊川云:'不止为丧祭。'推之是如此,但本意只是为丧祭。王问:'伊川谓:"不止丧祭。"此说如何?'曰:'指事而言,恐曾子当初只是说丧祭。推此意,则每事都要存这些子。'[雉]'慎终追远',专主丧祭而言。若看得丧祭事重时,亦自不易。只就丧祭上推,亦是多少事。或说天下事皆要慎终追远,亦得。[明作]"⑭

(三)"推其所自"

人是怎么来的?可以一直追溯到远古,而追溯的前提就是有完整的族谱记载,通过族谱记载,让前人和后人完整地联结在一起,通过认祖归宗将分散在各地的族人团结在一族一姓的符号之下,保证了宗法社会的完整性与统一性。传统文化对人生怀有强烈的感恩情怀,在传统文化理念下,"落叶归根"成了人生应有的追求,是幸福的体现。背井离乡是被迫的,自然也是痛苦的,是迫不得已的,但是如能在死之前回到故乡,回到父辈生长的地方,和亲人葬于一处,这也是幸福的。中国人对于祖宗的认同已经是根深蒂固,不可动摇了。一个人如果不能"衣锦还乡",也希望能"马革裹尸还",再不济也必须在族谱留给子孙后代一个追溯回原籍和祖宗的线索。通过族谱"推其所自",保留住自己的血脉。

"胡叔器问:'追远,是亲否?'曰:'言追,则不是亲了。'包显道问:'远祖时人不解更有追念之意,想只是亲。'曰:'只江南来不如此。湖北人上坟,不问远祖也哭,这却好。人之一身,推其所自,则必有本,便是远祖,毕竟我是它血脉。若念及此,则自不能无追感之情。且如今老人不能得见简孙子,今若便见十世孙时也惜,毕竟是自家骨肉。人只是不思量到这里,所以追感之诚不至也。'[义刚]"⑮

(四)"民德归厚"

族谱的编撰是慎终追远的结果,也是保持民德醇厚、和谐与善良的手段之一。修族谱一般的目的就是"睦邻敦族""尊宗敬祖",增强家庭的荣誉感和共同体意识,促进家族的共同繁荣。通过族谱的修改,让族人认同一个祖先,尊重一个族姓,使彼此能相互尊重和理解,这也是传统社会对人民道德教育的一种手段,在某一程度上也能产生"民德归厚"的良好教育效果。

"陈仲亨说'民德归厚'。先生问:'如何谓厚是有余之意?'陈未达曰:'谓如此已自得了,更添些子。恰似着衣,如此已暖了,更加一件,是之谓厚。厚对薄而言。若我未厚,民自是趋从薄处去。'[义刚]"⑯

(五)"久远恩泽"

社会的稳定,民族的团结,人与人之间的相互理解和尊重,其前提是人们对社会、民族、国家的认同,而此认同的前提是人们感觉到有认同的可能性和必要性。而想激发族人对族姓的认同,其前提就是培养族人的感恩意识。能感恩就能妥协,就能彼此相互理解,因而也能保证"久远恩泽",达到社会的长治久安。

"问:'程子云:推而至于天下之事,皆能慎其终,不忘于远。如何?'曰:'事事皆要如此。慎终,则末梢虽是理会教尽,不忘于远。远是人易忘。且如今追封人及祖父等事,这是久远恩泽。人多是据眼前有功者有赏,而无久而不忘底意思。这般事若能追念起来,在己之德既厚,而民心亦有所兴起。'[贺孙]"⑰

谱牒记录了族人的事迹,体现了对族群的认同,展现了族人的风采与道德,面对着一族的光荣与梦想,在族谱的道德感召下,每一个族人都会竭尽全力为自己、为族人而奋斗。实践中,族人修谱往往会附庸风雅或抬高自己族人的精神与道德境界,夸大自己族人的荣耀与地位,即所谓"世有附他人以为己重,援名卿巨公以矜诩其世贻识者"⑱,以至于有人指责说,族谱是有钱人、当官、有地位的人的谱,是"富谱""官谱",特别体现在族谱所记载的人物无一不是有社会地位、经济地位或学术地位等人物。对此,笔者以为,族谱在坚持实事求是的前提下,重有为而轻无为,重财富而轻贫穷,重官而轻民,这是很正常也是必然的事。正史如此,方志如此,族谱、家谱、年谱也如此。史志谱牒的记载不可能也不必面面俱到,突出重点,兼顾全面,突出主流,忽略次要,弘扬优良传统,剔除劣迹陋习,这本就是族谱应有的价值所在。实际上族谱的记载当更加详尽真实,虽有溢美之词,却不敢胡编乱造。

"谱何以著,著世所传也。……盖家之有谱,犹国之有史,史非信史弗录也,谱有传疑弗载也。……以修史者修谱,虽于祖若宗不敢以传疑者而附会也。所以志信也。"[19]

实践中,传统的修谱之风虽然在逐渐恢复,但是谱牒的道德影响力以及对族人的影响力几乎消失殆尽。修谱时有些有为的族人并不以本族为荣,而大多数的普通族人,由于经济及文化观念等方面的问题对族谱之事更是漠不关心,摆出一副与我无关的姿态,因此,相当一部分姓氏的修谱工作,一拖再拖,以至于半途而废、功败垂成,颇令人遗憾。此现状的原因就是世人已经没有思"久远恩泽",让"恩泽久远"的观念。从某种意义上说,不重视死后的荣誉,犹如法国路易十五"任我生前荣华富贵,哪管死后洪水滔天",是社会道德沦丧、民风日下,社会人情沙漠化的表现,在某种意义上是社会危机的表现,我们不可不重视。

三、族不可无谱

族何以不可无谱?古人以为无谱则不知亲疏,人心浇漓,散了人心,尽了族群,荒了关系,甚至危及社会稳定。传统社会如此,现代社会呢?笔者以为其结果并无二致。在古代,族谱虽然曾被利用来行"宗法之制",宣传上下尊卑,甚至成为被利用的"族权",但若族无谱,不知亲何在?所谓"服未尽而以途人视",因不相识以至于族兄弟相残,令人唏嘘。

《王氏族谱序》:"古者有氏族,则宗事为,莫重其世家。至自置宗簿宗尉,此如有司然。世降而下,宗法废、人心漓、贫富忌,则贫者不得为族;官民分,则民者不得为族;聚散疏密之不齐,则散者、疏者不得为族;甚而服未尽而以途人视,等而上益速益可知已,于是乎族不可无谱。"[20]

谱起到的作用之一就是敦亲睦族,以一谱将一族姓族群凝聚在一起。通过族谱了解自己的前辈是谁,自己是怎么一代一代传承下来的。

通过谱系将本族本宗亲人串接起来,这是中华传统文化中乡村社会自治的一种手段和方式。为了生存,同族同宗的亲缘力量需要团结起来组成亲缘共同体,同甘共苦,共同营造幸福生活。团结才有力量,族谱就是团结族群的一条纽带。

《姜山族谱序》:"千枝一本耳,万派一源耳。林林总总者遍天下,其初皆一人之身耳。然木有干,水有脉,次第之来可寻也。人之序乌乎寻?曰:在古有小宗、大宗,在后世以名字为行耳。"《黄师董族谱序》:"族非谱无以知枝叶本根之分合。"

人生苦短,谁都希望能"留点文字在人间"。这里的文字可以指自己的文章,也可以是指自己的事迹被记录在史册、志书和族谱中。族谱的记载能满足族人留名的精神需要,这也是族谱的意义和价值所在。

注释:

①释慧琳、释希麟:《一切经音义》卷第十八,日本元文三年至延享三年(1738—1746)狮谷莲社刻本。

②释慧琳、释希麟:《一切经音义》卷第七十七,日本元文三年至延享三年(1738—1746)狮谷莲社刻本。

③毛亨传,郑玄笺,孔颖达疏:《毛诗注疏》,"诗谱序",清阮刻十三经注疏本。

④范晔《后汉书》卷七十四下,"袁绍、刘表列传第六十四下",百衲本景宋绍熙刻本。

⑤孝元皇帝:《金楼子》卷二"戒子篇五",清知不足斋丛书本。

⑥郑樵:《通志》卷二五"氏族略"第一,清文渊阁四库全书本。

⑦李商隐撰,徐炯笺注:《李义山文集笺注》卷一,表上,清文渊阁四库全书本。

⑧郑樵:《通志》卷二五,"氏族略"第一,清文渊阁四库全书本。

⑨郑玄注,孔颖达疏:《礼记注疏》,附释音礼记注疏卷第三十四,清阮刻十三经注疏本。

⑩刘昫:《旧唐书》卷四六志第二六,清乾隆武英殿刻本。记有"谱牒五十五部凡一千六百九十一卷"。

⑪刘知几撰,郭孔延评释:《史通评释》卷三"内篇",明万历刻本。

⑫班固:《汉书》卷八一,清乾隆武英殿刻本。

⑬黄澄渊:(民国)《古田县志》卷之二十四上,民国三十一年(1942)铅印本。

⑭《朱子语类》卷二二,"论语四·学而篇下·慎终追远篇"。

⑮《朱子语类》卷二二,"论语四·学而篇下·慎终追远篇"。

⑯《朱子语类》卷二二,"论语四·学而篇下·慎终追远篇"。
⑰《朱子语类》卷二二,"论语四·学而篇下·慎终追远篇"。
⑱黄澄渊:(民国)《古田县志》卷之二十四上,民国三十一年(1942)铅印本。
⑲娄云:(道光)《惠安县续志》卷九,民国二十五年(1936)铅印本。
⑳陈著:《本堂集》卷三七,《王氏族谱序》,清文渊阁四库全书补配清文津阁四库全书本。

姓氏源流研究的几个问题

陈国强 *

我从事人类学研究中，常到基层地区参与观察，做社会调查，也接触到各地方姓氏源流问题，深深感到弄清各地姓氏源流，对于了解各地人民迁徙史（迁入迁出）、来源、社会发展，对于当前寻根谒祖活动，以及补充、证明、改正地方史等均可提供证据材料。研究的意义是重大的。

要研究好姓氏来源，除了应有辩证唯物主义与历史唯物主义史观外，还应具备当地史地知识，以及掌握家谱、族谱等谱牒学的材料，才能得到姓氏源流的科学结论。

中国谱牒学研究会成立后，1988年7月在五台山举行首届中国家谱研讨会，并编辑《谱牒研究》，由书目文献出版社出版，已于1989年12月、1991年7月、1992年12月出了第一、二、三辑，这是关心我国谱牒学研究者必读的。

研究中国历史，应有正史（二十四史）、方志（府、县志）、谱牒及其他笔记小说。研究姓氏来源的材料，尤以族谱为最重要，中国家谱起源很早，《世本》是中国谱牒开山之作，据《后汉书》载，它记录自黄帝至春秋时帝王、诸侯及卿大夫的世系。司马迁写《史记》也重视谱牒，魏晋南北朝时期，随着门阀势力崛起，修谱和研究者大量出现。隋唐时期，世家大族衰落后，私修谱牒开始兴起。到了宋代，除皇家之牒外，家谱均由私家编修。

我们利用谱牒资料，主要是研究姓氏源流参考。此外，还提供关于人口社会、社会结构、家族制度、家庭方面等的资料。

---

* 作者是厦门大学人类学系教授。本文发表于《晋江谱牒研究》总第1期，1997年12月。

一、中国是一个由 56 个民族组成的国家

中国是一个多民族统一国家,共有 56 个民族,其中汉族占人口 94%,55 个少数民族仅占 6%。据 1990 年 7 月 1 日第四次全国人口普查,全国(除台湾、香港、澳门外)共有 1133682501 人,其中汉族 1042482187 人,福建省共有约 2100 万人,其中汉族 2000 多万人,少数民族 50 多万人,较主要的畲族约 36 万人,回族 92124 人(其中泉州 52228 人)。

从古代看,由于语言、习惯不同,各民族姓氏自古就不相同,今日汉族的祖先在汉以前为华夏族,他们的姓氏最早有区别,如《通鉴外纪》说:"姓者,统其祖考之所自出;氏者,别其子孙之所自分。"简言之,姓为氏之本,氏为姓所出。到两汉,姓氏已无大区别。

姓产生于原始母系氏族社会,中国最早的姓都带有女字旁,如姬、姜、妫、姒、姞、妘等,氏则产生于原始社会晚期,黄帝时"胙之土而命之氏",后发展为以居住地名、方位、封国命氏(如赵、西门、郑、苏等),以古姓命氏(如任、风、子等),以先人名或字命氏(如皇甫、高、于、公、施等),以兄弟行次顺序命氏(如伯、仲、叔、季等),以职官名称命氏(如史、包、库、司徒、司寇、右史等),以职业技艺命氏(如丞、屠、优、卜等),以祖上谥号为氏(如戴、吕等),古代少数民族借用汉字(如拓跋氏改为元、叱卢氏改为祝、瓜尔佳氏改为佳、钮祜禄氏改为钮等),因赐姓、避讳改姓氏(如李唐之朝赐李、朱明之朝赐朱;晋朝帝王祖上有司马师,凡师氏均改帅氏),因逃避仇杀改姓(如端木子贡后代改沐姓,牛姓改牢姓,疎姓改为束姓等)。

中国姓氏见于记载的有 5662 个,其中单姓 3484 个,复姓 2032 个,三字姓 146 个(不包括元、清二朝移居中原和边疆少数民族的姓氏)。近年来统计,56 个民族古今姓氏共 6363 个,常见的有 300 个,李姓最多,有 1 亿人以上。常见姓氏有异读,如种(音崇)、区(音欧)、仇(音求)、秘(音闷)、洗(音显)、解(音榭)、折(音舌)、单(音善)、朴(音瓢)、翟(音宅)、查(音渣)、万俟(音磨其)、尉迟(音玉迟)等。

有的姓氏或字,一字两音,代表两个不同姓氏,且源流不一,如乐(北方音月,南方音勒),召(汉人读少,傣人读赵),覃(中原一带读谈,两广、北族读秦)。

古代以来盛行《百家姓》,其起源请参阅史国强著《中国姓氏起源》。《百家姓》在封建社会盛行,实则不止 100 个姓。

中国 56 个民族对姓氏用法不一,应具体了解。如汉族有姓、氏、名、字、小名、避讳等,在封建时代,女子无名字,称女、姐,嫁后称嫂、娘。据南宋郑《通志·氏族》,共 2012 个(单姓 1324 个,复姓 688 个)。

畲族(总数 630378 人,福建有约 36 万人),初有雷、蓝、盘、钟四姓,后有娄、易等姓,有乳名(小名)、大名(书名)、法名(醮名),后者如蓝培回改蓝清回。

回族全国有 8602978 人,除用汉姓汉名外,还用汉人字号。如纳速喇丁·赡思丁的后裔,以纳为姓(或喇、拉、剌、邓、郭等),近年来,有保留使用旧回名者。回族的姓有首字音译(赛姓来自赛典森·赡思丁),有某个音节音译(如白、来、金姓来自易卜拉欣的音译),尾音音译(如忽姓来自马祖忽,麻姓来自马哈麻),附加字音译(如丁姓来自"君尼",意为宗教),皇帝赐姓(明彡姓改为陕姓),他如孔姓等。

二、重视闽台、侨乡族谱研究

族谱是一种记载男性宗族的世系、以人物为中心的历史载籍。每种族谱常记载自远古至清末甚至民国时期的历史人物。一般说,明代及明以后,记载较详尽,也较符合历史事实,明以前值得研究。

例为惠安百崎回族乡的郭姓回族族谱中,记载远祖为唐汾阳王郭子仪。我们知道百崎回族在明初才形成,所谓"九乡郭"的郭姓,为阿拉伯语末音译成,与郭子仪风马牛不相关。但从明代和明以后的几世系、个人历史中,有很多地方史和到台湾的史料。

庄为玑、王连茂《闽台关系族谱资料选编》一书,在"代序"说道:谱牒所载家族史,包括姓氏来源、家族兴替、人口升降、民族迁徙、风俗习惯、社会变故,以及族人的政治、军事、经济、文化活动。他们调查的

150多部族谱中70多部有涉及闽台关系,便辑录成本书。书中据《德化使星坊南市苏氏族谱》七世祖苏饮于南宋绍兴三十年(1160)序文中提到族人已散居台湾,推测在此前已迁台,为台人苏氏寻根提供资料。

史书记载唐时福建人薛令之和莆田人陈邕,居厦门最高峰洪泽山南北麓,故有"南陈北薛"之说。当时厦门属清源郡南安县,当时称"新城""嘉禾里",唐贞观十九年(803),南安县划出西南四乡置大同场,五代闽龙启元年(933)升为同安县。宋代,同安县设四乡、三十里,后并为十一里。元代,改为四十四都。明代,改为十二里。宋、元、明三代嘉禾里(俗称嘉禾屿)管辖绥德乡的二十一都至二十四都。明末清初,民族英雄郑成功在厦门、金门抗清复明、收复台湾,改厦门名为"思明州"。康熙十九年(1680),首任水师提督施琅驻厦;二十五年(1686)泉州同时与厦门设厅,雍正五年(1727)又移驻厦门。鸦片战争以后,厦门列为五口通商之一。辛亥革命后一度恢复"思明县",1933年改设市。了解地方沿革,不仅便于姓氏源流研究中核对地名,且其中多有与闽台以及侨乡有关的资料。这是厦门姓氏源流研究的特点。

有关侨乡族谱,也有丰富的内容,为家族的历史沿革、世系繁衍、居地迁徙、人口活动、山川形胜、族产名绩、科举仕宦、传记艺文、婚丧祀典、族规家法等。有关华侨史的族谱,华侨大学华侨史研究所做了专门研究搜集,有量大、面广、可信程度高等特点。厦大史所林金枝等查阅闽台500部族谱,有4100条(人)出洋资料;华大郑山玉等查阅200多部族谱,有万余条(人)出洋资料;且族谱中有华侨出国史、奋斗创业史、苦难血泪史、爱国史及侨乡发展变化等资料。撰谱的人多不敢冒犯"祖宗定例"这个"天下之大不韪",一般可信。

在研究姓氏源流中,除了社会调查,还可到有关学术机构查阅。福建省的福师大图书馆,藏有较多的族谱。国内外收藏族谱、家谱最多的为北京图书馆(按:指今中国国家图书馆)和美国犹他州家谱学会。

北京图书馆到1987年6月止,藏有族谱、宗谱、家谱共2770种,已普查2250种中,有宋代纂修3种,元代纂修3种,明修240种,清修1160种,民国以来844种。有抄本、写本、稿本、刻本、活字本、石印本、铅印本,以及民国以来的朱色印本、影印本等。

以谱之姓氏统计,有王姓119种,陈姓110种,徐姓87种,吴姓82

种,张姓78种,李姓67种,黄姓67种,朱姓67种,程姓60种,汪姓59种,周姓50种,方姓40种,刘姓40种,杨姓40种,胡姓39种,沈姓36种,孙姓41种,谢姓27种,郑姓26种,钱姓26种,许姓24种,叶姓23种,金姓22种,姚姓21种,赵姓20种,俞姓18种,庄姓18种,澹姓18种,郭姓17种,马姓16种,高姓16种,余姓15种,庞姓15种,华姓15种,江姓14种,何姓12种,冯姓12种,宋姓12种,施姓12种,罗姓12种,袁姓11种,丁姓11种,缪姓11种,苏姓11种。同一姓氏藏谱不到10种的有陶、夏、吕等170姓。

美国犹他州家谱学会是个民间组织,总部在美国犹他州盐湖城,1894年由教会组织为家谱学研究收藏和保存有价值的历史记载,初收手稿和书籍,1939年起,最早使用缩微技术收藏。该会制定一项国际资料保存计划,为许多国家保存历史人口记载做出贡献,用照相办法,一套保存在当地,一套保存在犹他州家谱学会的花岗岩地下资料库里。该会保存有中国皇族及普通人的家谱、方志,清朝考试花名册,管理人事记录、人口普查记录、墓碑碑文、古代私人契约(结婚、收养、土地、财产分割),以及宗亲会、同乡会、宗教寺院和家系祠堂的记载。

现拥有约3000部印刷(木刻或铅印)家谱版本,和10000多部家谱手稿的缩微拷贝。学会曾整理出2594个题目,代表着291个姓氏,为首是:张(146)、陈(134)、李(115)、王(112)、吴(92)、刘(84)、徐(67)、朱(66)、黄(59)、周(53),其他有5个题目以上的有99个姓氏。

三、姓氏源流研究中族谱记载的几个问题

不论族谱、宗谱、家谱,在阅读、研究中应知道以下条目:

(一)堂号

堂号即厅堂的名称,旧时多指某一家或某一房的名号,中国有6363个姓(单姓3730,复姓2498,三个字的有127个,四个字的有6个,五个字的有2个)。如一姓一堂号,就有6000多个堂号。

堂号反映了强烈的血亲观念。如闽台一带的洪、江、翁、方、龚、汪

6个姓氏,共用一堂号"六桂堂",同出翁家祖先。

堂号反映了强烈的区域观念。如海氏"薛郡堂",诸葛氏"琅琊堂",岳氏"山阳堂",墨氏"梁国堂",涂氏"豫章堂",鲜于氏"渔阳堂",仲孙氏"高阳堂",欧阳氏"渤海堂",上官氏"天水堂",冯氏"济阳堂",古氏"新安堂",紫氏"平阳堂",呼延氏"太原堂",管氏"西河堂",茹氏"河内堂",均以地名堂。

堂号反映了强烈的宗族荣誉感。如杨氏"四知堂"(东汉东莱太守杨震曰:"天知,神知,我知,子知,何谓无知!"),冯氏"大树堂",范氏"蠹舟堂",胡氏"安定堂",许氏"居廉堂",孙氏"八龙堂",钱氏"树锦堂",魏氏"十思堂",陈氏"归来堂"。

堂号反映了强烈的道德观。如张氏"百忍堂",任氏"五知堂"(知恩、知道、知命、知足、知幸),秦氏"谦德堂",刘氏"重德堂""五福堂",楚氏"秉德堂",邵氏"安乐堂",侯氏"厚德堂",龙氏"忠厚堂",郑氏"务本堂",朱氏"格言堂",周氏"忠信堂",于氏"福聚堂",蔡氏"克慎堂"等。

堂号反映了对祖先的崇拜。如屈氏"三闾堂",马氏"伏波堂",郭氏"汾阳堂",白氏"香山堂",裴氏"绿野堂"。

总之,堂号常与修谱、建祠堂同时进行,本身有敦宗睦族、弘扬孝道,启迪后人、发奋向上,以维护和巩固宗族、家庭基层组织的作用。在谱牒名称或序中,常创有堂号。

(二)阴历和阳历

阴历俗称农历,也叫夏历。阴历的月是以"朔望月"为准的,即以月亮的一次圆缺为周期。一个朔望月平均是29.5306日,为求整数,大月为30天,小月为29天。一般是一个大月和一个小月相间隔,但由于要固定朔日作为每月的第一天(即初一日),这样就出现了连续大月或连续小月的情况。

阴历的历年是以地球环绕太阳的周期(回归年)为准的,但是一回归年是365.2422日,这比每年12个朔望月的日数多,比13个朔望月的日数少,如阳历每年12个朔望月为354天左右,比一回归年相差11天左右。为使阴历每月初一日都是无月的夜晚,十五日左右都是满月,就以月亮绕地球运动的周期为主,同时为了符合季节时令,采用了"十九年七闰月"的方法来配合地球绕太阳运动的周期。即在 19 年中,有 12 个平年,每个平年 12 个月;有 7 个闰年,每个闰年 13 个月。这样,19 个回归年是 6939.6018 日,19 个阴历年(235 个朔望月)是 6939.6910 日,两者就相差不多了。月份和季节也可以保持大体一致。这就是阴历设置闰月的缘故。

阴历闰哪一个月的确定,就涉及一年的二十四节气,实际上是 12 个节气和 12 个中气。阴历以 12 个中气做 12 个月的标起,如雨水为正月的中气,春分为二月的中气。但中气与中气之间,或节气与节气之间,平均相隔是 30.4368 日,而一个朔望月是 29.5306 日,故节气或中气在阴历的月份中的日期逐月推迟,后来,中气不在月中而移到月末,下一个就可能没有中气,只剩下一个节气了。这个没有中气的月份就做这一年的闰月,例如农历己未年六月之后那一个月只含有一个节气(立秋),而中气大暑在六月三十日,下一个中气处暑移到另一个月的初二日,所以,中间这个没有中气的月,就定为闰六月。

中国的封建王朝均用阴历(农历),后为民国纪年,1949 年后则用阳历(公元)。

阳历是什么?阳历是以地球绕太阳运动作为根据的历法。地球绕太阳一周是 365.2422 日,即 365 天 5 小时 48 分 46 秒,因为不是日的整数,就有 365 天算作一年,多下的 5 小时 48 分 46 秒,积累 4 年就多加一天,变成了 366 天,叫作闰年,但 4 年加一天还多余 44 分 56 秒余,积满 128 年左右就多了一天,也就是在 400 年中约多算了 3 天。因此,阳历闰年的规定:公元年数可用 4 分尽的就算闰年;并规定公元世纪的整数,能用 400 年分尽的才算闰年,如 1600 年、2000 年都是闰年,而 1700 年、1800 年、1900 年都不是闰年,这样就巧妙地在 400 年中减去 3 天。

阳历月份的大小,完全是人为的,即规定每年 1、3、5、7、8、10、12 月为大月,每月 31 天;4、6、9、11 月为小月,每月 30 天。2 月平年是 28 天,闰年是 29 天。

世界上绝大多数国家通用阳历,又称"公历",另称"公元""西元"。

(三)二十四节气

二十四节气是中国阴历(农历)特有的重要组成部分。中华民族的祖先在长期生产实践中,逐步认识到季节交替和气候变化的规律,把全年分为立春、雨水、惊蛰、春分、清明、谷雨、立夏、小满、芒种、夏至、小暑、大暑、立秋、处暑、白露、秋分、寒露、霜降、立冬、小雪、大雪、冬至、小寒、大寒等24个节气,并编有口诀,帮助记忆:"春雨惊春清谷天,夏满芒夏暑相连,秋处露秋寒霜降,冬雪雪冬小大寒。"以此反映四季、气温、降雨、气候等方面的变化,这是中国人民掌握农事季节的经验总结,对农业生产的发展贡献很大。

从历史上看,二十四节气系统是逐步完备的。早在春秋时期《尚书》中,就把夏至叫作日长,把冬至叫作日短,战国末期《吕氏春秋》中,已明确提到立春、立夏、立秋、立冬4个节气,那时人们利用土圭(直立于地面上的一根杆子)测量日影的长短,以确定冬至(日影最长)、夏至(日影最短)和春分、秋分(日影在最长、最短之间)4个节气。以上的8个节气,恰好把一年分为8个基本相等的时段,继而把春、夏、秋、冬四季节的时间固定下来,这对发展农业非常重要。古代哲学家荀子就谈到过春耕、夏耘、秋收、冬藏,到距今2100多年的秦汉时代,二十四节气已逐渐地完善起来,在西汉刘安等人所著的《淮南子》里,就出现了和今天完全相同的二十四节气了。

二十四节气以春、夏、秋、冬四季为周期,是地球绕太阳旋转的反映,所以它纯属农历中的阴历成分。从文学角度来看,节气是以太阳在黄道上所处的位置来确定的。黄道分为360度,与赤道相交的两点为春分与秋分点,春分点为黄经0度,秋分点为180度。整个黄道分为24个小段,每一小段为15度,两小段之间的交点就是一个节气,节气相对固定,在阳历各年之间最多相差一天,在阴历则不固定,各年之间可相差许多天。

二十四节气的产生与应用,首先是在黄河中下游地区,以后才逐渐推广到全国各地,所以二十四节气与黄河中下游地区的气候、农事活动的关系更加密切。

二十四节气含义如下:

立春:立是开始,春是蠢动。

雨水:雨水即下雨,过后天气渐暖。

惊蛰:蛰虫惊而出走。

春分:阴阳相半也。

清明:天气清朗明洁。

谷雨:雨中百谷播种。

立夏:夏天开始。

小满:物至于此小得盈满。

芒种:有芒作物长出芒刺(长江中下游秋播)。

夏至:阳光直射北回归线,白天最长。

小暑:初伏前后。

大暑:中伏前后。

立秋:秋天开始,气温始降。

处暑:暑气至此而止。

白露:阴气渐重,露凝而白。天气转凉。

秋分:阴阳相半也。阳光几乎直射赤道,日夜等长。

寒露:露气寒冷,气温降低。

霜降:气肃而凝,露结为雾。

立冬:冬,终也,万物收藏也。

小雪:黄河流域开始降小雪。

大雪:大者,盛也,至此而雪盛矣。

冬至:阳光直射南回归线,黑夜最长。

小寒:月初寒尚小。

大寒:一年中最寒冷时期。

以上二十四节气,常在族谱中出现,有的生卒年月,不写月而写上二十四节气名称,大体可推算出生卒时候。

在节气中,除二十四节气外,还有杂节气。杂节气在族谱中出现时,不仅用于记载生卒时间,也记载修墓时间,故我们应掌握。

1."入梅"和"出梅"。"入梅"又称"入霉","出梅"又称"出霉",指梅雨季节开始和结束的那一天。所谓梅雨季节正是江南梅子黄熟时期,空气潮湿,东西容易发霉,故又称"霉雨"。"梅雨"出现在江淮一带,华北、东北、西北等地就没有。

2."三伏"。"三伏"是一年中最热时期,分为初伏、中伏、末伏,在北半球,是以夏至后第三个庚日为初伏,第四个庚日为中伏,立秋后第一个庚日为末伏。初伏、末伏相隔十天,只中伏有时是十天,有时是二十天。

3."九九"。我国以数九说明冬季寒冷程度,从冬至起为一九、二九、三九……直到九九。民间有"冷在三九"说法。四川农谚说:"一九二九,怀中手;三九四九,冻死猪狗;五九六九,沿河看柳;七九六十三,过路行人把衣换;九九八十一,庄稼老汉田中立。"

(四)阴历(农历)月份的别称

在谱牒中,使用阴历(农历)月份除用自然数学的数字(一至十二)表示外,各月还有不同的别称。例如:

一月:正月、陬(主)月、端月、孟春

二月:如月、杏月、仲春

三月:病(丙)月、桃月、季春

四月:余月、清和月、槐月、孟夏

五月:皋月、榴月、蒲月、仲夏

六月:且月、荷月、伏月、季夏

七月:相月、巧月、霜月、孟秋

八月:壮月、桂月、仲秋

九月:玄月、菊月、季秋

十月:阳月、小阳春、孟冬

十一月:辜月、葭月、仲冬

十二月:涂(除)月、腊月、嘉平月、季冬

以上别名,有的以当月植物为象征,有的按季节顺序排列,有的取自美好传说,有的由行政而命名,有的取自日月交替、阴阳变更。

以当月植物为象征的:二月杏花开,三月桃花红,四月槐花挂满枝,五月榴花红似火,六月荷火满池放,八月桂花遍地香,九月菊花傲秋霜。故,二月称杏月,三月称桃月,四月名槐月,五月名榴月,六月称荷月,八月名桂月,九月称菊月。此外五月是蒲草萋萋,又称蒲月;十一月葭草开始生长,又名葭月。

按季节顺序排列的:每季分三月,因古时以孟、仲、季来做兄弟姊妹的排行,孟为大,仲为二,季为三,选取以做每季月份次序。

取自美好传说的：七月别称"巧月"，取自民间传说牛郎织女七夕在鹊桥上相会，在古代劳动妇女心目中，织女是智巧的象征，故别称七月为"巧月"。

由行政而命名的：一月原别称"正月"，意即一年之始，新春为正。由于秦始皇名嬴政，正、政同音，为避讳改为"端月"，取一年端始之意。十二月原别称腊月，因古人每逢一年终了，要肉来祭祀祖先；后传闻茅蒙在华山白天升天，且传出一支歌谣："神仙得省茅初成，驾龙上升入太清。时下玄洲戏赤城，继世而往在我盈。帝若学之腊嘉平。"秦始皇闻之，遂改腊月为"嘉平月"。

取自日月交替、阴阳变更的：《雅尔·释天》中有记载，清代经学家郝懿行专为此作解述。一月别名陬月，陬皆是天上东边两星，为正月日月相会处。二月别名如月，如为"随从"之义。三月别名病月，为光明、显著之意。四月别名余月，即舒展之意。五月别名皋月，皋即高、向上之意。六月别名且月，阴气渐盛，导引而上。七月别名相月，相即相生相克、相辅相成之意。八月别名壮月，壮即大，阴气大盛。九月别名玄月，玄即黑色，谓阴气侵寒。十月别名阳月，无阳会阴，故义名为阳月，又叫"小阳春"。十一月别名辜月，即"故"之义。十二月别名涂月，即去也，一年将终离尘世而去。此外，四月别名"清和月"，意为风和日丽，天地清和。六月别名伏月，为一年中最热日子。七月别名"霜月"，意自此露将成霜。至于正月为始春，二月为早春，三月为暮春，则是用春天的早晚命名。

(五)干支纪年法

中国阴历(农历)纪年不用数字，而是采用干支合用计算的方法。干支纪年已有二千多年历史，是中国古代历法中的一个重要创造，也是民间谱牒中所常见者。

干，就是天干，共有十个字，按顺序为甲、乙、丙、丁、戊、己、庚、辛、壬、癸。支为地支，共十二个字，按顺序为子、丑、寅、卯、辰、巳、午、未、申、酉、戌、亥。

干支纪年法就是把天干的十个字和地支的十二个字按顺序互相配合，可得到60个组合，60年就叫一甲子，或一个"花甲"。按顺序排列，由六十甲子第一个字应为天干和地支中的第一个字,配起来即为甲子,第二年是乙丑,第三年是丙寅……以后依次类推。我国在重大历史事件中采用干支纪年法来记录,如甲午战争、戊戌政变、辛亥革命等;在族谱中记载历代祖先父母(考妣)生卒年也用干支纪年法。

(六)十二生肖

中国古代拿十二种动物来代表十二地支,即:子为鼠,丑为牛,寅为虎,卯为兔,辰为龙,巳为蛇,午为马,未为羊,申为猴,酉为鸡,戌为狗,亥为猪。在记年中,如阳历(公历)1984年是阴历(农历)的甲子午,人们称之为鼠年;1985年是阴历乙丑年,为牛年。在民间为方便记忆,称为:一鼠,二牛,三虎,四兔,五龙,六蛇,七马,八羊,九猴,十鸡,十一狗,十二猪。

在民间,还以人生在某年就肖某物,如子年生的肖鼠,丑年生的肖牛,称为"十二生肖",也叫"十二属相"。

"甲子"和"生肖"对应如下:

鼠:甲子　丙子　戊子　庚子　壬子
牛:乙丑　丁丑　己丑　辛丑　癸丑
虎:丙寅　戊寅　庚寅　壬寅　甲寅
兔:丁卯　己卯　辛卯　癸卯　乙卯
龙:戊辰　庚辰　壬辰　甲辰　丙辰
蛇:己巳　辛巳　癸巳　乙巳　丁巳
马:庚午　壬午　甲午　丙午　戊午
羊:辛未　癸未　乙未　丁未　己未
猴:壬申　甲申　丙申　戊申　庚申
鸡:癸酉　乙酉　丁酉　己酉　辛酉
狗:甲戌　丙戌　戊戌　庚戌　壬戌
猪:乙亥　丁亥　己亥　辛亥　癸亥

从"第一字"竖看,是"甲子"天干的次序。从第二字竖看,是"生肖"(属相)的地支。

(七)年号与庙号

年号,是封建帝王所立纪年的名称。例如清圣祖爱新觉罗·玄烨在位时,就以"康熙"作为年号来纪年,"康熙三年"就是爱新觉罗·玄烨在位的第三年。首先使用年号的是汉武帝刘彻,他于公元前141年即位,公元前140年就定为"建元元年"。大多数皇帝在位期间都只用一个年号,但也有皇帝常常改年号,年号最多的是唐高宗,用了14个年号,武则天在位14年就用了13个年号。

我国在2000多年封建社会中,共有700多个年号,也有一个年号有几个皇帝用过,例如用"太和"做年号的有:三国时魏明帝曹叡、东晋十六国时后赵石勒、成汉的李势、东晋废帝司马奕、南北朝北魏孝文帝拓跋宏等。这给人们在读族谱推算年代时造成困难。直至1911年辛亥革命推翻清朝政府,才取消了年号纪年。

庙号,是皇帝死后在祖庙里立室奉祀时特立的名号,例如明朝皇帝朱元璋死后,在祖庙里立的庙号叫明太祖;清朝皇帝爱新觉罗·弘历的庙号叫清高宗。皇帝在位期间有年号,但死后不一定有庙号,例如三国时魏国皇帝曹髦,在位的年号是"正元""甘露",后为司马昭所杀,死后就没有庙号。

(八)百家姓与人口最多的姓

百家姓为浙江钱塘僧人所作,四字一句,音谐韵和,好诵可记,故自10世纪至20世纪50年代,一直为民间蒙学本之一。宋《百家姓》共472字。

> 赵钱孙李,周吴郑王,冯陈褚卫,蒋沈韩杨,朱秦尤许,何吕施张,孔曹严华,金魏陶姜,戚谢邹喻,柏水窦章,云苏潘葛,奚范彭郎,鲁韦昌马,苗凤花方,俞任袁柳,酆鲍史唐,费廉岑薛,雷贺倪汤,滕殷罗毕,郝邬安常,乐于时傅,皮卞齐康,伍余元卜,顾孟平黄,和穆萧尹,姚邵湛汪,祁毛禹狄,米贝明臧,计伏成戴,谈宋茅庞,熊纪舒屈,项祝董梁,杜阮蓝闵,席季麻强,贾路娄危,江童颜郭,梅盛林刁,钟徐邱骆,高夏蔡田,樊胡凌霍,虞万支柯,昝管卢莫,经房裘缪,干解应宗,丁宣贲邓,郁单杭洪,包诸左石,崔吉钮

龚,程稽邢滑,裴陆荣翁,苟羊於惠,甄曲家封,芮羿储靳,汲邴糜松,井段富巫,乌焦巴弓,牧隗山谷,车侯宓蓬,全郗班仰,秋仲伊宫,宁仇栾暴,甘钭厉戎,祖武符刘,景詹束龙,叶幸司韶,郜黎蓟薄,印宿白怀,蒲邰从鄂,索咸籍赖,卓蔺屠蒙,池乔阴郁,胥能苍双,闻莘党翟,谭贡劳逄,姬申扶堵,冉宰郦雍,郤璩桑桂,濮牛寿通,边扈燕冀,郏浦尚农,温别庄晏,柴瞿阎充,慕连茹习,宦艾鱼容,向古易慎,戈廖庾终,暨居衡步,都耿满弘,匡国文寇,广禄阙东,殴殳沃利,蔚越夔隆,师巩厍聂,晁勾敖融,冷訾辛阚,那简饶空,曾毋沙乜,养鞠须丰,巢关蒯相,查后荆红,游竺权逯,盖益桓公,万俟司马,上官欧阳,夏侯诸葛,闻人东方,赫连皇甫,尉迟公羊,澹台公冶,宗政濮阳,淳于单于,太叔申屠,公孙仲孙,轩辕令狐,钟离宇文,长孙慕容,鲜于闾丘,司徒司空,亓官司寇,仉督子车,颛孙端木,巫马公西,漆雕乐正,壤驷公良,拓跋夹谷,宰父谷梁,晋楚闫法,汝鄢涂钦,段干百里,东郭南门,呼延归海,羊舌微生,岳帅缑亢,况郈有琴,梁丘左丘,东门西门,商牟余佴,伯赏南宫,墨哈谯笪,年爱阳佟,第五言福,百家姓终。

常见的100个汉族姓氏,人口占汉族的87%,依人口多少排列为:李王张刘陈,杨赵黄周吴,徐孙胡朱高,林何郭马罗。梁宋郑游韩,唐冯于董冉,程曹袁邓许,傅沈曾彭吕。苏卢蒋蔡贾,丁魏薛叶阎,余潘杜戴夏,钟纪田任姜。范方石姚沄,廖邹熊金陆,郝孔白崔康,毛邱秦江谭。顾侯邵孟龙,万殷雷钱汤,尹黎易常武,齐贺赖龚文。

在福建和台湾,俗称"陈林半天下,苏吴占一半"。这句话是夸大了陈、林、苏、吴四姓,就全国看,陈只占第5位,林占第16位,苏占第41位,吴占第10位。

以上全国汉族姓氏的人口,也反映了各姓氏现存族谱的数量。

(九)时辰与方位

在谱牒中,记载生卒时辰,经常不依几点而采用子、丑、寅、卯、辛、巳、午、未、申、酉、戌、亥等十二天干。其具体时间对照如下:

子、午:夜11—1点、日11—1点。

丑、未:夜1—3点、日1—3点。

寅、申：夜 3—5 点、日 3—5 点。
卯、酉：晨 5—7 点、日 5—7 点。
辛、戌：日 7—9 点、日 7—9 点。
巳、亥：日 9—11 点、夜 9—11 点。

在族谱中就写成子时、丑时、寅时、卯时、辛时、巳时等，我们据此可以推算。

在记载方位上，尤其墓葬方位，也不用现代所用东、西、南、北，而用十二天干来表示。

子代表正北，午代表正南，卯代表正东，酉代表正西，每字相差 30 度，在谱牒中，经常说墓"坐××，向××"，为"坐子丑，向午未"则为"坐北偏东 15 度，向南偏西 15 度"，依此类推。故只要掌握天干顺序，并且知道子（北）、卯（东）、午（南）、酉（西）的方向，便可推出。

中国旧制，1 里＝18 引＝180 丈，而 1 丈＝3.5 英码或 3.2 米。

（十）台湾的怪姓名

厦门人到台湾的不少，因此，台湾的怪姓名也值得引起我们注意。除了来自大陆外，也有台湾独有的，或出自谐音别字的。

台湾有以"第五"作姓的，"第五"原是汉朝大夫第五伦的后代，远祖据说是战国齐国田姓国王，秦亡齐后，齐的八个王子分别以"第一"到"第八"为姓。又台湾有姓"耆"的，先人是清代淮军中名为"阿贵"的将领，因出身孤儿不认字，按李鸿章的指示随便指桌上公文一个字为姓，结果指到"耆"。又有姓"毒"的，据说是唐代窦怀贞和太平公主因恋爱私奔为追兵所逼自杀，公主获救后将遗腹子改姓"毒"。

台湾人独有的怪姓，还有烧、偷、妈、乳、豹、蚋、子、用、镜、眉、三、酒等。烧是出于"肖"谐音之误，偷是"俞"的错写。

台湾人乳名和闽南人、客家人一样，取义贱鄙，如乞食、狗粪、鸡母、猪屎、番婆、臭仔等。至于怪名中，有用三个字（龙、兴、马、生等）叠成的怪字，也有取名"乾隆""总统""领袖""中尉"等。

参考文献：

①史国强:《中国姓氏起源》,济南:山东大学出版社,1990年。
②张联芳主编:《中国人的姓名》,北京:中国社会科学出版社,1992年。
③庄为玑、王连茂:《闽台关系族谱资料选编》,福州:福建人民出版社,1985年。

族谱的作用和闽台关系

罗耀九[*]

在农业社会中,族谱几乎普及于每个聚族而居的村落,没有谱的姓只能是寒门小姓,在社会上不为人所尊重。那时期的人们普遍认为"不修谱为不孝"。有了谱之后每隔一段时期要续修,超越三代未续修也是不孝。因此,凡有条件的家族多是一修再修,三修四修。修谱非常受重视,自然而然地形成一门学问——谱牒学。

族谱形成了一个地区一姓的文化载体。一部内容丰富的族谱对于研究中国古代社会的民俗很有价值。例如族规、家约、家训、祠规、宗禁等宗族法规,都是第一手的资料。其内容非常广泛,诸如宗族机构、称谓排行、婚丧祭祀、文化教育、宗祧继承、忠君孝亲、买卖租赁、财产纠纷、经营山地水塘、保护森林坟墓等都可以从族规家规中了解。族谱包含了族内生活的一切领域,包含了各种复杂纷繁的社会现象,是文化史料的宝库。由于它兼容并蓄,必然是精华与糟粕并存。如果只看到糟粕,对它全盘否定,甚至烧毁,那就如泼脏水连小孩子也泼掉,对传统文化造成大破坏。反之,我们如果不用新时代的眼光去看待旧时代的记载,也可能珠玑鱼目不分,糟粕精华一概继承,不能发挥族谱对社会进步的促进作用。因此,有必要开展谱牒学的研究,反复宣传其意义,使之雅俗共知,以发挥它的正确作用。

在介绍族谱的正确作用之前,有必要先谈谈族谱的负面作用。自宋代理学大师朱熹确立"三纲五常"的伦理思想,并使之成为社会的根本思想之后,"三纲五常"便成为维系封建宗法关系的主要思想链条。族谱成为"三纲五常"的载体和宣传工具,族谱功能的发挥直接推动了

---

[*] 作者是厦门大学历史与文化遗产学院教授。本文发表于《晋江谱牒研究》总第 4 期,1999 年 1 月。

族权的发展,族权在族谱中常常明文规定,成为不是法律的法律,成为束缚族人的一根绳索。所谓族权、夫权,就是从"父为子纲""夫为妻纲"中引申出来的。"君为臣纲"又成为维护政权或皇权的思想力量。"三纲五常"被升华为"天理",具有至高无上的绝对性、永恒性和无所不在的广泛性、普遍性,对封建秩序的巩固发挥巨大的作用。这是反封建意识斗争的主要对象,必须从谱牒领域中清除干净。在 21 世纪即将来临之际,"三纲"思想当然早已没有市场,然而其残余影响如以男性为主的男尊女卑观念,是否已在族谱中完全绝迹,则犹未敢断言。不破不立,只有破除这种残余的封建意识,才能使新修的族谱符合新时代的需要。

一、族谱应增加民族的凝聚力,增强爱国观念

前人说,族谱犹如国史,"国而无史,则一国之治乱兴亡与夫制度文献皆无所征,而生存于其间者,且不知何以立国。家而无谱,则一族之盛衰强弱与夫祖宗之嘉言懿行莫可考,而为子若孙亦将漠然冥然"(黄世祚《练西黄氏家谱》序),像这样将族谱与国史相提并论的见解相当普遍。有谓"国有史,家有谱,其义一也"(陈应麟重编《海宁陈氏家谱》序),可见前人认为家族与民族有密切的关系,特别是在外族入侵的时期,人们更重视家谱在团结族人中的凝聚作用。抗日战争时期,新化修《罗氏通谱》,总纂罗联焘在序言中特别希望"族中诸父老昆弟""本敬宗收族之旨,益坚团结,共体时艰以发扬民族精神,奠国家于磐石之安"。希望族人移孝作忠,毁家纾难,舍小我为大我,为国家民族贡献自己的一切。

由于谱牒中蕴含有忠君孝亲思想,因此对于不忠不孝之人历代都处以从家谱中除名的惩罚,如《汉书·景帝本纪》载:"濞等为逆……除其籍,毋令污宗室。"梁武帝的儿子萧综从前线投敌,被从萧氏家谱中除名。这种维系公理的处分保留至近现代。如 1916 年驻日公使陆宗舆出卖国家主权,激起民愤,他的家乡浙江海宁举行宗族大会,将他从族谱中除名,革除他的族籍。又如上海富豪吴兴人陆连奎,在抗战时期堕落为汉奸,也被家族除名出族。这说明族谱在发扬爱国主义方面起了一定的作用。

二、族谱可增强海峡两岸人民的团结

大陆向台湾大规模的有组织的移民开始于明朝末年天启年间。当时,福建东南沿海正闹饥荒,郑芝龙召集了数万居民移台垦殖。其中有安海颜姓、黄姓,永宁高姓,金井新市曾姓,东石郭岑郭姓,青阳庄姓等。

清初,民族英雄郑成功从荷兰侵略者手中收回了台湾,开发台湾不遗余力。其时,清朝政府实施野蛮的"迁界"政策,以杜绝沿海人民对郑成功的支援。凡沿海三十里内的居民一律迁徙内地,违者处死。广大沿海居民或被迫内迁,或漂泊出洋,还有为数不少的人则投往台湾,参加到开发台湾的洪流中去。台湾归清后,往台湾的人民不断增加,到嘉庆十六年(1811)已超过二百万。移民多聚族而居,这种结合对于加强开拓力量,防御外来侵害很有作用,他们的村庄多以姓称之。如台南县的谢厝寮姓谢的占了一半,又如刘厝、张厝、宋屋、苏澳、钱厝坑、胡厝寮、江厝店、许厝巷、何厝店等都是以姓冠村名。如一村住了人口相等的各姓,则联姓以称,如陈、黄、吴三姓合居,则称为三姓寮。

台胞有浓厚的慎终追远的宗族感情,凡遇婚丧喜庆,多在大门口悬挂标志本姓来源的灯笼,如"颍川陈""南阳张""天水赵""太原王""汝南周""京兆杜"等,以示不忘他们祖先的最早来源,但从直接赴台而言,台胞祖籍大多来自福建。

根据族谱统计,移台居民主要有:晋江锦江林姓五房,晋江莲埭东间林姓,晋江石壁玉山林姓,晋江新市武城曾姓,晋江深沪山头穆姓,晋江永宁鳌西林姓,晋江东石蔡姓长房三延科派,晋江东石蔡姓长房三维谅派,晋江东石玉塘吴姓三房,晋江东石郭岑郭姓,晋江东石丁姓,晋江安海颜姓,晋江衙口施姓,晋江衙口粘姓,晋江畲店曾姓,晋江林口柯姓,泉州龙笋曾姓,泉州梧山苏姓,泉州燕支苏姓,泉州梧山苏姓,泉州临海黄姓,泉州乌屿董姓,泉州薛姓,南安石井双溪李姓,惠安崇武文献黄姓,南安蓬岛郭姓,安溪参内二房黄姓,安溪儒林林姓,同安杜姓,德化侯卿赖姓,厦门颍川陈姓,长泰江都连姓,仙游罗峰傅姓,福州颍川陈姓,等等。以上资料仅仅是从七十余部载有涉及闽台关系的族谱中抄录而来,摘录者庄为玑、王连茂两位先生为此付出了艰辛的劳动。但是,我相信还有不少台胞的祖先与大陆有密切关系,他们的族谱中也有记载,有待我们谱牒工作者去搜集整理,特别是缺乏文字记载的,仅靠口头流传的,更需要我们去发掘。这是一项需要花大力气加快速度进行的工作。因为近数十年来,人们生活方式发生很大的变化,口头传播祖先故事的机会不多了,知道先辈情况的老人也不多了,时不我待,必须将其作为一项抢救性工作来开展。

寻根问祖可以说是人类的共性,美籍黑人亚利克斯·哈里(Alex Haley)通过实地查访和查阅家谱档案,写出了世界名著《根》,掀起了世界性的寻根热。我们中华民族基于五千多年的历史文化,向来珍视"木本水源",远离故土的中华儿女总是不愿忘记或很想知道自己的血缘。如菲律宾前总统科拉松·阿基诺夫人亲莅福建漳州角美鸿渐村访亲谒祖,从《鸿渐许氏族谱》中得到确证;又如诺贝尔奖的获得者李远哲博士从海外归国寻根,依靠族谱在明代思想家李贽的故乡南安榕桥镇找到了自己的祖先。可见族谱在广泛联系同胞方面的重要作用。马华学者张汉忠曾说:"华族的远古先贤发明的族谱,内中详细地列明了宗族的世系与演变,使裔孙们能借着族谱追溯四五千年始祖族长们开基兴家的历史痕迹。"他将族谱的产生称之为"发明",这是很恰当的评价。

祖宗的业绩通过族谱使后人知晓,策励着后人继续前进,创造出更辉煌的业绩以光宗耀祖。我们今天的光辉成就不仅可告慰于祖先,同时也荣载族谱,给后人留下效法的榜样。这里所说的光辉成就不仅仅是指那些名垂史册,为人景仰的事迹,还包括一切推动社会生产力发展,默默无闻的劳动者的辛勤贡献。我们海峡两岸同胞决没有忘记当年横渡海峡,披荆斩棘,辛勤劳动,将台湾开垦成繁荣富饶的宝岛的祖先们的辉煌业绩。饮水不忘掘井人,这是我们中华民族的优良品德,这是族谱的突出作用。至于其他方面的正面作用,如防止近亲通婚,防止人口质量下降,提供丰富的学术研究资料等,有志之士可进行专题研究,这篇短文就不一一列举了。

参考文献:

①庄为玑、王连茂:《闽台关系族谱资料选编》,福州:福建人民出版社,1985年。

家国情怀是中华谱牒的精华所在

王人廷 [*]

孟子说："天下之本在国，国之本在家，家之本在身。"我国受惠于这种家国并举的理念，形成了"国有史而家有谱"的理念，到清代，学者章学诚在《文史通义》写道："且有天下之史，有一国之史，有一家之史，有一人之史。传状志述，一人之史也。家乘谱牒，一家之史也。部府县志，一国之史也。综纪一朝，天下之史也。"这把家谱与国史的联系讲得更加清楚。所以谱牒与正史、方志并称为中国古代历史的三大支柱，是中华优秀文化遗产的重要组成部分。历代中国人都非常重视家谱的修撰与传承，梁启超曾有言："我国乡乡家家皆有谱，实可谓史界瑰宝，将来有国立大图书馆，能尽集天下之家谱，俾学者分科研究，实不朽之盛业也。"

一、中华谱牒是民族认同、文化认同的重要载体

学者王鹤鸣于《中国家谱通论》中说："家谱记载的内容十分广泛，大凡本家族的历史沿革、世系繁衍、居地迁徙、人口流动、山川形胜、族产名迹、科举仕宦、传记艺文、婚丧祀典、族规家法等，均有详略不等的载述。显而易见，收藏宏富的族谱资料，对于广泛的社会历史研究，诸如历史学、经济学、社会学、民俗学、民族学、宗教学、人类学、人口学、教育学、伦理学、方志学、遗传学等以及自然科学方面，的确是个巨大的文献宝库。其中大量的第一手资料以及从中统计出的各种数据，尤其具

---

[*] 作者是晋江市谱牒民俗学会副会长。本文于 2020 年"谱牒研究与家国情怀"研讨会上发表。

有其他载籍所无法替代的资料价值,可以印证史家的论断,校勘史实之讹误,解决历史之悬案,补充正史之不足,具有重要的资料价值。"

回望我会20多年的成长之路,能让各位先生与谱牒结下不解情缘的,是谱牒内在的文化魅力!我们利用谱牒寻根问祖。中国人自古重视家的源流,寻根问祖是中国人的文化传统。"一代亲,二代表,三代煞了了",但是,有了家谱,不管你在何处,也不管隔了多少代,你都可以连根续脉,找到你的祖先。改革开放以来,我会多次协助国内乡亲和海外华人寻根问祖,靠的就是家谱,家谱就是我们中国人的"根"。谱牒具有重宗族、重人伦、重血脉、重传承、重家国情怀的优秀因子,通过谱牒研究,我们提升了民族和文化的认同,有利于整个中华民族的大团结,所以谱牒是民族认同、文化认同的重要载体。

二、中华谱牒富含优秀家训、族规等传统美德

党的十八大以来,习近平总书记在不同场合多次强调优良家风家训对国家进步、社会安定、个人成长的重要性。在2015年春节团拜会讲话中提及:"不论时代发生多大变化,不论生活格局发生多大变化,我们都要重视家庭建设,注重家庭、注重家教、注重家风……使千千万万个家庭成为国家发展、民族进步、社会和谐的重要基点。"

一部体例完整的谱牒大致有以下内容:"谱名、谱序、谱例、谱论、恩荣录、像赞、遗像、源流、族规家法、祠堂、五服图、世系、传记、谱系本记、族产、契据文约、坟茔、名迹录、任宦记、年谱、艺文录、家族、字辈谱、领谱字号、续后篇、纂修、捐资人名录。"所以谱牒又是一部宗族史或宗族的百科全书。通过这部宗谱,我们可以了解到家族的历史沿革,世系繁衍,人口变迁,居地变迁,婚姻状况,家族成员在科第、官职等政治生活中的地位、作用和事迹,家族的经济情况和丧葬、礼典、家规、家法等典章制度等。其中的家训、族规、名人传记、艺文著述等内容,传递的是尊老爱幼、妻贤夫安、母慈子孝、兄友弟恭、耕读传家、勤俭持家、知书达礼、遵纪守法、家和万事兴等中华民族传统家庭美德,是对后人修身处世、为人处世的告诫。

三、家国情怀是中华谱牒的精华所在

自古以来,中国人家庭观念比较强,非常重视血缘关系,因此"乡愁"成了对原乡之爱的寄托。同时,中国人又创造了"国家"一词,把"家"和"国"连在一起,把自己所属的"国"视为自己的"家"。家是缩小的国,国是放大的家,家国情怀是中华儿女的共同情感。从尧、舜、禹的禅让,到孔子的"大道之行也,天下为公",到秦始皇一统天下,书同文,车同轨,到孙中山多次亲笔题词"天下为公",无不凸显出"家国天下"一直是被中华民族重视的价值理念。传统的家国情怀,是对国的忠,对家的孝,如《礼记》所说:"忠臣以事其君,孝子以事其亲,其本一也。"若是不能忠孝两全,就像岳飞那样"尽忠报国",像文天祥那样"人生自古谁无死,留取丹心照汗青",像谭嗣同那样"我自横刀向天笑,去留肝胆两昆仑"。五千多年的中华文明虽历经磨难,但从未中断,更未灭亡,因为中华文明里有一个植于骨髓、融化于血液的文化基因,这就是家国情怀。家国情怀是中华文明生生不息的薪火,历史上多少仁人志士、革命先辈为之追求的就是国家统一,民族昌盛,家庭幸福。

孟子说,只有修身,才能"齐家治国平天下"。而修身的前提,又在于"心正",即《礼记·大学》说的"心正而后身修,身修而后家齐,家齐而后国治,国治而后天下平"。心正—修身—齐家—治国—平天下的价值体系,正是以《颜氏家训》为代表的传统家训的终极关怀,也是中国传统文化中"家国情怀"的凝练表达。著名的《颜氏家训》全书有二十篇,包括教子、兄弟、治家、风操、慕贤、勉学、名实、涉务、省事、养心等诸多内容,有的篇幅较长,有的只有寥寥数十字或数条;有的是人们耳熟能详的,有的只在家族中流传。不论篇幅长短,不论是否彰显,大都从细微处着眼,其精华都与遵礼守法、报效国家、乡邻和睦、交接友朋、孝顺父母、长幼有序、修身齐家等关联。又如桐城怀义堂《义门陈氏宗谱》所载家规,有修宗谱、立宗长、严家训、重祖坟、供赋税、敬师长、谨名讳诸条,其"供赋税"条云:"凡有产业,必有税粮,务必依期急纳。谚云:公税完,心便宽。"岳阳颖川堂《义门陈氏宗谱》载有家训二十二条,其"急公税"

条云:"公赋乃朝廷军国所急需,义当乐输者。故凡我子姓,于差粮开限追征,及时上纳,不惟省吏胥追呼之扰,而家室亦享凝谧之福。"这是告诫子孙要依法纳税。《石岭陈氏族谱》将家训直接分为"孝、弟(悌)、忠、信、礼、义、廉、节"八字,其"孝"云:"父母生我,罔极恩深,提携捧负,哺乳成人,教读婚配,煞费苦心,粉身碎骨,报有不能。"其"忠"云:"大哉忠字,日月齐明,尽忠报国,万古名存。"其"信"云:"人生处世,信字为先,格鱼贯石,誓日指天。"其"廉"云:"凡人洁身,以廉为本,一念贪污,身名俱损。"北宋的包拯告诫后人要忠君爱国:"后世子孙仕宦,有犯赃滥者,不得放归本家;亡殁之后,不得葬于大茔之中。不从吾志,非吾子孙。(押字)仰珙刊石,竖于堂屋东壁,以诏后世。"包拯的家训,不仅是他对后人的训诫,也是他一生的写照。民族英雄林则徐曾写过一副对联传给后代:"子孙若如我,留财做什么?贤而多财,则损其志;子孙不如我,留钱做什么?愚而多财,益增其过。"意思是说,如果子孙像我一样正直、果敢,那我留钱做什么?贤良的人拥有了大量钱财,就会玩物丧志,失去了远大志向。如果子孙不如我,那我留钱做什么?愚蠢的人手中有了钱,不仅不思进取,还会去做坏事。再如惠安沙格王忠孝家族在其谱牒、年表中都详细记录王忠孝辅助南明皇帝、郑成功的爱国爱家的动人事迹,老百姓为纪念他的丰功伟绩,在惠安、金门、台湾等地都建有祭祀他的庙宇。

  通过对谱牒的深入研究,我们会发现各姓氏的谱牒都有一个共同的主题,就是忠君、爱家、爱族、爱国。一部家谱连接的是亲情,载入的是先人的善举与嘱托,又是后人上进的楷模与动力。

  慎终追远,民德归厚,家国情怀是中华谱牒的精华所在!

中国姓氏对传统文化和血缘寻根的影响

袁义达[*]

2010年我们在大陆出版了一部有关中国人古今姓氏的大辞典，书名为《中国姓氏大辞典》，收录了中国各个历史时期属于中国疆域内的全部汉字姓氏。历时40年，一共收录了23813个姓氏。笔画最少的姓为1笔，笔画最多的姓为30笔。除汉族以外，当今50多个少数民族中均存在使用汉字姓的情况。同时也发现全中国目前在使用的姓氏只剩下了7000余种，其中属于汉族和其他民族的大约各占一半。

最近，我们根据大陆和台湾地区的民政部门户籍登记的记录，对13亿4000万有效数据的统计结果显示，中国最多人口的100种姓氏的人口已经接近总人口的85%，而人口在4万以上的常见姓氏约有500种，500种姓氏合起来的人口超过总人口的97%。而中国三大姓氏是王姓、李姓和张姓，其人口分别为9500万、9350万、9000万，三大姓氏的人口已经占据了中国总人口的21%。

从1000年前的宋朝以来，我们发现宋、元、明和当代的中国人姓氏的分布的数据和分布曲线几乎没有什么大的变化，这说明中国人对姓氏使用一直是相当稳定的、传统的。

从文化平台上来解读姓氏对社会和文化的影响是必要的，这包括对家族文化的影响（血缘寻根）、对根源文化（文化寻根）的影响以及对传统文化继承的影响。

---

[*] 作者是华夏姓氏源流研究中心主任，研究员。本文发表于《福建省社会主义学院学报》2012年第4期。

一、对家族文化(血缘寻根)的影响

家谱,就是一个先祖的家族历史的真实记录。家谱主要反映的是家族存在的各种社会关系和进化中的血缘痕迹,家谱应是对中国历史(正史和方志)的一种重要的补充。我们称家谱为血缘寻根就是这个道理,其最重要的标志是:家族世系清楚,每一代的历史人物是真实的,尤其是各地分支的家谱,自开基祖以下的历史是真实的。

家谱也称谱牒学,是一门传统古老的学科,其核心是姓氏和人名,是血缘寻根的一种重要文化依据。三四千年前的夏商西周时期,在甲骨文、青铜器上已留下了世界上最古老的姓氏记录,这是真正记录了当时有关姓氏的历史,所以中国人有文字记载的姓氏历史至少应有3300年。这是值得我们全体中国人自豪的。

2005年出版的《夏商社会生活史》揭示了考古领域中的最新成果:在商朝遗址殷墟地出土的甲骨文中发现了最早家谱的记录,即刻在牛胛骨上的兒氏族(即倪氏族)十二代世系谱,这有3300年以上的历史,应是世界上有关家族历史记录的最早信史。战国末出现的《世本》,记录了上起上古帝王之世系的玉谱,下至周天子封赐诸侯之世系的家谱,这也有2000多年的历史,是世界上有关国家重要家族历史系统记录的最早家谱专著。有关的家族谱系记录一直属于官方的行为,直到唐末五代以后才出现了民间的修谱。

中国民间修谱开始于宋朝,大规模普及是在明清时期。在家谱中,各姓各地开基祖以下的历史是真实可靠的,开基祖以前的历史需要斟酌和考证,谱系断层是无法回避的。但是,修编家谱时普遍存在开基祖以前的历史和对接问题,加上民间修谱的不规范和伪作,所以,家谱可研究的价值和应摒弃的糟粕都是显而易见的。一部好的家谱就是一部家族的真实历史,各民族各姓氏各家谱的总和就是一部中华民族的姓氏历史,也就是一部中华民族的血缘历史,可见续谱修谱的深远意义和历史责任。中国人"家谱与正史、方志构成了中华民族历史大厦的三根支柱,在中国乃至世界的文明发展史上堪称弥足珍贵的文化遗产"。

2009年9月,由孔子后裔、第七十七代衍圣公孔德成主编的《孔子世家谱》最新版本出版了。这是一部世界上最具影响的家谱:其"先祖孔子,开儒学之先河,创学塾之首例,泽东方之教化,为万世之师表;其所载族人,昭穆分明,传承有序,族系分明,上溯2560年,延时之长,纂辑之广,稽考之实,堪称世间谱牒之冠"。不管是来自大陆的、港澳台的,还是海外的孔子后人,只要一翻开这部贯通古今、涵盖中外的巨著《孔子世家谱》,哪一位不会热血沸腾、精神振奋,强烈的家族归属感、荣誉感和使命感油然而生?由此感染其民众,激励其民心,增加其族人的凝聚力,形成一股振兴孔氏宗族、促进社会进步的巨大力量。试想一下,如果全体中华民族的每一种姓氏都有了家谱,那所形成的民族凝聚力是何等之强?这对振兴中华民族复兴是何等之重要!

二、对根源文化(文化寻根)的影响

"参天之木,必有其根。怀山之水,必有其源。"世界上天地之物都有其根源,而文化寻根是人类的天性。寻根意识是当今世界的主要思潮之一。姓氏寻根,就是中国人的血脉文化寻根,可以说是一种根源意义上的文化认同,是人性寻根中最基本最重要的内容。每当我们谈到中华民族的共同祖先,人们总是会怀念炎黄两帝,这是因为当今占中国人口九成以上的姓氏中绝大多数的寻根可以追溯到炎帝和黄帝。所以不管是大陆的、港澳台的,还是海外的华人均自称为"炎黄子孙"。当然,同时期还有蚩尤,他是南方"九黎"民族大多数后裔公认的共同祖先。其实还有比炎黄两帝和蚩尤更早的中华民族的共同祖先,那就是被誉为"人文始祖"的伏羲氏。传说伏羲氏时代以龙命官,以龙为尊,所以有时候全体中国人又都自诩为"龙的传人"。

以姓氏寻根,引申到史前的传说人物为共同的人文始祖,我们称为文化寻根。文化寻根不同于家谱文化,其世系是粗线条的,掺杂了各种传说的成分。当今,在我们的各姓氏宗族的修谱中,开基祖以前的历史大部分是断代的,不能历史地完整地与开基祖联系起来,可以说基本上属于文化寻根的性质。这就是中国姓氏文化的一大特点,而且是不可缺少的内容。

有的人认为姓氏不过仅仅作为一个人的称呼的符号而已,没有研究的必要,甚至担心研究姓氏和家谱会不会走向搞"封建迷信"或者"宗派"的活动。这种思想实际上反映了这部分人对中国传统文化缺乏信心,同时也反映了这部分人对中国人(不管文化程度高低)热爱和传承中国传统文化的素质缺乏信心。

20世纪80年代,国家最权威的研究机构——中国科学院和中国社会科学院的专家们不约而同地对中国姓氏进行了科学研究,从不同的角度和用不同的方法得出了一个共同的结论:中国人的姓氏是一种重要的国情资源。姓氏已深深地埋在每一位中国人的心中,是一种抹不去的根亲烙印,是一类能够世代遗传(传递)的血缘文化"基因"。中国姓氏文化不仅在历史学、民族学、社会学、文字学、考古学等传统的文化领域中有着深远的影响,而且,由于中国人姓氏的历史和传递规律,决定了它在探讨人类起源、人群迁移、民族融合、对中国人遗传基因的进化和保护乃至疾病类型分布和药物学等跨自然科学和社会科学领域研究中的重要作用。这一点确实使国人大开眼界,著名的北京大学学者季羡林先生在为《中华姓氏大辞典》所写的序中指出:"治中国历史而不注意姓氏的研究,是根本不行的。"

中国人的宗族观念根深蒂固,同姓同宗是一种很强的联系纽带。实际上自西周春秋三千年以来,在宗法制度下,中国人是以父系为中心,来论亲属的亲疏。父系家族的延续被认为是至关重要的事。祭祀祖宗,延续香火,被认为是每个家庭的头等大事,无后被认为是最大的不孝。古代的国家观念,也与家族观念相联系,所谓一家一姓的天下,实际上是父系家族观念的无限扩大。在这种宗法制度和宗族观念的几千年中,中国人十分重视姓氏,养成了同姓聚居的习俗,很多地区存在着修谱联宗的现象,在中国大陆和世界其他地区,尤其大陆的东南和华南地区,以及东南亚华人比较集中的地区,形成了无数大小不等的同姓人群和宗亲联盟。这是根源意义上的文化认同,是一种民族凝聚力的表达。所以,华人姓氏和宗亲联盟是世界华人团体的重要社会基础。认识华人社会的这一现象,正确引导这一关系,是十分有利于国家或地区的人气凝聚、社会稳定和经济发展的,是有利于振兴中华民族伟大事业的。

三、对传统文化继承的影响

江泽民同志指出:"族谱文化是中华民族的传统文化,收集、研究族谱,有助于中华民族的团结和中华文化的传播。研究家谱可增强民族凝聚力。"胡锦涛同志指出:"以姓氏文化为代表的传统文化在港澳台同胞和海外侨胞中有着广泛而深刻的影响。"继承和发扬这一传统文化是我们每一位华人的历史使命,责无旁贷。但是,除了继承和发扬家谱和姓氏文化的使命,我们还面临着另外一项更重要的历史使命,那就是抢救家谱和姓氏文化的任务。

人类社会的发展进程是不以人们的意志而转移的,中国五千年以上的历史证明了这点。进入 21 世纪后,中国的社会结构进入了一个与以往五千年的历史完全不一样的崭新的历史时期,即由五千年的农业化社会向工业化社会转化的时期。具体表现为城镇人口在快速增加,农村人口在减少,居住地在不断合并;随之而来的是城镇建设的巨大发展,而保存几百年或上千年不变的古老乡村将发生翻天覆地的变化,而那些不再受村民保护的各姓氏家族文化几乎将被抹掉,不留任何痕迹。随着中国城镇化的加速和人口移动半径的扩大,还会加重这类姓族亲情疏远的程度,加剧中国姓氏演变无序和传递断层的速度。几千年来中国人的血统延续的正统思想,原本脉络清晰、科学有序的中国姓氏代代相传的规则和传统,以及民族凝聚力的血缘根基在工业化进程中将受到最严厉的无情冲击。我们思考一下,如果没有家谱和姓氏文化的继承,中国传统的家族文化就会逐渐消亡,因为中国家谱文化的根基是农耕社会。那我们的子孙后代就会像 19 世纪末期的美国人一样,只知先祖来自 200 年前的欧洲和非洲,找不回大多数美国人家族的根了,全体中华民族的根也就虚了,像断了线的风筝,顺风漂荡。如何有效地继承和继续中国人姓氏文化和家谱(血缘)文化,这应是我们这两代中国人需要思考和解决的问题。姓氏和家谱的存在就是合理,能够长期存在的姓氏和家谱文化就是中华民族的传统文化,继承和延续这个传统文化一定是中华民族的神圣追求。

晋江姓氏文化的电视表达
——以晋江电视台《咱厝咱人·晋江姓氏文化》系列节目为例

许水艇 *

中华姓氏文化作为中华优秀传统文化的一部分，具有丰富的内涵和悠久的历史，它涉及社会学、历史学、语言学、文字学、地理学、民俗学、人口学、地名学、星象学等众多学科，而它涵盖的内容又何其多：姓氏、祠堂、族谱、楹联、郡望、堂号、家训家风、图腾等。它是一个知识宝库，通过了解它，能让我们对中华五千多年的文明更加熟悉，这值得作为媒体人的我们好好挖掘。

中国人刚认识时常常会问一句："您贵姓？"这一是表示礼貌客气，二是"姓什么"对于中国人来说，不仅是家族存在的符号，更代表的是家族传承和文化认同。中国姓氏文化可以说是历史久远，百家姓也各有各的故事。但是作为普通人，如果没有相关的书籍资料，那么就无从知晓。尤其是在目前快餐式阅读的大环境、人员流动频繁的情况下，如何不迷失自己，如何记住自己的根源，就显得尤为重要了。特别是现在的年轻人对新鲜事物接触多熟悉快，但对于中华传统文化却很陌生。因此，弘扬优秀的姓氏文化很有必要。

从2014年7月开始，晋江电视台《咱厝咱人》栏目与晋江市谱牒民俗学会合作开办了《晋江姓氏文化》系列节目。节目内容突出寻根问祖，挖掘姓氏起源、名人典故、家风家训、闽台渊源等，寓教于乐，力求打造一档文化寻根节目，旨在引导观众弘扬传统文化、传承良好家风，并加深在外晋江人的认同感和归属感。目前已经播出或者正在播出的有第一季《话说郡望与堂号》、第二季《家训家风》、第三季《寻根探源行祠

---

* 作者是晋江市广播电视台工作人员。本文发表于《晋江谱牒民俗》总第38期，2016年6月。

堂》（以下简称《堂号》节目、《家训家风》节目、《行祠堂》节目），节目分别从郡望与堂号、家训家风和祠堂的角度来探讨晋江姓氏文化的内涵，比较完整地呈现了晋江姓氏文化不同于其他地域的文化特征。

一、追根溯源——获取文化归属和认同感

姓名，是代表每个人的符号。姓，更是具备丰富的内涵。每个中国人都拥有自己的姓氏，但很多人对自己姓氏、宗族的了解也都只是浮于表面而已。我们姓氏的得姓始祖是谁？我们晋江本地某某姓氏的开基祖又是谁，他为什么会来到晋江？我们的祖先有什么丰功伟绩，有什么值得我们宣传颂扬的？这是很多观众尤其是年轻观众所不了解的。《堂号》节目和《行祠堂》节目在这些方面就给予了充分的展示。比如在讲晋江庄姓堂号"天水堂"和"锦绣堂"时，节目首先从庄姓得姓始祖楚庄王的故事讲起；之后延伸到"庄严同宗"的由来，然后介绍庄姓历史上的名人；接下来切入正题，讲述晋江庄姓"锦绣传芳"的来历，这其中就讲到了庄姓入闽始祖庄森，与"锦绣传芳"来历相关的庄夏、庄裳，以及晋江青阳庄氏肇基始祖庄古山；最后介绍锦绣庄氏名人。可以看出，整个传承脉络讲得非常清晰，穿插其中的故事非常精彩，内容非常丰富，对于那些迫切想了解自己姓氏来历和故事的晋江观众来说，《晋江姓氏文化》系列节目无疑是一个很好的渠道。

在《晋江姓氏文化》系列节目中，我们不只会讲到某姓氏祖先开基晋江之前的繁衍传播，也会讲到该姓氏在晋江各地的分布繁衍，即使是同个姓氏的不同分支、不同堂号，我们也会涉及。这样，能向观众更加完整地展现该姓氏在晋江的分布情况，并且在节目中会讲到从晋江到我国港澳台地区、到海外的流播，这样能更完整地展示"中原——晋江——闽南、港澳台地区及海外"的整个传承脉络。作为相对比较静态的传统文化类节目，要抓住时机，拍摄该姓氏宗亲回乡祭祖的相关画面，这样节目会更加活泼，更能深入人心，更能触发在外晋江人思念家乡、回望祖根的感情。

其实，每一个姓氏的文化都是中华姓氏文化中不可或缺的一部分，

了解了自己姓氏的来龙去脉、精彩故事后，会加深观众对自己姓氏的感情，进一步获取文化归属和认同感，加深对中华文化"根"的认识。

二、故事化——展现文化特色，发挥名人效应

中华百家姓中，晋江拥有的姓氏虽然不多，但是每个姓氏有独特的传承脉络，每个祠堂有自己的特色，每个家族也有自己的名人，这些内容都应该作为节目亮点来呈现，而故事化无疑是展示这些亮点、展现文化特色和名人效应的重要手段。

比如在《行祠堂》节目之"安海后库陈氏祠堂"中，讲到陈氏堂号"飞钱传芳"时，就提到了陈氏先祖陈汝器和朱氏贤德施善，创办公益、修路造桥、救灾赈济，善感动天、飞钱满室的故事。通过这个故事，既可以把祖先积德行善的一面展示出来，也可以进一步引导族人以及观众多多行善。

在祠堂建筑方面，祠堂构件也可以体现家族的人文历史，比如旗杆、三通大门、螭虎窗、接官亭等。比如，陈埭岸兜丁氏宗祠的"回字形"结构说明了陈埭丁氏乃回族后裔的事实，并且在整期节目中，都以故事化的形式来讲述丁氏先祖徙居晋江、开垦陈埭、重视教育的历史。

从三季节目的宣传词（"看堂号知姓氏源流，看堂号悉宗功祖德，看堂号继家教家风""寻家训，明礼仪，传家风，带村风，促民风""行祠堂，缅先贤，明源流，励后代"）中就可以看出，虽然三季节目相对独立，但同是作为姓氏文化一部分的它们，内容会存在交叉的地方，其中之一就是各姓氏的名人事迹。其实无论怎样展现细节，与姓氏来源相关的故事以及祠堂建筑特色最后都要回归到名人的故事上来。

《晋江姓氏文化》系列节目中，历史名人故事是其中一个重要的内容，发生在他们身上的关于克己奉公、孝悌忠信、礼义廉耻的故事往往会引起很多共鸣，这些故事也会对后代起到良好的教育作用。因此，要特别注重发挥历史名人效应。

在晋江，为大家所熟知的历史名人包括施琅、丁拱辰、李五、林欲楫等，但是有很多观众并不真正了解这些人物，在《晋江姓氏文化》系列节

目中,这些历史人物都有涉及。通过《晋江姓氏文化》系列节目这个平台,可以让观众了解这些人物的故事,了解其高尚品德以及闪光点,提升整个节目的文化品位。因此,对这些历史名人的展示,可以进一步吸引观众参与收看,也能促进晋江名人效应的形成。

三、节目制作形式更灵活

前文提到,姓氏文化包含的内容有很多,因话题差异,有的适合棚内录制,有的则比较适合走到现场,但是寓教于乐、化繁为简的方式一直是《晋江姓氏文化》系列节目所坚持的。

在《晋江姓氏文化》系列第一季和第二季节目中,因为话题相对比较不具备灵活性,节目主持人和嘉宾一般就在演播室内讲述,但并不是从头到尾纯粹讲述,而是穿插各种图片、图文制作、影视资料或者动画资料以及与该内容相关的电视画面等来丰富整档节目的内涵。其中,不得不提到的就是始祖、入闽始祖以及开基祖的传承延续,以及包括对姓氏家族的名人讲述等。如果没有制作相关的图表来演示,那观众就没办法直观地看出各世祖先之间的代际关系。如在《堂号》节目之"粘姓堂号'河山堂'"中,"肃慎"人(先祖)、完颜阿骨打(金国建立者)、完颜宗翰(女真名叫粘罕,粘姓始祖)、粘合重山(六世)、粘南合(七世)、粘博温察尔(八世,入闽始祖,晋江粘氏开基祖)等这些人物故事内容覆盖了整期节目,如果没有相关的图表予以说明,那么观众对这些人物的关系就会产生错乱,对整期节目的印象可能就没有那么深刻了。又比如,《行祠堂》节目之"灵水吴氏家庙"中,在讲述堂号"三让传芳"的来历时,就穿插了动画资料,这样既解决了没有影视资料的不足,又可以使相对静态的场景动起来。

习近平总书记在2016年党的十八届中央纪委六次全会上强调,"每一位领导干部都要把家风建设摆在重要位置"。实际上,不只是领导干部,每一个家庭、家族都要注重家风的建设。在2015年,我们就开办了《晋江姓氏文化》系列节目第二季《家训家风》,节目通过寻找晋江本地优秀的家训家风,如《瀛洲王氏家谱》中"家法"部分、《浔海施氏族约》、池店李氏家训家风等，达到"寻家训，明礼仪，传家风，带村风，促民风"的意图，促进社会良好风气的形成。在节目当中，加入大量的例子、故事，使内容更加充实。同时，我们在节目中加入插图、家训家风画面、族谱画面等，使形式更加丰富多彩。

在《行祠堂》节目中，栏目组大胆创新，从演播室走出来，来到祠堂的现场，由主持人和嘉宾带领大家到现场游览参观讲解，形式更加灵活活泼，更加喜闻乐见，更具有现场感。通过启用多机位拍摄，运用航拍、轨道车等拍摄手段，我们从不同的视角展现祠堂的文化内涵，使观众以往觉得无聊枯燥的话题也可以鲜活起来，吸引了年轻观众的观看。同时，在节目中，背景音乐、影视资料的使用等，也使得观众在轻松欢乐的氛围中受到熏陶，使观众在无形中受到了教育。

四、传播形式更多样

近几年来，有不少电视台都开办了姓氏文化系列节目，比如河南卫视的《知根知底》，以及山西卫视的《你贵姓》，这两个节目一般着眼于全国范围内的姓氏迁徙繁衍。而晋江电视台《晋江姓氏文化》系列节目则着眼于晋江本地姓氏的传播繁衍，以相对比较严肃的访谈形式或者外景的形式来呈现，节目更有针对性，更具体入微，更能深入人心，把晋江观众所不了解的姓氏文化通过各种传播形式集中展示，既少了翻阅资料的枯燥，又能声画并茂地、系统地了解晋江的姓氏文化。

截至2016年4月底，晋江电视台新媒体微信公众号粉丝突破18万人。每隔一段时间，我们都会把已播出的《晋江姓氏文化》系列节目零散地推送到微信公众号，点击率颇高，也引起了众多专家和海内外晋江人的关注。如果能多多利用这个新媒体微信公众号，为《晋江姓氏文化》系列节目开办一个单独的版块，同时推广出去，吸引访客来访问观看，口口相传，这样能更加完整地呈现晋江姓氏文化的内涵，也能发挥最大的传播效应。

有海的地方，就有晋江人的足迹。晋江人广泛迁徙，分布于我国港澳台地区，以及菲律宾、印尼、马来西亚、新加坡、美国、澳大利亚等国家,有海内外五百万晋江人之说。在外晋江人中有的已经离开故土多年,有的已是侨二代、侨三代……对自己姓氏的来源,对自己姓氏所拥有的文化内涵,他们很多并不清楚。除了比较传统的电视节目传播外,《晋江姓氏文化》系列节目制作完成后,如果能制作成 DVD 光盘作为赠送给在外晋江人的一份礼物,那么对港澳台同胞、海外侨胞来说则是一份最好的馈赠。通过这个途径,他们能够了解自己的姓氏文化,并进一步了解中华优秀传统文化,加深他们对"根"的认识和了解。

总之,丰富的内容、灵活的形式,可以使过去大家认为枯燥无味的传统文化话题得到应有的宣传和传承;多角度拍摄,多方法剪辑,多花点心思,姓氏文化节目就会得到观众的欢迎,作为中华传统文化之一的姓氏文化才不会在历史的长河中被湮灭。

参考文献:

①王芳:《浅析中华姓氏文化的电视传承方式——以河南卫视〈知根知底〉为例》,《云南社会主义学院学报》2013 年第 3 期。

②王晓辉:《〈你贵姓〉:姓氏文化节目的新尝试——混搭传统与时尚》,《广告主》2015 年第 8 期。

③童峰:《浅析中国姓氏文化》,《文史艺术》2011 年第 7 期。

第二篇 闽台血缘 同根同祖

早期晋江人开发台湾的典型

陈炎正[*]

一、前言

　　台湾历史上是一个移民社会,而其移民大致以闽南人为主,据日据时期在 1926 年的调查,全台人口 375 万汉人中,闽南人即有 300 万人,所占比例相当高。易言之,台湾早期移民社会,主要即为闽南人的移民社会。

　　17—18 世纪是台湾移民社会形成和发展时期,特别是当时移居台湾的闽南人,可说是闽南社会在海峡对岸的延伸。移民的主要原因,不外乎当时人口压力与海上商贸的互动,尤其是郑氏在台湾经营和开发,开创了闽南人大规模移居台湾的空间,进而奠定了开发和向台移民的基础。

　　当清廷将台湾收入版图后,与台湾对渡港口主要设在泉州府境内,1784 年,官方又将晋江蚶江开放为渡台口岸。晋江蚶江港的开放,不仅增进晋江地区在海贸上的优势,也使晋江人出洋有更多便利,从而使晋江与台湾的关系更为密切。

---

[*] 作者是台湾省各姓渊源研究学会顾问。本文于 2002 年"闽台谱牒民俗"研讨会上发表。

二、安海施家在台开发

当代学者王崧兴研究指出,开发彰化平原八堡圳的首功当属施世榜,其原籍晋江县安海,其父施秉,字国侯,号鹿门。当康熙中叶半线(今彰化)地方初辟时,由家乡渡台,除从事垦殖事业外,兼营糖业,贩与日本,发财致富。其实由早期史料亦可发现,其拓垦范围已远及南部之屏东平原等地。

八堡圳的开凿者施世榜,字文标,号澹亭,垦号长龄。生于康熙十年(1671),殁于乾隆八年(1743),享年七十三岁。康熙中叶,施世榜随父来台,康熙三十六年(1697),由凤山拔贡,援例授福建省寿宁县教谕,后再升任兵马司副指挥。综观其毕生,除继承父志,开发土地外,更重视地方文教事业。施氏于康熙四十八年(1709)着手兴筑八堡圳,前后费时十年,至康熙五十八年(1719)竣工,从此奠定了开垦彰化平原的基础。

三、八堡圳水利灌溉概况

八堡圳是台湾最古老的三大埤圳(新竹隆恩圳、彰化八堡圳、台南通埒圳)之一,因其圳水灌溉系统涵盖彰化县八堡范围,故取名八堡圳(彰化县旧属十三堡,约有三分之二地域。堡为清代行政区域名称,略同现在的乡镇)。八堡圳是彰化县重要水利设施,属于浊水溪灌溉系统中取水量最多的圳渠,亦为台湾最大米仓的所在地。八堡圳是由现在彰化县二水乡鼻子头(倡和村)附近,引进浊水溪水流,而灌溉当年所谓八堡地区的田园。为方便起见,特列举八堡所属地域与今乡镇范围比照说明之:

1. 东螺堡(今二水乡、田中及永靖、田尾局部)。
2. 东螺西堡(田尾局部、北斗镇全部)。
3. 武东堡(田中、社头、员林局部)。

4.武西堡(员林、埔心、田尾局部)。

5.燕雾上堡(花坛乡全部及秀水乡秀水、陕西村)。

6.燕雾下堡(大村乡全部、员林局部)。

7.马芝上堡(鹿港、福兴、埔盐及秀水局部)。

8.线东保(彰化市大埔、刺桐脚)。

其范围约占今彰化县 26 个行政辖区中的 16 个,其水利工程之大可见一斑。

八堡圳原分为二圳,各自引进浊水溪水源。第一圳原称"浊水圳"或"施厝圳",由当时垦首施长龄(施世榜)开发而成。二圳又称"十五庄圳",在八堡圳进水口下游拦水引取浊水溪水流,初由埔心庄人黄仕卿倡设,至 1907 年合并,又称为八堡第二圳。1932 年修建八堡一、二圳共同进水口,并设一、二圳分水门,以便调节分配水量。

现在八堡圳灌溉面积:第一圳 11.808 公顷,第二圳 9.304 公顷,合计 21.112 公顷。其灌溉系统,共有 5 条干流、12 条支渠、13 条分线及给水路 116 条,总长度 566 公里。另有回归水利用之埔盐坤、柳仔沟、福鹿、同安、台湾沟抽水机灌溉系统等。

总而言之,八堡圳水源取自浊水溪,利用人工导引灌溉彰化平原大量田园,更提供了丰富农产品,养育百万县民,因此,我们都称它为彰化的"母亲河"。

四、八堡圳的导水方法

八堡圳水源取自浊水溪,当年开凿时,引导溪水不易,后来受"林先生"指导,用导水土工法,始得成功,为彰化平原打下繁荣的基础。

另以农田水利而言,浊水溪之灌溉系统,以八堡圳取入水量最多,年引水量约在 5.5 亿吨,由于受自然环境影响,每年 1—5 月雨量稀少,河流干涸,属枯水期,在水量不足分配情形下,往往需要依据 1937 年订定之浊水溪分水协定之分水比例,由省水利局派员组队驻地从事分水工作。至于夏季丰水期,常因设在河床之临时拦水坝,被洪水冲毁为害,修复不易且费时,其导水方法原系采用 280 年前"林先生"传授之导水工法(留传之"水利图考"记载)为蓝本再经修正改善之方法:用藤、铅丝扎木或竹材编制方锥形与圆锥形坝笼,形状如筍(俗称"角筍"或"圆筍"),上游广下游狭,坝笼高度 1.2~3.3 米不等,安置于河中,一个接一个联结成围,拦堵水流导入圳内。坝笼之安置,必须由熟谙水性且熟悉安置要领之专业工人下水,俟坝笼安置妥当后,再以石块填实。此种方法虽系原始但合乎科学,且相传全省各地均采取此法,用于拦水灌溉,盖"林先生"之功绩,不止于八堡圳,而遍及全省。

五、有关林先生的传说

林先生是一位传奇性人物,传说中的"林先生",来无影去无踪,功成身退后辞谢重酬,飘然而去。这位有姓无名的"林先生",到底是谁?为什么奉献智慧、留下功德却不留名?

这是耐人寻味的话题,今就文献记载和民间传说,做一个探讨,以广为追念其德泽。

(一)《彰化县志》中自称林先生

《彰化县志·人物志》有一则协助施世榜建造八堡圳的"林先生"传文,谓:"林先生,不知何许人也,衣冠古朴,谈吐风雅。尝见兵马指挥施世榜曰:'闻子欲兴彰邑水利,功德固大,但未得法耳。吾当为公成之。'问以名字,笑而不答,固请,乃曰:'但呼林先生可矣。'越日果至,授以方法。世榜悉如其言,遂通浊水,引以灌田,号八堡圳,言彰邑十三堡半,此水已灌八堡也。年收水租,谷以万石计。今施氏子孙,累世富厚,皆食先生之余泽焉。先生不求名利,惟以诗酒自娱,日游溪壑间,有触即便吟哦,诗多口占,有飘飘欲仙之致。惜无存稿,示不传于世也。方水圳成时,世榜将以千金为谢,先生辞弗受。广何竟去,亦不知其所终,今圳寮祀以为神。"

(二)林先生是招聘来的工程设计师

《彰化县志》所述林先生的事迹,颇具传奇色彩,因而有人怀疑其存在的真实性,以为他只是神化的人物。然而八堡圳是台湾最早从大陆引进陂圳结构为主的大型水利工程建设,在水利工程进行中不能没有总体规划的设计师和指导具体施工的工程师。从现实言,作为投资建圳业主的施世榜,自然迫切要求有这样的工程技术人才,在凿圳过程中提供水利图和指导土工法顺利导水入圳技术。因此,其人应是自称林先生的人。

且据郑梦星《安海九房施与台湾八堡圳》(台湾省各姓渊源研究学会《台湾源流》第13期第48页),谓:"安海七房施养成老先生曾讲过有关林先生的传说。按他的说法是:世榜建圳,引水不入,乃贴榜招贤,林老先生揭榜应征而至。因此可以认为林先生就是施氏招聘来的工程设计师。"

(三)明末遗臣,不便留名

八堡圳肇建时,台湾已归清,留在台湾之明末遗臣以及爱国宿儒志士,便隐姓埋名,托迹山野,徜徉于幽壑林泉之间,或诗酒佯狂,或悲歌当哭,以寄余生,咸认林先生也应是此辈中人。他出山协助施氏兴修水利,将此作为助人的无量功德事业,故功成身退,又回归山林遁迹,自亦不足为怪。

(四)遗留布鞋于林间,据以猜测,故唤林先生

据传这位老先生协助八堡圳通水后便不知去向,乡人遍寻不着。后来在今八堡圳分水门附近,即"林先生庙"之现址,发现老先生平时所穿的布鞋整齐地放在两棵树木中间,从此行踪杳然。后人乃据以猜他姓"林",而尊称他为"林先生"。

(五)建庙奉祀林先生,依民俗应有此人

尽管文献记载和民间传说不一,林先生的真实性被质疑,然而八堡圳的开凿嘉惠彰化县民,县民感念先人而建的"林先生庙",是台湾寺庙中唯一没有神像只有供奉牌位神主的。先民为凿圳的功臣——林先生、施长龄、黄仕卿建庙立牌位祭拜,足见当时民众感念其造福群黎的德泽,视其为父母,依民俗应有此人。

观察台湾埤圳堰堤筑成方法,多沿用八堡圳筑法,所以林先生不仅是导水灌溉彰化平原之功臣,亦是开发台湾水利之先贤,后代子孙对提升彰化平原这片大地生命力的功臣、八堡圳堰堤之父"林先生"之典故实不可不知。

六、结语

八堡圳是台湾最古老的埤圳之一,有 280 余年之历史,虽时过境迁,唯缅怀先人创业不易及其遗泽,无不令人肃然起敬。"林先生庙"兴建年久,建筑物破损严重,1976 年 6 月彰化农田水利会按照原来格局,重新修建并美化环境,供人瞻仰,以彰先德,如今至此者无不发思古之幽情。

附注:
1.据安海施家族谱,"施东"作"施秉"。
2.据施家传述,林先生名为"大喜",早期与施家同为福清人。

明清漳泉移民与台湾经济开发

刘大治　张宜珍[*]

一

　　台湾与福建仅一水之隔,正如俗谚所说:"福州鸡鸣,基隆可听。"台湾和大陆有着"不可分离,难舍同枕"的密切关系。考古发现也足以证明台湾的古文明来自福建、广东等大陆沿海省份,而台湾社会又确是大陆移民的社会。而正是这种移民活动,才促进了台湾社会文化的发展。台湾岛的土著先民主要来源于大陆。考古发现的台湾史前遗物,与大陆沿海的闽、粤等省份有着极其密切的关系。厦门大学林惠祥教授的论著《台湾番族之原始文化》一书,就详细介绍了在台湾采集到的新石器、陶片等史前人类生活用品,台湾新石器时代的古人类与大陆东南沿海的古人类关系极为密切,他们应该是从闽、浙、粤等省份漂流、渡海移居台湾而成为台岛先民。之后,林教授又从人类学、民族学的角度发表了《台湾石器时代遗物的研究》《福建民族之由来》《南洋马来族与华南古民族的关系》等论文,有力地论证了闽、台两地的先民都是古越族,并且古越族还经我国台湾地区、印度支那半岛向东南亚各国播迁,成为南岛民族的一大来源。

　　考古证明,台湾的先民早在1.5万年到2万年前就是从大陆迁移过去的,这是大陆向台湾最早的一批移民。而六七千年前,新石器时代的古越族向台湾岛的移民则是第二批。古越族的迁台最迟可推至2000年前的汉代,今天台岛的少数民族大多是他们的后代。汉民族的

---

[*] 作者是福建省图书馆古籍部馆员。本文于2002年"闽台谱牒民俗"研讨会上发表。

迁入则是历史上的第三批,始于宋元鼎革之际。在17世纪以前,福建人已零星移民台湾,多属于季节性的临时居住性质,人数也不多。之后,不断迁台,直到20世纪40年代末期。其中尤其突出的是明郑时代、清初复台、清末沈葆桢处理台湾番社事件、刘铭传到台湾建省后以及1949年前后的数次移民高潮。

二

自明清以后,台湾的开发以土地拓垦成就最大。福建移民是台湾土地拓垦的一支主要力量。由于劳力主要来自福建的漳、泉,因此台岛山地的拓垦又与漳、泉移民有着密不可分的联系,而且带有浓厚的商业性质。漳、泉移民在台湾开发史上始终是活跃的商品生产者和商业经营者。这可分为三个时期。

(一)荷据时期

在荷据时期,荷兰殖民者曾多次招募大陆汉人渡台居住,种植稻米和甘蔗。这些汉人中部分定居下来,使台湾的汉族人口有了较大的增长,汉人社会也就在台湾逐步建立起来。

荷兰殖民者在台湾的殖民政策,以获取掠夺性的商业利益为主。他们注重贸易经商,而农业经营则是为贸易牟利做铺垫。荷兰人急于从台湾掠夺财富,福建沿海的商人也为利所趋。海上商品贸易的发展,使龙海的月港成为福建的一大港口。商人"私造巨舶,扬帆他国以与夷市",使荷兰充分获得了砂糖、绢织品类及其他中国商品,这也使漳、泉沿海各地成为荷兰人获取大陆货物的主要地区之一。为了增加利润和简化运输,荷兰人又在漳、泉招募移民来台开垦土地,种蔗榨糖。这样,台湾的农业和商业都有了初步的发展,并形成了简单的商品生产。

(二)郑氏统治时期

郑成功收复台湾后,立即下令官兵眷属一起迁台。据施琅《陈海上情形剿抚机宜疏》记载,郑成功带去的水陆官兵并眷口有三万有奇,其中又以漳、泉两地人为多。郑经时期,继续施行搬迁家眷入台的措施。这么多人的骤然入台,使台湾的粮食、纺织品、日常生活用品的供应日趋紧张。以台岛尚未开发的弹丸之地,其区区物力根本无法满足郑军的需求。所以郑成功自入台之后便着手组织开垦土地、发展生产,促进两岸贸易。而清廷为了对付郑氏政权,实行海禁和迁界政策,使沿海人民流离失所,很多人投奔台湾,郑成功也借机收拢沿海之残民移民,开辟草莱,以相助耕种。此外他还在厦门、铜山(今福建东山县)等地建立贸易据点,使大陆货物在这两处聚集并运往台湾。郑成功的部将、平和人黄梧在降清后曾说,郑成功的军队之所以能长期据台,"实由沿海人民走险,粮饷、油、铁、桅船之物,靡不接济"。这说明了这一时期台海两岸的商业贸易直接关系到郑氏政权的盛衰存亡。在郑氏政权的短短23年间,东渡台湾者有十数万之众,[①]使得台湾的汉族人口剧增,人数已超过了本地的山胞。当时台湾的汉人主要来自福建、广东的十府、州,即福建的福州府、兴化府、永春州、泉州府、漳州府、龙岩州、汀州府和属于广东的潮州府、嘉应州、惠州府。其中又以漳、泉两府为最多。

(三)清初复台后

这一时期是闽南人向台湾移民的主要时期。由于海禁政策的消极影响,台湾的商品经济发展极其缓慢。清廷害怕"奸宄"远窜海上聚集为患,因此加强了海禁,以重刑严禁偷渡,不许大陆居民移居台岛。但由于闽南地狭人稠,田少山多,而台地肥饶待垦,人口与生活的压力逼迫农民冒死渡海以求生路,致使清廷的海禁政策一直未能奏效。自康熙四十年(1701)开始,台湾的开发才有了比较长足的进展,一个明显的标志就是大陆移民一改以往"阻于风涛"裹足不前的态度,开始以较大的规模渡海来台。首先是,除了原有的漳、泉二府移民外,闽西和粤东的客家移民也开始在台湾出现,加入开发台湾大军的行列。《台海使槎录》记载:"康熙四十二年,台、诸民人招汀州属县民垦治,后往来渐众。"[②]其次是,许多民众未按规定申领照单,开始以各种方式偷渡来台。康熙五十年(1711),台湾知府周元文在《申禁无照偷渡客民详稿》中提道:"闽、广沿海各郡之民,无产业家室者,俱冒险而来,以至人民聚集日众。经蒙上宪洞悉情形设法严缉,已不啻至再、至三矣。讵意奸顽商艘并营哨船只辄将无照之人,每船百余名或多到二百余名偷渡来台……以致台、厦两同知稽查莫及。"③据周元文所称,当时"闽、广之梯航日众,综稽簿籍,每岁以十数万计"④,与当初"招徕不易"的情形大不相同。

雍、乾两朝是台湾开发史上的黄金时代,"漳、泉内地无稽之民,无田可耕,无工可佣,无食可觅。一到台地,上之可以致富,下之可以温饱。一切农工商贾以及进艺之末,计工授值,比内地率皆倍蓰"⑤。这对人多地少、饱受人口压力的闽、粤沿海人民来说无疑有着很大的吸引力,而且"沿海内地,在在可以登舟,台地沙澳,处处可以登岸",又岂是清廷一纸禁令所能禁止。故"民之渡台如水之趋下,群流奔注"⑥,形成一波又一波的移民潮,迫使清廷不得不改采弛禁政策,分别于雍正十年(1732)至乾隆五年(1740)、乾隆十一年至十三年(1746—1748)、乾隆二十五年至二十六年(1760—1761)三次弛禁,准许在台"有田产生业者,平日安分循良之人"或"在台日久,置有恒产者"由地方官查实给照,回原籍搬眷来台。⑦这样,陆续经过几次的搬眷行动,台湾的人口便进一步增加,使许多的来台移民结束了"春初往耕,秋成卖谷还籍,置产赡家"的候鸟式迁徙生活,在台安家定居。这对台湾的进一步开发有着十分重大的意义。至嘉庆十六年(1811),台湾的总人口已达到200万。⑧

但弛禁并不等于开禁,弛禁政策在一定程度上仍然束缚着大陆人民移台的手脚,却给外国人制造事端侵略台湾提供了方便。同治十三年(1874),日军入侵台湾南部的琅峤地区,挑起了"牡丹社事件",便是一例。

为了保卫台湾,粉碎日本的侵略扩张,清廷命船政大臣沈葆桢以"钦差大臣办理台湾等处海防兼理各国事务"名义赴台处理"牡丹社事件",与日军谈判撤兵事宜。沈葆桢赴台后很快就意识到海禁的危害性和开禁的重要性。他对闽浙总督李鹤年说:"所筹者三事:曰备战,曰预防,曰开禁……(开禁)非旦夕所能猝办,且必倭兵退后方可下手……"⑨又上奏清廷:"臣等悉心筹度,辰下所宜行者三:一曰理谕,一曰设防,一曰开禁。开禁非旦夕所能猝办,必外侮稍定,乃可节节图之。……"⑩日军从琅峤撤兵后,沈葆桢才正式向清廷奏请准予台湾开禁以杜外人讹索。疏称:"际此开山伊始,招垦方兴,臣等揆度时势,仰恳天恩,请将一切旧禁,尽与开豁,以广招徕,俾无瞻顾。"⑪获准。至此,大陆人渡台才完全开禁。沈葆桢在台湾采取了一系列有利于台湾资源开发的政策,如招徕大陆移民赴台开山筑路、设屯、抚垦番地等,使得大量的福建居民涌向台湾,并自西向东从已开发地区向未开发地区转移。在此之前,清廷只以鹿耳门为正口与厦门对渡,这唯一正式的口岸联络了闽台两地达近百年,直到"牡丹社事件"发生和光绪五年(1879),清廷才又允许鹿港、北部淡水厅的八里坌与晋江蚶江港、福州五虎门对渡。福建(主要是漳、泉)移民在开辟(台湾)新地、谋求改变原来的贫困生活的艰难跋涉中成为一支强大的主力军。

当时,漳、泉两地的社会经济状况决定了闽南各地居民的迁台命运(当然,也有迁往内地和东南亚的)。而迫使他们在清廷解禁后迁台的主要原因便是连年的粮荒与饥饿,台湾是他们外迁的首选之地。沈葆桢在台湾实行的开山政策,使大量的闽南贫苦人民找到一条希望之路,形成了一种巨大的吸引力,漳、泉居民迁台的移民潮一度使台湾人口大增。漳、泉移民在台湾能通过自己的辛勤劳动获得一份属于自己的土地,这无论如何都比困顿在地少人多的家乡强得多。

三

漳、泉居民向台湾的大量迁移,使台湾的劳动力市场和商品经济得到了迅速发展。此时,台湾农产品的商品化在逐步向未开发地区进发的活动中逐渐兴起,农业生产和商品市场直接联系,使简单的商品生产跃升为发达的商品生产,台湾的商业活动进入了一个新的发展时期。此时,生产已不单是为了满足温饱和自家消费,更多的是为了追求丰厚的利润,实现价值的增值和资金的积累。漳、泉移民一改原有的贫困生活,在乡亲中荣耀一时,这又吸引了更多人,无论富豪还是贫民,都以为"台湾钱淹脚目",于是相携举家迁台。有清一代,台湾的大陆移民(主要仍是漳、泉两地)数量增长极快,迄"牡丹社事件"发生,"开山抚番"政策实施之后,台湾的移民数量便由7万猛增到200多万人之多。

台湾土地肥沃,气候适宜,移民们在这块土地上辛勤耕耘,播稻、植蔗、种茶,获利颇丰,所以许多漳、泉移民多以种植业为主业。而台湾地少人稀,市场也小,所以农产品主要是销往大陆沿海的福建、广东、浙江等省。因此,台湾便逐渐形成了农业与家庭手工业结合的经济模式。而对于日用品严重短缺的台湾社会,商业活动、商品交换就特别活跃,岛内的商业和两岸间的经贸往来,便伴随着漳、泉移民对台湾的开发迅速发展起来。

在商业长期处于举足轻重地位的台湾社会,漳、泉移民控制了台岛的稻、蔗、茶的种植业。他们在云嘉平原、台中盆地、彰化平原、台北盆地、宜兰平原等富庶丰饶的天然米粮仓中,依靠自己强壮的身躯、丰富的农业种植经验,辛勤地在台湾垦荒拓土、兴修水利、构筑房舍、购置农具耕牛、圈养禽畜,生产商品粮和其他农副产品,并开展销售活动,在"土垄间"里进行代贮、碾米加工等小型商业活动。同时,这种"土垄间"还具有钱庄业号的功能,农民可以拿谷当钱使,在此开展存、取、借、贷活动。这种稻谷生产、销售一条龙的形式的出现,说明了台湾稻谷生产商品化的程度比同时期的大陆要高。

在清代,台湾最大宗的贸易产品之一是蔗糖,蔗糖业发轫于明末,但是它一开始便成为商业。而台糖的生产、销售形式则完全移植于漳、泉。台湾的中、南部是蔗糖的主产地,据台湾《安平县杂记》载:"台南糖业,自康熙三十五年起,漳、泉二州移台居住之民,经营事业,扩充农家利路。"而制糖的方法也照搬自漳、泉民间,这在《安平县杂记》《台海使槎录》《台湾通史》等书中都有详细的记载。所以,"清代的台湾,不但制糖技术是由闽南漳州、泉州两府的移民带过去的,即使蔗车的石碾,亦是从闽南运过去的"。可见台糖业的兴旺,漳、泉移民是居首功的。台湾的茶叶生产始于清初的康熙年间,至同治年间,茶叶已成为台湾的主要出口产品之一。同治十一年(1872),台北出现了多家经营茶叶出口的洋行。到光绪朝末,台茶的市价大涨,茶商"利市三倍"。漳泉移民看好茶叶的外销市场,纷纷投身于茶市。他们用家乡的方法制作乌龙茶,且出口量相当大。据统计,台产乌龙茶年出口额最高时要达到 19 万担。农业生产的发展,农作物的商品化,生产的发达,使台湾的出口品种和数量都急剧增加,加之岛上日用品的缺乏和供应不足,促进了闽台两地的贸易发展。其时,"海舶多漳、泉商贾",而且在他们之中,不少是父子相携,兄弟同往,可见闽南商人渡台经商之踊跃。据《龙溪白石堡莆山社林氏族谱》载:林氏十四世孙林应寅……迁淡水兴直堡新庄经商,四年后其子林平侯也前往,"学生理"于米商郑谷家。平侯"性纯谨习劳,谷信之。数年积资数百,谷复假以千金,命自经纪。平侯喜书算,操其奇遍及赢,获厚利,至而竹堑林绍贤合办台盐务,复置帆船运货物,往贩南北洋,拥资数十万"。再看《晋江玉山林氏宗谱》:"诒铉,讳世鼎。……象州公者,则之祖父也。年甫十二,而怙恃两失……爰是羁旅东宁,托迹于军伍之列。志不欲久居人下,矢役弃职,营谋生路。在台关帝庙口开设糖行,财源颇聚。……"上举二例都是漳、泉商人在台湾经营商务成功的代表。在台湾的开发史上,这些精明强干、富有冒险精神的漳、泉商人,对台湾社会经济的发展起了极大的推动作用。

漳、泉商人在台湾经商,依凭他们的勤劳智慧,靠世代的苦心经营,使台湾市场逐渐繁荣起来。在这些商人中,第一类是经营大批货物批发生意的郊商,他们专营台海两岸的批发贸易。"郊"是指在郊野,兼有"交往"的意思,郊商的联合组织称"郊行",即商会。由于批发运输货物,在郊行之外,又产生了一种专事运输业的船头行。船头行将商人运往台湾的漳、泉货物如丝线、漳纱、剪绒、纸料、烟、布、席草、砖瓦、木料、水果、钢盆、食品和文化用品等,又从台湾运回米、糖、茶、樟脑、硫黄等产品。第二类是经营中小型货物批发生意的割店商。第三类是中小商人经营小商品零售业的文市,他们开店摆摊于市,将商品直接售与消费者。第四类是在商家中起经纪、中介作用的牙商,他们由官方发给牌照,专职介绍买卖,他们的店铺称为"牙帖商行"。第五类是称为"贩仔"的挑担摆摊的小商贩,其中有一部分是专门从事从割店购来货物,然后肩挑贩运转卖给文市或乡村小店的,被称为"水仔";而摆摊设点于街道旁,贩卖小商品、水果、食品等的,则称"路担";肩挑货担、手摇小鼓以吸引购买者,走街串巷叫卖的称"出担"或"摇鼓担"。漳、泉商人在台湾的多种经商形式,使台湾市场出现了多种层面的繁荣景象,促进了台湾商品市场的逐渐扩大和日臻完善,形成了一个遍及台岛城乡的商品销售网和两岸贸易流通的交流网。

漳、泉商人造就了清代台湾城乡市场的繁荣,促进了台湾的商品经济迅速发展,使其在极短时间内就可与大陆的大城市相比肩;同时也带动了台湾商业城镇的兴起和发展,扩展了商品的流通。因此可以说,台湾的每一个城镇的兴起与发展都渗透着漳、泉商人的血汗,都可追寻到他们清晰可辨的足迹。他们对台湾社会的演化和进步、经济的发展与繁荣所做出的巨大贡献,对台海两岸政治、经济、文化等各个领域的交流合作产生的深远影响,在海峡两岸交流融合史上写下了光辉的一页。

注释:

①连横:《台湾通史》,北京:商务印书馆,1983年,第114页。
②黄叔璥:《台海使槎录》卷五,"番俗六考"。
③周元文:《重修台湾府志》卷一〇,"艺文志"。
④周元文:《重修台湾府志》卷一〇,"艺文志"。
⑤沈起元:《条陈台湾事宜状》,《台湾理蕃古文书》,台北:成文出版社,1983年,第75页。
⑥沈起元:《条陈台湾事宜状》,《台湾理蕃古文书》,台北:成文出版社,1983年,第75页。
⑦《大清高宗纯皇帝实录》卷一〇〇、卷二六五、卷二九二。
⑧连横:《台湾通史》,北京:商务印书馆,1983年,第117页。
⑨沈葆桢:《沈文肃公牍·巡台一》,《致李子和制军》,扬州:江苏广陵古籍刻印社,1998年。
⑩《筹办夷务始末·同治朝》卷九三,第21～22页,同治十三年五月丙寅办理台湾等处海防兼理各国事务沈葆桢等奏。
⑪沈葆桢:《沈文肃公政书》卷五,光绪六年吴门节署摆印本,第16页。

台中县大甲镇民祖籍调查报告

张庆宗[*]

大甲开发历史久远，从新石器时代到晚近，遗留下的古迹、文物不少。大甲镇澜宫的绕境进香，尤其进香的八大仪式，更是闻名世界，正积极争取列为"非物质文化遗产"。民间还偶尔可见珍贵族谱，留存许多丰富的记忆与记录，这些未被发掘的史料是地方的重要资产。笔者有心为家乡大甲收集史料，因而长期研究调查大甲各聚落望族的祖籍与迁移史，间接来了解地方的开发史。

调查中发现许多家族长辈很重视祖籍与来台资料，除了保留族谱外，或多或少能叙述祖先的祖籍或事迹。但老年人凋零速度很快，家中子孙习惯将老人家的东西随火烧化，所以族谱不断消失。中年人过去在求学阶段因不曾接触族谱，所以对祖籍资料不了解，对自家堂号、郡号更是陌生，而产生淡薄、不重视的心理。近年来，小学阶段社会课程设有相关课程，孩子大都向父母寻找答案，但答案非常不理想，也造成很多家长的困扰，所以此课程至今距离目标仍差一大截。要解决此问题，除须加强老师对祖籍、堂号的认知外，也须鼓励民间"大家来写族谱"活动，借以加强对族谱的重视。

本文搜集整理出大甲镇民祖籍资料96笔（详见表1至表8），皆是当地各里名望之家，调查资料以族谱为根据，部分可以清楚写出各家先祖来台时间。若无族谱则依来台子孙代数，一代以25岁推估出来台时间。2008年9月底，大甲人口79026人。这些资料涵盖大多数大甲人，足以供来日大甲人回乡寻根参考。以下做一简单的分析报告。

---

[*] 作者是台湾族谱文史专家。本文于2008年"谱牒研究与五缘文化"研讨会上发表。

一、先人迁台居大甲的祖籍地调查与分类

表1　来自福建省泉州府同安县的46个家族

里别	来台时间	来台祖（被访者）	郡望堂号	祖籍	迁移路线
1.武曲	乾隆年间	张趋（张泽淮）	清河	同安县五都洪坑乡马厝巷	卓兰→神冈圳堵→大甲
2.铜安	乾隆三十六年（1771）	陈克堠（陈桐燕）	官山	同安县全禾里内官社马巷	虎尾→彰化大城→建兴→铜安
3.奉化	嘉庆年间	陈晚（陈薰旭）	颍川	同安县马路巷	大安龟壳→丰原溪底→大甲
4.大甲	道光、咸丰年间	许饭（许云霖）	高阳	泉州府同安县马巷乡	鹿港→后里→外埔→大甲
5.文武	道光年间	吴潭（吴敦礼）	延陵	泉州府同安县马路巷	大安→大甲
6.大甲	乾隆中叶	许臣（许世郎）	高阳	同安县城内后香三公馆	清水→大安松雅→大甲
7.孔门	乾隆初年	林胤躬（林言异）	西河	泉州府同安县营后乡	大甲社尾→大甲街
8.庄尾	嘉庆年间	陈苞生（陈文德）	颍川	同安县马巷街三忠王宫边	大甲
9.文武	嘉庆年间	郭有光（郭文进）	汾阳	泉州府同安县香厝里	鹿港→丰原→营盘口半张
10.文武	同治、光绪年间	郑芳獭（郑桂山）	荥阳	泉州府同安县大嶝田墘村	大甲建兴摆陈→北门口
11.顶店	嘉庆年间	纪蓝、纪知父子（纪金重）	平阳	同安县后麝乡莉竹围	丰原社口→大甲顶店田中央

续表

里别	来台时间	来台祖（被访者）	郡望堂号	祖籍	迁移路线
12.顶店	雍正年间	郭访正（郭传芳）	汾阳	泉州府同安县上渡社	大甲顶店
13.幸福	嘉庆年间	蔡淳（蔡永村）	洛阳	同安县十六都东西乡安人里蔡亭堡	苑里山脚→日南三张犁
14.幸福	乾隆年间	叶	下邳	同安县石井埔尾岭下	大甲
15.中山	乾隆年间	何维（何明灿）	庐江	同安县新圩乡大墓口	龙井→大甲东岭顶
16.奉化	嘉庆、道光年间	杨埈明、杨埈英（杨昆田）	四知	同安县十四都后溪头乡	彰化→大甲营盘口
17.德化	道光年间	（何三天）	庐江	泉州府同安县枫林乡	清水高美→大甲
18.大甲	嘉庆末年	杜仁和（吴子昌）	理学	泉州府同安县灌口街	后龙→大甲
19.铜安	雍正、乾隆年间	李艮（李联信）	陇西	同安县灌口林地社	大甲铜安
20.铜安	嘉庆三年（1798）	李进	陇西	同安县灌口林地社	大甲铜安
21.武陵	嘉庆年间	林悔（林铭锋）	西河	泉州府同安县绥德乡二十一都	大甲
22.顺天	乾隆中叶	郭国变、国梓兄弟（郭庭燎）	汾阳	泉州府同安县后浦堡	唐山→大甲营盘口
23.幸福	乾隆年间	蔡钦（蔡信丰）	济阳	同安县金门琼林内坑	大甲街→树仔脚→三张犁
24.江南	乾隆年间	陈柳川	颍川	泉州府同安县金门乡	新竹→北汕→江南
25.武陵	乾隆年间	刘继（刘松龄）	彭城	泉州府同安县金门乡	金门→澎湖→龙井→大甲
26.龙泉	嘉庆年间	郑聪明（郑崑缪）	荥阳	泉州府同安县八都	后龙→大甲南五里牌
27.江南	乾隆初年	许元英	平阳	泉州府同安县	清水高美→横圳→溪埔

续表

里别	来台时间	来台祖（被访者）	郡望堂号	祖籍	迁移路线
28.德化	道光年间	薛（薛琼美）	河东	泉州府同安县	台南→大甲
29.西岐	光绪年间迁西岐	林文（林坤助）	西河	泉州府同安县	大安南埔→大甲西岐
30.西岐	道光年间	邵赫（邵仁裕）	博陵	泉州府同安县	大安三十甲→外埔磁窑→大甲西岐
31.铜安	日据初期	钱添丁三兄弟（钱文藤）	彭城	泉州府同安县	大安港→铜安虎尾寮
32.铜安	光绪十七年(1891)迁铜安	郭火三兄弟（郭炉）	汾阳	泉州府同安县	大甲顶店→铜安
33.太白	乾隆中叶	康菊（康荣华）	京兆	泉州府同安县	苑里山脚→大甲九张犁
34.孟春	不详	（董木源）	陇西	泉州府同安县	龙泉→孟春
35.文曲	道光三十年（1850）	纪兴（纪添仔）	高阳	泉州府同安县	水汴头
36.幸福	乾隆初年	（康文毅）	京兆	泉州府同安县	苑里山脚→大甲九张犁→幸福
37.武曲	道光末年	柯丁丑（柯炉）	济阳	泉州府同安县	大安港→大甲横圳
38.顶店	同治、光绪年间	梁比美（梁既翕）	梅镜	泉州府同安县	大安港→大甲
39.顺天	乾隆年间	李永寿（李伯禄）	陇西	泉州府同安县	大甲(李本)
40.顶店	雍正年间	周有升（周锦章）	汝南	泉州府同安县	清水→丰原→大甲顶店
41.顶店	乾隆年间	（陈良吉）	颍川	泉州府同安县	金门→大甲顶店
42.福德	道光元年（1821）	林海洋	西河	泉州府同安县	福德

续表

里别	来台时间	来台祖（被访者）	郡望堂号	祖籍	迁移路线
43.福德	嘉庆三年（1798）	李连水祖父	陇西	泉州府同安县	福德
44.西岐	咸丰初年	郭春	汾阳	泉州府同安县	房里街→西岐
45.铜安	嘉庆三年（1798）	李进祖父	陇西	泉州府同安县林地社	铜安
46.铜安	乾隆年间	李燕	陇西	泉州府同安县茶山	道光三十年（1850）从彰化深耕堡五条圳庄移住铜安

表2　来自福建省泉州府南安县的13个家族

里别	来台时间	来台祖（被访者）	郡望堂号	祖籍	迁移路线
1.庄美	乾隆中叶	王时沃、时沙兄弟，时服、时兴等堂兄弟（王秋）	江夏	南安县廿八都象运乡黄田	堂兄弟九人入垦大甲，部分后裔分传清水、沙鹿
2.武曲	乾隆初年	黄镇（黄敦厚）	紫云	南安县门口店白鹅石	大甲九张犁→横圳
3.顶店	嘉庆年间	吴协（吴水涂）	延陵	南安县六十四都郡下吴乡	清水吴厝→大甲顶店
4.奉化	嘉庆年间	卓体立（卓文潭）	南阳	南安县廿二都乌树头乡	大甲
5.德化	民国二十六年（1937）	王志侯（王朝江）	太原	南安县廿八都象运乡黄田	梧栖南简埔→大甲社尾溪埔
6.德化	宣统元年（1909）移大甲	纪猪（纪金炼）	高阳	南安县树坑乡漳脚厝	龙井→梧栖南简埔→大甲
7.文曲	道光、咸丰年间	黄亨（黄经业）	紫云	泉州府南安县和美乡	大甲六块厝

续表

里别	来台时间	来台祖（被访者）	郡望堂号	祖籍	迁移路线
8.日南	乾隆年间	叶珠（叶松柏）	下邳	南安县十三都岭下草安乡	日南
9.日南	道光年间	吴	延陵	南安县仑尾乡山仔脚岭下	日南
10.龙泉	雍正年间	周阵（周秋煌）	汝南	泉州府南安县崎口乡	清水大棟榔→大甲海风庄（龙泉里）
11.德化	乾隆年间	梁（梁境堂）	梅镜	泉州府南安县	后里→大甲
12.武陵	光绪年间迁大甲	李凤山（李进德）	陇西	泉州府南安县	甲南溪头→大甲
13.福德	嘉庆年间	陈郡（陈欣怡）	颖川	泉州府南安县	房里街→光绪三年(1877)迁大甲船头埔

表3 来自福建省泉州府晋江县的12个家族

里别	来台时间	来台祖（被访者）	郡望堂号	祖籍	迁移路线
1.朝阳	乾隆四十年(1775)	黄轸（黄华宁）	金墩	泉州府晋江县安海街	鹿港→清水菁埔→九张犁→埔脚→大甲街
2.孔门	乾隆五十二年(1787)	王嘉狮（王茂雄）		晋江县二十都下宅乡	大甲当店口
3.孔门	光绪二十四年(1898)	高池		泉州府晋江县永宁乡	大甲当店口
4.平安	道光年间	李神助（李庭摇）	陇西	晋江县十都小归湖乡	大甲外水尾→大安东势头→大安中庄→大甲庄尾
5.义和	乾隆初年	李殖春（李贻癸）	陇西	晋江县十都小归湖乡	嘉义朴子→大甲外水尾
6.文武	乾隆末年	郭业皇（郭伯达）	汾阳	泉州府晋江县都吟乡沧岑	大甲营盘口

续表

里别	来台时间	来台祖（被访者）	郡望堂号	祖籍	迁移路线
7.奉化	乾隆年间	杨子爵（杨日仲）	四知	晋江县东边乡海厝社	清水社口→大安→大甲
8.德化	嘉庆年间	黄恭（黄旭初）	江夏	泉州府晋江县壁角乡	彰化线西→清水→大甲
9.武陵	民国二十六年(1937)来大甲	蔡清城（蔡万守）	济阳	泉州府晋江县平湖乡	清水大榭榔→大甲
10.文曲	道光十一年(1831)	蔡倾	济阳	泉州府晋江县钱湖	高美→大安知高庄→神冈→水汴头
11.德化	民国十八年(1929)迁大甲	（魏三村）	巨鹿	泉州府晋江县	大安溪新庄→德化
12.铜安	道光二十八年(1848)	邵永	博陵	泉州府晋江县	同治七年(1868)从牛骂头山顶庄移住铜安

表4　来自福建省泉州府安溪县的8个家族

里别	来台时间	来台祖（被访者）	郡望堂号	祖籍	迁移路线
1.朝阳	道光二十四年(1844)	林文阔（林济棠）	西河	泉州府安溪县年兜尾乡	后龙外埔→大甲
2.武曲	乾隆中叶	颜顺德（颜政雄）	鲁国	泉州府安溪县乌土乡	大肚→王田→大甲
3.奉化	乾隆年间	白霸（白金标）	南阳	安溪县盘头乡	丰原→大甲
4.日南	明郑时期	林振养（林孝元）	陇西	安溪县新春乡	台南→大肚→日南
5.岷山	乾隆年间	赖	西川	泉州府安溪县	大甲
6文武	道光年间	李神元（李业奎）	陇西	泉州府安溪县	大甲营盘口

续表

里别	来台时间	来台祖（被访者）	郡望堂号	祖籍	迁移路线
7.文武	日据时期来大甲	王顺德（王廷惠）	太原	泉州府安溪县	彰化花坛→大甲三角街→北门口
8.朝阳	嘉庆年间	余明辉	下邳	泉州府安溪县	大甲街东门

表5　来自福建省泉州府惠安县的3个家族

里别	来台时间	来台祖（被访者）	郡望堂号	祖籍	迁移路线
1.顶店	同治二年（1863）	许富（许清水）	高阳	惠安县獭窟乡	清水→大甲顶店
2.建兴	不详	吴	延陵	泉州府惠安县	大甲
3.福德	咸丰四年（1854）	陈连	颍川	泉州府惠安县	大安温寮庄→福德

表6　来自福建省兴化府的5个家族

里别	来台时间	来台祖（被访者）	郡望堂号	祖籍	迁移路线
1.日南	乾隆中叶	陈表观（陈重谋）	颍川	兴化府莆田县樟孔乡	清水→大甲树仔脚→日南
2.幸福	乾隆三十六年(1771)	陈隐（陈景树）	颍川	兴化府莆田县陈埔	大甲九张犁→三张犁
3.太白	不详	（刘真义）	彭城	兴化府仙游县	大甲顶店→太白
4.孟春	不详	（崔钦）	博陵	兴化府莆田县	大甲
5.文曲	乾隆二十六年(1761)	陈任（陈天赐）	德星	永春州德化县半岭春栗屋	清水海风庄→大甲六块厝

表7　来自福建省漳州府的5个家族

里别	来台时间	来台祖（被访者）	郡望堂号	祖籍	迁移路线
1.大甲	乾隆四十六年(1781)	郑振杨	荥阳	漳州府龙溪县南坂乡	大甲

续表

里别	来台时间	来台祖（被访者）	郡望堂号	祖籍	迁移路线
2.平安	咸丰十年(1860)	朱应三（朱瑞塘）	沛国	漳州府平和县东门外础溪乡楼内	台南→大甲
3.福德	道光二十八年(1848)	潘中祖父	荥阳	漳州府诏安县	猫盂庄→福德
4.福德	道光二十五年(1845)	曾寿	鲁国	漳州府诏安县	福德
5.福德	光绪二十年(1899)	张荣	清河	漳州府	福德

表8　祖籍来自广东省的4个家族

里别	来台时间	来台祖（被访者）	郡望堂号	祖籍	迁移路线
1.西岐	乾隆末年来台,日据初迁建兴、西岐	罗创元来台,罗琳桶五兄弟迁建兴（罗清海）	豫章	惠州府陆丰县	通霄北势窝→大甲建兴→西岐
2.太白	乾隆三年(1738)	邱道芳（邱清泉）	河南	长乐县横流渡利田寨圆墩下	大甲日南→通霄平顶→大甲九张犁
3.日南	乾隆中叶	邱传万（邱干派）	河南	惠州府陆丰县石马祠	大甲→通霄湖内→大甲
4.幸福	乾隆三十五年(1770)	巫植栋（巫昆华）	平阳	梅县	大甲街→铜锣九湖圆潭→通霄→大甲三张犁

二、分析报告

根据以上资料,分别从祖籍、历史、来台时间等三个部分来探讨大甲开发史。同时对时下年轻人对郡望、堂号等的不了解,做一简单分析报告。

(一)从来台祖籍贯分析

从大陆迁移来大甲的,调查得福建省同安籍有46位、晋江籍12位、南安籍13位、安溪籍8位、惠安籍3位、兴化籍5位、漳州籍5位、广东省籍4位,共计96位。其中福建省同安籍占调查资料的47.9%,为大甲最多的移民县份。若以昔日清代泉州府所涵盖的同安、晋江、南安、安溪、惠安等五县,共计得82位,占调查资料85.4%,清楚显示目前大甲镇是一个泉州府籍人聚集的乡镇。

(二)从历史分析

大甲既然以泉州籍人为多数,那大甲自古就为泉州人的登陆定居好地方吗?其实不然。从历史文献资料看,清领台湾后,将台湾设为一府(台湾府)、三县(台湾、凤山、诸罗)。雍正元年(1723)因诸罗县辖域过广,难以有效管理,于是新设彰化县、淡水厅、澎湖厅,成为四县两厅。以大甲溪以北划割为淡水厅,非有官方执照,不可越界开垦。大甲属淡水厅管辖[厅治暂在彰化,雍正九年(1731)在沙辘建造,乾隆二十一年(1756)移至新竹],设大甲铺站。所以当地以道卡斯族群的少数民族居多。但官府力度太弱,违规入垦的汉人日多,又发生官方劳役先住民建衙署,以致爆发雍正九年(1731)十二月的"大甲西社林武力事件"。事件敉平后,少数民族蜷缩荒野,并淡化隐藏自己的身份。官府也因而开放淡水厅的拓垦,于是汉民族大量入垦。其中漳浦县石榴乡攀龙社人林俊秀,垦号"林成祖",以通事职入垦大甲少数民族聚落,率众筑大甲圳,岁入谷万石。因拥有过多田产,引起官方注意。其于乾隆二十年(1755)起,远赴淡水摆接堡开凿台北大安圳,最后定居台北。大甲因汉人入垦,聚居成市。乾隆三十五年(1770)林对丹等捐资重修镇澜宫,始具规模,见于《淡水厅志》。接着嘉庆、道光、咸丰年间,淡水地区居民因利益关系,常爆发漳、泉分类械斗,造成社会长期不安,以至官方实施清庄,将漳、泉人分庄居住。大甲区域的漳人走往台中、丰原一带;同样,台中、丰原一带泉人则避居大甲一带。另外也有相当多的客家籍移民从大安港登陆居大甲、日南,以至苑里、通霄到铜锣、苗栗。也由于械斗,同宗族、同语系的聚集自保,以日南地区为主。1975年后,大甲轻工业兴起,人民自由迁居找工作,并大兴土木,将大甲分散的村落串接成宽广小镇,造成宗族聚落的消失。在这种情况下,笔者回到1975年,甚至更早年代的资料中,筛选出旧居地的族群,完成本文的调查工作。

(三)从来台祖来台时间分析

大甲人的来台祖从大陆到台湾,再到大甲。调查资料显示,康熙年间来台的有1位,子孙系从台南一路北上迁移至大肚,应在乾隆以后再迁至大甲的日南,符合台湾拓垦由南而北开发的路线。雍正年间来台有4位,其中顶店里郭访正的资料可能有误,因其祖先郭钳于同治六年(1867)才购买当地少数民族房屋地基,并例捐六品官职,所以可能在雍正后由台湾他地迁入大甲。另铜安里李艮也在林武力事件后迁入铜安。其他2位皆是外地迁入大甲,如此皆能符合雍正九年(1731)林武力事件史实,即另一波的汉人几乎都在雍正十年(1732)以后才进入大甲开发。

从雍正末年起至乾隆年间,清政府时而开放民众赴台拓垦,时而禁止。官方命令并无法有效传到民众耳里,也阻挡不了民众迁台的决心,所以在合法来台或偷渡的情况下,乾隆年间有36位来台,约占研究资料的40%。乾隆末期以后,政府渐渐开放人民移台,所以嘉庆年间有17位,道光年间也有17位来大甲开垦。乾隆、嘉庆、道光年间合计共有70位,约占研究资料的73%,也就是说汉人在此时大量迁移大甲垦殖。咸丰以后,清朝国势衰落,闽粤也受太平天国运动波及。台湾也因漳泉械斗、戴潮春事件,人心惶惶,所以此时迁台明显减少。如咸丰年间3人,同治年间4人,光绪年间3人。日据时期,大都是岛内迁移。

(四)郡望、堂号的区别

许多大甲人对郡望、堂号分不清。原则上,郡望是指该姓氏发扬光大的聚集地。堂号为由祖先特殊的典故、褒扬而留存给子孙的家族标志。昔日大甲的传统房子及乡下房屋的正厅门楣上,在每年农历春节前,皆会用红纸写上并贴上自己的郡望或堂号。富豪人家则直接将堂号灰塑或彩绘在门楣上,此类建筑皆相当精美。但随着经济的改善,许多传统的房子拆除改建成新式楼房,这些传统的习俗也慢慢地消失。

不过祖先坟墓或神主牌位上的郡望或堂号仍被保存着。

（五）祖籍地的意义

昔日台湾是个移民社会，有落叶归根的观念，所以祖先墓碑上方会刻有祖籍，以便亡后数年，挖坟"捡金"，迁葬回籍。但有许多家庭因穷困，或没读书或父母早亡，不知祖籍地，而写成"大甲""顶店"等现居地名，后代子孙按此流传下来。有族谱者会记录祖籍地的全名，有的靠口耳相传，没文字资料就容易淡忘，仅能记到县名为止。大甲汉人以"银同"籍为最多。"银同"指福建同安，包含今日金门。邻近有漳浦县，当地称"金浦"。所以"金浦""银同"，又有漳、泉较量意味。先民为了保护自己的地盘与利益，拓垦成功的家族会放租土地吸引亲戚或同姓宗族前来投靠，形成同姓聚落。在大甲，这些宗族聚落最迟在清代就已形成。

三、结语

寻根溯源为人们的基本精神追求之一，而族谱则是重要的载体。可惜今日族谱随着老年人的凋零而消失，随着古宅大院的重建而被毁弃。年轻人对祖先的记忆印象，则一代不如一代。本文针对故乡族群及时做了些记录，希望对后人了解地方历史有所助益。

闽台民间故事的相关性研究

夏 敏[*]

闽台亲缘关系导致闽台民众编造故事的心理模式和口述方式方面的类同。主要表现在闽台汉语故事圈神话的高度一致，最具地方差异的传说也偏重传闻彼此接近的人和事，大量的同题、同型故事充斥于两地，说明闽台人民具有非常近似的故事想象力和表现力，从《蛇郎君》和《虎姑婆》的故事案例分析中，可以看出闽台故事所隐含的东方民间叙事特征。

台湾流传着许多想象奇特和引人注目的民间故事。这些故事在福建能够找到大量的相似性文本。这主要得益于历史上福建面向台湾的长期移民。台湾人口的百分之八十以上由福建（特别是福建的漳、泉二州）移来。福建与台湾的亲缘关系可以表现在很多方面，不仅大量书面的或者考古资料可以证实这样一种亲缘关系，而且作为活态文化的口承文化也直接显现了这样一种亲缘关系。作为口承文化的重要组成部分的台湾民间故事，其数量可观，内容丰富，种类众多。台湾也出版了不少与民间故事有关的出版物，如林藜编著的《宝岛搜古录》、娄子匡主编的"民俗丛书"、江肖梅辑的《台湾故事》、林曳编的《台湾民间传奇》、李献璋编的《台湾民间文学集》。大陆也编印了《台湾民间故事选》（四川人民出版社，巴楚编）、《台湾民间传说》（福建人民出版社，肖甘平、潘平元整理）、《台湾民间传奇》（鹭江出版社，陈育伦、潘晋明编），还有大量散见于各种书刊上的民间故事。本文主要探讨闽台故事的相关性之所在。

闽台民间故事包括两岸广义的民间故事（即神话、传说和普通民间故事），也特指狭义的民间故事即普通民间故事。神话是对神明的叙事

---

[*] 作者是集美大学文学院教授。本文于2008年"谱牒研究与五缘文化"研讨会上发表。

（如开天辟地的创世神盘古的故事），传说是对真实人物或事物的虚幻想象（如罗隐的传说、郑成功的故事），普通民间故事则是对现实生活或物象加以纯粹想象的口头故事（如蛇郎君的故事、卖香屁的故事）。台湾和闽南这几类故事跟其他其他地区相比，有着更多的相似性，这种相似性是由闽台历史与社会文化的相关造成的。

一、闽台神话体系的一致性

台湾流行许多来自闽南的神话，闽南话体系的神话绝大多数是大陆整个汉语体系传播的神话，这些神话在包括闽台在内的中国各个地方基本上大同小异。例如盘古分天地、后羿射日、吴刚砍伐桂树等神话两岸没有什么太多区别。闽南人入台，这些大陆神话故事也跟着入台。以吴刚砍伐桂树神话为例，大陆各地基本不脱这样的情节：

明月当中有些黑影，在我国便传说这就是吴刚在伐桂。传说月中桂树高达五百丈，这株桂树不仅高大，而且有一种神奇的自愈功能。有一位西河人姓吴名刚，本为樵夫，醉心于仙道，但始终不肯专心学习，因此天帝震怒，把他居留在月宫，令他在月宫伐桂树，并说："如果你砍倒桂树，就可获仙术。"但吴刚每砍一斧，斧起而树创伤就马上愈合，日复一日，吴刚伐桂的愿望仍未达成，因此吴刚在月宫常年伐桂，但始终砍不倒这棵树，而他也不断地砍下去。

两岸民间口头大体传播着这样的故事情节，但每个地方都有各自的异文。浙江宁海的故事说吴刚是南天门守将，因为与王母娘娘的丫鬟嫦娥相爱而被贬月宫砍伐婆娑树，快砍倒了的时候来了一只天狗把他的点心偷走，吴刚放下手中的活追天狗，把点心追回来了，婆娑树又长成了原样。这样不断地砍，不断追赶再来的天狗，树木不断愈合，吴刚始终没能砍倒婆娑树。无独有偶，台湾也流传着不同版本。有的时候这个故事有了种种的变异，悉心分析一下我们便能发现它的源头仍然是大陆吴刚砍伐桂树故事的延伸和发展。例如台湾流传的关于月亮阴影探源的神话《张古老》就是一个变体，它跟大陆宁海的故事情节非常相似：

在很早很早以前,有一位叫作张古老的人,住在月亮里面,每天带着饭盒和一把斧头,拼命去砍一棵大樟树,砍呀砍……砍得这棵大树快要倒下去的时候,不知从哪里跑来一条狗,趁着张古老不注意的时候,把他的饭盒咬走了,张古老放下斧头去追赶那条狗。狗跑得快,张古老追呀追呀,终于捉到了那条狗,把饭盒抢回来。张古老回到樟树底时,砍过的地方已经复原了,比以前生得更高大了。张古老决心继续砍下去,几天以后,那棵树又快要被他砍倒了,那条狗又来偷咬饭盒了。他放下斧头又去追狗,等他把饭盒抢回来,回到樟树底下,砍过的地方又长成原来的样子了。就这样砍了又砍,一直到现在,张古老都无法砍倒那棵大樟树,所以,月亮里还有阴影,世界上才没有发生大的天灾地变。

这个故事情节尽管与大陆同类神话故事有些小差异(如吴刚被替换成张古老,桂树说成是樟树,天狗咬点心说成咬饭盒),还是保持了汉语文化体系同类叙事的共同起源和基本特点。这是因为两岸在民间叙事上有一个同样的叙事原型。我国西汉著名杂家著作《淮南子》已有"月中有桂树"的说法。说明月宫桂树的想象早已有之,而吴刚伐桂的神话,最早记载的文献则迟到唐代。段成式《酉阳杂俎》说:"旧言月中有桂,有蟾蜍,故异书言月桂高五百丈。下有一人,常斫之,树创随合。人姓吴,名刚,西河人,学仙有过,谪令伐树。"唐代诗人李商隐诗"莫羡仙家有上真,仙家暂谪亦千春。月中桂树高多少,试问西河斫树人",也记述了同样的故事。宋代文献《艺苑雌黄》沿用唐代的记载并对其进一步解释:"故宋子京《嘲月诗》亦云:'吴生斫钝西河斧,无奈婆娑又满轮。'《缃素杂记》尝论吴生斫桂事,引李贺《箜篌引》云'吴质不眠倚桂树',李贺谓之吴质,段成式谓之吴刚,未详其义。窃意《箜篌引》所谓吴质非吴刚也,恐别是一事。"显然,吴刚又叫吴质还被称为吴生,作者的质疑是多余的。吴刚斫桂的用意是什么呢?陆游的诗句"除却君山湘水平,斫却桂树月更明"可能道出了个中原委,既然古人认为月亮中的阴影是桂树,到了唐人就演绎出唐明皇奔月和吴刚宫前伐桂可以让明月更亮的神话了。长期以来,吴刚伐桂的神话广泛地传播大陆各个地方,闽南基本延续了这个故事的基本情节单元,闽人入台也将这个故事带到台湾并予以广泛传播。《张古老》的故事就是大陆此类故事在台湾的一个"近亲"文本("异式")。

二、闽台传说：不似中的近似

闽台民间有许多非常接近的传说。作为民间故事中最庞大的家族，传说每一时每一刻都在被创作或者被变异，因此传说最容易受到时空的限定，也最具有地方性。两岸共有的传说包括三类：

（一）跨地域的汉语体系共有传说

民间传说有一个重要特点，就是传播时间越久，地域涵盖面越广。中国民间的《牛郎织女》《孟姜女》《梁山伯与祝英台》《白蛇传》四大传说来源久远，海峡两岸所有的汉语社区在情节上不会发生太大变异。尽管各个地方都有各自的版本，但并不能掩盖得了其间的相似。

（二）汉语闽南话地区共有的传说

这些传说主要是一些重要历史人物（特别是在两岸都有影响的人物，如郑成功、朱元璋、妈祖）。台湾历史人物传说情节曲折优美，叙事性强，反映了台湾的社会生活，特别是反映了台湾的移民开拓。所以涉及台湾、闽南二地共有历史人物的民间传说是闽台传说相似性的重要组成部分。李炳南指出"海峡隔两岸，故事本同源"，道出了两地故事传说同根同源的事实。千百年来，闽南民间故事不断地随着大批移民传入台湾，与当地民间故事接触、交融，互相影响，形成了富有特色的台湾民间故事。有的故事生动形象地反映了先辈们开发台湾宝岛、艰苦创业的英雄业绩；有的描绘台湾人民广阔的生活画面以及宝岛特有的风土人情；有的表现了台湾和大陆的骨肉关系；有的反映台湾人民为追求美好生活向自然界和丑恶势力所做的英勇斗争；等等。台湾闽南两地许多民间故事赞美了开发台湾、抗击外侮的民族英雄。如两地民间都有民族英雄郑成功、戚继光以及颜思齐、吴凤、林成祖、吴沙等历史人物的故事传说。三百多年来，郑成功的民间故事传说在闽南、台湾两地广泛流传，郑成功收复台湾的历史功绩，家喻户晓。两地民众用民间故事的形式，对他进行了讴歌与赞美。如台湾的民间故事传说还有《郑国姓打台湾》《剑潭》《剑井》(泉州也有一个同名故事)《铁甲将军》《杨姑爷驰马得地》《郑成功取三宝》《国姓爷的宝藏》《郑成功的炮轰术》、《国姓爷北征中的传说》等。在这些故事传说中,人们想象中的郑成功不仅是打败荷兰殖民者的英雄,而且有超人的神力与本领。情节曲折起伏,给人们以鼓舞和启示。福建也出版了许多郑成功故事传说,如《郑成功的传说》,《中国民间故事集成·福建卷》中有《郑成功凿水井》《国姓鞋》《执法如山》。这些传说与台湾的郑成功传说的不同在于,大陆的郑成功传说往往说的是郑成功准备渡海收复台湾期间,在大陆如何关心百姓,整肃军纪,受到人们的爱戴和拥护的故事。厦门关于中秋博饼来历的传说,讲的就是郑成功关心复台将士的中秋思乡之情,发明博饼这一游戏而受到大家的欢迎。在《中国民间故事集成·福建卷》的"漳州分卷"和"泉州分卷"中有《郑成功借殿征红毛番》等,其他如《剑井》《国姓鞋》《铁甲将军》等。而台湾的郑成功故事则往往讲述的是郑成功在台湾如何打击荷虏,英勇善战的故事。因为故事的叙事地点不一样,所以郑成功故事的内容也就不一样。两岸人民为郑成功这样民族英雄感到骄傲和自豪,从他的故事传说中激起热爱祖国、热爱故土的豪情。郑成功成为连接两地乡情乡思的英雄形象。[①]

台湾桃园、新竹、苗栗等客家人聚居的地方还有许多关于朱元璋的传说。朱元璋是明朝开国皇帝,以洪武为年号,民间称之为"朱洪武"。因受郑成功反清复明思想影响,台湾民众也热衷于传播明太祖朱元璋的神奇故事。另外一个原因是,明以前台湾人口稀少,中央对台的实际影响力较小,而在明朝末年,郑成功辖台之后,把来自大陆的中央皇权观念在移民和早期移民后裔中灌输,使得民众产生了"大明为正"的观念。金荣华先生编撰的《台湾桃竹苗地区民间故事》一书中搜集到的朱元璋故事有许多,例如《皇帝的姊姊》《来去湿草鞋》《被赶的菩萨》《朱洪武与陈友亮》《死牛钻山洞》《尿布坛》等都是。这些故事跟大陆传闻的朱元璋故事有些差异,主要区别在于台湾故事更多地赞誉了朱元璋作为"平民皇帝"的平民意识,例如《皇帝的姊姊》讲的是朱元璋小的时候为得到两个馒头跟人打赌,与一个骑毛驴的女孩说话,他做了皇帝以后这女子到南京找他,朱元璋还是认她为姊姊。皇帝成了平民诚实守信的化身。或者夸耀他非凡的才能与他人不及的"神迹",例如《被赶的菩萨》说朱元璋当小和尚的时候扫寺庙，每天都比别人扫得快，原来他扫地之前会把所有菩萨赶走，等地扫干净了再让菩萨们回来。这些离奇的做法被讲得神乎其神，与台湾明清以来移民多为社会底层人士有关，属于非精英移民。而非精英移民一个重要的特征就是受到士绅、文人和官方文化的影响较小。而大陆的朱元璋故事虽然也讲述一些关于他的神奇事迹，但是大陆民众直接受到官本位思想和士绅文化影响的机会大大多过台湾，所以朱元璋传说与台湾的相比，更具有一些"文人化"倾向。作为明朝开朝皇帝的朱元璋出身底层，文化教养欠缺是他的弱点。而在关于他的传说中，百姓常常借助朱元璋的重臣刘伯温对朱元璋的文化熏陶，以此试图宣扬他的"文才"，来表达民间"明君无缺憾"的心态。以下是福建泰宁县开善乡流传的两则朱元璋传说，都说的是刘伯温如何启发了朱元璋的文才。与其说这些传说是在传扬朱元璋，倒不如说是在变相歌颂刘伯温。

其一《刘伯温与朱元璋作对》：

当年朱元璋起义的时候，在太平县被元朝军队打败，逃到名为"千亩田"的地方继续招兵买马，但心灰意懒。军师刘伯温就趁一同吃酒的时候，作对句来鼓励他。

第一回，朱元璋看见千亩田天寒地冻，滴水成冰，随口说了一句："天寒地冻，水无二难成冰。"刘伯温马上对上："国乱民愁，王不出头谁做主？"

第二回，朱元璋又说了一句："天作棋盘星作子，日月争光。"刘伯温又马上对上："雷为战鼓电为旗，风云际会。"

第三回，朱元璋又说："天下口，天上口，志在吞吴。"刘伯温叫了一声"好！"又对上："人中王，人边王，意在全任。"

这三回对句，鼓励朱元璋东山再起，后来朱元璋真的坐了天下，因此人们都说：如果没有刘伯温这位好军师，朱元璋打天下也很难啊！

其二《朱元璋三吟公鸡诗》：

明朝开国皇帝朱元璋打下江山，定都南京后，乘中秋节，在御花园召集群臣设宴欢庆中秋，文臣们乘兴吟诗作赋，那些武将不会作诗，但甘愿罚酒。

轮到朱元璋作诗的时候，坐在他旁边的国师刘伯温有意要试一试他的才学。恰巧这时太监捧上热气腾腾的鸡汤,刘伯温指着碗说:"请陛下就以公鸡为题吧!"

朱元璋从小家庭贫困,只念过一年书,从军后,抽空跟刘伯温学习诗文、兵法,虽有进步,但根底总是差,这时候突然遇到这个难题,就有些目瞪口呆。他苦苦思索,总是难得要领,硬着头皮吟道:"公鸡叫一叫,尾巴翘一翘。"一想不对头,这叫什么诗?心里着急,但越急越想不出,愣了好一会,没奈何只得再吟下句:"公鸡叫两叫,尾巴翘两翘。"这下引得文武百官都抱着肚子笑,刘伯温见这情景,心里倒有点局促不安。正好这时,天空飘过一朵乌云,遮住玉盘似的明月,御苑顿时阴暗下来。刘伯温灵机一动,喝令太监说:"月色无光,赶快添灯。"朱元璋一时受到启发,就高声吟道:"三声叫得红日出,驱散残星朦胧月。"

满座文武百官听了,齐声喝彩、拍巴掌,乐工立即将这诗谱上曲调,唱开了。

以上两则传说都在假刘伯温来传扬朱元璋的文韬武略,表达了人们试图借助传说来弥补一个"略输文采"帝王的缺憾。这说明大陆的传说更多体现了文治教化以及道统至上的传统,这在台湾传说中是不多见的。

两地民间传说还以祖先开发台湾、英勇创业为内容。台湾有《吴凤以身破陋习》《郁永河淡水采硫记》《颜思齐的传说》《吴沙》等。闽南有《颜思齐的传说》《吴凤舍生取义》,漳浦也有《吴沙的故事》《林成祖的故事》等。从中可以看到台湾同胞对大陆移民祖先筚路蓝缕、披荆斩棘、百折不挠、英勇创业的崇高精神的赞颂;也说明了今天繁荣的台湾,正是大陆移民与台湾少数民族一起艰苦建设起来的,这些传说更激起台湾同胞对开拓台湾的先辈们的敬仰。据台湾民间文学学者陈盖源先生考察,"在清朝,已有关于吴凤与邹人传说的记录,日据时期有日本与外国学者相当忠实的采录,抗战胜利后,又有本地学者的记录;另外,县文献委员会编印的《嘉义文献》与赖子清纂修的《嘉义县志》,也屡有吴凤传说、曹人民话《邹人神话传说》与地方名人传说的记载"[②]。陈盖源先生的《嘉义中埔族群关系的回顾与省思——从吴凤传说的学术研究说起》一文认为,从历代相传的吴凤传说及其学术研究看到汉、邹人群关系曾有过误会仇杀,彼此隔阂甚深,但对传说的研究其实可以"促使各方勇于调整心态,自尊尊人,终能平息争端,再创新一阶段真正和谐的族群关系"③。

(三)体现近似心灵史的史事与文化传说

两地的传说还反映了台湾同胞受外国异族入侵蹂躏之苦,也成为他们理直气壮地与入侵者进行战斗的精神支柱和武器。传说主题紧紧地连着祖国、闽南,成为台湾同胞寻根认祖的重要依据和内容,而台湾同胞炽热的民族主义、爱国主义激情,又是浇灌这些传说的甘泉。蒋毓英《台湾府志》(1687)、高拱乾《台湾府志》(1696)、刘良璧《重修福建台湾府志》(1741)、沈茂荫《苗栗县志》(1894)等多种文献都引述了《牛皮地》传说,传说中有荷兰人来台湾"借地于倭"与"借地于番"两种说法,前期文献讲的是"借地于倭"(如蒋书),后期文献讲的是"借地于番"(如刘书)。这恰恰印证了荷兰人来台"借地"的历史经过,也说明明郑时期已有《牛皮地》传说的流行。④这些传说大都在历史上确有其事,不仅是文艺作品,而且具有一定的史料价值。

台湾、闽南二地的民间传说中雷同的作品有反映农民揭竿起义,反抗压迫的斗争的事迹,如台湾的《阿母王》,是歌颂林爽文起义的故事,在《中国民间故事集成·福建卷》"漳州分卷"中也有《林爽文过东皋》《台湾"鸭母反"的传说》等。两地还有朱一贵起义的故事。

表现与讴歌两地人民的来往与血缘、地缘亲情,是两地民间传说共性的又一体现。台湾的《友朋患难见真情》说的是一个台湾人帮助山东人又得回报的故事,类似的故事还有《宝凤女》《覆盖开垦记》《林成祖白手起家》等。闽南的有《望石歌》《钦差下台湾》《孝子钉》《闽台乌龙茶》《张石敢的故事》《骨肉亲》《台湾水手庙》《连理树》等民间传说。两地都以真挚感人的故事人物和情节,展现了闽南籍移民来往于闽南和台湾两地,建立文化与血缘联系的事迹,从而形成了两地民间传说的共同内容。

两地民间传说的共性还表现在共同民间信仰上。这类民间传说反映两地人民共有的社会文化心理结构和文化向心性,如妈祖、关帝、保生大帝、陈元光等。

台湾和闽南记述海上女神妈祖和医神大道公的传说有很多。如台湾的《妈祖与大道公》《妈祖婆》《大道公单恋妈祖婆》。闽南也有《女神妈祖》《保生大帝》《妈祖出世》等。《中国民间故事集成·福建卷》就收有《妈祖的传说》16篇。台湾还有王爷、土地公、七娘妈、关公等的传说,这些作品体现了闽台二地民间信仰的共同性。

三、闽台民间故事编造中的接近想象

闽台两地民间故事有时非常相像,如出一辙。这是相互借鉴与交流的结果,也是福建历史上把故事带到台湾而具有直接渊源关系所致,更重要的是两岸相似的社会文化背景促使了闽南话社群之间的故事编造时的接近想象。有大量的同题、同型故事充斥于闽台两地。闽南有《邱蒙舍的传说》,台湾也有《邱蒙舍的故事》;闽南有《白贼七的故事》,台湾也有《白贼七》故事;闽南有《三蛇酒》,台湾也有《三蛇酒》的故事。一些传统的动物故事,如《狼和小羊》《十二生肖》等两岸几乎没有什么差异。例如台湾的"十二生肖"故事与大陆同类故事大同小异。故事说的是狗和猫相约渡水参加玉皇大帝组织的十二生肖排名比赛,由于不会水,就搭乘在一同参加比赛的水牛的背上。到了水中央,求胜心切的老鼠把猫推入水中,牛一上岸鼠便抛下水牛,第一个到达目的地,成为十二生肖之首,后面依次赶来的是牛、虎、兔、龙、蛇、马、羊、猴、鸡、犬、猪,被老鼠推下水的猫挣扎着爬上岸来,未得名次,从此与鼠结怨。台湾流传的这个故事,在大陆许多地方都有情节大同小异的文本。如浙江桐庐的《老鼠和猫争头肖》、浙江宁海的《猫和老鼠》等。⑤再如福建晋江的《考十二生肖》说:狗和猫来到老鼠家里,相约明天到天庭参加玉皇大帝组织的十二生肖排名比赛。老鼠担心猫跑得比自己快,一夜未宿,天不见亮就自己偷偷跑到天庭。不想,老牛已经提前到达,老鼠排在牛的后面,再后面依次是虎、兔、龙、蛇、马、羊、猴、鸡、犬、猪。到了太白金星宣布名次的时候,老鼠爬上牛背,串到牛的鼻尖上,因此头名只好让老鼠做了。十二名次比出来,猫还在家里睡大觉,从此猫恨上老鼠,从来没有让它安生过。在闽台两地的这个同型故事中,我们看到,老鼠以不正当方式获得头名,在这样一个略含讽刺意味的幽默故事背后,暗含了民间社会自身的价值判断，这在两岸都是一致的。

在AT分类体系（即阿尔奈—汤普森体系）中，普通民间故事其实包括了神奇故事（也叫"幻想故事""魔幻故事"）、宗教故事、生活故事、愚蠢的魔鬼的故事。这四类故事在海峡两岸有许多相似性特点，主要原因是大陆人入台从而形成大陆故事在台湾传播，而且两地汉语文化体系下民众共有的心理特征使得台湾民众在构造故事的时候，常常按照大陆人的叙述习惯进行。例如两岸普遍流传的幻想故事《蛇郎君》的情节单元（母题）基本一致，我国文献较早记载此类故事的是托名晋人陶潜所撰的《搜神后记》中的《女嫁蛇》。美国华裔学者丁乃通先生在其所编撰的《中国民间故事类型索引》一书中将这个故事列为433D型，在丁先生以前，芬兰学者阿尔奈（A. Aarne）和美国学者汤普森（S. Thompson）编撰的《民间故事类型索引》中，将它命名为《蛇王子》，编排为神奇故事433型，根据情节差异，其内部又划分为433A型、433B型和433C型3种亚型。收录主要来自欧洲，也包含少量来自亚洲、非洲、北美和拉美的故事共127篇，丁乃通先生根据中国该型故事叙事的普遍形态另立了433D型，其情节单元如下：

1.父亲有几个女儿；

2.父亲遇到蛇郎，蛇郎求其嫁一女为妻；

3.父归家问诸女，唯幼女愿嫁蛇郎；

4.幼女嫁蛇得幸福，大姐嫉羡杀妹，以身代妹；

5.妹妹魂化鸟、化竹、化龟；

6.最终姐姐陷入困境，妹妹做了蛇郎的妻子。

根据刘守华先生的研究，蛇郎故事是一个空间分布覆盖大半个地球的故事，"中国的蛇郎故事，见于文字记载的已有106篇之多，流行于从西北高原到东南沿海，从北方草原到西南边陲的22个省区的24个兄弟民族之中"。"（从）蛇郎故事分布的情况看，虽流行全国，但主要流行区域却是古代百越民族活动的南方长江中下游一带。它被许多民族所传诵，而在同古代百越有渊源关系的高山、布依、壮、侗、水、傣等民族中间，却流行最广。"⑥福建和台湾，汉族和高山族，都传播着该类型故事。福建蛇郎君的故事主要流行在永春、寿宁、厦门、惠安、柘荣、仙游等县市。闽南地区蛇郎君的故事文本基本上都属于433D型，只是情节上有些"小异"而已。以下是厦门和永春两个地方的《蛇郎君》故事的梗概。

厦门《蛇郎君》故事梗概：

一拾狗屎的老翁有三个女儿。一天，老翁应大女儿要求，走到一家豪宅边，采摘了从墙内探出的红杏花带回家给女儿。隔日再摘时，被宅主蛇郎捉住，它胁迫老人三日之内把最漂亮的女儿嫁给自己。老翁回家后忧心忡忡地告知三个女儿。老大、老二皆不从，只有三女儿愿意嫁身救父。三女儿嫁给蛇郎后过上了幸福的生活，于是招来两个姐姐的嫉妒。麻脸的二姐来到三妹家，以三妹衣服不好看为由，将她哄到池边，脱下衣服，趁其不备把三妹推下水。而自己穿上三妹的衣服，瞒过了蛇郎，过上了安乐的日子，还跟蛇郎育有一子。死去的三妹变成鸟，变成竹，变成灶上的包子，最后吓死了二姐和蛇郎生的小孩。蛇郎回来认出了屋中坐着的它的美丽的妻子，从妻子那里获知真相，重新与三妹过上了幸福的生活。

永春《蛇郎君》故事梗概：

一座山顶有个蛇洞，里面住着蛇郎君。山顶上还住着猪屎公和他的三个女儿。一天，猪屎公见到山茶花开得好，想采三朵带给三个女儿。这时来了个自称是"蛇郎"的年轻后生仔，他提出要娶猪屎公最漂亮的女儿，否则会将老翁吞吃掉。

猪屎公回家就病倒了。他的大女儿、二女儿虽然都长着麻脸，但她们宁可父亲被吞吃，也不肯嫁蛇郎。而三女儿"甘心嫁给蛇郎君，不愿阿爹给蛇吞"。几日后，一只蜂来传媒并带着三女儿嫁给蛇郎。次年春，猪屎公去探望三女儿和蛇郎，发现这里金满屋，银满厅。从三女儿家带回来的蛇变成了金条，羡煞了大姐。次日，她来到三妹家，与三妹互换了衣服，来到井边将三妹谋害，然后瞒过蛇郎，并与他共同生活。三妹的灵魂变成鸟、变成竹，扰得大姐不得安宁，又都被大姐残害。后来变作一龟，此龟又变作一美女（闽南话"查某子"），被一老妈子收为义女，与其子兄妹相称。一日，其子与蛇郎路上遇见，蛇郎始得见自己真正的妻子。蛇郎带她回家，并在她头上插上最美的山茶花，而将大姐变成厕所边上的一棵大麻竹。此后，蛇一见竹子就会避开。

跟福建的同型故事一样，台湾的《蛇郎君》故事也属于433D型，不

难看出两地的相互影响。连横先生在其《雅堂文集》中记载了台湾的《蛇郎君》故事梗概:

> 某处有蛇,久而成怪,化为美男子,往来村中,村人称之为蛇郎君。闻某翁有三女,均未字,遣媒议婚,愿以千金为聘,否则将灭其家。翁固贪利,又畏暴,命长女,不从,次女亦不从。少女年十七,见父急,慨然请行。既嫁,蛇郎君爱之,居以巨室,衣以文绣,食以珍馐,金玉奇宝恣其所好。⑦

为什么两岸叙事圈热衷于传播 433D 型的蛇郎故事?原因有许多,例如善良女性(故事中的幼女)既有不嫌贫爱富的美德,也有"嫁鸡随鸡,嫁狗随狗"的封建婚姻屈从心态,既有对男人由贫转富的心理期待,更有灵魂不灭、善恶果报的宗教观念。正是这些原因,使得《蛇郎君》故事"凝聚着一种具有中国历史文化特征的民族心理与审美情趣,构成了一个为中华民族所喜闻乐见的文学原型"⑧。或者两岸蛇郎故事重视伦理观念,烙印着儒家思想。这是故事叙述的文化心理基础。当然两岸蛇郎故事还有一个重要环境—宗教依据,那就是福建和台湾地处亚热带沿海地区,两地植被完好,林木覆盖,蛇虬丛生,自古以来闽台人民崇蛇惧蛇。《说文解字》释"闽"字本义说"闽,东南越,蛇种",即以蛇为自己的祖先,而"闽"字也有屋内供祭蛇祖之意。在这里,蛇获得了图腾祖先的意味。不仅蛇王庙遍及闽省各地,相关的崇蛇习俗也遍及福建。其中最有名的就是南平樟湖坂每年正月十七至十九日三天举行的蛇王节。闽人入台,那么闽人的蛇王崇拜和蛇郎故事理所当然成为台湾闽人移民后裔重要的文化事象;台湾少数民族也像闽人一样崇蛇、敬蛇,以蛇为图腾。这些民族也有自己的《蛇郎君》故事。台湾少数民族学者巴苏亚·博伊哲努(浦忠成)从日本学者小川尚义、浅井惠伦所著的《原语中的台湾高砂族传说集》和陈千武翻译的《台湾先住民的母语传说》中读到排湾和鲁凯两个族群的《蛇郎君》故事。大意是,蛇之所以求婚是因为老人打猎时在山上发现许多美丽的花,那是蛇拥有的,它就借此要求老人把女儿嫁给它,否则要咬死老人。三个女儿中只有最小的女儿同情老父的处境,愿意嫁给蛇。蛇与三女儿走路时,忽然变成俊美男子,他们一同住在干净美丽的房子。大女儿来探望时见到妹妹那么幸福,就心生嫉妒,竟然将妹妹推到水井里淹死而取代;妹妹先变成鸡,又化成松树。⑨另外《台东卑南人口传文学选》也有仅存故事梗概的《蛇郎君》故事,大意是有一位漂亮的少女因爱上一条蛇,不接受许多头目儿子的求婚,后来蛇来提亲,将少女娶回,他们住在深山一处湖中,生下许多鸟、蛇等动物,世界才有各种禽兽。鲁凯人的文本比卑南人更为细腻生动:"从前有一位头目的女儿,叫玛嫩,爱上一条百步蛇。别人看到的是一条蛇,她见到的却是一位年轻英俊的王子,是从外地特地来向她求婚的。他俩决定结婚,男方送来聘礼,婚礼依照平时习俗举行。玛嫩嫁给高山上的蛇家,她看到自己进去的地方是一座宫殿,别人看到的却是一个湖。后来人们每年举行丰年祭之前,都要请祖先来尝一尝,我们的头目看到蛇尝过小米饭以后慢慢地回家了,便向大家宣布:'我们的祖先已经尝过小米饭了,现在可以举行丰年祭了。'"⑩浦忠成先生认为:"此一故事与禽兽起源有关,也许与典型的蛇郎君故事有关,或者是变体;卑南人与排湾人的文化有密切的关联,姜彬以为这类故事的形成与蛇始祖有一定联系,按诸上述三族群与蛇崇拜或蛇图腾紧密关联,则姜氏之论颇合情理。蛇郎君故事能以完整的结构流传于广义的排湾人领域,应是导因于其有相类的文化植壤。"⑪早在姜彬、浦忠成以前,罗香林先生在其《古代百越分布考》一文中已经有相关论述:"此传说是最足令人玩味的,为以年少貌美之女子,出嫁恶蛇,而恶蛇为能呈现人形之王子。此与远古图腾社会之组织与信仰,有其承袭演进之关系。"⑫德国学者艾伯华(W. Eberhard)在讨论中国东南一带何以出现如此之多的《蛇郎君》故事的起因时说:"在浙江、福建、广东至今还一直存在着对蛇的崇拜。"因此从流行区域看,该故事流行的"中心地带似乎在中国南部,在这里,故事的表现形式最完美、最丰富。一般说来,全国各地(西北地区除外)均有流传"。⑬

  神奇故事中,类似于像《蛇郎君》这样讲述人和兽类关系的故事不胜枚举。它们很多都具有世界性,同时也兼具民族性。也就是说,它们在世界上的其他地方也可以找到相似的情节类型,但又带有明显的东方叙事特征,而这所谓的东方叙事特征也并非东方各民族之间取得高度一致,而是每个民族都在自己的故事中渗透了自身的文化元素。例如海峡两岸的《虎姑婆》故事表面上看来情节类型并无太大差异,但还是有许多本土或本族的叙事习惯和文化成分。台湾的《虎姑婆》故事情节如下：

从前有一个母亲生了两个女儿。有一天，母亲想回外婆家一趟，出门前交代两个女儿：有人敲门不要随便开门。母亲吩咐声音太大，被虎姑婆听到了，等母亲一出门，虎姑婆当晚就来敲门。女儿问道："是谁啊？"虎姑婆回答："我是你们的姑婆。"女儿道："没有听妈妈说有姑婆这回事。"虎姑婆马上应声道："我是你们姑婆没错。"于是，女儿们开门让虎姑婆进入屋内。

那天晚上虎姑婆即与两个女儿扯东扯西，当夜与两个女儿一起睡觉，要两姊妹乖乖睡觉。虎姑婆睡中间，两姊妹睡两旁。睡到半夜，虎姑婆吃妹妹，咬骨头的声音惊醒姐姐。姐姐问："姑婆，你吃什么？"虎姑婆说："我吃姜片。"姐姐说："姑婆，我也要吃，给我一片好不好。"虎姑婆说："小孩子吃啥！"姐姐说："姑婆，我想要上厕所。"虎姑婆说："人家吃东西，你想上厕所，自己去啦！"虎姑婆心里想："如果让你上厕所，被你溜走怎么办？"虎姑婆便拿出一条绳子，绑住姐姐的手，虎姑婆手牵着绳子。姐姐去厕所，到了厕所就把绳子绑在厕所门上，从后门溜走，躲藏在树上。虎姑婆说："上厕所怎么这么久？"于是虎姑婆走到厕所瞧瞧。啊！死丫头，竟然偷溜掉了！虎姑婆一直找，一直找，找到天亮，才找到树这边来。树下面有一条水清如镜的水沟，在水中看到了姐姐的影子。虎姑婆拿一根竹竿，一直往水中戳，怎么也戳不到姐姐。姐姐忍不住笑出声来。虎姑婆决定要吃了姐姐，姐姐让虎姑婆去家里烧一桶热油："拿来给我，我才跳下去让你吃。"虎姑婆真的烧了一桶滚烫的油，拿来给姐姐。姐姐要虎姑婆闭上眼，张大嘴巴，好让姐姐跳下去给虎姑婆吃。虎姑婆真的把眼睛闭起来，嘴巴张大，姐姐乘机将滚滚热油淋到虎姑婆身上。虎姑婆被活活给烫死了，现出了老虎的原形。

《虎姑婆》是一个世界多数地区都流行的故事，闽台当然也不例外。采自我国各族的异文已有数百种之多，各地对吃人外婆的叫法也不相同，台湾和闽南都叫虎姑婆，有的地区根据吃人者的物种差异，也有叫狼外婆、人熊婆、野狼精、猩猩外婆、狼狐等的。德国学者艾伯华将中国的《老虎外婆》故事总结为以下15个母题：(1)一个多子女的母亲离家看望亲戚；(2)她交代孩子们，不要让不认识的人进家门；(3)半路上她遇见一个向她详细询问的女人；(4)这是个动物妖精,它狼吞虎咽地把她吃了；(5)这只动物得到了孩子们的允许,进了家门；(6)为了不露尾巴,它坐在一只桶上,孩子们感到惊奇；(7)晚上它让最小的一个孩子睡在它的身边；(8)它把小孩子吃了；(9)姐姐听见声音,问妈妈在吃什么东西；(10)她看见一个小孩的手指头,发觉来者不是妈妈；(11)她和其他孩子们假装要解手,逃出来爬到树上；(12)那只动物也跑了出来；(13)孩子们喊救命；(14)动物听从孩子们的建议往身上抹油,这样就上了树；(15)孩子们把那只动物吊在树的半腰上。

  这个故事在不同地区有不同情节,但基本上是大同小异的。厦门的故事说:妈妈回娘家路上被虎吃掉,虎变成孩子们妈妈的模样,回来和两个女孩子睡在一床。半夜里大孩子金儿听见妈妈吃东西也讨要一个,拿到后发现是手指头,估计她吃掉了小孩子银儿,于是借口小便欲逃离。为了不让"妈妈"怀疑,她在手上绑上绳子,一边让妇人牵着,而后将绳子另一头系在门环上,她逃到屋外树顶。起了疑心的"妈妈"追出来发现了树上的大孩子,就不断地啃树干,眼看树要被啃倒,金儿趁着老虎洗牙的空儿,向天求救,于是飘来的云彩将她带走。[14]福鼎的异文说:姐弟俩去看外婆,被老虎精变的老婆婆截住,并取得他们的信任。到了老虎精变出来的外婆家后,晚上老虎精把同睡一头的弟弟吃掉,姐姐发现,假称大便欲逃离。为了不让"外婆"怀疑,让它牵着绳子而将绳子另一头拴在屎坑上,她逃到屋外爬上树顶。老虎精追出来发现了树上的大孩子,就不断地啃树干,啃得嘴上都是松树油,姐姐趁着老虎洗牙的空儿,把衣服挂在树上,自己逃脱了。[15]福清的异文说:金仔、银仔姐弟俩的妈妈去看外婆,半路被老虎吃了。老虎假扮成外婆,来到家里。半夜里姐姐金仔听见外婆吃东西也讨要一个,拿到后发现是手指头,估计她吃掉了弟弟银仔,于是借口拉屎欲逃离。为了不让"外婆"怀疑,让它牵着绳子而将绳子另一头系在马桶上,她逃到屋外树顶。起了疑心的"外婆"追出来发现了树上的金仔,就不断地啃树干,金仔趁着老虎点火欲烧树的空儿,向月亮婆婆求救。于是月亮飘下彩带将姐姐带到月宫成了嫦娥,而老虎气得头撞树,被自己点燃的大火烧死了。[16]如果我们将两岸"虎姑婆"型故事加以比较,那么会发现它们的情节母题极其近似。按照李扬先生的分析,故事都是以"某个家庭成员不在家"

(长辈外出)开局,虎(或狼)多次欺骗得手,晚上虎(或狼)暴露真相,聪明的姐姐逃出,爬上树而保全性命,最后姐姐得救而虎(或狼)死掉。姐姐成了主角而反面角色虎(或狼)之类成了假主角。[17]这些情节两岸是完全相同的。其中台湾故事讲姐姐设计将油淋到虎姑婆身上把它烫死,也是这类故事的一个常见母题。艾伯华先生认为,这是他所归结的母题(11)—(15)的一种替代母题:"孩子们逃到楼(树)上,关上灯,向动物扔东西,或把它烫伤。"[18]据他在1937年以前所掌握的资料,湖南、贵州、江苏、广西、福建、四川等地都普遍出现这样的结尾。上文所见的台湾这个版本,也与大陆部分地区一致。台湾学者施翠峰先生一针见血地指出,台湾童话《虎姑婆》"这个故事的母型来自福建"[19]。

从以上分析来看,闽台民间故事既表现为两地日常语言的习惯表达的高度一致,又表现为两地传统的口语艺术即民间文学或口承文学的基本一致。这种一致性,体现了两岸之间深厚的文化渊源。

注释:

①孙英龙:《闽台民间文艺关系初探》,《福建民间文艺探索文集》,福州:福建省民间文艺家协会,2002年,第47~50页。

②谭达先:《论港·澳·台民间文学》,哈尔滨:黑龙江人民出版社,2003年,第557页。

③谭达先:《论港·澳·台民间文学》,哈尔滨:黑龙江人民出版社,2003年,第560页。

④谭达先:《论港·澳·台民间文学》,哈尔滨:黑龙江人民出版社,2003年,第556页。

⑤王甲辉、过伟:《台湾民间文学》,上海:上海文艺出版社,2005年,第75~76页。

⑥刘守华:《蛇郎故事比较研究》,苑利:《二十世纪中国民俗学经典·传说故事卷》,北京:社会科学文献出版社,2002年,第193页。

⑦连横:《雅堂文集》卷三,《台湾漫录·蛇郎君》,台湾文献丛刊第208种,台北:台湾银行经济研究室,1964年,第187页。

⑧刘守华:《蛇郎故事比较研究》,苑利:《二十世纪中国民俗学经典·传说故事卷》,北京:社会科学文献出版社,2002年,第197页。

⑨林道生编著:《先住民神话·故事全集》,台北:汉艺色研文化事业有限公司,2002年,第93~97页。

⑩转引自刘守华:《闽台蛇郎君故事的民俗文化根基》,闽台民间信仰学术研讨会论

文,1995年。

⑪巴苏亚·博伊哲努(浦忠成):《台湾先住民的口传文学》,台北:常民文化事业股份有限公司,1996年,第141～142页。

⑫罗香林:《古代百越分布考》,《中夏系统中之百越》,重庆:独立出版社,1943年。

⑬艾伯华:《中国民间故事类型》,北京:商务印书馆,1999年,第56页。

⑭林秋荣、林桂卿整理:《厦门民间故事(第二辑)》,厦门:鹭江出版社,1998年,第60～62页。

⑮《中国民间故事集成·福建卷》编辑委员会:《中国民间故事集成·福建卷》,北京:中国ISBN中心,1998年,第604～605页。

⑯《中国民间故事集成·福建卷》编辑委员会:《中国民间故事集成·福建卷》,北京:中国ISBN中心,1998年,第605～606页。

⑰李扬:《中国民间故事形态研究》,汕头:汕头大学出版社,1996年,第62页。

⑱艾伯华:《中国民间故事类型》,北京:商务印书馆,1999年,第23页。

⑲谭达先:《论港·澳·台民间文学》,哈尔滨:黑龙江人民出版社,2003年,第541页。

从同名同村看闽台地缘的内涵

周仪扬[*]

台湾是一个移民社会,是中原汉族移民南迁定居闽粤后,再度移居台湾,而后作为主体构建起来的社会。

福建是台湾同胞主要祖籍地,在移民过程中,既有原居住地,也有迁入地,为了纪念原乡,不忘"乌篮血迹"(祖籍地),他们往往把原乡的地名用在了迁入地,形成海峡两岸同名同村的现象,这不是偶然的巧合,而是一种祖地文化的传承,蕴含着丰富历史渊源,值得研究探讨。

一、闽台移民 同根同源

台湾古称夷洲、琉球。据考古资料证明,约在 15000 年前,台湾岛与大陆的福建是相连的。大约在 6000 年前,才形成当今的海峡地形,海底地貌属东海大陆架浅海。台湾海峡曾发现史前的海峡人化石。1989 年晋江深沪湾大陆架下又发现了海底古森林遗址,有力证明了福建与台湾之间曾经是紧紧相连在一起的陆地。

福建与台湾仅隔一海峡,因地理相邻,随着舟楫的发展,人们往来更为方便,如晋江与澎湖仅相距 174 公里。

福建与台湾源远流长,据史料记载,早在宋朝,泉州、晋江等地就有百姓开始在澎湖定居。泉州知府汪大猷于宋乾道六年(1171)在澎湖建房 200 间,并派水军长期驻守。明洪武年间,福建设立承宣布政使司,由泉州府晋江县负责澎湖事务。万历三十二年(1604),荷兰殖民者两次入

---

[*] 作者是晋江市谱牒民俗学会创会会长。本文发表于《晋江谱牒民俗》总第 36 期,2015 年 6 月。

侵澎湖,天启三年(1623)侵略台湾安平并占台南大部。"台湾"一词最早记载出自《明史》卷二三五:"海外红夷据彭湖,挟互市。后徙台湾,渐泊厦门。"

大陆百姓移居台湾,可追述宋、元,甚至更早,但明清两朝最为集中。泉州地区有三次移居台湾的集中时期,明末郑成功收复台湾和清初施琅平定台湾去台人数最多。

为什么说台湾是个移民社会?远的不说,就从清朝年间的一些数字和资料来论证大陆迁台的一些情况。

清顺治十八年(1661),郑成功在大陆抗清失利后,率部数万进军台湾。同年十二月,荷兰军队投降。郑氏登台后发布命令,命令各官各家属于驻地,随人口多少圈地,或作农田,或作房屋,永为世业。部队亦进行屯垦。郑氏政权还鼓励各种民间的私垦活动,并大量招募往来流民进行垦殖。康熙二年(1663),清廷为了断绝大陆民众对郑氏的接济和支援,下令迁界。北自辽东,南至广东,各省沿海居民皆内迁 30 里,坚壁清野。闽粤沿海居民苦不堪言,多渡海至台湾以求生计。迁台移民并非一帆风顺,当局有时也横加阻止。康熙二十二年(1683),郑克塽降清后,设台湾府,并颁布有关审验渡航,限制汉人渡台的条例。到了雍正十年(1732),朝廷同意部分开放渡台之禁,大批在台流民家眷得以搬迁入台定居。乾隆十年(1745),又准许移民迁眷入台。一年之后,复又禁止。乾隆二十八年(1763),准许在台有业良民,可各回原籍接眷来台。至此,闽、粤良民渡台之禁不复存在。

从以上史料可见,移民台湾的政策反反复复。到乾隆四十一年(1776),迁入台湾的大陆移民大约为 90 万人,他们主要来自福建泉州、漳州和广东潮州、嘉应州和惠州五地。以后迁台的大陆移民,从西部向东部扩展,一直到嘉庆元年(1796),吴沙率众进入台湾宜兰平原,开田辟地。嘉庆十七年(1812),设噶玛兰厅于台湾宜兰县地。李亨等人率众向台湾东部地区拓展,入垦奇莱(今花莲、吉安、寿丰一带)。道光元年至三十年(1821—1850),在台湾前山垦殖的闽人郑向,越过中央山脉与卑南境内的番人互通贸易,并传授耕种之法。到同治末年,卑南一带的宝桑有汉人村落 50 余家,璞石阁有 40 余家,莲花港有 40 余家。同治十三年(1874),沈葆桢为加强台湾防务,在台推行开山抚番,彻底开放内山番界之禁,奖励汉民拓垦番地。六月,清兵由安平港乘船至后山,于卑南登岸,招抚东部番社,并派兵勇,分南、北、中三路开凿至后山的道路。光绪元年(1875),沈葆桢于福建厦门、广东汕头、香港等地各设招商局,往台者免费乘船。官府给予口粮、耕牛、农具、种子,鼓励人民入台耕垦,招得潮民2000余人。招来人口的一部分进入后山,另一部分进入前山番地。政府在南路番地琅峤设恒春县,在后山番地设卑南行。

随着迁台人口逐步增加,清廷还颁布有关审验渡航,限制汉人渡台的条例。由于担心台湾人口的增殖,在条例中,不仅规定一般百姓不准偕带家眷来台,就是赴任的文武官员也不例外。

清廷政权在"禁"和"开"的反复中,既有悖于台湾开发历史潮流,也违反台湾地方官的意愿,但人民渡台已成为不可阻挡之势。因此在移民中,有些人看到了利益,他们或使用伪造的官府照单,或冒充为商船水手,或混入兵差船中潜渡,或买通守口兵役私放。这时一种新的职业出现了,即专门从事组织偷渡从中牟利。

在这200余年间,台湾人口由于大陆移民和移民人口的自然增殖而迅速增加(主要是开禁偕眷,人口的出生率增大)。

闽南俗语说:"人丁兴旺,百业兴盛。"从明代至清代,泉州人发起的移民台湾的三次高潮中,都是以晋江人为主体。明天启年间(1621—1627),已经移居安平,并以晋江为根据地的郑芝龙在海上走私贸易中,即以台湾为贸易中转地。他在进行私商贸易的同时,着手开辟台湾。其时,晋江沿海一带即有一部分人迁台。崇祯年间,郑芝龙归顺朝廷,时值福建大饥荒,在朝廷支持下,郑氏以"人给银三两,三人给牛一头,用海船载至台湾"的优惠政策,募集沿海灾民数万人入台开垦。这是有史以来有记载的第一次有组织的大规模向台湾移民。明永历十五年(1661),郑成功驱荷复台,实施"寓兵于农"的政策,至1683年,在短短的二十三年中,往台垦殖者约二十五万之众。清乾隆四十九年(1784),清廷开放晋江蚶江与台湾鹿港对渡,此举促成泉州尤其晋江第三次向台湾的移民高潮。蚶江的开放对渡,使泉州迅速成为对台湾交通的中心,大批晋江人通过蚶江到台湾,出现"群趋若鹜"的局面。现时祖籍晋江的台湾人,有相当部分姓氏的祖先是在此时到达台湾开辟新天地的。

直到1949年国民党败退台湾前,大陆迁往台湾的人口为200余万。我不厌其烦地罗列了这些资料,意在说明先祖开发台湾的历程是漫长又艰苦的,是一段不能忘却的历史。

如上所述,台湾的同胞大多为大陆迁移过去的,尤其福建泉州为最多,是台湾同胞主要祖籍地,因此有"十户九台"之说。

二、聚族而居　同名同村

中国人有一种恋乡的情怀,是不会轻易迁移的,而移民也并不是一件容易简单的事,不能说迁就迁,而是受多方制约。一般而言,一个地方为了保持稳定的宗族或血缘关系,不轻易迁移,除非一个宗族的大部分人口一起迁移,否则不会在迁出地产生一种推力。此外,受传统儒家思想的影响,"父母在,不远游"。父母健在,做子女的一般不轻易外出谋生,而是在家务业,侍奉父母,以尽人孝。

那么什么是推动移民的原因?大体有三种情况:第一种是生存型移民,就是为了维持自身的生存而移民,迁居其他地区定居。其原因复杂,有如人多地少,自然环境恶劣,风沙大缺水源,生产力低下,生活环境较差,温饱难以解决,还可能再加上自然灾害,战争动乱,税赋负担过重,疾病瘟疫或者连年械斗等多种原因。多为迫不得已,这是福建人移居台湾的主因。

第二种情况是发展型移民。这部分人为了改善自身在物质生活和精神生活上的水平而自愿移民,向外发展,比如有人因往台经商、做官、求学等举家迁移。还有另一种人,有一门手艺、特技,本就生活无忧,为获得更多财富,发挥一技之长,敢拼敢闯,富有理想和冒险精神。这种人正如《流迁诗》所写的那样:"人禀乾坤志四方,任君随处立常纲。年深异境犹吾境,身入他方即故乡。"有一种四海为家的气魄。

当然,还有第三种情况,如行政命令、军事战争所迫等。

由于迁台时间漫长,断断续续,不管是最早的肇居人,还是后来加入者,他们大多是个人单身跟帮,也有父子、叔侄结伴而来,都需要一个适应和调整期。他们人地生疏、举目无亲,加上文化程度参差不齐,生活习惯不同,甚至有着方言差异,有时还要受疾病、水土的困扰。白天要出苦力开荒垦殖,晚上孤单一人,受到精神压力和生活压力两种挤压,奋斗几年后,思念家乡,等到有了积蓄,想尽办法提携家眷来台,更有条件后才偕带子女、兄弟、叔侄一起渡台。再后来者都怀着投亲靠友的目的而来。当迁移人口到达异乡时,当地有无同乡、同乡的数量、同乡所处的地位、同乡的态度等往往成为促使他们最终定居的决定因素。就这样,聚居的人就越聚越多。这些投靠者,都以同乡、同宗、同氏为主集结在一起,移民越多,聚居地不断扩大,再加上人口不断自然增长,小村变为大村,最后形成聚族而居的一个自然村。

同宗、同乡在迁入地的守望相助和发展,生活条件的改善,事业的成功,社会地位的提高,都是对留在原居住地的本族、本乡人口的一种强大的吸引力。

移民在迁入地的定居表现出强烈的地域性和宗族性,即相当多的移民是以原籍,甚至原乡、原村为单位定居或聚族而居的。

台湾本岛东西窄,南北长,中央山脉山体庞大,山峰高耸,山脉向东西两侧倾斜,所以西部形成较为宽阔的海边平原,东部则是与海面垂直的断崖,平原相当狭小。西部又与福建相望,因此成为日后移民的首选之地,东部开发较晚,要直至清代中期以后。

入台后的大陆移民,纷纷择地而居,既分散也有集中,为了联络,居住地总要有个名称。初时起名也有点随意,因此台湾地名中也有一些,如鸡笼、蛤仔港、红毛港、鹿港、笨港(北港)、大狗、牛骂、大甲、猫盂等极富地方色彩。

由于地理相近,血缘相连,同属于闽南文化圈,因此,移居台湾的大陆人民在带去生产生活方式的同时,也带去他们故土难离的精神理念,以大陆原居住地命名聚居的村镇,形成了台湾地名与大陆地名相同的现象,如安平、东石、成功、丙洲、林口、南安里、安溪里、永春里、惠安里、郭厝、苏厝、施厝、将军里、将军厝,还有泉州厝、刺桐乡等。这些地名都沿用原乡起名的习惯,如:

冠以堡,以堡为名,三堡、五堡——台尖山堡

冠以寮,以晋江的深沪为最多——虎仔寮

冠以港,沿海地,如晋江龙湖的前港——台新港、草港

冠以口,晋江衙口、林口、江口——台林口

冠以宅,永宁郭宅——台郭宅

冠以厝,晋江的王厝、吴厝、颜厝——台兴化厝

冠以埔,晋江前埔、草湖埔——台兴化埔、草湖埔

冠以湖,龙湖、潘湖——台口湖

冠以澳,晋江金井溜澳——台将军澳

还有其他的如坑、田、尾等。

以上村名都带有望乡故土之情。

另一种是直接起个与原乡一样的村名,如:安海镇,古称安平,在泉州晋江西南,与南安水头相邻,中间是全国重点文物保护单位安平桥;对面为南安石井,前有一石井江。明清时期,郑成功带大量军民往台南,台南有安平地名。应该说,台湾的安平早已有之,只是郑氏入台后,大量的安海军民涌入台南安平,两地的联系更加频繁,后来的人员也加入聚居,形成了一个颇大的同名群落。

又如东石镇,位于泉州晋江围头湾西南,与安海毗邻,与南安石井互为犄角,战略位置十分重要。郑成功抗清时,在此建立"东石寨",屯兵"白沙城"。明朝嘉靖初年(1522),东石蔡显仁移居台湾嘉义县布袋嘴,这是族谱记载东石去台的第一人。清初,郑成功据东石抗清,大批东石人随郑军东渡台湾,随后在台定居,台湾嘉义布袋嘴是聚居点,后改为东石乡。后陆续有去台人员开发,还有"东石寨""东石里"地名出现。

据统计,居台东石人,繁衍至今3万多人,以蔡氏为最多。他们到台湾经商,定居台湾后与当地民众共同开发,带去了大陆的先进农耕技术、晒盐工艺,一些日用工艺也都是从大陆带入台湾的,与此同时,还带去了传统文化和习俗。如东石蔡氏,名远众,入台教书:"公往台,二十九岁入泮,四十五岁补廪膳生,五十八贡成均","弱冠设绛于东瀛,为缙绅所器重……亲几席者,咸得春风时雨之化工;立门坪者,无非贡举俊彦,骏誉远播于州间,名姓旋登诸郡志"。另一个,名蔡德琚(1833—1891),"同治间渡台,在台设教,彰邑称诗赋冠全台,著有《龙江诗话》8集,名列《彰化县志·艺苑列传》。(《东石西霞蔡氏族谱》)

台湾东石乡至今没有另建宗祠,而是仿照大陆东石的九龙三公宫,

另建九龙三公宫作为祭祀场所。两岸乡亲都把五月初四日作为三公生日。台湾嘉义县布袋镇嘉应庙系晋江东石分炉，东石每年的"数宫灯"活动被列为国家非物质文化遗产。

再看金井洇洲村。洇洲王珍挨承父业在台经商，光绪四年（1878），以山西赈济授光禄寺署正嘉义县籍。

晋江洇洲移居台湾云林县下仑村，据台湾方面于1995年统计，洇洲族裔有2500多人；另青蚶村有洇洲族裔100多户500多人。现有洇洲房份同名的"路上份"与"四房份"。还有以大陆洇洲房份"合茂"命名的"合茂街"。

台湾云林口湖乡青蚶王氏宗祠大门楹联："洇舍建青蚶，七祖九玄原一脉；洲间怀井镇，千流万派总同源。"藏字"洇洲"。"宗支繁衍启后承先传海峤；祠殿堂皇慎终追远溯泉州。"联中嵌字"泉州"。1995年，洇洲王氏宗祠落成，台湾下仑、青蚶的洇洲族裔送来贺匾。现王氏宗祠中奉祀大陆迁台先祖"木主"近百位。

我们也可从洇洲《瀛洲王氏族谱》去台生卒、葬地分布，看出王氏先民足迹遍布台湾各地：

基隆——育菌葬朱罗县（基隆）新港

台北——华弼住台北南湾棚，章娇住新砖仔社，可美住宝斗仔

新竹——章良住台竹堑

台中——华梢住大安港汕头

南投——国连殁日月潭沙莲

彰化——育照葬兴化厝，陈氏名锥，番婆庄女

云林——维扩葬笨港竹仔脚，振林葬乌麻园

台南——育达葬承天府

嘉义——章杂开尖山堡派

高雄——育适葬十张犁

澎湖——华听葬将军澳

其他——章前葬八卦寮；华进葬山后；维琳卒葬下湖等数百处

正是这种浓厚的地缘、血缘关系，充分显示出带着极其浓厚的"乌篮血迹"文化色彩，其传录大陆文化传统，本质都是一样的。

三、"五缘"相承　同心同行

　　台湾与大陆密不可分,自古以来就是祖国不可分割的一部分,不管历史风云多变,也不管台湾饱受外族的侵略,台湾人民坚定不移地捍卫祖国领土的完整,驱逐外国侵略者,做出了不可磨灭的贡献。

　　下面从晋江人对台湾历史进程的贡献,管窥一二。

　　台湾,在历史上一度为晋江管辖。南宋宝庆元年(1225)赵汝适撰《诸蕃志》载:"泉有海岛曰彭湖,隶晋江县。"淳熙间《皇朝郡县志》载:"彭湖屿在巨浸中,环岛三十六,人多侨寓其上……有争讼者取决于晋江县,府外贸易,岁数十艘,为泉外府。"以上记载表明早在宋代,台湾和澎湖就隶属晋江县管辖。宋乾道七年(1171),毗舍耶人入侵澎湖和晋江沿海,时泉州知州汪大猷即在澎湖建造房屋二百间,"遣将留屯",这是历史上有记载的驻军。元至元十七年(1280)左右,在澎湖设立巡检司,隶属泉州路晋江县,管辖澎湖、台湾等岛屿,这是官方第一次在台澎之地设立专门政权机构。清康熙二十二年(1683),福建水师提督施琅率军攻克台湾。至第二年在台湾设府为止,台湾隶属晋江管辖长达五百余年。此种关系非他县可比。后台湾与晋江虽不再存在隶属关系,但同属福建省管辖,两地人员往来频繁,地缘、血缘关系仍然不断加固。尤其是自乾隆四十九年(1784),清政府开放晋江蚶江港与台湾鹿港对渡后,晋台两地的商贸、人员往来达至顶峰,并促成更多的晋江人移居台湾。

　　除了五百余年隶属晋江的关系外,历史上晋江人对台湾的政治影响力也是其他地方无法比拟的。明永历十五年(1661),父辈已移居晋江安平的郑成功,率军驱荷复台,结束荷兰殖民统治;康熙二十二年(1683),晋江人施琅攻克台湾等。可看出晋江人对台湾的历史进程、政治发展起着重要的作用。

　　同时晋江人对台湾文化教育也起着重大作用。在明清两代即有一批晋江名士,如进士许吉燝,翰林待诏、光禄寺卿诸葛倬等,相继入台,在明郑政权中任职,或著书立说,或吟诗唱和,对台湾文风、学风的形成和发展起了推动作用。

台湾归清后,晋江人视崇文兴学为己任。在捐资办学上,晋江人慷慨解囊。如施世榜捐金二百两修凤山县学宫;晋江人张克绥在任职台湾县学司训期间,曾捐俸充《十三经注疏》于学宫,海外人知向学,三山督学郑际唐赠以联云:"文冠南闽八千士,教传东海十三经。"

在掌学执教上,清代晋江人任台湾府学教授的有林庆旺、林华昌、蔡时升、丁莲等;任县学教谕的有黄赐英、黄式度、吴周祯、施士岳、富鹏业、郭际谋、王世茂、孙襄、蔡芳、李倪昱等;任县两级训导的更多。

在民办的书院、义学、私塾方面,鹿港的泉郊(绝大多数为晋江籍人开办)等八大郊捐办了文开书院,购进经书三十余万册,并由泉州延聘名师前来讲学,书院陆续造就出五位进士、十六位举人和百多位秀才;晋江人施士洁,中进士后辞官回台,主持过白沙书院、崇文书院和海东书院,在主持、主讲海东书院期间,书院出了四位进士;道光十八年(1838),晋江人陈淑均来台主持鹿港文开书院;晋江举人庄正主讲过板桥大观义学,推动台北学风蔚然而起,功劳非小;清末著名状元、晋江人吴鲁的儿子吴钟善(光绪癸卯经济特科,廷试二等)应林姓之聘,渡台课授经文,并在台刊其父的《正气研斋汇稿》及《百哀诗》。

在科举上,晋江人当仁不让,开台登第之最。台湾的第一个进士是晋江人王克捷,他以诸罗籍中乾隆二十二年(1757)丁丑科进士,"为台人士登礼闱之始"。据史料载,清代台湾共中文进士32名,经核查确系晋江籍的14人,分别是王克捷、庄文进、叶题雁、丁寿泉、施琼芳、施士洁、施之东、施葆修、曾维桢、黄玉书、蔡枢南、黄裳华、黄登瀛和台湾的最后一名进士李清奇。

在晋江人入垦迁徙台湾的历史长河中,涌现了许多杰出的人物。在《台湾府志》中留有传记的有:许吉燝、诸葛倬、施琅、陈仁愿、周家亦、施世榜、吴洛、蔡推庆、萧明灿、丁克家、李锡金、黄朝品、洪腾云、张仲山、郑成功妻董氏等。

犹如前文所述,几百年间,大陆先民渡台开发,站稳了脚跟,发展繁荣社会政治、经济文化等各项事业。而台湾同胞对祖国如此依恋,不离不弃,一个最重要的原因就是以"血缘"为纽带的"地缘""神缘""文缘""物缘"的"五缘文化"交相融合,维系着家国情怀。

我们的先祖在台湾立足之后,不屈不挠,几代人前赴后继,建起了以血缘为主的村落,发展乡镇,扩大了城市。他们的生活得到了保障,进一步把故乡的亲戚朋友一批又一批提携来台,共同发展,长期定居繁衍,但是他们永远都忘不了故乡渊源,这就是木本水源所在。

先民继承了原乡的风俗习惯。他们起初把原乡的"挡境"保护神,用"香袋"分灵过去供奉,后来经济条件好起来了,就到故乡正式恭请神灵渡台,开始筹资兴建庙宇。一来表示对原乡的眷念,二来祈盼神灵保佑,这些都是精神上的慰藉和寄托。

而更让先民们念念不忘的是他们对"根"的眷念。如晋江各个村落姓氏都有往台族人,在各自的族谱中留下了记载。改革开放以来,陆续有台胞回乡探亲,有的返乡投资发展事业,有的回乡捐建公益事业。他们在追寻自己的血脉,希望通过族谱对接寻根认祖。他们抄写族谱带回台湾接谱,也把他们的资料抄录回故乡接谱。在宗祠修葺中,他们又慷慨捐资,并在奠安和附桃时带着家人,带领村落族众,组成团队,参加庆典,不仅受到故乡人民的热烈欢迎,更让他们留下了终生难忘的记忆。

在台湾乡村社会中,台胞对认祖特别重视,尤其是聚族而居的,人们能否说出自己的祖籍地,往往会成为判断其社会地位高低的一个重要因素。因此,许多台胞争取回乡寻根认祖,取得祖籍地宗亲的确认、证实,他们回台湾后,心里更踏实,表示对得起祖先而感到更有安全感和自豪感。

正如习近平总书记在2015年5月4日会见台湾国民党主席朱立伦时,指出"两岸同胞同根同源、同文同种,历来是命运与共的。在经济全球化深入发展、两岸联系日益密切的今天,两岸是割舍不断的命运共同体。面对新形势,国共两党和两岸双方要坚定信心、增进互信,维护两岸关系和平发展进程,携手建设两岸命运共同体。"

中华民族是一个多元一体的民族,多元一体格局又孕育了中华民族的文化,中华民族文化的融合、发展,赋予了中华民族巨大的凝聚力和生命力。任何所谓"台独"言行,分裂祖国的妄想,必遭全体中华儿女唾弃。

参考资料：

①葛剑雄:《中国移民史》,福州:福建人民出版社,1997年。
②上海图书馆:《中国家谱论丛》,上海:上海古籍出版社,2010年。
③周仪扬:《谱牒研究与五缘文化》,北京:中国文联出版社,2009年。

同名村·同宗·血缘·乡愁
——以晋金两后山村同名同宗考略为例

周仪扬[*]

一、晋江、金门同名后山村

晋江市的深沪镇,有个名叫后山的渔村(现称后山社区)。它位于深沪半岛的最北部,背靠碧山,面临大海,面朝永宁卫,素有五虎朝金狮之称,因风俗习惯,称北部方位为后,便以"后"字命名。它由后山、司内两个角落组成。明朝洪武年间,因筑司城,故后山属司城管辖,后山以陈姓为主,俗称"后山陈",与南村陈姓同祖,人口近四千人。人们多以捕鱼为生,是一个渔业大村,还有不少旅外同胞,更有不少在清末民初往台湾经商,搞海上船队做贸易生意的。相对而言,后山村是一个集渔、商、侨,经济相对较为富裕的村庄。

后山村人一向勤劳俭朴、敢于冒险、善于搏斗,具有鲜明的海洋性格和率真好客的特点。

无独有偶,在金门县也有一个名叫后山的村落。它坐落于金门岛东北角,素有"金东之珠"的称号,由于它背靠五虎山,聚落地名为"后山"。然而金门还有一个叫"山后"的村落。1957年时任"金门防部司令官"胡琏,因为驻军对"后山"与"山后"两地时常混淆不清,所以将"后山"聚落改名为"碧山"村。为何改名要叫碧山呢?这也是我们开头介绍深沪后山村背靠碧山的由来。唐末曾有隐士罗隐游历到过深沪,曾

---

[*] 作者是晋江市谱牒民俗学会创会会长。本文发表于《晋江谱牒民俗》总第38期,2016年6月。

为深沪题写了"璧山"(谐音"碧山")石刻,因此深沪、碧山两个称号并存,更因碧山又称"碧风岭",至此金门后山改名碧山就不难理解了。但令人不禁要问,为什么偏偏选择深沪后山村作为参照呢?这就由同地名村带出一段历史宗族移民史话。

金门碧山村均为陈氏聚族而居,早期他们以渔业为生,由于此处风沙大、缺水,因此人们的生活也很辛苦,明末清初以来,乡人多有往海外谋生,主要在马来西亚、新加坡、印尼。在经济条件有所改善后,很多华侨纷纷返乡盖了新居和洋楼。从大陆先民迁居以来至清朝,在碧山村里,闽南传统文化之居民建筑,顺依山势,缓坡而建,坐东北,向西南,整体朝向一致,聚落形同畚箕状。这一大片历史建筑见证了汉人庶民在金门生活的社会关系、经济形态,这样的文化脉络可以追溯到几百年前金门开府之始,至今仍未中断。而聚落中的宗祠,更是发挥着联系宗族情感的功能。村内的老房子,虽然失去了往日繁华,但住民却未曾远离。之后的侨乡文化更是碧山吸引人的特色,时间约为清朝至抗战前,不少飞黄腾达的华侨回乡后大手笔兴建融合中西建筑特色的洋楼。碧山中最为人称道的便是"陈德幸洋楼"与"陈清吉洋楼",见证了当年华侨艰苦创业、发家致富的历程。这些洋楼建成后,虽长年少有人居住,但华侨却将之作为一种永久的纪念。除了洋楼之外,华侨还兴建了学校,以提升侨乡的教育水平,如"睿友学校"。这样的侨乡文化具体反映了近代侨汇经济时期的文化特征与价值观的转变。再之后的战地文化则由抗战时期至今,原有的建筑又披上军事的外衣。三种不同文化分别代表了不同时期的历史与思想。

二、同名村流淌着同宗的血液

深沪陈氏系出陈政一脉。唐初陈政为陈氏开闽始祖。陈政,字一民,生于隋大业十二年(616),卒于唐仪凤二年(677),寿享62岁,系胡公满第六十八世孙。年轻时随父陈犊从军,唐太宗任其为中郎将。总章二年(669)闽粤交界"蛮僚"啸乱,朝廷任陈政为岭南行军总管,统领原驻泉州莆田军队平乱。因出师不利,朝廷又派政公之兄陈敏、陈敷率固始五十八姓军校驰援,敏、敷不服水土(历来南方为瘴疠之域)病死。政公之母魏箴统率军校入闽,屯兵云霄。仪凤二年(677)四月,政公病故军中,其长子陈元光(又称陈元功,盖"功"与"光"河洛话同音故也)率军平乱。开耀元年(681)陈元光25岁,任岭南行军总管,垂拱二年(686)奏准设漳州郡。垂拱四年(688)其祖母魏箴仙逝,寿九十三。景云二年(711)陈元兴为贼将所刃,年55岁。开元四年(716)追封颍川侯,其父陈政后封归德将军,弟元勋留驻泉州,为泉州郡陈氏始祖。

沪江陈氏始祖是陈应恺。陈应恺,字善夫,号皆元,系陈政公之十二世裔孙。生南宋庆元乙卯年(1195),原配赵氏夫人生于庆元丁巳年(1197),系宋宗室郁林州赵汝修之三女。应恺公之父伯镇公生于乾道戊子年(1168),卒于嘉泰甲子年(1204)。其母柯氏生于乾道丁亥年(1167),卒于淳祐壬寅年(1242)。应恺公于淳祐辛丑年(1241)举进士,赐进士特奏,恩授迪功郎。

南宋末,元兵南下。景炎元年(1278),张世杰拥端宗帝昰入闽,屯兵深沪湾。"今春少保张公以勤王之舟师舣于永宁梅林港,裹延至沪,以书见招,予乡诸退休及宗室诸先生俱以子弟家僮充精兵赴之。"(见应恺公《自述文》)其时公已八十三高龄。伯镇公先居吕宅,后移居霞沙。房屋多被流贼烧毁,于是渐移深沪,或造巨艘以过洋,或筑石沪以捕鱼。伯镇公生有二子,长曰应恺,肇基沪江,育有四子,长富缃、次富综(移居涂门外)、三富金(移居杆头)、四富缎(移居同安)。次曰应恒,育有三子,长富镛(移居永春石田)、次富镒(移居泉州南门外)、三富讼(移居长乐)。至此,伯镇公之裔,唯长房应恺公留居沪江,其余全部移居他乡。

富缃公为后山陈氏一世祖,育有六子,分六房。长曰储瑾,次曰储珫,三曰储瑨,四曰储瑀,五曰储珏,六曰储琦。然现今后山陈氏只有五个房份,何也?查谱得知,六房储琦公一脉只传爆熹一人。明洪武初兵乱,其母偕年方十二岁之爆熹入赘溜澳(现溜江),后移居浅井,后裔不乏登仕者。五房储珏公之长房源聪公系四房储瑀之次子入承,而储珏公亲生子勤公、爆听公屈居其次。应恺公逝后,葬于龙湖炉灶,其三子富金(即溪西陈氏祖)袝之。史上由于种种原因,后山陈氏移居屡屡发生,散居各地。据金门后山陈氏称,其先祖德宗公仕元,系深沪后山陈氏五房之分支,按史分析,应恺公逝于元初,而元朝统治中原只有98

年,德宗公应是应恺公之三或四世裔孙。

那么金门陈氏宗亲又是如何记述的？首先从金门陈氏宗祠说起。金门陈氏宗祠是一座古朴端庄的大祠堂,一色的闽南建筑风格——燕尾脊的砖木结构,宗祠大门楹联是"分支深沪源流远,派衍碧山世泽长",匾额是"陈氏宗祠"。楹联明确指明碧山陈氏源于深沪,分流于碧山。至于他们为何从对岸的晋江深沪"派衍"于碧山,有以下两种说法。

大宗里墙壁上镌刻着碧山耆宿怡情陈老先生撰写的《大宗祠再重修志》,写道:"本族原系河南光州固始县,分支福建泉州晋江县深沪后山乡,始祖德宗公仕元,官居一品平章事,以刚直建言,于朝被祸。其三子在家闻讯,乘舟泛海而逃,中流遇风飘散。长子存志流过于福清牛田驿地方;三子存义流过于南安县鞠浔深沟山边乡,开基祖二十三郎存仁公居次,携家遵海而南,遇风飘至金门后山边登岸择地,就浯拓基,因世居焉。盖深沪前临海,皆有后山与碧山峰,祖乃五房派下,因不忘本,仍沿用后山与碧山,其名之由来也。"

德宗公移居浯洲一事,深沪又有此一说:后山村临海,扼深沪港咽喉,乡人多以渔捞为生。一次出海之际,大雾漫山海,渔人不知南北,随波逐流。其中一渔舟漂至深沪"官仔下"(即深沪古栈道下海面),大呼:"此地是何处?"不见回应,再呼之,忽有老者应曰:"此乃上六中九下十三也。"渔人不解,续而改易航向,随潮至浯洲,弃舟登岸,拓基而居,繁衍生息,为不忘水源木本,命住地为"后山"。由于晋金两地地理条件、生活习惯、语言等方面均相同,他们认为可以聚居,再慢慢地把家眷带到金门。此说具有一种神秘色彩。

三、隔海相望、一衣带水,时空穿越、亲情不变

晋金两个后山同名村,是大陆移民迁居台湾的一个缩影,系海峡两岸民众历来割舍不断的血缘、地缘、文缘、神缘、物缘的体现。

中国民族学学会汉民族分会常务副会长兼秘书长、福建省民俗学会会长曾少聪在《致晋江市谱牒研究会成立十五周年暨谱牒研究与闽台节俗研讨会贺信》中指出:"宗族组织是中国传统社会结构的基础,它

以血缘关系为纽带,在民间社会的政治、经济和文化生活中发挥巨大的作用,对中国社会的变迁产生深刻的影响。"

自古至今,晋金两后山村的耆老都不忘口口相传在金门宗祠的大厅墙上曾挂着一件蓑衣的传说。这个古老的传说,意在说明其祖先不惧风雨、不畏千辛万苦,隔海迁居于此,值得永远怀念。

由于晋江与金门距离最近处只有 1000 多米之遥,在往常,两地渔民出海捕鱼,经常在海上相遇,拉家常互为问候和托办事项,也曾互相通报渔情、互相交流技术、互相海上救助,发生过不少深情厚谊的故事。如:1948 年,深沪一陈姓商船因遭遇大风,不幸船被搁浅料罗湾,周边一些群众一度哄抢船上货物。金门后山村的陈氏族人立即组织人员赶来制止,保护货物,事后协助修理船只帮助其返回深沪,一时传为佳话。两岸同胞彼此之间来往正常,两地的重大宗族大事庆典,互派人员前往庆贺,甚至一些婚丧喜庆之类的活动,也会争取参加,把人们的情感更拉近一步。最大的活动就是同宗建祠堂、修族谱、起堂号、立家训族规,目的只有一个,那就是把根留住。我们可以从深沪陈氏的宗祠来看。原有的宗祠经历了 150 多年后,于 1994 年准备重修,立即得到海内外和台湾海峡两岸深沪陈氏宗亲的积极响应。大家纷纷解囊捐款,有的还通过书信、电话提出很多宝贵的意见,经过两年多的努力,陈氏宗祠终于竣工,陈立夫还特地题写了"深沪陈氏会馆"墨宝。1995 年秋,深沪陈氏宗祠落成谢土、衬祧升阶,同时成立"沪江颍川陈氏宗亲会",海内外及海峡两岸宗亲纷纷组团前来参加庆典。金门后山(碧山)的陈氏宗亲也特地组团前来庆贺,充分体现了陈姓一家亲和认祖归宗的情结,也体现了亲情族谊之重,怀念家族、思念亲人,绝不能数典忘祖。

深沪陈氏祖坟原先在龙湖炉灶,但因地理环境发生变化,面目全非,需及时择地迁建。2010—2012 年间,再一次在海内外宗族的大力支持下,群策群力,顺利完成迁建,使原来的祖坟由三合土变为花岗岩结构,显得更大气,庄严肃穆,金门后山陈姓族人照样组织 40 多人来参加庆典。深沪陈氏宗亲至今成立 10 多年历 5 届,金门后山陈氏宗亲均组织代表团前来参加。更值得一提的是,改革开放以来,中华传统文化得到弘扬,陈氏宗祠恢复了春冬两祭的礼仪,并组织宗族开展各种活动,同时举办盛大的会餐(吃祠堂桌)。每次有几千人参与,金门后山陈氏也派人出席,其场面非常壮观、热闹非凡,彰显了一种大团结、大和谐的氛围。

古人常说:"亲戚常来往才有亲。"这话一点不假,深沪陈氏宗祠也先后多次回访金门陈氏宗亲。特别是 2008 年 11 月,应金门陈氏宗亲会盛情邀请,正式组织一个较大团队回访金门后山,金门后山宗族组织队伍在几公里外迎接,锣鼓喧天、鞭炮齐鸣,引得周围村庄纷纷围拢观看,鼓掌欢迎。深沪陈氏宗祠还赠送一块写有"血脉千秋"的牌匾永做纪念,金门媒体对这一盛事也做了报道。这是一种亲情、友情的体现,更是一种归属感、认同感、国家情怀的体现。

中国人不论走到哪里,哪怕天涯海角,血脉意识、乡土情怀都是不会改变的,深深扎根在脑海中。

参考文献:

①陈顺德:《金门后山简况》。
②陈鸿仪:《晋金后山一家亲》。

台湾地区姓氏演变初探

林瑶棋 *

一、前言

2005年4月,一本涵盖台、澎、金、马4个地区的最新姓氏统计专书《"台闽地区"姓氏统计》正式出版了。该书资料截稿至2005年2月,它是一本研究台湾地区姓氏相当有用的工具书。

事实上,这也算是最新最正确的台湾地区姓氏统计资料,因为该书之出版,距1978年杨绪贤所编著的《台湾区姓氏堂号考》一书,已有二十七年之久。当年,杨氏是以1978年6月30日户籍口卡资料为依据,完全以人工统计方式,耗费人力、物力不赀,而且人工错误率高于现代化的计算机统计,所以这次由台湾户政事务主管部门所编辑的姓氏统计,确实是历来最准确的一次。

在华人社会中,姓氏是最重要的汉文化资产之一。自古以来,不断有人做姓氏相关的统计与研究,据顾炎武《日知录》记载,春秋时代本于五帝之姓就有22姓,《急救篇》一书列有130姓,唐太宗令温彦博定姓氏193姓,唐林宝《元和姓纂》有1436姓,宋版《百家姓》有438姓,明吴沉《千家姓》有1968姓。宋郑樵《通过·氏族略》有2302姓,明凌迪知《万姓统谱》有3713姓,元马端临《文献通考》有3736姓,明王圻《续文献通考》有4657姓,民国王素存《姓录》有5300余姓,邓献鲸《中国姓氏集》有5652姓,而根据陈仁德考证,华人共得9177姓。[①]

---

* 作者是台湾省各姓渊源研究学会创会会长、《台湾源流》发行人。本文于2005年"谱牒研究与华侨华人"研讨会上发表。

台湾是一个移民拓垦社会,除了原来就有少数民族居住外,三四百年来不断有外来人口移入。这些外来移民分为两大民潮:其一是清代的闽粤移民,其二为1949年蒋介石带领100多万军民撤退来台。两大移民潮的人口比约为85∶15。

两大移民潮中,清代的移民虽然原籍地都集中在闽粤地区,但是因分批于200多年间陆续抵台,故其较松散。1949年的移民潮,其祖籍地遍及大陆,但因是整批集中移民,故其较为团结,所以现在人就把台湾岛上的汉人分为两个族群,前者称为老住民,又称台湾人或本省人,后者称为新住民或外省人。

台湾地区的姓氏演变和两次汉人移民有绝对的关系。一般说来,尽管清代的移民与少数民族(平埔人)的人口比例已无从研究,但是有九成以上来自闽粤,故所谓老住民的台湾人,其文化及姓氏几乎和闽粤人相同,几百年来变迁极少。到1949年大量新住民迁入后,台湾地区的姓氏就起了很大的变化,姓量从原来200姓左右激增到近2000姓,目前仍然在激烈变化中。近年来,台湾人与外国人通婚频繁,而台湾户政事务主管部门没有事先规划好此类居民的姓氏处理方式,造成复姓明显增加,而单字姓却急速减少。台湾单姓减少的原因,很可能是那些追随蒋介石来台的单身新住民目前正处于年老凋零高潮期,在可预见的未来5～10年间,减少数目将更为明显。

清代,台湾没有健全的户政登记,故没有人做过姓氏统计及研究。日据之后,台湾开始建立户政登记,要做姓氏的研究才有了根据。1930年日本人富田芳郎从"国势"资料中,抽样31003户统计,共得193姓。[②]不过由于抽样数量不多,姓量不到200姓之可信度值得商榷。光复后的1953—1954年间,台湾省文献会从十二县五市一局(另四县不配合)的居民中,抽样828800户做统计,得姓737姓。[③]

1968年,台湾大学教授陈绍馨所撰《台湾人口之姓氏分布》一书,是从1956年台湾地区户口普查口卡中,抽样四分之一做统计,得姓1027姓,其中单姓1013姓,复姓14姓。[④]

最晚一次的姓氏调查是在1978年,由杨绪贤先生从当年6月30日的口卡资料逐张统计,当年台湾地区人口数16591906人中,得姓1694姓,其中单姓1611姓,复姓75姓,三字姓4姓,四字姓4姓。[⑤]

几次姓氏的统计当中,最可惜的是日据以前只有做一次调查,即1930年富田芳郎所做的那一次,而且那一次仅抽样31003户,抽样数少,准确度必然就差,所以原来的老住民到底有多少姓氏,当然就没有正确的答案。

光复后几次的姓氏调查,笔者认为可议性相当大。一来大量大陆军民来台,无法统计出原来的老住民有多少姓量;二来当年军人没有户口登记,所以120多万新住民不能做完整性的统计;三来1953—1954年及1968年的两次都是抽样调查,当然无法完整统计。

最晚一次的1978年由杨绪贤所做的调查,最接近这次出版的《"台闽地区"姓氏统计》数字,因为那次不是抽样的而是全面性的调查,只是用人工方式,可能会有较大误差。27年间,除了姓量有变化之外,姓氏人口的排名几无变化,可见杨氏的调查是相当准确的。

本文所要讨论的姓氏演变是针对这27年间的变迁,如把它推前到与前三次的姓氏统计相比,其意义不大。因为吾人从这27年间的姓氏变化,足以透视台湾岛上居民的姓氏变迁状况,进而了解台湾居民姓氏的兴衰情形。

二、2005年台湾地区姓氏统计

台湾地区户政业务于1997年9月全面计算机化,以便正确地处理台闽地区各项户籍登记通报及统计作业,又于2003年推动"户政e网通计划",其系统中增加姓氏统计功能,并于2005年1月1日正式上线,每月15日更新姓氏数据库之资料。故此次出版之《"台闽地区"姓氏统计》一书,是"户政e网通计划"正式运作后的第一本姓氏统计,其统计资料是最新最准确的资料。

户政业务所登记的是姓名,并没有明文规定要分别登记姓或名,故在一串的姓名中,无法判定哪些字是姓,哪些字是名,户政机关仅能将前一个字或多个字与父或母相同者视为姓,余字视为名。⑥这样的判定方式基本上是正确的,不过有极少数是例外。那就是有少部分的少数民族恢复传统名字,把子父或子母连名制的视为姓,结果发生父子不同姓的情况,好在到目前为止,少数民族恢复传统姓名的还是极少数。

此次统计与1978年杨氏所做统计,其姓氏变化如下：

本次统计(详见表1),单姓是1417姓,比杨氏统计1611姓少了194姓。复姓是533姓,比杨氏统计75姓多了458姓。三字姓是34姓,比杨氏统计4姓多了30姓。四字姓是5姓,比杨氏统计的4姓多了1姓。这个数据告诉我们一个现象,就是外省人正在加速凋零中,与台湾人通婚的外国人及少数民族恢复传统姓名的人口却在快速增加。

表1 "台闽地区"最新的姓量和人口数

类别	姓量/个	姓量百分比/%	人口数/人	人口百分比/%
单姓	1417	71.24	22514496	99.18
复姓	533	26.80	77256	0.34
三字姓	34	1.71	64	0.00
四字姓	5	0.25	8	0.00
其他	—	—	109803	0.48
总计	1989	100.00	22701627	100.00

当年随蒋介石而来的大陆军民的姓氏,多数是汉人的单姓,其中很多是稀姓,人口数只有个位数,甚至只有一二人而已。假如他们在台湾没有结婚,没有后代,姓就随着他的凋零而消失,因此在27年间减少了194姓是合理的。

复姓或三字姓、四字姓共多了489姓,如果加上5个字以上的姓还要更多。这个现象的形成有两个主要因素:其一是近一二十来,台湾人与外国人通婚频繁,外国配偶都以他们的姓名直接译音登记,很少冠上台籍配偶的姓,所以两个字以上的姓氏增加。其二是台湾少数民族于1994年《先住民恢复传统姓名及更正姓名要点》通过后,有855人改为传统姓名(后来其中51人又改为汉姓汉名),因为前面被认定为姓的字多数超过两个字,故两个字以上的姓氏才会增加。

其他无法判定姓氏者超过10万人,这是27年前所没有的现象。其可能的原因是外国籍的译音超过5个字,超出计算机设定,或是少数民族恢复传统姓名后,多数以子父或子母连名制登记,家中祖、父、孙没有同一相同字可判定为姓。

2005年的统计与1978年所不同的是,本次统计是把金门、马祖包括在内。不过由于金马地区总人口只有74855人(2005年2月),仅占"台闽地区"总人口的0.329%,加上金马地区文化背景与台湾岛内相似,姓氏排名与台湾岛内略同,故对姓氏变迁的影响微乎其微,也不影响本文的姓氏变迁之讨论。

三、前一百大姓之演变

前一百大姓是按照人口之多寡来排名的,对照1978年与2005年两次的统计,前二十四大姓完全一致,足见杨氏当年虽然使用人工统计,但是其准确度还是很高的。而第25大姓至第100大姓中,差异不大,只不过是前后名次有稍许不同。详见表2。

一百大姓中只有一个姓有变动,其余都相同。变动的是杨氏的第95名倪姓,此次降为第101名,当年杨氏的第103名伍姓,此次升为第100名。观其人口数据,杨氏人工统计可能有误,当年的伍姓人口是10562人,27年后增为13878人,增加31.4%,符合台湾地区人口自然增加率,但是当年的倪姓由14848人减少为13797人,27年间未增反降,这种有违人口自然增加规律的现象,很有可能是由于当年统计错误。

表2 1978年与2005年两次统计前二十四大姓人口及其变化

姓氏	1.陈	2.林	3.黄	4.张	5.李	6.王	7.吴
2005年人口/人	2511818	1880277	1364176	1194611	1160059	935416	917587
1978年人口/人	1850423	1381713	1030571	906999	875595	703878	668734
增加率/%	37.74%	36.08%	32.37%	31.71%	32.49%	32.89%	37.21%

续表

姓氏	8.刘	9.蔡	10.杨	11.许	12.郑	13.谢	14.郭
2005年人口/人	718943	660836	603555	528186	427578	398814	339929
1978年人口/人	547934	487332	448367	377220	316635	297280	258759
增加率/%	31.21%	35.60%	34.61%	40.02%	35.03%	34.15%	31.37%
姓氏	15.洪	16.邱	17.曾	18.廖	19.赖	20.徐	21.周
2005年人口/人	33377	330973	325336	304415	299271	286694	277694
1978年人口/人	245008	241348	230848	230052	227690	220728	209957
增加率/%	38.50%	37.14%	40.09%	32.32%	31.44%	29.89%	32.26%
姓氏	22.叶	23.苏	24.庄				
2005年人口/人	267887	255714	214535				
1978年人口/人	198532	190516	157144				
增加率/%	34.93%	34.22%	36.52%				

观察前二十四大姓,虽然两次统计的排名顺序完全相同,可是各姓增幅不尽相同,增幅最高者是第11大姓许姓的40.02%,增幅最低者为第20大姓徐姓的29.89%,二者相差10%以上,可能是因为27年前的人工统计有误差。

第25大姓至第100大姓排名顺序变动不大,但有一例外,1978年第59大姓温姓,2005年降为第99大姓,人口是14328人,27年前是38454人,比上次统计还少了24126人,明显其中一次必有错,笔者认为杨氏的人工统计之错误可能性较大。

在100个大姓氏中,前五大姓陈、林、黄、张、李就占总人口的

35.72%,前十大姓占总人口的52.63%,与27年前杨氏的52.51%极为相近。也就是说,台湾居民三分之一强的人是前五大姓,一半以上的人是前十大姓。详见表3。

表3 2005年统计各姓氏排序段人口数及占比

姓氏排序	人口数/人	占人口百分比/%	累计人口数/人	累计百分比/%
第1~10姓	11947278	52.63	11947278	52.63(52.51)
第11~20姓	3580573	15.77	15527851	68.40(68.12)
第21~30姓	2174745	9.58	17702596	77.98(77.59)
第31~40姓	1736423	6.06	19079019	84.04(83.79)
第41~50姓	973482	4.29	20052501	88.33(88.19)
第51~60姓	586296	2.58	2638797	90.91(90.85)
第61~70姓	406685	1.79	21045482	92.70(92.74)
第71~80姓	350932	1.55	21396414	94.25(94.37)
第81~90姓	255732	1.13	21652146	95.38(95.58)
第91~100姓	166544	0.73	21818690	96.11(96.42)
其他	882937	3.89	22701627	100.00(100.00)

注:表中括号内为27年前杨氏的统计数字。

四、单字姓氏之探讨

在27年间,台湾地区的单姓从1611姓减为1417姓,计减少194姓,减少主要原因可能是外省籍新住民之凋零。

1949年有100多万大陆军民迁徙来台,也带来许多台湾原来没有的姓氏,使台湾人原来姓氏从1953年的737姓增到1611姓。其中多数是单身军人,虽然不少人在台湾结婚生子,但仍然有许多人孑然一身,今天,这些孑然一身的外省籍新住民面临凋零,这是单字姓减少的主因(减少的主要是人口数极少的稀姓)。因为汉人以单字姓占绝大多数,在可预见的未来几年间,单字姓还会继续减少,但应该不可能减少到原有的700多姓,有些稀姓外省籍新住民在台湾娶妻生子,他们的姓氏就能延续下去。

据2005年的统计资料，人口数10人以下的达999姓。人口数越少的姓氏，其消失的概率就越大，像只有一人的姓氏达438姓，这些都是岌岌可危的姓氏。详见表4。

表4　2005年统计人口数10人以下姓量及其占比

类别	总计	1人	2人	3人	4人	5人	6人	7人	8人	9人	10人
姓量/个	999	438	185	109	76	42	46	33	24	24	22
占总姓量比/%	50.2	22.0	9.3	5.5	3.8	2.1	2.3	1.7	1.2	1.2	1.1

这些人口数极少的姓氏包括单姓、二字、三字、四字姓，其姓量占总姓量的50.2%，最有危机的是只一人的438姓，占总姓量的22.0%，其中单字姓有209姓，姓氏消失概率较高。另二字、三字、四字姓共有229姓，消失概率较低，原因是他们多数是年轻人，不是台湾少数民族改为传统姓名者就是与台湾人通婚的外国人。

五、二字以上姓氏之探讨

27年来两次的姓氏统计均只列二字姓、三字姓及四字姓，而5个字以上的无法判定是否为姓氏，故无法做姓氏分类统计。1978年杨氏做统计时，还没有这种无法统计的问题存在，而2005年统计时，这种所谓"其他"的竟达10多万人。

"其他"就是指计算机无法判定姓氏者，可能有两个因素。其一是与台湾人通婚的外国人之译音汉字无法判定姓氏。其二是少数民族恢复传统姓名之后，因为子父连名（如父系社会之泰雅人）或子母连名（如母系社会之阿美人），父子或母子的姓名中，无法判读哪些字为姓氏。不过笔者未进一步去了解计算机操作情形，是否还有其他原因，待尔后再探讨。

对于通常所谓"复姓"的二字姓，此次统计的533姓中并没有进一步分类。事实上，二字姓应该分为两类：一类是两个字构成一个姓氏者,例如上官、公孙、司徒、司马、欧阳、诸葛、轩辕等。另一类是由两个单姓套叠在一起的姓,又称双姓姓,例如张廖、王刘、庄吴、邱黄、范姜、张简、陈黄、张陈等。

台湾地区户籍制度并无明文规定妇女嫁夫或男子入赘必须冠夫姓或冠妻姓,此次统计仅认定第一个字为姓,例如林女嫁刘姓夫而冠夫姓为刘林氏,统计上她就被归为刘姓。

可是像上列之双姓姓的张廖、王刘等与冠夫、冠妻姓不同,它是两个姓氏套叠在一起而成的一个姓氏,像户籍上张廖、王刘等姓,户籍上判别方法是一个家庭中祖、父、孙的姓名中前两个字都一样,那这两个字就被视为姓氏。

两个姓氏套叠在一起为一姓者,多见于闽粤台所谓"唐山人"地区的习俗。双姓姓的家族,必有其特别的家族历史故事。兹举例如下:

[例一]张廖:明初,福建省诏安县官陂地方有一位张元子书生入赘廖三九郎家,与其独生女廖大娘成婚。岳婿双方言明,未来所孩子中长男姓廖,次男以下归张家,遗憾的是他们婚后仅育独子廖友来,岳婿二人只好协议:未来廖友来后裔在世时姓廖,死后牌位姓张,即"死张活廖"的家规。这个家族的族人于清代迁徙来台,仍沿用此家规,但有少数在日据时期登记户籍为张廖。

[例二]王刘:清光绪年间,龙井有一位林姓女嫁给二分埔刘姓男为妻,怀孕四个月时,夫急病故世,林姓女改嫁沙鹿王姓男为妻。小孩出生后,刘家认为小孩是刘家骨肉,应该姓刘,以继承刘夫香火,但王夫认为是王家所养,不宜刘姓。最后两家妥协,将小孩姓王刘,表示传承两家血脉。

台湾少数民族恢复传统姓名后,姓氏比较难认定。他们的姓名都是登记为两段式,户籍机关就把第一段认定为姓氏,第二段认定为名,这是不完全正确的。有的人第一段为家族名,把它认定为姓氏是可以的,可是不少子父或子母连名,两段都是名,把第一段认定为姓氏是错误的。

其中以达悟人(雅美人)最为特殊,他们的命名制度称为"从子名制",即结婚后第一个孩子出生时,自己的名字就消失,改称为孩子的爸爸,也就是孩子的名字前面加一个夏曼(Siaman,即爸爸),例如儿子名叫吉门,爸爸就叫作夏曼·吉门。等到他第一次成为祖父时,他第二个名字又消失,改称为孙子的爷爷,也就是孙子名前面加一个榎本(Siapun,即阿公),例如孙子名叫加弯,他就叫作榎本·加弯。但是此次统计都把夏曼和榎本列为姓氏。

六、结语

  姓氏是汉人社会最重要的文化资产之一,吾人无论走到哪里,碰到不熟识的华人都会打招呼:"请问贵姓?"可见姓氏是人际交往中不可或缺的文化表现。

  自古以来,华人视姓氏为民族的凝聚力,不知有多少人不远万里寻根问祖,只要谈起同姓氏、同血缘、同宗族,就可使干戈化为玉帛。相关部门适时出版《"台闽地区"姓氏统计》一书,便是我们对姓氏重视的一个重要体现。相信它的出版,也将促使更多的年轻人关注姓氏文化。

注释:

① 杨绪贤:《台湾区姓氏堂号考》,南投:台湾省文献委员会,1979年,第12～13页。
② 杨绪贤:《台湾区姓氏堂号考》,南投:台湾省文献委员会,1979年,第13页。
③ 杨绪贤:《台湾区姓氏堂号考》,南投:台湾省文献委员会,1979年,第13页。
④ 杨绪贤:《台湾区姓氏堂号考》,南投:台湾省文献委员会,1979年,第13页。
⑤ 杨绪贤:《台湾区姓氏堂号考》,南投:台湾省文献委员会,1979年,第13页。
⑥ 《"台闽地区"姓氏统计·序言》,2005年。

台湾客家人的弱势族群情结

林瑶棋*

自从罗香林教授在他的《客家源流考》和《客家研究导论》二书问世之后,研究客家人的客家学(Hakkaology)[①]就成为热门的社会学科,尤其近代孙中山、李光耀等重量级的客家人在国际政治舞台上的活跃,更使客家学的研究如火如荼地开展起来。

一、流人和客人

一般人所称的汉族,是指数千年前居住在中原地区(黄河流域)的无数部落民族,经过无数次的战争融合而成的一个民族,迄秦汉统一之后,因国名为汉,故名汉族。其实自古以来,世界上没有一个民族是纯种民族,[②]当然汉族也不能例外,因此客家人强调他们是纯种的汉人,是不科学的。事实上,客家人是以中原汉族中的南迁移民为主体,在长时间长距离的迁徙中,不断地与南方沿途土著民族融合与同化而成的一个族群(民系),[③]这样的说法比较合乎逻辑。

4世纪初永嘉之乱以后,中原为异族所据,迫使汉族人大举南迁,进入江南的新环境,休养生息,繁衍子孙。这些来自中原的避乱移民,当时叫作"流人"。"流人"尽管与南方土著民族长期共同生活,但仍心系中原故土,于是在房屋门楣上标示自己在中原故乡的地名,好让后代不忘祖籍地,这就是堂号的由来。[④]

---

* 作者是台湾省各姓渊源研究学会创会会长、《台湾源流》发行人。本文发表于《晋江谱牒研究》总第1期,1997年12月。

晋元帝"给客制度"的诏书制定了"流人"与本地土著人相处的规范,但是这时所指的"客"并非指今天的客家人,而是指从中原南迁下来的所有"流人"。⑤众多的"流人"因长久在南方与各不同土著民族共居混血融合成不同族群,并且逐渐稳定落籍下来,也由于稳定落籍而反客为主,再也不认自己是"流人"。这些不同族群(民系)就是越海系、闽海系、湘赣系、广府系及客家系等五大南方族群(民系)。⑥

这五个族群(民系)当中,经历一样的历史演变,客家系可能算是最奇特的族群(民系),因为他们不仅被称为"客",连自己也称为"客"。两晋南北朝之后,中原汉人由黄河流域迁往淮河南北以及长江中下游,然后又迁徙赣南、闽西而粤东,⑦他们由于所居之地多为贫山区,必须不断辗转迁徙,因此叫作"客"。

据《太平寰宇记》和《元丰九域志》记载,宋初,梅州地方有主籍1200户,客籍367户,至宋神宗元丰三年(1080),客籍人口已超过主籍人口,到元末,在粤东、闽西客籍人口已多到不用与主籍分别立册的地步,⑧主籍逐渐成为少数而被融合在人口占多数的客籍人口中,这地区自然而然就叫客家地区了。

其实,不管是客家人还是福佬人都是以中原汉人为主体,不断地与南方各土著民族融合的族群。严格说来,两种族群(民系)都是同一种人,只是方言不同罢了,迁徙到哪一族群(民系)地区,就成为该族群(民系)的人。

二、客家人强调血液遗传因子不同

客家人在血液遗传学上有一特殊情形,即新生儿葡萄糖-6-磷酸脱氢氢酶缺陷(G-6-PD deficiency glucose-6-phosphate dehydragenase dificiency)的比例特别高。台北荣氏总医院于1982年至1985年3年间,对院内出生的3054名新生儿做G-6-PD的活性定量筛检,结果母亲为客籍的男婴有G-6-PD缺陷者高达10.3%,较母亲非客籍者高出4~38倍。由于男婴只有一个X染色体,G-6-PD基因位于其上,且X染色体必来自母亲,所以同一母亲所生的男婴这一比例比女婴高得多。母亲为福籍的男婴有 G-6-PD 缺陷者仅 2.5%，母亲为其他省籍者只有 0.3%。⑨

G-6-PD 缺陷是与溶血有关的红细胞酶素异常中最常见的病症。在临床上的表现有高胆红素血液、急性溶血性贫血及蚕豆中毒三种主要病症。这种 G-6-PD 缺陷的人，受到感染或吃某些食物、药品后，会引起溶血，红细胞在体内自动破坏，尤其吃了蚕豆更易发病，故俗称蚕豆症。⑩

某些客家人往往以这种有科学根据的方式来借题发挥，说客家人是不同民族，言之凿凿。但也有不少学者对这种论点持保留态度，他们认为客家人的祖先长久以来住在环境卫生不良的瘴疠山区，与这种病的遗传基因有密切关系。不过真相有待医学专家与人类学者更进一步的探讨。

三、宁化石壁是客家人的总祖地，也是许多福佬人的祖地

汉人南迁而进入福建(闽西、闽南)有好几条路线，其中最重要的路线便是由赣南经宁化的石壁，再迁徙到粤东与闽南，所以宁化石壁就被称为客家人的摇篮或客家人的总祖地。⑪

宁化县石壁在闽西武夷山脉南段，西接赣南的石城县。石壁在宁化县城之西23公里处，与淮土乡、方田乡、济村乡等相邻。古时，这片方圆200平方公里的开阔盆地，森林茂密，宛如一道绿色屏障，由此得名"玉屏"，古代是南迁移民由赣南入闽的最重要通道。它是武夷山脉南北绵延千里的唯一缺口。周围高山峻岭，溪流环绕，可进可退。当时中原正是战火连天、兵荒马乱的年代，这里一直是安定无忧的地方，是一处世外桃源，因此就成为中原汉人南迁避难的聚居地，也许是此地原来的土著人数稀少，汉人较多，所以他们保存着比福佬人更接近中原的口音及文化。

迄唐末黄巢之乱，战火蹂躏全国，宁化石壁这个有世外桃源之称的地方也不能幸免，受到战乱的摧残，居民又开始四处逃命。他们顺着汀江、梅江、韩江、九龙江等河流往闽西、粤东、闽南沿海等广大地区迁徙。

自宋之后,从石壁迁徙到这些地区的新移民一批又一批地络绎不绝,而形成今天所谓的客家地区。这时闽南早已形成闽海系的福佬人,所以当这些新移民迁徙到闽南地区之后,就融入福佬族群了。[12]我们从各种谱牒中可以发现许多福佬人与客家人是同一祖先,足可说明石壁也是闽南福佬人的祖地。

四、台湾移民对族群的认同

台湾是一个移民社会,福客之间的互动关系是一个值得探讨的课题。台湾人往往以讲方言的二分法来分别福客族群,讲客家话的就叫客家人,讲福佬话的就叫福佬人。其实这样的二分法是否合理,值得商讨,因为客家人与福佬人还有下列五种密切的互动关系:

(1)闽西或粤东客家人→迁闽南地区(变福佬人)→迁台湾客家地区(变客家人)/迁台湾福佬地区(变福佬人)

(2)闽西或粤东客家人→直接迁台湾客家地区(仍是客家人)/直接迁台湾福佬地区(变福佬人)

(3)闽南地区福佬人→迁闽西粤东(变客家人)→迁台湾福佬地区(变福佬人)/迁台湾客家地区(仍是客家人)

(4)台湾福佬地区福佬人→迁台湾客家地区(变客家人)

(5)台湾客家地区客家人→迁台湾福佬地区(变福佬人)

从上面五种福、客的互动关系可见,如何去定位客家人与福佬人确是一大学问。

例如《游氏族谱》记载,游氏祖先宋初由汝南迁赣南,后裔游酢二三郎迁汀州(客家人),后裔一支迁龙溪(变福佬人),后代游程尧于乾隆初迁桃园大溪(变客家人)。又另一支迁陆丰(变客家人),后代游日免迁大甲(变福佬人)。[13]像这样不断地跟随迁居地改换福客身份,他的子孙们不知如何去认同族群归属?

五、石壁的客家公祠,台湾客家人很陌生

许多客家人(包括闽南人)的族谱都记载着祖先是经由宁化石壁再播迁到粤东(或闽南),因此石壁这个地方被客家人公认为客家人的摇篮或总祖地。不久前在世界客属恳亲会及侨领姚美良的大力支持下,在石壁兴建了一座客家公祠(1995年11月建成),以作为客家精神象征。虽然这座公祠规模雄伟,但是在台湾的客家人却所知不多,原因是他们的祖籍地多数在粤东(旧时的嘉应府、惠州及潮州府),他们所要追溯的也仅止于祖籍地,对更久远的祖籍地就比较淡漠了。所以台湾客家人只认同梅州是客家之都。更何况大多数客家人不认为粤东的客家人来自闽西,而是认为他们的祖先是从赣南翻过大庾岭从南雄珠玑巷过来的。

客家公祠背靠武夷山脉,面瞰石壁盆地。在宁化公路边,耸立着巍峨的公祠牌坊,上面题有"客家祖地"4个大字,从牌坊进到祠堂有约400米水泥径道,两旁种有整齐的树木,青翠蓬勃,过了立有"客家魂"石牌的拜殿之后,就到了祠堂。祠堂仿古宫殿建筑,雕梁画栋,美轮美奂。在碑亭内有一绿色大石碑,正面碑文这样写道:"宁化石壁,钟灵毓秀,客家发祥于此,客家民系成长于此,由此拓展,达四海,衍五洲。心系根兮,魂系故土,拳拳游子心,依依故乡情。客家总祠,聚列祖列宗英灵于一堂。振客家之雄风,是客家精诚团结的象征,是我辈贤哲敬宗谒祖的寄托,也是客家人爱乡爱祖的情思。公祠屹立于武夷山南段,承接武夷山之灵气,蔚起客家之精灵,祈望客家裔孙,吉祥繁荣,永世其昌。"

祠堂内供奉有128姓客家人的祖先神位,庄严肃穆,令人起敬。

六、客家人住山区不是因为晚到台湾

在台湾汉人开拓史中,一般人常提及的话题是:福佬人先到台湾,好的地方都被福佬人先占据,客家人因为晚到台湾,才到那些福佬人不

喜爱去的贫瘠山区开垦。[14]这样的说法是不正确的。我们从文献记载可知,除了施琅平台后头几年,有过禁止客家人来台之外,在之前或之后,都有许许多多的客家人与福佬人一起入垦台湾,时间应与福佬人是一致的。

约有三分之一的三山国王庙分布在彰化平原[15]及台中平原的事实,以及平原地区有许多客家地名看,台湾西部平原也有许许多多的客家移民,只是他们多数已被福佬人同化而成为所谓"福佬客"罢了。例如彰化平原的永靖、田尾、埔心、员林、竹塘都有八成以上的客裔移民。[16]

从一些移民家族的发展史,不难发现客家人与福佬人一样都是早期移居西部平原。例如云林县西螺二仑、仑背一带的廖姓家族,他们的祖先廖为见是诏安官陂客家人,于清康熙四十年(1701)东渡来到台湾的西部平原开垦[17],后来子孙众多,一部分移居台中盆地的西屯、港尾一带,已成为当地的大家族。在屏东平原的六堆客家人,台中盆地的神岗、大雅张家,也都是康熙、雍正年间的早期移民,说客家人因晚到而住山区是以误传误的说法,不足采信。当然,在清代的许多福客械斗中,有部分客家人因处于劣势,而被逐出或自动迁往山区,不愿离开的当然就福佬化了。

到清嘉庆十五年(1810),台湾人口才200万人[18],平均每平方公里仅有55人,在平原地区人口仍算稀疏,可开发的土地尚多,福佬人尚无迫切的必要把客家人逼迫到山区(丘陵或山地),因为在人口未饱和前,械斗也较少,不过客家人处在弱势,自动选择山区也不无可能。

七、福客械斗

台湾各族群往往因争地、争水、争势的利益冲突,甚至细故小事发生械斗。究其原因,移民多数为底层农民,而且清朝统治的前100多年间,禁止大陆妇女入台,造成两性人口失衡,出现众多"罗汉脚"问题,使整个社会出现不安定现象[19],械斗层出不穷,台湾因而有"三年一小反,五年一大反"的谚语。

在清朝统治的200多年间,台湾发生可考的大型分类械斗事件达52次[20],平均每4.1年就有一次。不可考的比较小型的械斗更是不计其数。

械斗除了省对省的福客械斗之外,也有府之间的漳泉械斗,县之间的械斗(如三邑人对同安人在台北顶下郊拼斗),姓之间的异姓械斗(如草屯的林、洪,淡水的苏、黄),也有职业团体间的械斗(如戏剧的福禄派与西皮派),甚至也有同姓之间的械斗。其实在那么多的械斗中,福、客的大型械斗仅17次,所以台湾的分类械斗并非全是针对客家人的争执所引起的。

八、客家人的人口比例较低

1926年,日本总督府曾对台湾人的祖籍分布做调查(当时人口375万人),其调查结果为福建人占83.1%,广东人占15.6%。[21]日本人调查时,把福建人均当作福佬人登记为福,广东人称为客家人,登记为广或客。其实这种统计方法是错误的,因为福建人中,汀州府的人也是讲客家话,而漳州府的南靖、平和、诏安、云霄也是客家人的强势县份,所以在调查中,漳州府的移民占全台湾人口35.2%,估计一半以上的人是讲客家话的漳州府人,也就是把福建籍讲客家话的人与广东籍客家人加在一起,在台湾讲客家话的人口起码占三分之一。如果再以族谱做统计,祖先有闽西客家血缘的台湾人远远超过此数目。

目前台湾的人口比例是客家人17%,外省人13%,少数民族2.7%,其余67.3%是福佬人[22],这是由民间社团所做的调查结果,其正确性有待进一步探讨。如果要以语言来区别,客家人有85%以上的人会讲福佬话,而福佬人会讲客家话的人少之又少,所以光从方言来区别也是不正确的。其实台湾各族群间通婚频繁,人际关系密切,要区别客家人或福佬人是一件很不容易的事。

九、台湾客家人以方言腔而分为四大类

1.梅州话（四县话）：多数分布在桃园县、苗栗县一带及南部高屏地区所谓的六堆。

2.海陆（丰）话：新竹县及桃园县新尾、观音一带，及部分高屏地区。

3.饶平话：多数分布在台中县东势、石冈、新社及苗栗县的卓兰，新竹县的竹北、芎林，以及彰化县平原（如田尾、永靖、埔心、员林、社头等地）。

4.汀州话：散居在各客家地区聚落。

上面所述，仅是大概的分布情形，其实台湾是一个移民社会，讲这四种方言的客家人都可以与福佬人互相杂处，互相包容。

十、客家人对母语流失的恐慌

台湾的客家人与福佬人是以所讲方言来做二分法，讲客家话的就叫客家人，讲福佬话的就叫福佬人，尽管这样的区分方式过于牵强，但目前找不到更理想的区分方法。如果以祖籍血缘来区别福、客族群更为困难，因为现在的人很少知道自己的祖籍。讲客家话的客家人占全人口的17％，但是他们绝大多数都会讲福佬话。所以福佬话在台湾已成为普通话之外的共同语言，一般人称之为台湾话。但是客家人反对福佬话就是台湾话的说法，自认为客家话也算是台湾话，这是由恐惧客家话流失的反弹意识所使然，因为客家话的流失便代表客家族群的消失，他们的隐忧与危机感不难理解。

在强势的福佬话冲击之下，客家话会在台湾流失并不是危言耸听，像平埔族语言的消失就是典型的前例。因此，客家人纷纷成立各种客家文化团体、客家电台、客家电视台等，以图挽救客家语言，但是否这样就能获得有效的成果，可能还需要日后长期的观察。

十一、客家人对文化消失的隐忧

　　台湾是多族群的社会,族群与族群之间经过二三百年的融合,基本上生活方式也融为一体了,包括信仰、风俗、习惯、民情等,其差异性都不大。以潮州府客家人的三山国王信仰为例,在台湾本来不信仰三山国王的闽西客家人或所有福佬人,也都有了三山国王的信仰。而原本闽南福佬人较重视的天上圣母妈祖信仰,在客家庄一样也有许多妈祖庙。其他各种神明的信仰也都大同小异,唯一不一样的就是客家人较重视义民庙。义民庙和福佬人的百姓公信仰相类似。他们之所以特别强调义民庙,是标榜客家人过去助官平乱的伟大功绩,以塑造这些"义民"是"正神"而非"阴神"的形象。

　　坦白说,今天客家文化的消失并非福佬化的冲击,连今天的福佬文化也不是原来的传统福佬文化了。事实上,今天的台湾社会是福佬人、客家人、外省人、少数民族四大族群经过长期的融合所形成的,产生了新混合文化。

注释:

①王东:《客家学导论》,上海:上海人民出版社,1996年,第9页。
②王东:《客家学导论》,上海:上海人民出版社,1996年,第71页。
③房学嘉:《客家源流探奥》,广州:广东高等教育出版社,1994年。
④杨绪贤:《台湾区姓氏堂号考》,台北:台湾省文献研究委员会,1979年,第115页。
⑤雨青:《客家人寻根》,台北:武陵出版社,1991年,第30页。
⑥王东:《客家学导论》,上海:上海人民出版社,1996年,第53页。
⑦王东:《客家学导论》,上海:上海人民出版社,1996年,第77页。
⑧雨青:《客家人寻根》,台北:武陵出版社,1991年,第32页。
⑨陈伟鹏等:《中华医志》1987年第10期,第443~450页。
⑩陈伟鹏等:《中华医志》1987年第10期,第443~450页。
⑪张恩庭、刘善群、张仁藩:《石壁之光》,厦门:厦门大学出版社,1993年,第71~91页。
⑫林嘉书:《对客家迟来说的再研究》,香港:香港中文大学国际客家学研讨会,1992年。

⑬《游氏族谱》,《台湾省各姓渊源研究学会会讯》第9期,1993年12月,第50～57页。
⑭台湾客家公共事务协会:《台湾客家人新论》,台原出版社,1993年,第135～136页。
⑮曾庆国:《彰化三山国王庙》,彰化:彰化县文化中心,1997年,第24～26页。
⑯曾庆国:《彰化三山国王庙》,彰化:彰化县文化中心,1997年,第22～23页。
⑰《廖氏大族谱》。
⑱陈绍馨:《台湾的人口变迁与社会变迁》,台北:联经出版社,1985年,第18页。
⑲林再复:《闽南人》,台北:三民书局,1989年,第221页。
⑳林再复:《闽南人》,台北:三民书局,1989年,第234～239页。
㉑陈绍馨:《台湾的人口变迁与社会变迁》,台北:联经出版社,1985年,449～450页。
㉒台湾客家公共事务协会:《台湾客家人新论》,台原出版社,1993年,第44页。

台湾鹿港郭厝回民郭顺直派的福建渊源

石奕龙[*]

两岸本是一家,血浓于水,代代相连。台湾居民中不乏来自大陆的后裔,这在有关历史文献及台胞所保存的族谱中都得到了进一步印证。本文通过考证百崎回族乡《汾阳百奇郭氏智房(四房)家谱》中的一段历史记载与台湾鹿港郭厝白奇郭的一支——郭顺直派的联系,认为鹿港郭厝郭顺直派的渡台始祖郭昭郎(顺直)即为白奇郭大四房的郭朝阳。同时指正了原来对此问题的一些误解,现将其简述如下,以就教于方家。

台湾彰化县鹿港镇郭厝里居住着一群郭姓居民。1992年7月22日至9月6日,"中央研究院"民族学研究所主办"暑期人类学田野工作教室"教学时,台湾师范大学地理研究所的颜秀玲小姐曾对鹿港的各姓进行了调查,后来,她在她的文章《北头渔村渔民生活方式的变迁》(以下简称颜文)一文中叙述郭厝郭姓居民的渊源时讲:郭厝的郭姓居民依其源流在鹿港郭厝共分成六支,分别为二房长支、二房三支、二房四支、二房五支、四房与五房以及日湖,其中四房与五房因来台的人数较少而合为一支。前五支主要是来自泉州惠安的白奇乡,有"白奇郭"之称,属白奇郭仲远派系;而日湖则是来自泉州晋江县石湖(又称日湖),属郭子仪六子郭暧(即京剧《打金枝》中驸马)派系。六支中最早渡台的是二房三支及日湖派,前者渡台祖为十一世的郭顺直,最早居住在鹿港的沟墘里,后来再迁居郭厝;后者为十三世郭通观于康熙末叶渡台,最初居住在新厝的渔寮(彰化县花坛乡),其子再迁入郭厝。然目前居台的人数以二房长支最多,渡台祖为十七世的郭世安。[①]

这一段概述有其对的一面,但也有其不对的地方。如认为鹿港郭

---

[*] 作者是厦门大学人类学研究中心教授。本文发表于《台湾研究》1999年第4期。

厝的郭姓有福建惠安白奇和晋江日湖的两个来源，这是正确的；但把鹿港郭厝郭姓二房三支的渡台祖，说成是十一世的郭顺直则明显是一个错误。鹿港郭厝郭姓提供给《环球郭氏宗谱》②的资料显示：郭顺直派与郭姓二房三支派有些不同，因为他们并没有记载在同一栏目下，如该宗谱第247页记：郭顺直的名讳为"昭郎"，其派下为"福建惠安白奇渡台昭郎公派下"；第250页为"福建惠安白奇渡台二房长支派下"；第252页是"福建惠安白奇渡台二房三支派下"；第253页为"福建惠安白奇渡台二房四支派下"；第254页为"福建惠安白奇渡台二房五支派下"；第255页为"福建惠安白奇渡台五房派下"；此外，第247页还记载了"福建惠安白奇仲远公派下"。该谱明确记载的白奇郭姓回族二房三支派的渡台祖先有两个：其一为十四世的福心扁公，其二为十七世的炮公。而昭郎派的昭郎（顺直）公，《环球郭氏宗谱》上记载他为渡台一世，没有按白奇郭仲远派下的世系记，只是在其名字旁用括号记载他为"白奇十一世"。换言之，在《环球郭氏宗谱》中郭昭郎公派自成一派，并没有同白奇二房三支派连在一起记载。只是在第249页记述完其派下人世系表之后有一个注释，其注曰："昭郎公祖籍福建省泉州府惠安县白奇乡，属白奇二房三支十一世，渡台开基于彰化县鹿港镇沟墘里沟墘巷，祠名孝德堂。生子三：清享、清甫、清实，闻传下裔孙甚盛云。"另外，《环球郭氏宗谱》除了记载白奇昭郎公派下以外，还记载了白奇郭二房长支派、三支派、四支派、五支派和白奇五房支派以及名为白奇仲远公派下，实为长房二支派③的情况，但却没有白奇四房派的记载。不过，在该宗谱中，白奇五房派有两支：一为白奇五房十六世老狮公派，一为白奇五房十四世公派。因此，也许这两支中有一派是四房的派下，只是因为"人数较少而合为一支"罢了。由此看来，实际上，昭郎公这一派自己并没有完全确定他们是属于白奇郭的哪一派，所以只是在注释中把他们同白奇二房三支派联系起来。也许正是因为在世系谱中认同的不确定，以及注释中认同的"确定"，才使颜小姐把郭姓昭郎公派认为是与二房三支派同支的，然而，这里明显有问题。

另外，颜文说郭顺直（昭郎）为十一世，这大概也是根据《环球郭氏宗谱》的记载而来的，但这也是个错误。因为根据《环球郭氏宗谱》或白奇郭的族谱、家谱记载，福建惠安白奇郭仲远公派由一世到四十世的辈分字行辈序为："仲仕谏怀,闻甫百甲,瑞天定朝,清廉启国,家修廷献,文明行笃,必有克成,用垂式谷,宜尔子孙,以介景福。"由此看来,清字辈应为十三世。郭顺直的名讳为郭昭郎,他有三个儿子,长清亨,次清甫,三清实,都是清字辈,所以郭顺直应为十二世,而不应该是十一世。其实,《环球郭氏宗谱》上虽这样记载,但鹿港的郭姓也早已发现这是一个错误。1995年4—6月,笔者应台湾省各姓渊源研究会之邀请访台,在从事"闽台民俗比较研究"调查期间,曾同该会的会长林瑶棋先生一道去鹿港郭厝找郭姓了解情况,曾拜访过台湾彰化县郭氏宗亲会的会长郭富贵先生与总干事郭恒瑞先生。在郭恒瑞先生家中,笔者也见到一本《环球郭氏宗谱》,但在昭郎公(顺直)的边上,已用钢笔注明他为白奇郭第十二世,而不是第十一世。笔者曾问郭恒瑞先生为什么这样修改,他告诉我,清字辈为第十三世,昭郎公为清字辈的父辈,自然是第十二世了。由此可见,郭昭郎(顺直)为第十二世应是毫无异议的。

因此,概而言之,从《环球郭氏宗谱》所记载的情况看,我们可以明显看到的是:鹿港的白奇郭的后裔,明确的有白奇郭大二房、白奇郭大五房两大派,其中白奇郭大二房包括长支、三支、四支、五支派等四个小分支。白奇郭大五房包括十四世公与十六世老狮公派两个支派。另外,我们也看到该谱记载了名为白奇郭仲远公派实为长房二支派和白奇郭渡台昭郎公派的简况。昭郎公派与白奇大二房三支是否确为一派,连他们自己也没有明白地确定,所以才在注释中说,他们跟大二房三支派为一支,然而,这里显然有一些问题或疑义,否则就不会有这样不确定的表现。还有,通过辨识,我们也知道昭郎公是白奇郭的第十二世,而不是第十一世。

那么,昭郎公派的福建渊源是白奇郭的哪一房呢?根据笔者手头掌握的资料看,笔者认为,他们应该属于福建惠安白奇郭的大四房,而不是《环球郭氏宗谱》注释中和颜小姐文章中所说的白奇二房三支派。

为什么这样说呢?因为笔者曾在鹿港白奇郭的祖籍地福建惠安百崎回族乡做过多次调查研究,看过多部郭姓回族的族谱与家谱,对郭姓宗族的情况有一定的了解。百崎回族乡于1989年成立,下辖白奇、里春、莲埭、上埭、后海等5个行政村、13个自然村。其中白奇行政村只辖白奇自然村;里春行政村辖里春、田吟、头门头、后塘自然村;莲埭行政村辖埭上、大山、贺厝、山兜自然村；下埭行政村辖下埭、桔圃自然村；后海行政村辖后海、加坑自然村。百崎回族乡郭姓回族的开基祖为郭仲远,其有5个儿子,分为仁、义、礼、智、信五房,是为白奇郭的大五房。长房主要集中居住在白奇村。大二房居住在里春、田吟、斗门头、后塘、后海、加坑等自然村。大三房居于山兜自然村。大四房居住在埭上、大山、贺厝、下埭、桔圃(克圃)。大五房居住于里春的梁墓角落。1994年在百崎回族乡调查时,有幸在莲埭村埭上自然村(顶埭)郭国波先生处,看到他于1948年抄写的一份《汾阳百奇智房(四房)郭氏家谱》(顶埭东厝四支),里面有几段文字记载了该房的朝虔、朝阳情况及到台湾鹿港谋生经历,与鹿港白奇郭昭郎公派有相应的关联。下面特录出,以便进一步的分析：

十一世,本支属新大厝,由十一世起。

天云公之长子

定科公,谥其昌,生顺治十八年辛丑(1661)四月廿四日寅时,卒雍正六年戊申(1728)三月廿七日,68岁。

妣陈氏,谥淑美,生顺治十八年辛丑(1661)七月廿五日子时,卒雍正七年己酉(1729)三月十七日未时,69岁。

生二男,长朝虞,守祖；次朝虔,出祖,与弟朝阳公因悻于海难,而兄弟于台湾台中鹿港东畔沟墘成家立业。

天云公之次子

定甲公,谥永昌,生康熙七年戊申(1668)三月廿五日辰时,卒于雍正四年丙午(1726)二月初八戌时,59岁。

妣丁氏,生康熙十年辛亥(1671)五月十七日,卒于雍正五年丁未(1727)二月十九日,57岁。

子朝阳,于清朝雍正四年(1726)同兄朝虔幸免于海难,而兄弟遂居台湾台中鹿港东畔沟墘成家立业。

十二世定科公之次子

朝虔公,生康熙四十二年癸未(1703)十二月十七日吉时,卒于台湾鹿港,何年何月何日不详,待记。

妣孺人江氏,生康熙四十三年甲申(1704)正月初八酉时,卒于雍正十年壬子(1732)八月廿五日子时,年廿九岁,生一子,清瑜。

朝虔年当廿四岁时，于雍正四年丙午（1726）六月十七日，同弟朝阳，二十三岁，以及内村（现里春村）表兄德祥，搭苦浮里施阿顺之船，一共八人，要开去北仔山（北方）寻（找）头路（工作）趁食（挣钱）。到大海中，受台风，桅舵尽折，漂流到台湾竹堑后砻梧栖港口（今台中县梧栖镇）沙线打破，幸遇山上（岸上）乡亲救活八条人命，平安。因为官厅（官府）禁止船只出入，又无船只可搭回唐山，连批信（书信）亦难通知家中，兄弟同表兄只好就在后砻（今苗栗县后龙镇）觅食讨趁（找活干）。二年后，三人再搬到嘉义、彰化。九个月，又再去鹿港庄脚（乡下）沟墘，搭间草寮宿风雨，替人种田、做挑夫、贩仔生理（生意），有七年之久。到雍正十年壬子（1732），塔（獭）窟（今惠安县张坂镇獭窟村）曾法伯讨鱼船来鹿港，即托法伯代为报说（报知）吾三人平安。家中听到报说（报信），亲（真）像天上落月。后来因为不能回家，即就鹿港建置家业，不回唐山祖家。但在顶埭祖地只有一间二房一厅破漏厝宅，与大兄（大哥）朝虞合家之祖公遗下祖业。过去父母年老，后事养生、送终，一律是同腹（同胞）阿兄朝虞及侄子支当（承当）代理，而且发妻江氏去世后，幼子清瑜皆是阿伯、阿兄共为养饲（养育）长大。今虽父母早已离世，尚幸兄嫂长寿在堂，心中甚然欣喜，此帮（次）回到祖家住过十日，即将幼子清瑜带去鹿港与家人共聚，他日再图重见。临别时，草略自述雍正四年（1726）兄弟同遇海难安危之情状，以记之也。

清雍正十一年癸丑（1733）五月初十回家自述代为笔记，朝虔口述。

十二世，定甲公之子

朝阳公，生康熙四十三年甲申（1704）二月十五日时，卒于台湾鹿港而世系不详。

妣施氏，鹿港人也，生卒皆在鹿港，故难为载。

朝阳公于雍正四年（1726）六月十七日同朝虔、表兄德祥同船遇台风漂流到台湾竹堑港，遇救平安，兄弟三人后来一起在鹿港东畔沟墘建家立业，久无往来、联络，情形不明。

上述这几段族谱记载，有些是系谱，有些是郭朝虔在雍正十一年（1733）从台湾返回福建惠安祖家时口述的一段经历。这段记载说：白奇郭姓莲埭村大四房新大厝支派中有二个人，即朝虔、朝阳与内村（现里春村）的德祥与鹿港沟墘、郭厝有关。朝虔与朝阳为"隔腹"的堂兄弟

(即同祖父的兄弟),德祥则为他们的表兄弟。但是德祥到底是谁的表兄弟?

从上述记载看,有两种可能。第一种可能性为德祥是朝虔、朝阳的姑表兄弟,如是这样,则德祥是朝虔、朝阳俩的表兄弟。不过,由于郭姓回族的族谱与家谱中极少记载女性的情况,如生几女,嫁某人等,所以,由此很难探究其姑表亲属的情况。第二种可能性为德祥是朝虔、朝阳的舅表兄弟,如是这样,则德祥最可能是朝虔的亲表兄。

因为朝虔的母亲为陈氏,朝阳的母亲为丁氏。据调查与考证,百崎回族乡过去除了住郭姓回民外,还住有陈、江、梁、贺、孙、杨、郑以及李姓,而没有丁姓。丁姓主要是聚居在晋江县的陈埭乡(现为陈埭镇),与百崎回族乡隔海相望,故有"陈埭丁"的称呼。同时,从族谱的记载中,我们知道德祥是白奇乡的内村(现里春村)人,而在当时一般是不会有同姓通婚的现象出现的,所以,朝阳的母亲丁氏应来自"陈埭丁",而朝虔的母亲应该是来自白奇乡的陈姓,可能就是内村。也就是说,她应该就是德祥的姑母,因此,德祥应该姓陈。也因此,在这里我们可以把他排除不论。这样,在上述的记载中,我们可以看到,百崎回族乡郭氏大四房新大厝支派中有两个人,即朝虔与朝阳这两个堂兄弟,于雍正四年(1726)因台风的缘故无意中到了台湾,并在台湾艰难地生存了下来。

雍正四年(1726),这个朝虔、朝阳俩兄弟的渡台年代,实际上与郭顺直(昭郎)渡台的年代应该差不多,只是郭顺直渡台的年代,按颜文讲,是鹿港白奇郭最早的,但具体不清楚。不过,颜文又说鹿港郭氏最早渡台的是郭顺直和日湖派的渡台祖,后者为日湖派十三世的郭通观,他是在康熙末叶渡台[④],因此两者的渡台时间应相差不多,也就是说,郭顺直渡台的年代也应该是在康熙末年或雍正年间。

另外,由于白奇郭的第十二世祖先们大体都出生在康熙年间或之前之后,如白奇郭长房二支四房的一位十二世祖郭毅伯,其生于康熙三十七年戊寅(1698)[⑤];又如大二房长支三房的一位十二世祖郭朝满公,其生于康熙五十五年丙申(1716)[⑥]。所以,如果像《环球郭氏宗谱》的注释中或颜文所说的,郭顺直属于大二房三支派,其出生的年月应该与上述大二房长支三房的郭朝满相差不多,也应该出生于康熙末叶,也就是康熙四十至六十一年间(1701—1722)。而且按常理,郭顺直的出生年月应晚于郭朝满。因为,根据族谱的记载,白奇郭大二房公为郭仕源,其生于洪武六年癸丑(1373),其长子郭邦永(大二房长支)生于建文元年己卯(1399),次子郭邦纶(大二房二支)生于永乐十七年己亥(1419)[7],三子郭邦爵的出生年月缺蚀而不详,但从次子与长子相差20岁的情况看,三子同长子的年龄也要相差20多岁,所以大二房三支的子孙要比大二房长支的子孙年龄小。因此,如果郭顺直是属于大二房三支派,其出生年月要迟于大二房长支的郭朝满,而不应该早于郭朝满。也就是说,他应该出生于康熙三十七年(1698)以后。如果我们假设郭顺直生于康熙三十八年(1699),那么,他渡台的最早年代则应该在康熙五十四年(1715)左右,因为作为一个个体只身外出找工作,一般都得在16岁成年以后。因此,不论郭顺直是否真是属于白奇郭大二房,作为白奇郭的第十二世祖,他赴台时间都应该在康熙五十四年(1715)以后到雍正年间(1723—1735),甚或是迟到乾隆年间,而不可能早于康熙五十四年(1715)。

其次,从上述记载看,朝虔、朝阳他们堂兄弟到台湾,并不是直接从大陆渡海到台湾,而是在乘船去北方(可能是去浙江的舟山渔场)找活干的途中,因遇上台风的袭击,才意外地漂流到台湾的,这种情况与当时的台海形势是吻合的。

在康熙末年,由于台湾岛上吏治逐渐败坏,台湾的治安日益变坏。于是清政府当局认为如果放任大陆人民自由渡台谋生,就会造成游手好闲之徒日多,并害怕因此酿成大祸。所以在康熙五十一年(1712)到雍正七年(1729)年间,清政府重申了三次禁令,限制大陆人民自由渡台。康熙五十一年(1712)规定:"内地往台湾之人,该县给发照单。良民情愿入台籍居住者,令台湾府、县查明,出具印文,移付内地府县知照,该县申报该道稽查,报明该督抚存案,文武汛口员弁验照放行。"[8]康熙五十八年(1719)则根据闽浙总督觉罗满保疏奏规定:"凡往来台湾之人,必令地方官给照,方许渡载。"[9]"单身游民无照偷渡者,严行禁止。若有违犯,分别兵民治罪。哨船偷带者,该管、专辖各官分别议处。"[10]虽然在康熙六十年(1721),福建漳浦人蓝鼎元提出应准许携眷口赴台的"治台事宜书略",但廷议不准。雍正五年(1727),曾命福建总督高其倬详慎酌量,定议具奏,但还是疏入不从,禁携眷、自由渡台如故。所以,雍正七年(1729)再次重申严禁,规定:"拿获偷渡过台人犯,问明从何处开船,将失察水汛及本地文武各官,照失察奸船出入海口例议处。"⑪失察携眷偷渡者,降两级;失察只身偷渡者,降一级;知情隐匿不报者革职。到了雍正十年(1732),广东巡抚鄂弥达深以蓝鼎元之议为然,复奏朝廷,请准携眷以安流民,此奏折得到朝廷议准之后,禁止携眷渡台的禁令才得以解严。所以,上述族谱记载谈到,朝虔他们是在雍正四年(1726)因遭海难漂流意外到了台湾,因海禁而不能回大陆老家,才留在台湾定居。后来朝虔又于雍正十一年(1733)返回唐山福建惠安白奇老家探亲,并把儿子清瑜带去台湾的情况,这是与当时禁海和开放携眷渡台的历史事实一致的。这表明朝虔等人于清雍正四年(1726)意外漂到台湾,在台湾定居下来的确是一个事实。这一事件是事实,也表明朝虔回乡后的口述是事实。所以他们是在台湾梧栖港附近上岸,先在后砻做工,两年后转到嘉义、彰化几个月,才到鹿港沟墘搭一草寮定居下来,以打短工,做小贩等维持生计。这一经历实际上是与郭顺直(昭郎)的经历基本吻合,因为颜小姐的文章讲,郭顺直是先到鹿港沟墘,以后才迁到鹿港郭厝定居的。两名都有住过鹿港沟墘的经历。相差的只是,上述郭氏家谱记载所讲的是,从梧栖港到鹿港沟墘的过程,而颜文讲的是,从鹿港沟墘到鹿港郭厝的过程,所以颜文讲的应该是同一个人更晚一些的事,而不是两回事。因为鹿港的白奇郭只有郭顺直的渡台时间与上述族谱记载的渡台时间比较一致。而且郭昭郎(顺直与郭朝虔、朝阳)他们都是白奇郭的十二世祖,这也是一致的。

其三,郭顺直的名讳为昭郎,他是白奇郭氏十二世祖中的一员,按排行字辈,他属于"朝"字辈是毫无疑义的。因此,昭郎的"昭"应为朝字辈的"朝"的闽南方言音转替代字,即"jiao"与"diao"的音变,而"郎"(lang)与"阳"(yang),在闽南方言中,实际上也是谐音的,因此,在闽南话中,特别是泉州土语中,昭郎与朝阳是谐音的。把朝阳写成昭郎,可能是因为郭朝阳及其子孙中识字的人不多,在用汉字记闽南话的发音时,把它们记错了,或是以同音字来替换。因为颜文说鹿港北头渔村郭厝里的郭姓过去是以渔业(外海与内海浅坪渔捞)、牡蛎养殖和晒盐为主要生计的,就是在今天,虽然小工厂及家庭手工业取代昔日捕鱼维生的生活,然郭厝渔民仍有 148 人,占有业人口的 23.9%。⑫因此,过去郭厝郭姓居民的教育程度相对比较低下,这也是一个不争的事实,因此他们的先人患这种错误也在所难免。所以,从闽南话方言土语的角度讲,昭郎就是朝阳,应该是没什么问题的。至于顺直,这只不过是昭郎(朝阳)的谥号,而谥号往往是该人过世后由族人议定的,是对过世者的褒称,并非宗族中按字辈取的名讳。

总而言之,根据上面的考证与叙述,笔者认为:郭朝阳就是郭昭郎(郭顺直),鹿港白奇郭的昭郎公派即为朝阳公派,因此,他们应该是属于白奇郭的大四房,而不是属于白奇郭二房三支派。讲得更准确些,他们是白奇郭大四房(智房)四支东厝四支派的新大厝派。他们的祖厅在现在福建省惠安县百崎乡莲埭村埭上社的新大厝角落。他们的直系世系为:仲远—仕敏—谏议—世坚—邦乔—思容—伯仲—汝鼎—瑞佑—天云—定甲—朝阳(昭郎、顺直)—清亨、清甫、清实……

注释:

①颜秀玲:《北头渔村渔民生活方式的变迁》,余光弘编:《鹿港暑期人类学田野工作教室论文集》,台北:"中研院"民族学研究所,1992年,第65页。

②《环球郭氏宗谱》第一辑,台北:郭姓宗亲会,1981年,第247~255页。

③白奇郭的开基祖为郭仲远,据现百崎回族乡的郭姓族谱记载,他于明代洪武年间从泉州法石迁居惠安县廿三都白奇铺(今百崎回族乡)。生五个儿子,分为仁、义、礼、智、信五房。所以,白奇郭都是仲远公派下。由于该谱记载的是仁房仕初公次子孟伟公的派下,因此他们为长房二支派。

④颜秀玲:《北头渔村渔民生活方式的变迁》,余光弘编:《鹿港暑期人类学田野工作教室论文集》,台北:"中研院"民族学研究所,1992年,第65页。

⑤《白奇村郭氏元兴三房三支家谱》,郭剑明抄本。

⑥郭富贵、郭德安:《白奇郭氏族谱》,1989年,第48页。

⑦郭富贵、郭德安:《白奇郭氏族谱》,1989年,第35~37页。

⑧(道光)《厦门志》,鹭江:鹭江出版社,1996年,第82页。

⑨《大清圣祖仁皇帝实录》卷二二七。

⑩(道光)《厦门志》,鹭江:鹭江出版社,1996年,第83页。

⑪(道光)《厦门志》,鹭江:鹭江出版社,1996年,第83页。

⑫颜秀玲:《北头渔村渔民生活方式的变迁》,余光弘编:《鹿港暑期人类学田野工作教室论文集》,台北:"中研院"民族学研究所,1992年,第52~53页。

从谱牒看闽台移民发展
——以台中牛骂头（清水地区）杨、蔡家族为例

陈炎正[*]

一、前言

牛骂头地区原属台湾少数民族拍瀑拉人（Papora）牛骂社（Gomach）之地域，牛骂头（或作寓鳌头），系自其社名汉译而来。牛骂头之海拔约为10米，其东有牛骂头山，海拔约60米，据《彰化县志》"封域志"云："牛骂头山在县治西三十里，山形似牛头，因以为名。北接蓬山，南接沙辘山，多平坦，可垦为园。"

牛骂头东有大肚丘陵，地势以牛骂山西侧坡势急斜，形成清水断层。西麓系为清水隆起平原，与大肚台地同属于一大倾动动块，地壳不稳，1935年4月曾发生大地震，灾情至为惨重。

今清水市区中心，昔为牛骂社故址，如今市肆发展已无遗迹可寻；东屏鳌峰山，山麓处（埤仔口）有一泓灵泉，清澈可鉴，遂于1920年改名为"清水"迄今。

二、自然环境

本区位于台中县西部，大甲溪之南，西濒台湾海峡，广袤10余里。

---

[*] 作者是台湾省各姓渊源研究学会顾问。本文发表于《晋江谱牒研究》总第4期，1999年1月。

东半部有大肚台地盘结,西半部属于西海岸隆起平原,台地与平原约各占一半;清水隆起海岸平原,介乎大甲溪、大肚溪之间,东以大肚台地山麓线为界,地面平坦,缓斜度仅千分之二十左右,海拔大多于 10 米以下。而东部有大肚山台地纵行,作北北东至南南西走向,海拔多在 180 米以上,最高点达 310 米,在台地中央(台中县市交界点)。东坡平缓,西坡多陡,系地块倾斜所致;倾斜方向向东。其西麓有断层线,断层崖之倾斜颇急,平均坡度为 28°左右,部分较陡处超越 30°。台地上因南北性及东西性小活断层所经,尤以横山断层为著,故台地上出现不少断层外侧洼或断层外侧丘地形。沿其西麓断层线有丰富而水质良好之泉水涌出,为本区内主要饮用水源之一。由于大肚台地绵亘于此,亦形成本地区东西两个截然不同的景观。

总之,本区内以鳌峰山为界,东部系一丘陵地带,而台地上之农产品以旱作为主。西部平原,除清水街区为市街形态外,其余村均为散村,平畴沃野,畎亩交错,农作以水稻、蔬菜为大宗,为一稻谷盛产地。本地区以自然环境而言,在地理上得天独厚,有山之险,有海之利,自古以来咸谓为军事、文化、经济、交通之重镇。

三、牛骂头开发的曙光

(一)先住民文化

牛骂头地区原为平埔族群所居,具体为拍瀑拉人栖息其间,而其所分布地区以今牛骂头山西麓附近地方为中心,故今清水镇西社里之旧地名"社口",即为番社出入口,当毋庸置疑。

明郑以前,平埔族为一孤立闭塞社会,狩猎为生,不谙农耕。清康熙三十六年(1697),郁永河来台采硫黄,路过沙辘、牛骂等社,所见景象犹为"荆榛樛结,不可置足,林下如蝟毛,联枝累叶,阴翳昼暝……惟有野猿跳踯上下……修蛇乃出踝下",可知其时尚属蛮荒未辟之地。而社入所居,更是"番舍如蚁垤,茅檐压路低。岚风侵短牖,海雾袭重绨"。

牛骂社原为清水平原四社之一,社区范围不大,只有今清水街附近地方而已。其聚落分布,主要沿大肚台地西侧山麓线发展,由于地势高亢,不易淹水,又有溪涧涌泉,利于生息活动及原始粗放耕作。而番业所属则囊括清水西北境之十三庄,后来因汉人激增,加之先住民游耕农业不断易地耕作,旧有社地多为弃置,于是乎番业日蹙,终至丧失其土地所有实权。

兹为方便说明起见,特列出拍瀑拉人所属各社沿革(详见表1)。

表1　拍瀑拉人所属各社沿革

时间	资料来源	拍瀑拉人所属各社			
康熙三十三年(1694)	《台湾府志》	水里社	迁善社	感恩社	大肚南北中社
康熙三十六年(1697)	《裨海纪游》		沙辘社	牛骂社	大肚社
康熙五十六年(1717)	《诸罗县志》《凤山县志》	水里社(诸)	沙辘社(诸)	牛骂社(诸)	大肚社(诸)
康熙五十八年(1719)					
康熙五十九年(1720)	《台湾县志》	水里社	迁善社	感恩社	大肚社
雍正二年(1724)	《番俗六考》	水里社	沙辘社 迦马社	牛骂社	大肚社
民国二十六年(1937)	《台湾地名研究》	水里社(大甲郡龙井庄龙目井字水里社)	沙辘社(大甲郡沙鹿庄沙鹿)	牛骂社(大甲郡清水街清水附近)	大肚社(大甲郡大肚庄大肚)
如今		台中县龙井乡龙泉村(原旧小字水里社、龙目井)	台中县沙鹿镇居仁、洛泉、沙鹿、美仁各里(原旧小字沙鹿社)	台中县清水镇鳌峰、云泉、清水各里附近地区	台中县大肚乡新兴、大车、大肚、永和、碑溪、顶溪、福利等村

至于拍瀑拉人之生活状况,依据《台湾番社考》有关记载云:"彰化境中,其处于西偏者有九社:一曰大肚社,二曰感恩社(旧名牛骂),三曰迁善社(旧名沙辘)……过沙辘至牛骂社,社屋隘其……种山、射生以

食……鹿皮作衣……茹毛饮血,登山如飞……酒饭各二种,饭不拘粳糯,炊而食之,或将糯米蒸熟……用黍米浸水……和以草麹,三五日发气,水浸饮之。"由此可知,本区平埔族之经济活动,除渔猎为主,还以耕种为辅。唯其刀耕火烧之农产技术落后,停滞于粗放农牧时代,以所居附近随意树艺,不深耕,不灌溉。又据《诸罗县志》所称:"园种之法,先于秋八九月诛茅,平覆其埔,使草不沾露,自枯而朽。土松且肥,俟明岁三四月而播,场功毕,仍荒其地;隔年再种,法如之。"

综上所述,可见他们以休耕方式恢复地力,加上农技缺乏,形成一种自给自足之农业经济。同时他们之社会系为母系社会,女子继承家产,耕稼亦由妇女承担,狩猎则以男人为主。

先住民之社会解组,除因土地丧失外,还因官宪勾结胁迫。如雍正九年(1731)大甲西社倡乱,官宪为争功迫害族人,遂引发联社围攻县治,而造成中部大动乱。事平之后,将大甲社改为德化社,沙辘社改为迁善社,牛骂头社改为感恩社。

(二)汉人社会之建立

1.汉人之移入与垦拓

汉人之入垦台湾,由南而北。因此最初渡海来台者,大都由南部上陆;乾隆以后,中部港口贸易兴起,遂取而代之。汉人之移入清水境内,最迟在康熙末叶,初由闽、粤二籍合力垦拓,迨至嘉庆年间,大抵开发殆尽。

当康熙二十二年(1683)清廷领有全台时,中部西海岸平原尚属一片荒芜。至康熙三十六年(1697),武林郁永河来台,途次牛骂社,因雨停留十日,据其所著《裨海纪游》记载得知,当时人烟稀少,犹为一初拓景象。

雍正十一年(1733),汉人已向平埔族承垦清水境内十三庄之地。兹据《清代台湾大租调查书》,感恩社民番业佃谕示碑(该碑现竖于清水镇大街路紫云岩后院)载,清水地区于"雍正十一年开垦以来,顶耕斯土……永作番佃",由此足见前本地十三庄原属感恩社番业。(麻豆仑属于迁善社,即沙辘北社)

汉人移民何时入清水,早期因为榛狉未启,犹是北路番地(北鄙),

自无文献可征。移民之大量来台应在清雍正三年(1725)之后。雍正三年部议:"台湾各番鹿场闲旷之地,可以垦种者,令地方官晓谕,听各番租与民人耕种。"嗣后海禁既颁,沿海各省争趋货利,尤以闽、粤两地为甚。

由上揭碑文可知,雍正十一年(1733)汉人已有大批涌入清水地区垦殖,其所开垦十三庄为秀水、三块厝、客庄、桥头、田寮、后庄(今西宁小学后面)、社口、顶湳、下湳、菁埔、碑仔口、山仔脚、水碓等地。

汉人社会之形成,以村人群居处称为村庄,又称为草地,移民即入,大多率有家室,聚居日久,相安耕凿,而血缘、地缘团体之庄,于焉成立。区域之开发,水利兴修,产业日隆,而先住民之原始部落或因同化,或迫迁徙,原有住区之"社"遂转化为汉人聚居之村落"庄"。

此时移民来台,除小部分由南部转入外,大都沿海岸或大甲、大肚两溪口直接登岸,随之附近各庄社陆续形成汉人聚落。而本区主要之部落牛骂社,在雍正十年(1732)乱平之后改为"感恩社"。至乾隆二十九年(1764)续修《台湾府志》已有牛骂街,街衢市肆之形成,以商贾为主,亦可知地方开发已有相当进展。至是,牛骂头成为中部西海岸平原之奥区。

2.聚落之形成与开发

我国自古以宗族社会著称,浓厚之血缘意识颇受重视,而台湾岛自从汉人入垦以来,随着汉人社会之建立,更体现出宗族与地方开发相互关系之重要性。

牛骂头地区早期移民向以泉人为主流,尤以三邑(晋江、南安、惠安)所占比例偏高,为全部之半数以上,与邻近龙井、大肚乡之漳州人天下,形成强烈对比。而血缘聚落之形成与各大姓分布具有密切关系。本地区居民以蔡、杨二姓为大姓,大多分布于大街与社口;王姓分布于菁埔、顶湳、下湳;陈姓则分布于秀水、武鹿;黄姓分布于三块厝(今国姓里);李姓分布于高美;吴姓分布于桥头、下湳;廖、郑姓分布于田寮。上述皆为血缘聚落。此外,本区在开发过程中,所形成聚落除埤仔口蔡家为书香世家,大街豪商"蔡源顺"以及社口大租户"杨同兴"外,在有清一代,血缘聚落相当普遍。

由搜集之族谱资料得知,血缘组织之发展与入垦关系至为密切。

兹以各大族入垦时间顺序略述如后:康熙末叶有晋江县人蔡绳铸、蔡绳钦以及南安县人杨凤等入垦。雍正年间入垦牛骂头有晋江县人蔡世送、蔡德荣及安溪人廖向、南安县人周明,而蔡姓者皆以埤仔口为据点。乾隆元年(1736)有粤籍吴琼华取得张振万(即岸里社通事张达京之垦号)之垦批,开发公馆庄(拍宰海人地界)。乾隆四年(1739),杨、萧、赵、王等四姓汉人更北溯大甲溪岸开拓海口、牛埔、旧庄等地,至乾隆十年(1745),上述诸汉农又至大甲溪南岸从事开垦高密庄一带,而逐渐形成溪底等大甲溪口三角洲地区之聚落。

乾隆年间大批汉人入垦清水地区,先后有同安人林祖源、林佑、杨威曲、杨威仙、杨炳耀、杨富宗等;安溪人蔡利瑶、蔡利琅、廖力、廖芳禁、高培谋、白坦爱、白坦环、白坦福、白坦基、白宜在等;南安人侯敬、周国瑞、周国麟等;晋江人苏文清、苏文万兄弟,及黄玉衡、黄三老、吴佛赐、蔡世琏、蔡希直、蔡希谅、蔡希实、蔡希赏、蔡岗鹏、蔡紫荆、蔡希迎等。道光年间续有南安人周长山入垦。入垦者以泉籍为多,于是本区遂为泉人所拥有,并以杨、蔡二大姓族人为主流。

至是牛骂头街(今寓鳌头街)商贾日见殷盛,已为梧栖港通往葫芦墩(今丰原市)方面之交通要道,更为中部米产、山产之集散地。雍正年间入垦之粤人,因后来地方发生分类械斗,而相率避走内山或葫芦墩地区,其所供奉乡土神三山国王之调元宫(今清水镇大街路186号),现仍香火鼎盛。而其客家祖籍地名"镇平庄"(今清水镇临江里,旧称"四块厝"),至今尚如是称。另外,有部分杨、蔡族人更至东半部之顶三庄开拓,聚族以居,如今之杨厝寮、西势寮(今沙鹿镇境)等等皆是。

3.水利开发与交通

(1)水利

汉人移民取得朴赎耕承垦地权后,垦务之推展必先兴修水利以灌溉农田。

我国自古以农立国,农业生产攸关民生。初期移垦社会主要地点选择,除考虑居住环境安全外,即重视用水之取得问题。早期牛骂社西麓平原,因有寓鳌头泉与井仔陂,在此取水方便,迅速形成汉人聚落,由杨、蔡二大垦户所拓殖。

据《彰化县志》:"寓鳌头泉在寓鳌头山下,泉从石隙流出,清甘绝伦,里人多汲焉。山下田数千亩,皆借灌溉。"又称:"井子陂,在寓鳌头街口。泉涌山麓,滚滚不竭,灌田甚多。"

本区早期水利兴修,当在雍正年间东堡葫芦墩圳开凿后,由其下埤绕道流经岸里社附近,再从大甲溪下游引进灌溉。由于溪床伏流大,亢旱期间经常为上游所拦绝,遂于乾隆二十七年(1762)发生争水纠纷,事后由官方判定三七分水(东堡得水七分,西堡得三分),但争水风波未息,时有违断绝流案件发生。

光绪二十年(1894),更有屯仔脚(今后乡里)庄人张程财(廷材)于枋寮地方凿圳两道,横截溪流,牛骂头殷户"蔡源顺"具控张氏,嗣经官宪截决结状示禁了事,此即本地水利开发之滥觞。

牛骂头地区之陂圳开发,先有五福圳于雍正十一年(1733)由牛骂社项目大字牛骂所创设,嗣有金裕本圳及国姓庙圳,由四块厝萧希旦所开发。乾隆四十五年(1780),高密庄(今高美里)萧元捷开凿高美圳,社口庄杨同兴开发埤仔口圳。

日据台后,合并上述五圳,统称为"五福圳"。1923年4月公共埤圳废,日人公布水利组合令,始将五福圳改为五福圳水利组合,至1939年6月16日,归并大甲、五福、大肚等水利组合,改组成立大甲水利组合。会址设于今清水镇,事业区域介于大安溪与大肚溪之间沿海地区,灌溉面积达12000余公顷。

1975年,复将大甲、丰荣、后里、苑里等合并建立台中农田水利会。以灌溉系统而言,于本地设清水工作站,下设二五小组,一三一班,以推展农田灌溉工作。

(2)交通

本区向称南北交通要冲,有铺递之设,为早期为数不多的官道之一。唯境内北有大甲溪阻隔,每苦于溪流湍急,往来客商莫不称绝险。道光十七年(1837),大甲溪官设义渡,载运行旅称便,至是淡、彰往来遂以此为交通要津。

清水隆起海岸平原,为平直之沙岸,故良港不多,早期本区对外往来之港口,即以梧栖港为近,涂葛堀次之。乾隆三十五年(1770)起,梧栖港始有戎克船(帆船)与大陆间往来,至道光年间已有相当发展,嗣后,由于港口日渐淤浅,遂为涂葛堀港所取代。

本省铁路之兴筑始于清末,至甲午割台时,仅完成基隆、新竹段,台湾中部尚无铁路设施。日据台后,民间私设小型铁路(轻便车),本地先有台中轻铁株式会社经营清水、沙鹿、梧栖间客运业,以解决地方交通问题。至1922年10月,海线铁路正式通车,从此海线铁路即为本区联外客货运输之一大动脉。

4.文教与经济活动

(1)文教

有清一代,台湾教育约可分为官学与乡学两种。乡学由地方士绅组织,置学田,设书塾(学堂)延师设帐授徒;或由文人士子结社,重兴梓潼帝君(俗称文昌公)祀典。官学则于府、县儒学所在地,设泮宫、书院以讲学;儒学中置训导、教谕,举行士子月课,职司生员科考,并掌管文庙释奠之礼。书院、社学之书房,民间通称学堂,大都由乡绅倡建,官方认定予以补佐府、县学之所不逮,而振兴地方文教。

本区早期之土番社学有无设施,因文献无征,已难稽考。据雍正十二年(1734)台湾道张嗣昌建议于南北两路各熟番设置社学,彰化县二十社学中已有感恩社。乾隆年间,汉人移垦日增;初有晋江人蔡德荣奉请文昌神像至此就馆教读。迨至道光二十五年(1835),始由地方士绅蔡鸿元、蔡嫣居、杨汉英等人首倡鸠建文昌祠(又称鳌峰书院,在今清水街东亚戏院对面),共得酿资十七份,即捐定租额,供作收院童生膏伙之费。当其落成时,又蒙督抚宪颁赠匾额多方,有"文教纲维"何某立,其中以"人文化成"为两广总督苏廷玉所立,至为难得。及至孙寿铭为鹿港同知[同治七年(1868)任、光绪五年(1879)再任],日与诸生论文讲学,每课期必亲至,不以为远。咸丰元年(1851),本地埔仔口人蔡鸿猷中式是科举人,为本地首开科举之先河,从此人文蔚起,文运勃兴。

日据台后,以原有文昌庙旧址后院部分创建牛骂头公学校(今清水镇农会信用部),1935年4月,因校舍不敷使用,始迁移光华路现址,嗣后并改称清水南国民学校。1935年中部大地震时文祠倾圮大半,复遭祝融之灾,栋宇尽成劫灰,惜哉!产约为五百坪(不含公用地),现为台电公司及华银等所承租。

(2)经济活动

本区经济发展早期直接受梧栖港口功能影响,与其因循关系至为密切。梧栖港(今台中港)与福建泉州府獭窟(在惠安)、祥芝(在石狮)、莲河(在南安)以及厦门遥遥相对,在顺风时(3—9月为航海好季节)帆船(戎克船)通常隔宿可达。道光以降,梧栖港舟楫往还,行栈兴盛,咸谓为本省中部主要商业港口之一。

清代之商业交易以民生必需品为大宗,若以海运而言,本地衔接梧栖,为中部海陆贸易出入要冲,亦为进出口商品运输中继站。有清一代,梧栖港内陆主要贸易商业圈,南抵汴仔头(今大肚乡)、涂葛堀,北至大甲;东通葫芦墩山线一带地区,大都以牛骂头为运输中继站。输出物品以米谷为大宗,山产次之;输入品以日用百货为多,于是本区遂为梧栖港海陆贸易集散中心。

清季梧栖出口之货品除米谷外,尚有樟脑为本省主要输出品。中部山区所产樟脑大多运至梧栖,再转运淡水出口。同治七年(1868),英商怡记洋行出在梧栖从事收购樟脑,而发生涉外之樟脑纠纷事件。

早期港口地区经营贸易业者组成行郊,以贩运交易为主,并拥有不少船只,直接航行海上运送商品,从事买卖生意,又称"水郊"。本区豪族领袖蔡时超经营有"蔡源顺号",杨澄若之"杨联顺号",与梧栖杨辇之"杨合顺号",皆为此中泉厦郊户之佼佼者,规模庞大,对于本地颇具重要性。

日据台后,本省著名之"大甲帽席"崛起,畅销欧美各国,风行一时,咸谓为本省重要之手工艺品之一。本区系为大甲帽业盛产地,为建立产销制度,1915年组成清水帽席同业组合,拥有会员160人,从事帽贩业者达三四百人。以外销贸易而言,无不以清水街为帽业市场集散地,占全省总产量三分之二以上。

四、蔡、杨三大家族之崛起与其在地方上所扮演角色

牛骂头地区,自汉人入垦后,因适宜农垦推展,大批移民涌至,影响所及,整个社会因之改观。其中,有部分家族自小租户起家,历代勤俭,力争上游,终至发迹而超越大租户,取代大租户掌握土地之实权,成为社会上颇具影响力之乡绅阶层,在清代台湾乡村社会扮演着举足轻重的角色。

为探究早期汉人社会在台湾之发展，以期更能了解台湾社会之变迁，兹以区域研究为经，家族个案为纬，借以探讨本区社会形成之过程与特色。而蔡、杨家族在牛骂头开发史上最具代表性，特将其三大家族缕述如下。

(一)蔡源顺

蔡源顺一族，早期在牛骂头地区与旗杆厝蔡家、社口杨家鼎足而立，其势力之庞大，在中部无出其右。

蔡家祖籍泉州晋江县古山乡，于乾隆中叶，有蔡世琏(济阳派十六世祖)来台，卜居于牛骂头庄垦荒为业。至其子蔡鸿元(八来)乃从事贸易，自设"蔡源顺"船郊行，往来大陆沿海各省，惜享年仅有四十八而卒。鸿元三子蔡怀斌(时超)继承父业，志在货殖，以樟脑为主，米谷及其他山产为副，更扩展商务远及东南亚诸地，遂为本地巨贾。凡蔡氏船只往来海上，海寇不敢侵犯，可见其势力庞大之一斑。

同治元年(1862)发生戴潮春之役，各地骚扰不安，怀斌奉母命募乡勇数百保卫乡里，并随军克复彰化城。因屡建奇功，由附生军功六品赏戴花翎，晋授即选知府衔。

蔡鸿元传下五房：时保、时立、时超(怀斌)、时勤、时洲。时保与四弟时勤于光绪初年赴省参加乡试，遇风同溺于海。时保有三子，长子敏川，号占鳌，附生花翎道衔分部郎中；次子敏南，附生花翎试用同知，即蔡惠如之生父。蔡惠如穷其毕生贡献于民族运动，有名于时。第五房时洲，独生一子蔡莲舫，年十五而补博士弟子员，廪贡监翎训导，授五品衔。

总之，蔡家来台后，由最初之垦荒而从事商贾，终至发迹而富甲一方，只不过三代已拥有田地八万租，由佃农跻身于乡绅阶层，令人刮目相看。

(二)旗杆厝蔡家

旗杆厝蔡家，祖籍晋江县安平镇。于雍正初叶，有蔡德荣(安海派五世祖)来台，初居于府城(台南)，嗣由南部迁至牛骂头街，设馆教读为业。

追道光中叶,鳌峰(清水镇)首倡兴建文祠,蔡氏后裔蔡妈居与地方士绅蔡鸿元、杨汉英为发起人,各自捐巨款,后来地方人士热心捐输,计得基金若干,置学租,延师课读,不仅文祠建立,赖以有成,而且文风远播,咸谓嘉惠学子不少。

咸丰元年(1851),蔡妈居之长子蔡鸿猷(字济卿),中式是科(孟曾谷榜)第九十六名举人。同治元年(1862)发生戴潮春之役,中部各地骚扰,蔡举人为捍卫乡梓,自备军糈,募集乡勇从征,以克复县城。事平,蒙镇宪曾玉明、道宪丁日健会同保举五品蓝翎同知衔,即补府正堂,至是闾里荣之。

蔡鸿猷有六子,长子蔡为章(字少山,号端甫),同治三年(1864),年甫十七而入泮取进彰化县学红榜第八名。光绪四年(1878),山西等省赈济案内蒙爵督部堂李、曾详情奏准詹事府主簿赴京候选补用。

蔡德荣一族,来台后以教读起家,嗣而书香继代,文士联翩,掇科第上者不乏其人。自咸丰元年(1851)蔡鸿猷中式是科举人后,地方文运为之一振,自是人才济济,踵武前贤,继志承烈,而敬恭桑梓,地方与有荣焉。

(三)社口杨家

社口杨家,祖籍泉州同安县米市街。其先世杨咸曲于乾隆二十一年(1756)流台,卜居于西势庄(清水镇西宁里),笃农起家,遂蔚为牛骂头巨族。

杨咸曲传下三房,子孙众多,有清一代,取进县学庠生者,则有十五人之多。杨家来台垦荒,由佃农而成大租户之豪农世家,并致力于船郊行经营。兹据杨氏族谱资料,列述其代表性人物,借以说明杨家一族来台发展史。

1.杨金波(字长庚),系杨咸曲之第三房孙,与兄启明同为学生。六岁失怙,遵母训,敦亲睦族,五世同居,一家百余口,雍雍融融,里人争颂之。年近三十始入泮,四十补廪饩;光绪八年(1882)擢明经,复由军功赏戴蓝翎,钦加五品衔。有子五人:长子清兰,入泮补廪。次子清藩,入泮补增。四子清华,入泮例授副贡。五子清源,日据时期曾任社口保正达四十年,皆有声于时。

2.杨清珠(名克湖),系杨咸曲之大房孙。清珠生而孤苦伶仃,三兄长皆早丧,自幼事寡母、寡嫂以孝友闻。咸丰元年(1851)间,中部岁荒,遂倡议赈济,活人无数。既而入县痒,以助江浙军饷予候补训导。

同治元年(1862)发生戴潮春之役,杨氏首揭义旗响应官军,经数十战以保全乡里,并说服匪茄投(今龙井乡境)一带,上闻赏戴蓝翎五品衔。

有子六人,次子乔松入泮晋授岁贡,三子鸿禧为监生。

3.杨澄若(名绍泉),系杨咸曲之第二房后裔,为清末廪贡生。杨氏生而颖异,淹贯群经;光绪十年(1884)补邑庠,嗣以岁考优等升上舍,旋贡成均,铨选儒学。日据台后,被任为牛骂头区长。1920年,其子肇嘉首任清水街长。

五、结语

牛骂头地区,自雍正十一年(1733)开发十三庄以来,汉人大量移入,兴修水利,垦务日进。

本区滨近海港,得地利之便,移民从事商贾,较易发展,其豪族无不农商兼顾,由最初之移垦佃房一变而为乡绅阶层,对于当地乡村社会深具影响。道光以后,本地文教事业积极推展,不仅地方文风日盛,人才辈出,也促使本区发展较快而成为台湾文化、经济、交通重镇。

陈埭丁姓回族在台概说

丁维灿[*]

一、陈埭丁姓回族移民概说

陈埭位于泉州港入海处,有西、南两个港湾和渡头,历来商船、渔船出入穿梭,海上交通便利。丁姓回民,不仅耕耘农业,还养殖蛏苗,或出海捕捞,因此船老舺很出色,北上舟山、上海、宁波、温州,南下台湾、汕头、海南岛,水路熟识。且陈埭是围海造田、土地质咸,加上水利不好,若逢干旱,则农业失收,素有十年三收之嫌,是故世代外出谋生者不少。据不完全统计,衍居外地的人数,比在乡者多三至四倍,单迁台者就有二万多人。根据族谱记载,各房份都有分居台湾的:七世敦朴公次子曰缵,生四子,孙十一人,除一人注"止"外,其他十人都无续载,传说往台湾谋生,从丁姓传衍年表推算,这批兄弟迁台时间应在明万历初;还有十二世丁仕龙,明崇祯六年(1633)武进士,随郑成功收复台湾,是郑成功部将;十四世丁莲,清康熙癸巳(1713)进士,调台湾学;十五世丁旭曾,台湾学庠生;十九世丁捷三,举人,居台湾海丰保;十九世丁金城,武举人,居台湾彰化;还有分居本市东石镇的丁姓,第十五、十六世分居台湾。

---

[*] 作者是晋江市谱牒民俗学会原副会长。本文发表于《晋江谱牒研究》总第 4 期,1999 年 1 月。

二、陈埭丁姓回族在台湾

明清以来，泉州地方出现了大批人民向外迁徙的浪潮，移民的流向主要是南洋和中国台湾。泉州成为台湾移民的祖家之一。聚居在陈埭的丁姓回族，据族谱记载，亦有不少族人移居台湾。现在有2万多人，分布于岛内各地，主要聚居云林、彰化、嘉义和台北等县市……陈埭丁氏回族移民鹿港，最引人注目的是十八世丁朴实，他于清乾隆末到台湾经商，家于鹿港，子丁克家相继东渡以承基业，堂号"协源"。未几，克家兄克邦之子丁文栋复家于鹿港经商，名其号曰"盛源"。两家"经营惟勤，声气互通"，所经营的船头行与大陆贸易，盛极一时，又"世德其敦，书香同燕"。二十世丁寿泉于光绪三年（1877）丁丑科登进士，钦点广东即用知县、钦加同知诰授奉政大夫，掌教白沙书院。丁姓家族生意兴隆，家声日振，发展而为鹿港重要的绅商。他们编修族谱，详细记录木本水源之宗支世系，与祖籍地一直保持联系。

台西乡属云林县，其中丁姓人口主要聚居在海口、台西、海南、海北、山寮、光华诸村。云林县是台湾岛内最早开发的地方，据耆老传说，陈埭丁氏移居台西最初定居于光华村的十张犁，今旧厝供奉"四世祖考仁庵丁公神主"。然而丁氏何时徙居于此，不见有明确的文字记录。神主牌和零散的家谱资料表明多系十六世迁来的。如丁家祖先世居福建泉州陈埭，十六世祖讳苏迁台定居于现址海口村盐埔庄；"唐山来居第一"十六世丁渐居海南村六块厝；大陆来台开基，十六世丁派居台西村中庄。……丁氏祖先来台定居垦殖，利用大片海滩与陈埭相似的自然地理条件，维持其传统生计，靠海种蛏为业。如果说鹿港是最具"泉州风"的城市，那么可以说台西是独存"陈埭风"的乡村了。

值得注意的是，垦荒务农维生的台西丁与读书经商的鹿港丁不同，他们与祖籍地的关系是疏离的。就调查情况来说，不仅见不到比较系统完整的谱牒资料，甚至连祖墓碑额上镌刻的"陈江"（陈埭的别称）是在大陆的什么地方也不知道。这大概是由于其先辈从事农业，比较贫穷又缺乏文化教育，因而不可能像鹿港丁氏那样可以"衣锦还乡"吧。

同样是移居台湾谋生,居鹿港者经商读书,居台西者垦荒务农,由于所经营的职业和谋生的手段不同,他们与祖籍地的关系表现出两种不同的态势。

余在十五年前,得旅台的宗兄丁维禧来信云:多年前参加"台北市丁氏宗亲会",访问台西,见他们与老家生活同样,务农、种蛏,并供奉四世祖仁巷公神主。有文化者很少,据闻清道、咸年间,陈埭丁与西边林发生械斗,官府下乡抓人,两乡村民成群避难而移居台西垦荒务农。这情况与庄景辉先生的调查是一致的。

三、寻根谒祖,加深情谊

1988年5月,黄埔军校第三期毕业生丁维禧先生由台湾回乡谒祖探亲。此举对境外的丁姓宗亲影响殊大。继之,旅台的丁山水先生捐资伍拾万元修建祖宅和祖坟;侨居菲律宾的乡亲也连续组团回国谒祖;移居台湾的乡亲连续四年三次组团回国谒祖探亲,有的还带族谱认亲;丁协源的裔孙丁一善率领儿媳及女儿、女婿从美国乘飞机回乡谒祖;由我国台湾地区再迁居日本的丁协源裔孙小仓议福也带着女儿到丁氏祠堂寻根,两年三次参观"陈埭回族史馆",他还命女儿多照些相片,带回去让祖母看了欢喜。这些绝大部分都是笔者亲自接待的。

尽管思乡之情有深有浅,但对国家的眷恋是一样强烈的,丁姓族人同样真诚地期待着台湾宗亲的到来,共同为建设强盛、美好的祖国尽一分力!

从龙塘王氏族谱管窥闽台关系之一斑

王人瑞[*]

谱牒是中华文化的特色,记载一姓一族的世系和人事,并用一种谱表编列出世系,记载祖宗与子孙的动态,形成家庭的历史。

台湾现在的人口大都来自沿海的广东、福建。据1946年的调查,全台湾汉族居民共375.1万人,祖籍福建省的达310万余人,占83%,其中泉州各县的占44.8%,漳州各县的占35.1%。因此,台湾闽南话有泉州腔与漳州腔之分。这就是历史留下来的闽台血缘的证明。在台湾,王姓乃居第二位。

笔者是王家子孙,在校修习法律、会计、人事、会计专业,已逾五十载,主编《增补龙塘王氏族谱》。因而,谈到要从族谱来看闽台关系,笔者意以王姓族人迁台及主编的《增补龙塘王氏族谱》为例述之,因手头上缺乏早期完整资料,无法稽考,按下不谈,兹就近者,从明清两代来看,王氏族人迁台,以闽籍最多。

据王氏"明、清两代迁台概况"[①]所列"王道洒迁居今台北市万华",查《龙塘王氏族谱》所载,王道洒公讳光洒,字道挥,官章宗河,谥义德,生于清嘉庆丙辰年(1796)三月五日申时,十七岁弃儒服贾,单身渡台。廿四乃娶后庄许氏,为人急公好义,助赈厚施,倡修宗祠。其长子英年早逝,媳黄孺人守节抚孤,1882年奉旨在现今衡阳路竖立节孝石坊,因此街名为石坊街,后其子爱纯又在圆山建节孝祠,光复后尚完整。而节孝坊移置新公园内,现因拆建捷运车站,尚未复建。王道洒为龙塘十九世,孙爱纯为廿一世,其子孙散居台北市万华区龙山寺旁,三水街、广州街一带,也有迁居淡水、松山等地,不计其数。龙山寺创建时,王道洒是

---

[*] 作者是台北市晋江同乡会名誉理事长。本文发表于《晋江谱牒研究》总第4期,1991年1月。

四施主之一，现寺内留有匾额一方可资查证，其孙爱纯曾出资督修台北城墙，地方官因此奏请朝廷嘉奖赐建其母节孝坊。（详见淡水房谱②）

王玉堂，讳爱德，以字行，泉州西街上坊王裔孙，为龙塘廿一世，于光复后举家迁台，时1945年夏。生于清光绪廿七年（1901），岁次辛丑，来台历任台南市政府科长、台湾省粮食局所长，荐任督导等职，因公积劳，卒于1958年。当年9月3日，火化灵骨寄存南郊十普寺。（详见上坊房谱③）

王人瑞，泉州西街上坊王氏裔孙，玉堂公长子，龙塘廿二世。1947年夏渡台，现从事会计师业务，曾任台北市晋江同乡会、会计师公会等人民团体理事长，服务社会，造福人群，为人称道，曾于美国国会图书馆抄回《龙塘王氏族谱》④。

1976年夏天，笔者购得远东出版社所印行的《我家家谱（王氏）》，内纪叙远古及开闽王氏三宗播迁繁衍世系、世谱，连同台湾各地王氏宗亲会组织概况，内中A124页转载北港王吟贵先生提供的茂厦分支龙塘派昭穆："均添以惠志制，文洪承夫可卿，伯仲孙君子，学道则爱人。明经传懿德，诗礼耿千家。"笔者自幼听祖母告知是龙塘派子孙，看到这些记载，遂即到谱中所记台北市迪化街二段241巷2号王姓宗亲会，申请加入为会员。此后，即热衷于搜集王氏族谱及有关资料。

1978年秋天，笔者出席台北市闽南同乡会会员大会，邂逅安溪乡亲宗贤尚三先生，寒暄之下承告知，因新编《太原王氏通谱》，他曾搜集众多王氏族谱，经一番参阅，互相校正、考证，汇编此谱，耗费无数精神、时间、金钱始克完成，愿赠我一册。笔者求之不得，欣然接受，其中详载之谱牒共分：公谱，一世黄帝至四二世晋公。太原王氏通谱：周灵王长子，名子乔，为王氏始祖，自一世子乔、二世宗敬起至四九世。闽王氏公谱：自开闽一世，审潮、审邽、审知起各自下传各支派，各记载至十余代，其中审邽公派下世系图编在八八页。⑤其与兴龙塘派无关不赘，但公谱部分经各地各派宗亲公认，尚可采信。

1980年夏天，笔者前往美国，竟然在其国会图书馆中文部发现藏有《龙塘王氏族谱》一册，其是青阳茂厦支派族谱，由王观梓先生1915年所编，虽为旅台房谱但也曾前往故乡抄录旧谱，虽属手抄，部分散失，但也足可参考，就其昭穆之排列，龙塘王氏开基肇造均有记叙。综观之:原有旧谱,经志道存义先生重修,有陈琛(字紫峰先生)作序;癸酉进士王万(号可度先生)重修;邀苏浚(字紫溪先生)作序,辛酉进士王畿(字慕蓼先生)重修,有状元庄际昌(羹若先生)叙之。凡此多士,均为乡贤前辈,名列《晋江县志》《泉州府志》,有传记可稽。咸认:

> 龙塘之里,有王氏焉,传为闽王审邽之后,先谱亡逸无从考,其世次本初,皆莫之详。有八十三府君(按:他谱所载古扬公是也),以王氏为一世祖,盖断自可知也。二世曰元勋,有子三人,均宁、均畴、均实。畴配龙塘吴氏,因赘而居焉,吴氏无子,复娶周氏生子五:添锡、添永、添期、添庆、添祥。自此五派出者,则以均畴为始祖。⑥
>
> 自武肃王至八十三府君,阙疑不载,皆不遽定其世数……
>
> 又当此多故之秋,难保无流离失所,托足他乡,别成族属,数典忘祖之讥,不能免矣。
>
> 后有君子,能起而修之,即以吾家所藏之私谱,录而上之。⑦

王爱纯,字天锡,号观梓,《龙塘王氏族谱》之淡水、艋舺支派房谱是他数度往青阳故里抄录旧谱并续修的,现既已证实龙塘王氏始祖为均畴公,在太原公谱为六六世,开闽王氏公谱应列为十八世。据现有各地公认王尚三所编《太原王氏公谱》可稽,自武肃王至古扬公之间的世系、世谱亦均条叙分明,应属可信。笔者于1983年夏,就手头所有资料,自行重修《增补龙塘王氏族谱》印赠各地公私图书馆典藏,并赠各宗亲组织以及爱好者,以广流传。

1988年仲秋,笔者乘返乡之机会,寻找得上坊王始祖王学时及其子孙资料,查系自水头乡迁居建业,为龙塘十八世,繁衍迄今,分为八房,兹编就世系图,至于各房世谱容后续撰。

1990年春节返乡度假,专车往游姑嫂塔,无意间于道旁休息时,发现竟然是水头乡境内,遂往村中访查,路经一祠堂正举办出殡仪式。事主谱名为王爱典,是为笔者堂叔之辈,且该祠堂也就是本房,三落房,祖厝,当时便具奠仪一封参加执绋。礼毕与在座宗亲交谈,并借阅房谱。是日人员复杂,约期拜访,殷殷道别。

1990年仲秋,应邀参加校友聚会。厚城王家爱琛宗叔(龙塘廿一世),与水头村爱约等宗亲相识,会后由他电话联络,乘车前往会面,并往三落房祠堂参观,宗亲当场承诺派人持房谱到石狮去影印全套给我,欣然回城。

1992年清明节,返乡扫墓,与爱琛宗叔同往塘头大宗祠堂祭拜。该堂已十分破旧,年久失修,一度被征用作工厂,正由各地宗人鸠资重修。与村中长老接谈,承其中绍宗房宗亲,自愿将其房谱借阅,此为王畿慕蓼公(龙塘十世)的房谱。征得同意后,影印全套给我。如此一来,我前后已取得龙塘王氏五份房谱。

1995年孟春,我返台将所得房谱资料援例绘成世系图,并抄录各房世谱编印成《增补龙塘王氏族谱》再版本。

因挂一漏万,限于机缘,尚未能将全部资料集齐纳入,诚为一大憾事。如果后有君子重修,再予增补,亦稍尽人子之责而已。

至于笔者为何大言不惭,自称增补？增者,《龙塘王氏族谱》,仅以均畴公为始祖,虽知为武肃王之后,中间世代尚有存疑,而任其从阙,不无数典忘祖之憾,今既有公认之公谱详细记录,因此,笔者大胆续之。再者,所补何事？《龙塘王氏族谱》局限于本土,而子孙迁居他乡外邦者为数众多,笔者代为上坊王氏、淡水艋舺王氏寻得房派,因而补之；也将慕蓼公一系重修于后,至今十余代,稍予补叙,可做其他各地各房比照之用。今日不做,明日将后悔,爱纯宗贤早有所见,于跋后曾曰:"但为时既久,而修谱无人,则族丁愈众,世系愈繁,修谱愈难。何能一本源流,而无间断之虞乎？何能诸支条贯,而无遗忘之失乎？若必待有人而修之,后之较前,尤为不易,而况无其人耶。"

参考文献：

①王凯声:《王氏世纪源流考》,《王氏世宝》第1卷第1期,第2页。
②《王爱纯传》,《内义德公传》,《龙塘王氏族谱》,手抄本,民国四年(1915)王观梓重修。
③《内王爱德传》,上坊王氏房谱系王人瑞手稿本,1973年修。
④《王人瑞会计师简介》,上坊王氏房谱系王人瑞手稿本,1973年修。
⑤王尚三:《太原王氏通谱》,1967年。第88页开闽武肃王派下,自五九世干公传至元勋、均畴,即龙塘始祖,两相衔接可据。
⑥庄际昌:《重修谱序》,《龙塘王氏族谱》,手抄本,民国四年(1915)王观梓重修。
⑦陈琛:《内龙塘王氏族谱序》,王爱纯:《抄录私谱跋》,《龙塘王氏族谱》,手抄本,民国四年(1915)王观梓重修。

鹿港郭系郑成功回教徒部队后裔说辩误

郭志超　邓晓华[*]

血缘关系是海峡两岸牢不可破的纽带。查考两岸的姓氏源流无疑是一项意义重大的工作，台湾省各姓渊源研究学会主编的《台湾源流》杂志在这方面贡献尤巨。在两岸的寻源探流热初起时期，由于资料不足，询查乏详，对某些姓氏族源、迁徙历史查考的失误在所难免，因而对这些研究的再研究也就很有必要。本文依据谱牒资料，对鹿港郭系郑成功的回教徒部队后裔之误说，略作引证考辨。

台湾鹿港郭厝聚居着一群郭姓居民，他们曾建有清真寺，仍有回族遗俗，故特别引人注意其族源。台湾出版的《台湾风物》第30卷第1期（1980年3月）刊载《回族在鹿港》一文。该文初步确认："郑成功来台湾的时候，他的麾下有一支回教徒部队，骁勇善战，在鹿港上陆以后，就驻防下来，这一支回教徒部队就是鹿港郭厝族人的祖先。"

陈国强先生对《回族在鹿港》一文中提到的鹿港郭姓不知道他们来自大陆何处的问题，写了《台湾鹿港回族同胞的根》（《台声》1985年第1期），指出"台湾鹿港回族同胞的'根'是在祖国大陆福建省的惠安县白奇"，论证的关键性资料出于（白奇）《埭上郭氏四房族谱》：十二世郭朝观"于清朝乾隆廿五年往台湾居住，其后裔往来隔绝更改，无法查考"；十三世郭清时"在乾隆三十五年，夫妇同往台湾，不知存亡"；十六世郭国缴"葬台湾"；十七世郭建基"逝世于台湾，葬于台湾省台北市外之虎仔山"。对于鹿港郭厝系郑成功的回教徒部队后裔之说，暂予搁置。

1993年台湾"中研院"民族所出版余光弘教授主编《鹿港暑期人类学田野工作教室论文集》，内有颜秀玲女士根据其实地调查资料撰写的

---

[*] 作者郭志超、邓晓华是厦门大学人类学与民族学系教授。本文发表于《晋江谱牒研究》总第4期，1999年1月。

长篇论文《北头渔村渔民生活方式的变迁》,该文指出:"郭厝的郭姓居民依其源流在鹿港分成六支,分别为二房长支、二房三支、二房四支、二房五支、四房与五房以及日湖,其中四房与五房因来台的人数较少而合为一支。前五支主要是来自泉州惠安的白奇乡,有'白奇郭'之称,属白奇郭仲远派系;而日湖则是来自泉州晋江县石湖(又称日湖),属郭子仪六子郭暖派系。六支中最早渡台的是二房三支及日湖,前者渡台祖为十一世的郭顺直,最早居鹿港的沟墘里,后再迁居郭厝;后者为十三世郭通观于康熙末叶渡台,先居于郭厝的渔寮(花坛乡),其子再迁入郭厝。"颜秀玲女士的调研提供了一条重要的信息:鹿港郭厝的郭姓居民祖先最早渡台的是白奇二房三支十一世的郭顺直和石湖十三世郭通观,郭通观于康熙末叶渡台,但郭顺直渡台时间不详。探讨郭顺直渡台时间成为最集中的难点。

应台湾省各姓渊源研究学会的邀请,石奕龙先生于1995年6月赴台学术访问,在该研究会林瑶棋理事长陪同下调访了鹿港郭厝,后发表《鹿港郭厝郭顺直派的渊源关系》(《台湾源流》1996年冬季刊)一文。该文精确地辨明郭顺直不是十一世而是十二世,顺直是谥号,名讳朝阳,他不属二房三支而属四房。

那么,郭朝阳何因何时入台的呢?白奇埭上《智房四支三分支家谱》(白奇郭五房序称仁、义、礼、智、信,智房即四房)载:

十一世,本支属新大厝,由十一世起。

天云公之长子

定科公,谥其昌,生顺治十八年辛丑四月廿四日寅时,卒雍正六年戊甲三月廿七日,六十八岁。

妣陈氏……

生二男,长朝虔,守祖;次朝虔,出祖,与弟朝阳公因悖于海难,而兄弟于台湾台中鹿港东畔沟墘成家立业。

天云公之次子

定甲公,谥永昌,生康熙七年戊申三月廿五时辰时,卒于雍正四年丙午三月初八戌时,五十九岁。

妣丁氏……

子朝阳,于清朝雍正四年同兄朝虔幸免于海难,而兄弟遂居台湾台中港东畔沟墘成家立业。……

十二世定科公之次子

朝虔公，生于康熙四十二年……卒于台湾鹿港，何年何月不详，待记。……朝虔公年当廿四岁时，于雍正四年丙午六月十七日，同弟朝阳，二十三岁，以及内村表兄德祥，搭"苦浮里"（原注：石湖边，社名）施阿顺之船，一共八人，要开去北仔山寻头路（工作）趁食（谋生）。到大海中，受台风，桅舵尽折，飘流到台湾竹堑后砦梧栖港口沙线（船）打破，幸遇山上乡亲救活八条人命，平安。因为官厅禁止船只出入，又无船可搭回唐山，连批信（书信）亦难通知家中，兄弟同表兄只好在后砦觅食讨趁（谋生）。二年后，三人再搬到嘉义、彰化。九个月（后），又再去鹿港庄脚沟墘搭间草寮宿风雨，替人种田、做挑夫、贩仔生理，有七年之久。到雍正十年壬子，塔窟（惠安县南滨海处）曾法伯讨鱼船来鹿港，即托法伯代为报说吾三人平安。家中听到报说，亲像（好像）天上落月。后来因为不能回家，即就鹿港建置家业，不回唐山祖家。但在顶埭祖地……发妻江氏去世后，幼子清瑜皆是阿伯、阿兄共为养饲长大。今虽父母早已离世，尚幸兄嫂长寿在堂，心中甚然欣喜，此帮回到祖家住过十日，即将幼子清瑜带去鹿港与家人共聚，他日再图重见。临别时，草略自述雍正四年兄弟同遇海难安危之情状，以记之也。

清雍正十一年癸丑五月初十回家自述代为笔记，朝虔口述。

这则族谱中的纪实短文是关于白奇郭移民台湾肇基鹿港的珍贵资料。如果《台湾风物》刊载的《回教在鹿港》所引述的白奇郭回教徒部队开基鹿港属实，那么白奇郭四房十二世郭朝虔、郭朝阳在鹿港四五年之久，不至于不知晓、不接触先期住居此地的宗亲。因此，"回教徒部队"开基鹿港之说属误，而白奇郭四房十二世郭朝虔、郭朝阳肇基鹿港则为信史，他们与石湖郭通观渡台肇基鹿港，同为大陆白奇郭移居台湾的最早源头。

安海九房施与台湾八堡圳

郑梦星[*]

台湾中部有一道著名的水利工程建设,称八堡圳。日本大阪市立大学教授森田明先生1974年在《福建晋江施氏与台湾八堡圳》一文中指出:"因为它(八堡圳)是康熙年代伴随台湾中部土地开发而形成的典型水利组织,不仅规模之大值得注意,而且……直到今天基本上还能继续发挥作用。"唯其如此,故而引起森田明教授对于这一课题的重视。

森田明教授在其文章中,从台湾土地开发的历史入手,对八堡圳的组织建设及其规模和作用进行比较全面具体的介绍;同时对施氏同族的结合,以及施氏后代对八堡圳的经营管理也做了大量的调查研究和论述。然而,令人感到不足的是对施氏入台前的背景介绍几乎悬阙,因而对施氏往台垦发土地的缘起以及资金的来源等,只能以简单的概念代替,或做出不恰当的评估,如所谓:施氏为施琅将军的从侄,因此在开发彰化地区时有"极其引人注目的作用"。又如对其开发土地大量资金的来源,也被错估为"在南部凤山一带从事制糖或者砂糖贸易"而积累的。同时,也由于对施氏家族在晋江资料掌握不足,对于专运租米回晋江的事实,表示"不甚了了",而把运米大陆上推到清初施氏开始垦发土地的初期,殊不知直到中华人民共和国成立前夕,留居在晋江安海的施氏后裔还在靠台湾运送租米的接济。

本文拟介绍九房施入台前在晋江安海经营房地产业累积资金以及部分世居晋江九房施的属裔与台湾的关系,略补森田教授论文之不足。

---

[*] 作者是厦门市佛教协会原顾问。本文发表于《晋江谱牒研究》总第4期,1999年1月。

一、施秉与安海废镇的复建

晋江市安海镇是施世榜去台湾以前的发祥地,在这里流传着有关九房施的许多传说和文物史迹。

安海古称安平,是闽南著名的文化古镇。宋元时期,安海港是泉州海外交通贸易的重要港口之一,"其港通天下商船,贾胡与居民互市"(见《安海志》)。宋代全盛时,设有东、西两市,建炎四年(1130),安海草市上升为地方行政建制的"石井镇",由朝廷吏部直接委派朱熹的父亲朱松(时任尤溪县尉)为驻镇官,后来,朱熹出任同安主簿时经常来安海讲学,安海人称之为"二朱过化",安海从此文风大盛。

安海镇的开发始于五代末。北宋初,在安海开发的有宋代政治改革家吕惠卿的曾祖父吕占,中唐名宦安金藏的裔孙安连济,以及谥封为兵部尚书的高惠连的家族等,称北宋安海的三大家族。稍后又有承务郎李钦、枢密使叶廷佑先后徙居安平,连同地方富豪黄护,合称为安平六大盛族(后来吕氏家族徙居南安朴里,改称宋代五大姓)。这些盛族,除吕氏外,俱皆世代相沿,直至明末毁镇前仍然长盛不衰。

明代"禁海",泉州海外交通古港闭绝,安海转而成为民间私商对外贸易的自由港口,繁盛一时。特别是明末崇祯元年(1628),郑芝龙受明廷招抚后,便在安平镇西的桥西铺一带"开府置第",大兴土木,营建"甲泉郡"的豪华府第,并将安海港开辟成为他垄断东南海域对外贸易的基地,使安平镇的繁荣发展与郡城相等。

顺治二年(1645),郑芝龙北上降清,郑成功入海招兵抗清。顺治四年(1647),郑成功回师安平,在安平誓师起义,从此,安平即成为郑氏抗清的内陆根据地,直至顺治十二年(1655)清郑在安平最后一次谈判破裂后,郑氏乃下令自毁安平府第,全师移驻金门。第二年,清兵进据安平,因安平为郑氏抗清据地,原拟屠城毁镇,后经晋江知县王承祖力保撤出居民。是年五月,清兵即放火毁镇,将繁华的镇区及近郊的西安、坑哈、后库诸村焚毁成为焦土废墟,史称之为"丙申毁镇"。毁镇时,距顺治十八年(1661)清廷下令沿海"迁界"为五年。

康熙二十二年(1683)施琅攻克台湾,越岁沿海"复界",施琅命令驻镇古陵的把总施秉移驻安海废镇,主持废镇复建事务。

施秉,字国侯,号鹿门,与施琅同谱系,属浔海施十六世,秉居二房,琅属三房。施秉曾随施琅平复台湾有功,初授把总,驻镇古陵馆,后授左都督,加提督军门,诰封明威将军。

施秉受命移驻安海主持废镇重建,时安海夷废已达28年。夷废期间,东西埭岸崩决,海水漫流浸溃,低洼处沼泽积污,芦荻丛生,高坡地荆棘遍野,狐兔出没。施秉移驻安海后,即督率兵士在龙山寺前高坡地披荆斩棘,平整土地,搭盖简易民房500多间,作为招抚流离异乡归来迁民栖息之所。此后,又按旧三里长街的格局筑造店房800多间,租给迁民,收四季税。于是几年之间,施秉便成为拥有千余间民房店屋的大房产业主。

与此同时,施秉又择地在镇区最中心的风水宝地——永高山前至石狮巷之间,为他的儿孙营建六座豪华大厦。这块宝地,毁镇前是原属高、叶、王、李诸盛族的祖居地。本来,部分先期归来的旧族人士对于施氏任意占地建房出租,垄断房地产业,早有不满情绪,及至施氏公然占取旧族宝地建造私房,自是更引起诸盛族的忿妒,于是便联名指控,迫使施琅不得不将施秉调往台湾,以缓和施氏与安海诸盛族间的矛盾。

复镇初期,施秉的任意占地建房,自应是时势的必然,当时的安海废镇眼前是一大片荒无人烟的废墟,不要说找不到当年的旧业主,即使归来的旧业主,面对茫茫一片荒草没膝、瓦砾成堆的废地,又如何去辨认自己的旧基业?既然找不到昔年的旧业主,按复镇大业的所需,统一营建住房、店屋安置流离失所归来的迁民,自应是顺情合理的大好事。至于几年之间成为拥有房产千余间的大产业主,虽然也让一些人眼红心妒,但施氏之所得却是顺应时势,不同于一般势家的恃强豪夺。安海历史上素称"文明礼让"之乡,当施秉调离安海后,人们对施氏也就表示谅解,不再追究,甚至出现如高氏盛族与七房施结为儿女亲家,世代和睦相处的范例。而施世榜也得以顺利地接管父业,继续经营房地产,并为七、八、九房儿子另外择地分别续建三座大厦。

施秉调离后,安海诸家盛族自动组织起来,协商规划复镇建设。他们组织全面清理废地,按旧镇格局,规划街巷,分立境界,进行有规划的全面建设。各姓盛族分别划分地段,营造族人聚居的建筑群体,出现诸如高厝围、金厝(黄姓)围、史厝围、蔡厝围等新地名。

施氏占地建房成为一方豪富,确也使某些权贵生贪妒心。施秉离职后,康熙四十年(1701)提督蓝理驻镇安海,慕施氏占地建房之致富,拟欲效其所为,但当时镇区已无地可占,他便想方设法向镇区外谋地,开始将围筑西埭的土拿去填平五里西桥中段的水心亭,建店房百余间,要将之作为安海、水头之间的交易市场。桥中建市,要桥两头的居民商贩各走一段长桥去做买卖交易,自然是不现实的不智之举。后又在西桥头填平一段桥墩建房,仍无成效。最后在西郊原郑芝龙府第一带的废地营造新街,先后建店房560多间出租。蓝理等势豪夺土地为私利建房出租,引起安海士民极大的不满,士民便联名上告。康熙五十年辛卯(1711),蓝理因此获罪罢官,房地产没官拍卖,由官府给契予民为业。

由此可见,施秉在废镇复建中的占地建房与蓝理出于谋求私利的恃势占地建房有着本质上的差异,因此,其结果和下场也各不同。

二、安海九房施

施秉有三个儿子,施世榜居长,其余两个儿子似乎没有多大作为,因而寂寂无闻。

施世榜,字文标,生于康熙十年(1671),后在台湾改名施长龄,申请开发土地,世称长龄公。

康熙三十二年癸酉(1693),施秉调往台湾,世榜侍父入居台湾凤山,三十六年(1697)考选拔贡生员,受任闽东寿宁县学教谕。但他无意功名,赴任后不久便乞假回归安海,继续经营房地产业。

世榜娶有六房妻妾,生了九个儿子,长子士安、次子士燝、五子士膺均为拔贡生。士安居家协助执掌家业。士燝、士膺分别出任兴化府学训导和古田县学教谕,其余诸子,三房士晟、四房士龄、六房士量、七房士幸、八房士姜、九房士盛等,均未见有进学入仕的记载。

施秉去台湾以前,择地在安海镇区地理位置最佳的永高山前至石狮巷之间的地段,为世榜前六个儿子各建一座恢宏华丽的大厝,这里位居镇内最中心,本是安海高、王、黄、李诸盛族的祖居地,东后侧有高家祠堂,西侧路霞巷有王慎中兄弟进士的府第和祠堂。正前方是明名宦黄汝良太傅的府第,据《安海志·山川》记载:"中一支乃安平正山,盛族聚居,如宋时尚书高惠连、长者黄护、承事郎李钦、枢密使叶廷佑咸居中脉。"及至毁镇前,此地仍为上述诸家势族所居。顺治十三年(1656)毁镇时,这些势族人家无一幸免地都被迫流离他乡,府第也被夷为平地。复镇中施氏在这一带大兴土木营造府第时,这些盛族仍有一大部分羁留异地未归。有些较早归来的旧族,也因势弱力薄,元气未复,无力与当时独掌地方军政实权的施氏争较,使施氏得以任意占取昔年盛族旧地建房。然而,随着昔日盛族的陆续回籍,势众力强,便开始反对施氏任意占地建房,他们一方面联名告状,迫使施琅将军不得不将施秉调离安海;另一方面又联族围占废地,建房集居,于是便在安海镇内出现以族姓为主圈占土地建屋的新地名,如金厝围、史厝围、高厝围、蔡厝围、林厝围、庄厝围等九姓冠名为"围"的新地名。九姓占地建立的"九围"与施姓占地建造九房大厝的地名于今尚存,成为清初安海废镇重建中盛族围占土地建房的历史实证。诸盛族抢地建房,使得施氏后期要为七、八、九房建屋时,不得不分散择地在高厝围外和上帝宫边另建独立宅第。

九房施大厝,一式按闽南民间传统豪贵门第的宫廷模式构建,门墙高大,庭院深广,重檐飞脊,崇伟恢宏。各房规模大小虽有三落、五落不等之别,但其富丽堂皇却九房如一,难分上下,故其建筑群体,不仅在安海镇区无与伦比,即在郡县城区亦属罕见。大厝构建一应的木石材料都选取高优质量的原材,如门廊厚重的石板以及各种石雕构件均采用整块高优质量的垄石雕造,所有栋梁、斗拱、支柱等木材构件也都是采用高级圆木原材制成。优质的建材加上土木建筑施工的扎实精细,基深墙厚,梁粗柱实,因此虽历经300多年的风雨沧桑,到现在除了二、八、九房等3座大厝翻修改建外,其余6座基本上还保留着300多年前历史旧貌。特别是高厝围外的七房大厝,300多年前开始迁地林仔后营建时,占地面积之广和建筑规模之大均居九房之首,在五进大厅后又扩建书房楼院,右侧还建有假山木石的花园。这些房屋和园林的建筑现在基本上仍保留完整,只是由于下辈子孙的式微,家道衰落,前落局部门房的翻修未能按旧貌恢复,假山、园林、亭榭任其荒废,成为放养禽畜的场地,非常可惜。

现存施氏古建大厝,除四、七两房的外,其余7座均归属他姓所居。现存大厝虽都已苍老古旧,但昔年豪华宏伟的气势仍在,不仅可以想见当时施氏占地建房的豪势,更为明末清初安海的毁镇复镇留下极为宝贵的文物史迹。安海的毁镇复镇是明清换代和清郑斗争的历史大事,原来在安海镇区还保留许多历史的遗迹遗物,如施秉统一草建三里长街简陋的店房。这种店房,店面一式土木结构售货柜台,通称"窗涂(读胡)柜",后进是三、五直落进深的狭长住房,人们以其长条直通状如棺材,称之为"棺材房",或诙称"关爷房"。20多年前,在型厝头还可以见到有一排3个店面的"棺材房"原型老屋,其中一间是开豆腐作坊的。此外还随处可见有废墟复建,就地取材的碎砖夹石的夯土墙壁。这种墙壁极为坚实,有的屋盖早已倾圮,露天屹立的碎砖夹石墙垛却历经数十年风雨侵袭依然耸立不败,可谓是毁镇复镇建筑物中最具奇特色彩的宝贵的历史物证。由于这些历史古建遗迹(包括九房施大厝)普遍习见于古镇旧建民房中,习以为常,不被人们重视,近年来在旧城改造中,往往被随意毁弃和破坏,实为可惜。

安海九房施氏子孙,除七房世居不变及四房部分留居安海外,其余诸房均于乾、嘉年间先后相率徙居台湾彰化鹿港一带,承管八堡圳租业。迁台诸房大厝,俱皆陆续变卖,归属他姓居住,换称桂厝、李厝、陈厝等。这些大厝虽已易姓而居,但古厝门庭盛貌仍在,施氏九房大厝旧称犹存,是后人仍可循称辨识古建的历史陈迹。

世居安海的七房后裔,历经数百年的传衍,直至清末民初仍然长盛不衰,其主要原因有二:其一是与里邻高姓豪族结为儿女亲家,高姓为宋尚书高惠连的属裔,历代以来,簪缨不断,是安海一大豪势家族。复镇初,施氏在永高山前营建6座大厝,曾占取部分高氏祖地。七房施在林仔后营建豪华宅第时,高氏族人也正在七房埕前兴建族人聚居的建筑群"高厝园"。里邻相处,互相礼让,遂结姻亲,七房施娶高氏女,从此两姓世代和睦,并盛互存,共同发展。其二,七房儿孙善于经营守成从台湾分得的丰厚田租产业,坚守"分产不分业,公产不私管"和严禁租业私卖的祖制,永保租业不败,使之成为安海七房世代儿孙殷实富足的经济基础。据20多年前七房施养成老先生介绍，20世纪30年代中，他曾代表祖籍七房施氏房长前往台湾彰化稽查本房租业，当时本房租业年收租谷还达6000多石，这些租米分两季由台湾专船运回安海，按各房人口摊分各户食用，直到1949年后两岸断航才停绝运送。

三、台湾八堡圳

台湾八堡圳是在康熙四五十年间，随着台湾中部土地开发的高潮而开建的水利设施。由于水利受益地区遍及彰化县十三堡半的8个堡、103个庄，故称为"八堡圳"，也由于圳的创建者是安海施世榜，因此又别称为"施厝圳"。

八堡圳肇建于康熙四十四年（1705），至康熙五十八年（1719）完成，历时14年多，据传耗资50多万银两（一说99万），可灌溉面积1.9万多甲（每甲合11.3亩，约合21万亩）。其工程之艰巨、耗资之浩大、受益之广远均为台湾之最，同时又是最早引进大陆水利建设技术的范式，成为以后台湾水利建设技术的模式，对台湾的土地开发和水利建设产生极大的影响。

施世榜是在康熙四十年辛巳（1701），其父施秉在台湾凤山军门提督任内逝世，他袭父职任凤山兵马使司副指挥而入台定居。当时，正是台湾的土地开发从南部趋向中部的全面发展新时期，施世榜感到垦发土地大有可为，即化名施长龄向官府申请垦发半线番社、东螺平原一带的大片铺地。据日据临时台湾土地调查局《大租取调书·附属参考书》记载："康熙中叶，施长龄向半线番社开拓，开垦原为平埔番所据的埔地。他以每年缴付一定番饷的条约，换来埔地，即招来佃人着手开垦。"又在《关于大租的例行》载称："燕雾上下堡的土地是康熙四十八年，施姓在今天的彰化南门外，从半线番社租买来进行垦耕的埔地。"

施世榜在垦发平原埔地时，关键是要解决水利问题，只有引水灌溉，化埔地为水田，才能有效地提高土地的使用价值，保障土地开发的成功。因此，施世榜在康熙四十四（1705）、四十五年（1706）之间，便着力于八堡圳的开发建设。森田氏引文称八堡圳始建于"康熙二十五年左右",至康熙五十八年(1719)完成,经过了30多年的漫长时间,与事实不合。八宝圳的开建是在施世榜入台定居后,申请批准开发半线番社时候的事。施世榜入台袭职定居为康熙四十年(1701),申请开发土地约在四十二年(1703),绝不可能是在康熙二十五年(1686)就开始建八堡圳。再说康熙二十五年(1686),施秉正在开始为复建安海废镇而着力。据此,八堡圳建设比较准确的时间,应该是开建于康熙四十四年(1705),建成于五十八年(1719),历时14年左右。

八堡圳的建设工程,主要是在浊水溪中游筑陂提高水位,开圳引水分流,遍及彰化县十三堡半的东螺东堡、东螺西堡、武东堡、武西堡、燕雾上堡、燕雾下堡、马芝堡、线东堡等8个堡,灌溉地区包括103个庄,耕地面积1.9万余甲,折合22万多亩。这些受益的区域,基本上都是施世榜开垦土地征收大租的范围。原来由施氏投资组织开垦的园地,租给佃户耕种,每甲征收大租6石,八堡圳建成后,埔地化为水田,每甲增收2石,合为8石,此外还加征水圳维修管理费8斗,合共每甲租谷8石8斗。如单从水圳开通后每甲增收2石租谷计算,水圳为施氏垦主每年净增收入约4万石租粮。

八堡圳是以陂、圳结构为主的水利工程建设模式,这种水利工程建设模式早在唐末宋初便在晋江一带流行。据《晋江县志·水利》资料统计,全县建于五代及宋、元时代而以陂见称的大小水利工程就有80多处,其中以建于五代的"留公陂"和建于宋代的"六里陂"最为著名。"陂"字本义为斜坡,但也作"壅塞"解,其音义均与"坝"字相近,故亦有以"陂"作"坝"的。台湾习惯写为"埤"只是音同,与义未合。陂是闽南古代水利建设的水下工程之一,其作用是拦溪筑坝,壅塞水流以提高水位,然后通过水圳引水导流以灌溉田地,"圳"是引水导流的渠道。陂不同于水库大坝的截流蓄水,它的作用只在于提高溪流水位,一般是按照灌溉两岸坡地的高度,在附近溪河的中流,用石块砌造与坡地等高的陂坝,在截流提高水位的同时,随着上流沙石的冲积也相应提高了陂内河床的高度,成为流水的陂坝,从而导引陂上流水,沿着圳渠网络流灌两岸田野。八堡圳流灌地域广远,工程巨大,在筑陂开圳的施工中,因势利导都要有比较精密的测算。台湾《彰化县志·人物志》有一则协助施世榜建造八堡圳的《林先生传》,传文谓:

林先生,不知何许人也,衣冠古朴,谈吐风雅。尝见兵马指挥施世榜曰:"闻子欲兴彰邑水利,功德固大,但未得法耳。吾当为公成之。"问以名字,笑而不答,固请,乃曰:"但呼林先生可矣。"越日果至,授以方法。世榜悉如其言,遂通浊水,引以灌田,号八堡圳,言彰邑十三堡半,此水已灌八堡也。年收水租,谷以万石计。今施氏子孙,累世富厚,皆食先生之余泽焉。先生不求名利,惟以诗酒自娱,日游溪壑间,有触即便吟哦,诗多口占,有飘飘欲仙之致。惜无存稿,示不传于世也。方水圳成时,世榜将以千金为谢,先生辞弗受。亡何竟去,亦不知其所终,今圳寮祀以为神。

此所述林先生的事迹,颇具传奇色彩,因而有人怀疑其人存在的真实性。然而,从现实出发,要建这么一个大型的水利工程,确又非要有如林先生这样的工程技术人才不可。八堡圳是台湾最早从大陆引进以陂圳结构为主的大型水利工程建设,这在台湾不仅是个首创,其设计规模之大以及工程的复杂艰巨,在大陆也是少见的。因此,要承建这个工程,不仅要熟悉陂圳水利工程建设的特点和方法,而且在开建前,首先要全面掌握建设工程诸方面的条件,并在这个基础上,进行全面的规划设计,例如在前期工程中对溪流水源的勘测、灌区地形地貌的查勘、陂坝基础的裁定、圳渠网络的布局,以及具体施工中对砌陂开圳工程技术的指导等。这就是说,在水利工程建设中必须有一个总体规划的设计师和指导具体施工的工程师。作为投资建圳业主的施世榜,自然迫切需要有这样才干的人才。安海七房施养成老先生也曾讲过有关林先生的传说,按他的说法是:世榜建圳,引水不入,乃贴榜招贤,林老先生揭榜应征而至。因此可以认为,林先生就是施氏招聘来的工程设计师,县志将林先生写成是不求名利、淡泊功名的隐逸之士;他为兴建水利以造福人民的功德事业而来,建成后又以不求名利却金辞谢飘然而去,令人对其高风亮节倍加尊敬。林先生的超拔奇行,后人看来似乎不可思议,但在当时的台湾社会中,像他这样放荡不羁的文人逸士却是大有人在。当朱明王朝覆亡后,大陆就有一批宿儒志士随郑成功东渡入台,他们入台后便隐姓埋名,托迹山野,徜徉于幽壑林泉之间,或诗酒佯狂,或悲歌当哭,以寄余生。林先生应也是此辈中人,他的出山协助施氏兴修水利,是将此作为利生的无量功德事业,故功成身退,又复回归山林遁迹,自亦不足为怪。施氏为了感念他的功德，便在彰化县员林郡二水乡鼻子头建立"林先生神庙"，供后人朝拜，至今香火不绝，每年旧历七月十五日还要举行神诞的盛大祭典。

八堡圳的水利工程建设，究竟投资多少，由于年代久远，无从做比较准确的估计。后人的约计只说耗资巨万，没有具体的数字。此后有说投入50余万，1946年，在台湾的九房施属裔联合呈文台湾省政府，要求退还八堡圳业权，在文中则提出"用费实支99万余元"。显然，所谓99万余元是夸大概数。即使另一说法的50万余元，似乎还应包括垦发土地的费用在内。虽然我们不可能具体了解300多年前每两银元的币值，但从《台湾府志·赋役》中的租谷折银元推算，也可得其大概。康熙年间，租谷折银为每石3钱，一元可抵租谷3石，至于劳役工价，每月最高不超过0.5元（约1.5石粮谷）。再就八堡圳建成后年收水租实益来看，水圳流灌面积1.9万余甲，每甲如圳租谷2石，合约4万石，折银1.3万多元。如果又水圳投资总额50万元计算，要经约40年才能回收本金。

施世榜开始在台湾开发土地，建设水圳时，就将其在安海的1000多间房产听由租户赎买，每间房价平均仅值100元左右。卖掉安海所有房地产业（九房施大厝除外）所得，总数只在10多万元。果如所谓水圳投资50多万元，那么，施氏卖掉安海偌大的房地产业所得，仅只值建圳所费的五分之一。1000多间的房产，如按平均每间年租10元的最低租金估算，年总收入的房租有1万多元，也应不差于建圳后水租的收入。施世榜经营房地产业多年，富有营利生财经验，对于抛弃安海房产基业，投资土地垦发和水利建设，自有一番权衡利害得失的策略。就他开拓半线番地的谋略来看，开始以每年缴付一定番饷的条约，换来了一大片荒埔地。按当地租买埔地时价的低贱，所谓"一定番饷"的地租为数也应极为低微。他取得埔地后，就从各地招募大批从大陆流入台湾的贫民，由施氏提供农具、种子或其他生活条件，让他们垦发土地或开凿水圳，对于这些廉价的劳动力，开支当然也不会太多。由此类比测算，八堡圳水利建设的总投资绝不会超过10万元。

四、九房施与台湾祖业

　　施世榜在台湾究竟有多少田租业产,由于向来不为外人所知,无从估计,人们只能从侧面资料去发现和了解到粗略约数。如开发八堡圳流灌耕地总面积1.9万余甲,据说这些耕地都是施氏的垦地,此外,有划归长房儿子专管的清水福马圳的垦地大租和圳权水租(见《彰化县志·规划志·水利》),还有雍正四年(1726),施世榜在鹿港"明买得陈拱原清墁地一所"等。从这些资料估算,施氏拥有土地当在2万甲(22.6万亩)以上,以每甲征收6石大租计算,每年田产大租12万石以上,再加上八堡圳水租年约4万石。施氏全年收入租谷总数在18万石左右。

　　正由于施氏有如此丰厚的收入,因此便在台湾和大陆广行善事,如《泉州府志》:"置田千亩,充海东书院膏火,又令长子贡生士安捐资二百两,修葺凤山文庙;令五子拔贡生士膺捐社仓谷一千石。"此外,在晋江诸如修建文庙,以及修桥造路亦多有贡献,至若平时周恤贫困,救灾济危更是无不踊跃捐输。因此在台湾和泉州等地的府县志书中,都有他乐善的传文记载。

　　施世榜临终前[世榜于乾隆八年(1743)逝世,享年73岁]即将台湾的田租业产平分为12份,分给他的兄弟和9个儿子。除了按封建传统习俗长子士安多分一份福马圳的业产外,其余平均分配,同时并建有12座收租馆,让他们坐收田租。

　　施氏在台湾的租业,分为土地业权的大租和水圳业权的水租。八堡圳的业权水租在分阄时同样分为12份,并由5个租馆轮流担任圳主,管理圳务。但是经过几代子孙的"十分九拆",施氏权势日益衰微,有些租馆的业主已为他姓所取代,"如内庄馆,今则许绵发、陈荣德、林日茂、林源端、黄国端、杨跻贤等承买;秀水馆,今则施兹发、陈荣德等承买;中庄馆,今则梁筠达、林日茂、施明笑、陈荣德等承买;埔盐馆,仍旧卖与施继善、吴敏士、施怡谷、陈敬和、郑经芸、施敬献等户。此外水头八馆租业,自乾隆年间陆续久坏,计长龄(世榜)户子孙,十分九拆,零星所有不及原额三分之一"(见《台湾别录》卷二《复彰邑魏立轩明府呈》)。上引呈文写于道光二十三年(1843),于此可见,道光年间,施氏在台湾的水利租业已开始分化、换主。及至同、光年间,施氏儿孙更加衰败,有的租业由于积欠课税,竟至被官封收,如枫脚馆施振怡堂下,水利租业被官封收后,不得不将租权转卖他人卖赎(转引森田明教授《福建晋江施氏与台湾八堡圳》)。殆至日据时期,"(日本官厅)认为地方水利施设乃有关公共利益,不应为私有制度,于是乃于民国前十二年(应是前十年的1901年)制度(定)《公共埤圳规则》"(见戴炎辉等编《台湾省各地水利委员会概况》)。《公共埤圳规则》颁布后第二年,八堡圳也被认定为公共埤圳,由政府给予一定补偿金,购买其水利权,归属彰化厅公共埤圳联合会管理。后来,公共埤圳联合会接受八堡圳受益农户的要求,为了感念施世榜开建八堡圳的功绩,由联合会每年拨出160日元(1932年增至300日元),交给除秀水馆施性温以外的八房总代表,作为祭祀施世榜的"祭祀费"。从此,水利部门设立"祭祀费"的常规一直延续到现在。

1945年,日本战败投降,台湾光复,国民政府对水利管理办法进行改革,以水利设施为主体,开始组织"八堡农田水利协会",1948年改为"八堡农田水利委员会"。1957年,联合各地的农田水利委员会组成"彰化农田水利会"。光复后,各种水利会组织一直遵循日据时期设立"祭祀费"付给施氏作为祭祀施世榜经费的规例,其金额随物价的上涨而增加。1956年拨6000元新台币,后又升至每年8000元、1.2万元,以至2万元不等。"祭祀祭"用于每年两次——在施世榜生日正月初二日及其忌辰十月二十五日举行盛大的祭典,九房族人(二三百人)聚集在一起,举办所谓"吃祖"或"吃公"的丰盛祭宴,此一活动成为联结九房宗亲的纽带,意义极为深远。

上面所述是九房施八堡圳业权与水租的历史演变,直到日据时期收归公有,业主权就已完全丧失,只剩下每年的一笔"祭祀费"还与九房施保存一缕丝连的关系。

八堡圳年收水租约4万石,只是施氏在台湾租业总数的四分之一,更多的是土地业权的大租。八堡圳流灌耕地总面积1.9万多甲,每甲年大租6石计算,年租总数达12万石左右。此外,还有清水福马圳的地租和水租。再包括雍正四年（1726）"明买得陈拱原清塭地一所"，施氏在台湾的租业，年可收租谷18万石左右。按此估算，12馆均分，每馆可分年租1.5万石左右，除去八堡圳年租的损失外，每馆所余大租也有万石之数。那么，这些各房的大租产业的归向又是如何呢？

安海九房施子孙，当康熙末期施世榜在台湾组织垦地开圳时，就有二、三房儿孙迁往台湾协助其父创业。乾隆年间九房分产后，除七、四两房外，其他各房都卖掉大厝，举族徙居台湾接管本房应分产业。此后，随着各房儿孙的传衍，租业又经多次的拆分或散卖，至嘉庆年间便开始衰落下来。及传至四五代后的道光年间，败落现象更为严重，有些房户租业大部分转卖他姓，另有一些比较守成的房户也所剩无几，"多者一千余石，少者只存一二百石"。殆至清末民初，施氏租业更大量散失，十不存一。有部分九房派下儿孙竟不知祖上有何租业，更不知租业如何散失。

正当各房租业大量散失时，世居安海的七房施在台湾的租业却能长期守成下来。七房租业的守成，主要在于"分产不分业，公业不私管"的管理原则。七房施儿孙，数百年来虽也分衍成几个房头，并都以台湾的租业租谷为生活的主要来源，但是他们遵从祖训，坚持"分产不分业"，就是各家按口分享每年两次从台湾运回的租米，而绝不将台湾的租业分给各房儿孙自管，因为这样，该房儿孙就不可能私自出卖租业。对于台湾租业的经管，则采取轮流选派业主代表坐镇台湾租馆，负责追收租米，并每年组织两次用船运送回安海老家。为恐业主代表坐久生弊，不仅采取轮换制度，每年还选派专人赴台稽查督办，务求收支账目清楚。据安海七房施养成老先生介绍，20世纪30年代中他曾受选派往台湾稽查租务，得知当时七房在台湾的年租额还有600余石，便分两次雇专船运到安海，按口平均分到七房派下的各家各户。1949年后，两岸航运中断，七房的台湾租米也因之断绝。现在七房居长的是施议图先生，他非常希望能与台湾鹿港长龄公派下诸宗亲取得联系，更希望原七房代表施继祖诸房亲子侄能回安海祖地探亲，瞻仰先祖遗留下来的七房埕祖厝。现在七房大厝虽已古老陈旧，但是300多年前恢宏的五落厅堂以及雕琢精美的假山花园，格局气派犹存，从中可以缅怀九房施先祖辉煌的史绩。

从族谱资料看东石与台湾的亲缘关系

何振良[*]

东石镇旧属晋江县十都,地处围头湾内,与安海镇、南安市石井镇互为犄角,它"得鳌山之钟秀,摄东海之雄威,据山川之险峻,占水陆之优势",自古为军事要塞和商业富埠。翻开地图册,东石与台湾在方寸之间隔水相依,两地之间存在着密切的亲缘关系。郑成功抗清时,曾于东石建寨,并屯兵于附近的白沙城。东石人民大力支援过郑成功,有的还跟随郑氏大军收复台湾,成为开发台湾的先驱。本文拟从有关东石几家族谱资料入手,对东石与台湾的亲缘关系略做探讨。

一、一衣带水两东石

地名是社会文化遗产,是历史组成部分,表达着人民群众的愿望。台湾许多地名包含大陆移民史的内容,闽台血缘关系从中可见。

台湾有许多贯姓和贯籍地名,正是晋、台"血缘"(贯姓)与"地缘"(贯籍)密切关系的体现。据调查,台湾此类地名共有200多个(贯姓地名100多个,贯籍地名80多个),主要源自泉州、漳州地区移民的姓氏、地籍,是明末清初大批移民往台聚族而居所形成的。当移民们离开家乡,来到这鸿蒙未开、遍地瘴烟的海岛时,为了不数典忘祖,往往以其姓氏或籍贯地来命名所居住的村落,因而在台湾出现了许多贯姓或贯籍地名。

翻阅东石各姓氏的族谱,他们先人在台湾奋斗的脚印遍及布袋嘴、

---

[*] 作者是泉州府文庙文物保护管理处主任。本文发表于《晋江谱牒研究》总第4期,1999年1月。

新埕、郭岑、虎尾寮、笨港、东港、白沙、麦园、型厝和嘉义、彰化、台南、高雄等沿海地区。而郭岑、白沙、麦园、型厝,如同东石镇、东石乡、东石里、东石寨一样,都是沿用故乡的原地名。兹举有关谱牒,证明如下:

如东石镇白沙村,以周姓为主,郡号是"汝南衍派""濂溪衍派",堂号立有"爱莲堂""理学传芳"。其先祖溯于河南汝南,唐末五代时,自河南入闽,居宁化石壁乡,传周宗贵移居永定,生子十一,第四子周闻古移居晋江碧沙乡,自立堂号"爱莲堂",是为白沙周姓的开基祖。白沙就是碧沙,又名碧江,世居于此的周闻古派也称为"碧江周氏"。清代,他们传下了字行:"尚念忠厚祖留贻,梁栋本为华国器。"讳行:"仕伯公卿衡正笃,珪璋长隐海滨材。"

在台湾众多的"汝南周"中,碧江周氏占有一席之地。据白沙《碧江家谱》记载,始祖绍基公有维城、维潮两子,长子维城居于白沙东南的围头村,次子维潮定居白沙。维潮传到第十世懋心,有汝轩、汝功、汝策、汝得四子,第四子汝得又生大正、大殿、大宝、大钦,清康熙年间,周汝得率派下四子全房过台湾,开拓了嘉义县布袋嘴,以周姓命名为布袋嘴周氏。此即为贯姓地名的典例。

又如玉井蔡氏为东石巨姓,共分十房,属"莆阳衍派"。其四世祖蔡显聚、蔡显宾、蔡显仁于明嘉靖初年(1522)旅居嘉义县布袋嘴,成为东石蔡氏在台湾布袋嘴的开基祖。这是族谱记载发现最早的东石去台湾定居的移民。清初,郑成功据东石一带沿海抗清,蔡氏子孙蔡秉元(又名惟景,字炳寰),本是明末一位号称百万的大海商,郑氏起义即捐资助饷,并将他在凉下村的埭田捐为郑军的屯田,后又献船率族人随郑军东渡台湾,在台湾定居,成为开发嘉义县布袋嘴的先驱。从此,布袋嘴成为东石十蔡族亲的聚居点。移台后,东石蔡氏移民把所居住地的村名取名为东石乡,即为今日嘉义县的东石镇。此后,玉井蔡氏在台湾迅猛发展,蔚然而成为大族。在他们所居住的村落,又见有"东石寮""东石里"等贯籍地名。

又如汾阳郭氏居东石镇郭岑村(即沧岑),其开基东石沧岑者是郭洪泰。明末清初,沧岑郭氏已有人出祖台湾凤山。乾隆三十四年(1769)修谱时,五房分派台湾的子孙已达67名,可见人数之多。该姓族人多分布在今彰化、嘉义、高雄三县沿海地区。在这3个地区,有多处称为"东石寮""郭岑寮"的村名,即为郭姓族人迁台后以原籍地村名为所居地命名的地名。

在台湾众多的贯姓贯籍地名中,统计起来竟有数十个源自东石,就一个镇而言,恐怕也是较为特殊的记录了。这些地名都是东石移民怀念故土的表现,是闽台同胞血亲的证明,也是东石人在台湾土地开发中做出巨大贡献的明证铁据。

二、随郑入台　开发宝岛

明末清初的东石移民,大多集中在今台湾嘉义、彰化、台南、高雄一带。早期的开拓者十分艰辛,有卢若腾《东都行》一诗为证:"灌木蔽人视,蔓草窘人行。木杪悬蛇虺,草根穴狸鼪。毒虫同寝处,瘴泉供饪烹。病者十四五,聒耳呻吟声。况皆苦枵腹,锹锸孰能擎?自夏而徂秋,尺土垦未成。"清初统治者又为禁绝沿海人民对据台抗清的郑成功的支援,实行了野蛮的"迁界"政策。这种极端残酷的政策,使沿海人民遭受了一场空前悲惨的大劫难。据《东石汾阳郭氏族谱》记载:"(晋江县东石郭岑村)迨至大清顺治庚子十七年(1660),兵燹,迁都,门庭鞠为茂草,堂所尽属秽荒,父子兄弟,流离失所。"这生动地展现了当时荒凉破败的景象。

此种惨况,见诸族谱,实难枚举,于是,无家可归的广大沿海居民,一部分被迫迁徙内地,一部分出洋东南亚国家谋生,一部分则渡过海峡,参加到郑氏政权开发台湾的行列中去。由于东石是郑成功抗清的重要军事基地,又是著名的纺织业生产基地,因而在明末清初之际,数以千计的东石籍郑军兵士和居民分赴台湾各地开荒耕垦,繁衍成村,奠定了台湾与东石密切的血缘关系。至清乾隆、嘉庆时期,东石再次出现父子相携、兄弟相率、夫妻同往,甚至举家迁徙台湾的移民高潮。主要迁台族系、人数等列举如下:

《东石玉井宫西蔡氏长房三延科公派家谱》载其族人自十一世至十五世往台湾220多人,时间约在康熙末年。迁台族人多分布于嘉义县的布袋、新塭、东石、郭岑寮、虎尾寮等处,至今已有4万多人。

《东石玉井蔡氏长房三惟谅公派下家谱》载其族人从十二世至十八世往台湾 36 人，最早迁台时间约当康熙末年。从族人葬地看，该房子孙居住地点除布袋嘴庄外，还有嘉义、笨港、台南、东港等处。

《东石玉井蔡氏二房长守庆公派系谱牒》载其族人往台 68 人，而这支谱系的人丁不上百人。

《东石玉塘吴氏三房家谱》载其族人迁台的有 30 人，该族移居台湾的时间比东石其他族姓迟，约在清乾、嘉时，始有十七世吴声养父子等人往台，住箔仔庄。

《东石汾阳郭氏族谱》载其族人迁台的有 150 人，移台始于明末清初，分布地点上文有述。

……

移台的东石居民，有的举家迁台。如东石附近的后湖村，从其族谱中发现，这个总人数不过数百人的小村庄，从雍正后期到道光初年去台居住的竟达 126 人。其中兄弟或二人或三、四、五、六人一起去台的就有 17 家。

有的带去家室。如东石郭岑村郭一里（乳名四，号厚斋）偕室吴氏；郭一程（乳名双，号毅斋）偕室林氏、继室吴氏同往。

有的就在当地婚娶，建立家庭。如《东石玉井宫西蔡氏长房三延科公派家谱》载其家族自迁移台湾之后，从乾隆年间开始，在台湾娶妻者 88 人，继娶者 9 人，如：

> 世构，号纯朴，继原次男，往台南路竹仔港汕岸顶居住。生乾隆二十四年（1759），辛嘉庆十八年（1813）。在台娶三块厝许氏女，名澄娘，号纯慈，生乾隆三十四年（1769），辛道光十一年（1831），墓葬嵌脚，生男四。

> 文挺，住鹿港庄。在唐先娶苏氏女，名俭娘，早殁；在台再娶某氏女，名溅娘。生男一。

> 章蜡，号章纯。生嘉庆十八年（1813），辛同治二年（1863），在台身故，葬五股。娶下村乡张却娘，又在台娶侧室陈香炽。养男四，生男一。

开族台湾的先驱者，白手起家，苦心经营，在他们开拓出的曲折的路上洒满艰辛的血汗。东石移民在台湾定居后，即积极投入开荒垦殖、建设家园的经济活动中。如据《台湾区姓氏堂号考》载："晋江碧沙乡周闻古支派,康熙四十九年,周人钿、周人钟入垦台中清水;周大养入垦今台中沙鹿;周尚悦入垦台中大安;稍后,周明入垦今台南市安平;周应满入垦彰化伸港。雍正年间,周白智入垦今台南盐水;周守宽入垦今嘉义布袋。嘉庆年间,周朝兹、周道皆,周态九等入垦今伸港;周朝章入垦今台北林口。"

除了从事垦殖业外,还有如玉井蔡氏在布袋嘴从事渔业,又有从事手工业生产的。如东石人迁台后,台湾晒盐技术有了极大发展。东石自宋即属浔美盐场,数百年前即为产盐之地,东石居民迁台后,有的即以晒盐为生,如玉井蔡氏就有一部分族人从事此项行业。

总而言之,往台东石移民,士农工商、百工杂艺,都"竞趋之以谋利"。移民们在台湾开荆辟榛,艰苦创业,一方面参与台湾经济的开发,另一方面在台湾成家立业,加深了两地人民的骨肉亲情。

三、海峡对渡　贸易往来

明天启年间,以颜思齐、郑芝龙为首的海上资本集团占据台湾。崇祯元年(1628),颜、郑就抚明廷后,以安平港作为其对东西贸易的重要基地,东石港作为安平港的重要组成港口,成为大陆联结台湾的重要中转站。台湾归清后,经济蓬勃发展,百业俱兴,有许多大陆人纷纷往台经商,从事贸易。乾隆四十九年(1784)、五十三年(1788),清政府先后开放台湾鹿港、淡水厅辖之八里岔口与晋江蚶江(今属石狮市)对渡,使闽台之间的交通更显频繁。这大大刺激了海峡两岸经济的繁荣与交流。

东石历史上就是一个缺粮区。《泉州府志·风俗志》说:"泉地隘而硗瘠,濒海之邑耕四而渔六……谷少而人浮于食……晋邑所概,尤啻于他县。"为解决缺粮之急,清代每年均需从台湾购进大米和其他副食品,如雍正二年(1724)下旨:"饬发台湾仓谷每年碾米五万石,运赴泉、漳平粜。"东石原为海商活跃的地区,清初福建对台贸易,在东石设有专航的船舶,每船可装货物三五百担。因而购运台米,大大刺激了东石造船、航运业的发展,东石一带商人纷纷介入两岸贸易。商贩从台湾运进台米、台糖及台湾的土产,以台米、台糖为多,而台米尤冠。为了储存米谷,安海(东石)一带设立谷仓,据《晋江县志·仓廒》云:"乾隆十八年……先后议建三十七社……安海……深沪、永宁、蚶江、龟湖……因未择地起盖,将谷暂贮社长家。每岁春借秋还,于民为便。"从东石外运台湾的货物,主要是陶瓷、铁器、药材、茶叶、丝织品等大陆土特产,甚至有泉州特为台湾编印的"日历""通书"。于此可见,台米内销成为泉州、福州等地的重要米源,稍不接济立即影响民生。

许多东石人以从事对台贸易为致富捷径。当时,东石一带居民赴台"大小商海,往来利涉,利之所在,群趋若鹜"。周、蔡两姓为东石望族,皆以海上贸易致富著称,而周姓尤多运销台米。故周氏族谱对此尚留有一鳞半爪可供探索。据《东石鳌江周氏五福房族谱》周仕鼎(1772—1844)墓志铭称:"……泉州粮食半需台湾,适乙未(道光十五年,1835年)间,台米额限,内地米价日增……"应特别值得重视的是,清乾隆朝史称"太平盛世",而"泉州粮食半需台湾",可证泉州对台湾仰赖之甚。

又据逊祥周府君墓志铭记载:"……道光初年,省会大饥,君闻,遣数艘运台米入省,与其兄逊哲、逊成君平粜,省赖以安。……"省会福州发生大饥荒亦得依赖台米接济,可见周姓经营台米,并未限销于泉州一地。

台米贸易也刺激了台湾岛内农副业生产的发展。据施琅奏称,台湾"野沃土膏,物产利溥,耕桑并耦,渔盐滋生……舟帆四达,丝缕踵至……实肥饶之区,险阻之域"。当时与大陆对渡的鹿港也因此成为台米集散地,据《台湾通志稿》云:"乾隆末年,三郊(泉郊、厦郊、鹿港郊)名著。嘉庆十二年(1807),万商云集,各途生理皆起。"鹿港一变为"舟车辐辏,百货充盈"的台湾第二大市镇。同时,双边贸易的发展也促进了台湾商务的振兴。据《台湾通史·商务志》云:"洎乾隆间,贸易甚盛,出入之货岁率数百万员(元)……(商贾)各拥巨资,以操胜算……舳舻相望,络绎于途。"随着双方贸易的扩大,两地人民往来频繁,交流日甚,东石与台湾两岸骨肉亲情更加牢固,而两岸亲情的巩固又必然推动双方贸易的持续稳定发展。东石与台湾的血缘关系从中可窥见一斑。

四、寻根问祖　骨肉情深

移民去台的人民,都有浓厚的宗族观念和深切的怀乡念祖的感情。尽管朝代几经变换,但他们始终没有忘记自己是中华儿女。虽然隔着滔天白浪,但是海峡两岸人民的心永远连在一起。多少年来,东石出祖台湾的宗亲,利用简陋的舟楫,冒着海面上变幻无常的风险,络绎不绝地返回原籍寻根问祖。

在族谱方面,闽台血浓于水的亲缘关系表现得更为明显、突出。由于分支到台湾的大陆籍族人,始终慎记木本水源的关系;在大陆族人修谱时,也始终没有忘记已经徙居台湾的子孙,他们从来都把这些外迁者视为本家族成员。这在族谱中都有详细记载。如咸丰年间续修的《东石汾阳郭氏族谱》、光绪九年(1883)重修的《东石玉井宫西蔡氏长房三延科公派家谱》等,都相当完整地把分派于台湾各地的族人记入族谱。清代以来,东石移居台湾的族人,每逢祖籍地续修族谱时,也常派其族裔前来参加。如东石玉井蔡姓族人迁居台湾后,仍按"莆阳衍派""玉井世家"昭穆相传。1947年,东石月窟蔡氏(系东石蔡姓的支派)修谱时,分居台南的族人特派蔡钦贤为代表,返籍参加会修,并作志文一篇附在族谱中,介绍族人在台湾的分布情况,把移居台湾的亲人补上一笔,类似事例不胜枚举。同时,东石祖地的居民也常往台湾探望出祖的宗亲,真是"东石台湾一水隔,两地骨肉情谊深"。

"海峡流水急,骨肉亲情在。"东石移民的迁台史再次证实了台湾的根在祖国大陆,两岸这种血浓于水的亲情是任何力量也阻隔不断的。

参考文献:

①庄为玑、王连茂:《闽台关系族谱资料选编》,福州:福建人民出版社,1985年。
②陈晓亮、万淳慧:《寻根揽胜话泉州》,北京:华艺出版社,1991年。

一部《吕氏宗谱》承载的家国情怀

吕跃钢[*]

族谱是中国特有的文化遗产，具有与正史、方志同等重要的地位。族谱记载的是同宗共祖血缘集团世系繁衍及重要人物事迹等方面情况的历史图籍，具有区分家族成员血缘关系亲疏远近的作用，不仅能区别姓氏源流，作为数典认祖，研究历史、地理、社会、民俗等的参考资料，也是姓氏文化的重要组成部分。因此，纂修族谱成为宗族生活的头等大事。

一、遗失的吕氏宗册族谱

吕姓自唐末吕竞茂入闽肇基泉州晋江后，数传儿孙昌炽，家族兴旺，人才济济，门庭显赫。赵宋时期，泉州吕氏家族登进士者就达39人，其中比较出名的有吕惠卿、吕夏卿、吕大奎等，他们在宋史中占有一席之地。

吕惠卿（1032—1111），字吉甫，吕氏入闽始祖吕竞茂的八世孙，北宋政治家、改革家。嘉祐二年（1057）进士，宋神宗熙宁年间官至参知政事。任职时积极参与王安石变法，是变法的第二号人物。

吕夏卿（1015—1068），字缙叔，吕惠卿的堂兄，北宋著名史学家。庆历二年（1042），与其兄吕乔卿同榜登进士。吕夏卿精通文史，皇祐元年（1049）经宋祁、欧阳修共同推荐，被任命为编修唐书官，参加《新唐书》编纂工作。吕夏卿曾搜集全国碑刻和历代氏族谱，编纂出《唐文献

---

[*] 作者是晋江市深沪中学教师。本文于2020年"谱牒研究与家国情怀"研讨会上发表。

考》《历代氏族谱志》《古今世系表》等。吕夏卿治史态度严谨，因此《宋史》在他的传记中赞其"于《新唐书》最有功"。

吕大奎（1230—1279），字圭叔，号朴之，理学大师。宋淳祐七年（1247）丁未张渊微榜一甲第三名。任吏部员外郎兼国子监学编修实录检讨官，兼崇政殿说书。德祐元年（1275）转调漳州知府。蒲寿庚降元后大肆捕杀在泉州的赵宋宗室及士大夫族人，吕大奎"宁为泉南鬼，不为北朝臣"，拒绝签署蒲寿庚降檄，南宋祥举二年（1279）被杀于金门，史称这事件为"奎叔之难"。当宋端宗被元军追逃至闽南时，吕大奎三子吕正在家乡高举义旗，募兵勤王，与元军进行激烈战斗，被宋端宗封为恭懿侯。

蒲寿庚为斩草除根，曾多次派遣元军围剿吕大奎的家乡南安朴里，因受株连，泉州吕氏族人也惨遭元军剿杀。为躲避灾难，吕氏族人或隐姓埋名，或远走他乡，甚至逃进深山老林。今南安石井许氏、石井溪东部分李氏及晋江内坑吕厝蔡姓等，都是元初易姓的吕姓胤裔。

宋代是家谱纂修的繁荣时期，家谱纂修已经从官府、从世家大族走向普通百姓。吕夏卿作为宋代著名的史学家，是《新唐书》宗室世系、宰相世系的编纂者，按理应该会为自己的家族纂修完整的宗册谱牒，或许是泉州吕氏经历宋元更迭的"奎叔之难"，致使宋代的泉州吕氏宗册谱牒遗失或被毁。后来虽然明朝嘉靖年间吕古林修吕氏族谱《古林谱》，万历年间吕震夏修吕氏族谱《震夏谱》、吕大楠修《浯江吕氏家乘》和厦门吕姓宗贤修族谱《嘉禾谱》，但这些谱牒现在仅存谱名而已。幸亏清朝乾隆年间泉州吕氏族人纂修泉州《吕氏宗谱（丙午刻本）》时，这些明朝古谱还在，并作为重要的参考依据。如宗谱所述，"前明古林氏旧谱与震夏所修之谱不无互异处，查古林谱自一世至七世或据季玉公墓志（作于宋熙宁四年），或据郡县志可为实录，八世以下分派散居，震夏谱较详，参考酌正，欲无传讹，务在矢慎"。

二、纂修泉州《吕氏宗谱（丙午刻本）》

泉州吕氏建宗祠修宗谱过程中，吕日炽发挥了重要作用。吕日炽的祖父吕鸿伟16岁"禀父命往番邦吕宋生计,铢累锱积,万有余金"。他身处异国他乡,时刻示训子孙不忘根不忘本。吕日炽牢记先辈教诲"历世祖考遗阙,应建大宗挨次安奉以存禋祀"。建宗祠修宗谱前后总共集资白银3700余圆,其中吕日炽出资960圆。

乾隆乙巳年(1785),吕日炽召集吕廷仪、吕大聚、吕天芹、吕璜璋、吕观我、吕宏谟、吕廷章、吕天宠等人商议在郡城买地裁盖大宗,以祀历世祖考。吕天芹深识地理,留心觅寻,九月中旬择地泉州西街三朝铺元老坊顶蔡家旷地一片,即睦宗院西偏。吕日炽出资买地,各处叔兄弟侄同心协力,集资建泉州吕氏大宗祠。乙巳年(1785)九月廿一日动土,丙午年(1786)季春竣工。

修宗谱与建宗祠具有同等重要意义。"特死者昭穆未分则位次或紊,生者行次未定则名分多淆,且支派未析,有忘本派而冒别派者,伦纪有亏,幽明均有未安乎,则谱不可以不修,不可以子姓既蕃,里居既远,房谱半讹难修而不修。"乾隆丙午年(1786)正月,由吕天芹、吕大聚、吕廷仪、吕观我、吕基抒集各房谱参互考订,存真弃讹,共同完成泉州《吕氏宗谱(丙午刻本)》纂修。

据《吕氏宗谱(丙午刻本)》卷一吕观我撰写的《吕氏宗谱告成文》所载,"吾宗谱牒之修,经始于乾隆丙午正月,竣事于丁未九月付之梨枣,藏诸大宗,分诸族人,所以广其施而永其传者,乃于今日见之斯谱也。循流溯源,因枝寻干,近稽家乘,竟茂公启派于温陵,上考唐书,忠肃公缀系于年表,天申公、天恩公尊为房祖,族虽众而可该,春秀公、春炳公后乃就居,推所亲而必及,幸大宗鼎建,远祖陟降在庭,复图谱告成,各房支流略备"。

《吕氏宗谱(丙午刻本)》全册五十二卷,资料翔实,内容丰富,基本理清泉州吕氏始祖源流、世系繁衍与支派迁徙的历史发展脉络,包括部分族人迁居金门、澎湖、台湾岛等地的情况,同时将宋时自河南流移晋江的另一支吕氏族人(吕春秀、吕春炳家族)也列入本谱中,丰富了泉州吕氏的家族资料。

"敬宗祖、事父兄、正心术、立品行、择师友、慎言语、勤职业、严教诲、睦宗族、和邻里……""事君尽忠,事父尽敬""道之以德,齐之以礼",这些族规家训体现了吕氏先人的价值取向和精神追求,是宗族文化的重要组成部分,也是优秀传统文化的精髓,承载着传统特色的伦理规范和人格精神,后人可以从中得到经验借鉴、文化传承和思想启迪。

三、再版泉州《吕氏宗谱(丙午刻本)》

200多年来,由于时代变迁等种种原因,现在存世的泉州《吕氏宗谱(丙午刻本)》寥寥无几。泉州各地吕氏家族虽有族谱,都是后来自行编修的,因线索中断,资料不足,范围较小,难以形成泉州吕氏较为完整的系统图谱。2007年台湾吕泰山从台北故宫博物院复印一套泉州《吕氏宗谱(丙午刻本)》寄回大陆,2011年11月南安石井大奎村吕氏宗祠重建10周年庆典之时再版。随着姓氏文化的复兴,该资料益显珍贵,不仅为研究泉州吕氏家族的世系源流、迁徙轨迹、繁衍生息、婚姻状况等家族历史文化提供极其珍贵翔实的文献资料,也为台湾吕氏宗亲追根溯源、认祖归宗提供方便。

吕姓位列台湾第二十五大姓,据2017年统计,人口超过20万,主要集中在桃园、台北和嘉义等地。从台湾吕姓71个支系的族谱来看,其根无一不是出自祖国大陆,而且大多数来自福建,尤其是漳泉两地。1895年日本侵占台湾后,曾强迫台湾汉人改日本姓,吕姓被迫改为"宫内""宫本",意即"宫内"为吕,"宫本"是吕,可见台湾吕姓宗亲任何时候都不会忘本,始终保留着一颗中国心。1945年台湾光复后,台湾吕姓才得以恢复祖姓。

慎终追远,饮水思源,不忘血脉传承,不忘祖宗先人是中华民族优秀的文化传统。随着两岸交流日益密切,大陆与台湾联系越来越紧密。近年来,越来越多的台胞回大陆寻根问祖,其中就有台湾吕氏宗亲,他们缅怀祖先,寻找家的根系源流。在追根溯源过程中,宗册谱牒是最重要的依据,起到了续接家族血脉情缘的巨大作用,具有不可取代的地位。

五缘文化探讨概观

郭志超　黄向春[*]

五缘文化并不是严格意义上的学术概念，但它生动地概括出中华传统文化的特色，特别是彰显华侨华人的社会网络及其与故国家园的传统联系，彰显海峡两岸的文化纽带，以及这些社会网络、传统联系和文化纽带内蕴的文化心性。"缘"是指某一人群中，基于文化认同的传统联系。当迁徙造成某一人群的不同分布，这时人群原本内部的"缘"就会成为不同地域人群的"缘"。反之，不同地域人群的"缘"是从原本是同一人群的"缘"延伸出来的。缘，是一种与社会关系相系的文化认同。文化认同的范围或大或小，与之相应的社会关系也就或伸或缩。精辟一句话，泛泛万言语。缘，只是以文化认同为内涵的社会关系的简约和精辟表达。正因为精辟，故能引起学术界与社会的广泛关注。对于缘文化是不是"五"还存有不同意见。也有的对"五"情有独钟，为了在闽台缘文化加上"法缘"，将神缘并入文缘，大致也说得通。这也说明，五缘的"五"，只是约数。鉴此，五缘文化不如称为缘文化，更有思想的弹性。五缘文化的研究至今仍是起步阶段，尤其在理论层面的探讨还较浅表，然而其探讨有着广阔的空间和远大的前景，其理论价值和实践意义的逐步显示甚至可能超出人们的预期。五缘文化研究的回顾，对于这一研究的继续深入，很有必要。

一个有文化传承的群体，乃至一个民族，其凝聚成员的精神力量是认同感，缘就是这种认同感与相关的社会关系的结合。在海外华侨华人社会，在诸多的缘中，人们会选择最重要的缘来组成一定的团体，如宗亲会、同乡会、神庙组织、同业公会等，这就使"缘"最早被人们感知。

---

[*] 作者郭志超是厦门大学人类学与民族学系教授；黄向春是厦门大学历史与文化遗产学院教授。本文于2008年"谱牒研究与五缘文化"研讨会上发表。

20世纪60年代,台湾地区学者李亦园在马来西亚的麻坡做调查,调查的内容就是麻坡华人社会的经济(橡胶业)、宗教信仰、家庭和宗亲、几个地方"帮"(原籍方言群)、华人社团(会馆、宗亲会),差不多也就是这几个"缘"。

如果说海外华侨华人社会的文化缘是通过社团而凸显,那么台湾同胞则以诸如回大陆访亲谒祖、祭拜神明祖庙等文化交流以及迅速而活跃的工贸活动而彰显两岸的文化缘。这样,比较全面、系统概括海外华侨华人社会以及两岸的文化联系的概括表述,就呼之而出。

几乎很一致地认为,五缘文化是由上海学者林其锬首先提出,林其锬也接受这一说法,他说:"以亲缘、地缘、神缘、业缘、物缘为内涵的五缘文化的提出和研究,酝酿于20世纪80年代中期,最早见之文字的,是林其锬在1989年4月17—20日在福建省漳州市召开的、有海峡两岸学者参加的'纪念吴夲诞生1010周年学术讨论会'上宣读的论文——《五缘文化与纪念吴夲》。该文后来在《上海道教》1989年3—4期合刊发表,并被收入《吴真人学术研究文集》(厦门大学出版社1990年版)。"

林其锬《五缘文化与纪念吴夲》指出:"中国伦理中心主义的文化,一个重要的突出点就是重视人际的'五缘'关系。所谓'五缘',就是亲缘、地缘、神缘、文缘和物缘。所谓亲缘,就是宗族亲戚关系。亲缘有血缘和姻亲之别,包含父族、母族和妻族,传统上以父族为主,这是以姓氏为旗帜来结合同父共祖的人群,其组织形式便是家庭、家族、宗祠。所谓地缘,就是邻里乡党关系。古之乡遂遗规有所谓比、闾、族、党、州、乡,邻、里、鄺、鄙、县、遂等。现代通俗的说法就是以籍贯相呼的小同乡和大同乡,其常见的组织形式便是同乡会馆。所谓神缘,就是共奉之神祇宗教关系。共同的宗教信仰、共奉的神祇结合着人群,其常见的组织则为神社、教会等。所谓文缘,就是科学文教、体育、卫生等方面的联系,或同学,或同业,有切磋和交流的需要和愿望,组合人群,其常见的组织形式便是同学会、学会、协会、研究会等。所谓物缘,就是因物(如土、特、名、优等)而发生的关系。因物而集合的人群,也会出现诸如行会、协会、研究会之类的组织。"

其实,林其锬的五缘文化说还称不上原创,1988年泉州市经济发展战略研究办公室的东国发表的《发展泉州台湾经济关系的探讨》就泉州与台湾的历史文化关系,提出五缘内容。该文指出:"1.地缘。泉州、台湾一衣带水,地缘关系十分密切。……2.血缘。台湾岛上的居民……绝大部分汉族同胞均为闽粤移民的后代……长期以来,泉台两地亲人通过种种渠道保持着联系,近年来日益频繁,粗略统计返乡台胞达2万多人次。3.商缘。古往今来,泉州与台湾经济贸易来往不断。远在隋唐年间,泉台之间开始频繁的商业贸易。至明朝泉台贸易已具规模。海峡两岸对峙期间,泉台民间易货贸易和小额贸易始终不断……4.文缘。台湾文化同闽南一带的文化有着千丝万缕的联系。台湾……绝大部分居民讲闽南话。台湾的戏剧艺术方面,多数居民仍推崇闽南人民所喜闻乐见的,泉州民间的传统工艺在台湾岛上广泛流传。5.神缘。台湾人普遍信奉圣女海神,全岛有500多座天妃妈祖庙,其中台北、台南、高雄、台中、新竹等主要城市的300多座妈祖庙都是从泉州市区的天妃宫分灵的。在台湾颇有影响的441座龙山寺和98座清水祖师庙均自晋江县龙山寺、安溪清水岩分灵的。宗教神缘客观上已成为联结两岸的精神纽带之一。"

该文虽然比较具体地谈论泉台关系,缺乏理论分析,但明确地提到五缘:地缘、血缘、商缘、文缘、神缘。林其锬所陈述的"亲缘、地缘、神缘、文缘和物缘",与该文的"地缘、血缘、商缘、文缘、神缘",显然有继承关系。泉台五缘亦即闽台五缘、两岸五缘。目前通常表述的"闽台地缘相近、血缘相亲、文缘相承、商缘相连、法缘相循",就是将神缘并入文缘,增加法缘一项。在2005年提出"法缘"作为闽台五缘之一之前,地缘、血缘、商缘、文缘、神缘,一直是闽台五缘的通常表述。由此可见,《发展泉州台湾经济关系的探讨》一文的具体研究具有普遍意义的特征,所论述的五缘具有很强的概括力,并且具有长效的指导意义。作为国家级博物馆,中国闽台缘博物馆正是按照地缘、血缘、文缘、商缘、法缘这五缘进行设计、布展。其中,文缘部分内容最庞杂,由"文脉相承""诸神同祀""风俗相通"3个部分组成,其他四缘分别为单一部分,全馆陈列内容由这7个部分组成。文脉相承,展示今天台湾的方言、祭器、民间工艺、手工技术等,仍保留着浓郁的闽南和客家传统。诸神同祀,展示福建移民赴台,带去祖籍地的神像或香火。台湾民间供奉的各种神灵,绝大部分由福建传入,其祖庙皆在福建。风俗相通展示台湾与福建尤其是闽南,风俗相通,习惯相同。

闽台"法缘"(台湾地区属中国的法理依据和台湾人民认同一个中国的自觉意识),是由汪毅夫在2004年的工作报告中提出,正式发表于2005年《瞭望》周刊。康熙二十三年(1684)台湾府成为福建省第九个府,福建因而有"九闽"之称;闽省"内地"与"台地"互调官员;台湾生员到福州参加乡试,即使在台湾建省后,依然如此;台湾实行闽省内地绿营分兵轮班戍守;光绪十一年(1885)台湾开始建省,仍与福建联成一气,以便内外相维。汪毅夫《清代闽台之间的法缘关系》以这些事实论证了闽台的法缘关系。

笔者曾就闽台法缘问题采访过汪毅夫,他说:闽台关系同海外华侨华人与祖国或祖籍国的关系有一个重要的差别,就是台湾与大陆同属一个国家,历史上有长期的隶属关系。在清代,台湾在行政上长期归福建管辖,"八闽"改称"九闽",正是生动的历史写照。并且,台湾人民在反抗外敌的斗争中突出地体现了认同祖国、抵制割台的国家认同和民族认同的自觉意识。提出闽台"法缘"意在指出"文化同一"说足以抵制"两国论"。

五缘并不是准确的学术概念,可以重点提三缘、四缘,也可以扩展谈六缘、七缘,甚至更多缘。闽台的地缘、血缘、商缘、文缘、神缘,概括还是比较精辟的,把神缘并入文缘,归类合理,但不贴近历史和现状。神缘在闽台缘文化中占有突出的地位,在闽台民间交流中,神缘活动比血缘活动更频繁、更密切。由于有子庙神明每年或几年一次晋谒祖庙的习俗,闽台神缘活动将有很强的持久性。为了在五缘中增入"法缘",没有必要去掉某个"缘"。称闽台六缘,又有何妨?

从学术史的角度看,林其锬陈述的"亲缘、地缘、神缘、文缘和物缘",与上述的"地缘、血缘、商缘、文缘、神缘",显然有继承关系。地缘、血缘、神缘、文缘这四缘较有共识。用物缘取代商缘,是不是更妥切?前文引述了林其锬的看法:"所谓物缘,就是因物(如土、特、名、优等)而发生的关系。因物而集合的人群,也会出现诸如行会、协会、研究会之类的组织。"有的学者将茶文化、酒文化、饮食文化、棋文化作为物缘文化的具体表现。其实,诸如茶文化、酒文化、饮食文化的物缘文化,应归入文缘(习俗文化)。由于文化的表现皆有物质形态,这就使物缘的所指易于混淆。在论述物缘时,以长城、珠峰、长江、黄河、天安门广场为例,就不见得适合。如果从血缘的角度而论,比较适合。中华共祖,我们每个人作为华夏子孙,将长城等景观作为中华民族的象征会产生景仰和自豪之情。水稻和甘蔗是明清时由闽南传入台湾,并成为台湾最重要的农作物,如果将之作为闽台物缘,似可。但这两种作物并没有在历史上积淀为认同的文化心理,因而它们属于闽台历史关系的物质表现,不是闽台关系的文化心理的物质表现。当然,我们在陈述闽台缘文化时,也会提起这些历史关系,尽管这些历史关系没有积淀入心理层面,但没有这类基础性的历史关系,文化心理的关系是建立不起来的。另者,我们在谈闽台商缘时也会提起台湾的谷、糖,它们是清代闽台商缘重要的物质体现,如果归入物缘,就很牵强。笔者并无否定物缘的意思,而是存有这一困惑:林其锬是在论及侨、台时首先提出物缘文化的(实际上是将"商缘"换为"物缘",后被广泛沿用)。其实,在论及侨、台时,将商缘置换为物缘,反而欠妥。

1997年上海五缘文化研究所编的《五缘文化与对外开放》一书中,将五缘调整为:亲缘、地缘、神缘、业缘、物缘。其中,把文缘换为业缘,这应是借鉴了闽台五缘的商缘,并将"商缘"扩展为"业缘"。如果以华侨华人社会而观,或者考察华侨华人与原乡的联系以及闽台关系,业缘基本上就是商缘。林其锬、吕良弼主编的《五缘文化概论》的第九章"业缘文化"几乎都在论述工商业尤其是商业的业缘,指出"商业是海外华人经济的基石","金融网络是今日海外华人经济的核心"。当然,商业只有介入文化,特别是文化认同,才成其为商缘。1991年由新加坡发起并主办了第一届世界华商大会,李光耀在会上致词时说:"这是一个越来越互相依赖的世界。贸易、投资和旅行再也不受海洋、高山和国界的阻碍……海外华人企业家将是在这些国家里很有用的联络人。民族、文化的亲切感能促进联系和信任。"在1993年于香港召开的第二届世界华商大会上,他再次强调:"经济网络的联系有着相当大的潜能。凡是在外形上具有共同特征的人,都会对彼此产生自然的感情。如果他们也具有共同的文化和语言,这种亲切感就会加强,从而促进和睦关系,相互信任,为商业上的来往关系奠下基础。"基于文化认同的经济网络，就是商缘。这在华商中有悠久的历史和突出的表现。这种经济网络的文化认同，或广泛，或局限。1994年泰国橡胶巨子李引桐告诉笔者，东南亚橡胶业历来由闽南籍华商主控，闽南话成为橡胶行业交易的习惯语，即使不是闽南籍华商，也要学操一些闽南话的橡胶行话，才会被认为是橡胶业圈内的人，甚至做橡胶生意的洋人用闽南话谈生意，才较受重视和信任。

  缘是有亲切认同的固有联系，它像常青藤那样绵延久远，延伸于现在和未来。海外华商虽然在现代以前与祖国或祖籍国缺乏商业关系，但在合适的时候，其内部的商缘会顺着与故国家园的其他缘纽带，与祖国或祖籍国建立密切的经济关系。改革开放初期，在大陆投资的，有侨资含量的港资在外资中几乎一枝独秀。1978—1991年，广东实际利用外资150亿美元，80%来自香港。香港到广东直接投资办厂的，占外商的90%。台湾与大陆商缘久远，经过一段冰封期，台商根在台湾，枝连两岸。2004年两岸贸易额达780亿元，2007年，台商在大陆投资达90亿美元。

  由上可知，无论是两岸业缘，还是海外华侨华人内部的业缘及其与故国家园的业缘，商缘几乎是一枝独秀。有关谈论五缘文化的著述，基本是以侨、台为主要研究对象，并且有关侨、台及其与中国大陆的五缘文化的论述占绝大部分篇幅，在五缘中，把极具特色的商缘改为业缘，表面上升级为普遍品质，实际上在特定的研究语境里泛化为平庸。如果编讲义、教科书，分门别类，由业缘类讲到商缘等亚类，那倒适合。科学研究以人类福祉为目的，眼光注视现在和未来。当两岸的商缘和海外华商与祖国或祖籍国的商缘犹如春潮成为中国经济发展的强劲动力，泛泛而谈业缘，这体现出对科研与现实关系的认识不够敏锐。

  至今为止，五缘文化研究以华侨华人及其与祖国或祖籍国的关系，以及两岸关系为主要关注对象，但对探讨我国的区域经济发展也有所涉及。例如，吕良弼主编的《五缘文化力研究》中，就有专节论述"闽南地缘文化与泉州商人"和"神缘文化与莆田旅游市场的开拓"等。不少探讨当代侨乡经济崛起的著述，虽然未提及五缘文化，但论述侨亲对家乡经济发展的初始阶段的关键推动，以及亲缘关系对于企业组建的作用，实际上也是在探讨五缘文化。

吕良弼主编的《五缘文化力研究》一书中,论述五缘文化是经济发展动力。这不仅是五缘文化研究的新思考,更重要的是,它对建设中国特色社会主义,开拓了理论深度和实践广度。尽管这一探讨尚在起步,但昭示了五缘文化研究蕴含着重要的理论价值和现实意义。

妈祖信仰的社会文化功能演变

陈兴贵[*]

妈祖信仰是我国政府唯一认可的一种民间信仰。它作为中华民族传统文化中的一朵奇葩，有着深刻的文化内涵。随着妈祖信仰的传播以及现代社会发展的现实需求，其社会文化功能发生了巨大的变化。这种变化集中体现在三个方面：一是从最初的"海上女神"演变为"万能神"，二是被建构为中华民族的文化认同符号，三是以宗教旅游为代表的经济功能。

一、从"民女"到"海上女神"再到"万能神"

妈祖，相传原名林默娘，宋太祖建隆元年（960）农历三月二十三日出生于福建莆田湄洲。林氏在民间有不同的称呼，如"林氏女""神女""姑娘""娘妈"等。"妈祖"名称出现和使用于明代，自清以来，台湾地区的"妈祖"名称逐渐为大陆普遍采用。为了祭祀林氏，各地建造了名称不同的庙宇，"神女庙""女郎庙""天妃宫""妈祖庵""妈祖庙""天后宫""天后庙"等。

林氏被神化与以下三个因素密切相关。一是，林氏自身的智慧、品行和修养以及在生活中的所作所为是其死后被神化的重要世俗基础。二是，林氏的行为也得到了官方的认可。在历史上，历代朝廷出于统治需要，也对她频频封赐，以此神位得以不断提高，如"夫人""妃""天妃""天后""天上圣母"等。三是，林氏所生活的与海洋密切相关的环境：渔

---

[*] 作者是厦门大学人类学研究所博士，三峡大学民族学院教授。本文于2008年"谱牒研究与五缘文化"研讨会上发表。

民的生活方式具有明显的风险性和不确定性,海洋的风暴时时等待着他们,因此在现实生活中他们需要一种稳定的"力量",而这种"力量"必定是一种超自然的具有神力的,同时又必须是来源于他们生活中的值得信赖的。林氏所具有的世俗化特点恰好符合了广大渔民的现实心理需求。当现实的需要与林氏个人的"品性"契合在一起时,就形成了一种稳定的符合大众心理的超自然力量,于是"神女"的光环开始笼罩在了这位世俗的奇女子身上。

妈祖信仰最初是一个单纯的海上女神的信仰,其功能也主要表现在为对渔民心理的安抚,给渔民出海或航行增添战胜风险的信心。渔民们敬祀她的目的也就是能够在变幻无穷、生死难卜的海上作业中获得她的保佑,能平安归来。"航海保护神才是妈祖的原始神责,她保佑着浪里涛间打拼的华人、华裔舟商、渔民和海军的安危和顺利,符合人们造神和信徒信神的初衷。"[①]经过千余年闽台及各地人民的充实和完善,现今的妈祖信仰已蕴含了丰富的物质和精神内容,逐渐演变成独特的妈祖文化。有人指出,"今天的妈祖崇拜,已是混合多种宗教的信仰"[②]。随着妈祖信仰地域上的不断扩展,其信仰的特点、功能也发生了不同程度的改变,不再仅仅局限于海上的保护神。在妈祖信仰的传承过程中,"妈祖信仰也逐渐转变以适应时代的要求,由海神转化为可以求福消灾的万能神——谷神、商神、送子神、保育神等"[③]。妈祖信仰是现实生活和思想信念相结合的产物,在传承的过程中,妈祖神职内涵也不断演进成为信众所需要的万能神,适应了不同阶层、不同身份的人民大众的不同心理需要。妈祖信仰的神性功能扩展还表现在她日益成为一种维持社会系统稳定和有序的力量,成为安民定邦的象征,从个人层面来讲,她还成为人们心灵的寄托和对后代进行思想道德教育的典范,具有教育和稳定心理的功能。如在台湾,妈祖信仰"不仅是消灾祈福,更重要的是一种美德的熏陶,一种人格上的教育,它能培养人们健康、正直、善良的伦理道德观"[④]。这种新的功能演变,既是建立在妈祖世俗个性的基础之上的,又是与中国传统精神密切相符的,"在内容上,它与社会的主流文化形成互动,逐渐地将中国传统文化所注重的慎终追远、惩恶扬善、忠孝信义、慈悲怜悯、崇德感恩等因素包含于其中"[⑤]。

二、被建构的文化认同符号

　　妈祖信仰在世界范围内的广泛传播,使它的社会文化功能远远超出了"海上保护神"这一原初的功能。当其世俗的影响力日益被广大人民认可后,人们就不断地建构其新的功能。虽然这种功能还是一种"神性"功能的扩展,但实质上它的"神性"意义已较为淡薄。在现代社会里,妈祖信仰的功能除了其最初的"海神""万能神"功能外,"同时也整合了亲缘、地缘、业缘、物缘的因素"⑥,被人们赋予了文化认同、民族认同、民族凝聚等新的功能。

　　如今的妈祖信仰具有全球性特点,它日益成为中华民族的又一个精神象征。如果说海神信仰是妈祖信仰的最初形态,万能神的信仰就是对妈祖神性的进一步扩展,那么当妈祖作为一种民族象征和文化认同符号时,其神性就更不明显了,反而体现出更强烈的世俗性、认同性和符号性。妈祖被作为文化认同的符号是从两个方面被建构起来的:一是在世界范围内华人的众多信仰基础上而形成的全球华人认同符号;二是在大陆与台湾都有广泛信仰基础之上的海峡两岸民族认同的符号。妈祖信仰作为一种民间信仰,它是"融宗教感情、信仰、宗教意识、礼仪、宗教组织为一体的特殊的、复杂的社会历史文化现象,以其内在的凝聚力和外在的感染力、整合力,为海峡两岸不同阶层、不同职业、不同思想风尚、不同政治理念、不同文化水准和不同年龄的人提供了重要的历史根基、社会心理和文化铺垫,对推动两岸交流发挥了积极的作用"⑦。

　　一是在世界范围内华人的众多信仰基础上而形成的全球华人认同符号。伴随着华侨、商人、海员的足迹,妈祖信仰流传到了欧洲、美洲。妈祖信仰已跨出中国走入世界。全世界妈祖信徒有2亿多,妈祖庙1500多座,遍及20多个国家和地区,如日本、朝鲜、新加坡、菲律宾、美国、阿根廷、挪威、丹麦、加拿大、墨西哥等。法国民族学院谢鲍尔博士对这一具有世界性影响的妈祖信仰现象给予高度重视,称妈祖为世界和平女神。⑧泰国首都曼谷有规模宏伟的妈祖宫,他们还将妈祖的故事载入泰文典籍之中,这是中泰人民传统友谊的见证。我国澳门地区1984年7月20日举行妈祖阁500周年纪念碑揭幕仪式,庄严隆重,盛况空前。[9]日本的妈祖庙有100多座,几乎成了日本人民的普遍信仰。水户地方的妈祖则被融为日本神道神,奉祀在神社里。日本中部地方的岐阜市虽位于离海较远的内地,但也有妈祖堂。美国还组织了"妈祖信徒会",在纽约甚至有"一条华人街,两个天妃宫"的说法。海外华人通过对妈祖的崇拜,来寻找自己在中华民族的根。这种"寻根"的信念,使妈祖信仰具有了强大的生命力,并得以长期延续下来。妈祖文化是超越社会制度、超越政治信仰,联结中华儿女的心灵纽带,客观上起到加强侨胞的团结,激发他们热爱家乡、热爱祖国的情怀,增强中华民族的向心力、凝聚力,促进与国际友人的友好交往,促进世界和平的重大作用。正如日本鹿儿岛大学民俗学教授下野敏见在参观妈祖庙时所言:妈祖不仅是中国的,也是东南亚的,而且是世界性的信仰传播,妈祖对世界文化有贡献。正因为如此,妈祖文化更容易引起全世界人民的共鸣,增强世界各国人民对中华民族传统文化的认同感。同时也有力地促成了不同祖籍人群、不同信仰人群的再度整合,妈祖成了社会整合和凝聚的一种精神力量。

二是在大陆与台湾都有广泛信仰基础之上的海峡两岸民族认同的符号。在我国的漫长海岸线上,北起丹东,南至港澳,均建有妈祖庙,甚至内地赣、黔、皖等地也建有天妃宫。妈祖信仰尤以在闽台及东南亚影响最深,仅台湾一省的妈祖庙就有900多座,全岛三分之二的人信仰妈祖。"据统计,在台湾的2000多万人当中,有近三分之二的人信仰崇拜妈祖。全台主祀妈祖的庙宇1984年便有510座。"[10]妈祖信仰的地域扩展带来了其信仰的深刻变化,福建湄洲岛是妈祖的故乡,这里的妈祖庙被尊称为"天后宫妈祖总庙",许多妈祖信徒将"湄洲朝圣"作为一生中最大的愿望。[11]台湾妈祖信众认为,湄洲祖庙分灵到台湾以至其他各地的妈祖宫庙,不分迟早先后,也不论大小,都是湄洲妈祖的行宫,因此台岛上的妈祖宫庙都纷纷来湄洲寻根谒祖,认亲结缘。"近10年来,赴湄洲岛朝圣妈祖的台胞每年都达10多万人次。每逢农历三月二十三日妈祖诞辰和农历九月初九妈祖'升天'忌日,海峡彼岸成千上万的妈祖信徒云集莆田湄洲岛与大陆同胞一起举行盛大的祭典活动。"[12]从

1987年至今,"两岸宗教交流活动日趋频繁,其中妈祖信仰是推动两岸宗教交流活动特别活跃的一支,形成两岸宗教交流活动中的'妈祖模式'。据统计,到莆田市朝拜妈祖的台胞在1987年为596人次,至1988年一跃多达3.56万人次,到去年约有8万人次。据不完全统计,自1986年至2004年共有台胞127.8万人次左右到湄洲朝拜妈祖"[13]。2002年湄洲妈祖巡游金门,引起关注,有文章指出:"妈祖巡安金门,彰显出两岸'本是同根生'这一脉香火相传的真实。妈祖不但是一种宗教信仰,还是一种民间生活文化。……能为两岸开启长长久久的和平契机。"[14]妈祖信仰是联结海峡两岸人民感情的纽带,妈祖文化作为一种影响广泛的民俗文化,是联系海峡两岸骨肉同胞的一道友谊桥梁,是两岸人民文化、经济交流的友好使节。台湾民众的妈祖朝拜热潮,从一个侧面影响并推动台湾当局调整对大陆的某些政策。台湾汉族人民"在某种程度上是通过妈祖崇拜这样一条宗教文化的纽带,来体现自己对中华民族文化的认同,在中华民族中寻找自己的'根'"。"他们每年举办的妈祖回娘家到湄屿进香等活动,名为祭祀妈祖,实为是一种返乡寻根活动。"由此看来,"妈祖已成为海峡两岸同胞寻根问祖、认同文化的重要纽带。妈祖文化对于沟通海峡两岸,联系海外侨胞,招商引资,促进祖国和平统一大业都具有重要意义"[15]。

三、市场经济背景下的经济功能——宗教旅游

旅游是当今社会经济发展的朝阳产业,尤其是具有一定历史文化底蕴的文化要素纷纷成为各地发展文化旅游的重要资源。宗教文化因其具有神秘性、艺术性、神圣性等特征,自然地成为旅游业的一个热点。宗教旅游"不仅包括宗教信徒因宗教目的而从事的旅游活动,也包括非宗教信徒出于兴趣,志在考察、体验宗教及其文化内涵或观赏宗教艺术、器物、圣迹等的旅游活动"[16]。妈祖信仰是一个涵盖庙宇、碑刻、塑像、牌匾、民间传说和故事、传统技艺、祭祀仪式、民间习俗等多方面内容的区域文化,已经具备了作为旅游资源进行开发的基本条件。于是,以妈祖信仰为核心的妈祖文化自然成为闽台一带发展旅游的热点,各

种以妈祖文化为基点的旅游项目不断被开发出来。妈祖文化旅游的兴起使妈祖信仰的神性功能变得更为世俗化了,妈祖也不再仅仅只是被人们供奉在家里、庙里的海神和万能神,而是一个具有巨大经济价值的旅游产品。这种新功能的产生主要源于妈祖在海内外的巨大影响力,人们到妈祖宫或与妈祖有关的旅游地去参观访问,形成了妈祖旅游的热潮。然而,这种旅游活动本身并不完全是一种神圣的行为,有人说这种旅游是一种"朝圣"旅游,有人也说这是"宗教旅游"或"文化旅游",无论形式如何,这不是最重要的。笔者认为重要的是应该看到妈祖信仰的社会文化功能在现代社会里发生了一个深刻的变化,那就是妈祖从神坛走了下来,其功能日益世俗化,被更大范围的人群崇拜,但不一定是祭祀或祭拜,或许更多的是一种对妈祖的"好奇"。结合前面两个部分,我们可以看出妈祖信仰的功能经历了一个由神圣到世俗的过程,而在今天妈祖作为神性的功能更是日益减弱,人们更多的是为了一种新的认同、一种求知的欲望、一种娱乐、一种放松,甚至是为了某种政治目的和经济利益。

在市场经济日益发展的今天,妈祖信仰成为区域旅游发展的热点,是社会发展的一种必然结果,这已成为各界的共识。妈祖信仰的旅游经济功能主要体现在以下三个方面:"首先,妈祖文化蕴含丰富的物质文化,妈祖庙……是妈祖文化考察旅游、修学旅游理想的旅游目的地。其次,妈祖盛大的祭奠民俗是妈祖朝圣旅游的最大旅游吸引物,全世界二亿多妈祖信徒为朝圣旅游提供了充足的旅游客源。再者,妈祖信仰还可以带动海峡两岸商务旅游的发展。"[⑰]更为重要的是,妈祖旅游的发展,不仅仅是能够带来经济方面的收益,鉴于大陆与台湾的历史与现状,妈祖文化旅游在经济功能的基础上更具有了深层的政治意义,"发展妈祖文化旅游尤其是朝圣旅游客源广泛、稳定,不仅具有宗教、文化、经济意义,还可……巩固台湾同胞的民族认同感"[⑱]。

妈祖信仰的发展,不仅借助旅游形式彰显了新的经济功能,也成为海峡两岸乃至于世界华人进行经济交流和贸易投资的一种无形驱动力和媒介。海内外华侨华人、港澳台同胞在"朝圣"妈祖的过程中,获得了对大陆的一种新的认识,他们借此机会考察大陆的投资环境,随后不少台商到大陆的福建等地投资办企业。另外,台湾信徒热心捐资修建祖庙，在客观上也有利于福建经济的繁荣。妈祖信仰的潜在经济价值和其蕴含的巨大商机，日益被各地政府认识。各地展开各种形式的经济发展措施，如修建妈祖庙、建立妈祖文化度假区、举办妈祖文化节等。近年来，无锡市人民政府和有关部门在太湖风景区建立了一座宏大的妈祖庙，庙宇左侧的山头竖立着象征由港、澳、台、大陆四部分合成的统一柱。这个景点就命名为"统一家园"，据说每年有很多港澳台同胞来此旅游，在妈祖庙烧香叩拜。"2000年4月29日至30日，闽、澳、津在湄洲岛国家旅游度假区联合举办福建妈祖文化旅游节暨妈祖诞辰1040周年祈福世纪盛典，这是2000年神州世纪游国家旅游局推出的37个精选活动项目之一。"[19]"2003年9月9日，这里举行了一次纪念妈祖逝世1043周年的盛大活动，数百名港、澳、台人士应邀前来参加。"在妈祖诞生地的福建莆田，妈祖文化旅游更是成为当地旅游的支柱性项目，"1989年举办了'妈祖朝圣旅游研讨会''妈祖千年祭'，国家旅游局也在1990年的香港国际博览会上推出'妈祖朝圣旅游线'，同年莆田举办了国际性的妈祖学术讨论会。莆田在香港专门设立了妈祖庙联谊会有限公司，直接在香港开展海外和台、港、澳的妈祖朝圣旅游团业务"。鉴于妈祖信仰在海峡两岸及世界范围内的巨大影响力及其所蕴含的无限商机和极大的经济潜力，有人建议在妈祖诞生地的湄洲岛"建成以妈祖文化为中心的对外开放旅游区和国家级度假区"。可见，妈祖信仰在旅游发展背景下，不仅仅是一种宗教行为，更是一种经济活动。

注释：

①黄秀琳、林剑华:《妈祖信仰文化社会功能的人类学分析》，《哈尔滨学院学报》2005年第11期，第111页。

②程俊:《观音与妈祖——浙闽台海洋宗教信仰之比较》，《浙江海洋学院学报（人文科学版）》2005年第1期，第51页。

③黄秀琳、林剑华:《妈祖信仰文化社会功能的人类学分析》，《哈尔滨学院学报》2005年第11期，第111页。

④翁卫平:《台湾妈祖信仰的民俗发展及其功能》，《莆田学院学报》2003年第1期，第77页。

⑤陈宜安:《试论妈祖信仰的文化纽带作用》，《世界宗教研究》2003年第3期，第110页。

⑥蒋维锬:《妈祖文献资料》,福州:福建人民出版社,1990年,第51~57页。

⑦黄建铭:《闽台民间信仰在海峡两岸交流中的作用》,《中国宗教》2003年第5期,第41页。

⑧吴珊珊:《论妈祖文化精神》,《东南学术》1999年第6期,第59页。

⑨杨德金、林云森、肖一平:《妈祖研究资料汇编》,福州:福建人民出版社,1987年,第184页。

⑩杨文棋:《促进福建涉台宗教旅游持续发展的探讨》,《北京第二外国语学院学报》1999年第4期,第79页。

⑪景秀艳、吴金林:《论福建妈祖文化旅游资源的开发》,《福建地理》1999年第1期,第50页。

⑫杨文棋:《促进福建涉台宗教旅游持续发展的探讨》,《北京第二外国语学院学报》1999年第4期,第80页。

⑬林国平、王炳庆:《闽台宗教文化交流及其对两岸关系的影响》,《闽江学院学报》2008年第1期,第15页。

⑭蒋维锬:《一尊妈祖两岸情——湄洲妈祖金身巡安金门侧记》,《炎黄纵横》2002年第5期。

⑮阮炳兆:《海峡两岸的护海女神——妈祖》,《海洋世界》2002年第4期,第27页。

⑯颜亚玉:《宗教旅游论析》,《厦门大学学报(哲学社会科学版)》2000年第3期,第69页。

⑰黄秀琳、林剑华:《妈祖信仰文化社会功能的人类学分析》,《哈尔滨学院学报》2005年第11期,第113页。

⑱景秀艳、吴金林:《论福建妈祖文化旅游资源的开发》,《福建地理》1999年第1期,第50页。

⑲洪一树:《神州世纪游精选活动之一——妈祖文化旅游节》,《中国旅游报》2000年4月5日。

晋台两地风信同出一辙
——以晋江深沪渔区为案

周仪扬[*]

"信风"与"风信"是两个截然不同的大气现象。"信风"在赤道两边的低层大气中,北半球吹东北风,南半球吹东南风,这种风的方向很少改变,它们年年如此,稳定出现。在中国古代文献中有"信风"这个词,指的是"随时令变化、定期定向的风,即季候风"。"风信"虽然具有一定基本时性,但又具有不定性,且随地域不同而不同,所带来的不是和风而是具有一定的破坏性甚至摧毁性的风雨。本文主要拟从晋台两地风信做一些比较。

一、晋台两地风信对比

闽台两地位于亚热带,纬度相当,地形相近,气候相同,所以自然灾害种类、发生的频率与造成的破坏也相似。台湾由于四面环海,又处于季风区域,因而风灾成为破坏性最大的灾害。为了更好地说明,我们将晋台两地的风信与深沪镇渔区做一个比较。(详见表1)

表1 晋台两地风信对比表

农历时间	风信名称		
	台湾[*]	晋江[**]	深沪镇渔区
正月初四日	接神飓		接神风
正月初九日	玉皇飓	玉皇飓	天公报

---

[*] 作者是晋江市谱牒民俗学会创会会长。本文于2008年"谱牒研究与五缘文化"研讨会上发表。

续表

农历时间	风信名称		
	台湾*	晋江**	深沪镇渔区
正月十三日	关爷飓	关帝飓	关刀水
正月二十九日	乌狗飓	乌狗飓	乌狗报
二月初二日	白须飓	白须飓	白须飓
三月初三日	元帝飓	上帝飓	上帝公(北极玄天上帝)报
三月十五日	真人飓	真人飓	保生大帝报(多风)
三月二十三日	妈祖飓	妈祖飓	妈祖报(多雨)
四月初八日	佛子飓	佛子飓	佛子(释迦牟尼佛)飓
五月初五日	屈原飓(系大飓旬)	屈原飓	
五月十三日	关爷飓	关帝飓	关帝爷报
六月十二日	彭祖飓	彭祖飓	彭祖报
六月十八日	彭祖婆飓	彭祖婆飓	彭祖婆飓
六月二十四日	洗炊笼飓	洗蒸笼飓	
七月十五日	鬼飓(也称中元飓)	鬼飓	鬼仔超沙报
八月初一日	灶君飓	灶君飓	
八月初三日		龙神大会飓	
八月初五日	系大飓旬		
八月十五日	魁星飓	魁星飓	魁星飓
九月十六日	张良飓	张良飓	
九月十九日	观音飓	观音飓	观音报
十月初十日	水仙王飓	水仙王飓	水仙王报
十月二十六日	翁多飓	翁多飓	
十一月二十七日	普庵飓	普庵飓	
十二月二十四日	送神飓		送神风
十二月二十五日	天神下降飓		送神风的继续
十二月二十九日	火盆飓(也称送年风)	火盆飓	送年风

注：*台湾地区风信记录参考蒋毓英修《台湾府志》卷一"风信"。

** 晋江风信记录参考道光《晋江县志》卷五"海风志·风信"。

《晋江县志》载:"风信,海船利在风。风起灭顺逆,一军安危系焉。信期多在春秋之间,西北风起。或日早白暮赤,天边有断虹,散寒如破帆鲨尾。西北黑云聚生。昏夜星辰闪动,海水聚变,水面多彩及海蛇浮游于上,蝼蛄放洋、乌鲚波弄,必有飓风将至,须急收垵澳。兵船在海遇晚,须先酌量收泊之处,以防夜半风起。追贼亦然,审风信为进止,当局者不可不知也。"① 这段记载,具体生动地记录了风信的前期预兆、发生经过和带来的危害。

　　《台湾府志》载:"风大而烈者为飓,又甚者为台。飓常骤发,台则有渐。飓或瞬发忽止,台则常连日夜或数日而止,大约正二三四月发者为飓,五六七八月发者为台。九月则北风初烈,或至接连累月,俗称为九降风。间或有台,则骤至如春飓。船在洋中遇飓犹可为,遇台不可受也。"② 风信所带来的风、雨等自然灾害,破坏性很大。我们从道光《福建通志》以及《清高宗实录》等志书、文献中可查到不少这类记载,找到很多相关的例证。现仅录其中一例记载:光绪十年(1884)七月十四、十五、十六等日,福、漳、泉、台、厦各口,台飓大作,拔木毁屋、伤损船只不少,为近十数年所罕见。③

　　从以上不难看出,海峡两岸的风信基本一致。现在,深沪镇渔区渔民仍深信这带有一定规律的风信,他们总结出风信有提前三天和推后三天的可能,当然以当日为多。所以每当风信期,出海渔民和海上航行的商船都格外小心,以防不测。

二、海峡两岸的风信总结是先民的智慧结晶

　　俗语说:"行船走马三分命。""天有不测风云,人有旦夕祸福。"在古代人们对气象知识知之甚少,自然灾害在当时不可预测,变化无常,就在当今科学技术发展的情况下,仍有很多不可预测的,如地震、海啸,也包括天气中的一些现象。

　　为了生计,我们的先民在与风斗、与浪斗中付出了惨重的代价。这在沿海地区各渔乡的族谱中可以找到无数的记载,通常情况下,都在某姓名下记上"殁海",文字虽简单,却可见血泪辛酸。

我们再从深沪一个庙宇"百公庙"和一个地名"五十四"来看海难：

"百公庙"在深沪东坡沙,庙中供一尊"百公"神像。相传建于一百八十年前,那年农历二月初九日,飓风过后,离深沪不远的海面漂浮着一百多个尸体。按深沪习俗,每发现海上有尸体,一定要千方百计打捞起来埋葬。这次打捞的一百多个尸体埋葬在一起,称为"百公墓",并建一小庙以悼念他们。

"五十四"在百公庙北侧,是渔船进入港口的重地。传说在九十多年前,有五十四个渔民打扮的尸身漂到此处,因而得名。这些就是旧时渔民苦难生活的一个缩影。

在长期的与自然界斗争中,人们摸索到一定的自然规律,并不断总结归纳。值得注意的是,这种风信的发生时间与人们平时所崇拜的神明的纪念日往往同日,或提前三日,或推迟三日。人们便在风信前冠以某某神明的称谓,便于记忆,提高防范意识。

三、晋台两地风信与民间信仰

我们从以上风信名称中不难看出,这些名称带有明显的宗教色彩和民俗元素,不是偶然的巧合,而是一种同根、同源、同俗的反映。《今日台湾风俗》一书载:"台湾宗教信仰是大陆宗教信仰的保留和延续,并带有浓厚的家乡色彩。……从宗教活动仪式中,看到中国历史的影子,看到中国传统文化的原汁原味。因此我们可以说台湾的宗教信仰百分之九十以上,系承绍大陆的传统。"两岸的信仰经过漫长时间的辐射、交流、融合,形成了独特的信仰圈。

为什么台湾的庙宇和大陆庙宇如此一致？因为台湾自古属于中国。如果从台湾的考古发掘来看,大陆的文化最迟在新石器时代就已传到台湾。公元203年,吴国孙权派遣甲士万人浮海至台,是大陆汉族人最早一次大规模去台湾。从此以后,海峡两岸的来往日益增多,一批又一批移民渡台。随着经济的发展,沿海各地同台湾的贸易往来增多,大批大陆移民到台湾,为台湾的发展打下了基础。在台湾的汉族人口中福建人占80%以上,而其中又以泉州府人士占相当部分。

"神随人移,人与神聚。"民间信仰与移民一同到达台湾。移民从祖厝地带去各种信仰,可谓佛、道、儒齐全,神明被供奉在居室、公厝、田寮,朝夕顶礼膜拜,人们祈求神明保佑平安、风调雨顺,从而得到一种精神慰藉和心理调节。可以用以下一组数字来佐证。台湾省文献委员会1959年出版的《台湾省寺庙教堂调查表》记载:"其中地方性、乡土性的神祇占有极大的比例,而庙宇多达50所以上的神祇计有15种之多,其中有王爷庙717所,观音佛祖庙441所,天上圣母(妈祖)庙383所,福德正神(土地公)庙327所,玄天上帝庙266所,关圣帝君庙192所,保生大帝庙140所,开台圣王(即郑成功)庙57所,开漳圣王(即陈政、陈元光父子)庙57所。"移民来台初期,为糊口维生,无暇无力顾及其他,等到生活安定、初有成绩,为报答神恩,便自发集资建造庙宇,由开始的简陋直到现在的气势恢宏、雕梁画栋、金碧辉煌。

与台湾仅一水相隔的深沪,是泉州湾十八渡之一,宋元时期航运业比较发达,明清尤甚。如,清咸丰十年(1860)初秋,深沪吴协庆号商船在台南安平港做满仓时,备办香楮之仪到学甲慈济宫"保生大帝"神前叩答神恩,并祈示返乡日期,然神示当天不得西渡台湾海峡回乡。协庆号虽不解其意,但仍尊神之旨意。是夜果然乌云密布,狂风大作,大雨倾盆,巨浪滔天。海上船只全部遇难,无一幸免。吴协庆号宝舟遵神意三天后才启航,一帆风顺,平安返抵深沪,众人加额称灵。事后吴协庆号船员倡议,恭迎"保生大帝"神像来深沪供奉,香火鼎盛,这是信仰回传的典型。在深沪很多船家、商家每每出海都要到深沪崇真殿敬请"玄天上帝"令旗及护身符,遇到风浪时口中默念"玄天上帝保佑弟子安全"。神祇的功能也不断地扩大,由原始简单的祈求平安,到求财、求医、择业、迁居等无所不包,寄托了人民的美好愿望。

注释:

①(道光)《晋江县志》卷五,"海风志·风信",福州:福建人民出版社,1990年。
②蒋毓英修:《台湾府志》卷一,"风信",北京:中华书局,1985年。
③水利电力部水管科技司、水利水电科学研究院编:《清代浙闽台地区诸流域洪涝档案史料》,北京:中华书局,1996年。

第三篇 以孝为本 家训家风

谱牒与孝道浅析
——以晋江谱牒、宗祠为例

周仪扬[*]

族谱（谱牒）是中华传统文化中一种独特的文化事象，也是世俗文化的一种最为世人所尊重、践行，最具人情味，影响面极广，流传时间最长的代表。

"人有祖，犹木有本，水有源也。苟无谱以述云，虽支流百出，无以知其源，旁支竞秀，无以得其木，此族谱之不可不修也。修之者何？盖欲识尊卑，序长幼，分昭穆，以笃尊尊亲亲之谊，以究木本水源之理。"（1926年修《清源·雷安族谱》旧序）

族谱以一个家族为记录，以家族历史发展轨迹为主要内容，布局严密，纵横交错，但不失条目清晰，严格地说一部族谱就是一部孝史。它以血缘为纲，以父系血统为本源，上溯祖先，下顺子孙后代，旁及亲、堂、族、宗。这是一张结构严密的大网，网中的纲、目、结紧紧相连，形成一个完整的体系。其中任何一个目、结破损、松脱都将影响到整张网，甚至使纲遭到破坏。纲拉得越紧，目就越张，结就越牢，彼此互相依存。

纵观整部族谱，它规范着宗族的伦理观念、行为准则，检验着族人的生活方式、一举一动的表现，反映着族人的诉求，维系着宗族的荣誉。

作为"百善孝为先"的封建宗法社会，族谱早为族人把孝规范得有条不紊，它具有很强的约束力。

"孝"是民族传统美德，是人文道德的基石，是中华文化的瑰宝。孝文化起源于原始社会父系氏族时期。孔子更对孝进行了全面、深刻、精彩的论述，"夫孝，德之本也，教之所由生也"。族谱与孝道伦理是一脉

---

[*] 作者是晋江市谱牒民俗学会创会会长。本文于2011年"重温孝道、弘扬传统"研讨会上发表。

相承的,它使传统孝文化不至于中断,同时与自古以来沿袭下来的传统节日清明、冬至等起到慎终追远、民德归厚的作用。

在民间,百姓对孝的理解很简单,即孝敬父母。因此中国历代封建政府皆以尊长养老为治国的根本,极力推崇"孝",强化宗族观念,中国社会的发展都是以家庭或家族为中心展开的。这在中国传统的社会保障中发挥了重要的作用。

基于以上观点,本文试就谱牒与孝道做一个浅析。

一、从修谱看孝道

《龙门子》云:"三世不修谱,谓之不孝。"因为"族有谱,志世系也,世系明则源本自见",所以在世俗文化中,修谱、续谱是家族的一大盛事,必须严肃认真对待。

我们可以从谱序说起。每一部族谱的谱序,不管新修、续修,本族姓氏源流是必须追溯的。

如清宣统二年(1910)刻本《卿美邱氏族谱》中有一段云:"……五胡烽骇,衣冠涂炭,中原士族避乱南奔,维时则而英元孙夷公伯高携家与林、黄、郑、詹、何、胡七姓之豪由豫入闽,是为开闽八族之一。故闽中有邱,概自夷公姓也。"这段短短的文字记载,说明邱姓始居河南固始,于五胡之乱时同其他六姓一起入闽。

又如清乾隆六年(1741)手抄本《锦里陈氏族谱》谱序:"陈之先,自唐昭宗四年以固始入于闽,其卜踵,代不绝良,而谱只自三部始者,盖尊其所云,而著其所可知也。旧谱以红巾流寇作乱,连宇俱被火,传之今盖阙如也。余母舅竹崖,虑夫子姓之繁,更久而或且紊,爱命弟子蕴稽历死生者之实,嘱弼纂修之,而并序诸首。"可以看出,旧《锦里陈氏族谱》因红巾流寇作乱,在战乱中被大火焚毁,恐事久日深,有失记事,世系紊乱,而造成"宗法亡",固再启动修谱,以慰"先亡之遗意也"。

像此类叙述几乎在每部族谱中都能找到,足以说明民众对族谱之重视。

清乾隆六年(1741)手抄本《锦里陈氏族谱》的凡例共十三条,其中有:"族谱之作,所以尊祖宗,传子孙,睦宗族。凡族之人,宜随房各置一册以备传阅,且防他日遗失而无可考,亦不可妄借他人也。子孙慎之哉!"还有一条:"家之有谱,犹国之有史,国不可一日无史,则家不可一日无谱也。世远人亡难以稽详,只据所可知者录。其不可知,缺之可也……"

二、从族谱宗支图看孝道

宗支图为每部族谱必记重要资料。一般宗支图都从得姓始祖算起,也有从得居祖记起,也有从迁居祖算起。谱系中枝叶越清晰、越完整,越为家族成员的认亲、敬祖、行孝提供更准确的依据。《礼记·大传》云:"自仁率亲,等而上之至于祖。自义率祖,顺而下之至于祢。是故人道亲亲也。亲亲故尊祖,尊祖故敬宗,敬宗故收族,收族故宗庙严,宗庙严故重社稷。"

这里家族之内的一条纵横交错的血脉,使孝的观念、孝的意识更为牢固。完整地说,族谱中的孝是以血缘为准则,上溯列祖列宗,下顺子孙后代,亲及亲、堂、族、宗。这一网络系统都是族内行孝的范围和对象。作为人人遵守的行为规范和凝聚族人的精神力量,孝使家族和睦,人丁兴旺而又团结友善。推而广之,可以以孝治天下。

《锦里陈氏族谱》凡例指出:"谱图以秩人纪序昭穆,凡谱图眼直下者,父子相继也。横而排列者,兄弟相连也。""谱图每以五世为一截,仍摘出第五世,写在上方,横其列为六世之宗。支传以木、火、土、金、水五行,别其序次后,每以三十年为一世,当重修之,庶纂修易而纪载明。若因循蹉过,世远不修,未免遗忘脱落,后悔无及。"

三、从昭穆、字行看孝道

昭穆比字行更早出现。《礼记·祭统》曰:"夫祭有昭穆。昭穆者,所以别父子、远近、长幼、亲疏之序而无乱也。"受古代宗法制度影响,族中各种活动非常重视立长幼，排次序，明尊卑。直到宋代才有了"字行"的记载，赵宗皇室因其宗族繁衍盛大，故于"宋太祖、太宗、魏王之子孙……支子而下，各以一字别其昭穆"。明以后，字行常作为族谱中的一个部分。

字行一般由各族氏自行择定，字数多少不一，多取文辞典雅、意义祥和的单字，也有的组成类似诗句联语，载于族谱。族中新生儿命名，按其世次取字，依序进行，不得随意择取，以此来分别宗族中的长幼辈分。

从各姓氏族谱中，我们可以清晰看出，字行中多有阐述宗族历史，追思木本水源、怀祖敬宗之意；有的以传统道德箴诫训勉族人；有的瞻念和颂扬先祖业绩，激励后人继往开来；有的祝颂子孙昌盛，振兴发达，光宗耀祖。纵观各族氏的字行，友、孝、善、诚、仁、义、耀、敬、祖、荣、忠、福等反复被各族氏采用，说明这些是人们极为看重的价值取向。

四、从族规家训看孝道

古代是一个宗法社会，主要依靠宗族的自治，而宗族主要依靠族规、家训等传统习惯和道德来管理。

1994年重修《南外天源赵氏族谱》在其《家范》开篇中，阐述："古之名族，皆有家范，以相训诫。吾宗先世，悉出宗室天潢之后。积德储休，其来远矣，皇谟圣训，左规右铭，今皆不可复睹。然使世以至于今，宗支虽云零替，其立家范，垂戒子孙者不可不讲也。今颇才撼其可通用者，计五十四条，以为赵氏家范，条例于后，有所楷式，其遵效行之毋忘。"这阐明了赵氏制定通用家范五十四条之立意。内容包括宗族中方方面面，上至宗族中事务、礼节、管理、祭礼、奖惩、子孙行为规则、学习生活、劳务、婚嫁、生男育女、善举、戒酒色赌斗、安分守己，等等，无所不包。这些家范突出的一个核心即孝，期望子孙发达、显祖荣宗、永世其昌。

族规家训一经制定公布后当严格执行，以儆效尤。如清康熙年间修的《浔海施氏族谱》在《族约》最后写明："族约之设，以重鉴戒。家有常政，即国之有宪章，不得私其所亲。于是约者，或杖或罚。族议既合，即当俯伏所受,若背违倔强,便即鸣官以伸家法。尔告尔诚,严遵守也。"

五、从楹联诗文看孝道

各地宗祠建筑可谓集建筑艺术和文学艺术之大成。我们从宗祠楹联和石刻或族谱中的诗文也可窥见宣扬孝道的浓厚氛围。

祠堂楹联是中国楹联文化的一部分,同样对仗工整、平仄相对,更含言简意赅、含蓄永隽等文学特点。浓厚的宗族色彩以及木雕石刻的永久性保留又是这类楹联的特色。祠堂楹联作为中华民族传统文化的载体,还将与祠堂在相当长时期内一同发挥作用。

(一)了解家族的发祥地、迁移历程

如晋江青阳蔡氏祠堂大厅楹联:"脉映洛阳支分莆阳派衍青阳好就三阳开泰运;裔出周代擎基唐代官封宋代长绵百代振家声。""官封宋代"指宝谟阁大学士蔡次傅。这副楹联将他们家族的"根"追溯到中原。

位于石龟许厝村的许氏家庙,有一副古老的门柱联:"出固始开闽懋功第一,基石龟建仁里胜地无双。"这道出了这个家族的祖先发祥于河南固始,辗转迁徙到石龟许厝村的历史。唐中和年间(881—664),侍御许爱奉命从遥远的长安城千里跋涉来到福建,镇守漳泉。晋江龙湖镇杨林村是他入闽的第一个落脚点。后来,他见石龟许厝村有一风水奇石,形似一巨大的灵龟,认为此处是富贵之地,便举家迁到这里。石龟许厝村由此成了晋江许氏的发祥地。在许爱之后,他的三个儿子分别定居在石蓬山一带(即莲山派),浯坑、可慕一带(即西花派),石龟许厝(即瑶林派)。如今,遍布晋江各地的许氏族人几乎都源于这三大分支。

(二)弘扬祖宗优良道德和良好家风

祠堂是族人崇祀祖先、缅怀先贤的场所。祖宗优良的道德和良好的家风,需要后人弘扬光大,以便"振家声""联世胄",因而以古励今的楹联对于激励后人见贤思齐和努力进取有一定的积极意义。如晋江金井新市曾氏宗祠,兴建于三百多年前,后经多次翻建,但均沿用旧楹联,以省身念祖。

其"三省传芳"匾额出自圣人孔子之贤徒曾子的名著《孝经》和"吾日三省吾身"说。"省身念祖"四字,出自清雍正乙巳年(1725)八月初九日世宗皇帝,赠予翰林院五经博士曾尚溶的御书。从此曾氏裔孙将它作为座右铭,悬挂于宗祠大厅,每年农历十一月十五日,为缅怀先贤,祭祀祖先,教育后代,举行祭拜,以求不至于数典忘祖。

其楹联中有两对也颇耐人寻味。如:"省身匪易返思阅有味三呼;养志为难可勿登堂寻二必。"又如:"念先人立新教家不外纲常名节;嘱后裔继志述事勿忘忠孝初心。"

(三)记述颂扬先祖丰功伟绩

如陈埭丁氏宗祠有一联对:"壮猷平鹭岛,孙谋远绍豹韬;执法讨貂珰,臣职力争龙陛。"上联写丁仕龙随郑成功击退盘踞厦门的清军,后丁良从施琅安定厦门。下联写明末刑部左侍郎丁启浚按明律奏请崇祯帝处治魏逆党,大义凛然、执法如山。

又一联对:"谱垂千载祖教宁先世汉年表;名达九重图编演炮则克指南。"上联《祖教说》、宁先说、世汉天秩年、感年表,都是丁衍夏所著。下联述丁拱辰著《演炮图说》名达九重城阙,获清道光皇帝的褒奖,赐六品军功顶戴。他还著有《增补则克录》《指南尺牍生理要诀》。

又如晋江青阳庄氏祠堂有联:"一榜三龙齐奋;五科十凤联飞。"上联指明代嘉靖八年(1529)己丑科,乡人用宾、一俊、壬春同登进士第,德业文章驰名当代。下联则说该乡庄氏族人五次乡试,各中两名举人。

(四)见证海峡两岸同祖同宗

有些祠堂楹联反映了闽台一家亲,血脉相连的血缘关系。如金门碧山陈氏宗祠大门楹联:"分支深沪源流远;派衍碧山世泽长。"匾额"陈氏宗祠"。它明明白白告诉族人,金门碧山陈氏系从晋江深沪陈氏分支而来。

以上这些楹联充满亲和、仁义、礼让、耕读、俭朴的儒家伦理道德,是儒家文化的组成部分。我们再看清道光年间修《芝山蔡氏纯仁公派谱牒》中的《六谕同归孝顺歌》：

子是双亲一体余，怀胎乳养倍勤渠。慈鸦反哺犹知本，不肖子孙禽不如。

尊长原属父母行，凌尊慢长愧义方。从来施敬人恒敬，父母许多受光荣。

睦家尤宜睦里邻，有无相恤胜远亲。争财争气成仇隙，好思斗狠危二人。

祖宗血食付儿孙，礼义廉耻可急论。养骄教惰归败类，玷祖辱宗不堪闻。

生理为民生活计，士农工贾各分门。安分乐业家计足，甘旨奉亲乐晨昏。

奸淫赌棍为四非，四非成罪入圜扉。断肌毁体终狱鬼，惨伤父母没依归。

可见，家谱在文化层面上已形成独特内涵，浸润着民族情愫，对民族心理素质、价值取向、行为模式都产生重要影响。

六、从宗祠兴建修葺看孝道

宗祠是凝聚族人的一个平台，它不仅起着祭祀祖先的功能，同时也便于族人后辈追溯祖先的功绩和生平，一般起着聚族、联络交流的作用。儒家道德伦理观念"孝在百行之首"，成为推动宗祠创建的思想动力。朱熹撰《家礼》以祠堂为首要，制定了建祠的礼仪和范式。因此宗祠的兴建和修葺是继修谱续谱之后一件族人最为关注的大事，可谓全族上下总动员，包括徙居外地的族亲，有钱出钱，有力出力，群策群力将宗祠兴（修）建得富丽堂皇，气派大方。这其中无不包含着族人对宗祠的敬畏和对列祖列宗的崇拜。"兴修祖庙光先德，嗣续衣冠裕后辈"，可见宗祠光前裕后之功能。

我们可从宗祠的装修及宗祠内的装饰看到关于"孝"的渲染。有的在祠堂的内厅大壁上书写"忠孝廉节"四个大字，还有的在两侧的白墙上画着《二十四孝图》。这些并茂的图文,将"礼义廉耻"的行为准则、道德规范和教育心得灌输给族人。

在古代,科举是进入仕途的主要途径,"学而优则仕"。各地祠堂那些"进士""文魁""武魁"等牌匾及门前的旗杆石,都是彰扬族人科举成名的标志。

我们再从晋江福全蒋氏家庙的兴建过程中来更进一步了解。

晋江福全蒋氏家庙建于明天顺年间(1457—1464)。福全蒋氏第五代裔孙蒋辅,世袭正千户,筑造福全西城门楼,防御敌侵,随后兴建宗祠,缅怀先祖。至天启壬戌年(1622),福全蒋氏第十代裔孙蒋德璟考中进士时,旧祠年久月深,破损圮废,便重新拆建,由单落扩为五落家庙。

据福全蒋氏北厅族谱载,计用杉木140支,砖、瓦、硐、砌2200多块,及竹藤、铁筋、白灰、油料等建筑物;动用木匠482工天、油漆542工天、小工250工天。开支白银130两,其中蒋德璟慨捐30两。

美轮美奂的蒋氏家庙落成之时,庆典隆重,蒋德璟特题词以志:

> 奏鼓行尊族姓圆,晴云高映气初鲜。
> 宗功九世十三主,庙貌重开两百年。
> 文武祖孙家庆久,弟兄父子国恩偏。
> 焚香同作闷官赋,长取泥金照海天。

家庙里设有祭坛、祭器,还置公田出租,以明太祖"孝顺父母,尊敬长上,和睦乡里,教训子孙,各安生理,毋作非为"六谕为宗法。

可见,宗祠彰显着神圣和肃穆,更体现了先祖传给后辈的理念。

七、从丧事与坟墓看孝道

生老病死属自然规律,但民间视死为升天,登入极乐世界。因此,世人把丧事视为一种对死者行孝的表现。

《图经》云:泉州"濒海者恃鱼盐为命,依山者以桑麻为业,大抵皆尚俭朴,多好佛法,重婚姻丧祭,以俭薄为耻"。

《闽俗琐记》载:"丧葬之礼,则更繁杂。人死之日,凡来吊者则哭之。死者子孙亦哭,否则不祥。至入殓时,则以面食于死者之口,谓之吃面。并置棺于后厅，日必供饭，事之如生，必三年后，始择地而葬，甚至有数十年而不葬者，意谓不忍其亲之死也。及葬后，回主三日，灯笼之上必书吉祥语，如'百子千孙'之者。夜则宴会，亲友戚辈均来道贺，盖谓此后永无不祥之事也。"

清道光《晋江县志·风俗志》在"民风"中这样表述："丧葬悉遵古礼，祀先至诚；凡忌节及岁时伏腊，备物致祭，必洁必丰。"因此民谣中也就有了"要吃要玩苏杭二州，要死就得福建泉州"之说。可见闽南一带对丧事的重视。

泉晋之地对待丧事不敢草率，尽其财力，恐人背后指戳臭骂不孝，所以举家号哭，做"功德"，宴请吊丧者，出殡之时还要吹吹打打多个"阵头"，认为只有这样才能体现出"孝"。

我们从族谱中也常看到公妣墓葬何处，穴坐何方位，何时重修，是单葬还是夫妻合葬等记录，以便时间长久后，虽地形变迁，也可找到去处。如清光绪二十年（1894）手抄本《金屿周氏家谱》在叙世录中记载："一世，开基始祖谋公，诰封中宪大夫，妣李氏，貤赠四品恭人，生卒俱未详，合葬场内，坐癸向丁……"

又如民国三十六年（1947）手抄本《沪江尤氏族谱》记载："……洪武九年正月初九日，公故。妣陈氏继后亦卒。公葬曾坑义石山，坐甲向庚，即今埔顶山后。妣葬杆柄东山，坐己向亥。"

再如清乾隆年间修《鳌江范氏家谱》记载："……公生长晋江十四都，播迁荡析，浪迹江湖。郑氏踞台湾，公从而家焉。郑氏以公督舟运饷。军务倥偬，不获归视祖里。于某年舟次围头澳，念兄殁侄幼，恐先茔莫辨，乘夜泛小艇登岸回家，呼侄文贵同族人，示以先茔处所即此。足见其孝思云。"

坟墓是先人居住的地方，一般百姓多做成"棺墓"，次于单圈或双圈龟墓，有钱人则建造墓园、陵墓之类。从墓形也可看出死者的身份及子孙的经济状况。

此外，还必须提到记录先人事略的墓志铭。如据明隆武二年（1646）《温陵芝山刘氏大宗世牒》载：

宋大学生致政刘公妣大儒人合葬圹志……建安公数传而为我皇族极，极公举子二，长讳陵，重珍其号也。高宗绍兴间为江东浙西制置大使,建闽金陵。再传而我曾祖始乔迁于泉,纵观山海,遂卜筑于晋江东偏二十一都苤箕山之阳,娶曾祖母杨,生男二,长即祖考一贵公也。贵公于嘉定五年壬申正月十一日生,(生)府君时,录灵芝百种俱生,识者知其为我发祥云……

墓志铭用石板刻字,多用墨汁加蛋清书写。墓志铭是一种地下活档案。

八、从祭礼看孝道

(一)四时祭祀与春冬两祭

《朱子家礼》引伊川先生(程颐别号)谓:"冬至祭始祖(分派开基之祖),立春祭先祖,季秋祭祢,忌日迁主祭于正寝。"有族谱载:"又有高、曾、祖、祢之四时祭。今闽俗,祖祠中自始祖以下至五世祖妣俱并祀。其余有功德及有爵者得以进主配享,亦只列考而不及妣。春祭订上元日(以立春无定月,或值年杪立春,人多周章,恐礼意不备,故订以上元。虽非古礼,聊以从俗)。冬祭即于冬至日。祭日当以诚敬为主,或礼莫愆,神斯享焉。"

祭祀是一项举族庄严肃穆的大事。祭礼要经充分筹备,一般前一日主持人和经办人都到祠"净堂庑,清笾豆,设香案,庀祭品,必诚必敬,不可怠忽"。主祭者诵读祝文,祝文中必昭告堂上列代祖考等、中龛祖妣、崇贤祖考、报功祖考,因为其是祭祀的主要对象。在祭品上也相当考究,祭器、祭品都有明确规定和严格要求,"酌古礼以尽孝敬也"。

在春冬两祭中,大家族也有采用轮流方法的。如《桐城倪氏族谱(陈江倪氏陈厝房)》就有明确分工,"陈江大宗祠中,每年祭祀分作四房轮流。先安海房,次西边头房,三我陈厝房,四相公宫房"。

每逢宗祠祭祀等重大活动,全家都扶老携幼,齐集祠堂祭拜,主祭者宣读祖先功德,以供后人效仿。如此,才能培养起敬仰和感恩之心,懂得行孝,具有深远的教育意义。

(二)清明祭墓

民间有谚:"春节无回家无某,清明无回家无祖。"可见清明是一个重要节俗。

《鳌李族谱》记载:清明祭墓,乃雨露兴思之意,原重典也。……今于清明时节,选择一日祭墓,婚冠以上者出银叁分,十六岁以上未冠者出银贰分,十六岁以下者出银壹分,按下科分,不论大小咸宜出之,交与直祖人整办三牲、酒米,至祀日大小群到墓前参拜,一则以序昭穆,一则以敦齿让,尊尊亲亲之道备于是矣。

清明扫墓可早十日或晚十日,这种规定对外出者都是一种尊祖敬宗之便。

"更有祖坟既久,不无损坏理合修葺",也当众议,酌取公银或重新认捐,这也是尊祖敬宗之道。

(三)先祖忌日

一般族谱中对先人都有生卒时间记载。一般忌日当天,家中大小包括出嫁女儿甚至外甥都齐集在一起,备办荤素菜孝敬,然后一起聚餐。

随着工作生活的变迁,常有家庭举家外出或出国谋生,平时难得回家,遇到此种情况,往往填写"忌薄"即需纪念的先人生卒时辰,至时在外也像在家一样举办"忌神"之礼,以示不忘先人,怀祖念乡。

九、从孝节坊等文物看孝道

族谱中也常记载着本族中的孝子、烈女及相应的牌坊。这些记载从另一个侧面见证这个家族中除了在仕途上功成名就、耀祖荣宗的人士以外,还有一些在其他领域流芳百世的人物及事迹。

古代的晋江,节孝坊林立,浩荡威严,蔚为奇观。从清道光《晋江县志》的记载中,我们可窥其冰山一角:

萧氏节孝坊,为颜鼎儒妻萧氏立,在安海型厝;

蔡氏节孝坊,为杨士淑妻蔡氏立,在安海当兴境;

蔡氏节孝坊,为儒士黄天与妻蔡氏立,在东石石菌乡华庆埭中;

吴氏节孝坊,为陈岏思妻吴氏立,在深沪溜澳乡;

郑氏节孝坊,为儒士黄时敏妻郑氏立,在龙湖龟湖乡;

张氏节孝坊,为庄延祝继妻张氏立,在青阳东岩口;

梁氏节孝坊,为庄凤瑞妻梁氏立,在青阳;

许氏贞烈坊,为庠生林有栻妻许氏立,在青阳西边乡;

……

据《晋江县志》,晋江境内先后共有牌坊399座,其中宋坊99座,明坊172座,清坊128座。至道光十年(1830),晋江尚存牌坊195座。道光、同治年间,牌坊数量又增至200座以上。晋江城内集中有牌坊140余座,而节孝坊则多立在城外,《晋江县志》记载,道光十年(1830)存节孝坊共116座,城外达101座。

这一座座矗立的贞节牌坊,是旧时代妇女辛酸血泪史的生动写照。节孝坊,是古代朝廷用于表彰节孝妇女的牌坊,其中"节"是指"守妇道,忠贞节烈";"孝"是指子女有出息,孝敬老人。在封建社会,妻子在丈夫死后,要么侍奉公婆,抚养后嗣,苦撑苦熬几十载,要么"绝食以殉""投缳柩旁""潜赴夫茔,自刎而亡"争个殉节美名,成为封建妇道的牺牲品。

晋江现仅存两座节孝坊。一座是在晋江深沪镇狮峰村的林氏"节孝流芳"坊。据《青屿蔡氏宗谱》记载,这座石坊的建造年代为清乾隆年间,至今已有200多年。族谱只是寥寥数语点出受荣封主人的生卒,但从牌坊上的匾额、联句,我们可以透过岁月的尘埃,揭开罩在这座石坊上的神秘面纱——受荣封的是一位叫林益娘的农家妇女。

该牌坊立柱的两侧有两副对联,分别为:"历苦节四十三年当风凄雨恶;完贞心六十七岁弘雪艳冰情。""天成人功五月遗腹可恃;妇代子职七十老姑得将。"这些联句深深地镌刻进"节孝流芳"坊那坚实的肌理,诉说着牌坊主人林益娘那陈年的故事:这位弱女子24岁守寡,丈夫蔡立泉病逝后,她含辛茹苦、"妇代子职",43年如一日,未再婚嫁,孝顺70岁家姑,抚育子女,得到四方八里的夸赞。她在世时被荣封,受封时已是67岁。

另一座是在晋江市灵源街道林口社区的洪氏节孝坊。《林口柯氏族谱》详细记载了洪氏受旌表这一事迹。族谱记载,"赠敏轩名鳌字廷春","进入泉城宗祠内又入节孝祠","显妣旌表节孝浯□洪孺人名族娘谥节孝"。从这段文字可以了解洪氏的身世及其死后受到颇高的礼遇,她的名字既写进"泉城宗祠",又刻在"节孝祠"上。

该牌坊建于清乾隆二十八年(1763),建造牌坊的是林口社区柯姓族民。牌坊最上面有块青石,上书"圣旨"两字,当地居民都习惯称之为"圣旨牌"。横幅两面分别大字横书"天朝奖锡"和"恩褒节孝",下有小字注解"旌表晋江县儒士柯士鳌妻洪氏坊",并刻有立坊官员姓名,下横枋雕龙首、双凤,匾额上置鱼、狮青石雕各一对。牌坊是为一个叫洪族娘的人而立的,就是村民口中的"竖坊妈"。洪族娘为柯士鳌之妻,新婚不久就守寡,留有遗腹子。她一个人挑起生活的重担,照顾孩子和婆婆。后来,洪氏的儿子考上了进士,向皇上奏明母亲洪氏的功劳。乾隆皇帝为了表彰洪氏,特许村民为她建立这座牌坊。

这类事例很多,还有女子在兄弟去世后,为了照顾侄儿,终身不嫁,抚育侄儿长大成人,侄儿功名有成后,姑婆被奉祀的事例。

晋江现存还有"孝子匾""孝子亭""孝子墓"等。这些都是"百善孝为先"的生动案例。

十、从族谱中传记、实录等看孝道

族谱中的传记、实录、列传、传志、纪事、行述、实传、小述、墓志铭等,都是记录为整个家族带来荣誉之人。这些人当中不乏刻苦攻读诗书,求取功名的;有为人做官处世,得到社会赞许的;有乐善好施、急公好义的;有为国杀敌、英勇献身的;也有安分守己、勤劳耕作、善于治家、侍奉父母、和睦兄弟的。

我们不妨摘录几则:

明崇祯八年(1635)刻本《温岭曾氏族谱》中的"曾氏衣冠盛事"中大量记录族中做官显耀者,如"一门三辅相":太师右丞相公亮、少师右丞相怀、少师枢密使从龙。"父子两府相见"(丞相为东府,枢密院为西府):鲁国公公亮、秦国公孝宽,时孝宽签书枢密院使,鲁国公政仕于家,迎就西府侍养。

谱中还详列了一门奉赠三公,五代殿馆阁,父子相登科,兄弟相继登科,四子俱登第,兄弟联名科第,兄弟时侍从,五子俱为大夫,四子俱为郎宾,一门卿监郎中学士,一门大夫之列,一门监司之职,一门文武经略,一门郎官,一门守令之职等,真是人才辈出,显耀非凡。

民国十五年(1926)重修《沙堤龚氏族谱》中"源流纪实"载:

> 四世,元授江西南安路上犹县尉、崇祠泉州府学乡贤祠西斋公,幼讳德祚,字俊卿。月窗公长子也……

> 公少有大志,月窗公令其锄菽,公以锄掷地,曰:"自有男事,何以锄为?"年十八九,桐城孙左副万户信斋公及夫人蒲氏奇其气概,尤见器重。至戊子年,公以龚姓几息,乃改构祠堂,以本宗神主祀于前,以蔡氏神主祀于后。癸巳年,万户孙廷赉文承袭,初受宣命。先是饥馑,红巾倡乱,沙堤董二僭称元帅,率海寇为暴。甲午,公在大都,董氏以私憾一夕纵寇,烈火鼓噪,突入厅堂。满家失色,赖有董四助免。公归以计捉之,董氏挈家下海。丙申间,西域那兀纳及回纥等割据我泉,炮烙邦人,杀戮残酷。福建宣尉司兴兵讨之。先是,以檄文付公,募义兵于海濒。那兀纳迫民为兵,以拒官军。公亦佯许之,遂命其子炳及女婿张仁率舟师于东山渡。翌日,官军至,乃竖宣尉旗帜,千户金吉开西门接入,于是海濒大定。立省照父前俸及军功,除充浔美场管勾。移咨都省,颁降敕牒。凡五载,授江西南安路上犹县尉,因兵乱不能赴任,行省再拟任丙州场司令。未几,郡中里厮跋扈,遂谢事。

> 公为人笃学力行,进止雍容,治家莅官有法,终始弗渝。享寿八十。

我们从清光绪手抄本《青阳蔡氏族谱》传记中也可看到一位为国尽忠、为官清廉的蔡氏族人:

> 敬曾公,字悍甫,号熙斋,官章立敬,万历戊子科举人,辛丑进士,知大中大夫浙江布政使司左参政……

> ……公天资灵敏,自少颖慧超群,父愧阳公甚器重之。其兄忠甫友而毅,公以严师事之,举子爷俱所课督。至历任居官时清廉正直,不辞劳瘁,为国尽忠,爱民如子。授浙江布政使司,适值该省饥

荒,百姓冻馁流离,公具疏上奏,倾廪施赈,救活人民不可胜计。浙省绅耆咸称公为蔡慈父,勒碑纪念,歌功颂德,崇祀名宦。公大节凛然,痛除贪污,律身以俭,治民以勤。对于家财之丰富,衣食之温饱,直视若浮云。真可谓公而忘私,国而忘家,实无忝厥职矣。

从清咸丰三年(1853)修《凤竹李氏族谱》的"竹逸公遗事"载:

公状貌魁伟,福寿人也。四子侍立,无有及之者。尝以恩惠周邻,里人感之。每当作,男妇辄先赴功,事毕而后治其私。养母鸭百数,晚则于后门临田咳嗽数声,群鸭皆趋来归,德及邻里而孚于禽畜如此。公幼时议婚于凌云坊王家。其外母不许,与媒妁曰:"内宣教弃之。吾女嫁之,须以裙裾盛米饲之。"外祖云:"此子状貌非常,必有厚福。他日成立未可量也。"遂许之。风鉴亦异哉!合吾家一门子侄百口,其册载田地民米若干石。种德之庆,良非偶然也。

清光绪二十年(1894)手抄本《金屿周氏家谱》中十七世瑟轩公小叙载:

公,晚之父执也,名式玉,字清樽,号瑟轩。其为人也,居衷朴诚,待人宽厚,风称沪江之杰者。溯厥初年,灵椿见背,遭家不造,艰辛备尝。迨臂力方刚,经营四方。渡台阳,历江浙,不惮风波之劳。由是家道日昌,大业日盛。谚所谓"白手起家"者,其公之谓欤!而其昆从弟兄,务必推恩施与。亲戚同里亦见尚义提携。凡事出于义,踊跃乐输。用中乎礼,慷慨弗惜。且事慈帷以孝著,处昆季以友闻。以故啧啧人口,乡党传颂。今其麟趾凤毛,彬彬振起,足见善积余庆,泽裕后昆。公世德之遗,盖未艾云。

赞曰:生平孝义品堪誉,白手成家庆有余。兰桂腾芳盈砌下,恩荣重望著乡□。

纵观整部族谱,不难看到它有一个完整体系,是一部严肃的家族发展史,体现以孝文化为核心的价值观。儒家认为"忠"是"孝"的发展和扩大,并把"孝"的社会作用推而广之。

如今,面对社会上诚信下滑、道德缺失的现象,人们呼唤孝文化的回归。弘扬传统孝文化,要与时俱进,取其精华、去其糟粕,重建与时代相适应的孝道观,促进社会和谐,充分体现当代社会孝文化的价值观。

提倡智孝，摒弃愚孝

——古代文学作品中孝行为的启发

陈育伦　张小琴[*]

台湾学者杨国枢指出："传统的中国不仅是以农立国，而且是以孝立国。""孝是中国文化最突出的特色。"[①]诚然，孝在中国人的观念中是"德之本"。从古至今，人们围绕孝，不断丰富孝文化内涵，创造了十分丰富的文化成果，形成了值得发扬光大的孝文化精神。中国古代文学作品中，弘扬孝文化精神的作品比比皆是，如六朝时期乐府民歌《木兰诗》，歌颂木兰代父从军的伟大壮举，为历朝历代人所歌颂；再如施耐庵《水浒传》中李逵刀下放"孝子"的明智之举，鲜明地体现了孟子"老吾老以及人之老"的博孝观。但由于封建制度的集权化和纲常化，古人片面追求孝道，导致孝行为极端化，也产生了不少愚孝行为。古代文学中揭露愚孝行为的作品频频出现，如"二十四孝"中"郭巨埋儿"的故事，将古代孝道的极端化暴露无遗；再如高明《琵琶记》，充分揭露了蔡伯喈的愚孝行为，一针见血地暴露古人盲目追求孝道导致孝行为与结果存在极大的反差。本文以上述所提作品中的人物形象为视角，阐述孝文化的精华与糟粕，并由此得到启发：我们应对孝文化精神加以批判地继承，勇于摒弃不符合科学发展观、和谐社会发展的愚孝行为；同时，弘扬传统孝文化精华，提倡科学明智的孝道。这样，才能让当今社会中的孝行为与时俱进，让孝文化精神在中国的历史长河中不断得到升华。

---

[*] 作者陈育伦是厦门华厦学院副院长；张小琴是闽南师范大学新闻传播学院教授。本文于2011年"重温孝道、弘扬传统"研讨会上发表。

一、孝文化的精华与糟粕

中国人极其讲究孝道,孝道意识十分强烈。梁漱溟在《中国文化要义》中指出:"说中国文化是'孝'的文化,自是没错。"[②]孝文化在中国延绵几千年,既有精华,也有糟粕。

木兰代父从军的故事在中国家喻户晓。提及《木兰诗》,人们自然对木兰勤劳善良、坚毅勇敢、淳厚质朴而又机敏活泼的性格特征以及报效国家、不慕高官厚禄的崇高品质给予高度肯定。从更深层次的角度分析木兰这一形象,她的性格特征与崇高品质是中国古代孝文化精华的典型范例。宋人郭茂倩所编的《乐府诗集·木兰诗》写道:

唧唧复唧唧,木兰当户织。不闻机杼声,唯闻女叹息。问女何所思,问女何所忆。女亦无所思,女亦无所忆。昨夜见军帖,可汗大点兵,军书十二卷,卷卷有爷名。阿爷无大儿,木兰无长兄,愿为市鞍马,从此替爷征。……将军百战死,壮士十年归。归来见天子,天子坐明堂。策勋十二转,赏赐百千强。可汗问所欲,木兰不用尚书郎,愿驰千里足,送儿还故乡……

诗写天子征兵,木兰家中无长男,又不忍看到年迈的父亲参战,毅然决定女扮男装,代父从军,征战沙场,结果战功显赫,受天子封爵。而木兰却不慕高官厚禄,回家与父母团聚。木兰代父从军的壮举,实现双重孝道,是中华民族孝文化精华的典型。第一,木兰身为一名织布女子,却不辞辛苦,大胆代父从军,不仅保护年衰的父亲,使父亲免遭战争之害,且为父亲赢得了高尚的荣誉。第二,木兰从军,是听从天子命令,忠于天子,热爱祖国的表现。这符合曾子对于传统孝道理论发展的内容,将孝道与忠君联系为一体,"事君不忠,非孝也!"(《大戴礼记·曾子大孝》)因此,木兰从军,从某种意义上说是忠于君王的表现,实现了大孝。当木兰夺得战功,完成君王的命令之后,不慕功名,而是回乡与父母团聚,赡养父母。自古忠孝难全,而木兰却巧妙地处理了忠与孝的关系,做到既孝敬父亲,又忠于天子,为天子夺得战功。这是忠孝两全的典范。木兰忠孝两全的孝道观,为传统孝文化增添了精华。这是值得肯定与赞扬的。

在传统孝文化中,不伤害孝子则是另一种孝道观。这种孝道观体现了古人的博爱与仁慈。李逵刀下放"孝子"的明智之举,就体现了孟子"老吾老以及人之老"的博孝观。施耐庵《水浒传》第四十三回讲述:

> 李逵来到树林边厢,只见转过一条大汉,喝道:"是会的留下买路钱,免得夺了包裹!"……李逵挺起手中朴刀来奔那汉。那汉哪里抵挡得住,却待要走,早被李逵腿股上一朴刀搠翻在地,一脚踏住胸脯,喝道:"认得老爷么?"……李鬼慌忙叫道:"爷爷!杀我一个,便是杀我两个!"李逵听得,住了手问道:"怎的杀你一个便是杀你两个?"李鬼道:"小人本不敢剪径。家中因有个九十岁的老母,无人养赡,因此小人单题爷爷大名唬吓人,夺些单身的包裹,养赡老母,其实并不曾敢害了一个人。如今爷爷杀了小人,家中老母必是饿杀。"李逵虽是个杀人不眨眼的魔君,听得说了这话,自肚里寻思道:"我特地归家来取娘,却倒杀了一个养娘的人,天地也不佑我。罢罢,我饶了你这厮性命!"放将起来。李鬼手提斧,纳头便拜。……李逵道:"你有孝顺之心,我与你十两银子做本钱,便去改业。"……李逵便取出一锭银子把与李鬼,拜谢去了。李逵自笑道:"这厮却撞在我手里!既然他是个孝顺的人,必去改业,我若杀了他,也不合天理。我也自去休。"拿了朴刀,一步步投山僻小路而来……

以上内容讲述梁山好汉"黑旋风"李逵回家接母亲往梁山孝养的途中,丛林处遇到冒名"黑旋风"的李鬼"剪径"(拦路抢劫)。李鬼斗不过李逵,便假装可怜说是为了养赡九十岁的老母,杀了他必将饿死其老母。孝道观念很强的李逵听信此言,便放走了这个"孝子",并给他十两银子做本钱改业养母。我们暂不讨论故事中的李鬼。就李逵而言,他能做到听信李鬼要养赡母亲的一面之词,放弃杀死李鬼的举动,这足以说明李逵的宽厚、仁慈与博爱。李逵刀下留人,是因为他具有孝心,能设身处地地为李鬼尽孝着想,从孝敬自己的母亲考虑到李鬼也应有孝敬自己母亲的愿望。这种孝道观,完全符合孟子"老吾老以及人之老"的观点。无论是当时,还是在当今社会,都是难能可贵的,也是值得发扬光大的。

上述两例,属传统孝文化中的精华。一则体现"忠孝两全"的孝道观,一则体现由孝敬自己父母,推想到孝敬他人父母的博孝观。这也是本文选取这两例作为孝文化精华的典范加以阐述之原因。而郭巨埋儿的故事与蔡伯喈的忠孝不能两全则是传统孝文化糟粕的体现。《二十四孝图·郭巨埋儿》记载:

> 汉郭巨,家贫。有子三岁,母尝减食与之。(郭)巨谓妻曰:"贫乏不能供母,子又分母之食,盍埋此子?儿可再有,母不可复得。"妻不敢违。(郭)巨遂掘坑三尺余,忽见黄金一釜,上云:"天赐黄金,郭巨孝子,官不得夺,民不得取。"

"二十四孝"的此则,写汉代郭巨家境贫困,为了奉养母亲,省吃俭用,这自然是孝行的表现。但他为了省点食物奉养老母而欲坑杀自己的亲生儿子,这实质上是违反人性天伦的做法。郭巨是不配称为孝子的。他的做法严重触犯了"不孝有三,无后为大"(《孟子·离娄上》)的孝道观。虽然"儿可再有,母不可复得",但郭巨的母亲即使不会因为孙子被活埋而痛心哀伤、患病致死,恐怕也会因为成为家庭的累赘而担忧,她能否坚持活等看着另一个孙子的出生,也是值得怀疑的。郭巨不顾一切追求愚昧的孝行,是不可取的。与"王祥卧冰求鲤""董永卖身葬父""石奢自刎尽忠孝"等事例相比较,王祥、董永、石奢等均是不顾自己身心、生命尽孝,而郭巨则是以牺牲自己亲生儿子为代价尽愚孝。这样的愚孝行为就显得自私、残暴。由此可见,孝文化观念在古代社会的扭曲程度之深。因此,郭巨埋儿的故事是孝文化糟粕中之糟粕。

再谈高明《琵琶记》中蔡伯喈这一"忠孝不能两全"的人物形象。蔡伯喈自小饱读圣贤书,"百善孝为先"的孝道观自然十分强烈。"抱经济之奇才,当文明之盛世。幼而学,壮而行,虽望青云之万里;入则孝,出则悌,怎离白发之双亲?倒不如尽菽水之欢,甘齑盐之分。正是:行孝于己,责报于天。"(《琵琶记》)在蔡伯喈看来,纵是青云之志在望,也要以尽孝为先。然而,蔡父认为,"立身行道,扬名于后世,以显父母"(《孝经·开宗明义》)才是大孝。蔡伯喈难违父命上京赴试,处于"辞试,父不从;辞官,礼法不从;辞婚,丞相不从"的境地。在这"三不从"的禁锢下,蔡伯喈背负着"三不孝"的罪名:生不能养,死不能葬,葬不能祭。蔡伯喈走上了择不自裁、听人摆布的不归路,被视为"忠孝不能两全""背亲背妇"的反面人物。蔡伯喈尽忠,就无法尽孝;尽孝,就无尽忠可言;蔡伯喈虽然想尽孝,但他顺从父亲的指令,没有勇气践行自己的孝道观。他的孝,是封建社会的"孝顺",而非"孝敬"。在朝廷,蔡伯喈虽然尽忠,但他处于进退两难的窘境,无法从实际上尽忠;为人子,又无法尽孝。蔡伯喈的忠孝价值行为是无法得到认可的。因此,可以说蔡伯喈的形象也是孝文化糟粕的典型。

二、启发——提倡智孝,摒弃愚孝

古代文学作品中所体现的孝行为,从某种意义上说,是特定群体在特定时期内形成的思想、行为、风俗、习惯及其整体意识所折射出来的一切活动。从上文正反两面的例证可知,孝文化既有精华,也有糟粕。我们应从中得到启发:对孝文化精神加以批判地继承,弘扬传统孝文化精华,提倡科学明智的孝行为;同时,勇于摒弃不符合科学发展观、和谐社会发展的愚孝行为,以使当今社会中的孝行为与时俱进,让孝文化精神在中国的历史长河中不断得到升华。

首先,提倡智孝。何为智孝?本文认为,子女在力所能及的范围内,对父母的孝行为是发自内心的情感,且能让自己的父母由于子女的孝敬而感到身心协调,精神愉悦,生活惬意,即是一种科学明智、积极和谐的孝行为。《论语·为政》载:"子游问孝。子曰:'今之孝者,是谓能养。至于犬马,皆能有养,不敬,何以别乎?'"孔子认为,孝敬父母要真心实意,如单纯在物质上满足父母,尚不足以为孝,更重要的是要"敬",使父母得到人格的尊重和精神的慰藉。上文所述木兰这一人物形象,即是孝敬父母的典范。假若木兰不代父从军,在家织布维持生计,从物质上满足父母的需求是能实现的。木兰也深知从军之艰苦,但她毅然决定代父从军,一方面使父亲免遭身体之害;另一方面,战场上勇夺战功,为国家奉献个人的力量,也为自己的父亲赢得了无上荣耀,让父母亲精神上得到极大的慰藉。木兰行孝的伟大壮举,在当今社会仍有其积极的现实意义,应给予发扬光大。

所谓"智",即聪明而有策略。因此,智孝,就要求子女在行孝时充分发挥自己的聪明才智。中国人自古以来,就是以传统家庭作为维系亲情的纽带,而家庭又是借助婚姻维系的。伴随婚姻而来,产生了婆媳关系、岳父母与女婿之间的关系。这两重关系,很大程度地影响了婚姻家庭的和谐与稳定。当今社会,有不少夫妻互相抱怨对方不孝敬自己的父母亲。本文认为,夫妻双方应思考如何发挥自己的聪明才智去行孝,而非互相抱怨。回溯上文提及的"李逵刀下放孝子"的事例可知,李逵不仅孝敬自己的母亲,而且能站在李鬼的立场,考虑孝敬李鬼的母亲。这种"老吾老以及人之老"的博孝精神是难能可贵的。这种博孝精神在当今社会尤能起到积极的作用。为人媳妇的,若能像孝敬自己的父母一样孝敬公婆,宽以待人,让公婆身心愉悦,感到家庭的温暖;为人丈夫的,也会从中受到熏陶与感染,自然想到孝敬岳父母。反之,也是一样的。若能像孝敬自己的父母一样孝敬对方的父母,则对方做不到的话,也会有羞愧之心。《孟子·公孙丑上》说:"无羞恶之心,非人也;……羞恶之心,义之端也。"意思是说:没有羞耻惭愧的心,不能算是人;羞耻憎恶的心,是义的发端。羞愧之心产生,则行仁义之事也不难。因此,在行孝时,充分发挥自己的聪明才智,发扬博孝精神,对他人的父母行孝,能让自己的父母亲获得更多的慰藉。

其次,摒弃愚孝,即勇于摒弃不符合科学发展观、和谐社会发展的愚孝行为。

本文认为,就"二十四孝"而言,有不少孝行为是愚孝。因此,我们不能不加独立思考地照搬那些不符合人情、不合时宜的孝行为,不能愚昧地做孝子。肖群忠《孝与中国文化》中指出:"传统之'孝'的最大弊端,就是不把子孙晚辈作为具有独立人格的人看待,不承认子孙晚辈的权利能力,而是把子孙晚辈视为家长一己之私有财产,父母先辈拥有绝对的权力,而子孙晚辈只具有绝对义务。"[3]"在实践上则体现为,父子关系上权利与义务的极不平等,片面地、绝对地强调了子对父的义务,强化了父对子的权利。"[4]"甚至在某种条件下,家长对子女有杀生之权。……像这类处死子女的事虽然很少,但它清楚地说明家长对子女的人身支配已达到非常严酷的地步。"[5]上文中"郭巨埋儿"的故事,充分体现传统孝道之弊端。当今社会,讲究以人为本,强调法律面前人人平等。郭巨埋儿这种愚蠢行孝的举动,无论是在汉代,还是在当今社会,都是应给予批判、摒除的。因此,对于既为人子女,又为人父母的双重角色的当代人,不难从中得到启发:我们应寻找一种智慧以求平衡,既对父母不失其孝,又对孩子不失其慈。

愚孝之愚,不仅体现在父母对子女的绝对支配上,而且体现在子女对父母的盲目顺从上。蔡伯喈就是因为盲目顺从父亲、顺从礼法、顺从丞相的要求,导致愚孝的悲剧产生:生不能养,死不能葬,葬不能祭。用韦政通先生的一段话来诠释蔡伯喈盲目顺从导致愚孝悲剧的产生是很合适的:"孔子的'无违'之教,对中国人的人格特质有决定性的影响,这影响就是使中国人权威主义人格的倾向特强,个人独特的行为,很少被允许。这种影响一直到现在,仍然存在。……孝道,似乎建立在无条件的服从上,不必有理性的基础。这样的孝道对维护家族制度是有功的,却不容易培养出独立自尊的人格。"⑥黑格尔也说:"中国纯粹建筑在这一种道德结合上,国家的特性便是客观的'家庭孝敬'。"⑦可见,当今社会,我们需要孝敬父母,但不是像蔡伯喈一样盲目孝顺父母。孝敬之"敬",明显是个主动词,是发自内心情感的敬意;而"顺"则包含着一种被动的顺从,这个动作发生的主体并不是自己本身,相反,自己本身只能当作载体。此其一。其二,人际关系要求人际平等,尊重人的自由意志和独立人格。唯有此才能实现人性解放,才能使人得到全面发展。而封建孝道要求子女绝对服从父祖意志,服从国家意志,这必然极大地压抑个人独立人格的形成,使个人形成自我压抑、自我萎缩性的人格。这不仅不利于人的解放,而且最终会影响整个社会的发展,因而是应该摒弃的。

总而言之,中国的孝文化是一种历史文化遗产。因此,我们应该运用历史唯物主义的观点,结合科学发展观,对孝文化精神加以批判地继承,去粗取精、去伪存真,保留精华、抛弃糟粕。只有提倡智孝,摒弃愚孝,才能让当今社会中的孝行为得到改善,让孝文化对人类社会发展起到积极的促进作用。

注释:

①杨国枢:《中国人的蜕变》,台北:台湾桂冠图书公司,1988年,第31页。
②梁漱溟:《中国文化要义》,上海:学林出版社,1987年,第307页。

③肖群忠:《孝与中国文化》,北京:人民出版社,2001年,第229页。
④肖群忠:《孝与中国文化》,北京:人民出版社,2001年,第70~71页。
⑤肖群忠:《孝与中国文化》,北京:人民出版社,2001年,第72~73页。
⑥韦政通:《儒家与现代中国》,上海:上海人民出版社,1990年,第144页。
⑦黑格尔著,王造时译:《历史哲学》,北京:三联书店,1956年,第165页。

孝道文化：中华文化的精髓

苏纯仁[*]

一、孝道文化，源远流长

在中华文化数千年的历史长河里，孝一直被人们推崇，发展成为孝道。它成为中华民族的基本价值观，影响了中华民族的世世代代。它不仅体现在物质方面，更体现在精神方面。

自古以来，人们对孝就极为重视，而且将孝子的典型事例不断地总结提高。在尚未有文字记载的时候，靠口耳相传，保留下来，如被称为天下第一孝子——舜的事迹。

舜因孝行而闻名天下，所以尧帝亲自到南山来考察。他为舜的孝行所感动，就决定要把帝位禅让给他。为了褒扬他的孝行，尧帝将大量的牛、羊、房产赏赐给他。可舜不因富有而停歇，照样过着日出而作、日落而歇的生活，保持着憨厚、耿直、孝义、仁爱的性格，继续弘扬扶贫济人、和邻睦宗的传统。

舜的继母一直鼓动舜的父亲设法除掉舜，好把他那些财产据为己有，以传给亲子——象。舜的父亲名叫瞽叟，听信继妻的话，叫舜爬上高高的仓库去修补因风吹日晒而破旧的仓盖。舜正修得满头大汗的时候，瞽叟抽走了梯子，在下面放了一把火，火很快烧上仓盖（当时仓盖都是山草叠成的）。舜见四面火光，走投无路之际，突然天降暴雨。舜顺势撑着斗笠纵身跳下，全身被暴雨淋透，却毫发无损。那个斗笠成为降

---

[*] 作者是晋江市谱牒民俗学会成员。本文于 2011 年"重温孝道、弘扬传统"研讨会上发表。

落伞,使他落地轻松,身骨无伤。经过这次事件,舜看透自己的继母和父亲确有欲置自己于死地而后快的心,但是他的孝行不因此而减少,而是一如既往,孝顺有加。

又有一天,瞽叟要舜为家里挖一口井,舜无二话就去挖井。挖到很深快出水了,在井下的舜突然发现,井口上的土往下掉。他迅速从旁边事先已挖好的逃生洞爬出去。原来站在井边,将土往下填的是瞽叟和象,他们很快把井填满,回家分财产。牛、羊归瞽叟,房产归象。象正高兴地捧出一把琴,弹着欢乐的曲子时,忽然看见他的哥从大门进了庭院,向自己走来,吓得魂飞魄散,以为是鬼来了。象定睛一看,果然是他的哥哥,忙说:"哥哥你回来了,我们以为井塌方了,你回不来了。"舜生性聪颖、憨厚,明知他们故意造成塌方的假象,企图把自己活埋井下却不动声色,也没有告诉他自己已经挖好了逃生通道的事,在以后的生活中依然对父母竭尽孝行,对弟弟亲密无间。舜成为天子之后,对父母、弟弟仍然奉行着孝义仁德。他的孝道对社会产生了极其广泛和深远的影响,他被后世当成中华民族孝道的代表。

进入春秋时期后,各诸侯国各行其政,战争不断,孝道的传承受到了阻滞。社会秩序混乱,社会道德沦丧,出现"礼崩乐坏"的局面。这时候伟大的思想家、教育家、圣人——孔子,决心拯救民众,把孝道发扬光大。而他的三千弟子中,曾参(也称曾子)坚持奉行孝道。

据说,孔子在讲课的时候,曾子就站立起来认真听讲。孔子觉得学生站着听讲会很累,就叫他坐下来听。但讲到高妙之处,曾子又很激动地站起来,同时对于疑惑的问题就提出来,请教孔子。这样师生讲解、提问、解惑的经历用文字的形式记录下来,就是我们现存的《孝经》。

《孝经》由"开宗明义""天子""诸侯""卿大夫""士""庶人""三才""孝治""圣治""纪孝行""五刑""广要道""广至德""广扬名""谏诤""感应""事君""丧亲"等十八章组成。《孝经》是儒学的经典之一,是中华文化的瑰宝。历经历史沧桑,至今,其哲理还是熠熠生辉。而作为《孝经》的主要传道者曾子,也成为我国家喻户晓的孝道典范。

曾子与他的父亲曾点到瓜田中除草,不小心把瓜苗除断了。曾点看见了,勃然大怒,捡起了一把棍子,对着曾子的背部打去,当场把曾子打昏死过去。曾点一时手足无措,扶起昏过去的儿子眼泪唰唰往下掉,不断地在儿子头上、身上抚摸。好久,曾子才缓过气来。看见父亲着急的样子,他挣扎着回到自己的房间,拿出一把琴,弹奏出优美的曲子。他想让他的父亲听到琴声而放心:虽然儿子刚才被打昏过去,但是没有大碍。现在醒来,还照样能弹琴。这事传到了孔子那里,孔子一听,非常生气地说:"这哪是孝子呢?真是十分愚蠢。"甚至说:"曾参不是我的学生,以后不准他到我家来!"

曾子知道老师的态度以后感到非常困惑:"我父亲打我,我苏醒后,马上弹琴,我这是孝顺呀。老师为什么不高兴呢?"就托人去请教孔子。孔子一想,他这个人就是愚钝,于是叫他来当面讲。曾子来了,孔子对他说:"你父亲打你,如果是用小木条,教训你两下,应该无所谓。他用那么粗的木棍,一下就把你打昏了,你没有跑是不对的。你不跑,就是默许你父亲打你。从法律的角度讲,你是天子之民,是国家的一分子,你的父亲没有资格、没有权力处置你的生命,知道吗?杀天子之民是犯法的,是要偿命的,这个道理你要懂。你当时没有跑,如果你父亲将你打死,你就是陷你父亲于不义。你要尽孝,但孝不只是家里的事,也是要符合社会法律的要求。"曾子听了,幡然大悟。

在传统的社会里,愚昧的家长把责令子女孝顺当成权力,认为自己可以为所欲为地处置自己的子女,把自己的想法做法强加给子女,要子女绝对服从。这个事例也说明家长的这种做法是不符合儒家经典的教导的。

曾子回家后,将孔子的说法讲述给自己的父亲听。曾父听后,很后悔自己当时的鲁莽。曾子也对他父亲说:"我实在知识浅显,差点陷父亲于不义,实属不孝。"之后父子又和谐相处。不久,曾子的父亲就去世了。有一次,曾子抓来一些鱼煮着吃,因此次抓的鱼多,煮了吃不完,曾子拿酱将剩鱼腌了。一个朋友看见了,说:"你用酱腌了,鱼就不保鲜了。"曾子说:"我父亲在世时也是用这个方法的啊!"朋友说:"你要让鱼保鲜,应该把鱼用油炸了,鱼就不那么容易腐坏了。"曾子听后,心情一下子沉下来,眼泪差点掉出来。朋友很惊讶地问:"听了我的建议你为什么不高兴呀?"曾子说:"你别误会,我是想起我父亲当时吃鱼,舍不得吃的时候,就拿酱腌了。今天经你一指点,我很遗憾,这个办法我知道得太晚了。如果我父亲在世时,我便知道这个道理,他就不会经常吃那些腌的鱼而是吃上炸鱼了。我是因为这件事才感到难过呀!"这个事例让我们知道了曾子对他的父亲有着深厚的感情。

曾子经常上山采药、砍柴,补贴家用。有一天他又上山砍柴去了,曾子的母亲独自在家。突然来了一个客人,家中没有什么东西可以招待客人,曾母一时没有主意,站起来请客人坐下,自己不经意把手指伸进口里咬着,想要怎么办。远在山上砍柴的曾子心口怦然一动,感到有点痛。他突然想到一定是母亲出事了,慌忙捆上一担柴,往家里赶。到了家,忙问母亲出了什么事。母亲说:"没有事,就是家中来客了,我咬了一下手指想要用什么东西招待他呢。"曾子忙扶起母亲的手,看手指是否被咬伤。后人为了说明母子情深,总结出母亲的指头与儿子的心是相连的"啮指心痛"的故事。

曾子不仅是一个孝子,在教育子女方面也有与众不同的做法。有一次,曾子与妻子打算赶一趟集,夫妻走到门口时,儿子闹着要跟去赶集看热闹。但他们怕赶集的人多,万一孩子丢了怎么办?而且赶集是要买好多东西带回家,带孩子多不方便。于是曾夫人就想办法哄孩子说:"你好好待在家里,我们赶集回来就杀猪给你吃肉。我们只有过年的时候才能吃一次肉呀!"孩子一想到他们赶集回来就有肉吃,太高兴了,就答应要待在家里好好看家。摆脱了孩子,曾夫人很高兴,难得夫妻二人一起赶集,一路上和曾子谈天说地。可曾子却不搭腔,好像很不自在的样子。夫人察觉到曾子今天很不高兴,就问原因。曾子说:"要出门的时候,你对孩子说回来要杀猪。我们不过节不过年的,怎么可以杀猪呢?"夫人说:"我就这么随便说说,是为了哄孩子的呀!我又不傻,怎能真的杀猪呀!"曾子说:"怎么能骗孩子呀?我们骗他,那么要叫孩子相信谁呀,连他的亲生父母都说话不算数。不行,既然你说了,那么就这么决定了,赶集完回家就杀猪。"曾夫人是很贤惠的人,她十分理解丈夫的用心,教育孩子要言必信,行必果。夫妻赶集回家后,就把猪给杀了。

《孝经》广泛传播之后,民间把行孝道的典型事例编成了关于"二十四孝"的通俗读物。但《孝经》和"二十四孝"是两码事。《孝经》涵盖了政治、军事、社会管理、法律、道德,直至宗族、家族关系等方方面面,而"二十四孝"仅仅宣扬子女对待父母(或长辈)应奉行的孝,所阐明的道理与《孝经》也不尽相同。

二、孝道文化,兴盛家族

在家庭教育中,要培养孩子养成良好的家风,代代相传,发展成繁荣昌盛的家族。只要有无数这样的家族,中华民族的发展和兴盛将是可持续的。

孔子对曾子说:"立身行道,扬名于后世,以显父母,孝之终也。"(《孝经·开宗明义》)。这句话是说:一个人为人处世遵守道义,留下清名于后世,彰显父母的美名,这才是遵守孝道的最高理想。

在中华民族几千年的历史上,出现过很多著名的家族。有的拥有显赫的政治地位,但是政治地位一旦衰落,这个家族也就很快衰败。有的靠经济实力显赫一时,但家道世道起起落落,一旦遇到挫折,这个家族也会走向衰落。而以孝道闻名的家族,则长盛不衰。

南宋初年,浙江浦江有个郑氏家族,被人们称为"义门",意思是"孝义门风"。当时家族中有个孩子叫郑绮。有一年,天大旱,赤地千里。这时,郑绮的母亲病了,需要用溪水来调养身体。郑绮提着水桶,带上锄头,沿溪寻找水源,但耗尽力气,掘溪几尺深都没水。正哭的时候,他挖掘的溪底突然冒出水来。他很高兴,舀了满满的一担水回家,治好了母亲的病。郑绮孝感天地的故事被这个家族传下来,家庭也很注重在族内培养良好的道德风气。传到第四代,有俩兄弟,长叫郑德奎,次叫郑德璋。德奎被人陷害,告到官府,欲判死罪。德璋争着为德奎入牢,承担死罪。知府尚未做出判决的时候,德奎死了。德璋便对德奎的几个子女视如己出,专心抚养。此后,郑氏家族代代相传,成为望族。

到了明朝,朱元璋很注意孝道。他称帝后,将天下"义门"大族的代表请到京城,对郑氏家族的代表郑濂说:"天下孝义之家,江南一带,你家居首。"以后人们根据朱元璋的意思,称郑氏家族为"江南第一家"。

朱元璋为了给皇太孙朱允炆物色一位老师,请天下24家"义门"每家选一个来。在24个人中,朱元璋选中郑氏家族的代表郑济。他嘱咐郑济说:"我请你教我的孙子,不是要你教他法律知识。秦朝时,秦二世胡亥的老师赵高就是专教他法律。学这些东西,不外乎怎样治人、管人、整人。我要你给我的孙子讲你们郑家作为数百年的大家族为什么发展那么快,大家生活都过得那么好,合族其乐融融,长幼之间有一种亲情和温暖。"还特意吩咐郑济:"如果有重要内容要讲,不必考虑时间,可以不分白天黑夜,日夜不停地讲。"

郑氏家族为什么得到明太祖朱元璋如此赏识呢?因为郑氏家族自郑绮起,代代弘扬祖德宗风、贯彻孝道精神,经几百年逐渐完善《郑氏规范》。这个规范制定了168条族规家规。

在《郑氏规范》中有一条家规,规定:要找媳妇或者找婆家,一定要看对方的人品道德,不能只看对方的经济实力。郑家的这种择偶不求"门当户对",但求人品道德的做法,体现了他们富有深度和远见的婚姻观。这是使这个家族和睦发展的关键。

除了婚姻观以外,族规还规定,对待所有家族成员一视同仁,大家同舟共济,扶危济贫,救急济困,不允许家族中的某一支派或成员由于经济原因而日子过不下去。这样增强了家族的凝聚力和认同感。还规定所有成员都要奉公守法,特别是去当官的人,如果发现贪赃枉法,给予除名,不承认是家族的成员,死后不得埋在郑氏的公共墓地等。据说这个家族经宋、元、明、清4代一共出了173位高官,没有一个是贪官。

这个家族在黎明时分就敲钟,全族三千多人不允许偷懒,统统起床,梳洗打扮。接着敲八声钟,所有的人到祠堂听族长宣读《家训》,宣告一天生活开始,全族发扬尊老爱幼的家风,族人要辛勤劳动,但规定60岁以上的人不必参加劳动等。这个家族的"军事化"管理方式,在今天是不可能存在了,但是在当时的影响很大,在一定程度上对社会风气起了移风易俗的作用,也是郑氏家族历经数百年兴盛不衰的因素。

三、家严与家慈

如何培养良好的家风,一直是很多人在探讨的问题。在中国历史长河中,人们认为要培养良好的家风,家教是主要的,其次才是老师和社会环境的影响。

在古代社会,家庭分工比较明确,即男主外,女主内。男的古时叫

"猎户",他要去负责耕种、打猎来维持家庭的基本物质生活。女的叫"在户",她要在家里纺织、浆洗、煮饭、照顾孩子等,在照顾孩子时,倾尽爱心,无微不至。因此,我们称母亲就叫"家慈"。而男的除了要负责维持家庭的物质生活外,还要承担一定的社会责任,回到家里要很严肃地教导孩子如何为人处世,我们就称父亲为"家严"。

"家严"和"家慈"以后就成为对自己家中父母的尊称,一直沿用至今。对已故的父母则称"先严""先慈"。

单亲家庭中,培养子女养成良好家风,则父亲或母亲一人要承担起更多的责任。实际上,儒家宗师孔子、孟子,他们的父亲很早就去世了,两位伟大的母亲同样培养出一代宗师。此外,单亲承受各种困难和苦难,培养、教育子女成人的事例,比比皆是。

湖南湘乡的曾氏家族,在晚清时出了个著名人物——曾国藩。曾国藩的祖上几代践行孝道家风,但没什么显赫的功名。一二百年后,曾国藩开始发达,要到北京做官了。曾国藩的爷爷对家族的人说:"宽一(曾国藩的小名)要到北京当官了,可我们曾家的家风还要跟从前一样朴实,不能改。"曾国藩当大官后,对家族的青少年仍要求严格,平时不随便给他们太多的零钱,衣服不随意购置,防止孩子们养成奢侈之风。尽管他位居高官,他的子女们生活都很低调。

曾国藩大儿子叫曾纪泽,小时候很聪明,什么事情一点就明白。但对这种聪明,曾国藩并没有感到高兴,反而有些忧虑。他觉得这个孩子还缺乏一种做人的气质——敦厚。他觉得一个孩子只是聪明过人,而缺乏敦厚健硕的精神素质,将来难以自立。所以,他特别在这方面给孩子下功夫,经常教导他们行动举止、说话做事要养成厚重的风格。曾纪泽后来果然遵照父亲的教诲,成为中国历史上著名的外交家。

曾国藩还有一个儿子叫曾纪鸿,他喜欢数学。曾国藩就鼓励他,不一定要当什么官,喜欢数学也好。他看到儿子对数学十分投入,真有殚精竭虑的状态,就提示他要劳逸结合,才能持久。

曾氏家族就是秉承先辈传承下来的朴实、厚重的家风,所以经历清朝、民国,直到现在,一直人才辈出。

四、孝道,社会文明的标志

孔子说:"夫孝,德之本也。"(《孝经》)意思是说,孝道是道德修养的基础和根本,离开了孝道,其他的道德都建立不起来了。

明万历帝的首辅大臣张居正是他的老师。张居正权倾朝野,正在仕途一帆风顺时,他父亲去世的噩耗传来。张居正以朝廷事多,抽不出身为由,不回家奔丧。这件事立刻在朝廷掀起轩然大波,平时尊重他的大臣们和他的门生数十人联名弹劾他。张居正认为自己为朝廷立了很多大功,现在不能回去奔丧也是忠于朝廷的。看到弹劾他的奏折,张居正非常痛苦地说:"大明朝二百年来,从没有门生弹劾'座主'(老师)的,现在有了,而且是从我开始的。"张居正作为宰辅这样做,对天下百姓所起的引导作用是很不好的。他所建立的功劳,也无法弥补他在道德方面的缺失。

明太祖朱元璋在立国初年就明确规定,文武百官得到噩耗,允许他们放下手头的所有工作,火速奔丧。两百多年后的张居正竟然不奔父丧,他的道德形象自然受到严重的质疑。有人认为他是"贪权恋栈,德行有亏"。

清时的曾国藩,任三军统师,正在前方指挥战斗,家中突传噩耗,他匆匆料理一下手头事务,就奔丧去了。后来,有御史弹劾他,说丁忧的报告还未获恩准就擅离职守,应受处罚,可是咸丰皇帝对此并不处罚。

孝子对社会有着巨大的影响力。一个践行孝道的人,用温情、亲情感染家庭成员,再把这种影响力向家庭以外扩散。这样的家庭多了,整个社会的道德氛围就会不断净化。人们就懂得如何和谐处理亲情关系,如何广交朋友,如何敬老爱幼,如何尊师重教,如何勇担社会责任,如何处理人际关系、上下级关系,如何尊重社会上的每一个人,一个文明和谐的社会就会展现。

古代晋江孝子的孝行

黄鸿源[*]

孝顺是我国的传统美德,自古及今,"百善孝为先""老吾老以及人之老"一直是我国传统文化的重要思想,保证了传统社会的有序运行。元代人郭居敬编撰的《二十四孝图》,概述了我国古代二十四位最著名孝子的孝行,宣扬了尊老敬老的传统美德和封建社会的伦理道德——孝悌。"二十四孝"的故事在我国家喻户晓。

晋江自东晋以来,由于中原汉人多次大规模的迁徙,受正统的儒家思想影响日增。南宋初期,朱熹来到晋江的石井(今安海)讲学,带动更多的晋江人研究四书五经,朱熹的义理之学后来在晋江大放光彩,涌现出众多的理学研究名家。明代的泉州,尤其是晋江更成为全国理学研究的重镇,形成理学研究的清源学派,影响遍及全国。泉州理学研究的中心人物——蔡清由于在理学研究方面的杰出成就,而得以入祀孔庙,且是泉州历史上唯一一人。

正是由于朱熹理学的影响,南宋以来的晋江社会,在士大夫的倡导下,高度重视封建礼教,恪守儒家道德信条。孝道成为古代晋江社会一切道德规范的首位标志。历代志书的修撰,都将"孝"作为重要内容编入。人物传记的编写,孝行是入传的重要条件。甚至在人物志中,专门设有"孝友"传;烈女志中的"节孝"更是志书篇幅中所占最大的部分;建于清雍正四年(1726)的晋江县"忠义孝悌祠",内祀神主128位,年代自五代至清乾隆四十九年(1784),其中以"孝悌"入祀的有76位;建于雍正元年(1723)的"节孝贞烈祠",祀节孝贞烈者142人。府县志虽然记载了不少历史人物在孝行中的具体表现,但"晋邑士民,多敦孝弟,比户

---

[*] 作者任职于晋江市中小学生劳动技术教育基地。本文于2011年"重温孝道、弘扬传统"研讨会上发表。

可封,兹所录者,仅百之一耳。草野好修,安能尽察?且彼亦无望于人知也"。这说明没有被采录的有突出孝行的孝子贤孙,尚有许多,从中看出孝道在古代晋江影响之深远。

古代"二十四孝"的孝行故事,在晋江的庙宇、祠堂、祖厝建筑构件及壁画中随处可见,因此也为人所熟知。那么,历史上晋江人又有什么样的典型孝行呢?相信绝大多数的晋江人对此了解甚少。下面将见于志书、谱牒中的孝行进行归纳,让现代人了解晋江先人的做法。

一、承颜顺志,趋奉敬恭,事亲尽孝

这类孝行在古代最常见,也是人之常情。唐代黄嘉猷,事奉双亲以及居丧期间,所作所为都很感人,乡里人非常尊敬他。南宋进士李起,家居时,侍奉双亲相当恭敬。元代黄道贤,嫡母唐氏无子,生母苏氏由于疾病被离弃。道贤成年后,极力请求父亲迎回生母,尽心奉养二母,一家人享受天伦之乐。元代柯公全,其父年近七十尚无子,娶妾陈氏,才生下公全。嫡母因为妒怨,曾经想要杀死他。但公全长大后,却不介意,服侍她谨慎小心,始终如一,人称"纯孝"。由于父亲年龄已高,他竭力承担家务,历尽坎坷,侍奉供养迎合无不周到详尽。十六时父逝,卜地葬父,又将嫡母与父合葬,而为生母另外准备墓地。及至生母去世,自己由于哀伤过度而逝,年仅四十七。明代人黄贤,五岁时母亲就去世了,由继母孙氏抚养,长大后对继母尽孝供养远超过继母自己所生的。明代应天府训导陈永,辞官归家奉养父母,几年后,父卧病不起,母又双目失明,陈永服侍更加殷勤。由于外祖没有男性后代,他就为外祖父母建祠宇置祠田,命子孙世世代代祭祀,并将此事写入家规中。明代富可济,父生病数月,他侍奉汤药,衣不解带。父死,他异常哀伤,将教书积攒的薪金藏在衣领中为葬父做准备。却遇年成坏,妻子来信告知饥荒,请求暂时用薪金买米。可济左右为难而伏在地上大哭,里中长老听说后,率领子侄帮助处理其父的丧事。明代张宗应,生性淡泊高雅,为了孝顺父母,专门建一座名叫"具庆堂"的房屋让双亲娱乐。崇祯年间举人富明新,任南靖教谕。后准备回家孝养双亲,归途中接到父亲去世的消息,两天两夜赤足步行三百余里奔丧,数日汤水未曾入口。秦廷帷,为郡廪生时,由于家境贫困,时常借补贴买一些美味的食物孝敬双亲。父亲患病,侍奉不曾松懈。及父过世,哭得昏天黑地,丧葬尽礼。对寡母,更是曲意承欢。碰到有穷困的老妇人,推及对母亲之爱,时常迎回家与母亲一奉同养。侄子舜德幼孤,便将之当作自己的儿子抚养。自己病重,以不能再奉养母亲而感到遗憾,勉强起床安慰母亲,说完就去世了。

二、尽心伺候病中的祖父母或父母

宋代徐浩,侍奉继母非常用心,继母卧床数年,搀扶洗涤,都是他亲力亲为。宋代林颐寿,祖母杨氏由于背生痈疮甚至溃烂数寸而非常痛苦。颐寿等到祖母熟睡时,偷偷地舔舐溃烂处,然后敷上药,竟然痊愈了。明代庄希范,状元际昌子。际昌去世后,希范向朝廷上奏请给父亲应有的葬仪。扶棺柩南归时,至黄河遭遇飓风,焚香跪拜祈祷,结果风竟然停了,随后顺利回到故乡。母王氏双目失明,希范用舌舔舐,数月后竟然也好了。母病,呼天而告,请求延长母亲的寿命,母病也好了。明代朱一泮,少年时父去世,事奉母亲非常孝顺。母亲由于久病,晚年变疯癫了,一泮朝夕起居殷勤侍奉,无微不至。母逝后,哀伤异常,葬祭都按当时的礼节。明代史惠,父元吉由于久病而身体瘦弱,史惠侍奉汤药不曾脱下衣服,父亲的脏衣服亲自洗涤,父去世后他像小孩一样每日哭泣不止地守护在墓旁,三年中每日都身穿丧服和吃素食。黄凤翊,榜眼凤翔兄。继母病重,他惦记其瘦弱,侍奉汤药不敢懈怠。继母病逝,竟然由于过度哀伤劳累也跟着去世了。此类孝子尚有明代丁光琛、清代林珣、李钟声等。

三、奋不顾身救助危难中的父母

元代吕祐,至正末年郡城被攻陷,有兵卒拔刀威胁其母索要钱财。

祐奋不顾身冲向前抢夺其刀,致使十指尽断,因而昏迷倒地,很久才苏醒。睁眼看到母亲,说:"母无事,儿没有遗憾了。"遂瞑目而死。明代朱则文,幼年失去父母,由伯父德春抚养。元代末年,遇贼寇想要杀害德春,则文抱住伯父,哀号哭泣请求用自己代替,贼寇被其仁义感动而将他和伯父释放了。明代安海人伍民宪,嘉靖三十七年(1558)倭寇侵扰安海,扶父际会逃避,反而遇到贼寇,民宪长跪说:"不要惊扰我父亲,我任由你们处置。"贼不听,杀其父,民宪挺身杀二贼,又伤贼数人。贼寇大部队赶到,混战中砍去他的右手。民宪伏卧草中,一手还拿着戈,口中喃喃呓语地唤着父亲,三日后才气绝。

四、保护父母先祖尸骸

明代郭尚谦,嘉靖年间倭乱,有贼船数十艘侵扰乡中,适值父去世,尚谦用葛麻布将自己绑在柩侧。贼到,大惊,问为什么这样,答:"有父亲的棺木在此,如有伤害,愿用自己的身体代替。"贼举刀想杀他,尚谦抚棺悲恸欲绝,贼人感伤而离开。明代陈会,七岁时父母相继去世。某年值倭寇扰乱,贼寇盗发陈会双亲坟墓要赎金,会泣血告天,倾尽家产募集勇士杀入贼巢,终于将父母的骸骨夺回。明代庄凤章,倭寇盗掘其先祖冢墓,凤章叔用晦杀入贼营夺取骸骨时被贼人杀死,凤章冲入阵中背负骸骨并将叔叔的尸体带回。林太毓,太平守林钺妾所生的遗腹子。他很有孝心,嫡母经常鞭打他,他都笑着接受,打得急了则躲藏在门后,一点都不怨恨。嘉靖年间,乡中的倭寇盗发坟墓求取赎金,有奸人将其父亲的坟墓地点告知倭寇。太毓得到消息后招集壮士将父柩挖出藏起来。陈学源,三祖坟被贼发掘盗走骸骨,自度量凭自己一人是不能夺回的,时欧阳深正带兵杀贼,学源请求跟从,不顾危险,挺身和部下杀入贼巢,将骸骨带回。明代东石人黄深,兄黄润,官参政。父母每年生日,深与润商量轮流做寿。母说:"你兄现在显贵,可以单独承担。你何必这样?"深答:"这是各尽子的职责。"父去世葬后值嘉靖年间的倭寇之乱,贼经常盗掘坟墓,深考虑要将父棺柩挖出。旁人劝说:"你不怕被倭寇抓走吗?"深答:"要是被抓,我就请求作为人质,贼不过是要人的赎金而已。"竟然一人去了,正值贼在做饭,没有空暇挖坟。深伏身灌木丛中,夜晚时才将父亲的棺柩取出,但又怕贼发现。这时,天忽然雷雨大作,贼四散避雨,深才得将棺柩运回来。明代人郭士豪,事亲至孝。父亲去世,居丧尽礼。祖母年事已高,他痛于不能尽孝父亲,对祖母更加恭敬,早晚用可口的食物喂养。母去世未下葬,停棺的屋子突然失火,士豪奔入火中,卧倒棺上大哭,想与母亲之棺同毁烧。众人为其感动,一起将棺材抬出火焰中。清代安海人林鼎汉,贼寇劫掠其乡,母龚氏投井死,鼎汉哀伤思慕终身。后随父业经商外洋,父病死于船上,按风俗,海上航行的船只最忌讳停尸船上,遇到有人死亡就将他投入海里。鼎汉没有将父去世的事告诉船主,每餐仍然将饭菜送到他们居住的舱中,并将这些饭菜秘密藏起来。夜晚仍然与父亲的尸体躺卧在一起,经过十余日,尸体虽出现臭味而船上的人竟然闻不到。船靠岸后,鼎汉才放声大哭,买棺材收殓父亲的尸体。后有人向官府请求表彰,建坊立祠纪念。

五、为父母守孝、守坟

宋代钱褒,在母去世后,亲自背土筑墓,建草屋居住在墓旁,酒肉一类的一概不吃,人瘦成皮包骨,直至服满三年之丧才回家。宋代治平、熙宁年间,郡守两次向朝廷表奏其孝行,乞请用来激励风俗。钱褒著有《志孝》六篇,也一并进献给朝廷。宋代王凯,事父母非常孝顺,居丧期间守墓三年后,还不忍离开。明代庄琛,生平笃孝,遇到父母的忌日,以及自己的生辰日,悲泣终日。碰到美味佳肴,不觉潸然泪下,说:"过去双亲在世时不曾享受过这种食物呀。"明代蔡一桂,父母殁后,干脆带领全家在墓地旁建屋居住,课儿讲业,率仆耕获。清代李云永,六岁失父,其母患病数月,昼夜不离。母殁后,结庐墓侧,早晚哀伤哭泣。惠安县令题其守墓的庐舍为"慕楼"。

六、以父母年老不忍远行或外出为官

宋代林彬,家世孝义。参加科举考试后当上礼部的官员,以母年老不忍行。当时的进士杨寅翁也累次请祠以侍奉父母,泉州郡守真德秀视他们为"温陵二孝"。明代诸葛麟,平日以孝义自律。父隆被任命为宁海县令,赴任临行前,将祖母托付给他。麟侍奉左右无微不至,某日祖母病重,麟每夜跪拜祷告北极星。时诸葛隆也刚好退休回家奉养父母,人称赞为"父子双孝"。麟一直到祖母去世都没有外出。父去世,哀伤异常。

七、父母疾病,告天求神,减己寿以益父母或以身代

元代黄道贤,父病重,道贤向上天祷告,愿减去自己的寿命以增加父之寿。父不久即痊愈。明代曾魁,两岁时父去世,祖母及母亲共同抚养他。长大后,虽然家境贫困,侍奉她们承顺备至。祖母逝后,哀伤异常。入舍问安如果见到母亲不高兴,就长跪不起,待母亲欢喜了才起来。母病重,侍奉汤药三个月不曾脱衣。每日清晨必焚香百拜,告求上天自己愿意减岁数以增加母亲寿数。母病即痊愈,至年八十五才过世。曾魁先于母亲去世,临殁时还从枕上数次勉强撑起,宽慰母亲不要过度悲伤。明代林特,五岁丧父,而哀痛母病,祈告北斗星以自己代替。何乔遴,八岁丧母,哀伤孺慕不忘。侍奉继母非常孝顺,继母患病,在神面前祈祷,自己愿意代替。"祈天愿以身代"父母之病的尚有明代林一奇、张志越、钱应增、陈曙等。

八、孝行感人,而得神示父祖墓地

明代林福,六岁时就为孤儿,又遭倭寇之难。长大后,不知父葬在

哪里,只记得在笋江祖厝的后面。后来移居城西,仍然天天至笋江哭泣才返回。一晚,梦见一老人告诉他:"你想寻找父墓吗?我结草为记的所在就是。"清晨跑去一看,和梦中结草为记的地方一模一样。发掘后,得到父亲的墓志,于是再将墓修好。人说这是因为孝感动天才能发现父墓,乡人就为他立孝感碑。明代榜眼黄凤翔祖父黄礼,少孤,随母携弟依靠外祖,不久母去世。父去世时由于贫困暂时葬在东郊,礼年幼不知,到处访求不得,遂告天祈神,忽然有一老者来指示父亲所葬之处,于是迁来与母合葬。秦师彭,进士秦良牧孙。父鸿理早逝,母郑氏守节,师彭事之至孝。由于兵乱找不到父坟,日夜号哭。有放牧人指示葬地,得父骸归。

九、怀念父母,至死不渝

明代人施长昆,嘉靖年间由于倭寇的侵扰,扶母亲避难永宁,途中与母走失,长昆随后被倭寇掳掠至日本,日夜思亲哭泣,欲归无计。至五十二岁时才偷渡回来,乡中已没有人认识他。其姐称其弟胁下有疤痣,经查验属实,相拥哭泣。随后告诉父亲所葬之处,又告母亲当时已死于兵乱。长昆异常悲伤,每日清晨必登东山拜哭。临终时,吩咐儿子要将他葬在东山,这样可以远望永宁,不忘母子相互分离处。灵源人吴从宗,遇倭乱,挽扶父母避难郡城,生活虽然窘迫但仍竭力供养双亲。倭乱平定后,返回故里,对双亲三餐都供以丰美的食物。双亲过世,殡殓之礼一定要自己认为满意为止,亲自背畚箕帮助修筑坟墓。祭祀时想起父墓生前的嗜好,都竭力备办。祖父母、父母二坟都在灵源山上,虽然山路崎岖难登,但仍日握酒壶到坟前,瞻仰参拜似如孩提时依偎在父母身边。七十七岁时,除夕日尚挂着拐杖从山上下来。洪孔煃,屿头人。幼年时即能友孝父母,婉曲承欢。父逝,哀伤过度,身体瘦到皮包骨。选择墓地葬父及祖母后,仍然早晚去瞻仰祭拜。黄衷,少孤,母邱氏艰苦地将他抚养长大。少年时即考上秀才,却又感慨说:"假使我为朝廷效力,就无法像平常一样奉养母亲。"于是丢弃秀才身份,竭力养母。母稍不如意,即长跪,母不叫起来,不敢起。母生肖属鸡,衷与妻庄氏终生不吃鸡。母病,夫妻减餐,祈求增加母寿。母去世,泣血三年,结庐坟侧,人称其孝。

十、终身不嫁,照顾家人

晋江女子颜寿娘,为了孝养双亲而终身不嫁。叶三娘,父母都死去,弟尚年幼。同族中有人心怀歹心,三娘于是终身不嫁,抚养幼弟成人,七十二岁才过世。杜贞义,早年失父,弟杜华还年幼,贞义与母亲共同抚养幼弟。杜氏同宗之人有企图,而贞义用心持理家事,同宗之人就诽谤她,贞义愤然不嫁。陈贞姑,父年老母又去世,无子。贞姑从事女红赚取生活所需费用,以美味食品奉父,自誓不嫁。父年至九十五才去世。贞姑由于过于哀痛,不久也去世,乡里人将她看作齐国孝女"北宫婴儿"再世。

十一、代替父亲押送赋税上京

明代初期,黄福父仕龙是地方有名望的人,某年轮到他押送赋税到京城,但因年老无法负担,黄福代父成行,不想却在京城意外去世,年三十六岁,弃骸骨于外地。长子黄逊年才十三岁,旦夕思慕,屡次想与家人诀别,赴京寻归父骸,奈因足病未痊愈,走路艰难,只得将父之衣冠藏于棺附在母之墓中,以做纪念。

从以上所列的晋江古代孝子的孝行可看出,他们的事迹是相当感人的,也是相当典型的,他们感天动地的孝行并不比著名的"二十四孝"逊色。这其中的大部分孝行可说都是人之常情,仍然值得现代人借鉴,比如孝顺父母等;有些是过时的做法,已经不适合现代社会了,如为父母守坟等。总之,孝行展示了古代晋江社会生活的真实一面。

参考文献：

①(道光)《晋江县志》卷五〇,"人物志·孝友"。
②(乾隆)《泉州府志》卷五八,"孝友"。
③潘湖《十二世暚癸公派下族谱》。

孝道在赡养纠纷案件中的运用

张军伟[*]

孝道是中华传统文化的重要内容。自春秋、战国之际的孔子、曾子对其做过系统的理论阐述后,遂成为中国儒家伦理的重要内容,在中国几千年的历史上产生了重大的影响。孝道对于当今建立和谐社会仍有其现代价值。

不管是从社会伦理回报的角度、家庭伦理亲情的角度来看,还是从生态伦理发展观来看,孝敬父母都是天经地义的。

目前我国进入老龄化社会,老年人的赡养问题自然成为一个比较突出的社会问题。近年来,因子女不孝而诉诸法院的案件呈较快的上升趋势,处理好该类纠纷,对当前的社会稳定,建立和谐社会,都具有十分重要的意义。下面笔者就赡养案件纠纷的一些问题,谈谈粗浅的看法。

一、赡养案件纠纷形成的原因

一是,赡养人文化素质低,法治意识和道德观念淡薄,把赡养父母的法定义务视为可有可无,有的甚至把老年人当作包袱。我国《婚姻法》第二十一条规定:子女对父母有赡养扶助的义务。由此可以看出赡养义务来自法律的直接规定,系每个子女的法定义务,但有的子女认为不赡养父母是属于道德谴责的范畴,根本不违反什么法律规定,不愿意承认自己有赡养父母的义务;有的子女错误地认为老年人不能劳动,不

---

[*] 作者任职于福建君伟律师事务所。本文于2011年"重温孝道、弘扬传统"研讨会上发表。

能挣钱,不能给家庭创造财富,供养他们是家庭的一种负担。把法定的赡养义务与眼前的经济利益等同起来。

二是,子女因家庭财产分配不均,把平时积累的怨气发泄在赡养纠纷中。我国农村普遍存在父母在子女结婚后即分家生活,在分家时,由于家庭当时的经济状况及父母对子女的观念(尤其疼爱程度)差异等原因,在财产分割时确有不平均情况。有的子女认为在分家产时父母偏心,遂产生怨气,在父母年老需要赡养时,以家产分配不公为由,拒绝尽赡养义务。

三是,子女本身也年老体弱,无能力尽赡养义务。随着人均寿命的提高,在有些家庭中出现两代人都需要子女赡养的情况,造成应尽赡养义务的子女不堪重负,尤其对独生子女家庭,子女往往负担自己及配偶父母和其他老人的生活,以至于有些力不从心。

四是,父母再婚时往往遭到子女的反对,子女后以此为由拒绝赡养父母。随着时代的进步,老年人再婚不再像以前那么艰难,但受封建思想的影响,有的子女仍感到父母再婚是一件可耻的事情,反对自己的父母再婚。往往父母再婚后,就不再过问父母的事,有的还要求断绝与父母的关系。

五是,"分家赡养协议"导致部分子女对父母不尽赡养义务。农村家庭,以多子女户居多。有时在家族长辈的协议下,兄弟几人达成分家协议,哪个抚养父亲,哪个抚养母亲,在父母或母亲去世后,对父亲或母亲尽了赡养义务的子女,往往对协议上不归自己赡养的父母不尽赡养义务。这种现象在农村普遍存在。

六是,在日常生活中,有些父母与子女产生矛盾,经人调解,达成"脱离亲子关系"的协议,规定双方不再是亲子,子女对父母生不养、死不葬。在这些父母年龄偏大、缺乏劳动能力时,子女以此为借口不尽赡养义务。虽然协议违反法律规定,但这种现象在农村也较为常见。

七是,有的女儿受封建思想的影响,认为"嫁出门的女儿是泼出去的水",赡养老人是自己兄弟的事情,与自己无关,从而不对父母尽赡养义务。

二、解决赡养纠纷案件的对策

　　加强普法宣传教育，提高全民的赡养意识。我国《婚姻法》第二十一条第二款规定："子女不履行赡养义务时，无劳动能力的或生活困难的父母，有要求子女付给赡养费的权利。"我国《老年人权益保障法》第十五条第二款规定："对生活不能自理的老年人，赡养人应当承担照料责任。"因此，各级组织要加大开展法律宣传教育，使群众了解有关法律规定对老年人权利的特别规定等，法院在审理赡养案件时可以有目的地选择典型案件在被告所在地审理，促使赡养人认识到赡养父母是每个公民应尽的义务。

　　在办理赡养案件的过程中，还要不厌其烦地讲法律、讲亲情、讲感恩和讲孝道，讲述"子欲养而亲不在"的无奈，找准法律与道德的结合点。不履行赡养义务既可以由法律来调整，同时也受到道德的约束。在有关调解中，动之以情，晓之以理，不仅要从法律的角度做当事人的思想工作，更重要的是从道德的角度让当事人明白赡养老人是其应尽的义务。

推动传统家训族规与新时代家风建设的思考

周仪扬[*]

传统的优秀家训族规与新时代的家风建设一脉相承,是承前启后的关系。本文拟就新时代家风建设中如何推动传统与发扬传统,又如何在构建新时代家风中促进文明建设试作说明。

新时代家风建设中不能全盘否定传统家训的历史作用,另起炉灶。传统家训是经历几千年的淬炼保存下来的,要抓住其核心,即家国同构。忠孝仁义是其核心,要与当代社会主义核心价值观相结合,共融共通,共赢共发展,真正达到修身齐家治国平天下。这是人类命运共同体赋予我们文明新家风建设的时代要求。

闽南地区的宗族文化氛围浓厚,在传统的宗族文化中,族谱、祠堂、祖坟三大要素充分体现了血缘关系,充分体现了家国同构的国家情感,充分体现了家族成员身怀修身齐家治国平天下的己任。这些大都直接体现在族谱"家训族规"中的各项条款中,也直接体现在祠堂大堂上"忠孝仁义"四个大字中,也有体现在祠堂楹联上,以及宗族一系列活动中,如祭祀、按时增修族谱、修订家训族规,以及修葺祠堂、组织扫墓等,进一步增强宗族凝聚力,促进敦亲睦族,家族振兴。

家国同构从古至今在我国绵延几千年,对我国的经济发展、社会治理、民生进步,发挥着一种特殊的作用。

构建人类命运共同体,就是要从家庭建设入手。由于家庭是社会的细胞,只有千千万万的国家的细胞都健康成长,人民的幸福感、获得感、成就感才能得到充分的提高,真正做到民富国强,国强民安,民族复兴。

---

[*] 作者是晋江市谱牒民俗学会创会会长。本文于2011年"国际家庭日·姓氏好家风论坛"发表。

一、将传统家训族规与新时代文明新风尚有机结合起来

家训族规历史悠久,内容丰富,底蕴深厚。

家族组织在原始社会末期就有了雏形。家族又称宗族,是同一个男性祖先的子孙,若干世代相聚在一起,按照一定的规范,并以血缘关系为纽带结合而成的一种特殊的社会组织形式。他们聚族而居,在人口不断繁衍增多的基础上不断分衍、滋生出不同的房头(支派)和祧份,社会就是在不断繁衍并不断组合中形成的。在奴隶制社会,家族组织和国家政权基本上是合而为一的,也就是我们常说的家国同构。到了封建社会,国家政权和家庭组织虽已分离,但家族制度仍然是封建政权所依赖的一种不可缺少的形式。

毛泽东在《湖南农民运动考察报告》中指出,族权、神权、夫权,代表了全部封建宗法的思想和制度,是束缚中国人民特别是农民的四条极大的绳索。为了维护封建社会制度,巩固其统治地位,一套完整的宗法制度开始出现:"按地域划分的各级行政组织和按血缘划分的大小宗族基本是合而为一,政权和族权紧密结合起来。"

显然家族制度是中国封建专制主义的牢固基础之一。为体现地主阶级的意志,保护其权益,国家层面制定出制约和规范人们行为的制度。因此,各朝各代各个家族滋生出各自的家训族规,综观我国各个姓氏、各个家族,其家训族规出现了不同的版本。这些家训族规大多以诗词、格言、名人讲话、书信摘录形式呈现,各个姓氏中相互模仿、抄录的也不少,但大多数都能增加与本家族有关的内容。这些家训族规不仅记载于族谱、碑文中,每个家族遇集会或宗族重大活动,都要由族长指定专人诵读家训族规,时时提醒所有族众务必遵守,身体力行。

传统家训族规是为了规范族人的行为,起着修身治家齐国平天下的积极作用,但其糟粕、落后的条条框框也不少。我们要有的放矢,应特别注意发扬提倡什么(精华的),反对什么(糟粕的)。

时代在发展,社会在进步,对新时代如何继续弘扬文明家风,使之与社会相适应,值得我们思考。首先要对新时代家庭文明建设有正确

认识,《习近平关于注重家庭家教家风建设论述摘编》收录的一系列重要论述,为我们深刻把握家庭家教家风建设中的内涵和目标任务指明了方向。

要立足国情,将家庭家教家风建设与我国法治建设、道德建设、文明建设有机结合起来,与践行社会主义核心价值观结合起来,与村规民约结合起来,与企业规章、学校校规和学生守则结合起来,总之要与当前现实情况结合起来。赋予家教家风新的内涵、新的理解,使之成为每个家庭和每个成员的自觉行动。

要结合各个家族和家庭制定(修订)的新家训族规,使之更符合新时代的精神要求,激发每个家庭和成员的更积极向上的力量,使之成为一种风气,我们国家也就必然风清气正,欣欣向荣。

二、构建家庭新风,"忠""孝"是两大核心

传统的家训族规,有百条千条、有长有短,但总是集中于以孝为中心的封建伦理思想,主要是指三纲五常、三从四德等纲常名教。这种封建伦理思想,概括起来就是忠孝节义或孝悌忠信等几个字。

(一)忠文化

传统的"忠"是指忠于封建专制,也忠于大家族利益。例如,按规定每个家庭都得按时按量完成每年的国家赋役。之所以家族或大家庭把完成国家赋役作为家法来要求家族成员遵守,是因为它们与封建国家的利益在根本上是一致的,赋役用于保障统治阶级的开支,镇压农民起义等。这同我们现在强调按时纳税,防止偷税漏税,保证国家财源是不一样的,我们是取之于民,用之于民,搞经济建设,建设强大的国防军事力量。

在中国历史长河中,历朝历代无不出现很多忠臣良将,他们有的为抵御外族的侵略不畏生死挺身而出,战死沙场;有的针对时弊,直言敢谏,不怕冒犯,视死如归;有的坚持正义,敢于和奸佞抗争,不惧身家荣辱;等等。忠于国家的人物很多,都是各个家族中最为荣耀的闪光点,

值得家族纪念,引以为荣。也有的忠臣良将,永远活在百姓心中,被百姓建祠立庙,如有的升格为城隍,有的成为"王爷"信仰,受到百姓崇拜,香火鼎盛。更有甚者,生前就受到百姓的爱戴,百姓为其建立生祠。这些事例在各个家族族谱中均有记载,代代相传。

近代以来,我们的先辈为民族解放革命事业,抛头颅洒热血,英勇献身。改革开放以来也涌现出无数英雄模范人物,积极响应党中央的号召,做出了贡献。

(二)孝文化

对于封建家族来说,提倡孝很明显是为了家长、族长来控制整个家族,从而巩固家族制度。《孝经》说事亲孝者必然"居上不骄,为下不乱"。对父亲、家长、族长绝对顺从的人,对封建国家和封建君主也必然绝对听命顺从,即"忠臣必出孝子,孝子必然忠臣",从孝出发一定可以得出忠君的结论。

很明显,这是封建宗法社会提倡孝的本意。《礼记》中忠和孝在一般情况下是一致的,但在特殊条件下也会发生矛盾。然而新时代的孝是家庭和谐的基础,"父慈子孝,兄友弟恭,娌姒和好,邻里和谐"是整个家庭、家族,以及一个村(聚居地)的起码要求。此外,也要深刻体悟"忠"与"孝"的内在关联,两者密不可分,古人常说"舍孝而取忠""大义灭亲""先忠后孝",这些不能都看成是封建伦理思想,这在任何时代都值得借鉴。所以家风建设要把忠与孝作为最关键的点。

三、处理好传承与创新的关系

传统家训族规,如何才能代代相传,成为家族的传家宝?要处理好以下几点:

1.对传统的家训族规不能一成不变地生搬硬套,要传承优秀的,抛弃封建落后的,这一点很关键,要善于区别。

2.对优秀的家训族规要根据时代的变迁,赋予时代的特点和精神,激发族人的思维,诠释新时代的内涵。

具体而言,在推动新时代文明家庭建设中,要做到:

其一,加强自身修养是基础。加强个人修养是传统家训族规中一再强调的基本功。我们从传统的家训族规中可以看出提倡什么、反对什么都有明确的条规,例如:1.亲父子;2.友兄弟;3.和夫妇;4.睦宗族;5.交朋友;6.厚仁理;7.严课读;8.勤耕作;9.慎丧祭;10.崇节俭;11.息争讼;12.戒赌博;13.警惰游;14.惩凶暴;等等。从以上的条规可以看出对家庭和家族子弟都有严格的要求,务必遵照执行,不然要受到家规的严惩,重者要革出宗族(不能入谱),甚至处以死刑。

可见个人修养对家庭、对家族有重大影响,是家族兴旺发达的根本保证。每个家族成员都能自觉践行家训族规,家庭必然和睦团结一致,成员不论是致力于发展家庭的经济,还是专心于仕途前程等都具备了稳定的基础。

新时代家族成员更要践行社会主义核心价值观,自觉加强个人修养,为祖国建设尽自己的一分力量,也为家庭、家族争光。

其二,学习家训族规要和学习祖先的闪光点结合起来。从族谱资料中发掘家族父辈光辉业绩,使族人更能切身感受到激励。而且不能只看到那些当过官或中过进士、举人的,要更注重家族中一些小人物的点滴细微的好人好事,如乐于助人、救助贫困的族亲,帮助孤寡弱残,资助莘莘学子等。

其三,要从传统节日中学习。家训族规中很多内容与传统节日有关。传统节日很有仪式感,受众广、容易学、好理解、印象深,如家族中的祠堂春冬两祭,清明扫墓怀念祖先及革命先烈,重阳节敬老活动,端午节祭祀屈原、祛五毒。通过一次又一次地参与传统节俗,受到春风细雨般的滋润涵养,从而达到个人修养的提高和整个家族素质的提升。

其四,家训族规的传承要从小孩抓起。父母是最好的老师,家风是一种无言的教育,家训是一种无声的嘱托。时代在变,但万变不离其宗,家永远是我们温馨的港湾。注重家庭建设,注重家教家风,这是家和万事兴的基础,因为历史告诉我们,有什么样的家教,就有什么样的家风,就有什么样的家庭。家风、家教要从小孩子抓起,持之以恒,和风细雨,言传身教。这就是说,家长要求小孩做到的事,家长首先要做表率,要从日常生活习惯中一件一件做起,特别是要培养小孩的严谨作风,家长做事更不能有半点马虎。要从小培养孩子爱劳动的习惯,爱帮助别人的好品德,要经常带小孩参加一些社会活动,让他们感受到个人与社会之间的关系,懂得家和国的一脉相承,每个人都离不开社会集体。这显示出家庭和社会相融相通的社会责任感。要有机对接家庭、学校、社会,三者结合起来,营造一个良好环境,为孩子创造一个和睦的成长空间。

四、结语

家训族规,经历了几千年的发展、沉淀,在社会各个时期不断修订增补,而得以流传至今。它之所以有如此强大的生命力,主要原因在于:它是中华民族传统文化的重要组成部分,是符合世情、家情、国情的,它扎根群众,迎合群众心理诉求。家训族规要得以传承,是靠在各个历史时期不断注入新的营养,适应社会的需要,因此它才有群众基础,才能根深叶茂,生生不息。

如今,我们要在传承基础上创新,要与社会主义核心价值观相吻合,切勿背离主流价值。只有这样,才能产生更好、更新的优秀家教、家风,激励后辈,让社会每一个细胞更健康,更具活力。

参考文献：

①徐扬杰:《宋明家族制度史论》,北京:中华书局,1995年。
②周仪扬、蔡长谋:《谱牒研究与家训家风》,北京:中国文艺出版社,2015年。
③《中华家训族规选萃》,晋江:晋江市地方志学会、晋江市谱牒民俗学会,2015年。

祠堂与祖先崇拜

周仪扬[*]

祠堂是中国传统文化的一种重要象征。它历史悠久,内涵丰富,承载着中华民族的血缘、宗族观念,伦理道德,典章制度,建筑艺术等各方面的历史文化信息。

一、中国祠堂的诞生及发展

原始社会时期,人类生产力水平较低,对自然界的日月、雷电、风雨等自然现象,还不能掌握其规律,便对大自然产生了一种畏惧、崇拜心理,渐渐地产生了万物有灵的自然崇拜观念。

随着时间的推移和生产力的日益发展,人们对自然界现象和动植物的认知不断加深。进入氏族社会,氏族利用各种神话传说,把某种动植物或自然现象作为自己的图腾,成为某一氏族共同印记,形成图腾崇拜。

当时的人们认为人死后灵魂不灭,只是到另一个神秘世界继续生活,并赋予死者以超越自然的能力,能保护活着的人(即子孙晚辈)。因此就有了对死者的祭祀活动,为的是让去世的人到另一个世界生活得像活着时一样。原始的祖先崇拜意识随着社会发展,代代相承。

商代祭祖的场所就是宗庙。"宗"字的本义就是祖庙:"庙",尊先祖貌也。可见"宗庙"是先祖形貌所在地。祭宗庙就像是看见了祖先。商代晚期已有了初步的宗庙制度和祭祖规则。可以说从原始社会到商代

---

[*] 作者是晋江市谱牒民俗学会创会会长。本文发表于《晋江谱牒民俗》总第44、45期,2022年6月。

晚期，是祠堂的萌芽阶段。

那么为什么说祠堂诞生于周代？周朝最典型的是分封制和宗法制，这是当时条件下产生的制度。这种"分封制"，第一种即封同姓兄弟子侄为诸侯，使他们散居于王畿和东方各地，以便"夹辅王室"；第二种即奖励辅佐灭商的异姓功臣，也封他们为诸侯；第三种即封历史上古老显赫的宗族，前朝帝王之后为诸侯；第四种即封商王朝子姓宗族中归顺的人为诸侯；第五种即封一些归顺周王朝的落后地区或某些鞭长莫及地区的首领为诸侯。得到分封的诸侯，周王朝分别给予土地，由他们治理封地的人民和政事，向周王朝纳贡，还有义务派军队卫戍王室或随周王出征。

什么是"宗法制"呢？严格地说，周代宗族社会建立在商代基础上，"周因于殷礼"。周代宗法制的特点是认宗子（族长）之法，包括宗子的确立与继承，宗子权力的范围和行使。它注重嫡长子继承和大小宗差异，核心是维护大宗特别是宗子（族长）的绝对权力，建立起宗子（族长）与诸弟（含庶兄）及其家族（小宗）管辖与服从的等级秩序。宗法制是以各级族长为领导核心，是由父系家长制的氏族组织变质和扩大而成，适应周代政治、经济的需要和发展而形成的。周代制定实施的这种嫡子继承王位的制度，整整影响了以后两千多年的中国封建王朝的王位继承。

周王朝为什么要确立这种宗法制度呢？不难看出还是吸取了商代统治的教训，以防止贵族之间争夺王位和财产。周朝在分封制和宗法制的基础上，又是如何来管理国家的呢？应该说周朝是把祭祀作为国家头等大事来进行管理与实施的。

诸侯的祖庙称宗庙，士大夫的祖庙为家庙。周制，"天子七庙，三昭三穆，与太祖之庙而七。诸侯五庙，二昭二穆，与太祖之庙而五。大夫三庙，一昭一穆，与太祖之庙而三。士一庙，庶人祭于寝"。周天子七庙是后稷、文王、武王三庙和四亲庙：高祖、曾祖、祖、父庙。始祖庙永远不迁，叫百世不祧之祖。所谓祧就是从宗庙中迁去神主。每年均要举行月祭、四时之祭、大祭之类。祭礼都非常隆重严肃，不仅祭具典雅，祭品丰盛，还有乐曲伴奏。

此后，祭礼又经历了各个朝代的发展和变化。"及秦……天子之外无敢营宗庙者。汉世,公卿贵人多建祠堂于墓所。"这是宋人司马光在《文潞公家庙碑》中指出的。到了唐代,封建的宗法礼制得到了全面恢复和实行,家庙得到了发展,也称私庙,其意都是指私家宗庙,这是中国祠堂发展的一个重要阶段。但到了唐末五代,私庙遭到严重破坏。随着宋代理学的兴起和发展,尤其是朱熹著《家礼》,提出"君子将营宫室,先立祠堂于正寝之东"。当时的祠堂似是以家庭名义建立,并与居室相连。到元代,出现了以家族为单位建立的宗祠。自明开始,"庶人无庙"的规矩被打破,从此宗祠遍立,祠堂建筑到处可见。

明代宗族制更广泛地向社会基层发展,各地的宗族组织十分发达活跃,并形成具有一定独特自治色彩的农村社会群体。清王朝为了维护自己的统治地位,采取以孝治天下的伦理政策,倡导民间修建祠堂,编修族谱,广为宣传《圣谕十六条》《圣谕广训》。族权仅次于政权,这表明中国的宗族组织发展到了一个更加严密、更加完善、更加成熟的新的历史阶段。

二、从周公庙到周王公宫,看对祖先的崇拜和信仰

祠堂是在封建宗法制度下,有同一血缘关系的人共同祭祀祖宗的场所,又有宗祠、支祠、家祠、族祠等多个名称,后衍变出很多类别的专祠,如"生祠""行祠""合祠""群祠""神祠"等,体现了中国祠堂文化的多元化。不管其种类、名称如何,祠堂所包含的两大功能,即祭祀和感恩是不变的。因其内容繁杂,笔者就周氏名人专祠做一个介绍,并就其功能谈谈个人看法。

先看周氏名人专祠周公庙。《礼记》中指出,凡是有功于民的,为公务而死的,有安邦定国勋劳的,为大众防止灾害的,保卫民众不使受苦的,这种人死后,都要立祠祭祀。周公庙就是隶属这一类别。

周公庙是为纪念周公旦而修建的专祠,目前共有三座,均为全国重点文物保护单位,分别在陕西岐山、河南洛阳、山东曲阜三地。

岐山周公庙位于陕西岐山城北凤凰山南麓,始建于西周末年。据考古学家考证,早在6000多年前,这一带就有先民傍山临泉而居。周

兴起时,许多著名事件都发生在这附近。周公旦晚年归隐于此,制礼作乐,使得天下大治,万民归心,逝世后即建专祠祭祀,周公庙由此而始。西周末年此庙遭毁坏,秦汉以后曾重修,唐武德元年(618),唐高祖李渊为纪念曾助武王灭商立国,辅成王平叛安邦的周公旦,下诏在周公制礼作乐之地创建周公祠。后经宋、元、明、清历代修葺扩建,形成了以三公(周公、召公、太公)殿为主体,姜嫄、后稷殿为辅,亭、台、楼、阁点缀辉映的建筑群,有62万平方米,是中国同类建筑中存世规模最大、形制最完整的,历代皇家和地方官员祭祀不绝的专祠,被国务院公布为全国重点文物保护单位。

另一座是始建于隋末唐初的河南洛阳周公庙,亦称"元圣庙",因封建帝王封周公为"元圣"故得名,为王世充草创。洛阳周公庙既庄严稳重,又隽秀灵巧,是一座保留有辽金建筑风格的艺术杰作,具有较高的历史价值和文物价值。坐北朝南,占地面积50余亩。现有明清时期的"元圣殿""定鼎堂""会忠祠"三大殿宇。"定鼎堂"最为久远,保存最完整,"定鼎堂"三字取周公定鼎洛阳之意。

还有一座山东曲阜周公庙,全称"文宪王庙"。周公被分封于鲁,因留佐成王,故长子伯禽建鲁国。因周公佐周之殊功,特许伯禽于鲁设立太庙,以祀远祖。周公死后,并祀之。大中祥符元年(1008),宋真宗封周公为文宪王,在太庙旧址重建新庙。经宋、元、明、清6次增修扩建,达成今日规模,占地面积75亩,建筑群宏大,十分壮观。周公庙的大门额题"棂星门",同孔府大门一样。门内左右各立石坊一座,东坊额刻"经天纬地",西坊额刻"制礼作乐",赞扬周公的丰功伟绩。元圣殿是周公庙的中心建筑,殿内有周公塑像,正中悬"明德勤施"匾额。四周红墙环绕,殿、堂、庑、亭、坊和古碑及桧柏、槐等古树名木交织庇荫,蔚为壮观。

三座周公庙分别在三个不同地区,是周公后裔一百五十余姓寻根谒祖,追思祖先美德,祭祀先祖的圣地。而且历代统治者以及官绅也纷纷前来祭拜,留下了许多文献记载和传说。可以说三座周公庙不亚于黄帝陵、炎帝陵等。

圣贤崇拜是中国古代人们祖先崇拜的一种重要表现形式。此类崇拜的对象还有很多,如中国现存最早的皇家祭祀园林晋祠(山西太原),

就是奉祀周武王胞弟叔虞的祠庙,还有大家都熟悉的孔庙、武侯祠(四川成都)、包公祠(河南开封)、岳王庙(浙江杭州)等。

祠堂建筑广泛建于各地,特别是在农村很普遍。有的村同一姓有大宗祠,也有小宗祠,甚至还有支祠、房祠等,这都跟其家族的繁衍、经济的发展有关。若干个同姓小家庭聚居于一个村落,或者分居于邻近的几个村落,这些同姓小家庭追踪溯源,都是同一个男性祖先的子孙,他们共同建立一所祠堂,岁时祭祀共同祖先,小家庭则围绕祠堂居住。这种聚族而居的族众,一般情况下是不会随便迁徙的,他们守望相助,同舟共济,正所谓:"千年之冢不动一抔,千丁之族未尝散处,千载之谱丝毫不紊。"

那么,同一血缘集团为何如此热衷于对祖先的崇拜和信仰?这与我们认为人死后,灵魂不灭,精神永在有关。建(修)祠堂后,要举行隆重的奠安仪式和晋主升阶的步骤,这一环节很繁杂,费时费力,同姓宗族要统一行动起来,全身心投入做好各项筹备。家家户户要捧着自家祖先的牌位,参加游禄大游行,然后到祠堂按昭穆次序排列入龛,让祖先享受同族同宗子孙的四时祭拜。

上面说的周公庙其实是一种全国范围内的祖先崇拜。从更小范围来看,晋江市东石镇白沙村有一座周王公宫,这是村里周姓族人集资兴建的一座小庙,于明季兴建,几经修葺。宫内正中供奉周氏入闽始祖周"梅林公"的塑像,左边供孔子,右边供注生娘娘。这说明周氏后人很注重儒家学说,以孝为先,也很注重家族人丁兴旺。此宫建筑面积仅 100 平方米左右,具有闽南建筑风格。金黄色的琉璃瓦顶,燕尾屋脊,雕有剪瓷的龙凤及各种花卉、飞鸟走兽,拜亭前有青石的浮雕龙柱,整座宫庙小巧中显得庄严,灵性中更显得肃穆。周氏族人无论大小事情,诸如婚丧喜庆、房屋兴建或竣工、生意开业,甚至外出谋生等都要到宫中"信杯"抽签,讨个好彩头,求得诸事顺利,四时平安。周王公宫不仅是周氏族人的"挡境",同时也是村中其他姓氏或邻近乡村人们信奉的庙宇,四时香火鼎盛,长盛不衰。

三、守正创新——新时代祠堂的创新发展

（一）新时代背景下祠堂的地位和意义

古人云：三代没修谱没祖；祠堂常年失修破损是数典；坟墓荒废是忘宗。家谱、祠堂、祖坟是各个姓氏孝文化最重要的载体，是承载着乡愁最直接的体现，是寻根问祖最重要有力的证据，是血脉关系、乡情乡谊最重要的纽带。

改革开放以来，各地祠堂普遍得到修葺或重建，但在城市化进程中，房屋大片大片地拆迁，祠堂也不例外。祖先灵位无处放置，无奈的办法就是搞所谓"民俗村"，但它已失去原来的风貌，失去原有的印记。因为祠堂不单单是一座建筑，它的每一块构件、一草一木、一井一舍等都是儿时最深的记忆和标志，所以保护好祠堂是一项很重要的传统文化工程，这是凝聚海内外中华儿女向心力的重要途径。

（二）加强祠堂管理

祠堂现有管理机构五花八门，如管委会、理事会、联谊会、董事会，会中还套有青年会、妇女会、文史研究会、基金会等。人事上也很复杂，有的人事过于老化，有的控制在少数人手中，而不是采取推荐选举的办法。有的财务也较混乱。祠堂活动缺少计划性，有的竟被当成老人打麻将的场所，乱象丛生。

对这一问题，关键在于管理机构名称和挂靠问题要理顺，加强领导管理，充分认识这一领域的复杂性和重要性。

（三）创新活动内容和形式

传统祠堂具有六大功能，即祭祀功能、修谱功能、教化功能、兴学功能、司法功能、抚恤功能。这些功能有的顺应社会发展需要，得到很好的保留，如祭祀、修谱、抚恤、教化，但有的功能已失去作用，如兴学，现在实行义务教育制度，祠堂办私学已成历史。至于司法功能，那种利用

族权来代替法律实属糟粕。

改革开放以来,各地祠堂开展了丰富多彩的活动,值得我们总结推广,如把祠堂办成老人活动场所,开展一些适合老年人的活动,如读报,讲时事、讲保健知识,开展广场舞、太极拳的培训,唱南音等。总之要把祠堂建设成一个中华优秀传统文化传承基地,借助节日活动,读族谱,讲姓氏源流,重读家训族规,重温祖先的传统美德,使祠堂成为一个文化活动场所。此外,祠堂要发挥老者德高望重的优势,组织他们来协调解决纠纷,并在移风易俗中起带头作用。

(四)加强祠堂的文化交流

每个姓氏,每座祠堂,都是一部历史悠久,而且内容丰富的灿烂文化资源,值得我们发掘。当下,有的祠堂也下设文史研究会,出版了一些内刊,取得一定的研究成果,解开了一些历史谜团,促进了家族的和睦团结,也化解了一些与邻村、异姓的误解和纠纷。但在研究中也出现了一些问题,比如同姓中所谓先后、肇基祖是谁等问题,对此我们要本着一家亲的大局意识,求大同存小异,一切要以史料为依据,深入剖析,不要武断,要经得起历史和时间的考验。若相互间为一些问题弄得老死不相往来,反而有失同姓同血脉、一家亲的原则。

要善于学习其他祠堂好的经验和做法,善于交流,这是我们进步的重要方法。

四、结语

祠堂有很强的生命力,有着不可替代的作用。它是祖先崇拜的重要载体,具有很强的向心力和凝聚力。在新时代的大背景下,保护好、传承好、利用好祠堂及其所代表的文化内涵,对于实现中华民族伟大复兴的中国梦具有积极的作用,值得我们重视。

参考文献：

①王鹤鸣、王澄:《中国祠堂通论》,上海:上海古籍出版社,2013年。
②任继愈:《宗教大辞典》,上海:上海辞书出版社,1998年。
③蔡丰明:《中国祠堂》,重庆:重庆出版社,2003年。

重温家训家规精华,共铸社会道德文明基业

王人廷*

《三秦都市报》曾对一个李氏家族制定新、旧家训,教化家族子弟做过报道。"1.敦孝悌以重人伦;2.笃宗族以昭雍睦;3.和乡亲以息争讼;4.重农桑以足衣食;5.尚节俭以惜财用;6.隆学校以端士习;7.黜异端以崇正学;8.讲法律以征愚顽;9.明礼让以厚风俗;10.务本业以定民志;11.训子弟以禁非为;12.息诬告以全善良;13.勤学习以练素质;14.求创新以达精进;15.诫匿逃以免连株;16.完银粮以省催科;17.联邻居以弭盗贼;18.解仇忿以重身命。"这是这个李氏家族相传600多年的家训。还是这个家族,在2005年清明节,又议定了16条新族训——"一孝父母,二和兄弟,三睦宗族,四重祭祀,五修坟墓,六务农业,七重敬贤,八慎婚配,九禁赌博,十禁非为,十一正人伦,十二亲和谐,十三勤读书,十四爱国家,十五建伟业,十六与时俱进",与老族训并用。

今天,为了构建社会文明,研究谱牒文化中家训家规共有的特性,重拾中华道德文化精华,还是有着非常积极的现实意义。

谱牒是中华历史文化的重要组成部分,于追前抚后,继往开来,传承家族文化,以及国家统一、民族团结、社会和谐等皆大有裨益。谱牒除了记录历代祖先代序、昭穆,还载有规范族人行为,教化子弟向善等属于家族文化的家训家规。载有家训、家规是齐家的重要手段,进一步为治国平天下奠定了基础。因而以"教家立范整齐门内,提携子孙"为宗旨的家训家规文化十分发达,许多家训名篇被奉为治家教子的龟鉴而流传极广,有的甚至家喻户晓,如颜氏家训、朱柏庐的治家格言等。有关传统家训家规的资料卷帙浩繁,蕴含的思想十分丰富,涉及的领域

---

* 作者是晋江市谱牒民俗学会副会长。本文发表于《晋江谱牒民俗》总第35期,2014年12月。

极其广泛,但核心始终围绕着治家教子、修身做人展开,实质上是伦理教育和人格塑造,是祖先给我们留下的一笔丰厚而宝贵的历史文化遗产。

中国的家训家规萌芽于五帝时代,产生于西周,成形于两汉,成熟于隋唐,繁荣于宋元,明清达到鼎盛并由盛转衰。随着改革开放和经济社会的发展,各姓氏的宗族文化研究又进入前所未有的繁荣局面,特别是海峡两岸民间频繁的宗族文化交流。下面笔者就家训家规在新时代应当承载的历史责任,做简单的阐述。

一、家训家规与社会的发展和道德要求基本相符

每个家庭都是组成社会的细胞,与社会发展息息相关,渴望国泰民安、国家昌盛是大家的共同愿望。家训家规中提出的忠君爱国、孝道友悌、团结睦邻、奉公守法、勤奋敬业等与道德的要求基本相符,起到辅助社会安定,巩固政权的良好作用。我们不否认家训家规存在明显的时代局限性,但我们可以取其精华,去其糟粕,与时俱进。将现有村规民约与家训家规有机结合,将宗族文化作用于构筑和谐社会,以优秀的宗族文化、优秀的族人为楷模,教化各自家族子弟,营造爱国爱家、珍惜中华美德的普遍社会氛围,助力构建美丽家园,实现中国梦。

二、敦品励志,重拾家训家规的中华千年美德

"道德传家,十代以上,耕读传家次之,诗书传家又次之,富贵传家,不过三代。"一个拥有优秀家训并贯彻良好的家族,可以令其子孙后代人人皆君子淑女,人才辈出。如何培养家族子弟拥有良好的品行,是我国几千年来家族教育的最高追求,成功人士身后通常有感人的家族教育故事。俗话说:"种瓜得瓜,种豆得豆。"细读家训家规,其内容皆以"忠君爱国,敬业向上"为训,我们要结合自身家族发展史,重温谱牒中的家训家规精华,让年轻一代知道什么才是中华民族最珍贵的精神财

富,这对提升民族的素质和自豪感会有潜移默化的积极作用。

三、正身率下,严于律己,是传承家训家规的重要前提

读曾国藩的一些文章,我们可以看到,曾国藩不仅带头事亲至孝、以身垂范,而且反复告诫家人说:"今人都将'学'字看错了,若细读'贤贤易色'一章,则绝大学问即在家庭日用之间……"司马光在《居家杂仪》中也指出:"凡为家长,必谨守礼法,以御群子弟及家众。"我们知道,国要有国法,家要有家规。无规矩,何成方圆?榜样的力量永远不可忽视,很难想象一个作奸犯科、无恶不作的人,一个不敬、不孝没有爱心的人,一旦成为一家之主,他的家庭教育、家庭文化将会是什么状况。父母是孩子的第一任老师,大人的日常行为、起居习惯无不给下一代产生深远的影响。由人建立的家庭是组成社会的基本单元,每个人正身率下,严于律己,本身就是在为社会发挥积极作用。家庭和谐了,每个家庭成员间温和恭敬、敬老爱幼,这样的社会氛围不正是修身齐家的良好追求吗?所以要传承和弘扬中华优秀的家训家规传统,关键是要从每个人自身做起。优秀家族文化不是一日而成的,而是几代人不断努力和实践的成果。

四、以敬畏之心实践家训家规

不忠不孝历来为国人所不齿,但现在有人为了个人的小利,置国家和人民的利益于不顾,作奸犯科、出卖国格人格,还有人视社会公德为儿戏,胡作非为,他们目空一切,先辈"修身齐家治国平天下"的教诲如耳旁风,做出种种丑态,令人痛心疾首。

对此,我们要以以敬畏之心感知先贤,从细微之处做起,实践家训家规,以爱家、爱国、爱民族为荣,使讲忠孝、知廉耻成为我们修身立世的行为自觉和行为准则。

第四篇 扎根中华 花开五洲

海上丝绸之路文化传播的例析

郭志超[*]

延续和变异是文化在历史维度传播的两大特点。凭借着延续与变异，海上丝绸之路的传播丰富多彩。本文以两个案例的研究说明：外来文化的本土化是文化传播的可持续性所在；民间信仰是海上丝绸之路文化延续和发展的重要动力。

一、泉州灵山圣墓信仰的源流

灵山位于泉州东北郊，因西来的两位伊斯兰教先贤葬在此地而称灵。关于埋葬时间，学者一般倾向"唐代说"，甚至有推断为"早唐"者。从圣墓后围的石构弧廊的梭形石柱这种唐代柱形风格来看，"唐代说"有所根据，尽管尚未坐实。

灵山辟为穆斯林"番商"专门墓地的记载，见于《泉州宗教石刻》所引的南宋林之奇感番商施那帏辟此墓地的义举而撰写的记文。从文中所叙的"广为窀穸之坎，且复栋宇"，可见番商施那帏此举，乃是将已有番墓的山丘（灵山）扩展为较大规模的"番客"墓山。圣墓存有一方元代阿拉伯文的重修石刻，碑铭载："此吉祥之墓系一些穆斯林所修，愿至高无上的安拉保佑他们，重修此墓，借求至尊安拉之喜悦，重赏二传教者之功德。他们在铁格木尔时代来此国家，相传为善行者，后寿终，已从毁灭世界转入永恒世界。人们皆信其茔地能广施荫庇。故每遇患难、困扰即前来求助，并嘱眷属于冬季拜谒，来者均能受益，无不平安而

---

[*] 作者是厦门大学人类学与民族学系教授。本文于2016年"海峡两岸谱牒研究与海丝文化"研讨会上发表。

归。"文中所叙的"(灵山)茔地能广施荫庇"乃汉人所信。这种信仰在明代仍有增无减。《闽书》载:"灵山……有默德那国二人葬焉,回回之祖也。回回家言:默德那国有吗喊叭德圣人……门徒有大贤四人,唐武德中来朝,遂传教中国。一贤传教广州,二贤传教扬州,三贤、四贤传教泉州,卒葬此山。然则二人,唐时人也。二人自葬是山,夜光显发,人异而灵之,名曰圣墓。"《闽书》的抄本《闽书抄》下册《方外志》又有:"圣墓……水旱疾疫,应祷如响。"

清代,灵山圣墓主要仍沿着两个轨迹发展:一是在泉和来泉的穆斯林,将整修灵山圣墓这一对先贤的纪念活动作为宗教认同和民族认同的象征;二是将灵山视为神灵灵显之地,信众主要是汉民。值得注意的是,第一条轨迹部分交叠于第二条轨迹上。整修灵山圣墓的穆斯林对于圣墓先贤的"颂德"、崇敬是通常的表达,但嘉庆二十三年(1818)碑记表露了将圣墓先贤视为神灵这一汉民观念。清代整修灵山圣墓的碑记有:康熙五十一年(1712)《重修先贤墓碑》、乾隆十六年(1751)《修圣墓碑记》、乾隆四十八年(1783)《修圣墓碑记》、嘉庆二十三年(1818)《重修温陵圣墓碑记》、同治十年(1871)《重修圣墓碑记》。

嘉庆二十三年(1818)"福建全省陆路提督军门漳州总镇西蜀马建"所撰的《重修温陵圣墓碑记》中有:"爰捐俸重修,再建墓亭,悬匾于其上,以昭灵爽,用答神庥。"最早表达祭祷圣墓神灵的是第五次下西洋途次泉州的郑和。现存于灵山的郑和行香碑镌刻:"钦差总兵太监郑和,前往西洋忽鲁谟厮等国公干,永乐十五年五月十六日于此行香,望圣灵庇佑。"据《泉州宗教石刻》引录此碑的附录和注释,郑和于永乐七年(1409)二月在锡兰的布施佛寺的碑铭有:"大明皇帝太监郑和……诏谕诸番,海道之开,深赖慈祐……谨以金银……布施佛寺。"郑和出生于回民家庭,其父到过麦加朝圣,他身兼伊斯兰教徒和佛教徒,也信奉民间神灵。

泉州地区的白奇郭姓在其祖先崇拜所衍生的传说里,将曾在圣墓行香的历史郑和,变为传说的郑和。流传至今的传说中,白奇郭姓一世祖郭仲远在接官亭恭迎郑和,郑和还派随船兵士在白奇筑堤。陈埭丁姓回族在灵山山麓有个别先祖墓地,1993年丁姓回族在此地扩建为从一世祖至若干代先祖的宗族墓园。每年清明丁姓回民来此举行祭拜祖先仪式,并向圣墓献花。丁、郭回族在灵山的墓祭和信仰礼仪,以及祖先崇拜和传说,使灵山圣墓不只是文物古迹,更鲜活为文化传播的象征符号。反之,灵山圣墓和依附在灵山的宗族墓园,成为泉州回族文化生态的有机构成。

唐代穆斯林先贤墓茔,唯有泉州保存。从20世纪80年代以来,西亚国家一些领导人、政府官员和知名人士,以及许多穆斯林慕名来灵山圣墓瞻仰,络绎不绝。

灵山圣墓的研究表明:海上丝绸之路的史迹唯有结合现实传播,才有延续和发展的生命力。

二、北大年林姑娘信仰的探究

每年元宵,泰国南部的北大年市举办华、泰信众乃至全体民众共同参与的林姑娘庙会。庙会包括走火、泼水、游神等活动。笔者于1993年底至1994年春在泰南调查德美行橡胶业期间,顺便了解和观察了林姑娘信仰现象。

林姑娘崇拜需从林道乾的故事说起。据乾隆《潮州府志》的传述,林道乾是惠来人,曾为县吏,性机变狡诈。明嘉靖四十五年(1566)三月起事,都督俞大猷派兵追剿,林遁入北港(或为台湾泛称),明军不敢追,于澎湖驻防。林道乾后由安平遁往占城,又返回潮州,掳掠如故。隆庆二年(1568)接受招安,旋又叛,势愈炽,为海上巨寇。万历元年(1573)为官兵追剿,遁入海,在暹罗湾的大昆仑山登陆筑寨,后弃之,转往马来半岛的北大年。林道乾改信伊斯兰教,做了北大年港湾的管理官。

据传,对林道乾,家乡亲人望穿秋水,母亲日盼夜愁,忧郁成疾,卧床不起。贤惠、孝顺的女儿林姑娘只身漂洋过海,抵北大年。林姑娘对林道乾晓以大义,恳求返乡,但都被他以要负责建回教堂为由拒绝。林姑娘见兄长无动于衷,又气又恨。一天夜里,她在一棵猴枣树上自缢而亡。林道乾追悔莫及,将猴枣树干雕成妹之像以奉祀。林姑娘这万里寻兄的悲戚故事,感天动地。自那以后,北大年的华人及土著的善男信女便到林姑娘的墓地祭祀,把她奉为神明。后来,还为她修建了一座富丽堂皇的林姑娘庙,几百年来香火不断。

传说不等于历史。北大年供奉林姑娘的宫庙原本供奉清水祖师,称"祖师公祠",建于万历二年(1574),后来由于增供林姑娘,才改名"灵慈宫",俗称林姑娘庙。《元史·祭祀》记载:"南海女神灵惠夫人,至元中,以护海运有奇应,加封天妃神号,积至十字,庙曰'灵慈'。直沽、平江、周泾、泉、福、兴化等处,皆有庙。"

"灵慈"作为妈祖的庙号,至今在闽台仍存。泉州泉港区沙格供奉妈祖的宫庙至今仍称"灵慈宫"。该庙位于南埔镇沙格村东端,北临湄洲湾。庙始建于元至正年间(1341—1368),现存系清光绪五年(1879)重修,为省级文物保护单位。又如,莆田涵江宫口灵慈宫,位于涵江宫口寿泽桥北岸,创建于宋靖康元年(1126),为湄洲妈祖祖庙较早的分灵子庙,明嘉靖、清康熙时先后重建,2005年因城建而迁建,仍名"灵慈宫"。

林姑娘也是妈祖的俗称。林道乾在故国声名狼藉,但在泰国北大年华侨华人的历史记忆里,则是拓土创业的豪杰。可能是同姓的缘故,变异出北大年版的林姑娘传说。以上论证尽管粗浅,但比以传说为史实的轻信要深刻一些。

泰国南部的北大年及其附近地区无论是历史上还是当下,都是民族和宗教多元区,林姑娘传说从训导的角度表达华侨华人的故国家园情怀,这样一开始在华侨社会中如鱼得水。当然,信仰文化及其变迁具有历史的偶然性。与其说附此所谈的是必然性逻辑思考,不如说是为林姑娘信仰的生成提供一点历史背景。

北大年林姑娘信仰的探究表明:原乡的民间信仰在侨居地通常会发生一定程度甚至面目全非的变异,无论变异是次生形态还是强烈变态,皆表现出原乡文化在海上丝绸之路落地生根的生命力。

在民间信仰的历史深度和地域密度上,福建为中国大陆之最,而闽南又为福建之最。注意到闽南文化的这一特质,将使我们的研究获益。泉州灵山圣墓和北大年林姑娘的研究启示我们:较之宏观的海上丝绸之路的闽南文化传播,民间信仰极富生命力,落地生根的在地化是其生命力的源泉。而且,民间信仰是海上丝绸之路文化延续和发展的重要内在动力,也是海上丝绸之路文化传播的根基。

参考文献：

①吴文良原著,吴幼雄增订:《泉州宗教石刻》,北京:科学出版社,2005年。
②何乔远:《闽书》卷七,"方域志",福州:福建人民出版社,1994年。
③(乾隆)《潮州府志》卷三八,"征抚",光绪十九年(1893)珠兰书屋重刊本。
④《元史》卷七六,"祭祀五·名山大川忠臣义士之祠",北京:中华书局,1979年。
⑤《泰国合艾同声善堂成立三十周年纪念特刊·艺文类》,1989年。

晋江籍华侨华人与"一带一路"建设

曾少聪[*]

20世纪90年代初,我从事明清移民台湾与菲律宾的比较研究,[①]利用在菲律宾雅典耀大学人类学系做访问学者的机会,在菲律宾华人社区调研。在菲律宾华人社区做调研的过程中,我接触了许多菲律宾的华侨华人及侨领,他们的祖籍地大多来自晋江,并与祖籍地保持着密切的联系。在我以往的印象中,我国较大规模的海外移民肇始于明中叶,也就是在漳州月港兴起和繁荣的时期。漳州月港是连接墨西哥阿卡普鲁科港至菲律宾马尼拉港的大帆船贸易的重要港口,早期移民菲律宾的主要是漳州海澄县人。明隆庆四年(1570)当西班牙戈第(Martin de Coiti)的船队初抵吕宋时,曾见马尼拉有40名华人。次年,勒嘉斯比(Miguel Lopez de Legaspi)占据马尼拉,旋开总督府,那时马尼拉华人150名。到万历三十一年(1603),西班牙第一次屠杀华人时,马尼拉约有华人2.5万人,[②]被屠杀的华人十之八为澄邑人[③]。但是,在清朝末年至民国初年,移居菲律宾的海澄县人越来越少,晋江人越来越多了,马尼拉华人社区原来以漳州人命名的街道,也逐渐被泉州人所取代。为什么泉州人,特别是晋江人在菲律宾发展特别的成功,这一直是学术界尚未解决的问题。有关菲律宾华侨华人的研究,还有许多问题值得进一步探讨。本文只讨论晋江籍华侨华人在"一带一路"建设中的作用。

"丝绸之路"是一条持续两千多年,绵延数千公里的中西贸易商道,也是一条文化交流之路,它对华夏文明和世界文明都产生了重要的影响。中国历朝历代对外交往的主要对象是欧亚大陆,纵贯2000多年的丝绸之路长期以来是联通中国与亚洲、欧洲和非洲的主要通道。2013

---

[*] 作者是中国社会科学院研究生院教授。本文发表于《八桂侨刊》2018年第1期。

年9月8日,中国国家主席习近平在访问哈萨克斯坦时发表题为《弘扬人民友谊,共创美好未来》的重要演讲,提出共同构建"丝绸之路经济带"④;同年10月3日,访问印度尼西亚的国家主席习近平在印尼国会发表题为《携手建设中国—东盟命运共同体》的演讲时提出,愿同东盟国家发展好海洋合作伙伴关系,共同建设21世纪"海上丝绸之路"⑤。随后,国家领导人在中央经济工作会议、政府工作报告等场合多次强调要建设"丝绸之路经济带"和"21世纪海上丝绸之路"。福建省是开放大省,也是21世纪"海上丝绸之路"的核心区,其丰富的侨务资源对推动福建省的经济发展具有重要的作用。作为福建省的重要侨乡,晋江市的侨务资源也异常丰富,在中国"一带一路"建设中,我们如何充分发挥晋江籍海外广大华侨华人的作用呢?这是本文要讨论的问题。

一、"一带一路"的内涵和战略意义

不同的学者对"一带一路"倡议有不同的解读。目前国内学术界主要存在着三种看法:一是"一带一路"是一个外交问题和战略问题;二是"一带一路"本质上是一个国内发展战略问题;三是"一带一路"既是一项国内发展战略,又是一项对外开放战略,是统筹国际国内两个大局和推动建立区域合作框架的战略构想,本质上是一项国家大战略。⑥关于"一带一路"的内涵,2015年3月《推动共建丝绸之路经济带和21世纪海上丝绸之路的愿景与行动》(以下简称《愿景》)颁布,《愿景》提出了"一带一路"国家合作的主要内容,包括政策沟通、设施联通、贸易畅通、资金融通、民心相通在内的"五通",将成为未来沿线国家间合作的重点领域。其中,加强政策沟通是"一带一路"建设的重要保障;基础设施互联互通是"一带一路"建设的优先领域。作为一项重大而复杂的工程,"一带一路"倡议以构建区域利益共同体和命运共同体为目标,努力打造六个经济走廊:(1)中巴经济走廊;(2)孟中印缅经济走廊;(3)新亚欧大陆桥;(4)中蒙俄经济走廊;(5)中国—中南半岛经济走廊;(6)中国—中亚—西亚经济走廊。此外,《愿景》指出,新疆为丝绸之路经济带核心区,而福建为21世纪海上丝绸之路核心区。⑦

"一带一路"发端于中国,连接了东南亚、中亚、南亚、西亚乃至欧洲部分区域,其所囊括的国家达 65 个。其东衔亚太经济圈,西连欧洲经济圈,具有广阔的发展前景和巨大的经济生命力。据麦肯锡的基本测算显示,"一带一路"沿线国家和地区(包含欧盟成员国)覆盖近 50 亿人口,经济总量约为 39 万亿美元,分别达到全球总量的 70% 和 52%。他们进一步预计到,到 2050 年,这一区域将为全球带来 80% 的 GDP 增量和 30 亿的中产阶层。[8]可以说,正是因为其所蕴含的显见的共赢机会,"一带一路"建设得到沿线不少国家和地区的支持,东南亚、中亚、南亚、阿拉伯国家,甚至欧盟等不少国家纷纷表示支持和参与这一伟大的战略构想,并已取得一定成效。如何使"一带一路"建设在沿线的一些国家,尤其是东南亚国家消除疑虑,共建"一带一路",最终实现共赢局面,这是无法回避的现实问题。为更好建设"一带一路",我们需动员一切可以动员的力量,让他们一同参与其中。作为中国独特资源的华侨华人,中外交流的"友好使者"和"重要桥梁",他们是不可或缺的重要力量之一。诚如习近平总书记在京会见第七届世界华侨华人社团联谊大会代表时所指出的:"广大海外侨胞要运用自身优势和条件,积极为住在国同中国各领域交流合作牵线搭桥,更好融入和回馈当地社会,为促进世界和平与发展不断作出新贡献。"[9]因此,积极发挥华侨华人的独特优势,使其积极参与和推动"一带一路"建设,是较为可行而有效的路径之一。

二、晋江籍华侨华人的特点

晋江是福建省县级市,地处福建省东南沿海地区,山海兼具,生态环境多样,文化多元。东与石狮市接壤,东南濒临台湾海峡,南与金门岛隔海相望,西与南安市交界,北和鲤城区相邻,总面积 721.7 平方千米。其海外华侨、港澳台同胞 200 多万,素称"海内外 300 万晋江人"。[10]自改革开放以来,晋江作为我国著名侨乡,联侨情,打侨牌,借侨力,推动了晋江经济的飞速发展,形成了著名的"晋江模式"。

(一)人数众多,高度集中

晋江人民出洋谋生源远流长,他们遍布五大洲不少国家和地区,但相对集中于东南亚各国,尤其是菲律宾。据1987年侨情普查统计,晋江县共有海外华侨华人94.45万人,遍布五大洲50多个国家和地区,其中在菲律宾者65万,所占比例为68.8%。[11]根据菲律宾吴文焕先生所做的统计,全菲各地华侨义山墓碑籍贯及姓氏统计及其他资料,菲律宾华人中有90%为福建籍,而福建籍中又有三分之二为晋江籍华人。[12]晋江籍华侨华人高度集中于菲律宾,这是由于其特殊的地理、经济和社会原因所致。[13]

(二)社团林立,组织健全

晋江籍社团,数量庞大,种类繁多,功能齐全。据学者对晋江籍海外(境外)社团表所列的不完全统计,海外(境外)晋江籍社团542个,其中菲律宾晋江籍社团有445个,占海外(境外)晋江籍社团总数的82%。而在445个晋江籍菲华社团中,同乡会有166个占37%,宗亲社团有112个占25%,两者共占晋江籍华人社团数量的62%,见表1。这些社团呈现出本地化和国际化等特点。[14]他们在加强居住国(地区)与中国的交流与合作,促进两国(地区)的经贸发展,增进两国(地区)人民的友好关系方面,发挥了积极的作用。

表1 海外(境外)晋江籍社团分布表

国家或地区	社团数量	同乡与宗亲类社团
菲律宾	445	378
中国香港	42	35
中国澳门	2	
马来西亚	15	13
印尼	9	7
新加坡	8	2
美国	1	1
泰国	1	1
缅甸	1	1

(三)经济发达,实力雄厚

二战后,东南亚国家纷纷独立。20世纪60—70年代,随着东南亚各国先后走上外向型经济发展道路,一批经济实力雄厚的华人实业家和华资企业集团脱颖而出,华人经济得到快速的发展,华人资本规模不断扩张。20世纪70年代中菲建交后,菲律宾的华侨经济有很大改变,华侨华人经济有进一步发展,晋江籍华侨华人获得了长足的发展。20世纪80年代中期,菲律宾5家资力最大的企业中3家为晋江籍,分别是陈永栽、吴光伟和施至成。同期的菲律宾13家闽籍华人银行中,祖籍晋江的华人有8家。至20世纪80年代中期,菲律宾的晋江籍华侨华人职业结构的比例大致为:劳动无产者占25%,小资产者占45%,中产阶级占25%,大企业主为5%。[15]另据《福布斯》杂志统计,2015年华人富豪100位中有20位为东南亚富豪,其中5位菲律宾华人富豪中有3位为晋江籍华人,他们三位净资产合计达336亿美元,其中施至成排名东南亚华人富豪榜榜首,见表2。他们经营范围广泛,主要有金融业、地产建筑业、百货零售业、制造业、农业和各类服务业。"据统计,在菲华商占该国总人口的2%,但掌握了近80%的经济资源。华人的商业力量对菲律宾的渗透很深。'矿业、房地产、航空业、基建……行行都有华人控制命脉。'"[16]可以说,华商在菲律宾的经济领域占有重要的地位。但是,如果说占到了80%,显然是偏高的估算。此外,在印度尼西亚、新加坡等国,晋江籍华侨华人也具有一定的经济实力。充分利用他们雄厚的经济实力及其所其掌握的发达的营销网络,对推动居住国和中国关系的改善,促进两国的经济发展将发挥积极作用。

表2 福布斯2015年华人富豪前100名中的菲律宾华人富豪

序号	华人富豪榜排名	姓名	净资产/亿美元	国籍	祖籍地
1	10	施至成	142	菲律宾	晋江
2	41	吴奕辉	58	菲律宾	厦门
3	57	吴聪满	48	菲律宾	晋江
4	64	陈永栽	44	菲律宾	晋江
5	64	郑少坚	44	菲律宾	永春

资料来源:笔者根据《福布斯2015年华人富豪(1～100)》数据资料整理而来。

(四)精英荟萃

海外华侨华人的整体形象由早期的"三刀"(菜刀、剪刀和剃刀)逐渐向"三师"(工程师、医师、会计师)和三家(科学家、企业家、发明家)转向。他们整体的教育水平得到很大提升,不少人员成为技术性或管理性专业人才。菲律宾的华侨华人也呈现出这一发展趋势。据学者对菲华社会部分知名人士的祖籍地分布的统计,在菲华社会各行各业崭露头角华侨侨人中,晋江籍华侨华人占了三分之二,见表3。总而言之,目前,在东南亚地区尤其是菲律宾涌现出一大批优秀的华侨华人,他们中的不少人是晋江籍华侨华人,不仅拥有高学历,而且拥有优秀的管理技术和专业技术水平,具有开阔的国际视野。可以说,他们是不可忽视的人才资源。

表3 菲华社会部分知名人士的祖籍地分布表

祖籍地	人数/人	所占比例/%	祖籍地	人数/人	所占比例/%
泉州	5	4	惠安	5	4
晋江	82	65.6	永春	5	4
厦门	5	4	福州	4	3.2
南安	12	9.6	长乐	1	0.8
龙海	2	1.6	不详	4	3.2
总计	125	100			

资料来源:叶杨:《福建华侨华人·菲律宾》(第二分册),福州:福建人民出版社,1989年,第163~328页。

三、晋江籍华侨华人在"一带一路"建设中的作用

为了更好实现"一带一路"建设中的"政策沟通、设施联通、贸易畅通、资金融通、民心相通"的大联通经济发展带,遍布50多个国家的晋江籍华侨华人,无疑是一股不可忽视的重要力量。他们能够充分发挥其人数众多、经济实力雄厚、华商网络发达等优势,在政治、经济和文化

等层面对"一带一路"建设发挥出重要作用,尤其在中菲之间的发展能发挥积极作用。

(一)真实塑造中国的国家形象,推动中国与居住国的良性互动

1.真实塑造中国的国家形象

长期以来,华侨华人在中外交流中始终扮演着民间友好大使的角色,对沟通中国与住在国的良好互动,对促进国际社会与中国相互理解等方面发挥着积极的作用。进入21世纪,随着中国综合国力的不断增强,国际地位日益提高,国际影响力逐渐扩大,中国受到世界各国的热切关注。与此同时,国际上尤其是西方国家对中国现代化进程的误解和扭曲也始终存在。近些年,随着美国国际战略政策的调整,亚太战略格局发生新变化,南海问题也开始日益复杂化,尤其是菲律宾"南海仲裁案"仲裁庭做出所谓的"最终裁决",中国面临着复杂的周边安全环境。菲律宾等国所理解和建构的中国国家形象与真实的中国国家形象,在现实中存在着不小的差距,这给中菲之间的关系,给"一带一路"建设的落实和推进造成了一定程度的不利影响。树立真实而准确的中国国家形象,不仅是中国政府和中国媒体的重要使命,也是华侨华人与海外华文媒体的重要责任。诚如有利东方旅游有限公司董事长、菲华各界联合会主席许中荣所言:"即使要我们将一年赚的钱全部拿出来,帮助当地人民了解事情始末,化解误会,我们都愿意。为了推动中菲两国保持已经延续上千年的友好关系,一切都值得。"[17]他们充分利用他们熟练的方式游刃于中外文化之间,并深知国外公共舆论运作规则的优势,通过客观报道中国的发展,展现有血有肉,有优点有缺点,有成绩也有失误的真实中国,同时也能全方位展示中国和平、和谐、务实、求同存异等正面形象,有效消除他们对中国国家形象的误解。

2.推动中国与居住国的良性互动

晋江籍华侨华人应充分利用他们在居住国政治和经济上的有利地位,利用华文媒体等媒介,特别是《世界日报》和《商报》等报刊,真实而客观地宣传和报道"一带一路"建设的内涵,势必事半功倍,有效减少菲律宾国内舆论对中国的误解及敌意,增强菲律宾主流社会对"一带一路"的认识以及支持;充分利用当地拥有深厚的社会关系、政商网络和

媒体资源,踊跃向居住国政府发展对华关系建言献策,有力地影响着当地政府对华态度和政策,推动中国与住在国的良性互动。

(二)助推中国企业"走出去"和实现国际化

晋江籍华侨华人拥有巨大的人才资源、资本优势和较为成熟的商业网络,引导和发挥他们的作用,不仅能为中国经济发展继续招商引资,而且能够助推中国企业"走出去",促进中菲经济合作,实现共同繁荣。

1.为中国经济发展继续招商引资

在中国改革开放的进程中,晋江籍海外华侨华人对祖籍地的经济发展发挥了不可替代的作用。他们是中国尤其是祖籍地引进外资的开路先锋,对其他外资对华投资起到了示范和带动作用。据学者研究,来自港澳台和菲律宾等地的侨(外)资雄厚,对推动晋江经济的发展起到了巨大的作用,见表4。随着福建作为"海上丝绸之路"核心区地位的确立,应继续发挥晋江籍华侨华人的力量,采取各种措施继续引导他们回乡投资,尤其要吸引重点侨商企业和侨资龙头企业投资,为中国尤其祖籍地的经济发展继续招商引资。

表4 晋江市侨(外)资来源(至1997年底累计)

国家或地区	项目数/个	投资总额/万美元	合同外资/万美元
香港	1886	235225	205543
澳门	95	17535	15937
台湾	158	26003	21279
菲律宾	114	43679	39470
新加坡	27	6235	3232
印尼	3	466	466
马来西亚	9	1482	1115
泰国	2	282	257
日本	10	707	601
韩国	13	5874	5603
美国	6	868	749

续表

国家或地区	项目数/个	投资总额/万美元	合同外资/万美元
加拿大	2	460	227
西班牙	1	45	18
澳大利亚	1	58	58
法国	1	7	7
委内瑞拉	1	96	72
匈牙利	1	180	180
合计	2330	339202	294784

资料来源：俞云平：《侨(外)商投资企业在晋江经济发展中的地位》，庄国土主编：《中国侨乡研究》，厦门：厦门大学出版社，2000年，第68页。

2.助推中国企业"走出去"和实现国际化

中国企业走向国外，需要对居住国的经济环境、经济政策和风土人情有所了解，华侨华人在助推中国企业走向国外方面可以发挥巨大的作用。"分布在世界各地的华侨华人包括海外华商，有着共同的血脉和亲情，有着共同的语言和文化传承，是中国走向世界和世界了解中国的重要桥梁和纽带。"[18]近年来，中国加大对菲律宾的投资，成为菲律宾第二大贸易伙伴，中国企业对菲律宾的信息通信、服务业以及制造业等方面的投资逐步加大。菲律宾国家统计署网站最新数据显示，2015年11月份，日本仍为菲律宾最大贸易国，贸易额为18.12亿美元，同比增长16%。当月菲律宾主要贸易伙伴分别是日本、中国(15.21亿美元)、美国(13.36亿美元)。[19]目前，随着越来越多的中国企业到菲律宾等国进行海外发展，它们要与所在国的政府、法律、金融、产销等相关机构打交道，需要海外华侨华人尤其是专业人士和专业化机构的帮助，协助他们在海外的落户和生根。同时，"走出去"的企业要以"属地化"的意识管理境外企业，即要聘用懂当地语言的员工，尤其是要在管理层吸收了解当地市场情况的海外本土人士，尤其是海外华侨华人。[20]而海外华侨华人也意识到他们的机会和作用，菲律宾最大华商组织、菲华商联总会理事长张昭和曾说："中国现在有资金要走出来，做大项目，我们应该好好地利用机会，做成一些以前不能完成的事情。"[21]

华商参与中菲投资合作项目，是大有可为的。晋江籍海外华侨华人精英荟萃,人才众多,应充分发挥他们的作用,他们可以在更大范围、更高层次上参与,通过他们的帮助和合作,在海外投资过程中少走弯路,少经历些挫败,并最终实现中国企业的国际化。

(三)传播中华文化的重要力量,搭建人文交流网络

1.传播中华文化的重要力量

弘扬中华文化,华人社团是主力军。据统计,目前晋江籍社团542个,分布在多个国家和地区。由于华侨华人长期在居住国生存和发展,熟谙住在国的历史和语言、宗教信仰、风俗习惯、社会生活和法律,了解当地民众的思维方式和审美情趣,他们能用易于为当地人接受的方式来传播中华文化,切实"讲述好中国故事、传播好中国声音"。他们能够使中华文化的种子在其居住国生根、开花、结果,促进了中华文化与住在国文化的交流、借鉴与融合。他们可以通过参与或自主举办形式多样的中华文化年、艺术节、电影节、图书展、体育赛事等活动,扩大中华文化的影响力。诚如曾任中国驻菲特命全权大使吴红波大使所说:"菲律宾晋江同乡总会成立以来,在历任理事长的领导和全体理监事的共同努力下,积极团结乡亲,敦睦乡谊,为促进中菲友好,弘扬中华文化,促进中国和平统一大业做出了不懈努力。"②此外,在中国官方或地方主导的"走出去"项目中,要积极倾听、采纳菲律宾等国的华侨华人的意见和建议,了解相关国家对即将"走出去"的中华文化项目的欣赏需求和期待点,及时调整和完善所传播的文化内容和文化形式,真正为相关国家的大众所接受,为中华文化的海外生存和发展拓展多元化空间,切实提高中华文化的生命力与认可度,提升中国的软实力。

2.搭建人文交流网

常言道:国之交在于民相亲,民相亲在于心相通。民心相通是"一带一路"建设的社会根基,而人文交流是心相通的前提,是建设好、发展好"一带一路"的持续动力。

推动彼此交流和合作。"在具体落实'一带一路'倡议时,中国需接受、尊重和了解各国的独特文化,并重视各国内部的敏感问题。"③分布在世界各地的晋江籍华侨华人,尤其是在菲华社会占主体的晋江籍华侨华人,他们可以充分利用自身的各种平台、资源和人脉关系,促进中

国和菲律宾国家的文化交流与沟通。除了将中华文明传播到菲律宾等国外，还应将居住国的优秀文化传播到中国。他们可以通过人文论坛、讲座、传播媒体等途径，向中国传播居住国的优秀文明和独特文化，同时可通过个人和团体的翻译、与中国学者合作研究等方式来传播文明。他们不仅可翻译和介绍菲律宾等国的传统和历史，更可介绍和阐述菲律宾等国的当下的基本国情，协同帮助对相关历史数据的采集和分析，从而为中国在实施"一带一路"建设提供有价值的意见和建议，有针对性地开展各项工作。

加强文化交流领域专业资讯的整合，充分利用华侨华人的"人才资源库"，以他们为中间人，通过各种平台，加强中国与华侨华人居住国的双方交流，包括精英交流和民间交流，整合文化领域相关资讯，收集和建立各种专题的资源数据库，做到信息有库可依，随时可用，切实实现信息的互联互通，达到信息的开放与分享。

四、结论

综上所述，晋江是一个山海兼具的县市，晋江人民自古就有向海洋发展的传统，在福建海洋发展中占有重要的地位。特别是在明中叶以后，晋江人民大批移居菲律宾等国家和地区，遂使晋江成为我国著名的侨乡。历史与现在，晋江籍华侨华人为我国的革命和现代化建设发挥了重要的作用，推动了祖籍地的经济和社会发展。在当下国家"一带一路"建设中，晋江籍华侨华人必将发挥重大的作用，可以真实塑造中国的国家形象，推动中国与居住国的良性互动；为中国经济发展继续招商引资，助推中国企业"走出去"和实现国际化；传播中华文化，搭建人文交流网，使他们成为"一带一路"建设的宣传者、参与者和建设者，从而为"一带一路"建设做出应有的贡献。

注释：

①曾少聪：《东洋航路移民——明清海洋移民台湾与菲律宾的比较研究》，南昌：江西高校出版社，1998年。

② 陈荆和:《十六世纪之菲律宾华侨》,香港:新亚研究所东南亚研究室,1963年,第135、140页。

③ 张燮:《东西洋考》,北京:中华书局,1981年。

④ 习近平:《弘扬人民友谊共创美好未来——在纳扎尔巴耶夫大学的演讲》,《人民日报》2013年9月8日。

⑤ 习近平:《携手建设中国—东盟命运共同体——在印度尼西亚国会的演讲》,新华网,2013年10月3日。

⑥ 赵可金:《一带一路:从愿景到行动》,北京:北京大学出版社,2015年,第5~10页。

⑦《推动共建丝绸之路经济带和21世纪海上丝绸之路的愿景与行动》,新华网,2015年3月28日。

⑧《"一带一路"沿线国家经济总量约39万亿美元》,《中国保险报》2015年8月17日。

⑨《习近平会见第七届世界华侨华人社团联谊大会代表》,《人民日报》2014年6月7日。

⑩ 庄国土主编:《中国侨乡研究》,厦门:厦门大学出版社,2000年,第1页。

⑪ 吴泰主编:《晋江华侨志》,上海:上海人民出版社,1994年,第35页。

⑫ 陈衍德:《现代中的传统——菲律宾华人社会研究》,厦门:厦门大学出版社,1998年,第19页。

⑬ 庄国土:《菲华晋江籍社团的变化及近30年与祖籍地的联系》,《南洋问题研究》2001年第1期,第62页。

⑭ 庄国土:《菲华晋江籍社团的变化及近30年与祖籍地的联系》,《南洋问题研究》2001年,第63~64页。

⑮ 吴泰主编:《晋江华侨志》,上海:上海人民出版社,1994年,第35页。

⑯《华商占菲2%人口控制80%经济 中菲关系致华商处境堪忧》,《21世纪经济报道》2012年5月11日。

⑰《菲律宾华人华侨:我们都知道南海是中国的》,国际在线,2016年7月13日。

⑱ 裘援平:《华侨华人在"一带一路"建设中大有可为》,紫荆网,2016年3月30日。

⑲《2015年1—11月中国系菲律宾最大贸易逆差国》,中国驻菲律宾使馆经商处,2016年2月2日。

⑳ 林勇主编:《华侨华人与国际移民研究报告(2015)》,北京:光明日报出版社,2016年,第14页。

㉑《菲律宾侨领:"一带一路"将带来巨大商机》,中国新闻网,2015年4月11日。

㉒《菲律宾晋江同乡总会新职员就职》,中国侨网,2005年9月29日。

㉓ 玛丽亚·切亚拉·赞尼尼、吉姆·托马斯·威廉姆·斯图:《"一带一路"倡议:致力于打造文化认同的一项宏伟社会工程》,《欧洲研究》2015年第6期,第13页。

闽籍华侨在海丝建设中发挥的历史贡献

江智猛[*]

福建漫长曲折的海岸线上港湾、岛屿众多,海域辽阔。自宋以后,福建人口迅速增长,在"八山一水一分田"的地理环境中,向内陆延伸困难,人稠地狭的矛盾使许多人无可耕之田,只能转向大海谋求发展。由于远离中原文化区,福建受中原风气影响相对弱,再加上商人的势力和影响,商人的地位不但未受到挑战,反而使中原那种贬抑商人的传统制度和观念受到强有力冲击。福建有句老话说:"福建人是门里一条虫,出去一条龙。"福建发展空间有限,但文化底蕴很深,要发挥作用,只有走出去。福建人奉行"走出去"的信条,特别是在17—19世纪,大批福建人移居南洋,为谋求新生活走上了"闯南洋""做番客"的商路。他们不惧大风大浪,漂洋过海,在东南亚及世界各地闯荡。从白手起家,受雇于人,到做小本生意,最后发展成为坐拥百万、千万以至亿万财富的巨贾大商。

闽商是海洋文明的杰出代表者、实践者,他们敢拼敢赢,出则兼济天下,归则反哺桑梓。是闽商将中国的产品和文化带向了世界,让全世界认识了这个东方古老而又年轻的国度;同时,是闽商将世界各国的奇珍异宝、各地的物产带回中国,使人们享受到异域物质文明的成果。可以说,中国文明对世界文明的贡献是离不开闽商的功劳的。有人这样形容:"世界上凡有人群的地方,就有华人;凡有华人的地方,就有闽人。"世界各地闽人的生存和发展是与其经商活动分不开的,闽商已经在省内、国内及世界上取得了不斐业绩。闽商在长期经营管理活动中也形成了"善观时变、顺势而为,敢冒风险、爱拼会赢,合群团结、豪侠仗

---

[*] 作者是龙海区海丝文化研究会会长。本文于2016年"海峡两岸谱牒研究与海丝文化"研讨会上发表。

义,恋祖爱乡、回馈桑梓"的闽商精神。

中央提出要打造"21世纪海上丝绸之路"的倡议,并将福建省作为建设"21世纪海上丝绸之路"的核心区。这对于福建而言,也是难得的历史机遇。加快融入"21世纪海上丝绸之路"建设,成为福建发展思路的新选项。而作为海上丝绸之路起点的福建,不仅拥有众多与海上丝绸之路历史关系密切的沿海港口,还有为海上丝绸之路的兴盛繁荣做出过重大贡献的海外华人华侨,这些都是今天福建打造"21世纪海上丝绸之路"的宝贵资源。这些闽籍华侨在21世纪重振海上丝绸之路繁荣的进程中,一定会起到先锋作用。

一、闽籍华侨成为海丝建设生力军

在中华文明五千多年历史中,以高度发达的农耕文明孕育出的中原文化,长期以来占据统治地位,而东南沿海多被视为蛮荒之地。然而,随着时代的更替和版图的扩大,久居中心的中原文化渐渐支撑不了一个庞大的帝国,生存的空间逐渐向海洋拓展,文化的重心亦发生偏移。早在远古时期已经孕育的中国海洋文明由此浮出水面,与迁徙至此的中原文明交融碰撞,兼收并蓄,构成中华民族多元文化中极其重要的一元。闽人向海而生,不断开拓进取,从最初的独木舟到慢慢发展起来的具有相当规模的船队;从最初的出海打鱼、自给自足到远洋贸易发展起来的丝绸之路,一点一滴开拓中国海洋文明的进程,也留给后人无数宝贵的精神财富。两千多年前开始逐渐形成的海上丝绸之路,跨越浩瀚大海,把中国与世界连接起来,促进了中外文化的交流,增进了中外人民的友谊,丰富了中国文化的内涵,推动了世界文明的进程。

(一)闽籍华侨华人的分布状况

福建拥有海外华侨华人1512万人,分布在世界176个国家和地区,其中东南亚地区占78%,有1200万;海外闽籍社团1900多个,分布在47个国家和地区,影响力越来越大,成为国际舞台上一股重要的力量。闽籍华侨华人经过长期艰苦创业,许多人不仅融入当地社会,更成为居住国经济发展的有生力量。他们职业分布广泛,以商业贸易、餐饮服务、制造等华人赖以生存的传统行业为主,约占海外华商总数的19%。在华尔街工作从事金融业务、IT支持、法律服务等的六七千个华人中,闽籍华人约占4%。在英国,福建籍华人至少有10万人,是仅次于香港、广东籍的最大华人群体。

从19世纪末至今,闽籍华商几乎遍及全球,这100多年间,闽籍华商走向世界170多个国家和地区,闽籍华商的资本也逐渐向产业资本和金融资本转化,形成了众多知名闽籍海外华商,在所在国政治、经济中具有举足轻重的作用。比较突出的代表除了被誉为"华侨旗帜、民族光辉"的陈嘉庚外,还有"锡矿大王"胡国廉,"木材大王"李清泉,"糖业大王"黄仲涵,"砂捞越王"黄庆昌,"万金油大王"和"报业巨子"胡文虎,"汽车大王"谢建隆,"地皮大王"黄廷芳,"橡胶与黄梨大王"李光前,"食用油大王"和"纸业大王"黄奕聪,集"面粉大王""丁香大王""金融大王"于一身的林绍良,集"银行大王""烟草大王""啤酒大王""航空大王"于一身的陈永栽,云顶集团的林梧桐,被誉为"世界糖王"、后因香格里拉酒店而闻名世界的"酒店大王"——马来西亚郭氏集团总裁郭鹤年,世界福州十邑同乡总会会长、被誉为"船王"和"木材之王"的黄双安,"制帽皇后"颜宝玲等。

在今天,闽籍华商的影响力已是引人瞩目,他们秉承闽商勤奋踏实的优良传统,历经艰辛,涉猎多元化的产业,最终在海内外开辟出各自的一方天地,尤其在东南亚国家有着举足轻重的地位和作用。2005年《亚洲周刊》"国际华商500强"统计显示,仅在印度尼西亚、马来西亚、新加坡和菲律宾等东南亚四国,闽籍华商大企业就有85家,其中菲律宾和印度尼西亚华商前十名中,有6家都是闽籍华商。2012年福布斯富豪榜显示,新加坡、马来西亚和印尼的华商富豪人数中闽籍华商占绝对优势,新加坡前10名富豪中的8位、马来西亚前9名富豪中的6位、印度尼西亚前7名富豪中的6位都是闽籍华商,著名闽籍海外华商施至成则连续6年蝉联菲律宾首富,而"糖王"郭鹤年多年以来一直是马来西亚的首富。福建省政府新闻办也证实,截至2010年5月,闽籍华商资产存量已超过3000亿美元,成为国际商界的一支劲旅;另《2013闽商百强榜(全球榜)》的数据显示,仅百强闽商在2015年的累积财富值高达26280亿元,较2012年榜单增长了约4826亿元,人均财富值高达192亿元。

近年来,闽籍华侨华人结构也发生了显著变化,重要人士和新生代优秀人才不仅数量增多,而且层次明显提高,既有身家过亿的商界巨子,也有卓有建树的科技专家,还有步入所在国政界的才俊。如马来西亚福建社团联合会青年团名誉总团长翁隆秋、印尼商务部部长冯慧兰、泰国下议院第一副议长蔡百山、美国国家科学院院士陈志坚等均为海外闽籍华人的杰出代表,他们对所在国有着较大的影响。

(二)闽籍华侨华人社团的社会地位

海外社团是华侨华人联络乡情和互助发展的平台,目前全球华侨华人社团已经达到20多万个,海外华侨华人社团当地化的趋势进一步加强,社团功能也逐渐发生变化,正在由团结互助、传承中华文化向为当地主流社会提供服务方面倾斜。在海外,1000多万闽籍乡亲旅居世界各地,闽籍华侨华人社团的历史可追溯至上百年前。多年来,秉承祖籍地的文化传统,这些海外乡亲成立了相当数量的社团和群体,世界性闽籍华侨华人社团蓬勃发展。迄今为止,闽籍华侨华人社团数以千计,仅与福建省侨办有联系的社团即达400多个,其中世界性闽籍华侨华人社团有12个,包括世界南安同乡联谊恳亲大会、世界客属恳亲大会和世界福建同乡恳亲大会等。

海外闽籍社团在维护侨益、拓展乡谊、融入住在国社会、积极推动住在国和家乡经济科技文化交流合作、传承中华民族传统文化和支持祖国和平统一方面,做出了突出贡献,产生了巨大影响。福建省侨办提供的一份报告表明,近年,这些海外闽籍华侨华人社团在开展传统会务的同时,更加重视大范围的各种活动,在推动闽籍海外华商回国内发展过程中起到了重要作用。近几年,闽籍社团组织海外乡亲参加福建的经贸活动尤为频繁,富有成效。"9·8"洽谈会、海交会、鞋博会、海博会、花博会等,海外闽籍社团都积极组团参加。每三年一届的世界闽商大会迄今已举办了4届,在全球各闽商社团和商会的推动下,来自全世界五大洲的50个国家以及全国31个省、市、自治区和港澳台地区的闽商积极参会,其中2004年5月举办的第一届大会就有1100多名海外代表参加,2013年6月举办的第四届大会则有1800多名海内外代表参会。

(三)闽籍华侨的海洋精神

闽籍华侨千百年来有着独特的个性,与福建文化生态环境中开放的海洋性密不可分。闽商是中国各个商族中最具传奇与人性色彩的商帮,它过去的成就,不能说没有自己历史的渊源与文化的传承因素。如果把闽商与其他商帮相比较,不难发现,闽商最大的特点就在于,由于一向都置身于海洋文化的惊涛骇浪之中,从来处变不惊,敢拼敢赢,并使自己获得顽强的生存能力。可以说,闽商精神就是一种敢想敢干、敢为人先的精神,一种务实求实、乐业敬业的精神,一种百折不挠、永不言败的精神。

这样的闽商精神是在特殊的地理环境中历经两千年的历史洗礼而逐渐形成的,其丰富多彩的表现形式,在一定程度上决定着闽商发展的历史进程。正因为有这样的精神支撑,闽商曾经非常强劲,在东南亚一带无可匹敌,直到现在,东南亚的巨商豪富还大多是福建籍人士。在此背景下,与传统农业区商人相比,闽商精神的内涵具有迥然不同的特征。例如重利的价值观、冒险进取的拼搏精神等,闽南一带推崇"商能致富""商胜于工,商胜于农","以商为荣"的观念深入人心。如晋江、石狮一带商人,推崇"少年不打拼,老来无名声","输人不输阵,输阵番薯面","争气不争财","三分本事七分胆",这种颇为强烈的海洋性格在相当多领域突破了传统文化,适应了社会经济文化的地域性发展。再如主张实效,反对空谈,讲究变通,在闽商看来,离开"功利"去讲"道义","道义"就是没有用的空话,"道义"和"功利"应该是统一的。要依据情况的变化和现实条件,不断改变自己的思想认识、努力方向和工作方法,以获得最大的功效。闽商是中华文明中海洋文明的精神代表者与物质财富的实现者。

闽商的发展史延绵数千年,闽商代表着中华文明发展工商业的内发性力量。闽商足迹遍布世界,和平与建设是他们的两大主题。闽商总能够积极参与到当地的建设,从兴办学校和医院到市政建设,不仅使华人受益,也惠及其他族人和整个社会。同时,闽商还与当地人通婚,消除民族隔阂,很快地融入异乡。正是这种海纳百川的精神铸就了闽商长盛不衰的神话。从这个意义上说,闽商无论走到哪儿,都是受人欢迎和爱戴的,世界各地那么多闽商的纪念馆其实也说明了这一事实。在改革开放的今天,闽商精神是能够反哺于主流文化的区域性资源。

二、闽籍华侨在海丝建设中的独特作用

作为一条交通要道,海丝之路同时也必然是一条人员往来之路。在海丝之路开辟之后,闽粤等地沿海民众出于生计、安全、发展等需要积极投入海丝之路中的移民潮,这也使广东、福建等地成为著名的侨乡。

以福建省著名侨乡泉州市为例,早在唐天宝十二年(753)鉴真和尚东渡日本之时,随行弟子中有泉州超功寺僧昙静。而据资料记载,在唐代因华侨众多而被称为"小中国"的马来西亚桑多邦、文莱等地均发现有唐代泉州出产的瓷器,从而证明这些地方已有泉籍华侨。唐末五代初王潮、王审知兄弟及其后裔据闽期间,着力发展生产,大兴海舶。但到了闽国晚期,"弊政百出",泉州地区人民成批逃往国外谋生。北宋大中祥符八年至元祐六年(1015—1091),据《高丽史》及中国史籍记载,前往高丽的泉州人有林仁福、陈文轨、卢遵等19批次,其中注明人数的有7批500多人。南宋时期造船业发达,为泉州人远航提供了有利条件。此后,侨居国外者渐多。元朝致力于拓展海外贸易,泉州位居东方大港,泉州人出国较前兴盛。据《岛夷志略》载,元代泉州对外交往已达99个国家和地区。其时,泉州与爪哇之间有船舶通往,流离其地的泉州人颇众。据推算,明初整个东南亚地区华侨总数不少于10万人,其中泉籍华侨人数有4万~5万。明清实行海禁,泉州港随之衰落,但大量依赖海上贸易维生的泉州人不得不冒险向外拓展,以至在国外垦荒辟地,做久留之计。至鸦片战争爆发前夕,居留海外的泉籍华侨估计已逾30万人。鸦片战争后,西方资本主义的入侵,南洋群岛各埠的开发和"契约华工"制度的发展,以及战乱、各种天灾人祸,使泉州人大量移居东南亚和世界各地。仅1947—1949年间,泉州地区出国人数达25

万人左右。新中国成立后,尤其是改革开放之后,泉州人移居海外也曾出现几次高峰。如今,泉州籍华侨华人总数达750多万人,90%以上分布在与海丝之路密切相关的东南亚国家。泉州华侨华人占福建省60%,而且泉籍华侨华人中的绝大多数侨居东南亚等海丝沿途国家,因此泉州华侨华人的移民之路与海丝之路的关联是比较大的。

由于环境的影响,福建人自古就与大海结下了不解之缘。当年许多福建人或者成为商家,或者成为船家,或者成为水手,或者成为移民,沿着海上丝绸之路远涉重洋,闯荡世界,展现了福建人"爱拼才会赢"的精神风貌。他们中的不少人定居海外,还成为最早侨居海外的华侨华人。据不完全统计,现聚居于东南亚的2000多万华侨华人中,祖籍福建的就有800多万人,他们大多是不同历史时期沿着海上丝绸之路出去的福建人及其后裔。这些通过海上丝绸之路播撒出去的种子,不少已长成大树,东盟全球500强华人企业中,福建籍的占了近200家。改革开放以来,福建所拥有的海上丝绸之路的这种特殊资源成为福建经济、社会发展的重要促进因素。福建引进的第一批外资企业,多半是当年从海上丝绸之路出去侨居东南亚的华侨后人的企业。依托海上丝绸之路的丰厚资源,福建诞生了大陆第一批侨资工业区。福建籍华侨华人凭借他们的爱国爱乡之情,不仅积极投资,而且大量捐资,修建桥梁、道路、学校、医院、公园和其他各种基础设施,为福建经济的快速发展提供了强力支撑。

为了使福建在融入"21世纪海上丝绸之路"经济带过程中实现跨越式发展,不仅需要吸引更多的外商来闽投资,还要鼓励本土企业实施"走出去"战略,实现企业的国际化发展,通过"引进来"与"走出去"两种方式对福建经济增长做出贡献。另外,随着"21世纪海上丝绸之路"经济带建设的稳步实施,未来将有越来越多的福建企业"走出去",面对国际化经验不足的问题,他们必然迫切需要闽籍海外华商的支持和指导,福建企业"走出去",也需要借助海外华商的智慧与资源。国务院侨办主任李海峰认为,"'走出去'战略,不仅为中国企业的国际化发展提供了良好的机遇,也为海外华商提供了更为广阔的合作空间,海外华商企业在帮助中国企业'走出去'中,具有独特的优势和作用"。另外,由于华商管理源于中国文化,成长于世界各地,具有"中西合璧"的特色,它对目前我国寻求走向国际化的企业颇具借鉴价值,"海外的华商理所当然可以成为中国企业的引路人,他们的成功经验也可以为中国企业学习借鉴"。具体来讲,闽籍海外华商在帮助企业"走出去"参与"21世纪海上丝绸之路"建设过程中具有独特价值:(1)借助闽籍海外华商企业的雄厚实力,走强强联合发展的道路可以帮助福建企业节约成本;(2)借助闽籍海外华商熟悉驻在国国情和市场运作规则,可以帮助福建企业把握投资方向,避免盲目投资;(3)借助闽籍海外华商成熟的商业网络,可以帮助福建企业更加顺利地进入当地市场,迅速打开营销渠道;(4)借助闽籍海外华商了解驻在国民风民俗,与当地政界、商界有密切往来的优势,可以帮助中国企业消除文化差异,减少投资摩擦;(5)借助闽籍海外华商具有国际经营管理经验等优势,可以帮助中国企业提高管理水平,尽快与国际接轨。

三、闽籍华侨融入海丝建设的实现途径

为了充分发挥闽籍华侨在建设"21世纪海上丝绸之路"的先锋带头作用,可以通过以下几种途径:

第一,广泛宣传国家政策。通过各种形式向广大闽籍海外华商宣传"21世纪海上丝绸之路"的价值和意义,以及这个倡议的成功实施给当地国及本地人民带来的发展机遇和政策利好,引起广大闽籍华商关注,强化他们的责任意识和家乡情结,包括定期召开会议,可以指定某一部门负责,举办各种形式的座谈会、推介会、联谊活动等。

第二,充分发挥社团作用。包括政府在内的各界组织机构加强与闽籍海外华商的密切关系。促进福建"走出去"企业积极加入并充分利用闽籍海外华商的社会网络,在制造业、海洋经济、旅游、物流等领域合作,加快构筑互联互通网络,促进双向投资与贸易,组织各种形式的招商会,赴外地参观考察等,积极为海内外闽籍华商搭建交流合作的平台。

第三,搭建拓展沟通平台。该平台可由我驻外机构主导,闽籍海外华商及团体广泛参与,建成集闽籍海外华商与福建"走出去"企业的沟

通交流和预警信息发布功能于一体的综合性平台。一方面,在风险问题较小时期,该平台是政府和企业沟通交流的沟通纽带;另一方面,在风险问题较为突出时期,该平台利用信息获取渠道较多、信息发布覆盖面较广的优势,实时发布预警信息,指导闽籍华商如何应对相关风险,成为风险规避经验交流与预警的平台。

第四,注重侨领社会影响。鉴于华侨华人对中国的认知态度差异,要发挥华侨领袖在建设"21世纪海上丝绸之路"中的引领作用。一方面要通过亲近中国的华侨领袖发挥其独特的社会地位和影响力;另一方面也要通过亲近中国的华侨领袖争取对中国不熟悉或不太友好的华侨华人以及当地其他族群进行引导与宣传教育,进而使他们也能发挥积极作用。华侨华人及其领袖人物、重点社团历来在推动住在国政府改善对华政策,增进住在国与祖籍国的友好关系方面发挥重要作用,功不可没。比如,被誉为"马来西亚基辛格"的华人曾永森为促成中马建交立下了汗马功劳,马华公会前会长黄家定也在推动中马友好往来过程中扮演了举足轻重的角色。新加坡华商唐裕在促进中国与印尼恢复外交关系以及泰国华侨许敦茂在中国与泰国建交过程中也发挥了不容忽视的作用。此外,新加坡中华总商会、马来西亚董教总、泰国中华总商会、美国百人会等重点侨团在住在国与祖籍国之间架起了重要的沟通桥梁。因此,为了更好地开发和涵养侨务资源,侨务部门首先要整合历史资源,唤醒曾经的共同记忆。与此同时,建立有效的共同机制和长效的传播平台,相关侨务部门要做好调研、走访工作,了解华侨华人社会意见领袖的所思所想,做好沟通,进而使其发挥对华侨华人社会人际影响的扩散功能。在"一带一路"建设中,必须坚持华侨华人资源的共赢性原则,即实现华侨华人、住在国和中国之间的三赢,也只有如此,才能赢得侨心及住在国政府的支持。

第五,整合华侨组织资源。华侨华人不仅具有雄厚的经济实力,还具有积极参政议政的意识,这一方面能够推动华侨华人融入当地主流社会,维护华社权益,改善华侨华人生存与发展的制度环境;另一方面他们逐渐增长的对当地社会与政府的政治影响力也将成为中国在"一带一路"建设中的重要政治资源。海外华文教育、华人社团及华文媒体是"一带一路"建设中的重要组织资源。长期以来,作为以海外华侨华人为主导、面向海外华裔青少年开展的海外华文教育是提升中国文化软实力的重要载体,涉侨部门要继续支持、服务海外华文教育,以便让更多人了解中国,熟悉甚至认同中华文化,增强中华文化的辐射力。以华文报纸、华文期刊、华文网络、华文电视为主体的海外华文传媒是传递中国声音、塑造中国形象的重要媒介。部分华人社团通过发挥非政府组织的公信力、影响力与话语权,对有关中国的歪曲报道进行了坚决的抵制与有力的批驳,他们俨然已经成为中国形象的重要维护者。在"一带一路"建设中,涉侨部门要进一步做好与华侨华人社会的沟通,充分整合相关国家华侨华人的政治、经济与组织资源。

第六,调动各方社会力量。要使华侨华人真正发挥更有效的作用,不仅需要华侨华人进一步认清使命和机遇,也需要各级政府有所作为,积极创造条件,充分调动华侨华人参与其中的积极性,并充分发挥侨团、侨校等组织的引领作用。各级政府除了进一步深化改革创新,勤修内政、积极打造服务型政府,完善各项基础设施以及各项相关政策外,也应本着互惠双赢的理念,进一步做好有关华侨华人招商引资引智工作,为侨企侨才排忧解难。各地区政府不仅要把原有的侨务战略与海上新丝路对接起来,还应不断解放思想,不再纠缠于海丝之路地位之争,而应以大局为重,资源共享,合力拼搏。既要进一步发挥华侨华人在东南亚各国数量庞大、经济实力雄厚、社团众多的优势,拓展与海外侨团的联系交往,要对华侨华人参与建设海丝之路多方宣传、鼓励和引导,并推动海丝建设在海外的推介;也应敦睦外交,积极发展与华侨华人住在国的良好关系,为华侨华人在海丝之路建设过程中建功立业扫清障碍。

回溯古代海上丝绸之路历史,让我们得以窥见贯穿始终的一种强大精神力量的传承。就福建而言,千百年来海上丝绸之路留给我们的物质和非物质文化遗产多不胜数,人们最为认同和赞赏的是其"包容并蓄、开放多元"的宽阔海洋胸怀。今天,重建海上丝绸之路,表达了重返世界舞台中心的中国的努力。在此背景下回溯往昔,寻找古代海上丝绸之路留给后人的宝贵精神财富,有着非同寻常的意义。海丝沿线的东南亚等地区是闽籍华侨最为集中且实力最为雄厚的地区,而且当地侨胞与国内地缘相近、人缘相亲、文化相通,因此闽籍华侨成为积极推动"21世纪海上丝绸之路"建设的纽带和桥梁。

参考文献：

①黄小晶：《广州建设21世纪海上丝绸之路的战略思考》，党建网，2014年7月29日。
②孙毅夫：《陆上与海上丝绸之路》，北京：中国画报出版公司，1989年。
③杨金森：《中国海防史》，北京：海洋出版社，2005年。
④张燮：《东西洋考》卷五，"吕宋"；卷七，"饷税考"。
⑤顾炎武：《天下郡国利病书》卷九六。
⑥顾炎武：《日知录》卷一一，"银"。
⑦黄宗羲：《明夷待访录》"财计一"。
⑧(乾隆)《海澄县志》卷一八，"科税饷"。
⑨叶梦珠：《阅世编》卷七，"食货"。
⑩宋应星：《天工开物》。
⑪熊彼得著，朱泱等译：《经济分析史》卷一，台北：左岸文化，2001年。
⑫陈奇禄：《民族与文化》，台北：黎明文化，1981年。
⑬陈支平、徐泓主编：《闽南文化百科全书》，福州：福建人民出版社，2009年。

海外华侨社群文化
对侨乡慈善事业发展的影响

蔡长谋　王海燕[*]

改革开放以降,中国在经济、文化、社会等各项事业上都得到了全面的长足的发展,中国梦正日趋实现。在推动这种日新月异变化的诸多因素中,海外华侨是一支不容忽视的重要力量,他们在国家的大发展战略中所展现出来的努力是多方面的。"窥一斑而知全豹",本文主要是从海外华侨社群文化的发展,及其对侨乡慈善文化的影响和发展做些探究,以期在更频繁的对外贸易和交流中,有更多的人来关注、传承这种精神,进而推动"一带一路"的发展。

一、华侨社群文化的形成与发展

海丝文化的形成带动了一大批国人走出中国、走向世界,特别是东南亚诸国。从最初的通商交流,到后来的旅居、定居海外,不论是外出投靠亲友,还是由于经济原因外出创业,作为有着族群聚居传统的中国人,在人生地不熟的境况下,首先考虑的就是寻找自己的宗亲。所以,这种传统文化认同是海外华侨社群成立的基础。"在没有任何政治依靠、风俗语言迥异、气候环境不同的情况下,国人只能抱团取火,互相扶持,争取共同的利益。"

出洋谋生的华人,由于移居地的社会、经济和文化差异,必须成立社群才能立足,也才能谋划更好的生存策略。最初的形式为"帮",其意

---

[*] 作者蔡长谋是晋江市谱牒民俗学会荣誉会长;王海燕是晋江市罗山中学高级教师。本文于2016年"海峡两岸谱牒研究与海丝文化"研讨会上发表。

本源自各自宗亲形成的社群。后来,因有国人客死他乡,而传统文化的观念使得同样客居他乡的国人协助处理身后事。由此发展延伸,"帮"的内涵不断扩大并互为补充,也就形成了一种特有的华人社群。因为涉及宗亲、宗教等传统文化及信仰层面,慢慢地就形成了各种各样的群体组织,比较成熟的就发展成为公司、会馆等照顾会员的互助团体或商业组织。这些组织通常又由具有较高社会威望的侨领担任负责人,除了互帮互助外,还开展各种传统节庆、宗族文化活动。同时,这样的社群还通常具有规划共同发展目标,调解纠纷,创设慈善福利事业,照顾海外乡亲等功能。

那么,组织成立后,如何开展活动?活动的主要内容是什么?这些就形成了海外华侨社群的独特文化。

二、华侨社群文化是宗族文化的延伸

中华民族聚群而居的传统形成的文化,很多都是从宗族文化发展延伸出来的,先是族亲族人,后是同乡同俗,然后是同方言,最后是同区域(大至市、省)。从最初族亲族人的宗亲社群开始,他们除了互帮互助、协调纠纷和发展慈善及教育事业外,在当地也能起到安定社会的作用。

从闽南聚居在东南亚的华侨来看,大多数是由于家庭社会相对困难而选择外出谋生。他们在当地站稳脚跟后,进而号召同族亲人过去帮忙工作。这样的群体更容易显现出宗亲特点,由此延伸到同乡社群的建立和扩展。

可见,海外华侨社群建立的文化基础就是中华民族传统的宗亲文化,各社群就是在宗亲文化的基础上进行融合、改变和发展的。从宗亲文化最基础的"睦宗亲、惜孤怜"和各宗族的家训家风来讲,这种最质朴的教育和文化必然被带到各国,并成为联系一个社群中各成员的纽带。"睦宗亲"是立身之本,是身在异乡为异客所必需的,有了这样的社会基础,也便形成了互帮互助的社会群体。而在这种有着共同文化背景的社群中,必然要进一步规范并发展社群文化。所以,"惜孤怜"的意义便变得重要起来。由"惜孤怜"开始，海外华侨社群的一个重要作用便是发展慈善事业，特别是教育事业和公共事业。

三、华侨社群文化对侨乡发展的贡献

泉州作为一个重要的侨乡，其经济、教育、文化和公共事业的发展，无不深深地留下了海外华侨及其社群的印迹。

这背后有几种文化因素：一是宗亲文化中的报恩传统；二是"惜孤怜"文化中的慈善传统；三是"根"的文化传承；四是与不同文化习俗的融合促进。正是有了这些文化因素，才有海外华侨社群在发展壮大后，反哺家乡、助推家乡发展的壮举。

一是对宗亲文化中报恩传统的继承。在宗亲族亲，甚至是乡人的帮助下，远涉重洋的亲人有了立足之地，并在大家的帮助下事业得到了发展。那么，他们必然积极参与社群中各项活动，并热心于各种慈善事业。有了一代又一代侨领的带领，必然也推进了一代又一代人对中华文化的传承保存和发展创新。所以，报答恩情、帮助宗亲和乡人，进而反哺家乡人，成了广大海外侨胞在功成名就或取得不错成绩的情况下必然会做的一件事。

二是对"惜孤怜"文化中慈善传统的继承。传统宗族文化最基础的内容就是"睦宗亲"，"惜孤怜"是在"睦宗亲"基础上产生的一种友爱互助的亲情表现形式。身在异乡为异客，在孤独的环境中遇到困难和不幸时更需要得到大家的帮助。所以，在海外华侨社群中出现的慈善形式，就是由宗亲中的"惜孤怜"发展到对社群，甚至对社会的一种爱心表现形式，并由此发展到回到祖国做慈善事业。

三是对"根"文化的传承。中华民族自古有叶落归根的传统，"根"的文化在每个中国人心中根深蒂固，特别是旅居海外的华侨，"乡愁"更甚。这种"根"文化的传承，是所有海外华侨社群形成最核心的东西。社群的建立和发展，慈善事业的发展完善，中华文化就是本源。改革开放以来，我国对外交流日趋正常，而诸多海外侨亲侨胞返乡寻根谒祖就是对"根"的认同。这样的认同使得他们在推进中国经济、文化和慈善等事业的发展中,起到了极为重要的作用。

四是与不同文化习俗的融合促进。海外华侨所特有的中华文化符号在与不同国家文化风俗的交融碰撞中,也是在慢慢地取长补短、融合促进。而且,许多华侨虽然定居在某个国家,但却是把生意做到许多国家,他们的社群发展也是建立在这种现实情况之上的。随着社群的崛起,在中华传统的基础上,不同文化习俗的融入渐渐形成了海外社群的独特文化。社群的成功,更是在一定程度上推进社群文化的发展创新。

他们把这样的社群文化带到祖国,带回家乡,也就推进了侨乡的发展并形成了侨乡新的文化。这主要体现在以下几个方面:

第一,开拓创新的商业模式。自改革开放以来,中国沿海一带经济发展迅猛,闽商、粤商、浙商等地都是以民商为主的"民本经济",充分展现了新时代的经济模式,展现出蓬勃的生命力。海外华侨及社群所带来的整体思维理念和商业经营理念,深深地影响了侨乡人民的创业激情和创业智慧。

第二,乐善好施的慈善义举。海外华侨社群成立后,一个很大的功能就是发展慈善事业。改革开放后,广大的海外侨胞积极回到祖国进行各项事业发展的扶助。以闽南为例,在侨领陈嘉庚的示范引领下,海外侨胞侨亲在教育、交通、经济、文化等方面可以说是倾全力来推进家乡的发展建设,慈善事业遍地开花、蔚然成风。可以说,在闽南地区,没有哪所学校没有海外侨亲侨胞的影子。因这缘故,在沿海各地侨乡的经济成规模迅猛发展后,本土企业家反哺社会、乐善好施的行为也蔚然成风。这无疑得益于海外华侨及社群慈善义举对侨乡良好风气形成和推动的重要影响。

第三,大格局的发展理念。随着社会分工愈加细致,团队合作的发展观念也愈加深入人心。在海外华侨社群中,华侨个体的发展不仅离不开社群团队的协力合作,而且深受团队合作精神的激励和影响。同时,海外华侨及其社群所面对的是整个世界,对企业发展的理念影响深远。所以,他们回到家乡,带来的就不仅是经济上的资助,更是一种理念、一种精神的影响和熏陶。由于这些理念和精神的影响,侨乡的做事风格和站位思考习惯也渐渐地展现出一种大格局的风范来。在爱拼敢赢的奋斗中,外联内结,招商引资,以慈善带动整体发展,进而推进文化事业的发展。这些无不深深体现着海外华侨社群的文化之风。

第四,深情厚谊的宗亲文化。旅居海外的侨胞及社群十分关注宗亲文化的传承和发展,因为这是客居他乡的华侨之间交往、交融和互帮互助的纽带。所以,当海外华侨回到家乡,他们寻找的就是宗亲,他们的情感所在也就是那种深情厚谊的宗亲文化。

明代时东石一个著名的海商家族

蔡书剑[*]

东石作为古老的海上丝绸之路上的泉州刺桐港的辅港，在宋元时期海上对外贸易发展史上留下了浓墨重彩的一笔，至今还保存多处与海丝文化相关的文物古迹。明代初期，因朝廷"海禁"，东石港的海外贸易遭受严重的打击。明代后期的正德至崇祯的百余年间，由于官商的衰落，东石港再次走向兴盛，成为海上贸易所谓"私商"的集中港口。根据东石现存的几部族谱，如《玉井蔡氏宗谱》《芦山苏氏族谱》《前宅黄氏族谱》《紫云金柄黄氏家乘》以及部分墓志铭等资料分析，在此时期以航海商贸起家者达到数十家。其中东石玉井蔡守赞家族是一个历经四代，较为典型的海上商贸世家。本文主要根据《明寿官方兴蔡公暨配勤肃谢氏墓志铭》中的事迹，并参照乡族中对这一海商家族的一些传闻记述予以综述。

一、奠定基业的蔡守赞

蔡守赞是奠定这一海商家族的首要人物。守赞号方兴，生于明正德七年（1512），世居泉州府晋江县十都东石仙迹境玉井户（今东石镇第四社区）。蔡守赞小时候家境清寒，及长便以捕鱼为生，练就了一身好水性，且"秉性坦直无机，与人交洞透，慷慨而知募义"。他的住家靠近海边，与金门岛隔海相望，在这片水道船只川行。守赞娴知海相，若遇不慎触礁、毁损或因遭受飓风而翻沉的船只，守赞"则拯之，有溺死者收

---

[*] 作者是晋江市谱牒民俗学会副会长。本文于2016年"海峡两岸谱牒研究与海丝文化"研讨会上发表。

而瘼之,量其力所能而济而已,乐于拯救,性无歆饰,非市年钩名也"。据史料记载,正德、嘉靖年间,由于朝廷对海禁的松懈,所谓官商贸易名存实亡。闽南涉海一带居民,有一定资本的航商纷纷进行海外商贸活动。而东石港地处滨海,是一个很早就开始对外贸易的古老港口。于是许多人冒险冲破禁令,装载着纺织品、陶瓷、糖、茶等物资,从东石港启航,往来东南亚、南亚、日本及国内南北著名港津进行贸易。返航的时候从其地运回胡椒、香料、琥珀、锡、铅、白银及当地土特产,故有"贾吴越以锦归,贾洋以金归"之言。丰厚的盈利,吸引了无数人向往的眼光。因而合股置船出海贸易"东西洋道"成为大家进行生计的首选,这相应地需要大批熟识水务的舵工、水手。是时正当年富力强的蔡守赞,应乡人之聘成为远航的船工。春去冬返,冲风突浪,历经数年的辛苦拼搏,累积了一定的资金。于是守赞偕乡亲族人合伙做起了"贾海"远航贸易。有一次,守赞他们的船只航行至大洋途中,因遇上飓风的袭击,不幸"舟人尽溺无脱者,公(守赞)若有凭竟抵岸"。在荒无人烟的环境下,守赞独自一人,身心备受痛楚,他穿林过川,不知走了多少时间。终于有一天,他发现深山隐处有一座寺庙,大喜过望之余,发觉只是一座废弃多年的佛寺。于是"暂憩废寺中",数日后他继续沿着布满荆棘的山间小道,找求有人烟的住居之所,幸"而为土人所救"。

迨后,蔡守赞的两个儿子蔡应生、应添相继成长,熟识海上航务,且善于贸易而发迹。在地方上拥有一定的经济实力后,守赞即"隐贾",颐养天年。在乡间间谕人以德,排难解纷。他目睹港道逐年污积,堤岸崩损,水土流失严重。于是,献资鸠工,发动乡人"浚海港,修水门,以补道地脉,倡其端绪,嘱后人共成之,盖为一乡之风气,非溺不术……"

由于守赞为人厚德,更喜济弱扶困,盛名远播,万历间朝廷奖励其"德行著闻,钦赐寿官"冠带荣身。万历十六年(1588),守赞卒于东石故里,享寿七十七岁。

谢氏号勤肃,生于正德十年(1515),为守赞德配,出生于敦素之家,嫁给守赞的时候,家庭非常"逼仄",她竭力于家务,日纺夜织贴补家用。守赞外出航海都以一年半载为常事,谢氏把家中内外大小事项都打理得有条不紊。后来家庭经济逐步宽裕,她还是"攻苦茹淡,手澼洸,佐公(守赞)治生",保持着寒微时候的勤劳,洗涤棉絮,帮助丈夫治理生意。

"在日后资用日进,犹提勤俭二字,以命诸媳间进诸若孙跽之堂下曰:无居沃而汰,无尚气而竞。"由于谢氏遇事敢言,处事果断,勤俭戒奢,虽她的儿孙媳辈多人出自富贵人家,但全家大小均服其理,没有一个不尊重她的。为培植后辈书香,蔡家除聘请名师教学外,谢氏"朝给纸笔,夜菁灯膏,以督诸孙读诵"。在谢氏的用心督导下,"数十余载间一门之内知让而不汰,秀饬而多文,则谢母之教也"。因此,蔡家簪缨相继,人才迭起。"富而多文,人争艳之。"无怪乎撰写墓志铭者进士陈亮采对谢氏的治家、励学事迹大加褒扬,与其他墓志相比实属罕见。谢氏卒于万历三十年(1602),享寿八十八岁。

二、兄弟后昆耀门庭

世家的形成,主要靠才与财。蔡守赞这一航商家族由其开端,而他的儿子蔡应生、应添则是立业的关键人物。然能保持门庭光耀于不坠,也赖后昆日后的努力守成,特简要介绍如下:

蔡应生,谱名尚爱,号厚石。系守赞长子,生于嘉靖十八年(1539)。弟应添,谱名尚与,号少石,生于嘉靖二十五年(1546)。他们从小随父操习水务,后来其父"隐贾",兄弟俩胼手胝足,积累了多年的航商经验,具商业运筹之力。他们将本地的瓷器、茶叶、纺织品等运往日本、东南亚等地进行贸易。物产离乡,价值倍增。由于当时闽南粮食所需大多依赖外地,广东高州,越南、缅甸、泰国等盛产稻米之地的粮食价廉质优,返航时他们即装运回泉州贩卖。他们"善贾转谷,累资至巨万计",从而奠定了这一海商家族厚实的经济基础。由此,在东石故乡,蔡家开始建置房产,开设商行,而在东西洋主要商埠设立航运购销网络。蔡应生、应添是蔡家财源的开拓者。应生卒于万历三十年(1602),享寿六十四岁。生子一,名耀宗。应添卒于万历四十五年(1617),享寿七十二岁,为乡饮宾。生子四,思翰、起京、寅宗、辉宗。

蔡耀宗,谱名惟宪,号仰石。官职礼部儒士,应生之子。生于嘉靖四十四年(1565),少习举子业,因家业日盛弃儒服贾。相传蔡家的经济大权由其管理,经营擘画多出其手。他对儒家经学亦有研究,是当时闻名遐迩的儒雅商董。现存东石玉井始祖十郎蔡公墓碑即其所立。耀宗卒于万历四十一年(1613),享寿四十九岁。生子三,及藻、及溯、及溥。

蔡及藻,谱名尔豫,号亨衢。生于万历十四年(1586),蔡耀宗长子,郡庠生。近期发现于晋江市磁灶镇锦美村的《卫民祠碑》,系万历庚申年(1620)礼部尚书张瑞图撰并书,内中有"诸生蔡及藻磨石",可见他在当时非一般府学秀才。卒于隆武元年(1645),享寿60岁。值得一提的是,他的墓葬在安海镇前湖村,其范围有10余亩地,系明式"糖水灰"构筑。其花岗岩墓碑呈方形,宽1.02米、高1.14米、厚0.15米。不知何故没有镌刻名字,至今保存完好。

蔡及溯,谱名尔宣,讳树馨,号层石,以其号闻名于世,历史上称其为大力士。生于万历十八年(1590),蔡耀宗次子。相传他自小勇猛过人,为人豁达大度,喜交游,善武艺,身材魁梧。笔者近年亲见过其墓迁葬,翻金重理骨骸,按其骨骼比例有180~185厘米高。历传层石曾运气搬动三公宫1米余高、约800千克的石香炉。青年时期随父叔贩运蔗糖往江苏、浙江一带销售,再从其地贩运大宗丝绸、棉花等物品来闽南销售。"历年七、八月间,当棉花熟时各省舟车辏集苏港采办棉花"。因东南各省相争配运,常有武力争斗,以至当局提出比试武力称衡棉花重量,胜者为先。比试当天,蔡层石脚穿木屐以增体高,单手提称,秤钩一挂,一捆数百斤的棉花应时提起并报上衡重数量。于是"咸怵然莫敢争且立碑永为定例者,夫是谁之力也。故尔时名誉著闻半周天下,赞以为福建第一人杰"。这一棉花首运权一直循行至民国时期。层石后来居乡时扶贫济弱,除暴安良,为地方安定做出一定贡献。崇祯年间,以其居屋奉祀宋代名臣、建造洛阳桥的先祖蔡襄,额其名"忠惠蔡公祠"。卒于崇祯十七年(1644),享寿五十五岁。族谱载其子孙后代多数住台湾,传闻随郑成功驱荷逐虏而定居。

蔡及溥,乳名七,讳图绘,谱名尔龙,号石城。生卒不详,耀宗三子。中崇祯十五年(1642)壬午科举人,余不详。

蔡思翰,乳名十,谱名惟景,字炳寰,号直石,以字行于名。应添长子,生卒失详。中式万历三十四年(1606)丙午科武举人,是为能文能武的绅商。为人秉性豪迈,仗义疏财,喜结交湖海之士,对其家族航运贸易起着重要作用。青年时期曾一度贸易齐鲁、江浙及海外。据说与郑芝龙相契，为忘年之交，郑芝龙未显时来东石住居其家。后来蔡炳寰结识郑成功，知其文韬武略，出类拔萃，料定为国器可造之才。郑成功矢志恢复明室之时，缺饷少粮，炳寰积极输将，并募集乡族中的子弟加入反清复明阵营。永历九年（1655）间，郑军在东石一带建立联营守卫，龙江寺为其中基点之一，炳寰即将寺前的滩涂地及耕地献给郑成功作为屯垦，以补充军粮所需。至今民间还传颂"蔡炳寰百万献军需"的故事。因此，海埭过三百余年仍叫"炳寰埭"。20世纪80年代曾在龙江寺的周围出土一块石碑，上镌刻"军门界"。炳寰生子四，及唐、及虞、及夏、尔琅。

蔡起京，谱名惟可，生卒失详。应添次子，由国学生任东莱二尹升贵州宣慰司经历。起京生子三，及麟、尔梁、尔昌。

蔡寅宗，谱名惟思，号资敬，生卒失详。应添三子，事略不详。生子三，揆文（邑庠生）、尔清、尔贵。

蔡辉宗，谱名惟韫，生卒失详。应添四子，事略不详。生子二，尔旭、尔辰。

蔡应添支系，除蔡思翰传述较为详细外，其他因资料缺乏，未能详明。据族中历传，大多数子弟随郑成功驱荷复台，后又随郑经退守澎台，而清军攻占东石后，对其宅第进行抢掠、烧毁。

三、联姻多名门世家

在地方上的世家大族，往往以门当户对而联姻，或世交亲谊，或门生故旧，以相互照应。尤其是明代这种所谓"私商"的家族，他们除争取自身跻身士绅外，还必须联结显要官宦势力来支持商贸经营，以达到合作互助而结为集团的目的。蔡家的儿女婚配也不例外。

蔡思翰（炳寰）妻为东石大海商苏信之女；

蔡起京妻为乡宾周祐之女；

蔡寅宗妻为郡庠生林应茂之女；

蔡及藻妻为庠生王朝祯之女；

蔡及溥妻为贡生吴梦鳌之女；

蔡乔柏(及藻长子)妻为进士吴沣(南安黄陵人)之女；
蔡乔樟(及藻次子)妻为庠生黄启唐之女。
至于蔡家女儿也多配与名门子弟。墓志铭中有载者六人，分别是：
一适吕日观子，嘟英；
一适庠生陈凤采子，兆珏(安海文头进士陈亮采侄)；
一适举人吴珩昌子，圣都(东石鳌头人)；
一适举人许兆馨子，绍仁；
一适武昌经历颜廷柏子，克祚；
一适庠生黄辉子，延桂。

世家豪族的形成皆以人而立，而人之所以立足于世者，则唯德与才。有德有才而能致家业而育子弟，增进社会文明，引领时势风骚。

综观上述，泉州人在认识海洋、利用海洋进行交通贸易中，不仅驾驭自如，而且在闽海政局风云变革中，在郑成功抗清复台的民族斗争中，是一支不可忽视的力量，蔡家就是当时难能可贵的一个家族。这虽已成为历史，但通过对其家族事迹的钩沉回顾，来探讨泉州作为海上丝绸之路的一个部分，具有一定的意义。

从两本针路簿看清末民初晋江海上丝绸之路

连心豪[*]

明清以降,宋元时期泉州晋江对外贸易中心港的辉煌历史已经风光不再。但闽南民间流传着众多清末民初实用的针路簿手抄本,昭示着晋江仍然是海上丝绸之路不可或缺的重要环节。

一

海上丝绸之路是陆上丝绸之路的延续,海上丝绸之路要求的技术含量比陆上丝绸之路更高,必须拥有成熟的造船技术和高超的船舶操纵技术。高大坚固的福船、广船,都是适宜远航横洋的海舶。1976年,泉州后渚港发掘出大型宋代沉船,显示宋朝时已经掌握了先进的水密隔舱技术。之后,又先后发掘了南海华光礁宋代沉船和南海一号宋代沉船。宋元人不仅善于造大海舶,且已颇精驶帆、操舵、测深、用锚等驶船之道。郑和下西洋船队的宝船长达44丈、宽达18丈,规模庞大,前所未有。大英图书馆所藏清乾隆年间漳州海澄月港民间的道教科仪书《送船科仪》(又称《送彩科仪》),内附《送船歌》,载有"合船伙记(计)"名称:"船主、裁(载)副、香公、舵工、直库、火长、大寮、二寮、押工、头仟、二仟、三仟、阿班、杉板工、头锭(椗)、二锭(椗)、总铺。"[①]可见,清初闽南一般民船就具备如此众多的船员,且缜密分工。

除了成熟的造船技术和高超的船舶操纵技术,远航海洋还必须掌握一整套复杂的航海技术。主要有季风航海术、地文航海术、天文定位

---

[*] 作者是厦门大学历史与文化遗产学院教授。本文发表于《晋江谱牒民俗》总第40期,2017年6月。

导航术、海洋潮汐知识、航路指南、航用海图、指南针与磁罗盘导航等。[②]

中国人很早就掌握了西太平洋与北印度洋的季风规律,并已应用于航海活动。东汉应劭《风俗通义》提道:"五月有落梅风,江淮以为信风。""落梅风"即梅雨季节后出现的东南季风。泉州九日山现存数十方宋代福建路市舶司官员主持祈风仪式后留下的祈风石刻,就是利用季风航海的真实写照。地文航海就是根据地上物标确定船位和引航。古代航海活动基本上是近岸航海,中国东南沿海建造了许多花岗岩石塔,成为航海的天然陆地航标。诸如泉州的东西塔,晋江日湖(石湖)的六胜塔,石狮宝盖山的万寿塔(关锁塔、姑嫂塔)……中国古代船工舟师早就掌握了海底地貌识别法,采用"打水"来测量水深、在铅锤底涂蜡油或黄油粘起泥沙以核查海底地表土质、察看海水水色等方法鉴别。天文定位导航就是利用对自然天体的测量来确定船只位置和航向。"舟师识地理,夜则观星,昼则观日,阴晦观指南针。"[③]牵星术就是在船上利用牵星板来观察某一星辰的高度,借以确定船只所在的地理位置。据说这种利用天文状况进行测量定位的航海技术是由大食人首先发明,经中国人充分发展起来的。明代《郑和航海图》(即《自宝船厂开船从龙江关出水直抵外国诸番图》)附有四幅"过洋牵星图",记录在印度洋地区牵星航海的情况。[④]福建莆田涵江霞徐天后宫的明代彩绘星图,就是我国古代利用星图定向航海难得的实物资料。[⑤]中国古代四大发明之一的指南针,其前身"司南"早在战国时期即已问世,但应用于航海则迟至宋代,沈括《梦溪笔谈》记载了水浮法和缕悬法、指爪法、碗边法。[⑥]"风雨晦冥时,惟凭针盘而行。乃'火长'掌之,毫厘不敢差误。盖一舟人命所系也。"[⑦]最早记载了掌控导航罗盘的技师——"火长"。罗盘的应用,在世界航海史上是一件划时代的大事,使中世纪的海图与航海技术发生了根本性的变革。中国历代船工舟子也将他们的航海实践经验世代相传、记录下来,汇集成为针路簿(或称针经、针谱、海底簿、水路簿、更路簿、更流簿)。中国古代史籍早就有关于航海针路的记载,最早刊行的完整针书则是明嘉靖年间漳州诏安人吴朴的《渡海方程》,可惜该书已佚,不得见其全貌。英国牛津大学鲍德里氏图书馆藏明代佚名《顺风相送》,是迄今现存中国最早、最完整的海道针经抄本。

二

广东科技出版社 2016 年出版的《中国历代海路针经》收录了十几册珍贵的针路簿,其中有一批泉州湾晋江一带收集的针路簿属于首次公布,包括泉州海外交通史博物馆收藏的晋江石湖郭氏《针路簿》。

晋江(今石狮)石湖《针路簿》收藏者郭庆隆(1933 年出生),是石狮市蚶江镇石湖村的老船工。石湖位于泉州湾口上,唐宋以来便是重要的港口,著名的六胜塔(又名万寿塔,俗称石湖塔)就矗立在该村海滨的金钗山上,是船舶进入泉州湾最显著的航标之一。

该针簿墨书,用旧式账本抄写,骑缝下端印有"蓉养新号"字样,没有书名、抄写者姓名和抄写时间,不好稽考。其书写的文字颇粗劣,且土语、生造字、方言代用字甚多,甚至同一地名有不同的写法,增加了不少阅读的困难。

该针簿记录所经澳口的地名大多写在书眉上,边上空白处又用小字补写了不少如何"看山步"的文字,以辨识汊口、航道或抛船处。簿中"泉州出大坠对外往宁波针法"一节,记述牛屿取东涌的针位与更数末后,又用小字注明:"十八年四月尾,用丑艮(针),而后北风,收入有一更,开犬山。但犬山生北东涌生开,用丑艮(针),妥防之。"似能说明针簿内容除抄自他本外,这些补写的文字是用户后来添加的。十八年很有可能是民国十八年,即 1929 年,也不能排除清光绪十八年(1892)的可能。

《中国历代海路针经》还收录了《乘舟必览》[①],《乘舟必览》抄本原件现藏于厦门大学人类博物馆,系 20 世纪 60 年代厦门大学历史学系庄为玑教授等师生至福建省惠安县白崎乡访问调查时,从郭氏渔民处征集。

《乘舟必览》系墨写竖书线装,抄写于旧式账本上,稍有残缺,大体完整可读。前有书名,但没有抄写时间和抄写者姓名,无从稽考。其书写文字还算工整,然大量使用俗字(即现在所谓"简化字")、生僻的异体字,及闽南方言俚俗土语代用字、错字、生造字,乃至同一地名有不同的写法，诚为船工渔民亲身经历与实践积累的第一手实物，良可珍贵。

《乘舟必览》针路中可见"福宁府"，系清代的称呼；另有"云霄县"，则始设于民国二年（1913）。而弁言提及"清封"妈祖为"天后"事，清代人不会自称"清"。因此，《乘舟必览》当为民国以来对清代针路簿的抄写本。

据说，石湖郭姓是元代定居泉州的阿拉伯人或波斯人伊本·库斯·德广贡·纳姆后裔的一支，与泉州湾惠安白崎的郭姓同一祖先。1978年，在泉州法石光堂宫和天堂井东侧郭姓墓园发现一方元代汉、阿两种文字的石刻墓碑（现存泉州海交馆内），上面用中文刻着"元晋坡庭惠百奇郭氏世祖坟茔"，同时碑额还刻着一行波斯文，是死者的名字"伊本·库斯·德广贡·纳姆"；"纳姆"在波斯文中是"著名"的意思，"伊本"是"父系"或"祖世"，"库斯"即"郭氏"的译音，因此这行波斯文可翻译为"著名的郭氏、德广公之子"；"晋坡庭"是晋江坡庭，在泉州东郊法石，即今石头街，"惠百奇"是惠安白奇乡。明洪武九年（1376），德广自浙江杭州富阳徙居福建惠安白崎开基。后从汉姓，改作郭德广。[⑨]明末，白崎郭氏分支到晋江（今石狮）蚶江石湖。

明清两代，白崎的老舡即以善于驾船而闻名遐迩。厦门大学历史系庄为玑教授在其著作中曾提及，"我们访问白奇，知其祖先曾经传下一本名叫《海底簿》的书，记载航海的路线，类似'航海图'"；并摘录《海底簿》的一段文字："永乐元年，奉旨差官郑和、李兴、杨敏等，出使异域，前往东西岸（洋）等处。一开谕后，下文索图，星槎、山峡、海屿及水势图为一书，务要选取山形水势，日夜不致误也。"石湖郭庆隆藏本，第一篇"东埔记"也有同样的记述，而且更为详细。

比较两本针路簿，石湖郭氏藏本前面数篇，如"庇民明著天上圣母""广笔记""罗经水鍼论""外洋用针仪式""定风吹旗入篷中何等方法"等，也为至今搜集的清代至民国年间的针簿所无，应系抄自较早期的针簿。如"广笔记"一文的内容与《顺风相送》《指南正法》二书序言颇多相似之处，且有如下这样一段自述："余如广东，后往漳州。吴日波因在广东择日闲暇之时，思其差悟（误），另将对稽查考，于是差悟（误）无多，通行较正，更加增减。"是以知作者即为漳州人吴日波。

又如"外洋用针仪式"，是行船启用罗盘时举行祭祀仪式的祝文，似从现成的印刷品抄录下来,故开头留有空格,供祷告者随时填写日子、祭品、泊船处、大清国某省某府某县某弟子、驾驶什么船、往何处做生理等。其所祝祷的神明与《顺风相送》的"地罗经下针神文"和《指南正法》的"定罗经中针祝文"有同有异,不尽一致,应是清代流行于闽南民间诸多此类祝文的版本之一。

石湖郭氏针路簿有往安南国针路,则为白崎郭氏针路簿所无,应是清代禁止私自航行海外规定之结果。虽然晋江县海域在针路簿中只有秀涂、蚶江、大坠、小坠、祥芝、东埔、斧头、佛堂、永宁、深沪、峻澳、白沙光、磁头、安海、福全等十几个港澳,但它们却是连接"上北"——北达天津、锦州、盖州,"下南"——南至海南岛,数百个港澳链不可或缺的重要一环。

泉州市藏家蔡其呈从晋江民间收集到一册宽27厘米、高24厘米的手抄本针路簿。[10]莆田市藏家黄国华有一本178页的水路簿,字数约45000字,有4种不同的手抄笔迹。[11]这两册针路簿所载航道港口针路及附载岛礁图例,则与白崎郭氏针路簿《乘舟必览》比较一致,应该是晚近民国初年的抄本。

参考文献:

[1]陈佳荣、朱鉴秋主编:《中国历代海路针经》,广州:广东科技出版社,2016年,第872页。

[2]《古代几种重要的航海技术》,中国海事服务网。

[3]朱彧:《萍洲可谈》卷二。

[4]茅元仪:《武备志》卷二四〇,"占度载·度·航海"。

[5]参见蒋维锬:《涵江天后宫的明代星图》,《文物》1978年第7期。

[6]沈括:《梦溪笔谈》卷二四。

[7]吴自牧:《梦粱录》卷一二,"江海船舰"。

[8]引自陈支平、林晓峰主编:《台海文献汇刊》第36册,厦门:厦门大学出版社,2014年。

[9]参见陈元煦:《浅谈惠安白崎回族来源及社会习俗》,《福建师范大学学报(哲学社会科学版)》1996年第1期。

[10]《东南早报》2015年7月13日。

[11]《湄洲日报》2014年5月18日。

从晋江过番歌谣探讨泉州的海洋社会

陈瑛珣*

一、前言

　　泉州位于沿海,自古以来浮海营生为居民生活的常态,一般人也把过番当成一种社会生活必然的现象。出洋讨生活,过番的男人回来被家乡人称为"番客"。经过一段时间之后,长居在家乡的妻子则被称为"番客婶"。因男性出洋,变换生活空间所产生的身份,连带影响到没有出洋的妻子,使她的身份也跟海洋的地理环境连成一气。过番歌谣中有当时人对于海洋地理所理解的概念,本文通过分析歌谣中关于海洋空间的丰富资料,将其分门别类,有助于理解宋代以来泉州海洋社会的性质,以及海洋社会中的人群、移民走向世界的过程。

　　泉州府的社会结构,根植于海洋空间所产生出来的社会生产方式与其特定的海洋社会人群关系。若将人文与地理空间分开来讨论泉州历史发展,则无法理解其海洋社会特色。从 20 世纪 50 年代开始,学者开始倡导历史学与社会学科中地理学科的影响力不容忽视。[①]在泉州学的研究上,提高历史研究的空间意识,有助于研究海洋特色发展的泉州历史。空间对历史研究的泉州问题的影响,就如同历史研究惯常采用时间与文化习俗的互相影响。泉州府的番客们出洋后,在海外组织会馆,有晋江、福建会馆,但没有泉州会馆。为何没有将泉州当成一个具体的地理空间来看呢?对于过去历史地理空间的认定,我们不能以

---

* 作者是台湾侨光科技大学通识教育中心副教授。本文于 2011 年"谱牒研究与海洋晋江"研讨会上发表。

今日的行政区划来讨论。

不同时代的泉州,在历史地图中所呈现的范围、地名有所不同。历史地图表述的是泉州的地理位置,过番歌谣则描述泉州人的海洋生活特征。历史地图不仅是以地理学的观点观察一个地区的历史,而且是用历史学的观点观察一个地区的地理。因此,历史地图为认识与描绘昔日地点与社会人群变化特征,提供了一个截然不同的观察方式。同时,随着时间的流逝,历史地图本身也成了历史资料,反映出当时编绘地图者的思想意识及其时代背景。[②]

二、泉州地理位置的演变

（一）泉州辖区沿革

泉州一名始见于隋开皇九年(589),改丰州为泉州,以南安、建安为县属。[③]此后,丰州、泉州两个名称轮流使用,亦曾使用清源一名,至唐肃宗乾元元年(758)复改为泉州。[④]此后,以泉州一名为主要地名称谓,宋为泉州府,元为泉州路总管府,明为泉州府,清沿用亦为泉州府。

最初,泉州与漳州在地理区域划分上并不是泾渭分明。唐朝开元年间,曾经造成诉讼审理上的困难。《太平广记》有言：

> 唐开元中,漳泉二州分疆界不均,互讼于台制,使不能断。迨数年辞理纷乱,终莫之决,于是州官焚香告于天地山川,以祈神应。俄雷雨大至,霹雳一声崖壁中裂,所竞之地拓为一径,高千尺,深仅五里。因为古道中有古篆六行二十四字,皆广数尺,虽约此为界,人终莫识。贞元初,流人李协辨之曰："漳泉二州分地太平永安、龙溪,山高气清,千年不惑,万古作程。"所云'永安、龙溪'者,两郡界首乡名也。"[⑤]

开元二十九年(741)将龙溪行政区划给漳州之后,泉州管辖为晋江、南安、莆田、清源四县。[⑥]宋代统治者在泉州设市舶司,其具体职责如征收关税、检查商品、保护外商等。元代统治者占领泉州后,当年即设市舶司,其间几经变化,管理体制渐走上正轨,初由地方官兼领,后改为设专职提举。其职责也日益完善,如对船舶的管理逐渐全面,除了要发给大商船证明文书外,还要开出给本船自带柴水小船的证明文书。

对比史志上宋、元、明三代泉州地图,可以看出泉州开发情况。沿海聚落开发以渔港为主,故而越往明朝,沿海地名明显大量标注。清代的泉州,其沿海岛屿航路与居民生活皆有详细记载,船舶往返相当频密。以澎湖为例:

> 泉郡志云:东出海门,身行二日程,曰澎湖屿。在巨浸中环岛三十六如排衙,然昔人多侨寓其上,苫茅为庐,推年大者为长,不蓄妻女,耕渔为业,牧牛羊散食山谷间,各□耳。为记讼者取决于晋江县城外,贸易岁数十艘,为泉之外府后,屡以倭患墟其地。或云抗于县官,故墟之。今乡落屋址尚存。[7]

(二)番客心中的泉州概念

新加坡晋江会馆发起人王爱华忆起创馆的开始,在晋江会馆尚未成立之初,晋江人参加福建会馆为会员者,寥寥可数。[8]新加坡晋江人对于泉州与晋江地理范畴的看法是:"吾邑晋江县,乃泉州之首邑,历代以'晋江'城即'泉州'城而名之。"[9]晋江于唐开元时期置县:"晋江县本唐久视元年武荣州府治,开元六年置晋江为附郭县。"[10]海外的晋江人以晋江为泉州首邑自豪,故而晋江一词在海外社会又等同于泉州概称。晋江番客出洋讨生活,生活非常艰难,所以一旦站稳脚跟,便想到要组织会馆协助同乡。王爱华说:

> 夫吾人远离父母之邦,南渡炎荒之地,一旦举目无亲,人地两疏,偶思生活前途,栖身何处?天涯沦落,不胜凄凉之感!此情此境,余为过来人也,身历心受,若非具有乡族或戚友之情谊,借作引进,获得暂时寄身之地,否则所谓"新客",初至南洋之滋味,其辛酸苦辣,一言难尽矣!俗语云:"有亲有戚食西刀鱼粥,无亲无戚吃目屎(眼泪)膏粥。"[11]

在新加坡的泉州人参加晋江会馆,却未必全部参加福建会馆。晋江会馆具有的认同乡土地理的凝聚力,是财大势大的福建会馆所无法比拟的。

三、晋江番客过海的艰辛

漂洋过海充满不可预料的风险,为保航路平安,福建沿海一带有祈风的民间习俗。后来更成为官方仪典,像宋代泉州市舶司每年都在规定时间于泉州九日山进行祈风仪典。福建省南安市九日山上的东峰石刻群中,一方石刻记载了祈风惯例:

  舶司岁两祈风于□通远王庙,祀事既毕,登山泛溪,因为一日之欵。淳熙戊申夏四月。

另有一方石刻记载郡守祈风后,登山一游。两方石碑相邻,但祈风寺庙不同。此方石碑刊刻着:

  嘉泰辛酉十有一月庚申,郡守倪思正,甫提舶余茂实腾甫遵□今典祈风于诏惠庙,既事,登九日山,憩怀古堂,回谒唐相姜公墓,至莲华岩而归。[12]

足见当时官员负责祈风已经成为惯例。九日山至今尚存官员等船入港时打发时间用的石刻棋盘。元代则祭海神,以此祈求平安。

从明清开始,经济重心不断向东南沿海转移。正如林拓所言:"商品经济的发展对闽北及沿海而言都具有均等的机会,但两者不同的经济结构与生产状况导致了民风的差异,进而促动士风的转变。对于资源相对匮乏的沿海地区来说,以农为本的生产结构是不合适的,更需要的是从事手工业、商贸等农工商相兼的经济产业。"[13]

泉州侨乡人民利用地利之便与长期经营的海外人脉关系,使得民间重商意识发达。他们普遍认为如果要赚大钱,就应该往南洋去做生意。因此几乎家家都有过番客。过番歌谣描述了当时社会人心渴望改善生活,不惜离乡奋斗。如《番爿哪是真好趁》:"番爿哪是真好趁,真多人去几个还?拢是家乡环境逼,则着出门渡难关。"[14]泉州向来跟海外交通密切,在清代跟台湾交通往来频繁,蚶江跟台湾中部彰化府鹿港对渡,为两岸贸易交通往返地点。当时人们已经知道如何运用季风航行,形成一个惯常往来海道,航行横渡台湾海峡。《彰化县志》载:

  由鹿港至泉之蚶江水程九更,泉之獭窟八更,以东北、东南风为顺,西风为逆。由鹿港至厦门十二更,以东北风为顺。彰邑与泉州府遥对,鹿港为泉、厦二郊商船贸易要地。内地来鹿者,厦门以南风为顺,磁头、深沪次之;崇武以北风为顺,獭窟次之。故北风时,厦船来鹿,必至崇武、獭窟方放洋;南风时,蚶江、獭窟船来鹿,必至磁头、深沪方放洋。[15]

(一)过海难关重重

出洋需要冒着海洋行船的风险。一开始要面临的就是出洋海船卫生条件差:"咱的铺位靠烟筒,四边笨面真肮脏。船中也无茶和饭,才知出外是重难。"[16]

(二)舟车劳顿,身体不适

旅途劳顿,导致身体不适,也无法得到适当的医疗照顾,纯粹只能依靠自己的身体疗愈能力,并祈求神灵保佑渡过难关:"前日发烧又畏冷,何日报答爹娘情?祈求神明要灵应,保庇双亲寿康宁。"[17]

(三)海外适应奇风异俗

从厦门出港,八日行到新加坡。虽然新加坡的风景不错,但毕竟是一个社会风俗与原乡截然不同的地方,适应环境还需要心理调适:"实叻景致真正好,也有番人及番婆。身穿花衫戴白帽,口食槟榔和荖叶。脚下穿裙无穿裤,上街买卖懒懒赳。"[18]语言不通成为出外要克服的难题:"日头出来热滚滚,巴崎曝着如火着。人色算来几十号,言语说来赡会和。"[19]

(四)晋江番客过番地点

不是每个人到新加坡就可以有所发展,如果眼看着没有新的机会,就走往其他地方找寻新天地。有的从新加坡前往马来西亚的槟榔屿,描述槟榔屿的语言差异:"火船行到槟榔屿,看着番人心就茹。不比唐山的言语,叫作'肉微'说是猪。"[20]如果再没有出路,想要回家乡,从马来西亚回福建走的路线,是先到香港停留:

火船行来到香港,心中哪有较轻松。街中物件千万项,通街尽是大洋行。有银买物来相送,无钱不比有钱人。有钱的人买古董,想咱无钱乱葱葱。香港景致千万款,一半唐人一半番。唐人法律是泛泛,红毛才来管唐人。"㉑

之后从香港返回厦门,回来还是跟出去的时候一样,从厦门港进出:"香港歇有三暗暝,再行三日到厦门。"㉒ 在厦门上岸逗留一段时间之后,再搭渡船返回老家:"厦门景致看透透,也要返回咱厝兜。带念双亲年又老,今日才有想回头。"㉓搭渡船需要两日时间到家:

> 去搭渡船就起身,要返家中见世情。……想着番平的世景,咱去出外真不明。在厝若要勤作种,也免出外做贱人。一路行来无延迟,二日就到咱乡里。家中大小得相见,亲像云开见月圆。㉔

回到家中见老小,一切在外的不如意就全烟消云散,抛在脑后。

四、晋江过番歌谣的特点

泉州居民因处于沿海环境,发展出"以海为田"的生活形式,社会上产生一股冒险、趋利、反传统的精神,漂洋过海图谋发展的泉州人被称之为"番客"。绝大多数人往海外去发展,期望能够赚取一笔钱回家改善家庭生活。过番歌谣有着以下的特点:

(一)悲情

1.环境艰难

遇到大环境不好,实在找不到出路的时候,为了满足家小每日必需的消耗,男性只好往海外去搏一搏,以求安顿家中老小的生活。《晋江过番歌》:

> 娘仔不知我的事,我今无说你不知。几年光景这么歹,侵欠柴米无路来。四面无处可移摆,一暝无睏想东西。若无命底所登带,怎狯出身不应该。㉕

到海外谋生的绝大多为男性。咸丰二年(1852)六月《德记洋行招工立约字》:

> 立约字人厦门　姓名　今因与英国属国慈而武甲嗹马呀捞立

约,愿往彼国做工,限至五年为满,俟船到国之日算启,或耕种,或牧牛羊,或做作什工,俱各听从东家命令使唤,不敢违逆。其日食及医生调治病症以及住屋,均各给与工人,逐月工资同英国之人一体,另扣医生艮每年三元,厝税银六元,如扣明白,仍旧每月给工资艮元。今先向德记行借出番银六元,言约就逐月薪金扣起一元,如扣明白以外,仍兆每月薪金发足。此乃甘愿画押,欲往做工,并非抑勒等情之事。今欲有凭,合立约字一纸为照。

  咸丰贰年六月　日立约字人[26]

出洋之后,根据契约所载,或耕种,或牧牛羊,或做作什工,俱各听从东家命令使唤,不敢违逆。如此任劳任怨,所为何来?就是因为家里穷困,不得不出外找生路。晋江流传的《番客歌》有言:

  唱出番客有支歌,流落番邦无投活。
  离爸离母离某子,为着家穷才出外。
  亲像孤鸟插人群,做牛做马受拖磨。
  阮厝某子一大拖,勤勤趁,不甘开半瓜。[27]

《晋江过番歌》中提到就算是年轻夫妻舍不得离别,也因为生活无着,必须暂时离别。妻子不愿跟丈夫分离,希望丈夫留在家乡共同努力,丈夫告诉妻子说:"娘仔你说却也是,要等何日得运时?想到侵欠人钱米,厝边也无可徙移。想来算去想无字,想要过番较合宜。分别双亲是暂时,全望娘仔奉承伊。"[28]

男人到海外找出路,缘于原乡没有什么发展,努力工作也没有太大成果,只好认命过番去:"心头不愿想不尽,也无半丝的清闲。暝日愈想心愈冷,才要甘心过番平。富贵贫贱咱恨命,千般万事总由天。"[29]

2.夫妻离别

不少人在异乡停留时间远远超出当初所预期的时间,归来时反倒被家乡的人称为"番客",留在家乡的配偶变成"番客婶"。《将阮嫁番客》描述了番客归乡之途遥遥无期:

  爸母将阮嫁番客,番客无来娶,一年一年大。在家中受拖磨,无法通快活。兄弟一大拖,轻重总着我。等到无奈何,求签甲卜卦。求神托佛,保庇我君紧紧来娶。[30]

一旦盼得男人回家乡成婚,但新婚的丈夫很快又要漂洋过海去过

番,与家里的妻子相隔重洋。女人心里满是不舍,却又无可奈何地送丈夫出门。《五送君》:

> 一送我君出门口,想要分开目滓流。恩爱蜜月度未透,为了趁食分两头。
>
> 二送我君过石桥,春雨无停心恰烧。此去番邦花锦地,劝君青春要珍惜。
>
> 三送我君大陆来,含羞共君恁交代。番邦虽然百花开,路边野花君莫采。
>
> 四送我君海边行,出洋虽是好名声。夫君咱是趁食囝,做事总要靠打拼。
>
> 五送我君上电船,叮嘱我君惜本分。番婆侥幸心要稳,唐山结发才根本。㉛

毕竟人心隔肚皮,丈夫远在海外,妻子只好动之以情,劝诫男人工作赚钱务必专一。《晋江过番歌》里的夫妻惜别篇有言:"夫君你去要记心,时时记得奴语音。若无记得夫妻情,也要带念咱双亲。批信需要接续寄,家中事情君知情。鸦片第一你要禁,女色饮酒勿贪心。"㉜

《十送郎君过番囝》:"阿娘拿鞋互君穿,别人物件咱勿爱用,专心趁钱寄家庭。……别人某囝别人疼,咱兜某囝望你成。"㉝字里行间流露的是妻子满满的担心,害怕自家男人过洋变心,另组家庭,抛妻弃子,赚钱却忘了家乡还有个家庭在。

(二)冒险、趋利的社会价值观

海洋社会具有冒险、趋利的特质。出洋得要冒着极大风险,沿海出洋居民的平均寿命比内陆农业社会来得短。出外风险首先是对身体健康的影响,水土不服是最常见到的,尤其是到东南亚热带地区,炎热气候使人不适应,加上旅途劳顿,产生不舒服的症状:

> 州府过了无几时,染着船毒遍身是。暝日脓血汁汁滴,就去落街寻先生。先生说是厚火气,要买药粉去料理。吊金水银二前四,真珠冰片二三厘。新客火气又真旺,绿豆泡茶来退癀。药粉抹了又无好,十分疼痛实难当。暝日双手爬无停,爬了破皮就起肿。㉞

身体没办法克服水土不服所产生的病痛,客死他乡的番客也不在少数。即使如此,女性还是愿意让家中男性出洋寻求发展。年纪适中之后,就算他不愿意出海离家,也会被家中妇女(多为母亲)催促往外发展,否则社会地位将比不上别人。

出外靠朋友,逐渐形成一种小集团合作组织。生命共同体一般的合伙关系,是讨海、经商生涯凭借的重心。海洋社会的男男女女很了解合伙在生活中的重要性,所以男性有结拜兄弟的习俗,出洋同舟共济,在家妇女们也有结拜姊妹的习俗。

泉州居民普遍对出国谋生充满想象,能够出洋去的人成为同乡羡慕的对象。由于生活穷困,这些华侨往往具有冒险与吃苦的精神。有的经过努力成功致富,荣归故里,在家乡盖起新式洋楼,成为人们争相仿效的对象。于是,男子甫一成年,便抱持想过番心态,认为留在乡里没有出路,只有出洋去才有成就事业的可能。

明清时期从福建到台湾或者东南亚的开垦者或贸易商,很少有移民倾向,大多数是男性独自出洋。番客一旦赚到钱之后,便回家乡娶妻生子。这些番客回到家乡,引起乡人对他们取得财富之道的好奇心。于是,许多传说便油然而生:

> 泉州有娘子桥视洛阳,虽低而长过之。相传泉人入番,舶坏得巨岛,见大蟒夜出有光如昼,乃插刀穴口。蟒出为刀伤,性急血奔胸破肚裂,遗下明月珠累累,其人归,遂得巨富。尝谋聘富家女为妇,当家翁怪其妄诞,给之曰:余女畏渡海风波,能作桥又布金于桥,满当遣女。其人即作桥布金,俗呼为娘子桥。⑤

番客返乡身拥珍宝,铺金于桥,取得娇妻,虽为传说,却也说明传说背后是乡人羡慕的心情。

(三)吃苦、务实的精神

晋江地区本身面积不大,又属丘陵地带,除了沿海地势较为平坦外,大部分为起伏不平的山丘,可耕地不多,且土壤贫瘠。为了生存,出洋之后的晋江人,在举目无亲的情况下,发挥务实的精神,首先考虑的是有什么工作是我能够做的:

> 一时心内思想起,行去店前问因由。头家有要雇伙计,有谁要

雇做苦力。薪金随你多少送,家减不敢要讨添。店内开口说因由,旧的伙计还未辞。等待伙计若辞离,别日才来相通知。一时听说心头悲,叫咱一身要怎呢?今日一身来到这,无亲无成可靠边。要抛米包又畬起,要做财赋不识字。暝日烦恼无经纪,身边并无一分钱。㊱

最后,终于得到一份出卖劳力的工作:"背着米包十分重,暝时睏着像死人。"㊲爱拼才会赢的精神体现在晋江人出洋的生存经验上。出洋的时候,就自觉到吃苦是必然的,所以也就心甘情愿:

一日才有二角银,算来十分是困难。想着不做也要做,不趁一占也是无。今日空身来到这,必须甘愿受艰难。㊳

正是在这种与生命的抗争中,晋江人养成冒险剽悍的性格,征服海洋成了他们生活的追求、生命的依赖。

五、结语

泉州位于沿海,自古以来浮海营生为居民生活的常态,一般人也把过番当成一种社会生活必然的现象。晋江人出洋就是为了赚钱改善家计,就算吃苦也没关系:

那知命歹畬变款,前日怎可来过番。山川河水都隔断,何时回归咱中原?是咱情理看畬惯,才离父母来过番。天下艰苦总是有,无人受苦咱这久。自己受苦无要紧,烦恼无钱寄家庭。暝日想念亲父母,目滓流落如珍珠。㊴

过番歌谣中出现的新加坡、马来西亚的槟榔屿和我国的香港、厦门等港口都市,算是文明社会的象征,也体现了当时人对于海洋地理的了解。他们回到家乡,不管是赚到钱还是没有赚到钱,都已经扩大了视野,有形无形之间,透过他们的口述,周遭的人也对海洋外的其他世界产生期待。正是海上活动使晋江人跳脱土地对他们眼光和思考的局限,番客出洋冒险犯难的精神,为他与家乡获取了新的生命力和内涵,形成了一种特殊的海洋社会文化。

注释：

①阿兰·R. H. 贝克著,阙维民译:《地理学与历史学——跨越楚河汉界》,北京:商务印书馆,2008年,第64页。

②阿兰·R. H. 贝克著,阙维民译:《地理学与历史学——跨越楚河汉界》,北京:商务印书馆,2008年,第204页。

③杨廷璋:《泉州府志》卷三,"建置沿革",第1册,台南:赖全源,1964年,第3页。

④杨廷璋:《泉州府志》卷三,"建置沿革",第1册,台南:赖全源,1964年,第4页。

⑤杨廷璋:《泉州府志》卷七五上,"拾遗一",第4册,台南:赖全源,1964年,第1~2页。

⑥杨廷璋:《泉州府志》卷三,"建置沿革",第1册,台南:赖全源,1964年,第4页。

⑦杨廷璋:《泉州府志》卷七五上,"拾遗一",第4册,台南:赖全源,1964年,第2页。

⑧王爱华:《本馆发起组织经过及发起人》,《新嘉坡晋江会馆纪念特刊1918—1978》,新加坡:新加坡晋江会馆特刊出版委员会,1978年,第70~71页。

⑨王爱华:《本馆发起组织经过及发起人》,《新嘉坡晋江会馆纪念特刊1918—1978》,新加坡:新加坡晋江会馆特刊出版委员会,1978年,第71页。

⑩杨廷璋:《泉州府志》卷三,"建置沿革",第1册,台南:赖全源,1964年,第6页。

⑪王爱华:《本馆发起组织经过及发起人》,《新嘉坡晋江会馆纪念特刊1918—1978》,新加坡:新加坡晋江会馆特刊出版委员会,1978年,第70页。

⑫2002年12月,笔者采集于南安市九日山东峰石刻群。

⑬林拓:《文化的地理过程分析——福建文化的地域性考察》,上海:上海书店出版社,2004年,第126~127页。

⑭周长楫、周清海:《新加坡闽南话俗语歌谣选》,厦门:厦门大学出版社,2003年,第264页。其中,"番爿"泛指南洋各国。

⑮周玺:《彰化县志》,台湾文献丛刊第156种,台北:台湾银行经济研究室,1962年,第21~22页。

⑯傅孙义:《晋江民间歌谣》,厦门:厦门大学出版社,2007年,第40页。

⑰傅孙义:《晋江民间歌谣》,厦门:厦门大学出版社,2007年,第41页。

⑱傅孙义:《晋江民间歌谣》,厦门:厦门大学出版社,2007年,第41页。其中,"实吻"指新加坡;"懒懒趖"为闽南话"到处乱走"之意。

⑲傅孙义:《晋江民间歌谣》,厦门:厦门大学出版社,2007年,第43页。

⑳傅孙义:《晋江民间歌谣》,厦门:厦门大学出版社,2007年,第44页。其中,"茹"为闽南话"心烦"之意。

㉑傅孙义:《晋江民间歌谣》,厦门:厦门大学出版社,2007年,第46页。

㉒傅孙义:《晋江民间歌谣》,厦门:厦门大学出版社,2007年,第46页。

㉓傅孙义:《晋江民间歌谣》,厦门:厦门大学出版社,2007年,第47页。

㉔傅孙义:《晋江民间歌谣》,厦门:厦门大学出版社,2007年,第47页。

㉕傅孙义:《晋江民间歌谣》,厦门:厦门大学出版社,2007年,第33～34页。其中,"移摆"为闽南话"挪移相借"之意;"登带"为闽南话"命中注定"之意。

㉖杨国桢主编:《闽南契约文书综录》,《中国社会经济史研究》1990年增刊,第120页。

㉗转自李添希:《福建晋江华侨有关习俗浅析》,《八桂侨史》1994年第4期,第54页。其中,"无投活"为闽南话"无可奈何"之意;"某"为闽南话"妻子"之意;"一大拖"为闽南话"一大群人"之意;"趁"为闽南话"赚钱"之意;"半瓜"为闽南话"半分钱"之意。

㉘傅孙义:《晋江民间歌谣》,厦门:厦门大学出版社,2007年,第35页。其中,"徙移"为闽南话"暂借"之意。

㉙傅孙义:《晋江民间歌谣》,厦门:厦门大学出版社,2007年,第32页。

㉚周长楫、周清海:《新加坡闽南话俗语歌谣选》,厦门:厦门大学出版社,2003年,第265页。其中,"甲"为闽南话"兼"之意。

㉛傅孙义:《晋江民间歌谣》,厦门:厦门大学出版社,2007年,第30页。

㉜傅孙义:《晋江民间歌谣》,厦门:厦门大学出版社,2007年,第37页。

㉝周长楫、周清海:《新加坡闽南话俗语歌谣选》,厦门:厦门大学出版社,2003年,第262页。其中,"阿娘"为闽南话"妻子"之意;"某囝"为闽南话"妻小"之意;"咱兜"为闽南话"自家"之意;"成"为闽南话"养活"之意。

㉞傅孙义:《晋江民间歌谣》,厦门:厦门大学出版社,2007年,第44页。其中,"厚火气"为闽南话"火气大"之意;"癀"为闽南话"发炎症状"之意。

㉟杨廷璋:《泉州府志》卷七五上,"拾遗一",第4册,台南:赖全源,1964年,第24页。

㊱傅孙义:《晋江民间歌谣》,厦门:厦门大学出版社,2007年,第42页。

㊲傅孙义:《晋江民间歌谣》,厦门:厦门大学出版社,2007年,第42页。

㊳傅孙义:《晋江民间歌谣》,厦门:厦门大学出版社,2007年,第43页。其中,"一占"为闽南话"一毛钱"之意。

㊴傅孙义:《晋江民间歌谣》,厦门:厦门大学出版社,2007年,第44页。其中,"变款"为闽南话"变样"之意。

早期移居菲律宾的闽南华侨

李金明*

闽南与菲律宾在地理上靠得比较近,从厦门至马尼拉的距离大约为657海里。在早期的帆船时代,从闽南港口至菲律宾的航程仅需10~15天,因此,不少闽南商人经常往返于菲律宾各地经营贸易,而菲律宾人也时有到闽南做买卖者,两地之间的交往比较密切。

一

在我国史籍中不乏关于闽南与菲律宾双方贸易的记载。早在南宋宝庆元年(1225),当时任福建路市舶提举的赵汝适在其著作《诸蕃志》中,就把菲律宾的民都洛岛称为"麻逸",把卡拉棉、巴拉望和布桑加岛称为"三屿",并分别叙述了闽南商人到那里贸易的情况:到麻逸者,将货物交与蛮贾,"以其货转入他岛屿贸易,率至八九月始归,以其所得准偿舶商,亦有过期不归者,故贩麻逸,舶回最晚……土产黄蜡、吉贝、真珠、玳瑁、药槟榔、于达布,商人用瓷器、货金、铁鼎、乌铅、五色琉璃珠、铁针等博易";贩三屿者,"率四、五月间即理归棹,博易用瓷器、皂绫、缬绢、五色烧珠、铅网坠、白锡为货"。①有关菲律宾人到闽南做生意的记载,元至正九年(1349),江西南昌人汪大渊在其撰写的《岛夷志略》中,描述了三屿的土著附船至泉州贸易的情况:"男子常附舶至泉州经纪,罄其资囊,以文其身。既归其国,则国人以尊长之礼待之,延之上坐,虽父老亦不得与争焉。习俗以其至唐,故贵之也。"②

---

* 作者是厦门大学东南亚研究中心教授。本文于2005年"谱牒研究与华侨华人"研讨会上发表。

两地之间这种贸易往来至 15 世纪中叶,在西班牙殖民者占据菲律宾之前仍在继续。据一位在 1521 年跟随麦哲伦到达菲律宾的幸存者安东尼奥·皮加费特拉(Antonio Pigafetta)说,每年有 6~8 艘中国船到达民都洛,在一些菲律宾头人的家里可看到瓷器和丝绸,多数可能是从中国运来。③马尼拉首任总督利牙实比(Miguel Lopez de Legazpi)在 1567 年 7 月 23 日从宿雾致信西王腓力二世时亦谈道:"在我们住地的北部,也许是西北部,距离没多远,有一些大岛屿,称为吕宋和民都洛。中国人和日本人每年都到那里贸易,他们带来的货物是丝绸、织物、钟、瓷器、香、锡、印花棉布和其他小东西,载运回去的是黄金和蜡。这两个岛上住的是摩尔人(Moros)(摩尔人是伊斯兰部落,他们从南方来,其要塞在民都洛和苏禄群岛),他们把中国人和日本人带来的货物购买下来,然后转运到群岛各地贩卖。"④

不过,当时这些贸易还只是维持在零星、小规模的范围内进行,唯有到了 1571 年 5 月,西班牙殖民者占领马尼拉后才得以迅速、大规模地发展起来。促使贸易迅速发展的原因有两个方面:一方面是西班牙殖民者为了维持在菲律宾的经济生活,必须依赖于同中国的贸易。他们开辟了从马尼拉至墨西哥阿卡普尔科的大帆船贸易航线,把墨西哥、秘鲁等地的银元载运来马尼拉,换取由中国商船载运去的生丝与丝织品等货物,并采用各种措施积极鼓励中国商人到马尼拉贸易。另一方面是当时正值明朝政府于隆庆元年(1567)在福建漳州海澄月港部分开海禁,准许私人海外贸易商申请文引、缴纳饷税出海贸易,于是,大量的闽南商船乘机涌向菲律宾。当时的漳州文士张燮在《东西洋考》中描述过这些出海贸易的商船:"大者,广可三丈五六尺,长十余丈;小者,广二丈,长约七八丈","多以百计,少亦不下六七十只列艘云集,且高且深"。⑤据在 1596—1598 年任马尼拉总督的摩加(Antonio de Morga)称:"他们虽然没有一起来,但是组成商船队或战船队。他们一般在新历 3 月乘着季候风和晴朗天气成群结队地到来,到马尼拉的航程是 15~20 天,售卖他们的货物后,为了不使回程遇到危险,他们在 5 月底或 6 月初季候风改变前返航。"英国东印度公司的船长约翰·萨里斯(John Saris)亦谈道:"开往马尼拉的帆船成群地从漳州出航,有时是 4 艘、5 艘、10 艘或更多在一起航行,好像是事先约好似的。"⑥

然而，当时从漳州月港开往马尼拉贸易的商船数量波动很大，据威廉·舒尔茨（W. L. Schurz）在《马尼拉大帆船》一书中的估计，每年从20艘到60艘不等。在1574年有6艘，1580年有40~50艘，在16世纪最后30~40年一般是这个数；在1616年仅有7艘，而在1631年却有50艘，5年后有30艘。出现这种现象的原因，舒尔茨分析道："每年到达商船数的多少，取决于马尼拉赢利贸易的机会，航程的安危，以及中国当地的状况。每当中国人了解到马尼拉缺乏银元时，这一年来的船只就会减少；在航程中有海盗的消息时，船只可能不敢出港而误过季风期，特别是印度支那沿海长期有海盗抢劫，倭寇出没于北吕宋，以及以台湾岛为基地的海盗的袭击，有时候来自葡萄牙或荷兰殖民者的威胁也很严重，当时他们均集中全力以削弱西班牙人在马尼拉的贸易；最后是中国内部的政治纷争和沿海各省地方的动乱，都可能暂时中断到菲律宾的帆船贸易。"[7]

当时在闽南滨海一带，因山多田少，人们素以贩海为生，"富家征货，固得捆载归来；贫者为庸，亦博升米自给"，到东南亚一带做生意已成为一种习俗。在这些海外贸易商中，绝大多数是靠借贷子母钱出洋做买卖的农民。同安名士洪朝选在嘉靖年间就说道："今虽山居谷汲，闻风争至，农亩之夫，辍耒不耕，赍贷子母钱往市者，握筹而算，可坐致富也。"[8]这种现象在海澄更普遍，据崇祯《海澄县志》记载："盖舶主而下，多财善贾者无不数人，间有凭子母钱称贷数金，辄附众远行者；又有不持片钱，空手应募得值以行者，岁不下数万人。"[9]这些人大量涌向海外，促使了当时闽南与菲律宾之间贸易的迅速发展。

二

随着到菲律宾贸易的闽南商船数量的增多，那些因货物倾销不出而误了风汛，或为组织返航货源而留在那里"压冬"的华商人数亦越来越多。如顾炎武所说："是时漳泉民贩吕宋者或折关破产及犯压各境不得归，流寓土夷，筑庐舍，掺佣贾杂作为生活，或娶妇长子孙者有之，人口以数万计。"[10]当时任福建巡抚的许孚远在奏疏中也写道："东西二洋,商人有因风涛不齐,压冬未回者,其在吕宋尤多。漳人以彼为市,父兄久住,子弟往返,见留吕宋者盖不下数千人。"⑪这些因商务原因而留居在那里的海外贸易商,就成为早期移居菲律宾的闽南华侨。

有关这些闽南华侨的人数,有人曾做过如下的估计:自1571年漳州月港与马尼拉之间的帆船贸易开始后的30年里,大约有630艘帆船从漳州月港出航到马尼拉,每艘船载运的人数假设为300人,其中包括水手、商人、观光者和乘客等。这就是说,在这30年里估计有19万至20万人随贸易帆船到达菲律宾。当然,这些人中的绝大多数在4个月后的下一次季风期就随船返航中国,但也有不少人留了下来。至于留下来的人数有多少,可以西班牙殖民者当时征收的贡税额为标准来进行估计,在1611年,西班牙殖民者要求居住在菲律宾的非基督教华人,每人每年必须缴纳6里亚尔(或8比索)的贡税,如贫穷者可以免缴。在1615年,西班牙殖民者共征收贡税53832比索;在1635年,共征收116916比索。从这些数字中可以看出,这20年里居住在菲律宾的华人人数增加了一倍多,仅1635年就有14614名华人缴纳贡税,这些还没有包括贫穷的免税者和偷漏税者。因此,当时驻马尼拉的西班牙代理商蒙法尔康(Grauy Monfalcon)在1636年就说道,居住在菲律宾的华人总数达3万人。⑫

早期这些移居菲律宾的华侨几乎都是来自漳泉一带的闽南人,因当时很少有广东人到菲律宾,直至1800年以后才开始有一小部分广东人经澳门到菲律宾,他们搭乘的是欧洲船,在马尼拉被称为"澳门人"(Macaos)。⑬为了了解早期移居菲律宾的这些闽南华侨的地缘和族缘,我们不妨看看近代菲律宾政府对马尼拉、卡加延、怡朗和宿雾4个省的华人人口抽样调查的结果。这4个省的华人有80%以上是来自闽南的4个县:晋江、同安、南安和龙溪,其余少数是来自安溪县、惠安县、海澄县、兴化府、厦门厅和枫亭司。其中人数最多(超过50%)的是晋江(包括泉州市),接下去是同安、龙溪(包括漳州市)和南安。如按姓氏分,在人数上占优势的有12姓:陈、黄、施、林、蔡、王、李、吴、许、杨、叶和郭,这些姓占了华人人口总数的三分之二,其中仅陈姓一姓就占了10%以上。占抽样人数一半的有7姓:陈、施、蔡、王、李、许和吴,都是来自晋江县。⑭

闽南华侨的大量移入,引起了西班牙殖民者的恐惧。因当时留守在菲律宾的西班牙人不多,在 16 世纪最后 25 年里,在马尼拉服务的强壮的西班牙人(包括墨西哥人、欧洲人和印第安混血儿)从未超过几百人。据 1584 年的一次人口普查,在整个菲律宾群岛总共仅有西班牙人 713 人,这些人均没有足够的火枪和其他武器;在马尼拉有各种年龄的西班牙人 329 人,在甲米地的 64 名西班牙水手大多没有武装。1589 年,西班牙国王腓力二世调整了菲律宾的军事设施,总共有 400 名雇佣的西班牙士兵。每年虽有从墨西哥征集 100~200 名士兵到菲律宾,但通常是缺乏装备,无法填补死亡、逃跑和患病者的缺额。马尼拉大主教在 1588 年 6 月报道,马尼拉城仅有 80 户西班牙人,其中 50 人与欧洲妇女结婚,其他与菲律宾妇女结婚。他补充说,通常有大约 200 名士兵在城里或附近的村庄安家,这些人大多很贫穷,不得不靠乞讨度日。[15] 相对于人数比他们多得多的华人,他们当然会感到恐惧,生怕一旦发生骚乱,将危及他们的统治。因此,他们采用了如下几种手段来限制华人移居人数的增长:

一是巧立名目,不时对华人进行种种敲诈。如按马尼拉殖民当局规定,当中国商船返航时,每一位要求留下来的华人需具有居留许可证,每一张居留许可证的价格,不信奉基督教的华人付 64 里亚尔或 8 比索,外加 5 里亚尔的贡礼、12 里亚尔的房屋税,而征收许可证费的官员还经常以更新许可证为借口,一年敲诈好几次。如此无休止的敲诈,使不少华商畏而却步,到 1583 年竟没有一艘中国商船到达马尼拉,致使当地的中国货物缺乏,价格涨高 4 倍。为此萨拉扎(Salazar)主教致信西班牙国王,认为原因是华商在马尼拉遭到"讨厌的限制"。西班牙国王也不得不承认:"我们已经获悉,华商在菲律宾贸易赢利甚微,且受到西班牙人的虐待",他坚持在法律上应多为华人着想。[16]

二是把华人集中在一个居留点,以限制他们的行动。1580 年,龙奎洛(Gonzado Ronguillo)总督强迫华人集中到马尼拉以东的一个小地区,称为"八连"(Parian),其位置正好坐落在政府安置的大炮射程之内。这样做既可以控制华人的行动自由,又可随时镇压突发的骚动。

三是大规模地屠杀华人。万历三十年(1602),由于明神宗误信阎应隆、张嶷的佞言,派海澄县令王时和与百户千一成到吕宋机易山"勘金",因此引起了西班牙殖民者的恐惧,遂于翌年(1603)对马尼拉华人进行大规模屠杀。据估计,有 24000 名华人遭杀害或被投入监狱。1639 年,西班牙殖民者再次对马尼拉华人实行大屠杀,原因是大量廉价的中国丝织品输入墨西哥,造成墨西哥本国的丝织业日渐倒闭,而大量白银又被走私到菲律宾,甚至连秘鲁的银元也流向墨西哥以购买中国的货物。于是造成两个总督辖区之间的贸易在 1634 年遭到禁止,结果墨西哥的经济走向萧条,马尼拉的财政逐渐枯竭,殖民者不得不大幅度地增加税收,从而导致了政治危机和对华人的大屠杀。[17]

西班牙殖民者采用这些手段,特别是惨绝人寰的大屠杀,当然使移居菲律宾的闽南华侨人数大大减少。而当时的明朝统治者又抱着"重农抑末"的传统思想,认为"中国四民,商贾最贱,岂以贱民兴动兵革。又商贾中弃家游海,压冬不回,父兄亲戚共所不齿。弃之无所可惜,兵之反以劳师"[18],不愿意出兵声讨西班牙殖民者的暴行,使这些惨遭杀害的华侨无处伸张,而西班牙殖民者则更加肆无忌惮。

三

早期移居菲律宾的闽南华侨主要是对贸易感兴趣,他们善于经商,具有敏锐的商业头脑和强烈的竞争意识。有些西班牙人曾描述过这种情况,如博巴迪拉(Diego de Bobadilla)谈道:"这些中国商人是如此敏锐,假如今年某一种商品很畅销,明年他们就将运来一大堆。有一位因某种疾病而失去鼻子的西班牙人,请了一位中国人替他做了一个木头鼻子,以便能弥补他脸上的缺陷。这位中国人为他做的鼻子异常之好,使这位西班牙人感到满意,慷慨地给了他 20 埃斯库多(Escudo,葡萄牙及智利的货币单位)。这位中国人以为这钱太好赚了,第二年就载运满满一船的木头鼻子到马尼拉。然而他大失所望,因为如要卖掉这些新货物,就必须把在菲律宾的所有西班牙人的鼻子都割掉。"[19]当然这是在讲笑话,但由此可看到闽南华侨在商业经营上敏锐之一斑。西班牙商船队长卡里略(Don Hieronino de Carrillo)在致西班牙国王的信中亦写道:"中国商人在商业上是如此精明,如此敏锐,以至于他们知道英国人需要多少商品,荷兰人需要多少,在日本可以卖多少货物。他们是如此准确,以至于一位裁缝一旦见到一个人,就知道这个人做衣服需要多少布。他们就是如此对付我们,当知道每年只有两艘船到新埃斯帕塔(Nueva Esparta)时,他们一般在其居留地'八连'就会有足够的货物装运这两艘船。"[20]

这些闽南华侨在商业上的成功亦与其坚韧不拔、勤劳节俭的优良品质分不开,菲律宾学者阿利(Eufronio M. Alip)在《菲律宾政治文化史》一书中分析道:"中国商人从一开始就是这个国家最成功的商人,他们分为两个集团:一个经营市场和商行,售卖纺织品、丝绸、人造丝织物、棉布、毛织品、帽子、雨伞、亚麻布等,有批发商和零售商;另一个是小店主,售卖各种便宜的物品。开始时,西班牙商人还能与之竞争,但不久就败给这些精明、节俭、坚韧不拔的华人。因为华人的生活水平低,他们是把售价压得比竞争对手低。"[21]另一位学者也同样写道:"分散在各地的华人商店,早上开得早,而晚上关得很迟,他们的工作时间很长,而赚得不多。但是,中国商人满足于他们每天的收入,他们来到这个国家纯粹为了经商,他们具有各种特质,即坚韧、善于思考、有同情心、精明、节俭,而与之竞争的当地土著和西班牙人就缺乏这些特质。"[22]

这些闽南华侨也为早期菲律宾的开发与经济繁荣做出了贡献,如明万历年间的福建巡抚徐学聚所说:"吕宋本一荒岛,魑魅龙蛇之区,徒以我海邦小民,行货转贩,外通各洋,市易诸夷,十数年来,致成大会。亦由我压冬之民,教其耕艺,治其城舍,遂为澳区,甲诸海国。"[23]对于这一点,即使是西班牙殖民者也不得不承认,如马尼拉总督摩加在16世纪末宣称:"这城市如果没有华人确实不能存在,因为他们经营着所有的贸易商业和工业。"一位当时的目击者胡安·科博神父(Father Juan Cobo)亦公正地说过:"来这里贸易的是商人、海员、渔民,他们大多数是劳动者。如果这个岛上没有华人,马尼拉将很悲惨,因为华人为我们的利益工作,他们用石头为我们建造房子,他们勤劳、坚强,在我们之中建起了最高的楼房。"[24]一些菲律宾历史学家对此也做了公正的评价,《菲律宾通史》的作者康塞乔恩(Joan de la Concepcion)在谈到17世纪初的情况时写道:"如果没有华人的贸易,这些领土就不可能存在。"如今尚屹立在马尼拉的许多老教堂、僧院及碉堡,多数是当时移居马尼拉的华人所建。约输·福尔曼(John Foreman)在《菲律宾群岛》一书中也谈道:"华人给殖民地带来了恩惠,没有他们,生活将极端昂贵,商品及各种劳动将非常缺乏,进出口贸易将非常窘困。真正给当地土著带来贸易、工业和有效劳动等第一概念的是华人,他们教给这些土著许多有用的东西,从种植甘蔗、榨糖到炼铁,他们在殖民地建起了第一座糖厂。"㉕一些在西班牙统治的最初200年里访问过菲律宾的欧洲人也证实了这些事实,1765年一位名叫利·金特尔(Le Gentil)的法国人说道:"这些岛屿面临着这种情况,如果没有华人就不能生存。"另一位法国人马拉特(Mallat)亦谈道:"许多人相信,华人对马尼拉必不可少,如果没有华人,马尼拉将一事无成。"㉖

综上所述,菲律宾与闽南,由于地理上的靠近,很早以前就相互交往,在我国宋元时期的史籍《诸蕃志》《岛夷志略》等都有详细的记载。不过,双边较频繁、大规模的交往还是在1571年以后,当时因西班牙殖民者占领马尼拉,开辟了从马尼拉通往墨西哥阿卡普尔科的大帆船贸易航线;而中国方面正值明朝政府在福建漳州月港部分开放海禁,大量私人海外贸易船涌向马尼拉进行贸易。当时随船到马尼拉贸易的闽南商人,因压冬等种种原因而留居在菲律宾各地,成了早期移居菲律宾的闽南华侨。他们利用自身善于经商,具有敏锐商业头脑和强烈竞争意识等特质,依靠坚韧不拔、勤劳节俭的奋斗,在菲律宾的商业领域取得了一些成功。他们与菲律宾人一道,通过自己的辛勤劳动,为早期菲律宾的开发与繁荣做出了贡献。时至今日,菲律宾人民仍不会忘记这一些,他们说:"中国先民横渡重洋,从家乡带来农作物种子及耕种技术,从而结束了菲律宾刀耕火种的原始农耕时代,同兄弟般的菲律宾人开拓荒野,建设家园,并互相通婚,缔结了菲中民间血缘关系。"曾任菲律宾副总统的银虞那在2003年庆祝菲律宾独立105周年及"菲中友谊日"的讲话中说:西班牙人、美国人和英国人都是乘战舰来的,而中国人却是"坐着商船来的","菲律宾和中国是朋友,但比朋友还亲"。㉗这些讲话是对早期闽南华侨在菲律宾社会发展中所做贡献的最好肯定。

注释：

① 冯承钧：《诸蕃志校注》，北京：中华书局，1956年，第80～82页。
② 苏继庼：《岛夷志略校释》，北京：中华书局，1981年，第23页。
③ Jim Haskins, *A Concise History of the Philippines*, Manila: Grolier International, 1982, p. 25.
④ C. R. Boxer, *South China in the Sixteen Century*, London: Hakluyt Society, 1953, p. 39.
⑤ 张燮：《东西洋考》卷九，"舟师考"；卷七，"饷税考"。
⑥ W. L. Schurz, *The Manila Galleon*, New York: E. P. Dutton & Co., 1959, pp. 71-72.
⑦ W. L. Schurz, *The Manila Galleon*, New York: E. P. Dutton & Co., 1959, pp. 71-72.
⑧ 洪朝选：《瓶台谭侯平寇碑》，载《洪芳洲先生文集·摘稿》卷四，"碑"。
⑨ 梁兆阳：（崇祯）《海澄县志》卷五，"赋役志·饷税考"。
⑩ 顾炎武：《天下郡国利病书》卷九三，"福建三·洋税"。
⑪ 许孚远：《疏通海禁疏》，载《明经世文编》卷四〇〇，《敬和堂集》。
⑫ Alfonso Felix, Jr., edited, *The Chinese in the Philippines*, Manila: Solidaridad Publishing House, 1966, vol. 1, p. 4.
⑬ Edgar Wickberg, *The Chinese in Philippine Life 1850-1898*, New Harvard & London: Yale University Press, 1965, pp. 22, 38.
⑭ Edgar Wickberg, *The Chinese in Philippine Life 1850-1898*, New Harvard & London: Yale University Press, 1965, p. 172.
⑮ C. R. Boxer, *Portuguese Conquest and Commerce in Southeast Asia*, London: Hakluyt Society, 1985, pp. 133-134.
⑯ W. L. Schurz, *The Manila Galleon*, New York: E. P. Dutton & Co., 1959, p. 82.
⑰ G. V. Scammell, *The World Encompassed: The First European Martime Empires*, Berkeley: University of California Press, 1981, pp. 365, 366.
⑱ 徐学聚：《报取回吕宋囚商疏》，载《明经世文编》卷四三二，《徐中丞奏疏》。
⑲ W. L. Schurz, *The Manila Galleon*, New York: E. P. Dutton & Co., 1959, p. 74.
⑳ E. H. Blair & T. A. Robertson, *The Philippine Islands 1493-1898*, Cleveland: A. H. Clark, 1903, vol.29, p. 79.
㉑ Eufronio M. Alip, *Political and Cultural History of the Philippines*, Manila:

Alip & Sons, Inc., 1954, p. 298.

㉒Shubert S. C. Liao, edited, *Chinese Participation in Philippine Culture and Economy*, Manila: S. N, 1964, p. 31.

㉓徐学聚:《报取回吕宋囚商疏》,载《明经世文编》卷四三二,《徐中丞奏疏》。

㉔Alfonso Felix, Jr., edited, *The Chinese in the Philippines*, Manila: Solidaridad Publishing House, 1966, vol. 1, p. 137.

㉕John Foreman, *The Philippine Islands*, London: Kelly & Walsh, Ltd., 1899, p. 118.

㉖Alfonso Felix, Jr., edited, *The Chinese in the Philippines*, Manila: Solidaridad Publishing House, 1966, vol. 1, p. 62.

㉗陈祖达:《让菲中友好世代传下去》,(菲律宾)《世界日报》2003年9月1日。

从泉州侨乡族谱看海外华侨的不幸遭遇

李天锡*

泉州市是中国的著名侨乡,现辖有鲤城区、丰泽区、洛江区、泉港区、经济开发区、晋江市、石狮市、南安市、惠安县、安溪县、永春县、德化县。侨乡族谱与一般地方族谱的不同之处,在于除了记载世系繁衍、婚娶丧葬等内容以外,还记载了大量华侨出国史料。泉州侨乡族谱也不例外。

本文通过详细分析泉州侨乡族谱中的有关资料,分为三个部分来说明海外华侨的不幸遭遇:(1)西班牙殖民者对菲律宾华侨进行第一、二次大屠杀中,泉州华侨遇害的情况;(2)太平洋战争期间,菲律宾、新加坡、马来西亚泉州华侨遇害的情况;(3)泉州华侨在海外谋生过程中的各种艰难困苦。最后说明,华侨华人在海外的创业史是一部辛酸的血泪史。

一

泉州华侨华人遍布世界各地。据载,祖籍泉州的华侨华人已达600多万人,分布在世界五大洲的110多个国家和地区,其中90%居住在东南亚各国。[①]菲律宾即为其中之一。西班牙殖民者于1571年5月侵占马尼拉,开始对菲律宾实行殖民统治,前后5次(或言6次)对华侨进行大屠杀。

---

* 作者是华侨大学华侨华人研究院教授。本文于2005年"谱牒研究与华侨华人"研讨会上发表。

（一）第一次大屠杀中的遇害者

早期华侨在菲律宾主要从事商业活动，在商业领域占有非常重要的地位。西班牙殖民者无法与之竞争，便企图加以扼杀。1602年，他们利用中国皇帝明神宗听信谗言，派官吏前往菲律宾吕宋岛勘察金矿之事，散布谣言说中国企图占领菲律宾，从而对华侨进行第一次大屠杀。大屠杀从1603年10月3日开始，至11月12日结束，持续时间达41日之久，共有25000多名华侨遇害。晋江安海《飞钱陈氏族谱》载：

> 典箴，字民警，号钦吾，鸿源公次子。生嘉靖丙午六月初九日，卒万历癸卯年。公于六月往吕宋，至九月夷变，与次子章宪被害，四子章亮逃回。

> 大钦，字文仰，号次山，东山公次子，生缺，卒万历癸卯年九月初四日，吕宋夷变遇害。

明万历癸卯年即1603年。我国农历与公历一般相差一月左右，故农历九、十月即公历10、11月，"吕宋夷变"必定是指第一次大屠杀。因此，陈典箴、章宪父子及陈大钦是在第一次大屠杀中遇害的。同谱似此于同年"往吕宋遇夷变被害"者，还有懋芳、吾进、其悌三人。而"献乐"也于万历癸卯年"没吕宋"，很有可能也是这次大屠杀中的牺牲者。

据安海《金墩黄氏族谱》载，在此次大屠杀中有三人遇害，即"中和，字明衷，号调宇，毓青次子。生嘉靖三十三年甲寅十一月十四日，卒万历三十一年癸卯九月初四日，于吕宋之变"。"碘"和"崇"也分别"卒万历三十一年癸卯九月于吕宋兵变"和"卒万历三十一年癸卯十月七日，商吕宋遭变"。

在安海《霞亭东房颜氏族谱》中，记载"卒万历三十一年癸卯九月初四日，卒吕宋"者，有嘉色、廷彩、廷灿、廷粥、廷铠、家盛六人。而在安海《存耕堂柯氏族谱》中也记载占民"卒万历癸卯年九月初四日，葬吕宋"。对照《飞钱陈氏族谱》的大钦和其弟"卒万历癸卯九月初四日，吕宋夷变遇害"等来看，可以肯定这七人也是吕宋夷变遇害的，即也是在西班牙殖民者对华侨进行第一次大屠杀中惨遭杀害的。因为华侨有以地缘或血缘为纽带而在一起聚居的习惯，故他们会在同一天遇害。

因此,据上述4部族谱统计,在西班牙殖民者对菲律宾华侨进行第一次大屠杀中,至少即有17名安海华侨遇害。

(二)第二次大屠杀中的遇害者

西班牙殖民者为了加紧对华侨的管制,于1635年开始实行卡兰巴计划,就是"在马尼拉溯河12西里的内湖西南畔,即卡兰巴地区拨出两大段荒地,强制安置2000名华侨,让华侨把这些荒地开垦成良田,并在一两年内收回成本"[②]。至1639年,被驱赶到卡兰巴的华侨已达6000多人。殖民者不仅四处催迫华侨缴纳地租,而且不时施加强暴。走投无路的华侨不得不铤而走险,于11月19日掀起抗暴斗争。西班牙殖民者便派遣军队进行镇压,从而开始对华侨进行第二次大屠杀。至1640年3月15日华侨的抗暴斗争结束,共有23000多名华侨惨遭杀害。

安海《金墩黄氏族谱》载:"全初,字俞复,号怀荆,中英长子,生万历二十九年辛丑三月初三日,卒崇祯十二年己卯十月初九日,于吕宋之变。"明崇祯十二年己卯即1639年,农历十月初九日当在公历11月中旬,因而"吕宋之变"当为西班牙殖民者的第二次大屠杀无疑。同谱又载:"贻鼎,字俞铉,育壬长子,生万历三十七年己酉正月十五日,卒崇祯十二年己卯十一月初九日于吕宋。"从时间来看,虽然与全初刚好相差一个月,但也在第二次大屠杀期间,因而很有可能也是遇害者。这一点下面将再分析。安海《飞钱陈氏族谱》载:"茂芳,字子昭,号明叔,生万历癸巳年十月 日,卒崇祯己卯年 月,卒于吕宋夷变。"毋庸赘言,茂芳也是在第二次大屠杀中惨遭杀害的。

石狮《容卿蔡氏族谱》载有五条华侨于1639年殁于吕宋的资料,兹抄录如下:

景道,讳则达,号宪台,生丙申年正月初一日,卒崇祯己卯年十一月初九日,在吕宋。

申甫,讳廷绅,号拱北,生万历庚寅年二月廿八日,卒崇祯己卯年十一月初九日,在吕宋。

康甫,讳迪良,号周轩,生万历乙巳年十二月廿一日,卒(崇祯)己卯年十一月初九日,在吕宋。

讳懋琰,字壁甫,号璋斗,景纯公之三子,生万历癸卯年十二月初三日酉时,卒(崇祯)己卯年十一月初。□甫,讳廷梓,生万历庚戌三月初七,卒崇祯己卯年十一月初九日,卒于吕宋。

上述这5位蔡氏华侨都是死于明崇祯己卯年(1639)十一月初九日。从其时正是西班牙殖民者对华侨进行第二次大屠杀期间,这些去世华侨又正当壮年(年龄最大者景道43岁,最小者□甫仅29岁),而又都于同一天死亡,可以肯定属于非正常死亡,即死于非命,因而必定是在大屠杀中惨遭杀害的。由此对照《金墩黄氏族谱》中贻鼎"卒崇祯十二年己卯十一月初九日于吕宋",可知他必定也是"夷变"中的殉难者。若再细究,该谱所载全初"卒崇祯十二年己卯十月初九日"很有可能是"十一月初九日"之误,因为同一天即有贻鼎及上述5位容卿华侨遇害。据此统计,在西班牙殖民者对华侨进行第二次大屠杀中,泉州华侨有姓名可查者即有8人死亡。

综上所述,在1603年和1639年西班牙殖民者对菲律宾华侨行第一、二次大屠杀中,泉州华侨至少有25人惨遭杀害。然而这仅仅是有据可查者,实际数字当远远不止此数。如果再加上其他3次(或4次)大屠杀中的遇害者,数字就更难以估计了。

二

1941年12月8日,日本侵略者偷袭珍珠港,悍然发动太平洋战争。同时,分兵五路进犯菲律宾、马来半岛、缅甸、印尼和中国香港等地,并且很快地占领这些国家和地区,对当地人民进行残酷镇压。

(一)菲律宾

1941年12月21日,日军在菲律宾林加延湾登陆后,即四处烧杀抢掠,狂轰滥炸,不少华侨惨遭杀害。

石狮《浔海承德堂施氏家谱》载:"能相,性祝公长男。生民国庚申年十月廿五日,卒民国卅三年甲申十二月初八日。卒菲律宾王城内,被日寇炸亡。年二十六春。"能铲"卒民国卅三年甲申十二月十四日寅时。

亡在菲律宾王城内,被日机炸亡"。能墙也"卒民国卅三年甲申十二月,被日机炸死菲岛王城内"。据推算,民国卅三年甲申农历十二月初八、十四日分别为公元1945年1月21日、27日。由此可知,日寇在1945年节节败退情况下,曾于1月间数天对菲岛王城内进行疯狂轰炸,使华侨遭受惨重损失。

此外,日寇还有计划地对华侨进行大屠杀。石狮铺锦《黄氏宗谱·淑再家谱》载:"钦霖,培朴公之子。生光绪癸卯五月廿六日吉时,卒失年正月十二日吉时,被日寇杀害(于)菲岛。"《铺锦油园房黄氏家谱》又载:"钦石,培庤公之子。生于宣统三年辛亥三月十一日申时,卒民国卅四年乙酉正月十二日申时,殁吕宋,被倭所害。""钦招,培庤公五子。生于民国八年己未七月初八日丑时,卒民国卅四年乙酉正月十二日申时,殁吕宋,被倭所害。"此处之"倭"是我国人民早期对日本之蔑称。从"钦石""钦招"两兄弟均"卒民国卅四年乙酉正月十二日申时"(即1945年2月24日下午3—5时)及"钦霖"也是卒于"正月十二日"来推测,"钦霖"必定也是卒于同一年(即1945年)。据调查,1945年2月24日(即农历正月十二日),日寇把600多名华侨集中起来,押到村外去掘地沟,然后把他们关进屋里,再5人一组一组地带出去,一一刺死,推进沟中。在600多名遇害的华侨中,铺锦村有34人。现在人们记得姓名者除上述3人外,还有黄淑穆、黄天来、黄淑田、黄淑评、黄淑瓶、黄淑龙、黄培世、黄淑圆、黄钦波、黄淑枞。日本投降后,华侨把这些遇害同胞安葬在仙答洛华侨公坟,并载有碑文及遇害华侨姓名。证之史籍,这次灾难是日寇在菲律宾屠杀华侨最多的圣巴勃罗"二二四惨案",地点是在康塞普西翁村的椰林中。③

类似情况在其他地方也曾出现。在日寇大规模的残酷屠杀中,不少华侨是举家数人同时被害的。晋江《晋邑溜江溪美陈氏家谱》载:"华蔚公,号赍志,章涂公嗣子,章欣公长子入继。生光绪二十八年四月初八日,卒民国三十二年(按:1943年)十二月二十九日,享年四十三。妣蔡氏,享年二十一;继妣蔡氏,享年三十一。公侨居菲岛,善经营,不幸遭世界大战,现继妣及五子同时被倭寇所害,受祸可谓惨矣。子六:国瑞、国洛、国诚(养)、国敏、国道、国星;女二:长彩霞,次眉如。"南安《武荣诗山霞宅陈氏族谱》载:"文波,字涛远,宏盉公三子,在纳卯从其父母。偕其五、六、七诸弟同遭日寇杀害,亦云惨矣!"

史籍载:"在日军占领菲律宾的三年半中,华侨牺牲估计达1万人。"④可见损失之巨大。

(二)新加坡

1941年12月8日凌晨,日军在泰国南部北大年、宋卡和马来半岛北部哥打巴鲁等地登陆,仅一个多月就占领了马来半岛。1942年2月15日,新加坡随之沦陷。日本侵略者认为,新加坡是"抗日华侨的中心",必须采取"拔本塞源的方针",从1942年2月21日起,就开始对华侨进行有组织、有计划的大屠杀——"检证"。④所谓"检证",就是强迫华侨列队通过日寇设立的关卡,逐一接受盘问,稍有嫌疑,即被扣押,大批华侨惨遭杀害。

南安《芙蓉李氏族谱》载:

> 成实,引坤公养子,生光绪卅二年十二月初五日,卒民国卅一年正月初四日,被日寇惨杀,葬新加坡。
>
> 引昌,国拔公三子,生光绪卅三年八月初十日,卒民国卅一年正月十一日,往实叻,殁于日寇,葬实叻振林山。
>
> 集治,国元公长子,生光绪卅二年四月廿七日,卒民国卅一年正月廿一日,往实叻,被日寇所杀。

实叻,是新加坡早期之俗称。据推算,民国卅一年农历正月初四、十一、廿一日,分别为公元1942年2月18日、25日及3月7日。由上述可知,除成实外,他们均是在"检证"大屠杀中被害的。据同谱所载,民国卅一年正月十一日遇害的还有"慈远",正月廿一日遇害的还有"引墙"。此外,未载明遇害月日者,有"成运,生光绪十九年癸巳,卒民国卅二年(按:1943年),往新加坡,殁于日寇";"成日,生民国二年,卒民国卅二年(按:1943年),往新加坡,殁于日寇"。

据上述情况分析,我们可知日寇对新加坡华侨的屠杀并非自2月21日"大检证"开始,至少在此3天前就已经开始了,"检证"是对华侨大规模的屠杀。日寇如何屠杀华侨的呢?据调查,有迫令华侨自行掘沟,然后用机枪扫杀;有用船把华侨载到海上,然后把他们推落水中;等等。其手段是十分野蛮和残忍的。据估计,仅死于"检证"的新加坡华侨就达2.5万～3万人。⑥其腥风血雨、血流成河之惨况,实在令人难以想象。

(三)马来西亚

1942年,日寇便开始陆续在马来西亚各地进行一系列的"肃清"大屠杀。他们出动大批军警,封锁交通要道,威迫和诱骗华侨集中起来接受"检证",被认为是嫌疑人者即被拘留,大都惨遭杀害。

德化《华山肖氏族谱》载:"金义,字家忠,芳子。生民国十一年,民国卅二年(按:1943年)四月十六日辰时被日本杀于南洋吗咯,葬在南洋峇株巴辖亚依淡中华公冢。娶苏美凤,生民国十六年,民国卅二年(按:1943年)四月十六日被日兵杀于南洋吗咯,葬在峇株巴辖亚依淡中华公冢。""晋来,字往礼,生光绪丙午,终民国卅一年(按:1942年)正月十三日,在南洋峇株巴辖士隆被日寇掳杀,葬在株亚依淡中华公冢。"

德化《奎斗徐氏族谱》也载:"宜汀,字宗盟,重次子。生光绪卅四年,卒民国卅三年(按:1944年)二月十五日,在南洋麻坡被日寇杀害。""志外,字功发,名其英,宜酒次子。生民国五年,卒民国卅三年(按:1944年)二月十六日,被日寇杀害,葬南洋东甲州二碑金山麓。"

永春《桃源潘氏族谱》载:"嗣□,讳来成,世深长子。生民国庚申,卒民国壬午年(按:1942年)正月十七日,葬峇六呷,遭日本剿杀。双承子,继传。""嗣□,讳来兴,世深嗣子,系柏如派世业三子。生民国癸亥十一月二十六日,卒民国壬午(按:1942年)正月十七日,葬峇六呷,遭日本剿杀。"《三修永春夹漈郑氏族谱》也载:"增标,光绪二三年生,在马为日寇(所)杀。"

从以上资料推算可知,除"增标"遇难月日不明及"晋来"于1942年2月27日遇害外,余者均在3月1日以后遇害,最迟者"金义"及其妻"苏美凤"的殉难日期为5月19日,可见都是日寇进行"肃清"大屠杀中的牺牲者。

在日寇的疯狂大屠杀中,妇孺婴孩也难幸免。永春《桃源潘氏族谱》载:"世□,讳锦顺,生光绪庚子年十二月初八日,卒民国壬午年(按:1942年)正月十七日,葬峇六呷,与妻俱遭日本杀剿。娶王氏,生宣统庚成年十一月十九日,卒民国千午年(按:1942年)正月十七日,与夫同葬。子四,金智、金坡、金针、金□。次、三、四俱被杀。"日寇罪行,实非笔墨所能尽述。

三

华侨远离乡土,寄人篱下,除了受到当地殖民者的压迫和剥削以外,还常常受到毒蛇猛兽、疾病及种种险恶自然条件的侵扰和威胁,以及其他人为因素的制约,因而在当地谋得生存并逐渐获得发展是非常不容易的,需要付出巨大代价。

《永春鹏翔郑氏族谱》载:"智朴,字美素,号样成,华尔次子。生咸丰辛亥十一月二十五日,卒光绪丁亥(按:1887年)十二月十三日,往夷被虎噬死。"似此被野兽所害者又何止郑智朴一人呢?

各种疾病也威胁着华侨生命的安全。晋江青阳《霞浯莉茂房燕巢公家传族谱》载:"(吴)礼树,笨官之男。生1912年民国壬子,卒1946年民国丙戌五月二十四日,享年三十六岁,时瘟而卒。树君曾菲岛谋生,哀之。"晋江池店《凤池李友兰公派房谱》载:"孙变公,尔源公长子。聘而未冠,往安南寻父,抵阜未周二月,染疴而殁。……卒光绪戊子(按:1888年)三月十九日。卒年二十四。"晋江东石《黄氏族谱》:"秀靴,毓挑八子。生道光壬寅二月十七日,往夷归,到半海得病而殁。"仅此数例,可见疾病曾经夺走了多少华侨的生命啊!

华侨身居异域,人生地不熟,还时常会遇到各种意想不到的不幸。见诸族谱记载者有:"相似,良襟四子,生光绪壬辰年(按:1892年),在夷被风车轧亡。"方圆"就商南洋菲岛南甘吗嘴省吓牙地方,在货车过(遇)险受伤毙命"。"光易,字庆周,号明勋,世滂养长子。生光绪乙未三月初九日,卒民国癸亥(按:1923年)十二月二十一日。殁南洋,遭劫匪所害。"如此等等,不胜枚举。晋江《陶泽飞钱陈氏家谱》又载:"宗钞,土板次子。生光绪甲午十二月二十一日,卒民国癸酉(按:1933年)三月十一日。夜间在小吕宋桥头港投水而亡。配西溪寮蔡氏名瓶娘。子三,师、清、眼。"陈宗钞家中有一妻三子,正常来说生活应该是很幸福的。可是,他却投水而亡,可见他所遭受的肉体或精神痛苦是很大的。

火灾也是华侨经常遇到的灾害之一，尤其是在菲律宾。因为其楼房多为木质结构，暑季气候干燥炎热，火灾经常发生，华侨深受其害。晋江陈埭《西崖公（林氏）族谱》载："考讳后诣，乃启福公次子。生民国丁巳六月初九日，卒共和甲辰（按：1964年）三月二十七日，享年四十八。在岷尼拉受回禄身故。二女爱兰、淑美皆受回禄身亡。"据《辞源》载，回禄即火灾。林后诣及其二女均在一次火灾身亡，可谓惨矣。

有些华侨经过多年奋斗，当事业有一定成就时，却遭受火灾毁灭，损失更是惨重。晋江《英南路西中斋公支裔笃园公派下分高湖厝头份谱牒》载："（洪）源训公，溯礼公次子，字源敦，号俊杰，生光绪丁丑年三月十二日，卒民国癸亥年（按：1923年）十二月初一日。安（按：应为'按'）：训有非常文才，言忠行笃敬，禀性端庄，克振家业，大财经营。夷狄岷岗，宏开竣业，高筑大厦高堂。不意惨遭回禄，一网打尽，实命不牢，非人力之难，复成旧址于高堂，非容易之成功，但武侯计上方，困司马之失望，皆谋事在人成事在天。诚哉是言。"可见洪源训在遭受火灾的惨重损失之后，并不灰心丧气，而是以坚强的毅力，努力奋斗，故能于"旧址"复成"高堂"，实在是"非容易之成功"。族谱中的其他此类记载，如世缠"及游岷邦，心力憔悴，而手足胝胼，频年锱积，悉赡弟子侄衣食之用，恩养无不臻至"。明发"一生艰苦创业，尊祖敬宗，顾以手足，合家往南洋吉隆坡，卒于吉隆坡，葬怡保律"。世私"刻苦耐劳，与弟世坚佐父建鳌岗堂，亦光前裕后之祖物也"。如此等等。我们知道，族谱是要用最简练的语言来记载与该宗族有关的各种事务。因此，似此"心力憔悴，而手足胝胼""刻苦耐劳""一生艰苦创业"等，包含着华侨的多少辛酸血泪啊！

综上所述，我们不难看到泉州海外华侨华人数百年来所走过的艰辛历程。然而，这仅仅是海外华侨华人的一个缩影。华侨华人的不幸遭遇，形象地说明华侨华人在海外的创业史是一部饱含辛酸的血泪史。

注释：

①泉州市华侨志编纂委员会：《泉州华侨志》，北京：中国社会科学出版社，1996年，第1页。

②黄滋生、何思兵:《菲律宾华侨史》,广州:广东高等教育出版社,1987年,第126~127页。
③黄滋生、何思兵:《菲律宾华侨史》,广州:广东高等教育出版社,1987年,第462~463页。
④黄滋生、何思兵:《菲律宾华侨史》,广州:广东高等教育出版社,1987年,第463页。
⑤林远辉、张应龙:《新加坡、马来西亚华侨史》,广州:广东高等教育出版社,1991年,第417页。
⑥蔡交君:《日军检证大屠杀人数之商榷》,《联合晚报》1983年6月7—9日。

晋江人与妈祖信仰传播

李天锡[*]

2009年9月30日,妈祖信俗被列入世界人类非物质文化遗产代表名录,成为中国第一个信俗类世界文化遗产。那么,何谓妈祖信俗呢?简单地说,妈祖信俗就是妈祖信仰及其有关习俗。由此可见,妈祖信仰在全世界的影响是非常广泛、非常深远的。妈祖信仰的传播和移民有密切的关系。晋江是福建省的著名侨乡,又是台湾同胞的主要祖籍地之一,同时还有大量人口移居香港与澳门。因此,晋江人在世界各地传播妈祖信仰过程中是发挥过很大作用的。

本文拟就自古至今晋江人在海外与我国台湾、香港、澳门地区传播妈祖信仰的情况略作阐述,以见一斑。然而,由于晋江行政区域几度变动,故本文所指的"晋江"并不局限于目前的晋江市,而是以其时的行政区域辖属为依归的,即包括现在的石狮市及鲤城区等地。

一

晋江华侨出国历史悠久,华侨华人遍布世界各地,但最集中的地方是菲律宾。据1987年侨情普查统计,晋江海外华侨华人共达94.45万人,其中菲律宾65万人,占总数的68.8%。[①]

菲律宾也有妈祖信仰传播,有的妈祖神像还被当地人当作天主教女神加以崇拜,可见影响是不小的。据载:"达社(按:南吕宋描东牙示省达亚社)……为该省之一重要社镇……社中有天上圣母宫在焉。此

---

[*] 作者是华侨大学华人研究院教授。本文于2011年"谱牒研究与海洋晋江"研讨会上发表。

宫建于何时……当远在公元1572年。"②1572年,即明隆庆六年。该庙是目前所知的菲律宾第一座妈祖庙,也是目前所知的海外较早的华侨庙宇之一。然而,这座庙宇是何人所建,至今尚未见有明确记载。尽管如此,笔者以为,综合有关情况还是可以推测出它的蛛丝马迹。在菲律宾近百万华侨华人中,祖籍晋江者约占65%,晋江华侨在菲律宾的举足轻重作用可以想见。还有,晋江人很早就移居菲律宾,据目前确凿史料可知,早在宋末元初就有晋江人董柳轩开族吕宋"大明街"。③此后,移居者逐渐增多,至明代后期已经形成了一定规模。西班牙殖民者曾于1603年(即明万历三十一年)和1639年(即明崇祯十二年)对菲律宾华侨进行过两次大屠杀。1609年在马德里出版的菲律宾历史名著、阿苏银拉(Bartolome Leonado de Argensola)所著的《摩鹿加群岛征服史》(Conquest of the Moluccas Islands),详细记述了第一次惨案,其中有这样一句话:"在圣·弗兰西斯节日的三天前,有四百余名安海(Anhay)商人留在市中,因为他们无法售卖他们的商品。"④此处所云之"安海"当为晋江辖属的安海镇无疑。由此可见,明万历年间(1573—1620)在菲律宾吕宋岛马尼拉市就已经有400余名安海商人。当然,若再加上晋江其他地方的华侨就不止此数了。同时,"安平之人(按:安海人)尝以浮海为生,人多祀天妃女神"⑤,因而安海商人把妈祖信仰传播到菲律宾自是必然的。此外,描东牙示省又在马尼拉南部仅100多公里处。因此,菲律宾的第一座妈祖庙——描东牙示省达亚社天上圣母宫为晋江华侨所创建是完全可能的。

如果说上述晋江华侨创建菲律宾描东牙示省达亚社天上圣母宫还是一种推测的话,那么,晋江华侨在创建新加坡妈祖庙天福宫中的重要作用就是无可辩驳的了。新加坡是莱佛士(Thomas Raffles)于1819年开埠的。据新加坡学者彭松涛先生考证,开埠后第三年"即1821年有泉州帆船(俗称乌槽),自泉州晋江祥芝乡直航新加坡,掀开中国与新加坡航业史上的第一页"⑥。又据直接参与驾驭帆船前往新加坡的老船员黄渊捷老先生说:"听老一辈舵公说,这第一艘帆船在直落亚逸(马来语,意为海湾)靠岸时,即在天福宫现址之海滩上,摆上香炉,安上天后神位,设立神龛,朝拜起来。"⑦自此之后,每艘前往新加坡的帆船(即乌槽)都附载石栋梁、砖瓦、琉璃前往以供建筑之用。经过20年时间,终于在1842年建成了宏伟壮观的天福宫。当然,运载石栋梁、砖瓦、琉璃等建筑材料前往新加坡者,并不局限于晋江祥芝一带的华侨,而是包括泉州、漳州一带的所有闽南华侨。可是,晋江祥芝华侨首先在该地"摆上香炉,安上天后神位,设立神龛,朝拜起来",即在创建天福宫过程中的主导作用是应该肯定的。上述"泉州晋江祥芝乡"即现石狮市祥芝镇祥芝村。对此,笔者已有专文考证,[⑧]恕不赘述。

晋江华侨华人遍布世界五大洲50多个国家和地区,除菲律宾、新加坡以外,还有印尼、马来西亚、缅甸、越南等。[⑨]这些国家和地区也都有妈祖信仰的传播,其中同样也有晋江华侨华人的一份功劳。据载,明建文庚辰(1400)二月,晋江人陈金坤、王秉礼结伴前往琉球时,即把安海庄头妈祖宫(又称"万安天妃宫")香火传往该地;正德戊寅(1518)十月,晋江十二都王定斌、定赋兄弟也把该宫妈祖分灵到印尼;万历辛丑(1601)九月,晋江九都黄纪忠、颜业森二人也拈其香袋前往越南传播。[⑩]至于其他地方的情况,则难以一一详述了。由此可见,晋江华侨华人确实为在海外传播妈祖信仰做出了很大的贡献。

二

妈祖信仰在台湾的传播同样是非常广泛、非常深远的。这是大陆人民与台湾人民长期进行经济文化交流的结果。在大陆人民与台湾人民进行宗教文化交流而在台湾传播妈祖信仰过程中,晋江人民同样做出巨大贡献。此处拟以晋江南浔乡(即今龙湖镇衙口村)人施琅及其族侄施世榜为例略作说明。施琅(1621—1696),早年跟随郑成功抗清,后因父、弟被杀,归顺清廷,先后担任副将、总兵、福建水师提督等职。康熙二十二年(1683),他奉命专征台湾,打败了盘踞一隅的郑氏政权,结束了海峡两岸的分裂局面,实现了祖国统一。施琅在出征台湾之前,曾从莆田湄洲岛奉请妈祖神像供奉于战船上,并于康熙二十二年(1683)八月率师入台前在鹿耳门祭拜妈祖,写了《祭鹿耳门水神文》。施琅如此推崇妈祖,迎合了其时征台将士对妈祖信仰的心理,极大地鼓舞了官兵的士气,故在澎湖一战中"将士咸谓恍见天妃如在其上、如在左右"⑪,因而勇敢作战,取得了胜利。攻克台湾以后,施琅"又把原来的明宁靖王王府的'一元子园亭'改建为天后宫,这就是现在台南市著名的大天后宫。宫内大殿上,目前还留着一方施琅手建的靖台碑,供千秋万世的后人凭吊"⑫。"著名的澎湖天后宫,创建于明代,是台湾最古老的庙宇,便是由施琅奏报清廷,才由原名妈祖宫,改变为现在名称的。"⑬施琅之族侄施世榜入台后,恳请施琅把其由湄洲岛奉请来的妈祖神像留在鹿港,施琅从之,亲奉湄洲妈祖进入兴安宫(又称"兴宁宫",即"兴化妈祖宫"),并书写"抚我则后"匾额。该宫后即称"鹿港天后宫"。

康熙二十五年(1686),施世榜献地鸠资改建了鹿港天后宫,使其自东向西,与湄洲妈祖祖庙遥遥相对。乾隆元年(1736),该宫告竣,乾隆皇帝御书了"神昭海表"匾额,后又再书"佑济昭灵"匾额,并且钦定文武百官春秋祭祀。其之所以受到如此厚待,当然与其主祀者为当年施琅亲自从湄洲奉请来的妈祖神像不无关系。由是,鹿港天后宫在台湾的影响便不同寻常。据该宫《宫志》载:"由本宫分灵分香出祖的庙宇有:北港朝天宫、麦寮拱范宫、朴子配天宫、彰化天后宫、台(按:此处疑漏一字)安海宫等400多座,信徒遍布于台岛,每年圣诞到庙进香队伍人潮汹涌,水泄不通。"⑭据悉,目前台湾妈祖庙近510座(又一说820座),而由其分灵分香出祖者竟达400多座,它在台湾传播妈祖信仰过程中的重要作用自是不言而喻的。据统计,施琅攻克台湾之前,台湾的妈祖庙只有10座,台湾统一之后至民国以前新建者达到222座。其中原因之一,也与施琅当年的宣传与提倡有关。台湾著名历史学家林衡道先生曾说:"台湾民间膜拜天上圣母妈祖的风气很盛……这种盛况的形成因素固然很多,但当年施琅的大力提倡影响很大。……施琅当年在台湾推广对妈祖的信仰,真可以说是不遗余力。"⑮仅此一例,晋江人在台湾传播妈祖信仰过程中的巨大贡献也就显而易见了。

三

香港与澳门的妈祖信仰也是比较盛行的。在香港的各种寺庙中,妈祖庙是较多的庙宇之一；而澳门的妈祖庙也有10多座。香港与澳门也是晋江人的聚居地之一。据1987年统计，定居香港、澳门的晋江人达29.85万人（其中澳门2万余人）。[16]因此，港澳两地妈祖信仰的传播也与晋江人有密切关系。

目前所知香港最早的妈祖庙，乃是位于离岛的佛堂门天后古庙（又称"北堂天后庙"，俗称"大庙"）。该庙后山摩崖石刻文中有云："北堂古碑，乃泉（今泉州）人辛道朴创于戊申，莫考年号。"[17]此处说明辛道朴为北堂天后古庙立古碑是很清楚的，虽然其曰"莫考年号"，但据笔者考证，其当为南宋甲戌（1274）前的戊申年，即淳祐八年（1248）、淳熙十五年（1188）或建炎二年（1128）。[18]如上所述，辛道朴既为泉人（即泉州人），因而就有可能是晋江人。因为宋太平兴国二年（977）改平海军为泉州，领晋江等9县。[19]可见其时晋江县是在泉州辖属范围内。当然，也有可能是除晋江以外其他县份的人。然而，笔者以为，无论从优越的地理环境条件，还是从丰厚的海洋文化渊源，或是从浮海泛槎营商异域的优良传统等角度来考察，都以晋江的可能性为大。退一步而言，不管实际情况究竟如何，但有一点是可以肯定的，辛道朴不是莆田人。因为宋太平兴国六年（981）就开始有兴化军的行政建制。若他是莆田人，即当云为"兴化人"，而不可能书"泉人"。据碑文载，辛道朴为北堂天后古庙立碑而在香港传播妈祖信仰的贡献是明显的。那么，如果他真是晋江人的话，这当然就可说是晋江人的一大贡献了。当然，这仅是一种推测，尚没有确凿证据，但也无妨书以备考。据香港大学中国文学系原主任许地山教授考证："香港最早的居民以福建人为多。元明两代，数以百计的莆田人、晋江人、漳州人就成批在香港岛屿定居。"[20]笔者以为，既然晋江人在元明两代就与莆田人、漳州人一样，成批地移居香港，那么他们参与创建妈祖庙的可能性是存在的，只是有待于史料的进一步发掘和考证。即使略此不论，就以目前定居于香港的30多万晋江人也大多信仰妈祖的情况来考虑，他们在当地传播妈祖信仰过程中的作用也就值得肯定了。

澳门妈祖阁是目前所知的当地最早建造的妈祖庙。《妈祖阁五百年纪念碑记》载："澳门初为渔港，泉漳人茌止懋迁，聚居成落。明成化间创建妈祖阁……"此处所云之"泉漳人"当然是指泉州人与漳州人，泉州人中间自然也包括晋江人,因为明代晋江县隶属于泉州府。然而,对于妈祖阁的创建时间,笔者比较倾向于澳门大学博士、现任澳门理工学院历史研究所教授谭世宝先生的观点,即是以明政府的钦差太监李凤为代表的官方与当地"德字街众商(人)"合作于万历乙巳年(1605)共同创建的。[21]如是,因"1553年澳门开埠后,陆续有晋江人前往定居"[22],因而晋江人参与妈祖阁的创建自是在情理之中的。此后,晋江人也积极参与妈祖阁的修建。清道光二十七年(1847)在澳门的泉州商人捐资重修妈祖阁后,立下了《香山濠镜澳妈祖阁温陵泉敬堂碑记》,现在仍然保存在妈祖阁后堂。碑文所记载的155位捐款者中,晋邑(即晋江)商人即有60名,其中陈埭丁氏与衙口施氏占了相当比例,著名军事科学家丁拱辰也捐银20两。另据一块立于嘉庆末年的《重修妈祖阁碑记》载,晋江安海巨商伍诏光在该次重修妈祖阁时捐银210员。[23]至于其他者即无须一一细述了。

  20世纪末,全国政协委员、福建省政协常委、澳门宝盛集团有限公司副董事长兼总裁、晋江安海人颜延龄先生在征得澳门当局同意以后,发动福建同乡总会等团体,筹集资金,在路环岛的叠石塘山上雕塑了一尊全世界最高(高18米、宽25.8米)的妈祖石雕像,并于1998年12月28日(农历九月初九日)举行妈祖塑像开光大典。翌日,又成立了"妈祖天后宫基金会",后更名为"澳门中华妈祖基金会",并决定筹建"澳门妈祖文化村"。经过一段时间筹备以后,2001年5月2日举行了澳门妈祖文化村奠基典礼。2003年10月4日,澳门妈祖文化村主体建筑天后宫举行落成庆典。天后宫坐西朝东,宽54米,进深124.5米,占地面积约7000平方米,中轴线自前往后为甬道、山门、祭坛、拜庭、大殿和梳妆楼,两翼有钟楼、鼓楼、廊庑楼。整座建筑富丽堂皇,蔚为壮观,是澳门迄今最大的庙宇。这一系列工程的创建,把澳门妈祖信仰推向了一个新的高潮。由此可见,自古至今晋江人对澳门妈祖信仰的传播做出了很大贡献。

  综上所述,我们不难明白,无论是晋江籍海外华侨华人,还是港澳台同胞,都曾积极地在住居地传播妈祖信仰;也就是说,他们无意之中在客观上为把妈祖信仰传遍全世界尽了自己的一份努力。因此,妈祖信俗能够被列入世界人类非物质文化遗产,是有晋江人的一份功劳的。

注释：

①吴泰主编：《晋江华侨志》，上海：上海人民出版社，1994年，第35页。

②转引自陈衍德：《现代中的传统——菲律宾华人社会研究》，厦门：厦门大学出版社，1998年，第229页。

③详见李天锡：《宋末元初旅菲华人董柳轩考》，《华侨大学学报（哲学社会科学版）》1999年第4期，第104～108页。

④转引自陈台民：《中菲关系与菲律宾华侨》第二册，香港：朝阳出版社，1985年，第212页。

⑤《安海志》修编小组编：《安海志》，晋江：《安海志》修编小组，1983年，第234页。

⑥彭松涛：《新加坡全国社团大观1982—1983》，新加坡：新加坡文献出版公司，1983年，第122页。

⑦彭松涛：《新加坡全国社团大观1982—1983》，新加坡：新加坡文献出版公司，1983年，第122页。

⑧详见李天锡：《石狮华侨与新加坡天福宫》，《福建宗教》1997年第3期，第42～44页；《两岸学者论妈祖》，台湾省各姓渊源研究学会，1998年，第31～35页。

⑨吴泰主编：《晋江华侨志》，上海：上海人民出版社，1994年，第35页。

⑩中国新闻社泉州支社主编：《泉州宗教大观》，香港：中国新闻出版社，2004年，第188页。

⑪施琅：《为神灵显助破逆请乞皇恩崇加敕封事疏》，蒋维锬编校：《妈祖文献资料》，福州：福建人民出版社，1990年，第191页。

⑫彭桂芳笔录：《林衡道谈古说今》，台北：黎明文化，1980年。

⑬彭桂芳笔录：《林衡道谈古说今》，台北：黎明文化，1980年。

⑭转引自罗永俊、肖一平编：《海神天后东渡台湾》，福州：福建人民出版社，1987年，第35页。

⑮彭桂芳笔录：《林衡道谈古说今》，台北：黎明文化，1980年。

⑯吴泰主编：《晋江华侨志》，上海：上海人民出版社，1994年，第230页。

⑰转引自刘泽生：《香港古今》，广州：广州文化出版社，1988年，第338页。

⑱详见李天锡：《海外与港澳台妈祖信仰研究》，北京：华夏出版社，2008年，第172页。

⑲晋江市地方志编纂委员会编：《晋江市志》，上海：上海三联书店，1994年，第3页。

⑳转引自《香港与在香港的晋江人》，《晋江·纪念香港晋江同乡会成立一周年特刊》，第65页。

㉑详见谭世宝：《澳门妈祖阁庙的历史考古研究新发现》，《澳门历史文化探真》，北京：中华书局，2006年，第38～74页。

㉒ 吴泰主编:《晋江华侨志》,上海:上海人民出版社,1994年,第231页。
㉓ 转引自徐晓望:《福建人与澳门妈祖文化渊源》,徐晓望、陈衍德:《澳门妈祖文化研究》,澳门:澳门基金会,1998年,第45页。

从《世氏族谱》看泉州新发现的锡兰王裔题刻

李国宏[*]

一

锡兰,是位于南亚的一个岛国,今称斯里兰卡,亦是世界著名的南传佛教之邦,古时盛行印度教。五百年前,郑和船队七下西洋,远航亚非"大小凡三十余国,涉沧溟十万余里",海上丝路的畅通,使泉州刺桐港迎来锡兰王子访华使团。一次突如其来的政变,使这位南洋特使滞留泉州,取"世"氏为姓……

为了探寻锡兰王子后裔的历史,泉州学人从20世纪初就苦苦探索,先后经历三次寻觅锡兰王裔的热潮。第一次是从寻找明代锡兰印度教传入泉州入手的;第二次是从文献发现锡兰王裔寓泉的史实;第三次是发现锡兰王裔"世家坑"墓葬区和王裔故宅地址及王裔传承现状。据光绪十八年(1892)世文莱《重修世氏族谱序》称,锡兰世家原有大宗祠堂位于"温陵(泉州)南街忠谏坊(一作'都谏坊')脚",后毁于火。小宗祠堂位于"城北一峰书街",清末被族人折卖。因此,锡兰王裔遗留在世的实物稀少。可是,近日在晋江东石镇发现的一方题刻,却如投石入水,激起层层涟漪,掀起泉州探索锡兰王裔的新热潮。

---

[*] 作者是石狮市博物馆馆长。本文发表于《晋江谱牒研究》总第8期,2001年6月。

二

这是锡兰王裔"人房"第十二世孙世腾云的一方题刻,长102厘米,宽32厘米,青花石质。横排阴刻隶书"鸟语泉声"4个字,上款阳刻"×××翁"引首印一枚。时间署为"庚寅春"(乾隆三十五年,1770年),下款除"世腾云"楷书题名外,还有阴刻"世腾云印"及阳刻其表字"万初"印章各一枚。

据《世氏族谱》(光绪版)记载,世腾云,字万初,号葩园,邑庠生,清代泉州著名书法家。"敦品积学,工八分隶、篆、《百寿图》。"题刻"鸟语泉声"笔法精湛,遒劲之中不失雅致,极具艺术价值。这方题刻距今200余年,是目前泉州首次发现锡兰王裔的题刻实物。

世腾云之父世拱显是清代泉州著名文学家。乾隆《泉州府志·文苑传》称他"本锡兰山君长(按:国王)巴来那公之后"。世拱显少有神童之称,"自诸生及举于乡,文名日噪"。曾被安溪李光坡聘为西席,并协助光坡编撰《十三经注疏》。后中康熙癸巳科(1713)举人,抵京会试,复受大学士李光地留京,在相府参订经书。后授职永定教谕,署理汀州府学教授,有"积学砥行"之誉。著述有《四书管窥》《诗经辑要》《诗文集》。

因此,世腾云作为锡兰王裔的代表人物之一,他的这方题刻便显得弥足珍贵了。

三

世腾云"鸟语泉声"题刻现被砌在东石寨郑成功水操台遗址院墙后门楼上。据东石镇有关人士介绍,题刻原系清代东石航海世家周佐昌家族古厝后花园遗物。

根据《晋邑东石鳌江五福堂周氏族谱》(民国版)记载,周佐昌,讳升,生雍正庚戌年(1730),卒嘉庆戊辰年(1808),为五福堂二世祖。"少习水务,舸艋为业",以航海经商而富甲一方。其家庭在乾隆年间"置商船百余艘"。北起海参崴（符拉迪沃斯托克）、大连，南至吕宋、泗水，东抵我国台湾地区、日本，各地港口均有周姓钱庄、货栈。周佐昌虽以航海致富，却乐善好施，人称"周百万"。他还重视家庭文化教育，创建书房多处，延师课督子侄。而世拱显早年设教于泉州小山丛竹书院，其"诗词古文皆卓然名家，时艺则理法兼备，援经据籍，牢笼群言"。因此，"执经问难者屡满户外，掇巍科居显秩者不可枚举。即七邑人士远不能执贽者，为文会必驰赴斋中求其改窜甲乙，多所造就"。世腾云与其弟世卓云继承父业，"品学兼优，授业诸生皆当时名下士"。出自世家门下著名者先后有安顺知府郭赓武、进士尤垂青、孝廉方正萧汉杰等人。

据此推断，世腾云为东石周家所聘，以教导子侄，并应邀为其后花园题写了"鸟语泉声"这幅作品。《晋邑东石鳌江五福堂周氏族谱》还记载，周佐昌之子曾捐资重修安海东埭桥，萧汉杰应邀撰写《修安平东埭桥记》。

后来，沧桑变幻，周家古厝后花园逐渐荒废，改作他用。到了20世纪80年代，村民重建东石寨，便把"鸟语泉声"这方被遗弃的题刻"利用"起来，镶嵌在郑成功水操台遗址的院墙后门楼上，以"装点门面"。当初人们或许不会想到，这方似乎并不起眼的题刻竟会成为今天重寻泉州锡兰王裔史迹的引路石……

四

由于史籍的残缺，世腾云的身世谜团重重。幸好我们借助一部从台湾辗转而来《世氏族谱》（光绪版），才得以揭开这段尘封了200年的历史，并由此引发出泉州锡兰王裔的一段闽台情缘……

明天顺三年（1459），锡兰王耶巴乃那遣王子率使团访华。"蒙留京读书习礼，月给廪饩甚厚。阙后国用不敷，将各国使给资回去。"（《世氏族谱》序）成化二年（1466），锡兰王子抵泉，突然得知耶巴乃那国王已故，王位已被外人继承。锡兰王子遂寓居泉州城，后蒙朝廷"钦赐姓'世'……建祠郡垣南街都谏坊，公原配蒲氏。至四世始生三男，分天、地、人三房,长裕斋,三简斋,即我(指世文莱)支祖"(《世氏族谱·锡兰支系》)。

清初,"人房"十世孙世涉"分居郡北一峰书街,遂家焉"。世拱显(字尔韬,号小山,墓葬在晋江陈三坝)即世涉之子。

世拱显生三子,长君赐,早殁。次腾云,其曾孙世克喜"长住台郡,至五旬余回唐",仍住一峰书街。三子卓云,其曾孙世振治,字宗汉,号星垣,道光年间移居台湾彰化。

世振治初在彰化设馆课徒,后经营田产。为人急公尚义,先后参与倡修善养所、元清观、南瑶宫、南尾桥、妈祖宫路,有"孝友乐善"之誉。唯恐子孙数典忘祖,世振治"创家乘以志源流……因将世次以及坟墓于所知者汇编……又敬录祖训十六条以为后人遵行"。光绪十八年(1892),世振治病逝于彰化。其子世文莱(锡兰王裔"人房"第十六世)对谱牒稿本重加编次,撰成台湾彰化《世氏族谱》。

世卓云次子世祝健派下仍住泉州,也曾编撰《世氏家传》。乾隆间,官修《泉州府志》在为世拱显立传时就采集《世氏家传》的资料。令人遗憾的是,《世氏家传》今已不存。

海峡流水急,骨肉亲情在。在泉州探寻锡兰王裔的热潮中,移居台湾的世家后裔闻讯后,于1998年携带着这部硕果仅存的《世氏族谱》,来到泉州认祖归宗,成为闽台两岸的一则寻根佳话。而台湾《世氏族谱》所特有的丰富史料价值也已引起学术界的广泛关注,必将为探寻锡兰王裔的历史真相提供不可或缺的佐证。

台湾海峡两岸闽南话的渊源及发展

傅孙义[*]

大陆和台湾同属一个中国,海峡两岸的人民同根、同源、心相通、情相连、骨肉同胞、血浓于水,都是中华儿女。闽台还有着极其密切的地缘、血缘、文缘、商缘、佛缘等关系,千丝万缕,紧密相连,任何人都无法割断。直到现在,闽南地区和台湾全省还同样流行着闽南话。本文将就海峡两岸闽南话的渊源及发展进行探讨和论述。

一

闽南话是汉语的一个大方言。早期,闽南话是以泉州方言为代表的。在泉州方言里,至今还保留着上古汉语和中古汉语语音、词汇的许多特点。用泉州方言朗读唐诗,犹如唐朝人朗读唐诗一样,韵律和谐,平仄相合,悦耳动听。因此,泉州方言如同古汉语的大化石。

闽南话的研究必须从泉州方言开始,不仅可以帮助我们进一步弄清泉州和闽南地区的人文历史,也可以为汉语史的研究提供许多有力的佐证。因为泉州方言的形成与晋、唐、宋时,中原汉人多次大批南下,进入闽南地区定居有着极其密切的关系。

秦始皇平定江南征服百越之后,在福建设立闽中郡,闽越族开始与华夏族融合。三国时,孙吴的军队五次入闽,于景帝永安三年(260),在闽中置建安郡,进一步推动闽中的建设。西晋末年,五胡乱华,晋室被迫东迁。当时,士族与流民因避乱而南迁者上百万人,大部分进入江

---

[*] 作者是泉州市明新华侨中学教师。本文发表于《晋江谱牒研究》总第22期,2008年6月。

东,也有一部分辗转到达闽中,在丰州沿江而居,晋江因而得名。明何乔远《闽书》记载:"晋永嘉二年,中州板荡,衣冠始入闽者八族,所谓林、黄、陈、郑、詹、丘、何、胡是也。"这批中原人带来了先进的生产工具,也带来了较先进的语言、文化,必然对闽南地区的语言、文化产生极其深刻的影响。也就是说,他们带来的4世纪的河洛官话,为闽南话的形成奠定了坚实的基础。

唐宋时,又相继有数批中原人入闽。唐高宗总章二年(669),河南光州固始县人陈政、陈元光父子,奉命率军入闽屯垦,推广中原先进的农业技术。陈政死后,陈元光继承父亲军职,并把军校眷属58姓400余户从河南迁来漳州垦荒。平息"绥安之乱"后,陈元光授漳州首任刺史,后被尊为"开漳圣王"。唐僖宗广明元年(880),河南光州固始县人傅实授命威武军(驻福建)节度招讨使,奉旨统率数千将士进驻泉州,整顿吏治,加强防务,开垦荒地,发展农业,为开发泉州做出贡献,朝廷敕赐银青光禄大夫检校尚书左仆射。唐僖宗光启元年(885),河南光州固始县人王潮、王审知兄弟带领农民起义军入闽,转战多年占领全省大部分地区,并归顺了朝廷。后来,王审知在福州建立了闽国。宋朝时,北方的金兵大举进犯,赵氏皇族大批南迁,到泉州避难人数多达3000多人。朝廷在泉州设置南外宗正司进行管理。

这几批移民对闽南的政治、经济、文化和语言的影响是相当大的。由此可见,泉州方言的形成是与中原汉人的南迁及中原汉语的南移有直接关系,中原汉语成为闽南话的渊源。例如古汉语"我""汝""伊"等三个人称代词,今天的泉州方言仍然保存着。又如"饭"表示"干饭","糜"表示"稀饭","暝"表示"晚上","古早"表示"古代","日头"表示"太阳"等,与古汉语也是一样的。

汉代以前,福建是闽越族居住的地方,百姓说古越语。泉州方言实际上是古汉语与古越语交融的结果。例如泉州方言称女子为"请娘"(俗写"姿娘");又如"濑"表示"湍",现在南安有个地名叫"洪濑",安溪也有个地名叫"白濑";还有"浦"表示"水边",鲤城有"金浦""浦口",丰泽有"浦西",晋江有"浦内",石狮有"上浦""下浦",惠安有"象浦""凤浦"等。这些都是古越语。

泉州方言由于南戏的流传,又与吴越语产生交流而得到发展。例如"早起"表示"早晨";"旧年"表示"去年";"别搭"表示"别处";"滚水"表示"开水";"记认"表示"标记";"面巾"表示"毛巾";"身坯"表示"身材";等等。

泉州方言与荆楚文化也有较多的接触,至今仍旧保留着楚地方言的成分。例如"兮"表示虚词"的";"箬"表示"叶";"雷瑱"表示"雷鸣"等。

明清时,泉州人由于生活所迫,远涉重洋到东南亚各国谋出路,又传入一些外国语,并在家乡流行。例如"雪文"表示"肥皂";"舒甲"表示"中意";"洞葛"表示"手杖";"巴突"表示"规矩";"珠律"表示"雪茄";"巴萨"表示"市场";"马滴"表示"死亡";"甘仔得"表示"西红柿";等等。

唐初,武荣州州治设在丰州,管辖着现在泉州市、莆田市、漳州市和厦门市的地域。由于地域广阔,自然而然地形成了泉州方言、漳州方言和厦门方言,统称为"闽南话",彼此之间的音调存在一些地区性差异,也是很正常的现象。到了清末,随着厦门作为五口通商的港口而兴起,厦门方言地位逐渐上升,取代泉州方言的领先地位,最后成为闽南地区闽南话的代表。

二

祖国东南海上有一个美丽的宝岛——台湾,连同其他岛屿,总面积36000多平方公里,现有人口2300万人,其中80%以上是闽南人的后裔,传承着闽南话。

远古时代,大陆与台湾连成一体,中更新世以后,由于地壳的变动,台湾才和大陆分开。台湾早期住民的大部分是由大陆东南沿海渡过台湾海峡,直接进入台湾定居的,成了泰雅人、赛夏人、布农人等的祖先;另一部分是从东南亚岛屿渡海进入台湾居住繁衍的,成为凯鲁人、雅美人、阿美人等的祖先。许多中外学者认为,台湾先史的基础是大陆的文化。

三国时代,东吴孙权派遣将军卫温、诸葛直率领10000多名官兵到达夷洲(台湾),前后经历一年多时间,因水土不服而返回,丹阳太守沈莹的《临海水土志》写道:"夷洲在临海郡东南,去郡二千里。土地无霜雪,草木不死。四面是山,众山夷所居。山顶有越王射的正白,乃是石也。此夷各号为王,分划土地,人民各自别异。……既生五谷,又多鱼肉……磨砺青石以作矢、镞、刀、斧……"

隋炀帝命令羽骑尉朱宽与海师何蛮带兵到达琉球(台湾)。第二年又令朱宽去招抚未成,只带回一些当地衣物。再过两年又派虎贲郎将陈棱率兵去招抚,遭到拒绝,俘虏千人而归。元代,朝廷开始派军驻守澎湖列岛,并设立巡检司。明朝嘉靖、万历年间,大陆沿海很多商船和渔民进入台湾本岛。他们搭寮居住,成为常住居民,并传入大陆的语言和文化。

明天启元年(1621),郑芝龙参与颜思齐为首的海盗商人,与日本进行海上贸易。他们在日本举事夺权未成而逃到台湾。颜思齐死后,公推郑芝龙为首领,以台湾为根据地,设立佐谋、督造、主饷、监守、先锋等职位,对当地居民实行管理,一方面进行海盗活动,另一方面进行对外贸易。崇祯元年(1628),郑芝龙接受明朝的招抚,担任海上游击之职,先后平定东南沿海的海盗活动,成为最大的海上贸易集团。当时,福建发生特大旱灾,出现严重饥荒,很多人饿死,惨不忍睹。经福建巡抚熊文灿的批准,郑芝龙招募饥民数万人,用海船运载到台湾,每人发给白银三两,每三人分给耕牛一头,组织他们开垦荒地,生产自救,渡过难关。这是有史以来大批移民台湾的创举,对台湾人口的增加和土地的开发,特别是将闽南话带到台湾流行和传播,起了一定作用。台湾被荷兰殖民者占领。

顺治十八年(1661)四月二十一日,郑成功下令进军东渡台湾,统率25000名官兵,乘坐400多艘战船,从金门料罗湾浩浩荡荡出发。郑成功打败荷兰殖民者,使沦陷38年的宝岛台湾重新回到祖国的怀抱,他也成为举世公认的民族英雄。他着手将大陆的政治制度和文教制度移植到台湾,更突出的贡献是寓兵于农,教民农耕,择地盖屋,建立城市,开展贸易,对外通商。这是第二次大批移民取得的成就,也将闽南话在台湾更进一步地推广。

当时,清廷听信黄梧的奸计,长期实行"禁海迁界"政策,强迫大陆沿海的山东、江苏、浙江、福建、广东等五省居民内迁三十里,造成福建沿海居民数万人流离失所，无家可归。郑成功因势利导，派遣得力亲信回大陆，将难民一批一批地秘密运载到台湾，发给生活费用和生产工具，让其安心地参加垦荒。这是用另一种方式让移民进入台湾参加开发，他们对闽南文化和语言的传播和发展功不可没。

郑经继承延平郡王位后，曾拒绝诱降继续抗清，在闽南招兵买马，壮大义军，先后攻占泉州、漳州、邵武、汀州、兴化等五府之地。后来，由于战争失利，他忍痛焚毁厦门演武亭行营，将数千部将撤回台湾，参加军垦。这又是新的一批移民入台参加开发。至此，台湾的汉族人口已经增加到20多万。他们的根在大陆，台湾文化的根也在大陆，当地闽南话的根更是在大陆。

康熙二十二年(1683)六月十四日，施琅率领水陆官兵20000多人，战船200多艘，从铜山出发，向澎湖、台湾进军。郑军战败，国家实现统一大业。嘉庆十六年(1811)，经过清初几次移民的大高潮之后，台湾的汉族人已经猛增到180万人，为台湾社会提供了大批劳动力，也为台湾的进一步开发提供了最重要的生产力，更为台湾人民的闽南话普及提供了大舞台。

甲午战争，清朝战败。1895年，中日签订了《马关条约》，日本占领台湾，野蛮地推行所谓"皇民化"政策，禁止台湾人叫中国名字，使用汉字，说闽南话……台湾人失去人身自由，沦为"二等公民"，真是暗无天日。

抗日战争胜利后，台湾重新成为中国的省份之一。当时，国民政府除了着手恢复政治、经济、科技、文教等建设之外，还在闽南地区招收数千知识分子，派到台湾做接管和普及普通话与闽南话的工作。后来，大陆又有数十万闽南人相继涌入台湾谋求发展。因此，闽台的五缘关系更加紧密、融洽，使闽南话在台湾人民的心中扎下更深的根。

目前，台湾2300万人的官方语言是普通话，民间仍然流行闽南话，即使1949年随国民党进入台湾的100多万军政科技人员及其家眷后代，占总人口数15%，也学会说闽南话，尤其是闽南俗语"拿香跟拜""好酒沉瓮底""横柴入灶"等，经常被当地许多媒体引用。童谣、民歌、南音、南戏、歌仔戏、嘉礼戏、布袋戏等民间文学艺术与闽南话的关系更是密不可分，融为一体。

当今，我们探讨和研究海峡两岸闽南话的渊源及发展，其目的是更好地继承和发扬闽南话的优良传统，在新的历史时期为海峡两岸的人民造福，为祖国的统一大业服务。

传统宗族与跨国社会实践

宋 平[*]

在关于传统中国农村社会的描述中，一个显著的特征是宗族人口经常占据本地人口的大部分。这就是为什么许多学者会认为中国的宗族在一个给定社区内是构成当地社会结构基本组织的原因所在。20世纪50年代至70年代初研究中国家族组织的学者形成这样一个共识：集体所有的族产尤其是地产所形成的经济吸引力是维持宗族成员归属感的关键（Freedman，1958；Baker，1968；Anderson，1970）。其内含逻辑是对土地共同所有权的丧失会直接导致宗族稳固性和影响力的丧失，宗族因而不复为一个重要的社会组织。但华琛（James L. Watson）在他对香港沙田万氏家族的个案研究中令人信服地论证道，维系宗族向心力的关键因素不仅只是土地，而且在于经济和社会利益，这种利益获自宗族成员身份（Watson，1975）。他的资料显示了万氏家族自沙田成为一个移出地社会后，已不再通过由族产所形成的经济纽带来彼此联合，但对其族人来说，共有的家族成员身份仍然具有基本意义。这里两个因素颇为关键：其一是万氏族人凭借宗族纽带移民英国，并且在族人所开设的餐馆里找到工作；其二是其宗族对移民来说成为一个重要的安全保障机制。就笔者看来，这个个案的意义在于它揭示了即使在全球化肇始时期，中国宗族，作为一种富含意义的社会和文化组织，不仅应该被置于中国大陆、台湾和香港的区域里进行研究，而且应该被放在更为宽广的全球背景下，更确切说，放在一个跨国社会空间内来加以考察。

华南农村，尤其是福建和广东，见证了中国自推行改革以来尤其是

---

[*] 作者是厦门大学人类学与民族学系教授。本文于2005年"谱牒研究与华侨华人"研讨会上发表。

20世纪90年代后家族组织的复兴。在闽南,修复祠堂、重新编纂族谱以及祭祖现象随处可见。事实上,闽南地域之所以在外观上易于辨认,除了因为那些颇具色彩的结合南洋、西方和当地建筑风格的三四层楼房外,还因为一些引人注目的建筑如祠堂、庙宇和学校分布在地域景观上。尽管各级政府从未对家族组织予以确认,但在闽南,宗族组织事实上凭借各种形式广为恢复。

文化传统在闽南的普遍复兴与这个地区社会结构上的一个特点密切相关:作为主要侨乡之一,闽南与东南亚华人社会历史性地形成了跨地域关系纽带。过去三十年来,东南亚华人与闽南侨乡社会及政府从各自的需求出发,积极地参与和推动了文化传统的复兴和再造工程。

本文结合人类学和历史学方法,以闽南一宗族为个案,探讨文化和社会传统组织在东南沿海的复兴与海外华人跨国社会实践的关系。

一、海外华人与宗族组织的生命力

过去十年,研究中国社会史的学者们注意到了自20世纪50年代后期就衰微了的农村地区宗族组织的惊人复兴。他们对此现象的解释可归结为两种观点(Siu,1989;Sulamith and Jack Potter,1990;Huang,1990)。

其一,现代国家权力通过促进发展致力于改造社会。尽管这些改革计划立意于改造传统社会基层组织,但为保持稳定起见,政府同时也不得不对旧有的基础良好的社会组织加以利用。这种矛盾的方式给了宗族组织存在乃至于进一步发展的空间。

其二,宗族组织本身具有源于其积极功能的旺盛活力,例如促进互助,强调谋取公众利益的服务、合作以及旨在获取共同目标的对社区内人力资源的调动。正是这些功能使宗族组织能在农村地区得以生存。当环境提供了适宜发展的条件时,农村地区各种组织随即复兴。

但是,这两种解释都倾向聚焦于中国大陆的因素,海外华人的影响被忽略了。如果我们从宏观的角度来看东南亚华人社会史,一个现象引起我们的注意。几乎伴随着自20世纪70年代海外华人开始在亚太地区新型资本主义的产生中扮演了关键性角色的事实（Ong and Nonini,1997:11），东南亚华人社区内各种华人组织开始蓬勃发展起来（宋平,1995）。受吉尔兹（Clifford Geertz）文化内旋理论的激发,施振明认为菲律宾华人传统组织在20世纪70年代与80年代的繁荣,源于华人社会面临的居住环境的巨大压力。受制于少数族群与主流社会之间的界限,华人移民通过激活和再造传统组织发了一种内旋的文化（施振明,1985）。笔者则认为这种现象更应该与战后东南亚华人社区的转变联系在一起。自20世纪70年代以来,华人移民经济在该地区已发展成独具一格的资本主义力量,这一事实导致了富有财力的华人企业家群体的产生。在社会转变时期,即从移民社会转化为本土社会,成功的企业家寻求社会地位而移民无产者则寻求保护和安慰。作为一种基本的传统性组织,宗族满足了这一需求（宋平,1995）。在这里,曼纽尔·卡斯特尔的关于人们在这个日益困惑的变动社会中倾向于根据"基本认同"来重新划分自己的假设似乎得到印证（Castells,1996）。

在改革开放之后,当东南亚华人试图重建与他们华南家乡的联系时,这些基于宗族、地区和宗教认同之上的组织化的社会网络顺理成章地促进了这些联系的建立。一定程度上,华南农村传统组织的复兴是由移民及其家乡社会共同推动的认同运动的结果。

但是,这并不意味着纯粹的认同原则是华人跨国行为的主要刺激动力,也不意味着传统组织的唯一功能只是一种认同表达的渠道。作为理性的个体,跨国行为个体自始至终地遵循着市场基本原则,尝试去实现其利益最大值。在这里,利益不应该被狭义地理解为仅在经济层面上的。相反,它应该被理解为对行为个体的各种需求的满足。它既包括物质上的需求,如盈利与资金增长,也有对权力和声望的无形需要。进而言之,倾向于最大可能利用潜在机会的跨国行为个体,基于他所积累的个人经验和从他所从属的形成于历史的集体记忆判断出他的利益所在。在这里,历史与现实的逻辑合而为一。

一方面,政府"积极地推行旨在将海外移民再结合进入以国家为中心的工程"（Smith and Guarnizo,1998）的努力在这里不应该被忽视。中国实行了很长一段时间的计划经济,现在加速现代化被定为国家的目标,政府所能做的就是动员每一种业已存在的社会资源。由于中国社会的社会资源是与各种社会文化组织交织在一起的,因而政府的政策不得不为此类组织的复兴与发展提供空间。地方政府为发展地方经济,在搜寻和动员各种实际和潜在的资源上更具活力。因此自20世纪80年代后,可以看到地方政府推行的一系列旨在利用地区和其他形式的文化认同的工程。

另一方面,历史上中国宗族组织的弹性和活力也值得引起我们的注意。历史学家们普遍相信传统家族组织自宋代形成,自宋以后进入繁荣期。标志着强有力宗族产生的三位一体的宗族实践——宗祠修建、族产设立以及族谱修订在福建沿海广为流行。明清时期,福建的宗族组织已能执行完整的社会功能。在政治上,与里甲和保甲系统[①]相结合,宗族成为基层政治权力组织并执行管理职能,如公共秩序、司法、征税和分派赋役。在经济上,家族不仅是生产和生活的基本单位,而且在水利设施维护、交通、市场贸易和社会福利方面扮演着重要角色。在文化上,家族聘请教师、设立私塾、支持家族成员参加科举,并且在更大的范围内资助公共活动,尤其是宗教仪式和当地民间文化活动(郑振满,2001)。

在关于中国宗族的研究中,对宗族组织的广泛分布和弹性有着不同的解释框架。历史学者强调宗族的政治功能。以往的中国历史学家倾向于使用阶级分析法,宗族内部阶级矛盾的激化被视为宗族组织产生的重要原因。宋代的地主因此开始设立宗族共有的地产,建立祠堂并对封建伦理秩序和家族规则加以利用,目的在于加强宗族权力以控制其成员。这就是所谓的"敬宗收族"。日本学者则着眼于宗族在中国传统社会所扮演的政治角色上(郑振满,2001)。

人类学家们对宗族的社会经济和文化功能更有兴趣。他们的成果显示了宗族作为一种血亲组织,有助于缓和阶级矛盾和加强互助合作。因此它提高了人们适应生活环境的能力(Fei,1939;Freedman,1958;Huang,1990)。

尽管上述研究角度不同,但依然传递了以下几点信息:

第一,福建沿海地区强势宗族(通常有成百上千户家族成员)的出现与成形不仅源于良好的生态环境,也与商业经济的发展密不可分。以晚清福州农村为例,本地居民大多从事农村工业、贸易或者商品农业而不是传统的农业经济。②多重经济结构为其宗族成员聚族而居提供了坚实的物质基础。因此,这种传统的组织形式并不是传统农业经济的必然产物,与一般观点相矛盾的是,自宋以来商业经济的兴起事实上为福建沿海强势宗族的形成和延续做出了明显的贡献。

第二,宗族的组织原则显示了它具有很强的适应性和灵活性以及自我调节能力。在福建历史上,尤其是明朝嘉靖倭乱时期和清初战乱及海禁时期,这些特征表现得尤为明显。宗族在饱受摧残后能够在泛血缘或者契约的基础上重建组织(郑振满,2001)。当宗族成员在海外移民社会中再造组织时,其组织原则的灵活性更为突出。例如二战后,在菲律宾华人社会中出现了许多建立在虚拟血缘基础上的联宗组织。这种趋势进一步加强了传统组织对变动环境的适应力(宋平,1995)。在全球化加速发展的背景下,20世纪90年代见证了各种形式宗亲会的世界联宗性组织的出现。这种新现象显示了传统社会文化组织是如何能够富有动力性地调整其组织原则以适应迅速变化的世界的。

第三,宗族组织的形成和发展也反映了中国传统社会的理性化进程。正如波特所强调的:"共有财产是维持传统家族组织的最重要因素。"(Jack M. Potter,1970:130)在这里,有必要对形成共有财产所有权的机制进行简要考察。传统共有财产由各种形式的祖先遗产和公共设施组成,但是地产是宗族财产的重点。福建宗族的共有地产是通过每代成员在分家时保留一定比例土地的方法从私有地转化而来,称为"祭田"。其目的首先在于消除由于分家引致的冲突,以便同族人仍可以保持一种紧密的社会关系。其次,对地主阶级而言,它是保护财产和财富的有效策略。由于自宋以后分家析产盛行,私有地主的经济规模不断缩小,这导致了地主经济的周期性危机。最后,对共有土地的集中管理有益于家族内部的职业分化,如可以给族人从事商业经济的自由(郑振满,2001)。当华人在移民社会重建宗亲组织时,建设共有财产仍然被视为首要目标。例如在马来西亚和菲律宾,购买房产和建立教育基金会是20世纪70年代华人经济上升时宗亲组织的普遍行为。稳固的族产使宗族组织得以维持旺盛的生命力。

自五四运动以来,封建主义被普遍视为中国摆脱落后状况、克服民族弱点和取得历史性进步的最大阻碍之一,而宗族组织被视为遍布中国的封建家族机构,在此后一段时间受到打压。这种逐渐消亡的传统组织是如何在全球化和中国现代化的背景下被移民的跨国实践所激活的?这里所运用的方法不是视宗族为静止的、固定的基于自然的血亲现象之上的实体,而是将宗族看作基于与生物血缘纽带同样重要的文化想象之上的动态的历时性的现象。对于宗族想象重要的是地区和本地的认同。这种认同使宗族跨国组织的形成成为可能。我们肯定班纳迪克·安德森的国家是想象的共同体的观点,但我们常常忘了宗族和地方正是和国家一样的"想象的共同体"。

能将历史透视和当代有深度的描述相结合的此类研究并不多见,因此这里所运用的方法论是以个案来考察笔者提出的问题。在下面的叙述中,注意力将放在群体和个人两个层面上。在历史描述中关注的是集体性活动,而个体被视为能体现宗族组织的现代活力的代表性个案。

二、跨越国界的郑氏家族

笔者从闽南永春县挑选了一个宗族。该宗族号为鹏翔郑氏。[③]

郑氏成员主要居住在四个村子(大屿、浦头、乌龙和大坪),其余分散在其他村子里。由于其地理位置的原因,永春在历史上是联结闽南沿海与山区的纽带。自宋(10世纪中期)以后成为货物交易的中转站,而且自14世纪晚期开始向海外输出移民。尽管福建商人移居东南亚已有很长历史,但移民的主体是作为劳动力从19世纪60年代到20世纪30年代之间移向东南亚的。郑氏家族正是在这时期加入移民浪潮中。虽然大部分郑氏族人在马来西亚已居住了半个世纪以上,但他们仍活跃于闽南家乡的各种社会和公共事务中。他们的活动为揭示跨越国界的两个部分,即海外移民社会与移出地社会的关系性质提供了一个很好的个案。

马来半岛郑氏宗亲会的成立显示了这个历史可追溯至1360年的家族的活力。首先,在异国他乡该组织的成立标志着移民从个体和分散行为转移到以组织来聚集集体力量。这显示了自20世纪30年代,在经历了一定的原始积累后，郑氏家族的跨国实践开始组织化。

其次，宗族组织在马来亚的移植为其成员提供了可获取的布尔迪厄所定义的社会资本（Bourdieu，1986）。此组织构成了一个持久的系统化的网络，使得其成员能动员所有实际或潜在的资源，并且为其成员提供了认同的对象。该宗族组织的活力表现在它的跨界操作上，由此显示了它适应新情形的能力。

下述细节展示了郑氏宗族是如何适应20世纪初期的变动环境的。

郑氏宗族建立集体认同的第一步是重新编纂族谱。当郑氏移民人数增加时，他们分散于整个马来半岛，离散的感觉使得他们把这一行动列为首选。

在中国传统社会中，编纂族谱是一项重大的责任。这一活动背后存有多种理由。一是明晰家族血统和后代，并由此明白地昭示出每一个成员在宗族中的位置。二是为了光宗耀祖，尤其是记录家族成员，尤其是那些取得官位和获得科举称号或者积累充裕财富的家族成员所取得的成就。

尽管上述目标在于建立团体认同的基础，但同时也展现了家族的力量。因为，一部精心编纂的族谱可以提高其宗族在家乡和移居地社会的社会地位。

1937年马来亚郑氏宗族的许多上层成员建议邀请所有在马来亚的郑氏族人到吉隆坡永春会馆讨论族谱编纂事宜。这一建议得到了族人的热烈回应。此会议的直接后果就是于1937年成立了鹏翔郑氏旅外联谊会。联谊会委员会由全马来半岛十位有名望的族人组成。他们负有动员资金用于大规模普查和更新族谱的责任。

1937年5月，联谊会向永春郑氏族人建议在永春举行一次议，参加者包括所有在永春和马来亚各房支郑氏族人的代表。在此会议上成立了由17名族人组成的重修族谱委员会，并拟定了12条指导原则。永春委员会负责族谱的重新编修，但最终修订权在马来亚联谊会——基金提供者手中。在指导原则里就很明白地说明"委员会与鹏翔郑氏旅外联谊会关系密切。所有推荐、发现及反馈都应告知联谊会，任何破例行为应由联谊会同意后方能实行。我们同时也应接受联谊会所做出的决定，并履行分派给我们的工作"（ZLG，1941，Miscellaneous：73）。

重修族谱的资金全由马来西亚和新加坡的族人提供。族谱记载,47名马来西亚的族人捐助该计划,总资金为36500银元(ZLG,1941,Miscellaneous:66-67)。为了更有效地督导编撰工作,在旅外联谊会成立的第二年,其常务委员会人数由10人增加到33人。正是在此基础上,鹏翔郑氏宗亲会于1939年正式成立。引人注意的是,此宗亲会的结构反映了跨地区居住方式,宗亲会组织由两个分支组成：一个在马来亚,称为"驻洋";而另一个在永春,名为"在乡"。两个部分各拥有一套领导人,然而该组织的重要职位,如主席、财政、总务均由其海外成员担任,其在乡成员仅占据二级职位,如副主席、副财政,副总务等。这种建构显然异于中国家族的传统权力结构。根据传统原则,只有本地富有声望的老者才能担任最高职务。现在那些公认有能力的人开始变成权威,即使他们远离家乡,但是他们发起和赞助各项家族事业并且用他们的财力提升家族成员的教育水平。这表明郑氏宗族的权力核心已从家乡转移到了马来半岛,后者为郑氏族人塑造和加强宗族联系提供了更广阔的空间和更便利的条件。

20世纪40年代末期标志着一个转折点,跨国社会空间的宗族联系开始削弱。宗族纽带的强弱深受其置身的大背景之中的各种主要因素,即所处跨国空间两端的变动的政治、经济和社会形势的影响。在中国家乡,1949年中华人民共和国的成立结束了自19世纪中叶以来的对外移民浪潮。20世纪50年代也是马来半岛华人改变其国家认同时期。在马来半岛独立过程中,华人社会为获得政治、社会和教育权力集体抗争。力争完整的公民权成为动员几乎所有华人组织的主题(崔贵强,1998)。这些因素导致了马来华人本地化进程的加速。郑氏开始将其宗族组织的目标从家乡转到移居国。20世纪70年代初,宗亲会决定购买地产并在吉隆坡设立该组织的永久中心。它卖掉了它的全部不动产——两座橡胶种植园以筹集资金,其收入在过去被用于家乡的教育事业。宗亲会最终花费300000马币在吉隆坡购下一幢五层楼房,并且从此将其主要注意力转至经营一个旨在为在马来西亚的族人后代提供教育的教育基金会上。

三、族产的跨国管理：鹏翔学校

根据史密斯等人的观点，跨国行为可从两方面加以理解。第一，"地面上的现实"是通过由移动的人们形成的跨国网络社会地建造的。第二，人们同时受制于移出国和移入国的基于疆界的政策和实践（Smith and Guarnizo,1998）。这也是国内移民和跨国移民的区分所在，即使后者可被视为早期国内移民的地理延伸。

参照阿帕杜莱（Arjun Appadurai）有关地方产生（the production of locality）的观点，宗族可以被理解成为福建地方产生的一种基本架构。因此，当移民跨国行为付诸实施时，这一行为沿着既有模式展开。宗族组织为跨地方群体建立和发展跨国联系提供了基本通道。这是历史地决定的：参与此空间的人们拥有对其共享利益和意义的共同感觉。

正如本文在开篇所强调的，中国宗族一个易辨认的特征是"族产"。这一特征随着宗族的不同而变化。族产与宗祠和族谱一起构成了宗族用于整合其成员的基础。因此，族产的经营成为宗族的首要活动。

郑氏族谱显示了郑氏族产有农田、山田、山林和鹏翔学校四类。

农田确保了宗族成员的基本需要，但在动荡政治环境下更重要和更具弹性的是宗族学校。就马来西亚族人与永春族人的关系纽带而言，宗族学校扮演了一个关键的角色。

将学校视为宗族主要产业的现象并不为郑氏宗族所独有。正如萧凤霞所论述的："经由学校产生的族际和村际网络的存在是一大发现，它源于魏斐德 20 世纪 60 年代对鸦片战争中广州两万五千人为期三天的抗击英国军队斗争的研究。"（Siu,1989）魏斐德（Frederic Wakeman）发现村际组织正是通过公共学校这一绅士阶层的关注焦点来号召其成员的。萧凤霞正确地指出了学校在本地社会中扮演着关键角色，因为学校是最易为国家接受的公共组织。然而笔者对他们由此得出的"作为使权力的文化网络交织的场所，学校唯一不从事的是教育活动"的结论不敢苟同。至少在闽南地区，无论是过去还是现在，当地社会的学校的主要功能一直在教育方面。正是基于此，学校一直被积极参与政治和社会经济事务的地方精英们,如本地企业家、商人,现任或前任官员们,视为一个社会舞台,因为教育一直是当地社会的中心社会议题。这就是为什么鹏翔学校一直是郑氏宗族跨国实践的支点的原因所在。

鹏翔学校建于1918年春,因此已有八十余年的历史了。追溯其足迹可以看出海外郑氏族人在运作家乡永春的族产时所参与的程度以及扮演的角色。

教育通常是提高个人社会地位的最重要且有效的手段。在中国传统社会,通过科举考试并获取相应官职的族人不仅因其个人成功而且因他带给其家族的光荣而被人高度尊重。依此推理,如果更多的族人获得科举成就,更多的族人获取官职,该家族就越有声望并且能对当地社会施加更大的影响。于是教育成为衡量个人和家族社会地位的一根准绳。因此,任何有能力的宗族都把建立学校视为其实现集体目标的最重要的任务。

鹏翔学校在酝酿之时就具有跨空间倾向,为把建立学校这一理念付诸实现,郑亦川,鹏翔学校的第一任校长,于1919年被派往马来半岛募捐建校的急需资金。他遇到了郑亦良,郑氏族人在马来亚的最富有的人之一,得到了他的全力支持。后者终其一生都是该学校募捐活动的主要推动者。不久后,第一届鹏翔学校董事会成立,但不是在其发起地,而是在马来亚,郑亦良担任董事会的主席。通过这种方式,郑亦良成为学校的创建者。初期,学校被简单地称为"鹏翔初高级学校"。学校设在永春郑氏祠堂内,最初招收了150名学生。

1925年,由于严重的资金短缺,时任学校校长的郑海如再次踏上其前任铺就的路子。他前往马来半岛争取资金援助。为使更多的族人参与这项事业,郑亦良建议改革董事会。扩大的董事会被分成两部分,分别设在郑氏族人的聚集区昔加末和雪兰莪。至20世纪20年代,郑氏宗族在马来亚的人口已翻一番,而且相当一部分成员在种植、渔业及贸易方面发展得相当成功。董事会决定购买300英亩适宜种植橡胶的土地。所花费的20000马币全部从族人中筹集而来。种植园的收入用于建立一个信托基金,用于支持鹏翔学校的持续运作。自此以后,学校就有了相对稳定的财政基础,并且有充足的资金来做进一步的扩充。

鹏翔学校是郑氏宗族能在1949年后继续经营的唯一的族产。20

世纪50年代，它得到的最大一笔资金是马来亚族人为庆贺族谱的完成而捐献的80000元人民币。然而20世纪50年代末，随着马来西亚郑氏族人与永春的联系弱化，学校从马来半岛所得的资金支持逐渐中断。鹏翔学校开始寻求并接受当地政府的补助，学校因而改变办学模式以适应政府的要求。这种办学模式被称为"民办公助"。此后，学校渐渐地由当地政府完全接手，成为公立学校，在马来西亚的由宗亲会领导的鹏翔学校董事会也随之解散了。该校也顺应当时的潮流，易名为"立新小学"。

简言之，经营宗族学校是郑氏宗族集体实践的重心。引发我们兴趣的是，这所学校从其成立到运作的过程，完全是由远离家乡的马来西亚族人集体资助的。为了这项宗族事业，海外移民建立董事会来动员其群体资源，甚至购买共有资产——种植园来建立用于保障学校运作的信托基金。

四、跨国认同：住荆堂和宗族联系的重建

几年前清明节时分，笔者去永春做田野调查，当谈及郑氏的时候，本地人提起的第一件事就是郑亦定基金楼，原称为住荆堂。笔者意识到它可能是郑氏宗族的总部，于是从这里入手调查。郑兴宗先生，这座基金楼命名人的儿子，正在永春扫墓，也是笔者访谈的第一个对象。

住荆堂是郑亦定于1930年建造的。20世纪90年代，郑兴宗在原址上重建并命名为郑亦定基金楼。这座建筑的内部安排带有明显的东南亚华人风格。这座总面积为1462平方米，有29间房子的五层楼房位于县城一条中心街道上。楼房外面，两个巨幅从屋顶悬垂而下：一个写着"郑亦定基金会"，另一个写着宾馆的名字。这座楼有着多重的功用：一楼被出租给几个店铺和一家餐馆。二楼和三楼作为宾馆。四楼被用来作为基金会的行政管理中心，由一间会议和几间为马来西亚和其他地方回乡族人准备的客房组成。顶楼被安排为郑亦定纪念堂，供家庭成员和访客瞻仰。笔者描述这座基金楼不同部分的功能，是想说明海外华人社团的一个经营模式：购买房产，将其部分作为社团会所，

部分用于出租以收取租金,为其公共事业筹集资金。郑亦定基金楼租金年收入为14万元。它的纯收入被当作奖学金颁发给在鹏翔小学就读的郑氏优秀后代。

郑亦定1895出生于永春,读了几年私塾之后,他步族人的后尘移民马来半岛。20世纪20年代末他在霹雳州奠定了在杂货批发业的基础后,开始关注本宗族和霹雳州华人社区事务。他是马来亚郑氏宗亲会创建者之一,并是被推举为担任宗亲会总务的第一人。正是在此期间,他产生了在他的家乡建筑住荆堂的念头。

郑亦定打算退休之后将他11个已成年的子女带回祖籍地永春定居,尽管他的后代均出生于马来亚,他本人也已经离开家30多年了,他仍然把"落叶归根"的祖训作为其人生的基本信条。

郑亦定在宗族里是一位受人尊敬的人物。在族谱里面,他被描述成为一个诚实、乐善好施、热情和好心肠的人。相对于文盲的农村移民主体,郑亦定受过几年私塾教育,被他的族人认为颇具儒者风度。1940年,当45岁的郑亦定死于脑出血的时候,在永春的郑氏宗族举办了悼念活动,以纪念这位宗族杰出的儿子。

关于海外华人和家乡之间的联系,一般以为,对于移民一代来说,保持与家乡的情感和文化想象方面的纽带,社会方面的通信纽带,经济方面的汇款纽带是常见的。因为移民一代对家乡有直接体验,保持着对故土的情怀。然而在东南亚出生的移民第二代和第三代对故土的认同理所当然地弱化了,因为他们对其前辈的家乡并不拥有第一手个人经验。正如菲律宾出生的华人学者施振民在20世纪80年代指出:"中国当然仍然是我们的故乡,但她只是我们从前辈那里所继承的祖先的家乡,而不是我们少年时代所经历的故乡。"[④]然而,郑兴宗的个案告诉我们,认同不仅仅是构筑在出生地这个单向的维度上。尽管个人经历对一个人的认同很重要,然而认同的形成仍受多种社会因素影响。在这个个案里,几个宏观和微观的因素在郑兴宗的认同形成中扮演了角色。第一,中国的开放和经济的发展在相当程度上吸引了海外华人。中国过去二十年的兴旺景象是个新因素,它正在对海外华人的认同产生着日益增加的影响。第二,生活的环境也塑造着一个人的认同。很长时间以来,郑兴宗积极投入具有浓厚华人文化朝向的马来西亚华人社会活动。他是马来西亚郑氏宗亲会20世纪90年代的主席。在宗族中的领导地位让他感到有责任对家乡做一点贡献,从而在其宗族中树立一个良好的榜样。依照杜尔干(Emile Durkheim)的解释,社会道德感由个人的成员身份进一步得到加强。第三,在华人移民中,一个人在其家庭中的地位也影响到了他个人认同的确立。按照常规,华人移民家中的长子承担着家庭的责任。这种责任意识可能延伸向他的家庭所置于的华人社会,甚至延向他的家庭仍然与之保持着联系的他父亲的故乡。[5]

近70岁的郑兴宗1986年加入了一个旅行团,首次来到中国,他为中国所吸引,也对家乡衰败的鹏翔学校感到失望。他决心重建他父系参与建立的这所学校。

此时,当地政府也渴望与海外移民社会恢复联系,推行了一系列措施。这所学校因而正式恢复为家族财产,重新成为海内外郑氏族人的关注重心。

然而郑兴宗的计划却被20世纪80年代晚期的政治环境限制,马来西亚政府规定马来西亚出生的华人只能五年访问一次中国。[6]直到1990年这些法令被解除时,郑兴宗的中国之行方得成行。

之后,郑兴宗开始规律性地往返两国,一年两三次,每次在永春逗留三个月以实施他那自我赋予的重建宗族学校的使命。

1986年第一次访问家乡时,他与同行的另一位族人达成协议,后者负责在吉隆坡的郑氏成员中为永春的校舍募集资金,他将承担所需的不足部分。马来西亚郑氏集体的捐献最终体现为一座价值80万元,有着21间教室的崭新教学楼。

郑兴宗发起的第二个计划是为这所学校再建一所科学楼。他回忆起这个想法是如何形成的:"一次县教委主任建议我建一座科学楼。他肯定这所学校建设得很好。然而,他说未来将是科学和计算机的时代,如果一个学校拥有这些设施,我们可以将它立为一个样板学校。这个主意很吸引我。"

但是,在他们11个兄弟姐妹之间,只有接受了中文教育的三妹和她的丈夫支持兴宗的进一步捐赠计划。他妹夫是泰国一家银行的总经理,靠投资棕榈油厂发了家。他感激其内兄对他的生意上曾经的指点。

郑兴宗回忆道:"当我告诉他这个想法,他很乐意支持我。他在香港的金融生意中有充足流动资金,因此他可以直接拨钱建造科学楼,他为此花费了160万元。我要说这是永春的幸运。如果这个工程是在东南亚金融风暴之中或之后实行,他便没有能力承担这笔费用了。"

在郑兴宗一系列捐赠项目中,最引人注意的是郑亦定基金会的建立。这不仅因为它涉及住荆堂这个兴宗认同的象征物,而且兴宗将其视为自己在永春的主要事业。他想用这个基金作为一个持久的经济来源,以此提供奖助学金给在永春的郑氏宗族后代。也许这样的表达透露了些许主人公热衷于宗族事业的动机:"过去在永春谁知道我?没有人。但是现在不同,基金会每年发放奖助学金,宗族中无论老幼都知道我。"值得一提的是,基金会的董事会由郑氏宗族的核心人物组成,实际上,此基金会是郑氏宗族的非正式组织,郑兴宗因而成为家乡宗族的领袖人物。

郑兴宗的述说似乎显示了他对其父亲故乡的认同并不仅仅植根于他的家庭与这个地方的历史联系,这认同还是一个辩证过程的产物。当他越来越深入地投入建设家乡宗族学校的计划之时,他与这块土地建立了越来越多的情感关系,他越认同于故土,故土对他的吸引力就越大。因此,一个人的认同不是静止不变的,相反它随着个人新的经验积累而变化。

他打算在几年之内把家族生意交付给弟弟们。然后,像他的父亲曾计划的那样,在永春度过余生。他说:

> 我的一生如负重的骡子一般,为了家族生意,为了弟妹们,为了我的孩子们而辛苦劳作。我尽了最大努力去实现我父亲的希望——他希望他所有的后代都得到体面的教育。为了这个目标,我没有像我所希望的那样享受人生。现在我的任务已完成了。当我回到故乡,我感到满足和充实,因为我正在做我要做的事。这里的生活闲适没有压力,空气清新,菜绿鱼鲜,还可以常与族人聊天。

此外,永春的环境也吸引了郑兴宗。郑氏宗族的多数至今仍集中居住在县城的东部(旧时称为东门),最靠近县城中心的桃东镇(原桃东村)是郑兴宗家庭的祖地。住荆堂正位于镇口的右侧。郑兴宗常常逗留于作为旅馆一层的大堂,进出城镇的郑氏族人在此停留问候他并与他聊天。这样的日常生活将郑兴宗与一个小社区的亲密气氛联系起来了。

五、结语

研究东南亚华人社会的学者们曾经在20世纪80年代预言宗亲会将随着老一代移民的逝去而逐渐消失。施振民以一种诙谐的语调断言,宗亲会只有在允许年轻一代在祖先的牌位前随着现代音乐翩翩起舞的情况下,方可继续生存(施振民,1985)。然而,过去二十年的发展趋势显示这一类社团不仅鼓励年轻人和妇女在庄严的会所里唱歌起舞,而且为其成员们提供了一个在世界范围内的宗族网络中运作的组织渠道。当今世界华人宗亲联盟的兴盛,以及这些组织频繁的会议和活动都清楚地显示了它的勃勃生机。

当谈及当今跨国现象在世界范围内的频繁发生时,研究华人跨国主义的学者倾向聚焦于海外华人的商业网络或生意人群体(Lever-Tracy,Ip and Tracy,1996)。其他人则选择相似群体,比如那些经常乘坐跨太平洋航班往返于中国香港和北美西海岸之间的国际经理人和专业人士作为研究对象(Ong,1999:112-136)。跨国商业网络和经济活动无疑是全球化现象中最重要的因素,然而它不应该被视为当今华人跨国主义的唯一主题。传统社会和文化组织的跨国化,以及由这些网络在跨国空间支持的个人或组织的社会实践值得引起我们的注意,因为跨国主义背后的文化逻辑要比单纯的利益追寻更为深刻。"文化实际上由复杂的联结状态构筑而成"(Tomlinson,1999)。

根据现代化的经典理论,卡斯特尔认为全球化削弱了传统的家庭制度,因为高速的流动性产生强烈的个人主义并破坏静止的家庭结构。然而,跨越东南亚和中国南方的华人跨国经验显示了这种预测并不正确。在快速变化和不确定的环境中,个人比以前更需要建立在基本认同之上的跨国网络。两个因素在这里很重要。第一个与社会资本有关。按照布尔迪厄的社会资本理论,社会资本是现实或潜在资源的聚集,它属于一个特定持久的网络。这个网络对于它所卷入的每一个人都是熟悉的。它同时也在一个系统化的关系中被确认和体现。这个网络以集体性拥有资本的形式向每一个成员提供支持和认同。作为一种基本组织,宗亲会,如同同乡会和宗教组织一样,都是为了实现上述目的的一个成熟模式。第二,祖先敬拜仍然是中国文化中强有力的因素,它在中国农村和东南亚华人社会中更为显著。陈志明注意到在中国南方农村和马来西亚华人社会,不仅宗族的分支设有祖祠,而且祖先敬拜仪式已经家庭化了。借用韦伯(Max Weber)核心命题的逻辑——从加尔文教信仰的前定论而来的恐惧感和内心孤独感是刺激利益追寻行为的强烈动机,我们也可以认为尊敬祖先的心理和祖先崇拜的信仰是华人移民参加宗族组织的主要动机之一。依靠这种文化组织的力量,他们得以与祖籍地保持联系。

本文阐明了作为一种社会和文化组织,宗族组织所具有的适应力和活力。显然,传统可以被用作为政治或经济利益服务的工具。但是更为重要的,通过它的延续和变迁,它为人们提供了一种文化认同的意义。基于这两个基本的意义,我们理解了宗族组织在不同历史时期是如何运作的。在传统社会里,它将分散在不同领域里的族人连接成为城乡同一体。在全球化的初始阶段,它给族人提供了一个基本的渠道以建立跨越国界的社会空间。在现今加速的全球化时代里,随着亚太地区新型灵活的经济形式的出现,宗族组织正在形成一个世界性的网络。这种跨国实践既不是广为适用的,也不是根据预定的发展模式来展现自身的。它只是为中国人提供了一个促进利益的工具,同时又是一种文化认同的表达方式。

注释:

①里甲和保甲制是在家户的基础上形成的一种管理系统,一甲十户,一保十甲。

②福建地区有四个河口冲积平原。在明清时期,建制有四个府,即福州、泉州、漳州和兴化府,以及两个自治州,即福宁和永春。该地区历来人口密集,宗族聚居。本地文献如《闽县乡土志》和《侯官县乡土志》详细地记载了本地人口及宗族组织状况。

③一般而言,家族称号是跟着其祖先最先移居地之名称而来的。克元公(克元是其名字,公是中国人对年长者的敬称)是郑氏家族迁入永春的祖先,居住在姜莲坑坪上。郑氏家族称鹏翔郑氏,原因一是"鹏翔"发音与"坪上"接近;二是鹏翔在汉语中的意思为大鹏展翅翱翔,希望家族的后代能够像大鹏一样提升自己,赢得美好的未来。

④施振民:《童年和家乡》,见洪玉华、蔡丽丽编:《十字街头:菲华社会论文集》,马尼拉:菲律宾华裔青年联合会,1988年,第30页。

⑤这是笔者在从事田野工作时所意识到的一个现象。笔者的好几个受访对象是第二代移民并且是家庭中的长子,他们有较强的中国认同。

⑥20世纪80年代末,马来西亚政府通过法令,限制在马来西亚出生的华人每5年方得访问中国一次。其中年龄限制为男性在60岁以上,女性在55岁以上。

参考文献:

①施振民:《菲律宾华人文化的持续:宗亲与同乡组织在海外的演变》,李亦园、郭振羽:《东南亚华人社会研究》(上册),台北:正中书局,1985年。

②宋平:《承继与嬗变:当代菲律宾华人社团比较研究》,厦门:厦门大学出版社,1995年。

③ZLG:《永春鹏翔郑氏族谱》,1941年。

④Benedict Anderson, *Imagined Communities*, London: Verso, 1991.

⑤Eugene N. Anderson Jr., "Lineage Atrophy in Chinese Society", *American Anthropologist*, 1970, vol. 72.

⑥Hugh D. R. Baker, *A Chinese Lineage Village: Sheung Shui*, Stanford: Stanford University Press, 1968.

⑦Hugh D. R. Baker, *Chinese Family and Kinship*, New York: Columbia University Press, 1979.

⑧P. Bourdieu, "The Forms of Capital", in J. Richardson, ed., *Handbook of Theory and Research for the Sociology of Education*, New York: Green-wood, 1986.

⑨Manuel Castells, *The Rise of the Network Society*, Oxford: Blackwell Publishers Ltd., 1996.

⑩Chu Guiqian, "The Transformation of Chinese Society", in Lim Chooi Kwa, Ho Khai Leong, Hou Kok Chung, Lai Kuan Fook, eds., *A New History of Malaysian Chinese*, Kuala Lumpur: The Federation of Chinese Associations Malaysia, 1998.

⑪Constance Lever-Tracy, David Ip and Noel Tracy, *The Chinese Diaspora and Mainland Chinese: An Economic Synergy*, London: Palgrave Macmillan, 1996.

⑫EAAU East Asia Analytical Unit, *Overseas Chinese Business Networks in Asia*, Canberra: AGPS Press, 1995.

⑬Fei Hsiao-Tung, *Peasant Life in China: A Field Study of Country Life in the Yangtze Valley (Studies in Chinese History and Civilization)*, New York: Dutton, 1939.

⑭ Maurice Freedmen, *Lineage Organization in Southeastern China*, London: Athlone, 1958.

⑮ Maurice Freedmen, "Chinese Lineage and Society: Fukien and Kwangtung", *Monographs on Social Anthropology*, 1966, No. 33.

⑯ C. C. Huang, *The Peasant Family and Rural Development in the Yangzi Delta, 1350-1988*, Stanford: Stanford University Press, 1990.

⑰ Jack M. Potter, "Land and Lineage in Traditional China", in Maurice Freedman ed., *Family and Kinship in Chinese Society*, Stanford: Stanford University Press, 1970.

⑱ Sulamith and Jack Potter, *China's Peasants: The Anthropology of a Revolution*, Cambridge: Cambridge University Press, 1990.

⑲ Helen Siu, *Agents and Victims in South China*, Yale: Yale University Press, 1989.

⑳ Michael Peter Smith and Luis Eduardo Guarnizo, eds., *Transnationalism from Below*, New Brunswick: Transaction Publishers, 1998.

㉑ Aihwa Ong and Donald M. Nonini, *Ungrounded Empires: The Cultural Politics of Modern Chinese Transnationalism*, New York: Routledge, 1997.

㉒ Aihwa Ong, *Flexible Citizenship: The Cultural Logics of Transnationality*, Durham N. C.: Duke University Press, 1999.

㉓ John Tomlinson, *Globalization and Culture*, Chicago: University of Chicago Press, 1999.

㉔ James L. Watson, *Emigration and the Chinese Lineage: The Mans in Hong Kong and London*, Berkeley: University of California Press, 1975.

㉕ Zheng Zhenman, *Family Lineage Organization and Social Change in Ming and Qing*, Honolulu: University of Hawai'i Press, 2001.

闽南民间信仰是维系"三胞"的精神纽带

连心豪[*]

闽南民间信仰斑斓绚丽，源远流长。千百年来，闽南民间信仰随着闽南人的足迹广泛播迁到我国台湾、香港、澳门，以及东亚、东南亚等地。闽南民间信仰作为海内外闽南人共同的精神家园，是维系千百万闽南籍"三胞"（通常指港澳同胞、台湾同胞、海外侨胞）特殊的精神纽带。

民间信仰的宫庙与宗祠曾经长期作为闽南地方社区政治、经济、文化的中心，在闽南和台湾历史发展过程中起到了不可替代的显著作用，不可想象没有这些民间信仰宫庙会是怎样的。民间信仰不仅与民众日常生活习俗息息相关，而且直接影响社会伦理道德观念与价值取向。闽台民间信仰同源，其中折射着昔日辉煌的历史记忆，实乃闽台民众精神归依之所在，也是一笔弥足珍贵的非物质文化遗产。应当充分发挥闽南民间信仰争取华侨华人的作用，以侨促统，以侨促经济建设。

一

民间信仰或多或少都带有宗教成分，显然属于广义的宗教范畴。严格意义上的宗教，如佛教、道教等既成宗教、制式宗教、寺院式宗教，必定与信仰有关，而信仰则未必都是宗教。二者既存在密切的联系，又有所区别。一般民间信仰只要约定俗成，并无严格的规定限制；而宗教则是规范的信仰崇拜，必须具备一定的条件。各种宗教都自有一套比

---

[*] 作者是厦门大学历史与文化遗产学院教授。本文于2008年"谱牒研究与五缘文化"研讨会上发表。

较完整的理论体系或伦理道德规范为其文化内涵,并以一定的经典教义、宗派组织、教规教仪为载体,方能独树一帜,自成体系。所谓民间信仰,"应该是除了既成宗教如儒释道三教以及新兴教派之外,属于庶民的、扩及庶民生活各层面的信仰"①,"是以祭拜天地鬼神之信仰需求展开的公众祭祀为主,间以一些个体性的求神问卜行为"②。台湾著名学者李亦园先生则以相对于"制度化宗教"的"普化宗教"来指称民间信仰:"所谓制度化的宗教是指有系统化的教义与经典,有相当组织的教会或教堂,而且其宗教活动与日常生活有相当程度隔开的宗教";"所谓普化宗教又称为扩散的宗教,亦即其信仰、仪式及宗教活动都与日常生活密切混合,而扩散成为日常生活的一部分,所以其教义也常与日常生活相结合,也就缺少有系统化的经典,更没有具体组织的教会"。李亦园先生又指出:

> 百分之八十以上台湾居民的宗教都是扩散式的信仰,一种综合阴阳宇宙、祖先崇拜、泛神、泛灵、符箓咒法而成的复合体,其成分包括了儒家、佛家和道家的部分思想教义在内,而分别在不同的生活范畴中表明出来,所以不能用"什么教"的分类范畴去说明它。因此宗教学者大多用"民间信仰"或"民间宗教"称之,而绝大多数人的宗教信仰都应属于这一范畴……③

宗教有拜物教、拜神教之分,一神教、多神教之别。中华民族尤其汉族可以说是一个多神信仰的民族。汉族多神信仰的特点,突出表现为因地而异的民间信仰、品类众多的地方神系列。汉族多神信仰的原因,既与汉人分布地域广阔、地理环境差异而带有相对独立性有关,更与汉民族不断发展历史过程中所形成的兼容并蓄文化传统有关。由于福建地形割裂,各地风俗习惯不易统一,从而使福建民间信仰带有鲜明的地方性特征。"台湾孤悬海外,为我先民远涉重洋,筚路蓝缕,斩荆披棘,以启山林,备尽辛劳,惨淡经营,遂成此一新园地。初期移民,虽多来自闽粤两地,唯民间信仰,经久递嬗,既非故土之直接延续,而具有其独特性。盖被台湾之地理环境与历史背景所孕育故也。"④台湾民间信仰固然具有某些自身的特点,但因闽台两地地缘、血缘上亲近,闽南移民在开发台湾历史过程中发挥了特殊的作用,台湾民间信仰不能不深受闽南民间信仰的影响。宗教信仰在其形成发展过程中离不开对一定历史背景下的整个文化的不断融化吸收,宗教文化的发展传播是一个不断适应整个文化的发展而进行重构的过程。民间信仰与宗教同样具有浓厚的历史传统文化的积淀,闽南民间信仰在影响台湾民间信仰的同时,充当了在台湾传播闽南文化的重要桥梁。

"民间信仰界说,迄无定论,莫衷一是。台湾情形,更呈错综复杂,一言以蔽之,乃初期移民所信奉,极富地方色彩之日常信仰。"刘枝万先生接着对台湾民间信仰之主要功能、分类及其产生原因概述如下:

> 其卓越信仰,尤反映于守护神之功能面,较为明显。渡台先经风浪之险,必祈佑于护航神,此其一。抵台即遭瘴疬,水土不服,需求护于保健神,此其二。就地开垦,难免先住民抗拒,阻力颇大,因而托庇于"驱番神",此其三。开疆辟土,应有开拓神保佑,顺理成章,此其四。初垦成功,并祈五谷丰登,合境平安,乃祀土地神,此其五。迨庄社发展,偶因细故,发生摩擦,导致分类械斗,更须借地缘关系,团结乡党,以拒外侮,于是崇祀乡土神,此其六。因为开发艰难,牺牲特多,枯骨遍野,助长信鬼尚巫之风,厉神崇拜有加,此其七。随着社会进步,环境愈趋繁复,世态变易,感触日多,祈祷救苦神,解脱苦海,乃是常情,此其八。⑤

台湾人祖籍闽南者高达75%以上,大多来自泉州、漳州二府。台湾的宗教、民间信仰几乎全和大陆有关,大多由移民传自一水之隔的福建、广东,其中与福建尤其是闽南关系特别密切。寺庙宫观林立,神灵众多,信徒广泛,是台湾社会一大特色。据台湾有关部门1987年1月统计,全台共有各种宗教信徒598万余人,占当时台湾总人口的31%;登记在案的各种寺庙和教堂为11757座,未进行法人登记的有2万多家;全台共有神灵300多种,其中80%是从福建分灵过去的。⑥台湾民间信仰既有神灵崇拜,也有自然崇拜,而以神灵崇拜为主。

台湾民间信仰的神灵崇拜大多与福建有关,从而形成台湾民间信仰最重要的特征,即闽台民间信仰的关联性、共同性、从属性。所谓与福建有关,是指有些原是全国性或外省籍的神祇,由福建移民传至台地,以后在台地进一步传播;有些系福建籍人士被奉为神明,由福建移民带入台地,建庙以祀,作为保护神,流传下来;还有些有功于开发台湾的福建籍人士被尊为神,在台湾广为流传。⑦台湾民间信仰的神灵,诸如天公、观音、孔子、文昌、财神、灶神、八仙、各行业神及其他天神,土地公、地狱神、有应公、义民爷及其他自然、动物、植物神灵,等等,无不可以从大陆、闽南民间信仰中找到其原形。在台湾民间信仰林林总总的神祇中,以妈祖、王爷、保生大帝、临水夫人、国姓爷、开漳圣王、清水祖师、三平祖师、广泽尊王、青山王与关帝、城隍等最具典型,最有特色,最能体现闽台宗教文化之间的历史渊源关系。妈祖是福建特产的世界级航海保护神,闽南移民自然把祖籍地的神灵妈祖奉为横渡台湾海峡、战胜波涛风险的首选保护神。开发台湾之初,瘴气疠疫横行,于是驱瘟的王爷、医神保生大帝、妇幼保护神临水夫人,这些福建籍的神祇便备受闽南移民崇奉。渡台移民祖籍以闽粤尤其福建为众,其中又以闽南泉州、漳州二府占绝大多数。闽南各地移民纷纷把祖籍地的地方神奉入台地,作为团结本府、县移民的乡土保护神。泉属移民多奉祀清水祖师、青山王、广泽尊王;漳属移民则奉祀开漳圣王、三平祖师;国姓爷是台湾独有的民间信仰,他是各地移民共同崇奉的开台圣王。有些原来隶属儒释道的神祇,传入台地后,作为祖籍地移民的乡土保护神,演变为民间信仰。如清水祖师、三平祖师原来都是禅师,而台湾各地龙山寺和彰化元清观成为泉属移民的信仰中心。这种情况还突出表现在台湾的关帝、城隍信仰中。关帝本是儒释道三教共祀的全国性显赫神祇,由于台湾各地关帝庙多分自漳州东山铜陵关帝庙和泉州通淮关岳庙,因此成了漳泉二府各属闽南移民的保护神,也是闽南移民最普遍的一种民间信仰。城隍是种全国性的阴间神明,一般将其归入道教系统。城隍向为官设,虽然京城与省、府、州、县城隍爵位品秩有差,但各地城隍都有固定的辖境,从来互不干涉,因此城隍信仰崇拜并无分炉、分香、分灵之说。但闽台城隍信仰崇拜却打破了这一定制惯例,屡屡出现私设、分炉、分香之举。泉州城除了府、县官设的两座城隍庙外,还有一座民间私设的小庙。晋江县永宁卫城隍于嘉靖倭乱中移驾石狮,后又分灵各地,均属私设。随着大量闽南移民川航渡台,永宁城隍香火又分炉鹿港等地。无独有偶,台湾还有众多的清溪(今安溪县)城隍分香子庙。据说著名的台北市大稻埕松山霞海城隍庙就是安溪城隍庙的分炉[8],有人则云分自同安县五乡庄[9],这是闽台民间信仰渊源之深的又一典型例证。祖宗崇拜也是民间信仰的重要组成部分。在台湾,除了各自家族和宗族祠堂的祭祀活动,每个城市还有众多的各姓宗亲会,乃至数姓联宗。[10]这种城市化的民间宗族组织形式,在1949年前的厦门也曾出现过。[11]

凡此种种,可见闽台民间信仰同根同源,一脉相承,密不可分。

如果说宗教是因超凡脱俗的深邃哲理而颇具感召力,那么民间信仰则是以贴近民间、深入生活、富于乡土气息和人情味而保持其旺盛的生命力。民间信仰以其存在的广泛性、民众性而在宗教信仰范畴中占有不可替代的位置,无疑是了解和沟通闽台宗教文化联系的重要途径。

台湾民间信仰蕴含着中华民族传统历史文化的积淀,寄托着大陆移民及其后裔对故乡故土的无限思念,是台湾同胞血缘乡土情结的外在表现。如前所述,民间信仰在闽南移民早期开发台湾历史过程中发挥了特殊的积极作用。当外族入侵时,民间信仰的民族意识表现得尤其显著,很能体现海峡两岸共同的民族文化心理,这是民间信仰民众性的集中体现。台湾民间流传着中法甲申沪尾之役中,霞海城隍和清水祖师派神兵助战,驱走法军的传说。[12]日本据台时期,奉行殖民同化政策,极力推行所谓"皇民化运动",妄图在台湾消灭中华文化,泯灭台湾同胞的民族意识,割断台湾人民与大陆的精神、文化联系。正因为民间信仰具有强烈的民族意识,日本侵略者以台湾民间信仰的普化现象为口实,发起了摧残台湾民间信仰的"寺庙神升天运动",企图以日本神道教和靖国神社取代台湾民间信仰的神祇与庙宇。台湾同胞则针锋相对,借助民间信仰表达对殖民统治的反抗,寄托对大陆的眷恋。台南学甲慈济宫每年农历三月十一日都隆重举行弘扬民族精神、遥祭大陆祖庙暨列祖列宗的"上白礁祭典",连绵300余年,从未间断。台湾同胞就是这样通过民间信仰来维系与大陆血浓于水的民族意识和乡土情结的。

有的台湾学者以社会组织形态的观点,将台湾民间信仰分为个体性民间信仰与群体性民间信仰(指地方社区或区域性人群之公共的祭祀组织与活动)两大类。群体性民间信仰又包含祭祀圈——"地方居民因共同的对天地神鬼之信仰而发展出来的义务性的祭祀组织"和信仰圈——"以一神为中心的区域性信徒之志愿性的宗教组织"。[13]台湾各类民间信仰庙宇多以主祀神为主,分别组成多种庙团或联谊会等,以组织各信仰圈的建醮、进香、迎神等民间信仰活动。"台湾有一些历史悠久的庙宇发展成为进香中心,在各地有很多分香子庙,信徒常来进香,具有观光庙的性质,譬如北港朝天宫、新港奉天宫、台南天后宫、鹿港天后宫成为妈祖的进香中心,南鲲鯓代天府、荷婆仑的霖肇宫、水里巷的福顺宫是王爷的进香中心,松柏岭的受天宫是玄天上帝的进香中心。"[14]而台湾民间信仰的这些神祇的祖宫祖庙大多在福建,如台湾近千座妈祖庙都是莆田湄洲妈祖祖庙的子孙庙。王爷信仰是闽台最流行的民间信仰之一。台湾有近千座王爷庙,南鲲鯓代天府被奉为全台的王爷总庙。其实王爷信仰源于闽南,每逢瘟疫流行,为了消灾禳疫,祈安求福,就要建王醮,毕恭毕敬地把乘载王爷的王船放入大海,让王爷押送瘟神疠疫远离家乡。有些王船躲过海浪的吞噬,漂到台湾。台岛开发之初,民众谈瘟色变,见到大陆漂来的王船,便于当地建庙祭祀膜拜,许多台湾王爷庙都是这样产生的。如台湾云林县麦寮乡光大寮聚宝宫、台北北德宫、南鲲鯓代天府、新竹县堑港富美宫、台中县大安乡和安宫、苗栗县后龙镇合兴宫和嘉义县东石港先天宫都是因拾到泉州富美宫放出的王船而建,或是请泉州师傅雕刻神像奉祀。因此泉州富美宫夙有"台湾王爷信仰总部"之称。

民间信仰在宗教信仰范畴中占有不可或缺的重要地位。闽台民间信仰的关联性、共同性、从属性,体现了闽台之间亲密的人文历史渊源。

二

宋元时期,泉州刺桐港是举世闻名的东方第一大港。明中叶,漳州海澄月港崛起,取代泉州港国际贸易中心港的地位。鸦片战争后,通商五口之一的厦门港后来居上,成为闽南乃至福建的出入境口岸。千百年来,一代又一代的闽南人频繁往返于东、西两洋,下南洋,成为东亚和东南亚华侨中的一支劲旅。民谚"行船跑马三分命"。当时福建东山的出海贸易、闯南洋者,"胸前要挂三包香火袋,一包铜陵关帝君,一包宫前妈祖,一包走马溪保生大帝。祈请这三尊神祇,保护贸易得当,获得财利;保护安全航行,不遇惊风骇浪;保护身体健壮,不染病疾"[15]。于是，闽南民间信仰随着闽南华侨广泛播迁到东亚、东南亚各地。闽南籍华侨华人筚路蓝缕于异邦他乡，闽南民间信仰发挥了特殊的精神凝聚功用，构成南洋华侨华人社会寺庙、会馆、学校三位一体的显著特点。在马来西亚砂拉越州的古晋老街，"早期华人到砂拉越前，和到台湾垦拓时一样，在故乡的庙宇求得香符或神像，迨到侨居地发达后，感谢老天爷和神祇的恩赐，最直接的办法就是建庙立祠。在古晋老街我们参观了供奉玄天上帝为主神的上帝庙；以妈祖为主神的天后宫，该庙屋顶有美丽的藻井，也是古晋庙宇中唯一设有藻井者，陪祀神有注生娘娘和水尾娘娘；广泽尊王为主神的凤山寺……以土地公为主神的寿山亭。每座庙除了主神外，和台湾的庙宇类似，也陪祀许多其他的神祇，有若百货公司一般，提供信众不同的需求"[16]。闽南民间信仰在东南亚各国随处可见，兹举数例：

（一）宋卡城隍庙

宋卡（Songkhla）位于暹罗南部（今泰国宋卡府），当地人称Singora，源于梵语，意为狮子城。《郑和航海图》称为孙姑那（Singora），《通典》作宋居朥，《海国见闻录》作宋脚（在闽南话中，"脚"与"卡"谐音），皆同名异译。宋卡是一个由华侨开发建设起来的重要海滨城市，15世纪以前便有华侨在此聚居。清乾隆十五年（1750），福建漳州府海澄县人吴让渡海至宋卡谋生。吴让（1717—1784），乳名让官，《宋卡纪年》译作吴阳（"让""阳"谐音）。吴让到宋卡之初，在湖口巫王旧墟的华奠考（红山头）谋生。头4年种植蔬菜、蒌叶，后买奴4名从事捕鱼，1758年开始经商。吞武里王朝国王郑信率兵南下征服洛坤一带，吴让趁机于1769年奏请郑信，以年交税银50斤的代价承包宋卡湖上端四岛、五岛的燕窝开采权。吴让作为宋卡湖四岛、五岛的燕窝税吏，经营有方，因此被郑信封为銮爵，执掌宋卡，是为第一代宋卡城主。此为宋卡由华侨自治管理之始。此后吴氏子孙世代相继，计传8世，凡130余年。因此，当地百姓称宋卡吴氏为吴王，或称吴国主，直至1896年暹罗废除世袭城尹，改行省制为止。至今宋卡尚存吴王庙、城隍庙、吴氏家族茔墓及牌位和三朗桥三石碑等与华侨有关的历史遗迹。[17]

城隍是燮理阴阳的道教神祇，在中国官方正祀中占有重要的地位。

随着华侨在海外的拓展,形成华人聚居社区,乃至建立唐人街、中国城,实行地方自治,作为中国皇权象征的城隍庙于是被移植到海外异邦华人社区。宋卡城隍庙坐落于宋卡城美人街中段,建于清道光二十二年(1842),即吴让的后代吴天成继任宋卡城主时期。当时暹罗国王拉玛三世(Rama Ⅲ,1824—1851年在位)曾赐该庙檀香木一柱、圣烛一对,并各种祭祀物。暹罗僧王及八位高僧专程由曼谷前往主持佛教仪式。庆典持续了五昼夜,请中国戏班和泰国戏班去唱戏。[18]

《宋卡城隍庙奠基史迹》记录了这一盛事:

> 宋卡府署宋卡城隍庙建于清道光廿三年癸卯(佛历 2385 年)。当时,暹罗第三世皇朝皇上御赐檀香木一柱、圣烛一杆,并各种祭祀物。披耶宋卡即吴天成将皇上御赐之檀香木及圣烛恭奉游行。泰人皆热烈参加庆典,肃穆隆重。当檀香木及圣烛安奉于礼坛上,由暹罗高僧颂经说偈。嗣后,披耶宋卡即吴天成聘请技术人员兴建三座中国式庙宇,另一座土地神庙,祈求风调雨顺,物阜民康。吴天成之功勋与城隍庙永垂不朽!
>
> 福建庙产管理委员会谨识
佛历 2505 年(1963 年)6 月[19]

该庙至今保存着"永奠宋邦""威震蛮邦"等三块匾额,分别书于清道光丙午二十六年(1846)、清光绪乙亥二十五年(1899)和民国六年(1917)对该庙进行大修时。宋卡城隍庙迄今香火不断,成为旅泰闽南籍华侨华人进行宗教活动和聚会的重要场所。

印尼北苏门答腊棉兰崇圣宫、五显宫,南吧正直堂,雅加达金德院都供奉城隍。在马来西亚,麻坡惠安公会建有青山庙,供奉"惠安县的城隍爷"青山王。据调查,海外侨胞曾与(惠安)山霞镇青山宫有过通信联络和讨回签诗文的就有168处,分布于马来西亚、新加坡、缅甸、菲律宾等地。随着华侨闯南洋,石狮城隍香火分传到菲律宾、马来西亚、泰国、缅甸等国。清末,就有人将石狮城隍香火带到菲律宾马尼拉,后来建造青龙殿供奉。民国年间,石狮王源顺家族又把石狮城隍香火带到菲律宾,后来在马尼拉建造了石狮城隍庙。马来西亚槟城大普公坛也供奉石狮城隍。1983年,旅缅晋江公会成立时,特地派专人回国迎请石狮城隍等神明移驾缅甸,并于1987年在首都仰光建筑一栋四层大楼的旅缅晋江公会城隍庙。缅甸甘马育闽侨同人也建有城隍庙，供奉石狮城隍。清同治七年（1868）石狮城隍庙"新筑盖东西厅，以壮地固神威，但需费浩繁，附近难济，非渡（吕）宋募缘，亦不能玉成其事。爰是洋坑蔡汝泉，大仑蔡祥挨，券内蔡朝掩、何世承等邀诸董金议，碍人地两疏，是以恳杏墩王加株、洋坑蔡乌扫、陈林许志螺修信，附蔡汝泉、住持僧竹溪，渡（吕）宋，嘱托蔡迎宗劝捐"。最终得到吕宋 619 位侨胞的热烈响应支持，共捐银 2512 元。光绪三十年（1904）该庙再次重修，吕宋侨胞又捐款 2000 余元。20 世纪 90 年代，莆田县忠门镇梯吴村重修吉江城隍庙，台胞与海外侨胞也慷慨解囊支持。

安溪城隍"播遍海外侨区，如新加坡、马来西亚、日本、印度、美国等……每年到庙行香参拜者，络绎不绝"。1920 年，安溪县公众"推举邑士谢氏带城隍五舍公赴新加坡募捐修庙。后来五舍公被当地华侨挽留。至今'韭菜芭''杨桃园'分炉供奉，香火旺盛，庙宇华丽壮观，为世少有"。20 世纪 90 年代，新加坡韭菜芭城隍庙又出资重修了安溪城隍庙。

（二）新加坡天福宫

海外华商或宗亲会馆都供奉妈祖。如新加坡福建会馆（天福宫）、兴安会馆（天后宫）、永春会馆、琼州会馆、宁阳会馆、粤海清庙、林厝港亚妈宫、林氏九龙堂……马来西亚有 27 个（莆田）兴安会馆，都供奉妈祖。清雍正五年（1727），漳州六甲乡林伯显附舟南渡，随身携带妈祖金身登岸，辟地垦荒之余，寻找适当地方安置妈祖金身奉祀，是为吉兰丹圣春宫之前身。据统计，海外华埠共建有妈祖庙宇 135 座。其中最富于历史性的有新加坡天福宫、马六甲青云亭、丁加奴和安宫、槟榔屿广福宫、吉兰丹圣春宫、菲律宾北吕宋拉允隆省隆天宫等 35 座。而最具代表性的，当属新加坡天福宫。

澳门的洋名 Macau 得自"娘妈角""妈阁庙"（妈祖庙），因此有"先有妈阁，后有澳门"之说。相传妈阁庙由闽商始建于明成化年间（1465—1487），而现存妈阁庙弘仁殿的前身最初建于明弘治元年（1488）。妈阁庙一直由泉州、漳州二府商贾组成的董事会进行管理，至今仍以闽南人为主。

"新加坡的天福宫是1821年来新加坡的晋江祥芝船员所奉建，1839年从泉州运来建筑材料兴建大庙，1841年完成，从湄洲请来妈祖圣像。"还为此举行了一场隆重的仪式，"这一回的迎神行列，长达三分之一英里，可说锣鼓震天，彩旗蔽日"。天上圣母神像"被迎到岛上最宏伟的天福宫。这一迎神赛会，被视为向华人正式宣布：天上圣母已经驾临新加坡"。[21]

新加坡天福宫坐落于直落亚逸街，对面就是福建会馆。直落亚逸(Telok Ayer)，马来语意为海湾，沧海桑田，如今其距离海湾已有相当一段距离。

道光三十岁次庚戌年(1850)荔月大董事总理等同立石《建立天福宫碑记》云：

> 新加坡天福宫崇祀圣母神像，我唐人所共建也。自嘉庆二十三年英夷斯临，新辟是地，相其山川，度其形势，谓可为商□□□之区，剪荆除棘，开通道途，疏浚港汊。于是舟樯云集，梯航毕臻，贸迁□□，日新月盛。数年之间，遂成一大都会。我唐人由内地帆海而来，经商兹土，惟赖圣母慈航，利涉大川，得以安居乐业，物阜民康，皆神庥之保护也。我唐人食德思报，公议于新嘉坡以南直隶亚翼之地，创建天福宫，背戌面辰，为崇祀圣母庙宇。遂金举总理董事劝捐，随缘乐助，集腋成裘，共襄盛事。卜日兴筑，鸠工庀材，于道光二十年造成。宫殿巍峨，蔚为壮观。[郎]即以中殿祀圣母神像，特表尊崇。于殿之东堂祀关圣帝君，于殿之西堂祀保生大帝，复于殿之后寝堂祀观音大士，为我唐人会馆议事之所。规模宏厂(敞)，栋宇聿新，神人以和。众庶悦慕，颜其宫曰天福者，谓神灵默佑，如天之福也。共庆落成，爰勒贞石，志其创始之由。……

天福宫前槛正殿主祀航海神天上圣母(妈祖)，附祀主管商业的财神关圣帝君和护国庇民的闽南神医保生大帝；后殿供奉观音菩萨和太阳公、月宫娘娘。后来又在两厢左槛供奉伽蓝菩萨、孔夫子；右槛供奉城隍、开漳圣王和地藏菩萨。

前槛正殿悬挂着"神昭海表"匾额，是清道光二十年(1840)岁次庚子孟月吉旦，福建省各府州县诸弟子等虔心同敬立。还有"光绪三十三年(1907)十月奉赐御书，天福宫臣福建众绅耆敬摹"的"波靖南溟"匾额。神龛旁的点金柱上刊有对联:"大清光绪丙申仲春之月吉日维戊敬刊;妃后晋徽称化身是童真菩萨;佛仙同正果低头拜三世如来。花翎盐运司衔海澄邱笃信率男举人伟蔑拜。"

两侧有光绪二十年(1894)申午嘉平中瀚,赐进士出身四品衔刑部直隶司主政闽县曾福谦敬献的"惟神拯航海千百国生灵,庙宇宏开,借与三山联旧雨;此地为涉洋第一重冲要,帆樯稳渡,又来万里拜慈云"对联。

伽蓝殿的"威灵昭赫"匾额,则为咸丰壬子年(二年,1852年)葭月吉日,漳郡澄邑董事龚光传敬立。

"显微幽明"匾额,则为光绪十二年(1886)岁次丙戌秋月穀旦,由驻新加坡领事官花翎四品衔分省尽先补用直隶州知州左秉隆敬立。

"光被四表"匾额,道光庚子年(二十年,1840年)嘉平月穀旦,闽中鹭江(厦门)源丰行许礼敦敬立。

"恩流海国"匾额,大清同治戊辰年(七年,1868年)闰四月穀旦,钦赏蓝翎福建闽安中军守备林天从敬立。

天福宫右厢设有漳州人崇奉开漳圣王的德盛祠。

闻名遐迩的新加坡天福宫作为闽南籍侨民的神灵总汇,既是新加坡福建会馆,也是闽南籍华侨华人精神信仰的总部。闽南民间信仰是华侨移民的精神皈依、寄托所系,天福宫不啻闽南籍旅新华侨华人守护神的大观园,同时亦"为我唐人会馆议事之所",是团结闽籍尤其是闽南籍华侨华人的大本营。

(三)法主公与王爷

新加坡永春会馆位于与克罗士街(Cross Street)交叉的厦门街(Amoy Street),近邻天福宫,用英、汉、马来三种文字介绍的厦门街路标写道:"1820年代有不少福建移民南来新加坡,并在厦门街经营米、布料、铜铁及其他中国产品的买卖,这里很快便形成一个福建人社区。"在这里,厦门及闽南成为福建的代名词。

清光绪乙巳年(三十一年,1905年)阳月穀旦,游历廪膳生员周腾飞敬撰的《永春会馆告厥成功》碑记称:

粤自海禁大开,通商互市,南洋各岛无不有吾永人之足迹。而以新加坡为必经之地,故其商于斯、贾于斯、聚族于斯者日以滋多。然其势易散,其情多疏。昔之人不忍听其散且疏也,于是会馆于小坡(美芝律)以联之,俾吾永人岁时一会,不忘桑梓之恭,意至善已。顾规模未备,地势近偏,众情多所未惬。洎光绪戊子年(十四年,1888年),永之人乃集众再议,共推李君清渊、陈君若锦为主续,捐巨金买屋于大坡之中,仍其闬闳,重加润色,额之曰"永春会馆"。层楼高耸,峻宇宏开。其地视从前为要冲,其屋较从前为华壮矣。馆内崇奉天上圣母、张公圣君神位,每值二圣诞辰,则萃吾永之人,肃整衣冠,称觥祝嘏,以迓神庥。因而饮酒宴乐,笑语移日,悦亲戚之情话,洽朋友之交游。冠裳风物,无异乡园。雍雍焉,熙熙焉,和亲康乐,忘其为重洋羁旅中人也。盖自有会馆以联之,而散者聚,疏者亲。故吾永人之声气如此,其感通吾永人之精神如此,其团结耳若夫。永人有事,会馆中为之维持,为之调护,又其显而易见者尔。兹经建造有年,成效丕著。诸永人欲将各捐款芳名,勒之于碑。爰并述其巅末如此,俾后人阅者,知立馆之意之所在,利则相护,义则相先,庶几乎海外乐邦并受其福焉。是为序。[22]

可见,永春人笃信的张公圣君(法主公)与天上圣母(妈祖)一样,成为团结永春籍侨民的精神旗帜。

祖籍永春、由马六甲来到新加坡的侨生峇峇陈金声有感于华人子弟必须受教育,虽然较早时期甘榜格南和北京街都有私塾,但毕竟不是正规学校,所以他于1849年在天福宫内斥资建崇文阁,开始以闽南话教学,是为崇福女校前身。此举开华文教育之先河,更使新加坡闽南侨民的精神信仰总部天福宫升华为传播乡音乃至祖国传统文化的据点。

在马来西亚,永春同乡由祖居地携带张公圣君(法主公)神像来森美兰的芙蓉供奉。传说法主公"龙潭杀蛇精,石牛洞除妖魔,坐化成佛,德化、永春显圣,人人信仰奉祀为镇境之神",因而建造法主公宫于芙蓉旧信局处,称为桃源古地,供乡人联络聚叙。至1890年,芙蓉市区扩大,政府扩建邮政局,法主公宫需要迁徙,乡人因推动筹募资金,于1898年(光绪廿四年)建立现址——森美兰永春会馆,后座仍供奉张公圣君。[23]

在泰国南部普吉岛的镇厉镇,万余居民中多半祖籍闽南。

镇厉镇街上有三座神庙："三王府爷""林太师庙""三忠王庙"。原来是各个姓氏宗亲各自供奉的神明,如姓林的拜林太师,姓王的拜三王府爷,姓陈的拜三忠王。久而久之,逐步打破宗族界限,有的已成为共同崇拜的偶像。镇厉街头的"三王府爷",现已成为全镇居民在持斋节共同祭祀的庙堂,不论哪一姓的人,都来烧香朝拜。

……

农历九月初一日至初九日的持斋节,是一年中最热闹的民间节日,家家户户一连九昼夜虔诚素食,持斋向善,祈求九皇赐福。到了最后一天,是持斋向善节高潮。这一天,商店关门停业,市场停市,众善信徒穿着白色衣服,排成长龙队伍,肩扛神位,簇拥神佛附身的使者,环市大游行。一时锣鼓喧天,弦乐齐鸣,鞭炮震天,恭送"神明佛祖"法驾下海,这才圆满结束仪式。据介绍,目前在普吉全岛,能扮演神佛附身使者的达三千多人,大约每座神庙都拥有三至五百人。笔者一位亲人送给笔者一本持斋节相集,十多张照片,全是所谓神佛附身使者在游行队中的现场摄影。他们个个身穿红兜肚,胸臂袒露,有的嘴巴含着一根有一端穿透一边脸颊的金属圆形长棒,有的则含着两根各穿透一边脸颊的金属钩子。这同笔者幼时在厦门的迎神赛会中见过的神汉一个模样。[24]

(四)新加坡南安会馆凤山寺

新加坡南安会馆凤山寺位于水廊头(莫罕默苏丹路30号),与南安会馆合二为一,互为表里,是团结南安侨民的精神总部。凤山寺始建于清道光十六年(1836),同治七年(1868)桂月穀旦南邑董事《重修凤山寺碑记》云:

原乎广泽尊王之于中国也,时当晋代,地在诗山。一凤遥看,结成丹穴。全牛不见,化就道身。溯古迹,犹彰彰可考;闻前言,每念念不忘。此凤山寺之所由昉也。自是以来,雍在宫而肃,在庙赫厥声,而濯厥灵,广泽纷纭,湛恩洋溢,上下沾濡,无分内外。而且永言孝思,使齐明盛服□□□者,并及乎其先,则非特千秋颂明神,亦万古称孝子也。而新嘉坡我建人尤思之深,慕之切。道光丙申,梁君壬癸爰募众商营立寺□□□□像形,仍名之曰凤山寺,不忘本也。俾我建人敬供朝夕,享祀春秋,并受其福。始作之功,岂不伟哉。然而历年多,为日久,风摇雨飘,势将□□。若不及早绸缪,则栋折衰崩,覆压是惧。欲以尊神,反以慢神。虽有寺,亦与无寺等,其何以引馨香于勿替乎?从可知,重修之功,不在始作之于下也。第费用浩繁,非一人之力所能独理,幸赖富户巨商捐资成美。外而规模较前为尤大,内而节目视昔益加详。则轮奂聿新,光浮俎豆,神灵永妥。庆衍民人,千祥云集,百福联臻。安在外域,尊王不可匹休于中国耶!

新加坡还有以安溪籍人士为主管理的裕廊凤山寺和罗弄马来由凤山寺、井水港凤山寺。

综上可见,海外华侨以闽南民间信仰为精神慰藉,"不忘本也"!

三

中国民主革命的先行者孙中山先生曾经盛赞"华侨为革命之母"。孙中山先生先后多次在海外华侨社会募集资金、物资、人员,他本人曾参加洪门致公堂,担任"洪棍"(指主管纪律的高级军事人员),借以组织发动革命。在此过程中,海外华侨社区闽南民间信仰宫庙曾经发挥了特殊的作用。如菲律宾加牙鄢省亚巴里社的威明宫,建于19世纪末,主祀来自福建南安的广泽尊王(圣王公)。该社是吕宋岛北部重要商埠,西班牙统治时期,华侨来自闽南,多由此登陆,反清志士亦多避难于此。光绪十年(1884),闽南数位"三合会"志士迫于清廷追捕,"相偕亡命海外,首抵亚埠(亚巴里社),并躬迎(圣王公)圣驾南来供奉,借用神力招集同志,以待时机,从事反清复明义举。犹可借以团结侨胞,联络感情。盖当时风气未开,且尚未有任何社团之组织,侨民犹未破除迷信之观念……乃乘此普遍心理,而设立此庙宇"。会党以宗教组织为掩护,建立庙宇以开展革命活动,威明宫因此建立。

在当代,海外华侨社区闽南民间信仰宫庙仍然发挥着重要的社会作用。菲律宾大马尼拉地区加洛干市的菲华通淮庙,是一个自始至终与党派有关系的宗教组织。该庙奉祀的关圣帝君,早年由华侨自福建泉州通淮关岳庙分香而来。1985年,以菲律宾洪门致公党党员为主的一批华人,集资将加洛干市的黎刹大街198号的一座三层民居改造成菲华通淮庙。该庙董事会成员中,洪门致公党党员占洪门致公党党员半数以上。首任执行副理事长王奕荣,乃洪门致公党第一支部理事长、洪门竹林北大岷区(即大马尼拉地区)理事长。该庙主殿墙上挂着一面1986年菲律宾洪门致公党第一支部成立的锦旗。可见该庙成立在先,洪门致公党支部成立在后,后者是在前者的基础上建立起来的。⑥

自1987年11月台湾当局开放台胞赴大陆探亲、观光旅游以来,随着"探亲热""大陆热""寻根热"的不断升温,台湾各寺庙团体、神明会纷纷组织信徒,前来福建进香朝圣、寻根谒祖,或捐资捐款,重修重建祖庙,掀起了一波又一波的妈祖、王爷、关帝、保生大帝、开漳圣王、清水祖师、三平祖师、临水夫人等民间信仰宗教朝圣旅游热。到东山铜陵关帝庙挂香(刈香)的台湾各地关帝庙多达300多座;每年都有10万左右的台胞到莆田湄洲妈祖祖庙进香朝圣;到泉州富美宫寻根谒祖的台湾各地王爷庙络绎不绝;1994年,台湾"法主公"诸宫观信徒朝拜并重修了位于德化石牛山的发祥地石壶祖殿。仅在泉州市,"三胞"捐资修建的妈祖庙即有泉州天妃宫、晋江金井天后宫、安海朝天宫、鲤城霞洲妈祖宫等。在厦门海沧青礁慈济宫,《吧国缘主碑记》记载清康熙三十六年(1697)巴达维亚(即雅加达)甲必丹郭天榜等华侨捐资助修青礁慈济宫之事。20世纪90年代台胞捐资重修的角美白礁慈济宫和海沧青礁慈济宫已经增列为全国重点文物保护单位。广大台胞对祖国故乡根土文化的热忱追寻,说明闽南民间信仰作为中华民族传统文化的有机组成部分,具有强大的生命力,无疑是一股不可忽视的民族向心力和凝聚力,闽台之间地缘、血缘及历史文化上源远流长的亲密关系是任何人、任何力量都无法分割的,任何企图使台湾脱离祖国的离心倾向都是包括台湾同胞在内的海峡两岸中国人民所反对的。

闽台民间信仰宗教朝圣旅游作为海峡两岸民间文化交流的重要形式,既是对外开放的必然产物,也是发展两岸民间文化交流的客观需要。因此,有必要有计划有步骤地逐步恢复、修建一些对闽台民间信仰历史渊源有重大影响和有重大文物价值的宫观庙宇,供台胞回乡探亲寻根谒祖、进香朝拜。福建特别是闽南各地宗教管理部门根据实际工作需要,采取实事求是的态度,灵活处理,在两岸民间信仰文化交流方面取得了有目共睹的显著成绩。近年来,两岸民间文化交流得力于民间信仰者甚多。1994年,由福建省文物考古博物馆学会与台南鹿耳门圣母庙联合在台举办了规模空前的"妈祖信仰民俗文物展",吸引百万台胞前往参观;1995年,东山铜陵关帝庙关帝神像等文物赴台巡展,广大信众顶礼膜拜;1997年,湄洲岛妈祖祖庙妈祖金身出巡台岛100天,台岛上下万人空巷。此类民间信仰文化交流活动,有利于消除两岸人民思想认识方面存在的某些差距与隔阂,对促进祖国统一大业也将大有作为。20年来,到湄洲妈祖祖庙朝圣的台胞早已超过百万人次,其中有两次"宗教直航"——由海上直航湄洲的大规模朝拜活动。"千岛湖事件"后,台湾当局禁止台胞赴大陆旅游,而台胞到湄洲妈祖祖庙拜妈祖却无法制止,形成了"官不通民通,民通以妈祖为先"的局面。另一突出事例是,1994年5月,厦门金莲升高甲剧团叩开关闭45年之久的金门的大门,这一轰动一时的盛举美谈,即以金门城隍爷诞辰庆典活动为契机。日前,台湾大甲镇澜宫进香团一行在台中港游客中心举行送轿仪式后出发,4100多名信众搭乘4艘客轮前往金门,与嘉义布袋港另一批香客会合,通过厦门—金门航线直航厦门港,前往莆田湄洲岛祭拜妈祖,再由厦门返回台湾。[27]妈祖、王爷、保生大帝等三大闽南民间信仰在台湾的分香、再分香庙宇多达2000多座,信众号称千万,势力很大。这些宫庙都遵循传统,组织信众回闽南祖庙进香谒祖。台湾当局为了拉拢民心,对闽台民间信仰交流往往特殊处理,做出让步。这也是我们可以充分利用的有利契机。

2006年初,胡锦涛主席在福建厦门考察时说,中华文化是台湾海峡两岸同胞的共同财富,是连接两岸同胞民族感情的重要纽带。福建与台湾一水之隔,既有悠久的历史渊源,也有密切的现实联系,促进闽台交往具有得天独厚的优势。闽南文化、妈祖文化等都深深扎根于台湾民众的精神生活之中,福建要运用这些丰富资源,在促进海峡两岸文化交流中发挥重要作用,推动两岸共同弘扬中华文化的优秀传统。

毋庸讳言,由于民间信仰的普遍性、随意性,民间信仰通常表现为良莠杂陈。民间信仰不免包含某些荒诞、落后的因素和应革除的陋俗,带有较浓厚的迷信和封建宗派色彩。如何正确对待闽南民间信仰文化对外交流中或多或少势必与之俱来的消极、负面影响,是个无法避免的现实问题。宗教作为一种社会现象,将在社会主义社会中长期存在。因此,一方面,必须不折不扣地坚持和贯彻落实宗教信仰自由政策;另一方面,又要积极引导宗教与社会主义社会相适应,决不能放任其自流。民间信仰从属于宗教范畴,闽南民间信仰文化对外交流必须在宗教政策的指导下进行,既要有利于对外开放,使之为当前的社会主义现代化建设与祖国统一大业服务,又要有利于社会主义精神文明建设。当前,闽南有些农村城镇滥修庙宇成风,神棍、巫师死灰复燃,甚至偶尔出现境外反动会道门组织等敌对势力的渗透活动。针对这一情况,必须有充分的注意,保持清醒的警惕,加强管理和宣传教育。应当继承和弘扬闽南民间信仰所蕴含的中华民族传统历史文化合理内核,汲取精华,剔除糟粕,尽可能减少、消除两岸民间信仰文化交流中的消极、负面影响,从而使闽南民间信仰文化对外交流与学术研究取得长足的进步发展,充分发挥其应有的积极作用。

改革开放以来,闽南各地华侨华人纷纷回到祖籍地寻根谒祖,他们发扬敬祖敬宗、爱国爱乡的优秀传统,投资设厂办企业,成为带动侨乡社会经济的重大动力,著名侨乡晋江、安溪、南安、同安就是其中的典型实例。闽南民间信仰宫庙作为中国传统文化的象征,是"三胞"联系祖籍地闽南故乡的精神纽带。例如,永宁城隍庙、安溪城隍庙由新加坡韭菜芭城隍庙重修。菲律宾马尼拉和宿务都建有石狮城隍庙。香港地区的宝泉庵是晋江深沪宝泉庵的分炉。马尼拉也有一座青阳石鼓庙,大千寺的主神"广泽尊王"是1966年分自我国香港,保安宫的主神"保生大帝"是1968年5月从台北保安宫分炉而来。

祖籍闽南的华侨华人80%以上居住在东南亚地区,闽南籍华侨华人在东南亚人数最多,分布最广。在印尼600多万华侨华人中,以祖籍闽粤居多。其中泗水和苏门答腊北部等省尤以闽南为主。马来西亚560余万华侨华人亦以祖籍闽粤居多,闽籍华人又以闽南人势力最大。新加坡有240余万华侨华人,其中闽南人占一半以上。菲律宾有140余万华侨华人,其中祖籍闽南者多达85%以上。文莱仅20余万人口,就有5万多人祖籍闽南,占当地华侨华人的80%以上。缅甸90余万华侨华人也以祖籍闽南为主。东南亚各地很早就形成了华侨华人社会,而以民间信仰为重要载体的闽南文化得到相当程度的留存、传播、发展与交流。对闽南血缘、地缘、神缘的认同,增强了闽南籍华侨华人对闽南乃至中国的文化向心力与亲和力。在海外华侨华人社区,民间信仰宫庙与故乡闽南一样,成为社区经济、文化乃至政治的中心。

注释:

① 林美容编:《台湾民间信仰研究书目》,台北:"中研院"民族学研究所,1991年,第Ⅹ页。

② 林美容编:《台湾民间信仰研究书目》,台北:"中研院"民族学研究所,1991年,第Ⅷ页。

③ 李亦园:《文化的图像》(下),台北:允晨文化实业股份有限公司,1992年,第180页。

④ 林美容编:《台湾民间信仰研究书目》,刘枝万序,台北:"中研院"民族学研究所,1991年,第Ⅰ页。

⑤ 林美容编:《台湾民间信仰研究书目》,刘枝万序,台北:"中研院"民族学研究所,1991年,第Ⅰ页。

⑥ 参见林其泉:《闽台六亲》,厦门:厦门大学出版社,1992年,第150页。

⑦ 参见林其泉:《闽台六亲》,厦门:厦门大学出版社,1992年,第150页。

⑧ 刘枝万:《台北市松山祈安建醮祭典》,台北:"中研院"民族学研究所,1967年,第28页。

⑨ 追云燕:《台湾民间信仰诸神传》,第316页,参见李祖基:《城隍信仰与台湾历史》,《台湾研究集刊》1995年第3期。

⑩ 参见陈瑞隆:《台湾姓氏源由》,台北:世峰出版社,1985年,第161~166页;杨绪贤:《台湾区姓氏堂号考》,南投:台湾省文献委员会,1979年,第333~336页。

⑪ 参见陈佩真等:《厦门指南》第五篇,厦门:新民社,1931年,第23~24页。

⑫ 参见刘还月:《台湾民俗志》,台北:洛城出版社,1986年,第97页;杨浚:《清水岩志略》卷四。

⑬ 林美容编:《台湾民间信仰研究书目》,台北:"中研院"民族学研究所,1991年,第Ⅸ页。

⑭ 林美容编:《台湾民间信仰研究书目·台湾民间信仰的分类》,台北:"中研院"民族学研究所,1991年,第Ⅷ~Ⅸ页。

⑮ 陈汉波:《从屹立走马溪畔的保生大帝庙谈起》,罗耀九主编:《吴真人研究》,厦门:鹭江出版社,1992年,第181页。

⑯参见叶伦会:《华族文化源远流长——砂拉越之旅》,(台湾地区)《历史文物》2006年第4期。

⑰参见杨庆南:《清朝福建海澄先贤吴让官封宋卡城主》,(台湾地区)《闽园》总第24期,1991年1月。

⑱参见周南京主编:《世界华侨华人词典》,北京:北京大学出版社,1993年,第412、384页。

⑲该文用毛笔书写在红纸上,饰以镜框,悬挂于宋卡城隍庙墙上。1995年夏,郭志超教授访泰时特地抄录持赠,谨致谢忱。"披耶"为暹罗贵族称号。

⑳《风光留圣迹　庙宇焕新颜——安溪城隍显佑伯主神奇传说辑录》,《安溪乡讯》总第57期,1992年7月。

㉑宋旺相:《新加坡华人百年史》,转引自陈鹏:《妈祖信仰在海外的传播》,《福建道教》1998年第2期。

㉒《新加坡永春会馆120周年纪念特刊》,1987年,第155页。

㉓《森美兰永春会馆史略》,《新加坡永春会馆120周年纪念特刊》,1987年,第324页。

㉔参见常家祜:《耕余漫笔》,福州:海峡文艺出版社,1999年,第87、89～90页。

㉕陈衍德:《现代中的传统——菲律宾华人社会研究》,厦门:厦门大学出版社,1998年,第230页。

㉖参见郭宝林:《何日重相见　樽酒慰离颜》,《厦门日报》1994年7月2日。

㉗参见《厦门晚报》2006年9月21日,《厦门日报》2006年9月22日。

第五篇 民俗风情 传统礼仪

试论中国传统节日的文化意蕴

文　城[*]

中国经济社会的快速发展，中国现代化、国际化进程的加快，促使中西交流更加频繁，西方的节日文化也很快地传入中国。中国的一些传统节日也开始融入西方节日文化的成分，如七夕节，被认为是"中国情人节"，过节方式也有了西方色彩，如送玫瑰花，进咖啡厅、主题餐厅等成了七夕节的时尚。西方节日文化的冲击淡化了中国传统节日中原有的一些习俗，在这种状况下，了解中国传统节日的文化意蕴显得更为重要。只有对传统节日文化意蕴有更深刻的认识，才能更好地发挥中国传统节日的文化价值，并在传统节日现代化的进程中，保留节日的文化韵味，发扬传统节日的文化优势。其实，中国人过节一直很有文化礼节，春节团圆、清明扫墓、端午吃粽子、中秋赏月吃月饼、重阳节赏菊敬老等。自清明、端午、中秋三个传统节目被确定为法定节假日后，中国传统节日的文化意蕴更引人关注了，而对节日文化意蕴的探索也更有意义了。

一、中国传统节日根植于古代农耕文化

文化是人类创造的符号系统，具体又表现为一个民族、一个群体的共同习俗、观念和规范等。整体文化系统由各个子系统组成，包括巫术、神话、宗教、道德、艺术、哲学、习俗等，而节日习俗也是文化的一个重要组成部分，了解一个民族的节日习俗必须从那个民族的文化根基

---

[*] 作者是厦门大学哲学系副教授。本文于2012年"谱牒研究与闽台节俗"研讨会上发表。

开始。在中国古代,特殊的自然条件与地理环境决定了中国初民以农耕经济为主。为了生存,古时的祖先们发明了农具,种植出农作物,开始了农耕生活,并逐渐形成了一系列的农事习俗。在从事农耕活动的过程中,他们崇拜自然,与自然打交道,最先出现的图腾、神话、神灵等多是与农耕活动有关的。他们还吟咏诗句,刻画图形,也都是与农事有关的,这都是农耕文化的体现。在农事耕作的过程中,他们十分真切地体验了人与自然的关系。地理环境、天气时节等对于从事耕作的人们来说极为重要,于是早期的人们特别重视时节,并渐渐形成了节日的观念。对古人来说,认识时节是与农业收成,与生存密切相关的大事,可以说,中国传统节日根源于古代的农耕活动,根植于农耕文化的土壤中。

中国的传统节日很多,最主要的有春节、清明、端午、七夕、中秋、重阳、冬至等,这些节日都直接或间接地与农耕文化有关。比如春节,据史书记载,它在唐虞时称为"载",夏代称为"岁",周代时开始称为"年"。"载""岁""年"原来都是指谷物生长周期,很可能因为谷子一年一熟,所以春节就一年一次,这也蕴含有庆祝好收成之意。在原始社会末期,鬼神观念盛行,腊尽春来时,先民们便祭拜神鬼与祖灵,祈求新的一年能风调雨顺,这叫"腊祭",也被认为是春节的起源。再如清明节,它是二十四节气之一,在清明时节,万物沉睡的严冬过去,万象更新的春天来到,气候温暖,草木萌茂,耕作的人们进入了春耕春种时期,所以清明节又叫踏青节。虽然后来清明节被认为是扫墓的节日(传说是刘邦获胜还乡找父母的墓时首创了"扫墓"),但仍然保留很多与春耕有关的习俗,江南有农事谚语称"清明谷雨两相连,浸种耕种莫迟延","种树造林,莫过清明"等。又如中秋节,有一种说法认为中秋节起源于秋报的遗俗,因为农历八月十五日这一天恰好是稻子成熟的时刻,人们为预祝好收成,便在这个季节载歌载舞,群体欢乐。后来,因为这一天又是月圆日,就有庆祝家人团圆的含义了。此外,重阳节在陕北是正式收割的季节,也与农事有关。可见,中国传统节日从起源看,大多与农耕目的密切相关,是根植于古老的农耕文化的。虽然节日文化在长期的流传过程中融入各种因素,有些节日的农耕文化色彩被淡化了,但中国传统节日起源于古代中国农业文明是毫无疑问的。

二、中国传统节日反映出古代宗法文化特征

中国早期的农耕文明需要有很强的群体协作精神,以便更好地与自然环境做斗争。中国古人非常重视血缘关系,到西周形成了以血缘关系为纽带的宗法制与分封制,之后,即便是经过了战国时列国竞争的洗礼,宗法制度的政治体制、伦理传统和价值观念仍然在中国古代有长期的影响,人们非常看重血亲人伦,极为讲究礼教德治,注重长幼尊卑、贵贱有别。宗法制社会形态的一系列政治伦理诉求,一方面在传统节日中得到了体现和依托,另一方面也通过节日文化久远地得到传播。春节祭祖、清明扫墓,都体现着对血亲人伦的重视,体现礼敬祖先、尊敬长辈的伦理理念,体现着一种"人道亲亲"的道德传统。正像《礼记·大传》解释"人道亲亲"所说的:"亲亲故尊祖,尊祖故敬宗,敬宗故收族。"宗亲伦理文化一直是中国传统节日的重要文化内容。节日文化的传播强化了以血缘关系为纽带的宗亲文化。中国古代最重要的节日,几乎都有礼敬祖先、尊敬长辈的仪式或内容,如清明扫墓礼敬祖先、重阳节敬奉长辈,而春节等更是非常重视祭祖仪式,东汉大尚书崔寔在其农事名著《四民月令》记述了春节祭祖的仪式:"正月之旦,是为正日。躬率妻孥,洁祀祖祢。……及祀日,进酒降神毕,乃家室尊卑,无小无大,以次列坐于先祖之前,子妇曾孙,各上椒酒于家长,称觞举寿,欣欣如也。"不难看出,节日的祭祖仪式,巩固了血缘关系,强化了长幼尊卑、贵贱有别的传统理念,加强了血亲人伦纽带,传播着宗法伦理的价值观念,也促成了传统社会家国同构的"家天下"政治理念。

三、中国传统节日表现了中国传统文化的其他显著特征

以农耕文明为基础的中国古代文化有区别于西方文化的显著特征。相对来说,西方文化更重视科学认识,中国传统文化则十分重视宗亲伦理;西方文化更注重人与自然的对立,强调天人分离,中国传统文

化则重视人与自然的统一,一直主张天人合一;西方文化重视矛盾的对立面,比较习惯于认同冲突、排斥,中国传统文化则更注重和谐统一,强调和合,追求圆满至善。中国传统文化的一些显著特征在节日文化中有很明显的表现。

首先,中国传统节日文化非常明显地表现了伦理至上的道德追求。上面说过了春节的祭祖仪式是长幼尊卑伦理文化的一种体现,古人认为,对已经过世的长辈更应该礼敬,在节日的喜庆气氛中更别忘了祭拜祖先。此外,春节还有拜年的习俗,这拜年的习俗已经有很久的传统了,在古代,有拜年和贺年之分;拜年是向长辈叩岁,贺年是平辈相互道贺。拜年比贺年更重要,所以春节的祝贺礼也就叫"拜年",至今还有"团拜"的说法,这是对祝贺对象的尊重。古时,倘或坊邻亲朋太多,难以登门遍访,就使遣仆人带名片去拜年,称为"飞帖",清人《燕台月令》形容北京年节:"是月也,片子飞,空车走。"而为了接"飞帖",各家门前贴一写上"接福"两字的红纸袋,以接放"飞帖"。当然,到现代,"飞帖"转化成了贺年片,现代人主张平等,"拜年"成了"贺年"。春节外,清明扫墓也是对祖先的一种祭拜,是崇拜祖先、礼敬长辈的伦理观念的一种体现,在这里,伦理文化通过民间宗教信仰的表达形式来体现。此外,还有重阳节,重阳节在农历九月初九日,二九相重,称为"重九",汉代中叶以后,儒家将其伦理观与阴阳观结合起来,讲六阴九阳,九是阳数,所以重九亦叫"重阳"。"重阳节"名称见于记载的在三国时代。据曹丕《九日与钟繇书》中载:"岁往月来,忽复九月九日。九为阳数,而日月并应,俗嘉其名,以为宜于长久,故以享宴高会。"在重阳节,民间有登高的风俗,古时曾把重阳节称"登高节"。由于九月初九日的"九九"谐音是"久久",有长久之意,因此常在这一日祭拜祖先,举行敬老活动。在古代,重阳节与除夕、清明、中元节(盂兰盆节,农历七月十五日,是佛教徒为超度祖先亡灵举行仪式的节日)为举行传统祭祖仪式的四大节日。重阳节祭拜祖先和后来的敬老活动,也体现了中国传统伦理文化的精神特征,所以,后来重阳节被作为老人节,这也可看成是传统礼敬祖先、尊敬老人道德风俗的一种传承。

其次,中国传统节日文化非常明显地体现了天人合一的理念。中国古代天人合一思想最主要的精神是肯定人与自然的统一,关注人类行为与自然界的协调。从《易经》到先秦诸子，基本上都主张天人合一的理念。特别是汉代的董仲舒，他融道家观念于儒家，对天人合一思想做了新的阐述，他的"天人感应"理论为后世封建统治者提供了统治的理论基础。在中国传统节日文化中，经常可以感受到天人合一理论的重要影响。春节迎新、清明踏青、中秋赏月、七夕观星、重阳登高等，都是天人合一思想的某种体现，既十分强调了天（自然）与人（人事）的协调和谐，又极力主张"与天地合其德"的理念。古人认为，上天有至德，人应效法天德，与天合德，这就是"天人合德"的思想。正如《易传·文言》中所说的："夫大人者与天地合其德，与日月合其明，与四时合其序，与鬼神合其吉凶，先天而天弗违，后天而奉天时。"这种"与四时合其序"的"奉天时"天人合德观念在古代节日文化中处处有体现。除夕、元日、春节、中秋、重阳、冬至等，在自然节气重要转换时节，不仅常常纳入了一系列的人事伦理活动，如祭天、祭祖、敬神、敬老等，希望尽人事以法天德，而且将时节、节气作为庆贺的好时光，人们常常举行欢乐的活动仪式。比如，古代对冬至非常重视，把冬至当作一个较大节日，曾有"冬至大如年"的说法，历来都有庆贺冬至的习俗。《后汉书》中曾说："冬至阳气起，君道长，故贺。"在古人看来，过了冬至，白昼一天比一天长，阳气回升，是一个节气循环的开始，所以冬至也是一个吉祥日，是应该庆贺的。《宋书》上也有记载："魏晋冬至日受万国及百僚称贺……其仪亚于岁朝。"可见，自然的节气（如冬至）是应该有人事方面（如庆贺仪式）去协调的，在节日的庆祝中，祈求的是"人与天地合其德"，节日活动体现中国古人的"天人合一"的追求。

最后，中国传统节日文化非常明显地体现了和谐圆满的观念。与天人合一的理念密切相同，中国古人十分重视和谐统一的观念，对事物关系的看法，和谐比冲突可贵，统一比对立重要。而这种对和谐统一的哲学追求落实在家族伦理观念上，就是十分重视家族、家庭的和谐圆满，因而，节日的团圆也成了体现和谐观念的典型方式。在春节，当新年初一这一天还没有到来时，民间已经于腊月（夏历十二月）开始了庆祝活动，一直到元宵节才结束。在腊月里，人们扫尘、祭灶神、敬祖先，而除夕这"一夜连双岁，五更分二年"的晚上更是全家团圆，围炉包饺子，或全家一起吃团圆饭，到了元宵节，还要全家一起吃汤圆，希望新的一年能团团圆圆,幸福美满,全家和睦。有些地方,在春节还要选择名字很吉利的糕点瓜果来供全家人吃,如:吃枣(希望春来早),吃柿饼(期望事事如意),吃杏仁(但愿人人幸福),吃长生果(渴望长生不老),吃年糕(望能一年比一年高升)等。此外,清明扫墓、中秋赏月、重阳敬老等,无不通过各种节日的活动,强化家族的和谐理念,巩固家庭的团结圆满,期望着全家全族的幸福美满。

四、中国传统节日文化的发展有利于强化中国特色的文化诉求

中国传统节日有非常丰富的文化韵味,而在今天,由于经济的发展,市场竞争气氛的影响,利益观念的强化,个体意识的加强等,传统文化受到了很大的冲击,因此,传统节日文化在今天如何进行现代性转换,如何发扬光大,成了必须重视的一个重要问题。我们认为,在传统节日文化中所隐含的文化精神在今天仍有其积极的意义。发展中国传统节日文化,有利于强化中国特色的文化诉求。比如,传统节日文化中所体现的和谐统一的理念、天人合一的观念和美满幸福的追求,都是值得发扬的。

首先,传统节日和谐统一理念的发扬有利于加强民族的凝聚力。春节团圆、元宵吃汤圆、清明扫墓、端午节赛龙舟、中秋赏月、重阳敬老等节日活动,其所表现的礼敬祖先、尊敬长辈、亲情情结、和谐意识、团圆心理、圆满理想等,有利于唤起人们对亲人、家庭、故乡、祖国的亲切情感,唤起人们对民族传统文化的忆想,强化对民族精神的认同,同时唤起人们对同宗同源的民族情感和对文化同根性的认同和赞许,这对于强化文化凝聚力,加强民族凝聚力,促进民族团结,维护国家统一都是非常有益的。

其次,传统节日天人合一观念的发扬有利于构建人与自然、人与人之间和谐的关系。传统节日天人合一思想认为人与自然是和谐统一的,人与天是可以亲近和谐的,它为人们提供了亲近自然、融入自然的和谐理念。在节日的踏青、观星、赏月、登高玩秋、迎春盼暖、除旧迎新

等活动中，人们放松心情，感受与大自然的亲近，感受人与人之间的和谐、和睦关系，体验家庭骨肉情深，享受天伦之乐，形成一种与自然和谐、与人为善的美好境况。这在当今世界显得十分可贵。科技与工业日益发达，经济快速发展，但人与自然、人与人之间的关系发生可怕的变化，势利思想横行使人与人之间的关系日益冷漠，这更需要对传统节日中人与自然和谐关系理念的追忆，更需要对人与人之间和谐圆满思想的发扬。只有和谐才能幸福。

最后，传统节日中对美满幸福的追求方式，很值得今天的人反思。古人在节日中亲近自然（如踏青、观星、赏月、登高等），在节日中重视群体的团圆（如围炉吃年饭，赏月盼圆满，祭祖强调族群观念等），都体现了人们通过和谐、团圆的方式来追求幸福美满。而现在社会上一些见利忘义的现象，是一种发展过程中走歪了的追求，如果唤回节日中一些对美满幸福的追求，或许，人们会过得更幸福，社会会更加和谐，生活会更加美好。

从朱子家礼谈敝家族之祭祀礼仪

黄奕展[*]

一、前言

敝家族汶水华房黄氏大宗家庙内,正堂神龛前正中之上方,悬挂着一方"理学正宗"之匾额。本家族引以为荣,而历代沿用作为灯号,从未依世俗以历代先人之官衔职称作为灯号来显耀家声。又据历代长老告称,本家族自明代来浯开族以来,凡家庙之架设、祖先之祭祀仪式均自逸所公(官名黄伟,字孟伟,史称品德完人)。之前,但从长辈之言行事即是,未曾试想去探讨其始末及真伪,直到最近有幸获得好友罗元信先生印赠明朝金贲亨与黄伟合撰之《道南书院录》,石井好友赵守林赠阅之日本吾妻重二汇校之《朱子家礼》,再翻阅家谱、县志并参阅族侄女黄逸歆新著《品德完人》,得以印证历代长老所言属实,谨分述如下。

二、家庙之兴建

我紫云始祖守恭公虽富甲一方,但宗族史料并未见有祭祀祖先场所之设置,直到守恭公捐献田宅兴建莲花寺(即今之开元寺)后,寺方为感其献地建寺之功德,僧人建檀樾祠于禅堂之东以报,历唐宋明清至今垂及千余年,虽屡坏屡修,而我紫云一脉世世守之,永为追根溯源之祖

---

[*] 作者是金门宗族文化研究协会创会会长。本文发表于《晋江谱牒民俗》总第47期,2023年12月。

地,亦是历代子孙瞻仰始祖圣容之祖庙,而庙额仅"檀樾祠"三字而已。

我紫云黄氏二世开基同安始祖肇纶公是为守恭公之四子,肇纶公字彬夫,娶妣智氏生七子八女。其五子名文雁,登唐肃宗辛丑科进士,历任监察御史。于斯时我同安肇基之祖肇纶公即以其五子黄文雁之身份,创建开同安之家庙,用于供奉祖先,是为我紫云黄氏有家庙之先,额题曰"黄氏大宗",是为江夏紫云同安房肇基始祖之庙。

逮我金沙公于明初永乐初年率子来浯,先居于岛之西端(俗称前面)之水头东侧一隅,名曰新厝。后金沙公逝于新厝,与婆李氏合葬于金门城太仔脚(塔脚下之俗称),坐东南朝西北。而后其子廷讲(字佛信)、廷谊(字佛宗)、发、胪兄弟四人相偕眷迁居于岛之东隅之水头,因先前居住之地亦称水头(东半岛之人称其为前水头),为区别故俗称后水头,文曰"汶水"(沿用村前之水名)。居住数代之后,为凝集族人力量,以实现敬宗收族、缅怀祖德的目的,经族人创议,兴建了一座三落双护龙之祠堂,额题曰"八吉传芳",用于张显本宗族乃系紫云之宗脉。据族谱记载,汶水华房相房之大祖祠地,在本社(汶水)汶源宫南势,旧址遗基、大砗、磉石均在,祠系坐乙向辛兼辰戌,三进两护,后焚毁于海盗,来日欲重建造,宜将祠后脉眷上,十余厕所公议除去。

据族谱考之,吾族自明初来浯至兴建宗祠时,本族先人尚未有功名士子,所以只能以祠堂名义兴建,并以"八吉传芳"为堂号称之。

明正德甲戌年(1514),本族汶水华房五世祖逸所公登进士,并历任刑部广西清吏司主事、浙江清吏司郎中、广东清吏司郎中、广东南雄知府。至嘉靖癸未年(1523),因抗拒巡抚欲丈田加税,辞官返乡,养亲正家,耕读讲学,以礼教导乡民,培育家乡人才,导正民俗。于此时,无官一身轻,着手主持兴建我汶水华房黄氏家庙,家庙祭礼亦由其一手拟订。自家庙建成后,每日清晨穿戴好衣帽,即前往家庙祭拜,诸子若起稍晚,则斥跪于中庭,拜毕然后敢起。乡里受其感化,风俗随之淳厚。

而我汶水华房长房子陵公派下裔孙,自四世祖良江公、良沛公兄弟俩偕眷来汶水对岸之浦头开族,族号曰"汶浦黄氏",是为汶水华房黄氏之分支。虽然已繁衍成族,但于年节祭祀仍要返回汶水(后水头)华房家庙祭拜,尤以男丁于结婚迎娶当天,仍要先回后水头之家庙参拜。某年冬季,东北季风强劲,又遇满月涨潮,迎娶的队伍在前往后水头半路的桥上，新娘被强风吹落桥下，造成非常尴尬的场面。这引起了族中诸长老的重视，经聚族讨论，决议于后浦头（汶浦）再兴建家庙一座。适于清康熙十一年（1672），吾族九世祖黄雄（族名甫燃）膺任汝州司马，缘古礼之制而决议兴建家庙，但仍觉同知位阶不够尊崇，乃推五世之黄伟（知府）、黄泰（举人）并九世黄雄三人之名于后浦头（汶浦）兴建汶浦开族后的第一座家庙。庙堂之正殿正中悬挂着黄伟的"理学正宗"匾，东侧悬挂着黄泰的"举人"匾，西侧才悬挂黄雄的"司马"匾。匾额之悬挂乃显示本家族对伦理之重视，祭祀礼仪仍沿用汶水华房黄氏家庙之祭祀礼仪。

黄雄故居，经裔孙聚资重建，用于祭祀其派下历代祖先，题额仍以黄雄故居命之，而未以家庙或宗祠命名，并以黄雄之忌日（正月十七日）为祭祀的日子，行礼如仪。此故居虽非名为家庙或宗祠，但具有家庙祭祖属性和功能，兼作为会议、联谊场所，正是麻雀虽小五脏俱全，实属特例。

三、祭祀礼仪

家庙既已建成，年节祭祖之礼仪当有所遵循。幸本族五世祖逸所公（黄伟）与其好友金贲亨精研程朱理学，后来两人合纂《道南书院录》，而被赞是"理学正宗"而赠匾之，至今仍悬挂于家庙之正殿，并用作本族之灯号。因之本族之祭祀仪节概依《朱子家礼》，自明季至清朝、民国初年从未更改，但因时代变迁，社会结构更替，逮1980年以后略作调整，仅略述于下。

（一）置祭田

本族无论是大宗还是各房祧，均设有祭田，以出租所得用于支应族务所需及贴补当值祭祖费用。若房祧之祭田用于出租，但租金微薄，仅于祭祀当天缴交，用于贴补当值应备物品费用。若祭田由当年当值者耕种，收益归当值者所有，用于贴补当值者一年内为祭祀所用的花费，此模式历代相沿不断。惜抗战军兴，族人相继南迁南洋谋生，祭田未做明确交代,造成部分流失。1990年后,常有侨亲返乡探亲谒祖,了解情况后即发起筹募基金,并于族中成立基金会,依法办理法人登记,减少族人在祭祀之事上的经济负担。

(二)具祭器

每年定期祭祀所需之器物,如祭祀时供祖先之座椅,陈列供品之供桌,供主祭之长老盥洗之脸盆、毛巾、净炉(火炉)、香炉、烛台、尊、爵、碗筷,供祖先灵位座椅之红毯,主祭者跪拜用之草席、红毯、拜垫等,一应俱全。祭祀供列祖之餐具,以家庙供奉之祖先人数为准(夫妻分别计算),不可不足。祭祀应备之物皆应于祭祀的前一天清洗擦干,陈列于家庙中备用,并以长老检视认可后为准。

祭祀之乐器由雇用之乐司自备,本宗族不另行备用。

(三)杀牲

自家庙建成之后,凡祭祀之前均须于前一天先行宰杀猪、羊,并存取猪、羊血以供祭祀之用。于献礼完成后行瘗毛血之仪程,除主祭者奉猪、羊血前导外,所有参与祭祖之裔孙皆应持香随行。

猪、羊之内脏则交由值祭者加以处理,以供烹调为明日之祭品。但随时代环境改变,现在已无人能花费时间来处理这些繁杂的事务,猪、羊改用猪头及面羊代替,但猪、羊血依然必备。所有祭祀之祭品皆委由专业的厨师料理,或将祭品及餐宴直接交由餐厅统筹办理,倒是省却不少事务。

(四)主祭者

本族之主祭者,通常由嫡长房辈分最高最年长者担任,其他房祧辈分高年长者陪祭,行之久远。

主祭者于明代之服制为何,未见家谱记载,时代久远,已无从考证。但自清朝以后,凡主祭者或陪祭者均身着深蓝色长袍、黑色马褂,2009年汶浦家庙奠安时,为增加喜气,马褂改采深红色,沿用至今未再改变。另外,头戴缙帽(俗称碗帽),足穿布鞋。主祭者进行祭礼前,须先进行盥洗之仪程,然后才可以对祖先进行奉献之礼。

(五)执事者

执事者指礼生,即现之司仪及执行祭礼之从事人员。据故老所言,古时之执事者多由知书达礼者担任,身着蓝色长衫布鞋,不戴帽。抗战时期,多数知识分子均迁往南洋发展,再加上受战争之影响,侨资无法汇入,经济凋敝,人手缺乏,祭祀礼仪深受影响。因之,执事者只能由略识字者担任,祭祀仪程难免会有些许错乱,服装亦不能强求。直至21世纪后为配合家庙奠安祭礼,才统一由家庙为执事者量身订制深红色唐装上衣和深蓝色长裤,沿用至今未曾更改。

执事者一般设有六人,唱者(司仪,或称主持人)一人,读祝者一人,另执事者四人(左右各两人)。祭礼进行中,主祭者跪时,主祭者左右前方各一人皆跪,右后一人准备祭器或祭品递给前一人,左后一人回收左前一人收回供祭后之祭品,放回原位。行酌酒、献酒、酹酒之仪时,右者持注,左者晋爵予主祭者,右者酌酒于爵中,主祭者将爵中之酒酹倒进茅沙盆中。

读祝时,读祝者跪于主祭者之左侧宣读之,读毕始起,主祭者再拜后,复起休息。

(六)祭献仪程

祭祀采大三献之礼,祭祀仪程全部完成后,焚祝化帛仪程时,主祭者捧着金帛祝文前行,陪祭者亦捧着金帛随行至金炉处,交由众裔孙焚化。诸长老则立于家庙前西阶观望焚化之情况,至全部纸钱焚化完毕,再由一位长老持酒注将酒液绕浇金炉数圈而告成。焚祝化帛后尚有瘗毛血仪程一节,先由主祭者上香,行呈献毛血之礼,之后由主祭者奉猪、羊血前行,所有陪祭者、众裔孙等皆持香随行。至家庙之正后方原已设置之穴位,由主祭者将猪、羊血埋入穴中,再将所持之香插在穴前之香炉中,其他随行之陪祭者、众裔孙亦持香拱拜后将香插于香炉中,整个祭献仪程才算完成,此时众裔孙依辈分顺序行跪拜礼。附仪程于次:

年月日岁次　某某年某月某日
汶浦黄氏春、冬祭祭祖大典仪式
司礼人员序立

通：祭典开始，鸣鼓三通，奏大乐，鸣炮，乐升。

通：陪祭长老就位，主祭长老就位。

通：盥洗。

引：诣盥洗所（司礼人员引主祭长老至盥洗所盥洗）。

赞：盥洗毕（复位）（盥洗后请主祭长老返回主祭位置）。

通：视牲。

引：诣视牲所（恭请主祭长老检视猪、羊牲仪）。

赞：视牲毕（复位）。

通：视馔。

引：诣视馔所（恭请主祭长老检视诸列祭桌之祭品）。

赞：视馔毕（复位）。

通：焚香，启扉，上香。

恭请列祖上座：

一、恭请元太始祖振阳公暨祖妣上座；

二、恭请太始祖如复公暨祖妣上座；

三、恭请开浯始祖金沙公暨祖妣上座；

四、恭请开水一世祖廷讲公暨祖妣上座；

五、恭请开水二世祖子陵公暨祖妣上座；

六、恭请开水三世祖敬所公暨祖妣上座；

七、恭请开浦一世祖良沛公暨祖妣上座。

（其排列为首尊中，依序左、右、左、右就座妥）

通：诣香案前行献礼。

通：焚香，上香。

通：晋爵，酌酒，面东祭酒（酒朝东方泼去）。

引：诣祭酒所（引导主祭长老持酒爵行礼后）。

通：面东祭酒。

赞：祭酒毕（复位）。

通：上香，跪，晋爵，酌酒，献酒，再晋爵，再酌酒，再献酒，三晋爵，三酌酒，三献酒。

通：拜，再拜，三拜，兴。

引：诣文昌公。

通：上香,跪,晋爵,酌酒,献酒,再晋爵,再酌酒,再献酒,三晋爵,三酌酒,三献酒。

通：晋牲仪,献牲仪。晋金帛,献金帛。

通：跪,宣读祝文,读毕。

通：拜,再拜,三拜,兴。

引：诣福德公。

通：上香,晋爵,酌酒,献酒,再晋爵,再酌酒,再献酒,三晋爵,三酌酒,三献酒。

通：晋牲仪,献牲仪。晋金帛,献金帛。

通：跪,宣读祝文,读毕。

通：拜,再拜,三拜,兴。

引：诣祖座前行初献礼。

通：陪祭长老就位,主祭长老就位。

通：上香,跪,晋爵,酌酒,献酒,再晋爵,再酌酒,再献酒,三晋爵,三酌酒,三献酒。

通：晋牲仪(鸡),献牲仪。晋馔,献馔。晋鲜果,献鲜果。晋香茗(茶),献香茗。

行祭礼,叩首,再叩首,三叩首,四拜,兴。初献礼毕。诣东班祖座前。

通：诣祖座前行亚献礼(长老序立)。

通：上香,跪,晋爵,酌酒,献酒,再晋爵,再酌酒,再献酒,三晋爵,三酌酒,三献酒。

通：晋牲仪,献牲仪。晋馔,献馔。晋香茗,献香茗。

行祭礼,叩首,再叩首,三叩首,四拜,兴。诣西班祖座前。

通：诣祖座前行亚献礼(长老序立)。

通：上香,跪,晋爵,酌酒,献酒,再晋爵,再酌酒,再献酒,三晋爵,三酌酒,三献酒。

通：晋牲仪,献牲仪。晋馔,献馔。晋香茗,献香茗。

行祭礼,叩首,再叩首,三叩首,四拜,兴。

初献礼毕。

通：诣香案前行亚献礼。

通：上香，跪，晋爵，酌酒，献酒，再晋爵，再酌酒，再献酒，三晋爵，三酌酒，三献酒。

通：晋牲仪（鱼），献牲仪。

通：拜，再拜，三拜，兴。

通：诣祖座前行亚献礼（亚献礼为节省时间，东、西同时上香，一并祭祀）（长老序立）。

通：上香，跪，晋爵，酌酒，献酒，酹酒，再酌酒，再献酒，再酹酒，三酌酒，三献酒，三酹酒。

通：晋牲仪（鱼），献牲仪。晋馔，献馔。晋果品，献果品。晋糖粿，献糖粿。晋花粉（化妆品），献花粉。晋香烟，献香烟。饮福酒，受胙。

行祭礼，叩首，再叩首，三叩首，四拜。

通：乐止，读祝裔孙就位，主祭长老俯伏，宣读祝文。读毕，乐升。

行祭礼，叩首，再叩首，三叩首，四拜。

亚献礼毕。

通：诣祖座前行终献礼（祭仪东、西班如亚献礼）（长老序立）。

通：上香，跪，晋爵，酌酒，献酒，酹酒，再酌酒，再献酒，再酹酒，三酌酒，三献酒，三酹酒。

通：晋牲仪（肉），献牲仪。晋馔，献馔。晋福果（红圆），献福果。晋羹饭（饭与菜汤），献羹饭。饮福酒，受胙。

行祭礼，叩首，再叩首，三叩首，四拜。

通：终献礼毕。焚祝化帛。（望燎）

通：晋毛血，献毛血，瘗（埋）毛血。（众裔孙持香随行）

通：众裔孙依辈分尊卑行跪拜礼（十二拜）。

通：主祭裔孙博杯请示列祖是否复位（若为圣杯，即请主祭长老上香）。

焚香，恭请列祖复位。

通：奏大乐，鸣炮，闭扉，礼成。

略论晋江传统年节文化内涵与社会功能
——兼谈晋江传统年节文化向我国台湾地区及海外的传播

陈仲初[*]

本文所论述的年节指汉民族的传统年节。传统年节历史非常悠久,先秦时期已有雏形,源于岁时节气、祭祀祖先、民间信仰或农事活动等。由于晋江的汉民族迁自中原,因而晋江传统年节风俗主要传承于中原,而社会历史文化的变化,气候、地理环境等诸多因素的影响,使得晋江的传统年节受到古闽越文化、海外文化的渗沏,具有鲜明的地域特色。在漫长社会历史发展中,有的年节逐渐被淘汰消失,有的年节被忽视不再盛行。本文仅论述春节、清明、端午、中秋等几大传统年节的文化内涵与社会功能。

一、晋江传统年节的文化内涵

年节文化是人类文化的一个组成部分,是文化研究的一个领域。其内涵是围绕年节而产生出的社群文化现象。因此,年节文化是人类创造的社群活动的独特形态的具有诸特质的复合体,其中包括实物、信仰、心理、习俗、道德、艺术等。年节文化涉及人类的三种关系,即人与自然的关系、人与人的关系、人与自己心理上的关系。晋江传统年节的文化内涵也是如此。

---

[*] 作者是晋江市政协文史委原主任。本文于 2012 年"谱牒研究与闽台节俗"研讨会上发表。

(一)传统年节的节气文化

我国农历把一年分为十二月、四时、八节、二十四气。四时即春、夏、秋、冬。八节即立春、春分、立夏、夏至、立秋、秋分、立冬、冬至。二十四节气有《节气歌》:"春雨惊春清谷天,夏满芒夏暑相连。秋处露秋寒霜降,冬雪雪冬小大寒。"这里的节,是对岁时的分节,把两节气相交连之日定为交节,由此转意为节。

传统年节就是由这些节气节日演变而来的,因为这些节气在气候天文以及历法中处于特殊日期。人们在季节气候转换、年岁更替这些特殊日期举行活动,并年复一年进行,代代相传。

传统年节的文化内涵是丰富而深邃的,且具有科学合理性。我国汉族早在先秦时期已形成春社、伏日、秋社、腊月等年节。先人认为,人和自然界存在着密切关系,人的健康和疾病、祸福,生活和生产、收获,直接受到四时气候等自然环境变化的影响,并由此派生出与人们的生产、生活中某些活动密切联系的节气文化。

春节,起源于"年"这一历法中特殊的日期。人们于冬去春来的交接之时,在一年诸节之首的日子里,身心放松,喜庆丰收,迎喜接福,和睦团聚,除旧迎新,同时祭祖敬神,拜"天公",答谢保佑,祈求新年平安兴旺。其文化基调是喜庆欢乐的。而"一年计在于春",通过节日仪式,人们强化了对一年生计的准备和筹划。

清明节,处于仲春与暮春交换之时,《岁时百问》说:"万物生长此时,皆清净明洁,故谓之清明。"此时,人们开始筹备春耕播种,而其他行业也已开张营业了。古时在清明节之前还有个寒食节,据《荆楚岁时记》载:"今寒食准节气是仲春之末,清明是三月之初。"后来寒食节、上巳节,以及祭祀祖先、扫墓等活动逐渐与清明节融会在一起。清明时节,正值大自然万物生机勃勃,空气清新,人们结伴郊游踏青。杜甫有诗:"江边踏青罢,回首见旌旗。"可见在唐代已流行。而晋江有"清明谷雨寒死虎母"的俗语,告诫人们要预防"倒春寒"。

古代汉族还有一些以甲子、干支排序的节日。"上巳"即指农历三月上旬巳日,在秦汉以前就有上巳节(三国魏时称三月三节)。《后汉书·礼仪志》载:"是月上巳,官民皆洁于东流水上,曰洗濯祓除去宿垢病为大洁。"可见上巳节是被去宿疾而洁身的日子。基于汉族的民间信仰习俗,一些月日数字重复的日子,也发展成传统节日。除上述的一月一(春节)、三月三之外,还有二月二(晋江俗称"头牙""土地公生")、六月六、七月七(称七夕节,或乞巧节、女儿节,晋江民间称七娘妈诞)、九月九(重阳节,兄弟相邀登高插茱萸,现作为老人节)等节日。扫墓之俗先秦已有,但不定在清明节。

五月初五日端午节,古代汉族有"值五日午"之俗,凡逢五之日皆称午,因而五月初五日又称"重午""午日",或"端午""端阳",晋江民间俗称"五月节"。此值夏至之时,人们认为是一年当中日头最长的日子。这个时候,蚊虫邪毒萌生猖獗,古人将之视为恶月去邪除毒的日子,而采取许多预防疾病及邪气侵袭的措施,并由此派生出端午节禳灾祛祸降福祈求平安幸运的文化因素。《荆楚岁时记》载:"五月俗称恶月,多禁忌。"晋江留传诸多避恶禳灾习俗。如门插"五端",即榕枝、艾叶、菖蒲、柳枝和大蒜头;泼雄黄酒,少量饮服,少量加朱砂以毛笔涂于小孩手心、脚心,还在额头写"王"字;以五色线拧成的续命缕系于小孩手臂,以内装香料和雄黄的香袋挂于小孩胸前等。要制"午时盐",即于午时用茶叶、盐,加少量蒲姜、薄荷等药,炒制成药茶,以防治中暑、胃肠不适等病。是日若天晴,要晾晒衣服被褥,俗称"晒龙袍"。各家关闭门户,在室内焚熏苍术和蝉蜕,以驱邪净室。此时因梅雨连绵,还有"煎饼补天"习俗,即油煎麦饼、面饼等"补天",祈求雨止天晴,亦为告知人们雨季将止,该准备干活了。缘于端午节的气候,晋江民间有俗语:"未吃五月节粽,破袄不要放。"意在告诫人们要注意气候变化,避免伤风寒。

中秋节,最早古人注重气候之变,并未关注月亮。《周礼》载:"中秋夜,迎寒亦如之。"至秦代始有天子祭月礼制。《礼记》载:"天子春朝日,秋夕月。"汉代以后民间始有赏月之风,直至北宋太平兴国年间,始定八月十五日为中秋节。晋江民间认为此日的月亮最圆。此正处于一年收获在即,寒冬将临之时,天高气爽,皓月当空,未免令人思绪万千,由此衍生许多传统和习俗,也留下脍炙人口的诗篇。如李白的《静夜思》:"举头望明月,低头思故乡。"唐代晋江进士欧阳詹则写过《长安玩月诗》,可见当时即有玩月风尚。他在其诗序中注重其节气变化:"秋之于时,后夏先冬;八月于秋,季始孟终;十五于夜,又月之中。稽于天道,则寒暑均；取于月数，则蟾魄圆……"从其诗序我们了解到中秋在一年中的节气，同时也得知"嫦娥奔月"的传说早于唐代就存在了。明代晋江安海黄翰林的夫人邱氏为其居所"尺远斋"的"听月楼"赋诗一首："夜静楼高接太清，倚栏听得十分明。磨空轵辀冰轮转，捣药铿锵玉杵鸣。曲唱霓裳音细细，斧侵丹桂韵丁丁。忽然一阵天风鼓，吹下嫦娥笑语声。"此诗将"赏月"转为"听月"，从听觉感官上精彩演绎了古代神话传说。

传统年节有许多定于各季各月的朔望之间，朔日为月初第一天，望日为月圆，即十五。如正月初一日（春节），正月十五日（元宵节，亦称上元节），七月十五日（中元节，亦称"鬼节"，即奠祭普度亡魂冤鬼的日子）。

总之，传统年节的节气文化体现了历法中的气候天文变化和岁时更替，适应人们生产生活中某种活动、行为的需要，表达共同心理、要求和愿望，具有其科学合理性。而人们为了传承历法节气，编了"节气歌"、谚语、传说、诗文等。晋江古代还有二十四节气花鼓，二十四个大鼓按春夏秋冬标记排列，二十四个童男童女着四色衣裳舞动鼓乐。此舞乐至今在马来西亚晋江会馆流传。

（二）传统年节的习俗文化

传统年节的习俗文化丰富多彩，所蕴含的意义和所追求的目的也是多种多样的，而各地因地理环境不同，民情风俗各异，习俗的形式和内容也各自不同。同样，晋江传统年节的习俗文化也有其特色。

古代汉族选择于农历腊月三十至正月初五日这几天为春节。晋江旧俗为腊月廿三日至正月初五日，有"送神"与"神落天"之俗。腊月廿三日下午，各家备办果合、金纸、香、炮，摆设"糖塔"，剪黄纸"神马"到神祇前举行"送神"仪式，即为诸神上"糖塔"，乘"神马"上天送行。正月初四日又按此行仪，接神下凡，俗称"神落天"。现在连正月十五日的元宵节也融合于春节期间。有俗语曰："十五元宵灯，十六煞了心。"

农历每年的最后一天为除夕，晋江俗称"年兜"。除夕前，各家要预先"掸尘"（打扫卫生），剪裁新衣服，洗筐净具涤皿，炊糕做粿包粽，杀鸡鸭宰猪羊等，准备过年。除夕中午，各家要祭祀祖先，敬奉厝主，而后洗扫庭院居室，并张贴春联、门签、春福年画，装饰布置宅居。有逢居丧人家不贴红春联之俗。春联由桃符衍化而来。据《山海经》载，东海度朔山有大桃树,树下有鬼门由门神把守,鬼怪见而畏之。后人以桃木悬于门上驱邪。除夕夜,外出亲人均要回家团聚,设丰盛菜肴合家吃"团圆饭"。有俗语曰:"年兜无回家无某(妻)。"这反映晋江男性外出谋生者,除夕吃团圆饭的重要意义。长辈需给幼小晚辈分发压岁钱,俗称"分年"。除夕夜,晋江有"跳火群"之俗,即集薯藤稻草及扎有蔗尾的"掸尘"柴枝叠于门外大埕上,燃起火堆,家中男丁要逐一跳而越之,边跳边祷念"跳入来,新年发大财;跳出去,无忧共无虑;跳过东,粮食吃勿空;跳过西,钱银满厝里"等,以祈纳福大吉大利。过后,家中主妇要用火笼从火堆中扒些余烬,置于房中床下,俗称"挑金挑银",寓意火红兴旺。除夕夜,妇媳辈要在厅堂和房里各置一钵"过年饭",两侧点上大红烛,钵盂盛着白米、年糕、红蛋、红橘、芋艿等,上插桧花、四季花(俗称"春枝"),以祈年丰岁吉。是夜各家红烛通宵长明,合家欢聚一堂。有"守岁",或称"坐寿"之俗,以祈家门纳祥迎吉,长辈健康长寿。据晋周处《风土记》载,大家终夜不眠,以待天明,称曰"守岁",可见此俗由来已久。

农历正月初一日子正之时(零时)一到,各家在厅堂设案,摆上"三牲""五果""六味"等供口,燃香点烛烧纸钱,敬拜"天公",燃放鞭炮,开门迎春纳祥,俗称"开正"。初一清早,起床润洗手脸,更换新衣服,合家吃线面,以祈新年添福增寿。而后亲友互为走访,见面拜年"恭喜"祝贺。客人来要请吃糖果、蜜饯等,以示有甜蜜开头。春节这天有种种禁忌:不能操刀切东西,不能打扫地板,不能打骂吵架,不能打破家中器皿,不能向人讨钱索债,不能到井边挑水等。总之,祈望新年有好兆头。

正月初二日为女儿日,旧俗出嫁的女儿这天要回娘家探亲团聚。初四为"神落天",要举行"接神下凡"仪式。初五夜要红烛长明。初九为"天公生",当日凌晨要搭"天桌"点"天公灯",以"三牲""五果"等各种供品行香奉拜。

正月十五日为上元节,也称"元宵节"。古代以正月十五日为上元。传说元宵节源于西汉,汉文帝因平定"诸吕之乱"之日是正月十五日,为示庆贺将之定为元宵节。后来汉明帝为示崇奉佛教,敕令是夜点灯。晋江民间俗称"上元小年兜",可见十分热闹隆重。至此,春节的民俗活动才徐徐落幕。晋江元宵节有吃"上元圆""闹花灯""听香""送灯""替身"等习俗。清早,要以"上元圆"祭祀祖先、神明,早餐吃"上元圆"(即以花生仁、糖、芝麻等为馅的糯米丸),以征兆一年圆满吉庆。晚上有孝敬神祇,合家吃"润饼菜"(为薄面饼包卷各式菜肴的食品)之俗,寓意包金包银,团圆美满。元宵节夜"闹花灯"。城镇各家店铺张挂各式灯盏,争奇斗艳,人们涌上街道观灯品论。无论城镇,还是乡村,儿童们手提各式各样小花灯,穿街窜巷追逐嬉戏,亦有年轻人装扮成火鼎公、火鼎婆,击鼓配乐,逗乐嬉耍。而晋江东石有"数宫灯"习俗。在三公宫中举办宫灯会,去年结婚的新郎要准备宫灯挂于三公宫大厅中。人们在观赏宫灯时通过数宫灯,可以了解家乡人丁增长情况。晋江有"正月十五听香小仙梦"旧俗。元宵夜,有些姑娘和年轻妇女在家中厅堂神祇前焚香祝告祈求之事,而后执一炷香,躲在别人家门边或窗下听说话,再回家在神祇前卜杯,以判断所听的话语是否为答案。元宵这天,婚嫁女方娘家要为男家送莲花灯,以祝"莲(连)生贵子",谓之"送灯"。有的家庭主妇以猪肉、豆腐、芋头之类供品敬祭"代人"(小篾纸人),点香祷告,而后烧金纸放鞭炮,焚烧"代人",以祈当年消灾弭祸,平安和顺,谓之"替身"。旧时还有"迎神赛会"等活动。如今,元宵节举行花灯展览、猜灯谜、攻炮城、南音演唱等民俗活动。

清明节为民间传统的溯源探本的日子,有敬祭祖先、扫墓之俗。此俗在唐代开始盛行,宋《梦粱录》记载:每年清明日"官员士庶,俱出郊省坟,以尽思时之敬"。晋江有俗语:"清明不回家无祖。"可见对清明节的重视。此日习俗:中午要敬祭祖先,吃"润饼菜",吃"清明粿"(即小麦或番薯粉包糖豆沙馅蒸制的果品)。下午,合家携带果合、金纸、香楮、鞭炮及锄头、扫帚上山扫墓。扫墓即为墓地除草,并予修整,用朱砂或红漆描墓碑字迹,在墓坟上压五色纸钱,然后点香奉敬果合,焚烧金钱,燃放鞭炮。出嫁女儿不能回家祭祖,要送给娘家金纸。此间,有的妇人因丧失亲人在坟前啼哭,俗称"哭墓"。晋江深沪一带妇人"哭墓"最为奇特,声调婉转,感情真挚,催人泪下。有的男子肩披裤裆徘徊于哭妇周围,即暗示有意被招入赘。清明节前后10天,扫墓、修墓、拾骸移墓均无讳忌。早期晋江有些华侨客死他乡,嘱咐子孙将其尸骨或骨灰安葬故土,由此衍生了寄墓土、骨灰及引水魂等侨乡殊俗。如今,旧坟地大都被拆迁,上述诸俗正逐渐消失及变化。

端午节是闽南民间夏季最重要的传统节日。其起源说法颇多，晋江民间持纪念屈原之说。《荆楚岁时记》载："屈原以是日死于汨罗，人伤其死，所以并将舟楫以拯之。今之竞渡是其遗迹。"《续齐谐记》载："屈原五月五日投汨罗水，楚人哀之，至此日，以竹筒贮米，投水以祭之。"后来演变成划龙舟竞渡和以竹叶包粽子的端午节习俗。而据文史界考证，龙舟起源于图腾崇拜，据《穆天子传》说，西周周穆王时便有龙舟。竞渡起源于中国南方探亲访友交际活动。据考古证明，此俗产生于春秋战国时。南方水乡沿海，人们利用舟楫之便时，为躲避"蛟龙"之害，采用图腾崇拜形式。《海上纪略》记载说："（福建）凡海舶中，必有一蛇，名曰木龙，自船成日，即有之。"龙舟大约也仿此做法。人们认为"龙"能祛邪恶，保行船平安。

清乾隆《泉州府志·风俗》载有端午节旧俗："是月无定日，里社禳灾，先日延道设醮。至期，以纸为大舟及五方瘟神。凡百器用皆备，陈鼓乐、仪仗、百戏，送水次焚之。"晋江塘市一带至今留有"以纸为大船，送五方瘟神"习俗，仪式庄严隆重。

端午节龙舟竞渡明清时盛行，后逐渐演化为"水上捉鸭"活动，即于船头支出一根涂满油脂的长杉木，尾端挂着鸭笼，谁从杉木上走过去打开笼阀，便可于水中捉鸭而归。还有"采莲"，俗称"嗦啰嗹"的民俗活动，晋江安海的"嗦啰嗹"民俗活动已被列为国家级非物质文化遗产。活动之前应先拜祭木雕龙王头（即龙神），而后抬出木雕龙王头沿街巷游行"采莲"。"嗦啰嗹"活动队伍由一"铺兵"领头。"铺兵"头戴斗笠，腰系草鞋，拴着装酒尿壶，脚穿草鞋，形似乞丐，一路醉颠。"采莲"队手擎彩旗，两人敲锣，两人打鼓随后。一人领唱《嗦啰嗹》歌。接着有几名男扮女装的花婆，手提盛着红、白鲜花的漆篮，载歌载舞，扭捏作态。随之由若干人抬着木雕龙王头摇摇晃晃徐徐而行，有鼓乐队随伴。"铺兵"沿街巷入店入宅摇旗"掸尘"，借龙神驱邪，诙谐风趣，寓意驱邪避灾，招财纳福吉兆。主人施与红包，花婆以红、白花回送。纵观晋江端午节的种种习俗活动，都是为了避恶消灾，保健康平安。

中秋节起源与月神崇拜有关，至宋代已形成过中秋节风俗。是日，晋江有蒸番薯芋、吃月饼和赏月、敬祀祖先的习俗。中秋月夜有投骰赌饼，俗称"卜状元饼"习俗。卜中状元者，预兆好运，放鞭炮庆祝。还有

"烧塔仔"、放"孔明灯"和"听香"习俗。中秋月下,儿童成群结队,捡碎瓦破砖垒叠成一座座小塔仔,并生火撒盐"烧塔仔"。青年人则用篾纸制作灯笼"孔明灯",利用"油枝"燃烧烟火熏放"孔明灯"。有的老妇少女在居家神祇前点香祈示,而后隐匿于厝边巷尾偷听别人言语,以卜祈冀之事的好坏成败,俗称"听香"或"祈香"。旧时,晋江东石、深沪一带渔村还有"相贡"之俗。青壮年聚集于海滩旷野,在月色中分群用拳头、竹木棍、石头及燃烧的薪柴对阵投掷斗打,并视流血负伤为吉利,此俗今已不见。而"赏月"之俗如今也为诗词吟唱、南音演唱等活动所代替。

传统年节习俗繁多,蕴含深厚的文化内涵,反映了民族的社会价值取向、审美习惯意识、信仰崇拜心理,表达了民众的爱憎之情。

(三)传统年节的传说文化

传统年节中往往有一个或多个美丽的传说,历代相传,流行于民间,内容生动通俗,具有独特艺术魅力。年节传说源自人类社会中的求知欲望,人们限于知识水平,无力寻求年节产生的真正原因,于是自然而然编织出与节日相关的传说。而且,年节传说的产生还与民族的价值观、道德观相关,体现着中国传统文化中的价值观念、伦理观念。因此,年节传说是年节文化重要的组成部分。

新春佳节中的"祭灶、守岁"等习俗就有多种传说。传说玉皇的小闺女爱上一个小伙夫,两人结为夫妻,玉皇很恼怒。后经王母娘娘求情,封"穷烧火的"为灶王,玉皇只准女儿每年底回家一次。到了腊月廿三日,灶王夫人回娘家,向玉皇讲了人间苦情,玉皇不予理睬。灶王夫人为多准备东西带回人间,廿四扎扫帚,廿五磨豆腐,廿六割肉,廿七杀鸡,廿八蒸年糕,廿九灌酒,三十包饺子,直到天黑才离开天宫返回人间。人们为此都没有睡觉,在火炉边守夜等候灶王夫人,见她回来都点起香纸,放鞭炮迎接。又传说,"岁"是一种庞然怪物,十分凶恶,但它一怕日光,二怕响雷。玉皇准许它每年终夜里可出来活动一次。为防止"岁"出来肆虐,人们便点燃火堆"跳火群",还投进竹竿,使之燃烧时发出噼啪爆裂声,以吓住"岁"而保平安。此为春联"爆竹一声辞旧岁"的由来。又一说,除夕之夜,家家通宵点烛,户户燃放鞭炮,将"岁"吓住不敢出来,一年就平安度过了。上述传说可谓神奇而又合乎情理。

清明节吃"润饼菜"和"清明粿",有文史专家认为是古代寒食节食俗遗风。关于寒食习俗有个传说:"春秋战国时,晋公子重耳为避亲族争权相互残杀,流亡在外。一天在大山中迷路,饿得走不动,随从介子推割下自己腿上的肉,烤熟了送给重耳吃。重耳后来当上晋国君,封赏时忘了介子推。有人为之叫屈,重耳急忙差人去请,但介子推已背着老母躲进绵山。重耳亲自带人搜山,但寻找不到,就下令放火烧山逼介子推出来。可是火熄灭后却见介子推背着老母在树下死去了。重耳见状大哭跪拜,将绵山封给他,并规定每年这天(清明前夕)禁烟火,吃寒食,由此成习俗。"关于"润饼菜"的由来,晋江一带有个传说:五省经略蔡复一的妻子因丈夫公事忙,用薄面饼卷杂菜给蔡复一就食。此传说清《西山杂志》有记载。

端午节的传说更多,有起源于屈原说、伍子胥说、勾践说等。晋江民间持纪念爱国诗人屈原的说法。龙舟竞渡源于当时众人行舟抢救沉于汨罗的屈原的故事。以竹叶包粽子,源于民众在屈原投汨罗之日(五月初五日),以竹筒贮米,投水祭之。传说贮米的竹筒均为水中蛟龙所窃食,民众便以竹叶包成三角状的粽子,缚以五彩线,使水族不能吞食。

中秋节的传说最神奇,有"嫦娥奔月""吴刚伐桂""玉兔捣药"等故事,让赏月习俗增添无穷魅力。吃月饼习俗在唐代已出现,苏东坡有诗:"小饼如嚼月,中有酥与饴。"而晋江吃月饼、卜月饼、"烧塔仔"等习俗据传说与抗元兵有关。传说当时泉州汉人三家要合养一名元兵,后来大家通过在月饼馅里塞纸条,约定中秋节这天杀死所养元兵。有俗语:"三家养一元,一夜杀完全。""卜月饼"传说是人们借中秋节玩饼形式聚集在一起,以放鞭炮为信号,同时行动反抗元兵。"烧塔仔"的传说也是以"烧塔仔"举火为号,实行抗元武装起义。这些传说未必是真实历史,但却是当时民众情感的反映,以传说形式附会于习俗上。中秋节蒸番薯、芋头,并与月饼祭祀祖先的习俗也有说法,说是番薯内黄,芋头内白,寓有包金包银、发财致富的愿望。

传统年节传说还有很多,如七月七的"牛郎织女"的故事,贴春联(桃符)、门神的传说等。这些传说使传统年节具有纪念意义,更富含民众的思想感情。因此,这种来自民间以不自觉的艺术方式来反映自然界和社会生活面貌的语言艺术创作(口头文学),是民族文化的重要体现。

（四）传统年节文化向我国台湾地区及海外的传播

传统年节文化具有鲜明的民族特色。年节文化作为民族文化的有机组成部分，也自然会发生文化传播。年节文化是社群文化，社群成员既是文化传播者，也是媒介接受者。因此，作为全国著名侨乡、台湾同胞主要祖籍地之一的晋江，其传统年节文化必然向我国台湾地区及海外传播。

明、清时，府第建于晋江安海的郑芝龙招募闽南沿海民众入台垦殖，后其儿子郑成功收复台湾，晋江人施琅又平复台湾。晋江民众大量迁居台湾，开发台湾，至今台湾有许多村镇地名与晋江相同，由此传播晋江传统文化习俗。据统计，现台湾居民中祖籍闽南的同胞占80%以上。台湾的历史就是闽南人的开发史，可谓"血脉相承，语言相通，风俗相同，诸神同祀"。台湾的闽南人同晋江人一样注重过年节，他们通过过年节，营造欢乐团聚的气氛，表达对故土的追思，舒缓生活的压力。其年节习俗与晋江几乎一样。如除夕，俗称"年兜夜"，以"润饼菜"奉祭厝主、门宅诸神，长辈给孩子们分"过年钱"，在各自大门外"烧火群"，合家老小围坐"守岁"。正月初一日凌晨，点头炷香，敬祭"天公"，放鞭炮"开春"迎新。上元节游鼓仔灯、"听香"、吃"上元圆"。而元宵节晋江东石有"数宫灯"习俗，旅居在外的东石人包括东石籍台湾同胞每年都会派人带宫灯回家参加宫灯节，通过"数宫灯"了解两地子孙繁衍情况。台南鹿港一带还有"嗦啰嗹"，据说是由晋江安海传过去的，其形式和内容与安海的"嗦啰嗹"基本相同。这些年节习俗甚至影响到台湾的高山族，高山族过"大年夜"，全家围坐放着火锅的大圆桌就餐，未能"围炉"的，要为其留空席位。

在菲律宾、新加坡、马来西亚、印尼等东南亚国家，凡有闽南籍华人、华侨聚居的地方，其年节习俗同样与晋江年节习俗基本相同。这在一些闽南籍、晋江籍华人作家的作品中都有过描述。如《瑞狮采青》写春节舞狮活动；《义山》写端午节吃粽子、赛龙舟和"捉鸭"等民俗活动；《中秋月》写中秋节吃月饼；《一块月饼》写"赌中秋"（卜月饼）；《敬鬼神》写中元节敬祭鬼神等。从中不仅了解其年节习俗，还可以知道闽南民间的舞狮、弄龙、舞蹈（如上述的二十四节气花鼓）、南音、歌谣，甚而"嗦啰嗹"、赛龙船、"捉鸭"等也随之传播到海外。

由于双方有着相同的生活方式习惯、相同的传统文化体系,构筑了共同的文化空间,因而,晋江传统年节文化向我国台湾地区及海外的传播是自然而然的,并且世代相承,根深蒂固。晋江人离乡外出,有祭拜祖先,揣着故乡的水、土,甚至神佛香火的习俗。由此我国台湾地区及东南亚有龙山寺,及奉祀保生大帝、妈祖等各种"挡境神"的寺庙。而至今,每逢清明节,或春节、中秋节,晋江的海外侨胞、港澳台同胞总会分批返回故乡探亲、敬祭祖先。正如台湾一位诗人写的:"佳节又清明,家家扫墓域。祖坟何处寻?长跪向西北。"(《癸亥清明作》)此诗表达了海外侨胞和台湾同胞追根溯源的难解情结。

二、晋江传统年节的社会功能

传统年节是在特定环境和文化背景下出于某种目的和动机而产生的,因而具有其社会功能。晋江传统年节具有下述的社会功能:

(一)传承中华传统文化,增强民族凝聚力

我国传统年节源于古代历法、节气。传统年节依着历法、气候的变化而确定节日及举行相关习俗活动,必然使人们对年节时间记忆很深。这种世代相承、循环往复的传统年节必然促使古代由中原移来的晋江族群,即同一文化背景的社会群体,产生强烈的民族文化意识。这种民族文化意识不仅使人们对与传统年节有关的历法、节气十分熟悉,而且在潜移默化之中传承中华传统文化。

传统年节都有各自独特的习俗,这些习俗鲜明地表现出中华民族的传统文化特色,而且其主要内容和形式是对祖先的崇敬和怀念,对爱国英雄人物的追忆和纪念,对家人团聚的期望和喜悦,因而能增强民族的凝聚力。在闽南晋江聚族而居的社会群体中,人们自小就耳濡目染,受到本民族文化的熏陶,在世代沿袭的过年过节中,不知不觉地接受和积淀本民族年节习俗中内含的价值观念、道德观念及审美情趣,并对个体人格的形成产生深远影响。

(二)增进敦亲睦族,构建和谐人际社会

传统年节是以家人团聚在一起而进行的。家与年节的联系是非常紧密的,过年节时家庭成员的团聚最为重要。如春节,在外的儿女总要回到父母的身边。这就是中国传统的"天伦之乐"。

在传统年节中,亲族名分能得到认同。晋江传统年节有走亲习俗,即在春节、清明节、端午节、中秋节出嫁女儿或晚辈亲戚要向娘家或长辈送礼品,而娘家或长辈应予回礼。走亲习俗使亲族名分得以认同,而且密切了家庭人伦关系。

传统年节起着加强宗族和睦及调节人际关系的作用。人的社会关系是在不断的社会交往中形成的,而年节是一个重要的活动时间。如年节有"拜年"及祠堂"祭祖"习俗。到祠堂"祭祖",同宗关系得到认同,增进宗亲和睦。"拜年"习俗起源甚早,据《梵天庐丛录》载:"男女依次拜长辈,主者牵幼出谒戚友,或止遣子弟代贺,谓之拜年。"也就是说,人们除了给家里长辈拜年外,还要到亲朋、同事家中拜访,互致年节祝贺。大家互相"拜年",自然会加强相互关系,使因各种原因而淡化了的人际关系得到恢复和调整,即使平时有些隔阂瓜葛的,也因"拜年"消除了双方的矛盾重归于好。此外,晋江一些宗族也往往利用年节亲族团聚的时机,举行宗亲会议、恳亲大会。因此传统年节能增进敦亲睦族,构建和谐人际社会。

(三)强化社群集体意识,激发爱国爱乡热忱

传统年节习俗活动,群众是广泛参与的,一般在人们聚居的地方举行,因而是具有一定社会意义的活动,是社群生活的主要形式。

传统年节有些习俗活动与竞赛或竞技有关。如舞龙、舞狮、赛龙舟、"跳火群"等,如今还发展了篮球赛、拔河比赛等。这些活动,多以村、社区或部门各系统为参赛单位。参赛者除了有强烈的竞争心外,还要有集体荣誉感,在竞赛中配合集体其他成员争胜。即使是旁观都会不由自主进入社群成员的角色,为本社群的竞赛或竞技活动加油喝彩。

在这些习俗活动中,人们的言行、礼仪、待人接物的态度都不能不以社群的存在为前提。群体成员相互影响,对群体团结起着重要作用,

鼓舞强化了社群集体意识。而社群集体意识的加强,往往会激发社群中的成员为集体做贡献、争荣誉的爱国爱乡热忱。如晋江有些华侨或企业家常在年节期间捐助家乡的竞赛活动或社会公益福利事业。

(四)调适群众心理需求,丰富社会文化生活

传统年节的功能之一便是调适群众的心理需求。在漫长历史中,各个社会群体为了谋求营生,采取了与自身环境相适应的经济形式、生活形式,而任何谋生方式都会使社会群体成员的身心处于紧张状态。特别是由中原移来的晋江族群要披荆斩棘,开基创业,历尽艰辛,而战乱、贼寇、瘟疫等曾使一些村庄荒无人烟。显然,长时期处于紧张状态,对社会群体成员的心理、生理健康是极其不好的,也是任何社会群体都无法承受的。有间隔的、有规律的传统年节能够创造出一个合族团聚、轻松欢乐的文化氛围,调适群众的心理需求,使社会群体成员身心得到很好的调适。

人们在年节习俗活动中,伴随音乐旋律载歌载舞,不拘礼节地品尝佳肴美酒,自由地互访聊天说笑,这些都能使社会群体成员身心处于放松状态。平日为了谋生而忙碌的民众,在节日期间疲劳困倦的身体得到恢复,紧张压抑的精神得到纾解,人们的心理状态达到一种平衡,身心均得到自我调适。而传统年节中有许多文化娱乐活动,也丰富了人们的社会文化生活。

(五)促进社会商品生产,繁荣地方市场经济

传统年节之前,各家各户都要进行过节准备,这就需要各种各样的商品,小至食品、器具,大至家用电器。年节期间社会上产销两旺,商品成交额远远高于平时。由此,一些传统手工艺行业得以传承发展,一些小农家庭也可用自产的农副产品作为商品交易,同时也促进各种家用商品的生产。如今,随着群众生活水平的提高,年节期间需求商品的种类和数量都较以前有大的增加。此外,高度集中的人群流动也促进各种服务行业的发展。

我国传统的商品交换大都通过庙会、赶圩等社群集会来进行。传统年节不仅为社群成员提供聚会的场所和时间,也为商品交换提供了

场地。如今,晋江同全国各地一样,在年节期间往往自发形成一些手工艺品,如春联、年画、花灯等的临时市场。同时,一些行业商品也在年节期间举办展销会或促销活动,由此繁荣地方市场经济。传统年节衍生出与商品经济有关的功能,促进了社会商品生产和商品交易。因此,商品经济与传统年节的相容性必将长期保留,年节促进社会商品生产这一功能,也必然得以沿袭。

参考文献:

①林枫、范正义:《闽南文化述论》,北京:中国社会科学出版社,2008年。

②福建省炎黄文化研究会、政协泉州市委员会:《闽南文化研究》,福州:海峡文艺出版社,2004年。

③晋江市地方志编纂委员会:《晋江市志》,上海:上海三联书店,1994年。

④陈仲初:《晋江风物》,《晋江文史资料(第二十六辑)》,北京:国际文化出版公司,2001年。

⑤陈桂炳:《泉州民间风俗》,北京:中国文联出版社,2001年。

闽南民俗与族群迁徙

史伟萍[*]

闽南乃至晋江的民风民俗，是由晋江历史及现实社会之特殊性所决定的，因其地域、历史及人文生存状态所形成的风俗习惯，异彩纷呈。其中，大多民风民俗与迁徙有着十分密切的关系。甚至可以说，闽南民俗的构成是由几部分族群迁徙与当地民俗相融合而成的。

一、中原移民带来的民俗

迁徙，是由生存的需要和某种政府指令而产生的移民行为，对人内心的影响、对一个地方文化的影响非常巨大。

元末明初，战乱、自然灾害、瘟疫等绵延不绝，中原成为重灾区，人口锐减，土地荒芜。当时政府以山西为主体向各省份转移老百姓，用政府强制方式迁徙人口，用了将近 50 年时间，先后进行 18 次迁徙，涉及 800 多姓氏，上万个家族。大槐树下，曾是迁徙的起源地。加上之前晋初的"八姓"入闽，梁朝侯景之乱大批难民入闽，唐初陈政、陈元光父子率兵入闽，唐末五代时期王潮、王审知兄弟率兵平闽，南宋末年赵昰、赵昺及其北方保驾抗元的臣民入闽等。闽南民系族群便是古代中原汉人多批次大规模入闽，并与当地闽越遗民逐渐融合而成的。

在闽南定居的中原人，对本地的文化无论自觉还是不自觉，都会产生影响。首先，他不得不适应本土的文化，否则他就难以在本土生活；其次，如果认为某种文化对居住地有好处，也可以传播甚至推行先进的

---

[*] 作者是晋江市老科技工作者协会副会长。本文于 2012 年"谱牒研究与闽台节俗"研讨会上发表。

文化,尤其在整个族群迁徙中更容易保留及传播的原有的中原文化。

古代的文化传播没有现在的科技手段,只有依靠最活跃的载体——人。而来自中原的移民一开始是生存型移民,这时文化传播所起作用较为有限。但他们很快就变成发展型移民,有明确的目标,为追求物质精神的发展,对移入地的生产生活及至文化诸方面都产生巨大而积极的影响,甚至"反客为主",以文化上的优势同化了当地人。

涉及这方面的民风民俗数量最多,历史也最为久远。特别是在婚丧喜庆种种礼仪方面,得到了充分体现;而且,在从正月初一日焚香"开正"到腊月除夕之夜的祀神敬祖等四时八节的民间仪俗中,也得到了相应印证。

不仅如此,晋江的来自中原的民俗风情还体现在广泛性、稳固性与持久性上。究其原因,在于中原移民已逐渐成为闽南族群的主体,中国传统文化的家族本位在闽南人中表现得淋漓尽致。因为远离中原,就特别注重保存历代流传的文化信息,特别害怕被边缘化。闽南民俗中的重乡崇祖,作为一种潜在的心理意识,已经渗透到日常生活的方方面面。如使用古汉语中八种声调的闽南方言;梨园戏、高甲戏、南音南曲等至今仍保留晋唐时期的艺术风韵;掌上木偶、提线木偶尚保留着河洛唱腔;许多地方的石刻墓碑,仍保留中州、固始等河南府郡的名称。

二、海洋文化的融入沉积

晋江地处东南沿海,是大陆与海洋的接合部,既有稳定的红土地,又有动荡的海洋。出则闯荡海洋放眼世界,守则躬耕田亩知天乐命。贫穷而不失致富的机遇与可能,敢于冒险而又敬畏神化了的自然力,富有独立精神而又有根深蒂固的依赖意识,从而在晋江产生了黄土文化与海洋文化有机结合而成的民风民俗;又由于人文流动,亦受到外域文化的影响,也使当地民俗流传至东南亚及我国香港、澳门、台湾各地。

隋唐时期,闽南是当时全国主要造船基地之一,泉州的海外交通在宋元时期达到鼎盛,泉州也是海上丝绸之路的起点。也可以说,在历史上,闽南人是中国海洋文化的主要承载者。泉州荟萃了来自世界各地的海洋文化,从而发展了闽南海洋文化。明清时期,闽南人突破了朝廷海禁的封锁,建立了环中国海最强大的海上力量;大量闽南人移民至东南亚及我国台湾、香港、澳门地区,带动了各地海洋事业的发展。在长期的发展中,鲜明的海洋性格逐渐融入了中原文化的农耕气质,形成了闽南文化中独有的气质和精神内涵,也形成了特有的风情民俗。

海洋文化基本特征是冒险性、进取性、崇商性、外向性、开放性、多元性。冒险与进取是海洋文化表现在心态文化层中不顾危险进行经济活动的价值观;崇商性是从物质到精神表现出来的价值取向;外向性是作为主体的人类由海洋地理环境影响而形成的对外活动特征;而开放性与多元性,则是文化发展中兼容并蓄、消化融合的各种文化特征。

晋江中原文化遗风与外来海洋文化相映交融的特色,尤其反映在宗教方面,佛教、道教、伊斯兰教、摩尼教、基督教、婆罗门教等在晋江和谐相处,共荣发展。晋江方言中许多常用语在辞典中找不到解释,但可在外来语中找到,如"雪文"(肥皂)、"玛绢"(缝纫机)等。同时也反映在民风民俗方面,如敬仰妈祖,渔船新正"头出海""开海门""送顺风""脱草鞋",闽台东石"数宫灯""串灯脚",最具侨乡特色的公鸡娶妇、抱养螟蛉、漂放纸船引水魂、祭海神等。

三、保留古代闽越文化

晋江古代属于闽越。闽越族是自古居住于福建、浙南、台湾的土著民族。在发展过程中,其生产技术和物质文化逐步奠定了闽越族及其文化的根基。

古闽越族的蛇图腾、祖先崇拜、宗教迷信观念,直到近代仍可见其踪影,如择地建宗祠拜祖先,农历七月的普度(鬼节),多食海产,崖洞悬棺,清明走山等。古闽越人的一些古风如凿齿、文身、穿耳等,在现代人身上仍可寻到遗留的痕迹。至于嗦啰嗹、扶乩、跳僮以及神姐,包括被现代人戏称为"古典迪斯科"的拍胸舞,从深层次来说,乃是古代傩祭、傩舞以及古巫术的遗传。

四、少数民族文化的融入

据不完全统计,现居住在晋江的少数民族包括回、土家、苗、畲、侗、壮、满、布依等35个。除汉族外,晋江少数民族分布在15个镇(街),主要居住在10个民族行政村和6个民族自然村。

其中回族最多,为阿拉伯穆斯林的后裔,宋元时由中亚国家迁居至苏州、泉州,于元末移民晋江;土家族由湖南、湖北两省迁入;苗族由贵州、四川两省迁入;畲族多为本地人口;等等。少数民族入籍晋江主要原因是:一是因婚嫁迁入;二是因工作迁入。一些少数民族的风情民俗也在晋江得以保留。例如畲族的正月祭盘瓠、霞美的"乌饭节"、妇女车鼓唱等,回族的具有浓厚伊斯兰教色彩的丧葬仪俗、陈埭丁氏回民"拜饼"风俗等。

闽南文化是中华传统文化的一个组成部分,不仅包括了崇儒拜祖、家族经济、乡土情怀、习俗传统、自强不息等重要元素,还具备了独特的延展性、进取性与开放性。

人类社会的发展,缘于连续不断的迁徙。正是历史上不断迁徙的巨大变化,给人类的经济社会及人文精神造成了深刻影响,闽南的民风民俗也是如此。

明清时期泉州府各地闽南人的端午节俗

石奕龙[*]

在明清时期,泉州府包括永春州、永春县、德化县、大田县、惠安县、晋江县、南安县、同安县、金门县等地。那时人们如何过端午节的,在明清的地方志书中,有的有记载,有的则不载,如万历年间重修的《泉州府志》、康熙年间的《南安县志》、乾隆年间的《晋江县志》都找不到记录。根据明清那些有记载端午节活动的府志、县志以及一些小地方的志书,泉州府中闽南人的端午节情况粗略的概况如下面引述:

乾隆年间的《泉州府志》所记载的泉州府城与晋江县等地的端午活动为:

> 五月初一日,采莲。城中神庙及乡村之人,以木刻龙头击鼓锣迎于人家,唱歌谣,劳以钱或酒米。端阳,龙舟竞渡。(明黄克晦诗:"乍采芙蓉制水衣,蒲觞复傍钓鱼矶。歌边百鸟浮空啭,镜里双龙夹浪飞。倚棹中流风淡荡,回桡极浦雨霏微。为承清宴耽佳赏,自怪猖狂醉未归。")悬蒲、艾及桃枝于门,贴符及门帖。小儿以五色丝系臂,曰长命缕。(《风俗通》:"长命缕,一名'辟兵缯'。")又以通草象虎及诸毒物,插之。(《岁时记》:"剪彩为小虎,贴于艾叶以戴之。")饮雄黄酒,且噀于房角及床下,云去五毒,小儿则擦其鼻,沐兰汤。(《大戴礼记》:"五月五日,蓄兰为沐浴。")作粽相馈遗。(《风土记》:"以菰叶裹粘米,谓之角黍,俗云粽。")以米粉或面和物于油内煎之,谓之堆。[按:此即蒒龟之讹也。《风俗通》:"是日煮肥龟,去骨加盐鼓(豉)麻蓼。名曰蒒龟,取阴阳包裹之象。"]合百药。[①]

---

[*] 作者是厦门大学人类学系研究中心教授。本文于2012年"谱牒研究与闽台节俗"研讨会上发表。

晋江县安海地方的端午,俗曰"五月节"。家家户户煎饼结粽。在大门口插松、艾,于室内烧苍术、蝉蜕,饮雄黄酒,且噀于房角及床下,以去秽、驱邪除病。以五色彩布制虎仔形、棕形香袋,内实香末,曰"虎仔香袋",系于小儿臂上。午后,阖家老幼穿新衣,上街游赏,登白塔,俗曰"投饼"。各境扛木刻龙头,举大旗,提鲜花篮,敲锣鼓,奏弦管,唱采莲歌(俗名"嗦啰嗹"),迎于各户。执旗者舞于各家厅堂,呼吉祥语;提篮者送户主鲜花,人家以"红包"劳之。是谓"采莲"。②

乾隆五十二年(1787)的《永春州志》记述了永春州的端午情况,其为:"五月端午,人家悬蒲艾,小儿以五色线系臂,曰长命缕。饮雄黄、蒲酒,以竹叶裹米为粽,相馈遗。舟人竞渡。"③

其中,永春县的活动情况为:"五月端午,人家悬蒲艾,小儿以五色线系臂,曰长命缕。又为百和香,纫小袋贮之,系诸胸前。饮雄黄、蒲酒,或以洒屋壁前后,以辟不祥。采百草,爆而干之,曰午前茶,又曰午时茶,以辟暑疫。又多以竹叶或箬叶裹米为粽,以相馈遗。舟人竞渡。"④

康熙二十二年(1683)范正辂主修的《德化县志》卷二"风俗"中云:"岁时月节、嬉游、馈赠、拜揖、祀神、祈谷皆与他邑不甚相远。"所以就没有分类介绍该地的节俗,不过后来在乾隆二十九年(1764)江西人鲁鼎梅主修,邑人王必昌主纂的《德化县志》中有一些记载,但记述得特别简单,其曰:"端午,饷角黍,饮菖蒲、雄黄酒,沿门插蒲艾以辟邪。"⑤

民国二十九年(1940)修的《德化县志》卷三"风俗"完全引述上面的内容,也是"端午,饷角黍,饮菖蒲、雄黄酒,沿门插蒲艾以辟邪"这样一句话。看来,从明清到民国时期,德化县的情况没有什么变化,否则就是编纂县志的人没有去做田野调查或采访。民国二十年(1931)的《大田县志》记载了大田县当时或更早一些时期的端午情况,其云:"端午用竹叶裹米为粽,以祀先,饮雄黄酒以辟毒,小儿以五色线系臂,谓之长命缕,书门帖,粘帐间。"⑥

乾隆二十二年(1757)知县庄成主修,沈钟、李畴同纂的《安溪县志》记述了安溪人在端午节中的活动情况,其曰:"五月端午日,各家悬蒲艾于门,贴灵符,饮雄黄酒。小儿以五色丝系臂,曰长命缕。用箬裹糯米为粽,相馈遗。附郭者,于蓝溪斗龙舟为戏,曰竞渡。"⑦

明嘉靖年间邑人张岳编纂的《惠安县志》卷之四"岁时"里,曾简略记述了惠安县端午的情况,其载:"五月五日,悬艾,饮菖蒲酒,抟黍为粽,牲尚鹅,或竞渡。"⑧

嘉庆八年(1803)吴裕仁主修的《惠安县志》卷十五"风俗"同样抄用嘉靖《惠安县志》的记载,同样为"五月五日,悬艾,饮菖蒲酒,抟黍为粽,牲尚鹅,或竞渡"。而从明嘉靖二十一年(1542)开始编纂,直到清嘉庆年间的《崇武所城志》记载了崇武地方的端午节情况,其说:"五月五日,乃天中节,悬桃、柳檐前,男女竞插花艾,饮雄黄、菖蒲酒,制面食,束角黍。三日出城于江口山,看竞斗,有亲叔侄、胞兄弟各分一舟,互争胜负。"⑨

康熙十一年(1672)刘佑督修的《南安县志》卷第十九"杂志之二:岁时"也简略地有一行记述,反映了当时南安人是如何过端午节的,其曰:"端午,悬蒲艾于门,为角黍馈节,有龙舟竞渡之戏。"⑩

乾隆四十二年(1777)修,光绪十九年(1893)补刊的《马巷厅志》卷十一"风俗·岁时"记:

五月端午节,悬蒲艾及桃枝、松枝于门,小儿以五色丝系臂,曰长命缕。饮雄黄酒,且喷于房角及床下,云去五毒,小儿则擦其顶。沐兰汤,作粽相馈遗。近地无大江大湖可以竞渡,或以小池为之。是日午时,以纸为人,写一家生辰送水焚之,名为辟瘟。⑪

民国十八年(1929)林学增主修的《同安县志》对端午节的记述,几乎与上述《马巷厅志》一样,只改了几个字,如《马巷厅志》说"近地无大江大湖可以竞渡",而《同安县志》为"近县城者,无大江大湖可以竞渡",并加了一句"惟厦门竞渡于海"。另外,就是加上了明代同安人、理学家林希元以及清代许琰和童肯堂的咏端午节的诗词。其为:

五月端午节,悬蒲艾及桃枝、松枝于门,小儿以五色丝系臂,曰长命缕。饮雄黄酒,且喷于房角及床下,云去毒,小儿则擦其顶。沐兰汤,作粽相馈遗。近县城者,无大江大湖可以竞渡,或于小池为之,惟厦门竞渡于海。是日午时,以纸为人,写一家生辰送水焚之,名曰辟瘟。明林希元《石浔竞渡诗》:"杯酌交酬后,楼台雨过时。半江沉石(夕)照,高阁起凉飔。波静鱼龙隐,人喧鸥鹭疑。未看竞渡戏,先动屈原悲。"又:"结阁临江渚,携杯对晚晖。龙舟随地辟,梅雨逐风微。云敛山争出,天空鸟独飞。海鸥浑可狎,知我久忘机。"清许琰《端午诗》:"浴罢兰汤爽气豪,江头烟水拍天高。同声齐唱招魂曲,争似弹琴读楚骚。"童肯堂《悬蒲诗》:"青青插柳过花朝,今日悬蒲为斩妖。笑汝柔姿焉制此,世间痴憨是山魈。"又《续命缕诗》:"童臂家家压五丝,争传系此可期颐。果缘一线关人命,蚕妇居然胜太医。"⑫

当时厦门从行政上还属于同安县管,所以《同安县志》中提到厦门龙舟竞渡的情况,乾隆三十一年(1766)薛起凤编纂的《鹭江志》卷之三"风俗"记载了当时厦门端午节情况。其说:

> 端午,人家皆悬蒲艾,裹粽饮酒,浴兰汤。先一日,官府相馈遗,士庶亦然,生徒送礼仪于馆师。是日,海上斗龙舟,观者如蚁,共有三四日。至初十以后,各渡头搭台演戏,或观至一月或至半月,皆舺仔船为主,硬索行家及各船户之钱为之。此亦十多年来之敝俗,古所未有也,官斯土者急革之。⑬

后来在道光十九年(1839)出版的《厦门志》卷十五"风俗记"中记载的更加详细一些。其说:

> 五月五日端午,悬蒲、艾、桃枝、榕枝于门(及俗所称火香仙人掌等物)。粘符,制采胜及粽相馈遗。(妇人、小儿臂系续命缕,簪艾虎、茧虎及符。饮雄黄酒,并以酒擦儿顶、鼻,噀房壁、床下以去五毒。浴百草汤,曰兰汤。以纸为人,写一家生辰,焚之水际,名曰辟瘟。)竞渡于海滨(龙船分五色,惟黑龙不出)。富人以银钱、扇帕悬红旗招之,名曰插标,即古锦标意。事竟,各渡头敛钱演戏,舺仔船为主,或十余日乃止。⑭

明清时期,金门属于同安的翔风里,同治十三年(1874)周凯监修,林焜熿等编纂的《金门志》也比较详细地记载了金门地方端午节的情况。其云:

> 端午,门悬蒲、艾、榕、蒜、桃枝,并俗所称"火香仙人掌"等物。摺红布画八卦,挂楣端。裂小红纸,书对联粘门柱。卷纸如花炮,中实硫磺,曰磺烟。然(燃)烟,书吉祥字于屏户,并燃放于堂奥房隅间皆遍,云可辟毒。作粽相馈遗,小儿戴茧虎作彩胜,臂系五色丝曰长命缕。妇女拣香草、蒜瓣剪彩象小虎,贴艾簪之。饮雄黄

酒,以酒擦儿顶、鼻,噀房壁、床下,以去五毒。沐兰汤,采百草捣药。或镂小舟,驶池沼浦港,乘潮涨,驾舣艇鼓乐,唱太平之曲或竞渡为戏。午祀神,以纸为人,写一家生辰,焚之,名为辟瘟。[15]

根据上面这些府志、县志和地方志书的记载,我们可以把其中陈述的端午节的活动做一个表格(详见表1),然后来看泉州府的闽南人在端午节所从事的活动有哪些同与异。

表1 泉州府各地端午节活动项目一览

事项	泉州晋江	安海	永春	德化	大田	安溪	惠安	崇武	南安	同安	马巷	厦门	金门
悬蒲艾等	☆	☆	☆	☆		☆	☆	☆	☆	☆	☆	☆	☆
贴符或门帖	☆				☆	☆						☆	
其他辟邪物													☆
五色缕(丝)	☆	☆	☆		☆	☆				☆	☆	☆	☆
虎仔香袋		☆	☆										
茧虎	☆											☆	
艾虎	☆						☆						
饮雄黄酒	☆	☆	☆	☆	☆	☆	☆			☆	☆	☆	☆
饮菖蒲酒			☆	☆			☆	☆					
雄黄酒水涂小儿	☆											☆	☆
洒雄黄酒水	☆	☆	☆							☆		☆	☆
烟熏			☆										☆
打午时水													
午时茶	☆		☆										☆
浴兰汤	☆									☆	☆	☆	
烧替身辟瘟										☆	☆	☆	
结粽(角黍)	☆	☆	☆	☆	☆	☆	☆	☆	☆	☆	☆	☆	☆
煎"堆"	☆	☆					☆	☆					
馈赠粽子	☆		☆			☆				☆	☆	☆	☆

续表

事项	泉州晋江	安海	永春	德化	大田	安溪	惠安	崇武	南安	同安	马巷	厦门	金门
采莲	☆	☆											
斗龙舟或竞渡	☆		☆			☆	☆	☆	☆	☆		☆	☆
海上斗龙舟								☆				☆	☆
河湖中斗龙舟	☆		☆			☆	☆			☆			☆
祭祀神或祖先					☆		☆					☆	☆
唱曲或演戏												☆	☆
其他地方事务		☆											

由上述文献记载与表1所反映的情况，我们大体可以看到：其一，端午节在自家的门首悬挂菖蒲、艾草来辟邪、驱毒、驱瘟、"斩妖"的民俗活动在泉州府的每一个地方都有，就是寥寥几字最简单记述端午节情况的文献如嘉靖《惠安县志》、康熙《南安县志》中，也都记载了这一项内容。因此，在端午节中，这是泉州府各地都需要从事的一项活动。换言之，只要是汉族，不论你是哪里人，还是什么民系，如闽南人、客家人、莆仙人等，都有这项活动。

其二，闽南话俗称"结粽"的制作粽子与吃粽子也是泉州府每一个地方在端午节都需从事的，但在有些惜墨如金的文献中，就少了"祀先"与馈赠粽子的活动，不过，这并不表明该地没有馈赠粽子的习俗，而只可能是没有记载而已。因为这是闽南人在端午节中必须做的事，原本在这一地区有去年的丧家不能做"碱粽"的规定，而且端午节中拜神、孝祖都需要使用粽子，所以，丧家虽不做，也会从亲戚处获得些粽子来拜神、孝祖，一定会存在"相馈遗"的现象。也有些文献记录得比较详细些，如乾隆《鹭江志》记载："先一日，官府相馈遗，士庶亦然，生徒送礼仪于馆师。"表明端午节里官员们需相互馈赠，当然，士庶也一样。另外，那些学童也需送些粽子给出门在外教书的私塾先生，让他们尝尝鲜。

其三，饮雄黄酒或菖蒲酒驱毒、辟邪、辟瘟的做法也比较普遍，这13个地方，唯有康熙《南安县志》没有记载饮雄黄酒或菖蒲酒的现象，而且从这些记载来看，似乎在明代饮菖蒲酒为多，而到清代后，饮雄黄酒较多。看来,端午节的一些驱毒、辟邪、辟瘟之物也是有变化的。

其四,上述 13 个地方,有 3 处如安海、大田、德化,没有龙舟竞渡的记述,这表明龙舟竞渡或"斗龙舟",并非一种普及的现象,它需要有举办龙舟竞渡的条件,如没有这种条件,人们就不会去从事它。将这种斗龙舟不普及的现象与做粽子为仪式食品是一种各地都有的普遍现象联系起来,我们可以看到,粽子并非与龙舟紧密捆绑在一起。换言之,没有举行龙舟竞渡的地方也都有做粽子、吃粽子的习惯,表明做粽子与龙舟竞渡并非如手掌的正反面是不可分离的事,而是可以分离的。由此可见,把粽子与龙舟竞渡的产生归为是为了让屈原之魂能得到人们的祭祀品和用划龙舟去找寻屈原的说法是有问题的。

其五,从有的地方没有斗龙舟的记载看,这些地方可能是因没有场所可以举行斗龙舟。上面文献记载中的大田、德化、永春、安溪虽都处于山区,但从地理的角度看,大田县与德化县都地处福建省中部的第二大山脉戴云山脉的西部与东部,地势相对永春、安溪来说比较高。大田与德化的溪流为闽江系统的发源地,其处最上游,因此都不可能宽、深,所以流经大田县城的均溪应该是因其太窄、太浅,故不便通航,也无须渡船摆渡,所以也就没有人会使船,因此在那里就没有龙舟竞渡。德化地处于戴云山脉主体偏东部分,其情况应与大田一样,流经德化县城的国宝溪也应该是窄、浅的,也是不能通航的溪流,因此在那里也缺乏船夫,所以也没有龙舟竞渡的活动。

至于安海地方没有龙舟竞渡的记载比较奇怪,因为从地理环境的角度看,它有场所可以从事斗龙舟的活动。安海镇面临安海港,而且相比之下海港中的水通常比面临台湾海峡一面的海岸要平缓很多,可以泊船,有船,有使用船的人,所以该地具备可以从事龙舟竞渡的条件。另外,从安海有"采莲"习俗的情况看,至少在某个时代,那里也应该有龙舟竞渡的活动。因为所谓"采莲"就是村民抬着龙头到各家去驱邪,然后收红包等来支持该村龙舟队的活动,它通常是以境铺为单位的。换句话说,"采莲"应该是一种为该境铺中组织的龙舟队筹措经费的方法。所以,有关安海的文献中有"采莲"的记载而没有端午斗龙舟的记载有些不可思议,因为从乾隆《泉州府志》中就可看到,当时泉州府城与晋江县内既有"采莲"的记录,又有龙舟竞渡的记录,而安海又是属于晋江县的,所以安海有"采莲"而没龙舟竞渡的记述确有古怪。它要不是忘了记录,就是该地过去应曾有过斗龙舟的活动,所以才保留有"采莲"的习俗,后来因海上斗龙舟出事,才停止龙舟竞渡的活动,因此才没有记载。

其六,从有斗龙舟记载的地方看,它们都需满足两个条件:第一,有适合龙舟竞渡的水域;第二,该地日常生活中有使用船的人们。如《安溪县志》载:"附郭者,于蓝溪斗龙舟为戏,曰竞渡。"也就是说,附郭者即县城及附近的人,在蓝溪中斗龙舟为戏,这种斗龙舟之戏称竞渡。这一斗龙舟的蓝溪,《安溪县志》载:"蓝溪,自北岩、根竹、吟诗诸山发源,合新康龙踪诸山之水,至大洋渡,又合依仁龙塘、乌岩诸山之水,至澳下渡,始通小舟。又流为凌渊而溪稍大,至于薛坂渡与吴浦渡,溪又合为一,人常沿渡,其下有芦濑滩,抵黄龙渡,曰蓝溪。龙津渡在其下,绕县东南为学前滩、葛磐滩,历北地滩,下石佛前滩、参峒滩、翠屏滩,东出罗渡,径象前滩、溪友滩、夹门滩(俗呼蜈蚣牙)、西渊滩、田隙滩,至南安珠渊滩,达于双溪口,入于晋江。"[16]由此可见,蓝溪是晋江的上游分支西溪从安溪县城到其源头的一段,其上游部分从澳下渡开始"始通小舟",也就是说,从那里开始可以通航,经安溪,经南安,而终点是泉州。蓝溪的末端在县城南门外的龙津渡,龙津渡是根据龙津桥命名的。《安溪县志》载:"龙津桥,在县治南黄龙渡。宋绍兴八年,令倪察始作浮桥。淳熙二年,令赵善辣再修。庆元间,知县赵师戬建石址木梁,嘉泰二年,令赵晏始成之。长六十六丈,覆以屋。后圮。天顺四年,邑人李森修之。又圮,舣舟以渡。万历二十九年,令廖同春始作浮桥于东皋,舟二十余艘,邑人詹仰庇记。三十五年,令王贤卿以行人不便,移至龙津渡头。坏于洪水。四十五年,令贺详捐俸重建,扁曰'通济',邑人称'贺公桥'。后令递修便渡。顺治六年,令徐腾鲸重修,大水漂荡。十五年,令韩晓再造为梁,又坏。康熙十二年,令谢宸荃捐俸重建浮梁,有碑记。后令辜文麟又修。今圮,以舟济。"[17]又说"黄龙渡,在县治南龙津桥",所以龙津渡与黄龙渡重合,龙津渡就是黄龙渡或"黄龙山渡头"。《安溪县志》还记载,朱熹曾拟定安溪八景,这八景中的一个是龙津夜月,其"在黄龙山渡头。每当月夜,波光掩映如画"[18]。既然在这段溪面上可以倒映月光,那么它应该有较宽的,且平静得与镜子一样的溪面。所以这是一个可以安全从事龙舟竞渡的场所,而且岸上有观礼的地方,如观音亭、山川坛、演武亭等建筑。由于从蓝溪的上游就可以通航,因此蓝溪中一定有船夫和渡夫来执行航渡、航运以及摆渡的工作。可见,安溪县城具备龙舟竞渡的两个条件,该地的文献有龙舟竞渡的记载也就顺理成章了。永春的情况与安溪应该相差不多,流经永春县城的桃溪是流向晋江的东溪的上游,根据《永春县志》"舟人竞渡"的记载看,在桃溪上有一些船夫、渡夫从事航运和摆渡,那么,桃溪应该也能通航至泉州,因此它应该会宽深些。所以,永春也具备龙舟竞渡的两个条件,因而该地端午节也存在龙舟竞渡,不过当地从事龙舟竞渡的人是"舟人",即那些船夫与渡夫。南安地处流经安溪的西溪的下游,是安溪往泉州航线必经之地,所以也具备龙舟竞渡的两个条件,故那里也有龙舟竞渡的活动。

其七,从上述记载看,有些地方是在海里从事龙舟竞渡的,如崇武、金门、厦门这几个地方,崇武是半岛,金门、厦门都是岛屿。而且在这些记载中,除了《崇武所城志》记载"出城于江口山,看竞斗,有亲叔侄、胞兄弟各分一舟,互争胜负"外,其余都没有明说具体地点,如《金门志》说:"或镂小舟,驶池沼浦港,乘潮涨,驾舢艇鼓乐,唱太平之曲或竞渡为戏。"也就是说,是在金门的一些大的池塘中或在海边竞渡,而且有的是乘船敲锣打鼓、"唱太平之曲"从事驱邪、驱瘟的逐疫活动,有的则是举行斗龙舟的竞渡。从金门人自己写的关于金门民俗的著作中,我们得知"金门东北角的金沙镇官澳村,就曾一度相当盛行'划龙舟'比赛,并演戏班。全村划分为东、西两队,在村前海上较劲"[19]。而这官澳村面临的是金厦海域,其"西面及东北面各有一个海湾,一九四九之前曾有帆船在此停泊,从事与大陆的贸易,目前居民在此养殖牡蛎或搭设渔网捕鱼。蚵田分布在潮间带的前缘,而在蚵田与堤岸之间的海岸在日据时期之前曾经是一座盐场"。"一九四九年之前,金门与大陆的来往频繁。官澳在当时是一个渡口,帆船来往于福建各口岸之间。"此外,"官澳人曾搭乘小船在海面上撒网,或是在近海涉水围网捕鱼"[20]。所以,官澳有部分人从事渔业生产或航运,又有避风的小海湾,因而那里的海浪要比面向台湾海峡的地方平静许多,是个适于竞渡的场所,所以那里曾有斗龙舟的活动。

《鹭江志》《厦门志》都记载厦门人在"海上斗龙舟"或"竞渡于海

滨",但却没有记载具体的地点是在哪里。第一,根据《鹭江志》"至初十以后,各渡头搭台演戏,或观至一月或至半月,皆舢仔船为主,硬索行家及各船户之钱为之",和《厦门志》"事竟,各渡头敛钱演戏,舢仔船为主,或十余日乃止"的记载看,清代乾隆到道光年间,在厦鼓之间的海域里应该举行过"海上斗龙舟"的活动。因为厦门的岛美渡头、港仔口渡头、新路头渡头、史巷渡头、磁街渡头、得胜渡头、打铁街渡头、洪本部渡头、典宝渡头、竹树脚渡头等,都集中在鹭江沿岸一线。第二,根据《厦门志》"内水仙宫,在菜妈街后,背城面海。端午节龙舟必先至此,演剧鼓棹,名曰请水"的记载看,厦门某些地方的龙舟竞渡需到菜妈街的内水仙宫"请水"。[21]而"菜妈街在海岸隘门内"[22],即今天厦门人民体育场那里,过去其在筼筜港的岸边。[23]其附近还有"龙船河在城西美头山前,与海隔一岸"[24]。过去那里有不少人是从事渔业与航运业的,所以,在筼筜港中,端午节时也应当有一摊斗龙舟的赛事。此外,根据《厦门志》记载端午节情况时所引的明代理学家林希元的《石浔竞渡诗》看,在明代以来,同安西溪出海口处的石浔溪边或海边也有一摊斗龙舟的赛事,主要是同安湾沿岸一些有经营近海渔业、滩涂养殖业、航运业的村落之间的较量。

其八,从这些文献记载中,我们可以看到龙舟竞渡时使用的龙舟是五花八门的。有些地方是利用日常使用的船只来竞渡、斗龙舟,如永春、安溪、南安这些内河航道上的龙舟竞渡,应该都与《永春州志》所讲的"舟人竞渡"一样,因而他们使用的可能是平常在内河航道使用的航运船或摆渡船。崇武人也同样用平常使用过的船,从那里的龙舟竞渡时"有亲叔侄、胞兄弟各分一舟,互争胜负"的斗龙舟情况看,他们不是一村一条船,而是自由组合的,所以导致"亲叔侄、胞兄弟""互争胜负"的现象出现,由此看来,那里不会有专门用于竞赛的龙舟。

至于厦门某些地方的龙舟,根据"龙船分五色,惟黑龙不出"的记载看,当时应该有专用的龙舟,而从"至初十以后,各渡头搭台演戏,或观至一月或至半月,皆舢仔船为主,硬索行家及各船户之钱为之"的记载看,各渡头的庙宇是龙舟竞渡的参与者,也就是说,当时情况应该是海边每个角落的庙宇都组织一条龙舟来参与赛事。而从《泉州府志》讲泉州府城与晋江地区有"采莲"的习俗,而且"采莲"时必带木刻龙头和旗帜去本境各家，"执旗者舞于各家厅堂，呼吉祥语"以驱邪后收红包的情况看，这些有以"采莲"方式为组织龙舟赛筹集经费的地方，应该有专用的龙舟，因为他们"采莲"时所带的木刻龙头应该是龙舟上的附属品。此外，根据泉州人讲，泉州龙舟竞渡时，龙舟船首所插的旗子，上面写的都是某境的龙王，即该龙舟是某个境铺的龙舟，所以境铺的宫庙是参赛的每条龙舟的组织者。由于专用龙舟的使用有着许多禁忌与仪式，也因此，我们可以看到有专用龙舟的地方，一定会伴随着祭祀神灵、"请水"等仪式行为。

其九，从这些文献记载中，我们还可以看到，闽南人端午节的习惯跟中原的有类似之处，也有差异之处，如在门上悬挂辟邪物时，用了北方"五瑞"——菖蒲、艾枝、大蒜、石榴花、龙船花中的三种，即菖蒲、艾枝、大蒜。这表明闽南人与中原汉人本就是同根的，但由于生活在南方，生存环境与北方有些不同，所以某些东西就可能发生变化。例如在北方，石榴花可能是因花开红似火的物象而被用来作为辟邪物的，其盛开在四月底五月初，但在南方的四、五月里，石榴花已凋谢而结果了，如安海地方的"采莲词"唱到石榴时就说："五月算来是石榴青啊。"这就是说，在五月份石榴花已凋谢，花柄已膨胀成为石榴的雏形，所以变成青色的了。因此，在端午节前后闽南地方没有石榴花可以使用。另外，北方"五瑞"中的"龙船花"并非学名龙船花的百日红，而是百合科的山丹花，因在夏初开花，并作为"五瑞"使用，而被人称为"龙船花"。这种花在南方少见，因而也无法大量使用。所以只能用本地的、具有地方特色的辟邪物来替代，闽南人就有了用榕枝、桃枝、柳枝、仙人掌、松枝等来作为替代物的现象，从而出现了南北的地方差异。

可能是由于南方潮湿、瘴疠较重的缘故，因此除了用所谓的"五瑞"来驱毒、辟邪、辟瘟外，泉州府的闽南人还多将其他辟邪物布局于门上，如灵符、门帖（有的是染了雄黄水的黄纸，有的甚或在其上用熏硫黄或雄黄的灰在帖上写吉祥语）、红纸对联、画于红布上的八卦等。当然，泉州府各地也许还会有自己特色的和习惯使用的辟邪物，但我们在文献上见不到。

除了在门上屋里挂辟邪物防范外，人们的身上也需要佩戴或挂些辟邪、驱毒物以防范邪毒的侵蚀，妇女与儿童需特别保护。故除了五色丝编的长命缕可能使用得比较普遍外,用艾叶剪成的或贴有虎形艾叶的香袋的"艾虎",用蚕茧剪成虎形或用蚕茧制作成虎形的"茧虎",或用绢或布做成各种形状的、内装香料的香袋或"虎仔香袋"等,多给小孩用;妇女也用艾虎、茧虎或香草、蒜瓣等作为头簪上的"采胜",插于发髻以辟邪、驱毒。

还有,除携带辟邪物外,人们还得内服一些能驱毒、辟邪、辟瘟的东西,这就是菖蒲酒与雄黄酒,小孩不适于喝酒,就用雄黄酒在其嘴唇抹一点,此外就是涂抹手心、脚心与额头,有的则在额头上用雄黄酒写个"王"字,以象征虎来趋避邪魔与瘟毒。再有,就是用雄黄酒洒于房前屋后以及床下,并用中药如苍术、蝉蜕,甚至用稻草等熏屋里屋外,用此来驱毒、驱虫、驱邪。还有在午时,喝午时水、午时茶等来驱毒,洗兰草浴来辟毒、辟邪。有的地方甚或用"烧替身"的方式来辟瘟。另外,人们还认为端午这天采的药、端午午时的水有特别的效用,故常于端午采药、暴晒,"合百药"或做凉茶,甚至储备午时水来和药治病等。所有这些活动的背后都有一定的观念在支撑着它们。

总之,在端午,驱毒、辟邪、辟瘟的活动特多,不仅村落、住宅要用辟邪物来保证生存空间的洁净、安全,对个人来说,也须内外兼施,尽量多地用一些辟邪物来防范想象的危险与现实的危险,防患未然。

注释:

①(乾隆)《泉州府志》卷二〇,"风俗"。

②《安海志》修编小组编:《安海志》,晋江:《安海志》修编小组,1983年,第392~393页。

③郑一崧修,颜玑、林为楫纂:(乾隆)《永春州志》卷七,"风土志·岁时仪节",台北:成文出版社,1974年,第661页。

④郑翘松纂:《永春县志》卷十五,"礼俗志",台北:成文出版社,1975年,第516页。

⑤鲁鼎梅主修,王必昌主纂:(乾隆)《德化县志》卷三,"疆域志·附风俗",德化:德化县地方志编纂委员会,1987年,第81页。

⑥陈朝宗修,王光张纂:《大田县志》卷五,"礼俗志",台北:成文出版社,1975年,第640页。

⑦庄成修,沈钟、李畴纂:(乾隆)《安溪县志》卷之四,"节序",厦门:厦门大学出版社,1988年,第112页。

⑧张岳:《惠安县志》卷之四,"岁时",天一阁藏明代方志选刊,上海:上海古籍出版社,1982年,第77页。

⑨朱彤:《崇武所城志》,福州:福建人民出版社,1987年,第38页。

⑩刘佑督修:(康熙)《南安县志》卷第十九,"杂志之二·岁时",台北:南安同乡会,1973年,第1188页。

⑪乾隆四十二年修,光绪十九年补刊《马巷厅志》卷十一,"风俗·岁时",台北:成文出版社,1967年,第92页。

⑫林学增等修,吴锡璜纂:《同安县志》卷二二,"礼俗·岁时",台北:成文出版社,1967年,第606页。

⑬薛起凤纂:(乾隆)《鹭江志》卷之三,"风俗",厦门:鹭江出版社,1998年,第69页。

⑭周凯修:(道光)《厦门志》卷十五,"风俗记",厦门:鹭江出版社,1996年,第510页。

⑮林焜熿纂:(同治)《金门志》卷一五,"风俗记·岁时",台北:大通书局,1984年,第388页。

⑯庄成修,沈钟、李畴纂:(乾隆)《安溪县志》卷之三,"山川",厦门:厦门大学出版社,1988年,第72页。

⑰庄成修,沈钟、李畴纂:(乾隆)《安溪县志》卷之三,"山川",厦门:厦门大学出版社,1988年,第75~76页。

⑱庄成修,沈钟、李畴纂:(乾隆)《安溪县志》卷之一,"疆域",厦门:厦门大学出版社,1988年,第31页。

⑲杨天厚、林丽宽:《金门岁时节庆》,台北:稻田出版社,1996年,第56页。

⑳徐雨村:《官澳的生计活动与生态环境系统的关系》,《金门暑期人类学田野工作教室论文集》,台北:"中央研究院"民族学研究所,1994年,第59页。

㉑周凯修:(道光)《厦门志》卷二,"分域略",厦门:鹭江出版社,1996年,第51页。

㉒隘门表示当时那里有一个关卡,类似于现在社区进出的地方,其外应有码头,当时应称之为"渡头"或"路头",而这"路头",应该是后来的"海岸街路头"。

㉓周凯修:(道光)《厦门志》卷二,"分域略",厦门:鹭江出版社,1996年,第30页。

㉔周凯修:(道光)《厦门志》卷二,"分域略",厦门:鹭江出版社,1996年,第27页。

重德尚礼向善　礼兴人和国强
——浅谈礼仪文化

周仪扬[*]

泱泱中华,礼仪之邦。我国是一个历史悠久、文化底蕴深厚的国家,从古至今,在发展中形成了人、物之间独特的礼尚往来习俗,代表着中华民族文明教化的水平。在古代中国,礼深入社会的每一个层面,因而礼的名目烦冗,《中庸》有"礼仪三百,威仪三千"之说。礼仪是一个人内在修养和素质的外在表现,也是构建和谐社会必不可少的一个主要部分。

2017年1月25日,中共中央办公厅、国务院办公厅印发《关于实施中华优秀传统文化传承发展工程的意见》,对中华优秀文化的本质属性、时代价值、传承方法、实施目标等进行了周密部署,从而推动弘扬中华优秀传统文化的时代工程在全国各领域立体全面铺开。文件指出,"彰显中华传统礼仪文化的时代价值,树立文明古国、礼仪之邦的良好形象。研究提出承接传统习俗、符合现代文明要求的社会礼仪、服装服饰、文明用语规范,建立健全各类公共场所和网络公共空间的礼仪、礼节、礼貌规范,推动形成良好的言行举止和礼让宽容的社会风尚"。

因此,我们有必要追踪溯源,理清礼仪文化之来龙去脉,只有知礼,才能行礼。知行并举,真正在内心深入自觉地执行各种礼仪规范,才能在继承传统礼乐文明的同时,根据时代的变动与特点,创造性地发展时代需要的社会礼仪,重建新时代的礼仪制度。

---

[*] 作者是晋江市谱牒民俗学会创会会长。本文于2018年"谱牒研究与闽台民俗礼仪"研讨会上发表。

一、致力于挖掘传统礼仪文化,助力构建和谐社会

说到礼仪,必然说到《周礼》,《周礼》是我国古代一部关于政治制度、经济制度的重要经典著作。它包括天官、地官、春官、夏官、秋官、冬官等六篇,故本名《周官》,又称《周官经》。王莽建立新朝,始改名为《周礼》,并宣称这是周公居摄时所制定的典章制度。自郑玄作注后,与《仪礼》《礼记》并列为"三礼",宋代列入《十三经》。

周公制礼作乐,创建了一整套具体可操作的礼乐制度,包括饮食、服饰、起居、祭祀、婚嫁、生育、丧葬等,社会生活的方方面面都纳入"礼"的范畴,潜移默化地规范人们的行为,这就是周代的礼制。其精神原则可归纳为"尊尊""亲亲"两大方面,在这基础上又形成了"忠""孝""节""义"等具体精神规范。可以说西周时期,礼作为一种积极的规范已具备了法的性质和作用,即法的三个基本特征,那就是规范性、国家意志和强制性。

《周礼》的本质是"经国家、定社稷、序人民、利后嗣"。其目的就是通过周人的标准来规范各族和各方礼乐内容,并利用制度形式推行到各个不同等级的统治阶级中去,其实质意义就是扩大周文化的影响,强化周人血亲联系和维护宗法等级秩序。周朝国祚绵长,西周和东周前后八百年国运除了"制礼作乐"外,还有武王和周公的制度设计。如分封制、井田制这种制度有利于政治的稳定,在周天子强大时,制度对诸侯国有很大的约束力。而宗法制的特点是宗族组织和国家组织合二为一,"家国同构",宗法等级和政治等级完全一致。这一系列制度,经历了各王朝统治者的改造,逐渐产生了由政权、族权、神权、夫权组成的封建宗法制,进一步加强和维系统治阶级内部的秩序,强化了对平民的统治。在宗法制下产生的族权成为仅次于政权的权力体系。族权和政权互补互用,是中国的封建社会得以长期延续的重要原因。我们在这里还要特别指出,族规是家族的法律,在唐以前是一家一户家长教养子孙的礼仪与规矩。这种方式反过来有力地推动礼仪的推行。

那么礼仪的核心到底是什么?可以这样说,周文化是优秀传统文

化中最核心的部分,因为周文化中提出了"德政"观念,通过以德治国来构建一种和谐社会。一个"德"始终贯彻整个礼仪文化。

关于"德"和"礼"我们也可从文物和考古中找到印证。陈列在博物馆的青铜器中,有迄今发现最早记录"大禹治水"事迹的历史文物,而且在这些文字后面详细记述了周人关于"德礼"的训诫。陕西师范大学教授王晖指出:"另外像其他的有大克鼎、大盂鼎、毛公鼎,这些当中都有这个'德',这个'德'字实际上是周人创造。遂公盨上,前后6处出现了'德',在3000年前的西周,'德'已经成为当时中国文化的核心价值,它是周人的一个创造。"

北京观复博物馆馆长马未都曾这样评价:"在那样的一个朝代,在那样一个时期,野蛮向文明不停地进化当中,《周礼》给了中国人一个极大的规范,这是我们后来享用不尽的一个宝库,是一个宝藏。"文化学者萧云儒指出:"周公之后,诸子百家所处的春秋时期,预示着中国文化轴心时代的到来。在百家争鸣中,孔子因为接续周礼而成为那个时代关键的转折和中心人物。"明末的方以智说了一句非常有名的话:"礼本周公,义本孔子。"说的是孔子从内涵上,从理论上发展礼文化。

中华优秀传统文化是以"人"为主体的文化,这种人文精神蕴含在中华传统文化中,蕴含着丰富的道德规范。在《礼记·曲礼上》就有关于人禽之分的说法,鹦鹉和猩猩虽能发声,但它们不知道什么是礼仪规则,不能和人相比,人如果不遵守礼仪规则,岂不是和鹦鹉一样吗?这就是"故圣人作,为礼以教人,使人以有礼,知自别于禽兽"。那么一般人如何才能成为"君子""仁人"?孔子的儒家学说认为主要标准是具有高尚的品格和理想,做到以德为先。

孔子提出一个总的道德规范,称之为"仁"。什么是"仁"?孔子说是"爱人""泛爱众而亲仁",就是这种爱心不限于自己的亲属,而是以此为出发点,博爱大众。孔子主张把自己和他人合为一体,设身处地地去思考人如何在社会上生活,如何同他人和谐共生,这就是孔子的"仁学"。《礼记》中有很经典的一句话:"君子贵人而贱己,先人后己,则民作让。"如果人人都能凡事考虑别人,那么社会就能谦让和谐。正是经过一代又一代的传承,始终把人作为探究的核心,人人不断自我完善,才逐步形成了中华民族的社会风气,逐步成为中华民族崇高精神追求。

儒家所讲的道德具有不同层次,提出了很多德目,仅《论语》中就有30余个提法,如孝、悌、忠、恕、仁、智、勇、礼、乐、射、御、义、恭、宽、信、敏、惠、良、俭、让、刚、毅、木、讷、学、习、无欲、谦逊、忍让、慎言、知耻等,集中到一点,正如《大学》倡导的"修身齐家治国平天下"。可见儒学所讲的道德有个人、家庭、国家和天下之别。

在现实社会生活当中,对纷繁的礼仪需要提纲挈领,进行归类,使之在使用和研究时更方便。大约可归纳为六大方面:

1."五礼大典":《周礼·春官·大宗伯》将五礼坐实为吉礼、凶礼、军礼、宾礼、嘉礼。由于《周礼》在汉代已经取得权威地位,因此其五礼分类法为社会普遍接受,后世修订礼典,大体依照此法。

2.言行举止礼俗:一个人的言行举止体现着一个人的修养和气质,传统规范比现在还要繁缛复杂。如一个拱手礼就分为拱手、作揖、长揖、打躬等几种。又如跪拜,要下跪,而且双手着地,此基础上,再施以腰、手、头的不同动作,而表示轻重不同的礼节。在封建社会女子另有一套行跪礼。还有日常的请安礼。坐姿与礼节也有一定关系,较早古人席地而坐,就有"跌坐""箕踞坐""跽坐"。而出席重大聚会等场合,就有了"排座次",并要"正襟危坐"的要求。

3.穿戴仪容:自古以来,一个人穿衣戴帽都是依据场合而定夺的。上至王公贵族,下至平民百姓,从头到脚、从里到外的顶戴穿着,无不体现着中国传统礼仪的标准和规范。

4.社交礼俗:社会交往是人们社会生活的重要内容,也形成了各种相应的礼仪习俗,诸如互相拜访,节日互相庆贺,互赠礼品;又如古代有"天地君亲师",老师占有一席,所以尊师重教也是一个美德,先生是对有德有才者的美称,以先生称老师也是表示尊敬;再如敬老尊贤,据说在舜的时代就有了,可见历史悠久。特别在饮食礼仪上更加繁杂,名目繁多,如结婚酒、订婚酒、开工酒、上梁酒、完工酒、满月酒、周岁酒、庆寿酒等,民间饮食礼仪在中国食俗中的地位和作用是不能被忽略的。

5.家庭礼仪:有史以来,不管父母子女、兄弟手足,还是夫妻之间,人们总是遵循着承顺恭孝、长幼有序、兄仁弟悌、夫妇有义的礼仪规范,千百年来流传至今。

6.人生礼仪:人生在世,每到一个阶段都有一定的仪式,诸如从结婚礼到生育孩子、添丁进财的诞生礼,满月与剃头礼,周岁的"抓阄"礼,成年礼(男冠礼、女笄礼),生日礼,直到复杂的丧礼等一系列环绕着人的一生而开展的礼俗。人们常说礼俗是人制定的,人自身总不能亏待自己,所以人生礼仪也很讲究庄严、隆重。

这些都是礼仪文化的重要内容,值得我们深入挖掘,自觉践行。人人知礼、人人行礼,整个社会风气将会有很大改观。

二、致力于推广礼仪文化,创造良好社会氛围

在党的十九大工作报告中,习近平总书记再次指出,"文化是一个国家、一个民族的灵魂。文化兴国运兴,文化强则国家强。没有高度的文化自信,没有文化的繁荣兴盛,就没有中华民族伟大复兴"。习近平总书记把文化自信提升到前所未有的战略高度。

传统文化自然有其价值取向和道德力量,就是这种力量使我们中华民族能够自立于世界民族之林而不败。而礼仪文化作为中华民族传统文化之精髓,如何去传承并发扬光大,就是摆在我们面前的一个重要命题。

从社会现状和历史发展来看,抓好礼仪教育要抓好三个方面,即从孩子抓起,学校是最好的教育基地;从家庭教育做起,这是第一课堂;从全社会做起,只有人人参与,文明礼仪才能蔚然成风。

(一)从孩子抓起,学校是最好的教育基地

随着中国传统文化的复兴,礼仪文明在全国各地方兴未艾,抓好抓紧对孩子的礼仪教育正是大好时机。要让孩子从小就明白中国是我们共同的家园,五千多年的文明血脉在我们身上流淌,灿烂辉煌的历史文化将我们紧紧凝聚,我们才能走到今天。

晋江素有"邹鲁之风"(《闽书》卷三八"风俗·泉州府")。"士人以礼法为拘,气节为重,上下三百余年,其流风遗韵,岂甚相远。晋江人文甲于诸邑。"(万历《泉州府志》卷三"风俗")李光缙《景璧集》也称道:"俗好儒,备于礼……"以上几则历史记载无不表明,历朝历代晋江人好儒

尚礼,"满街都是圣人"。这是人们一代一代传承的结果,是文风鼎盛的表现,值得我们借鉴。

作为学校,应该认真思考,要给孩子创造一个什么样的教育环境,采取什么样的教育方式,怀着什么样的教育理念,来教书育人。要利用孩子的特点,采用易懂好记、通俗明了、生动活泼的形式,给孩子从小灌输一点一滴的礼仪知识并给予示范启发。要从小培养孩子爱国、爱乡、爱家、爱人的精神,从简单一句"老师好",或敬个礼还个礼做起。要通过学校办学理念把学校规章制度、学生守则作为孩子懂得规矩的开始,进而发展到懂法、守纪。要带领孩子积极参加社会活动,如"学雷锋"活动、"少先队"活动,参加义务活动。在活动中感知礼俗,真正做到润物细无声,让他们健康成长。

礼仪学习中德育是主要内容,要增加传统文化教育,可把国学教育纳入其中,诸如《三字经》《千字经》《千字文》《百家姓》等。要鼓励孩子参加一些传统节俗活动,如春节、清明节、冬节等,因势利导地进行传统节俗礼仪教育,同时利用传统节俗结合开展家训家风的学习,让礼仪在潜移默化中融入孩子们的血脉中,目的在于能准确领悟礼仪的内涵,在于学以致用。正如马未都所说:"德是什么？就是你内心的一个行为规范,这个规范不需要社会上任何外界力量,你从小学会了,一生规范自己的行为。"可见礼仪文明从孩子抓起多么重要。

(二)从家庭教育做起,这是第一课堂

礼仪教育和家庭教育密不可分,父母是第一责任人,父母的表率作用对孩子影响很大,特别是一言一行都会给孩子留下深刻印象。

家庭是进行孝道教育的主体,不要过分溺爱与放纵孩子,要鼓励他们自强不息,努力奋进,懂得尊重,要让孩子从小就接受传统节俗礼仪教育,孝敬长辈、父母,热爱家庭成员,懂得互帮互让。从小就培养独立能力,能自己动手就要自己动手,参加家务劳动,养成良好生活习惯。要培养孩子的社交能力,同小朋友共同游戏,共同复习功课,互帮互教等。

（三）从全社会做起，只有人人参与，文明礼仪才能蔚然成风

一种社会风气的形成，需要全社会都认同并付之于行动，而这种风气重在德性，什么样的德性就能造就什么样的人格。传统文化中关于道德修养的思想，对于当今加强社会的道德建设仍有重要现实意义。

《大学》倡导"修身齐家治国平天下"，可见儒家学说中道德就有着家庭、国家和天下之层次。要加强自身修养，涵养个人品德为家庭创造最基本的"家和万事兴"的伦理基础，才能有父慈子孝，兄恭弟友，妯娌和睦。孔子曰："仁者，人也"，"义者，宜也"。孟子曰："恻隐之心，仁之端也；羞恶之心，义之端也；辞让之心，礼之端也；是非之心，知之端也。"至西汉董仲舒时，再加上"信"，构成了"仁、义、礼、智、信"，成为中国传统文化、价值体系的核心要素。

因此，人人都必须认真思考，怎样在社会上同他人和谐共生，也就是如何融入社会，与时代同进步。主要是要有个人修养，学会反思，善于学习他人的长处，而不是处处挑剔，格格不入。

人人礼让恭俭，整个社会有了这种风气，我们就能真正像朱熹所说的"满街都是圣人"。所以提倡文明礼仪，人人有责，要自觉地执行社会主义核心价值观和乡规民约，深入地开展"学雷锋·树新风"等活动，让文明礼仪成为一种新时代的新风尚。

三、致力于传统礼仪文化创造性转化与创新性发展，重塑新时代礼仪制度

正如《关于实施中华优秀传统文化传承发展工程的意见》所指出的，我们在传承的基础上应该根据时代的变化和特点，创造性地发展时代需要、与社会相适应的新时代礼仪制度。

进入新时代，社会发生了一系列深刻的变化，正如习近平总书记在党的十九大工作报告中指出，人民日益增长的美好生活需要和不平衡不充分的发展之间的矛盾，是我们当前一个时期的主要矛盾。这就要求我们抓住这个主要矛盾，围绕这个矛盾去变革、去创新，进一步提高

人民的幸福生活，进一步提高人民的道德素质。

历史经验告诉我们，要顺应时代潮流，与时代合拍，不然就可能被时代淘汰。为什么会有"礼崩乐坏"呢？周王朝建立了一整套宗法制度和礼乐制度，但是到了春秋战国时代，整个社会都处于大变革之中，原来的制度已不适应社会的发展，自然出现了"礼崩乐坏"的局面。

中国孔子研究院院长杨朝明指出："孔子所处的时代，正是中国进入春秋战国的离乱时代。那是持续了五百年的大转折、大变动时代。一切的思想、一切的行为，皆如飓风，起于青蘋之末，又掀起涟漪，波澜壮阔。"孔子承前启后，在努力探索追求一种和周公思想相契合，又适应那个动荡时代的思想，"把强制性的社会管理，和亲和性的礼乐融合在一起"。

历史文化是一个民族的精神图谱，我们要深入挖掘历史文化精髓，通过创新表达蕴含其中有价值的要素，并赋予新的价值，产生一些新的礼仪规范，使之与现代社会相适应、相协调，继续推动社会发展和进步。

总之，新时代礼仪制度是涵养社会公德的重要思想资源，是实施中华优秀传统文化创造性转化、创新性发展的一个主要部分，对于促进全社会精神文明建设，提升我们中国人和整个中华民族内心深处的自信感和自豪感具有重要意义。

参考文献：

①周学曾:(道光)《晋江县志》,福州:福建人民出版社,1990年。
②钱玄、钱兴奇:《三礼辞典》,南京:江苏古籍出版社,1998年。
③中华文化促进会周氏历史文化研究会编:《第五届中华周文化(上饶)交流大会文集》,2017年10月。
④朱鹰主编:《礼仪》,香港:汉荣书局有限公司,2006年。

民间习俗与礼仪同样具有社会控制的功能

石奕龙[*]

在文化人类学中，常把礼仪、民俗、道德、法律、宗教、社会暗示、社会舆论等都视为社会控制的不同形式。虽然有的是外在化的控制，有的是内在化的控制，有的是正性的制裁，有的是负性的制裁，有的正规，有的非正规，但都认为它们具有规范人们的行为、维持社会秩序的功能。

有人认为，"中国古代的'礼'实际上是社会惯习的制度化表现或规定，是一般人生活行为的规范。《曲礼》说：礼可以'定亲疏，决嫌疑，别同异，明是非'。《昏义》说：'夫礼，始于惯，本于昏，重于丧葬，尊于朝聘，和于乡射。'换言之，'礼'对人们社会生活的各个方面都有具体的规定，约束着古代中国人按一定的规范和社会秩序生活"。在中国古代，"礼"字本有广狭二义，就广义说，凡政教刑法、朝章国典，统统称之为"礼"；就狭义说，则专指当时各级贵族(天子、诸侯、卿、大夫、士)经常举行的祀享、丧葬、朝觐、军旅、冠婚诸方面的典礼。春秋以后，社会发生变迁，古礼也逐渐被废弃，礼家着手整理，形成《周礼》《仪礼》《礼记》这三本记录与解释周代政治制度、礼仪制度的儒家经典，对"礼"加以系统总结，阐析其意义，编次为吉、凶、宾、军、嘉礼五大类，总称为"五礼"。

吉礼是对天神、地祇、人鬼的祭祀。如禋祀为祭祀昊天上帝的祭礼。血祭为祭祀地祇如社稷(土谷之神)、五祀(五人神或五官之神：木正句芒、火正祝融、金正蓐收、水正玄冥、土正后土)、五岳等神明。祫祭为天子、诸侯三年丧毕集合远近祖先的神主于太祖庙的大合祭。祠祭为春祭祭祖，礿祭为夏季祭祖，尝祭为秋季祭祖，烝祭为冬季祭祖。凶

---

[*] 作者是厦门大学人类学研究中心教授。本文于2018年"谱牒研究与闽台民俗礼仪"研讨会上发表。

礼包括丧、荒、吊、禬、恤礼。丧礼是对各种不同关系的人的死亡，通过规定时间的服丧过程来表达自己不同程度哀痛的礼仪。荒礼为诸侯以自我节制的行为如减膳、撤乐等，来表示对他者受饥荒、疠疫等灾难的同情之礼仪。吊礼为诸侯与卿、大夫对受自然灾害的他国与挚友慰问之礼仪。禬礼为古代诸侯聚合财物接济受难他国之礼仪。恤礼为对受内乱或外侵战乱的他者给予援助、支持之礼仪。宾礼为王朝、诸侯王国中的朝、宗、觐、遇、会、同之礼仪。前四种为天子款待四方诸侯来朝会的典礼。会为天子会合诸侯兴师征伐不顺服的诸侯的仪式。同为当天子没出来巡守12年后，四方诸侯同来朝会的仪礼。军礼为朝廷征伐、练兵之礼。如大师之礼为天子或诸侯的征伐行动；大田之礼为定期狩猎，但也有军事演习、训练军队的功能。嘉礼包括冠婚、燕飨、饮食、宾射、脤膰、贺庆等礼仪。冠婚之礼为公冠与士冠和各级贵族的婚礼；燕飨之礼为天子、诸侯、公卿的燕礼与飨礼；饮食之礼为各级贵族的饮酒礼与食礼；脤膰之礼为从事祀典后分赐生、熟祭肉给助祭者之礼；贺庆之礼为一切可贺可庆之事的礼仪。这些为后来历代礼仪的基础，并根据社会环境的变化而有所变化。

这些礼仪主要是官方使用的，故过去中国的大传统有"刑不上大夫，礼不下庶民"之说，实际上地方的小传统也有类似的说法，如泉州的《隆庆志》也说"士人以礼法为拘，气节为重"。除这些官方或贵族之礼仪外，其实民间还存在着所谓的"俗礼"，即俗民之礼仪，尤其是隋唐以后。相比之下，它主要是五礼中的三礼，即吉礼、嘉礼、凶礼中的部分在民间生活中的运用与实践，而且没有那么等级森严和繁缛，并且还有一些地方的重新解释乃至规定，以致会有一些地方上的差异。如诞生之礼仪（洗三、收涎、满月、百日、周岁度晬等）、成丁礼、婚礼、寿礼、丧礼、家礼、祭礼（祭祀神明与祖宗，如神诞日祭典、宗祠的春秋两祭等）。所有这些，都在人们一生中的某些节点上规范与限制着个人或家庭或群体在文化建构的一定秩序下活动，从而起着社会控制的功能。而在南宋以后"吉凶仪节，多依朱子家礼"，故闽南各地都有朱熹过化之传说与故事。

除此之外，民俗（俗民的风俗习惯）也同样具有社会控制的作用。社会学的先驱之一、法国社会学家杜尔干（Emile Durkheim）曾说过：一个社会的风俗制度会在其社会成员中形成一种保存传统的集体意识,由此对个人产生约束作用。民俗或称习俗,通常指人们在集体生活中逐渐约定俗成的并共同遵守的习惯与风俗。"习俗移人,贤者难免。"习俗一般没有明文规定,但事实上,人人都不知不觉地按照它的规定和规范办事、行事,这就是习俗的约束力,也就是我们所说的社会控制的功能。下面就以民俗中岁时节日的事项来继续我们的阐释。

在乾隆版的《泉州府志》中有泉州地区岁时的记录,如:

元日,鸡初鸣,内外咸起,贴门帖及春胜,设茶果以献先祖,拜祠堂及尊长,戚友相过贺。

(正月)初九日,《闽书》:"泉人谓是日为天诞。"

上元,夜张灯,以米圆祭先及神,或以酒馔祀祠堂,谓之祭春。又,上元内外赛会迎神,乡村之间或于二月,谓之进香。

清明,插杜鹃花,祭祖先,有粿以鼠曲和米粉为之,绿豆为馅。明日,扫墓培土挂楮币。亦有即清明日者,亦有迟之数日者。

端阳,龙舟竞渡。悬蒲、艾及桃枝于门,贴符及门帖。小儿以五色丝系臂,曰长命缕。又以通草象虎及诸毒物,插之。饮雄黄酒,且噀于房角及床下,云去五毒,小儿则擦其鼻,沐兰汤。作粽相馈遗。以米粉或面和物于油内煎之,谓之堆。合百药。

七夕,乞巧。陈瓜豆及粿,小儿拜天孙,去续命缕。

中元,祀先。寺观作盂兰盆会。《南国风俗》:"中元夜,家户各具斋供罗于门外或垌衢,祝祀伤亡野鬼。"

中秋,中秋夜以月饼、番薯、芋魁祭先及神。前一二日,亲友以此相馈。

(九月)九日,登高,饮茱萸菊酒,唯士人间行之。

冬至,州人不相贺,祭祠堂,舂米为圆餔之,谓之添岁,仍粘于门。

腊月十六日,商贾皆祭土地,牲醴极丰。

二十四日,祀灶,或二十三日。俗谓灶神是夜上天,以一家所行善恶奏于天也。又言,此日百神有事上帝,画舆马仪从于楮,具牲馔,焚而送之,至正月四日乃迎而复之,如送之礼。

除夕,前一二日,以豚糕相遗,谓之馈岁。至夕,祭先及神,谓之辞年。设酒食聚饮,达旦不寝,谓之守岁。炽炉炭,烧杂木爆竹于庭前,或超而越之,谓之过炎。又,泉人度岁,皆以米粉为糕粿、饽饽之属,留宿饭于明日,谓之过年饭。

这大概讲了清乾隆二十八年(1763)现泉州市,过去的泉州府城与晋江县城的岁时节日情况,至今已过去了250多年。现今的情况如何呢?根据一些晋江人的叙事,大概有如下一些。

大年初一天没亮,一家人便起床洗手脸,换新衣,虔诚地到厅堂上点香烛,拜神佛,开大门,放鞭炮。早餐,合家吃面线(又称寿面),祈冀新年纳福添寿。吃过早饭,亲友来往拜年,一见面就互道"恭喜"。这天,还有许多所谓"禁忌",如不能用刀切东西,不能打扫地板,不能到井边打水,不能打坏家中器具,不能打骂孩子,不能向人讨钱索债等。总而言之,新年伊始,人们都希望取个吉兆,图个好"彩头"。

正月初四日,晋江家家户户多会举行"接神"的仪式,在自家门口摆上供品,上香烧金,迎接上天述职、休息的神明再度降临,以庇佑人间。

正月"初九天公生"是春节过后第一个热闹的民间节日。家家户户在初九的前一天就准备着各种祝寿活动,有的炊糕做粿,有的备办祀神礼物,市场又十分热闹起来。这一天晚上,各家的厅堂上都架起供桌,摆上敬品。供桌就是把八仙桌或四方桌放在左右两条板凳上,正中竖纸灯,代表天公神位。供桌前方,悬挂一"心"字神灯,俗呼为"天公灯",表示一心诚敬天上至尊。供品也不一般,除必需的三牲果盒而外,还得有五果六斋和清茶、面线及香花、美酒。夜半十二点过后就是初九了。家中长者开始点红烛上香,并率领一家人口一一跪拜。经过一段不一的时间,再一一跪拜,而后焚烧大金纸,放鞭炮,祝寿礼仪至此结束。结束后又得将敬过的三牲果盒带往各境境主公宫的天坛行香叩拜。

正月十五日元宵节,又称上元节。晋江大多地方家家户户都要点燃各式上元灯。凡用纸折组合而成的为纸灯;以篾片先扎成骨架而糊以色纸或丝绢的为骨灯。其中历史悠久又最常见的是白色的莲花灯和红色的绣球灯。上元节前几天入夜孩子们就开始提着或举着灯笼,成群结队游行,叫作"游灯"。有时还会碰到你追我逐、嬉闹游戏的"抢灯"。

清明节前后十天内,在外地的人,很多都回晋江故土祭扫祖墓。特别是节日这天,漫山遍野尽是红男绿女,牵儿携孙,络绎不绝;鞭炮之声,此起彼伏,震耳欲聋。扫墓(俗称献纸)的过程大都是这样:全家男女老少在祖先墓前先用扫把和锄头清除杂草、泥沙,继而培土和加固墓区,用红漆填描墓碑文字,接着在墓区四周压(贴)五色色纸,摆供祭品(水果或糕点),点香烛,全家跪拜亲人祖先,最后焚烧冥纸,燃放鞭炮。礼毕,全家踏春赏景,尽兴而归。有的地方还有哭墓的习俗,如晋江的深沪,妇女在节日这天,到亲人墓前痛哭,且成歌调。有思念亲人、忆其生平等,有哭诉身世、自怨自艾等,越哭越感伤心,使人闻之心碎。

端午节俗称"五月节",这一日,在门楣上悬插松、艾、菖蒲、柳枝、大蒜等,借以去秽。又用能杀菌的中药"雄黄"微量泡酒,一家人均沾口和涂抹耳鼻,并以这种"雄黄酒"蘸笔画符于栀子,可作药用。染黄的纸笺贴在门后,借以辟邪禳瘟神。此外,缝制鸟兽瓜果等形状、小巧玲珑的香袋,装放香料或雄黄,挂在儿童胸前,借以除瘴气。还在中午汲取井水,为儿童沐浴,传说如此则入夏不会生痱子。在深沪,每逢端午节,户户煎饵补天,做粿绑粽,小孩们都穿新衣到海滩上看大人们的龙舟赛,但近年几乎快消失了。

农历七月初七日称七夕,闽南一带称"七娘妈生日",为祭拜"天孙"七娘妈的日子。在晋江一带,这一天中午各家各户就要备好糖粿及菜肴、胭脂、花粉、丝线等,用于供奉七娘妈,还备有纸七娘妈亭迎送。有的人家还在这天做契或洗契,即举行将初生儿过继给七娘妈保佑的仪式与做十六岁成丁礼,以答谢七娘妈,并解除七娘妈保佑成长的契约。

七月十五日为中元节、盂兰盆节,民间俗称"七月半",晋江人都需要祭祀祖先,并为孤魂野鬼普度,尤以普度为重,过去多轮普。如晋江深沪的普度分澳头做,一般有东垵、后山、南春、山头、小深沪(包括港阜与狮头)五个澳头,每年由一个澳头做普度,超度孤魂野鬼,宴请客人,而司城内虽属后山,但不参与。土屿也不参与这类普度,而是每年的七月廿九日做普度,敬奉"廿九公"。

八月十五日中秋节,晋江人除了用月饼等祭祀土地公外,还有吃月饼、赏月和"烧塔仔"的习俗。中秋前夕,孩子们无师自通,个个当起建筑师。他们到处捡碎瓦砖头,在家门口垒砌起塔仔来。那宝塔上有塔眼,下有塔门,其形上尖下大。工程完工之后,便筹集柴火。中秋夜便热热闹闹地烧起来,有时连大人也来凑热闹,一起娱乐。在深沪,中秋夜成了亲友相聚的日子,由于现代交通方便,在海外的亲人也会在这天回来相聚,吃月饼、赏月、共述亲情与友情。

重阳节,现定为老人节。这天多会组织老人从事体育活动,如登山、步行,或慰问老人。

冬至俗称"冬节",晋江一带冬至前夕,家家户户都要"搓丸"。丸子的颜色有红有白,并要捏几个小巧玲珑的玩具,俗称"捏鸡母狗仔",如做成羊头、猪脚、花鱼等三牲,或荔枝、桃、梨、柑、橘、香蕉等五果,以象征兴旺发达。冬至早晨,农家户户要煮甜丸敬奉祖先,然后当作早餐,还要将吃剩的几粒红丸粘贴在门户、谷仓、器物上,庆贺丰年,酬谢诸神祇。除此之外,许多人家还要蒸糕粿,做寿龟,象征年年高升,祈冀福寿延绵。此外,各宗族也会在祠堂中举行祭祀祖先的活动。

腊月十六日,晋江的各企业都要举行"尾牙宴"。过去"尾牙宴"有决定员工来年去留的功能,但现在多演化为年底犒劳员工一年辛劳的宴会。为了鼓励员工为企业效力,在"尾牙宴"上,除了好吃好喝外,有的还有抽奖活动,让员工多得一点福利。

除夕,闽南人俗称大年三十或"廿九暝",在节前,晋江的家家户户办年货,买新衣,买肉买鱼,杀鸡宰鸭,炊糕做粿。除夕之日,煮"嫩饼菜",备牲醴菜肴,祭祖先,辞年,而后贴春联,装饰布置住房。有的人家在房门两侧分置两株甘蔗,蔗上圈着红纸条,称为"门蔗",取渐入佳境的吉祥寓意。各家各户还在自己厅堂的案桌上,摆上一钵"过年饭",上插"春枝",钵内盛有年糕、鸡蛋、红橘、柿饼、芋艿、钱币等,象征粮食、钱财丰足有余。这过年饭得放到正月初四日才能撤除。除夕之夜,设韭菜合家团聚,围炉守岁,并在大门外堆放薯藤等干草,点燃烧旺,家中男子超而越之,并念吉祥话,此谓之"跳火墩",即为乾隆《泉州府志》所说的"过炎"。

综上,我们比较一下清代与现代的民俗节日的情况,可以看到,在这些时点中,人们都要按规定或规矩从事相应的活动。由此可见,包括岁时节日在内的民俗的确具有规定、规范人们社会行为的作用,也就是说,即便是民俗,它也与礼仪一样具有社会控制的功能。虽然有些项目有所变化,也就是说,民俗活动是与时俱进的,即根据时代的不同而有些不同,但也有许多是与传统一致的,即民俗活动是既坚守传统,又会根据社会环境的不同而与时俱进地发生一些变迁。

最后,对过去的"礼不下庶民"的所谓"礼"多说一句,实际上这是指官方文牍上规定的"礼法",并不包括民间流行的所谓"俗礼"。而如果以"礼仪"这一概念来说,所谓的礼仪也应包括"俗礼",而且多以官方礼仪的标准来制定以及修正。但在过去的历史中,多把此放在"俗"中叙事,所以经常造成分类上的某些困扰与混乱。

晋江东石型厝舞香龙民俗

蔡书剑[*]

龙是中国的象征,也是中华民族的图腾,在中华文化历史上具有崇高的地位。《说文解字》描写它的特性时说:"能幽,能明,能细,能巨,能短,能长。春分而登天,秋分而潜渊。"据古籍记述,龙的种类繁多,好水之龙称为"蜻龙",好火之龙称为"火龙",好斗之龙称为"蜥龙",好叫之龙称为"鸣龙",还有一种常见于凡间雕刻或装饰在石柱上的称为"蟠龙"。也许由于人们崇拜"龙"的缘故,舞龙就变成了民间节俗文化游艺的重要节目。地处晋江东南沿海的东石镇型厝村,在元宵节(十三日夜至十五日夜)沿袭着以舞火龙(又称香龙或香火龙)为载体,内中包含有"烧火把""游春灯""踩轿脚"等系列民间节俗文化活动。根据口头传述及相关资料,此一活动起源至今已有八百余年的历史,是闽南一带既古老又富有特色的民间节俗项目。1992年5月晋江撤县建市庆典大会,特邀进行踩街表演,获得海内外人士的高度赞誉。2008年6月被列入晋江市非物质文化遗产名录。

一、起源传说

关于舞香龙的这一古老民俗活动,起源传说众多。其中流传较广的为:古时,型厝村是一个水系交错的沿海村庄,村东面及西南方有两条大溪涧。每遇风雨骤作,溪水暴涨,海潮汹涌,便风生水起,泛滥成灾,冲毁农田村舍,溺死牲畜,损失人口,以致农作物颗粒无收,瘟疫蔓

---

[*] 作者是晋江市谱牒民俗学会副会长。本文于2012年"谱牒研究与闽台节俗"研讨会上发表。

延，村民苦不堪言。善良的村民笃信是水中的恶魔作祟，但经过多方的祭煞驱邪仍不见效。迨至南宋时，有一位叫颜忠俊的乡绅，致仕后为求一处安隐之地，四处勘察。有一天路过型厝（古称梅林）时无意之中发现此处藏有"凤凰展翼"的吉地，经再三勘定，遂在吉穴中建造宅第。颜公定居不久，即亲眼看见这里时常发生此类灾害，认为是水系泛滥积污，以致产生瘟病。于是召集村民疏浚溪道，兴修水利，将泛滥的二水汇合顺畅排入海中，并筑造七个土墩、八座桥梁，所以有"七墩八桥"说法流传至今。

为清除瘴气的危害，颜公发动村民在元宵节期间，以舞火龙、烧火把、燃鞭炮等活动驱瘟除疫。而此举竟然奏效，从此风调雨顺，年年五谷丰登。人们尊崇颜公的贤能，笃信火龙能带给村民福祉，于是在每年的元宵节自发组织规模盛大的舞香龙巡村境活动。

二、工艺制作

龙，本身的构造分为龙首、龙身及龙尾三大部分。另有龙珠一颗，是用来引导龙阵的。型厝村的香龙以13节单数为基础。首先用一条长约23米，直径4～5厘米的粗麻绳（一般采用帆船的锚绳）拉直作为整条龙的龙骨。麻绳贯穿在木棍上端套制的圆形铁环，绳与木棍呈90度垂直状，每条木棍长约1.5米，供舞龙者持撑。而每节龙身相距约2米长，除龙头、龙尾外，分为11节。龙身用稻草捆扎，丰满结实，直径20～25厘米，作插香之用。龙头用一把稻草分为两半，一半为上额，一半为下额。再用稻草扎出上尖下阔的龙角。龙眼用两支手电筒（旧时用小灯笼燃烛或用一整束粗香），分左右绑于龙额之下。龙须用两支长约2米的铁线（旧时用细长树枝）扭曲成须形，于须尾卷曲处安装小灯泡。龙尾前大后小，前圆后尖，整条龙均用年内新收成稻草扎制而成，初名叫草龙。而后，挑选村中身手矫健的青壮年进行教习演练。

三、游艺表演

　　夜幕降临,村中男女老少怀着节日的欢快心情,步履轻盈,陆续聚集在埣厝蔡氏宗祠周围。闻讯而来的附近村民也相继找好最佳的位置等候观赏,孩童们提着各种式样的花灯,东奔西跑相互炫耀。是时,舞龙队的主持者向"灯公""灯妈""土地公"神座前烧香礼供,祈祷活动顺利进行。

　　简单的祝告仪式结束后,乔扮成"火鼎公""火鼎婆"的村民即刻点燃放在鼎釜中的柴枝,随着火点熊熊燃烧,队员们拿着一把把手指粗的长寿香(即线香)向鼎釜中引燃。然后疏密有度地插在龙身上的每个部位(绕村一周须更换三次,用香约一百斤),稍等片刻,一条火光闪烁的壮硕火龙便活灵活现地展现在人们的眼前。随着冲天炮"咻咻"飞啸声的催促,领队者发出一声"起"的号令,蜿蜒起伏的香龙队伍,由锣鼓开道,浩浩荡荡沿着村道进发。天真的孩童在家长的带领下提着花灯紧随其行。在队伍后面是村中的"王爷公"及"挡境公"的神轿、神輦。香龙队每到开阔的场地,以小跑步呈S形绕场一周,这叫作"龙形八步"。在雄浑鼓点、高亢锣钹的伴奏下,执掌龙珠的少年,挥舞着插满线香的龙珠活泼顺畅地引龙起舞。执龙头的健壮者,反应敏捷,紧紧跟着龙珠,亦步亦趋,跳跃、旋转、翻腾,对着眼前的龙珠紧追不舍,有一口吞下去的气势。这就是"瑞龙抢珠",有着"气吞日月"的寓意。执撑龙身者,一节紧跟一节,随着龙头的抑扬、俯冲、翻转,有条不紊,默契舞动蜿蜒的龙身。执龙尾者,左摆右摇,时高时低,配合龙头、龙身。高扬的龙头两只眼珠光芒四射,火红的龙喉里吐出滚滚的浓烟。时而向上腾云驾雾(飞跃龙门),时而向下破浪潜波(金龙腾渊),时而旋绕高攀(金龙盘柱),时而扑闪摆尾(乌龙扫尾),时而头尾相衔穿通龙身(首尾穿龙),时而鳞爪飞扬(乘风破浪),煞似神龙天降。此时几十人的舞龙勇士相互替换,在没有任何防护的情况下,全然不顾熊熊火龙的灼热和香灰溅落。舞动香龙有幸被香灰燎起水泡,不仅是勇士的标志,还是新年吉祥的预兆。闽南话称为"发泡",寓意事业亨通,是个好兆头。在热烈的掌声、乐器的交织声中,香龙一直在激情飞舞,展现出优美的造型与舞姿。

在一边"逗阵"的"火鼎公"手持烟筒,"火鼎婆"手拿香帕,肩上扛着"火鼎"(火鼎装有换香时的引燃火种,必须一路随行),表演出既生动又滑稽的动作,边唱边说他俩的生活琐事,通俗幽默,逗得观众掩口而笑。此起彼伏的爆竹声和凌空绽放的烟花拼构成绚丽多彩的焰火天空。在香龙的前后左右,伴随着一群青少年组成的"火把队"(又叫火缆或火树)。其制作是由糖蔗榨出糖汁后,待整条蔗粕晒干后,中间包裹晒干的番薯藤及稻草,再用细绳捆扎成手臂粗,整条二三丈长,然后卷成圈,表演时负在肩膀上,残留粕中的蔗汁在稻草及番薯藤的助燃下,发出哔哔啪啪的响声,发出熊熊火焰,用手托举作为照明。舞香龙的时候,火把手不停划动形成圈圈的圆弧状,飞旋的流光与香龙表演交相辉映。

在巡境绕村结束后,已近午夜,抬神轿的"轿脚"(每辆神轿由四人扛抬,扛抬者俗称轿脚)好像不知疲倦,扛着四五辆神轿在村前待下种的凹凸不平的田丘上,东冲西突,上摇下摆,由着人与神尽情展现一番快乐。此时,烧火把的少年们拿着余燃未尽的火把,弯下身去猛然向轿底袭击。轿脚见道道的火光袭来,四个人必须步调一致,敏捷跳跃。宽旷的空地上人追轿,轿追人,围观的人们发出阵阵的叫好声,既助威轿脚的灵活协作又鼓励冲入轿阵的火把手的胆量。若躲闪不及而被击中或烧破裤脚,皆一笑置之,自认技不如人。此俗叫"踩轿脚",是全场活动斗勇斗智、通力协作的压轴表演。

四、结语

从东石型厝的元宵节舞香龙活动中,透射出传统的光华,也表现出乡土文化的风貌,整个活动所涉及的人力、物力并不亚于一场大型的文艺晚会。其磅礴的气势,繁复的程序,群体团结协作的精神,使人们联想到古代先民开荒拓殖的艰辛,以火作为象征,向往光明、正义、兴盛,并体现出一种能摧毁一切邪恶的强大力量。作为一种载体,历经八百余年的衍演发展至今,实属难能可贵。希望社会大众共同来关心乡土文化,让这些丰富的民间节俗永远存活在民族文化的长河中,生生不息,绚丽多姿。

闽台节庆礼俗的某些典型演绎及历史情绪
——以贴春联为个案

刘家军[*]

中华民族节庆礼俗中的"春联",也叫"门对""春贴""对联""对子"等,属于楹联的一种,它以工整、对偶、简洁、精巧的文字描绘时代背景,抒发美好愿望,是中国特有的一种文学形式,因在春节时张贴,故称春联。春节来临,千家万户写春联、贴春联,是上千年来流传下来的象征吉祥、表达人们向往美好生活的民族风俗,在当今时代,春联更是成为中华文化在人类文化中的一个识别印象之一。正如当代知名文化学者周汝昌先生生前曾强调的,中国的"春联是举世罕有、无与伦比的,最伟大、最瑰奇的文艺活动"。

在中国历史文明中,庆祝春节的礼俗很多,但至今在民间尤其是农村中保存最广的礼俗还是贴春联和贴门神。民间很早就有"腊月二十四,家家写大字"的说法,每逢春节,无论城市还是农村,家家户户一般都要精选大红春联贴于门上,为春节增加喜庆气氛。

综合诸多文献资料,绝大多数学者都承认,春联礼俗起源于桃符。[①]南朝范晔在《后汉书·礼仪志》说:"正月一日,造桃符著户,名仙木,百鬼所畏。"桃符是长六寸、宽三寸的桃木板,上书"神荼""郁垒"二神。清代富察敦崇在《燕京时岁记·春联》上曾言:"春联者,即桃符也。自入腊以后,即有文人墨客,在市肆檐下书写春联,以图润笔,祭灶之后,则渐次粘挂,千门万户,焕然一新。"另据《宋史·蜀世家》记载,五代时的后蜀国君孟昶在桃木板题联"新年纳余庆,嘉节号长春",拓展了桃符的内涵,不只是避邪驱灾,还增加了祈福、祝愿的内容。[②]到了宋代,

---

[*] 作者是厦门大学人类学与民族学系副教授。本文于2018年"谱牒研究与闽台民俗礼仪"研讨会上发表。

桃符由桃木板改为纸张,叫"春贴纸",但宋代的春联仍称为"桃符",比如王安石脍炙人口的诗句"千门万户曈曈日,总把新桃换旧符"。春节贴春联的民俗起于宋代并在明代开始盛行。明代陈云瞻在其《簪云楼杂话》中载:"春联之设,自明太祖始。帝都金陵,除夕前忽传旨:公卿士庶家门上须加春联一幅。"朱元璋还亲笔给学士陶安等人题赠春联。帝王的提倡使春联日盛。春联开始写在桃木板上,后来改写在纸上。③由于桃木的颜色是红的,红色又有吉祥、朝气、避邪的意蕴,因此家庭中的春联大都用红纸书写。个别绿纸、黄纸用于新丧家庭。④春联依其使用场所,可分为门心、框对、横批、春条、斗斤等。春联堪称中华民族独创的艺术奇葩,⑤其雅俗共赏的特性备受人民喜爱,在中国东南的八闽大地也一直得到很好的传承。

在厦门的乡村农家,房多门多,春节期间,除了贴春联外,房门两侧还要搁置两株圈贴红纸的连根甘蔗,叫"门蔗",方言"蔗"与"佳"近音,寓意进入吉庆、祥和、甜蜜佳境。

总之,春联象征的守门"安全"及红火吉祥是民族文化习俗的普遍意旨。在福建的很多地方都传承了黄河流域的这种主体意旨,但是同样在福建,也逐渐衍生出不一样的春联文化——白额春联,这是地域文化的一份特色,也是一份带有特殊性的求安意旨,更是一份福建历史情绪的记忆。

贴白额春联是福建特殊节日"做大岁"中的民俗事项。"做大岁"源于明代倭寇对莆田等地的年节侵略。每年除夕为"做小岁",正月初四或初五日那一天,"重做一次年",贴白额春联,重温历史,体现了可贵的民族精神、抗争精神。

福建的莆田、福清、惠安等一些地方在春节时,就一直流行贴白额春联的习俗,即春联的联头上多了一截白额,红白相间,格外醒目。这种独特的春联习俗凝聚着该地域一段惨痛不已的历史,纠结着一团永远化不开的悲情。⑥那就是明嘉靖四十一年(1562)十一月间开始的倭寇之乱,节庆之日倭寇进犯福建沿海,烧杀抢掠,莆田等地百姓奋起反抗,惨遭倭寇屠杀,死者达数万人,幸而后来抗倭英雄戚继光的大军赶走倭寇。逃亡山里的百姓,二月初二日才返回家园(后改为正月初二日)。他们在家门贴上白纸,悼念亡故的亲人。由于办理丧事,过年便拖到二月初四日(后改为正月初四日)。吉庆佳节,惯例应贴大红春联,于是人们便把春联覆在原先贴的白联上,但在上端留出一截白色,以示心有余哀,这就是"白额春联"。正月初二日成为探望亲友伤亡的不祥日子,当地人都互不串门拜年或走亲访友,并约定正月初二日为"探亡日",也逐渐流行起贴白额春联的习俗。也就每家在初二"探亡日"都贴上白联,但在初四日(仙游是在初五日)"做大岁"时,又按中原习俗贴上大红春联。在哀思亲人与吉庆佳节的矛盾中,人们选择了一个折中的办法,就是在刚贴过的白联上方覆盖大红的春联,但必须将白联露出一截(约三寸长),这种春节贴白额春联的习俗一直流传至今。

同样,类似白额春联的福州"白眉头春联"也有自己的特色。据考证,这在全国也是独有的,因为该礼俗与一段特殊的历史有关。根据有关文献,明朝末代皇帝朱聿键为抵抗清军于1645年在福州定都,建立了隆武政权,得到了诸多民众拥护,但毕竟寡不敌众,隆武政权第二年春节期间就灭亡了,朱聿键也在除夕这天死于战乱。正在准备过年的当地民众为了纪念朱聿键,就在春联的上方加上一截白纸,以后就成为一种习俗流传下来。⑦

福建有全国独有的正月初四或初五"做大岁"习俗,分布于莆田市内全境和与莆田比邻的福清新厝蒜岭等流行莆仙方言的乡村。每年正月初四或初五那一天,家家户户"重做一次年",俗称"做大岁"。据《莆田县志》和《仙溪志》记载,倭寇侵犯福建,占领宁德横屿、福清牛田和莆田林墩等地,建立据点,四处烧杀掠抢。莆田城池在农历十一月二十九日的半夜四更时分被倭寇攻陷,占据达两个月之久。莆田城内被焚毁殆尽,死伤万余人。当时,莆田男女老少因反抗暴行,而被倭寇割舌断胫,或火焚、钉死,倭寇灭绝人性的暴行震惊海内外。这年十二月中旬,由于城内死尸无人收拾,臭气冲天,倭寇只得暂退平海,之后抗倭英雄戚继光兵到,莆田城得以光复。这时,逃亡山区的百姓才纷纷于二月初二日返回家里。大家一方面收埋亲友的尸体,另一方面收拾破碎的家园。这时,年节已过,人们只得在二月初二日那天互相探望之后,于二月初四日"重新做岁"。第二年,为纪念莆田这一段悲惨的日子,莆田民间和以往一样,于农历十二月三十日晚"做岁"(围炉)。因农历二月农事正忙,若在戚家军收复城池的二月初四日"做岁",时间拖得太长,于是，莆田、福清等地民间就约定将农历二月初四日"做岁"，改为正月初四日"做岁"，并将年三十晚上称为"做小岁"，正月初四日晚上称为"做大岁"。同是莆田市的仙游县岁时习俗，与莆田市区（原莆田县）略有不同。莆田是正月初四日"做大岁"，而仙游县却是正月初五日"做大岁"。这是因为那年倭寇攻陷莆田城后，分兵南下，大举进犯仙游县境，到处杀掠，仙游城内百姓四处逃生，流离失所，无法团聚过年，直到二月初五日，倭寇溃逃，百姓才得以重聚团圆，后来便约定正月初五日"做大岁"，与莆田县相差一天。在仙游县境内唯游洋吴宅村，正月不做"大岁"。这是因为嘉靖四十二年（1563）正月初五日，吴宅人吴廷珠（兴化府监军）在抗倭中战死，乡里人为纪念他，定正月初五日为悼亡日，所以吴宅人有正月初五不做大岁的习俗。莆仙地区正月初四和初五日"做大岁"的习俗一直沿袭至今。

莆仙"做大岁"是一个神圣的节日，在450多年前就已形式了约定俗成的习俗，家家户户看得比过大年还重要。"做大岁"时，村里往往由具有威望的长者组织莆仙戏演出、十音八乐等文娱活动。以前在仙游县度尾峰还流行模仿当年抗倭时的藤牌舞。许多地方在"做大岁"时，都要组织村民到戚公祠举行隆重的拜祭仪式，缅怀戚继光大军收复失地的功绩。

莆仙"做大岁"是一个全民参与的盛大节日。凡在外地工作或在外国工作生活的莆仙人，也会千里迢迢地赶回家乡"做大岁"。

莆仙"做大岁"的习俗具有鲜明的地方特色、历史意义和深刻内涵。从其内容分析，"初二不登门""初三祝寿日""初四或初五做大岁"，年年重温历史，教育子孙后代要珍惜幸福，热爱和平，不忘保家卫国。该项目具有以下特征：

1.具有独特性，"做大岁"习俗为全国所仅有。

2.具有教化性，对后代的启示寓教于节。

3.具有和谐性，倡导团结一致，内睦亲和，共御外敌。

4.具有传承性，在莆仙地区普遍流行，代代传承不断。

5.具有历史性，"做大岁"的习俗，蕴含着一部惨痛的地方史和民族史。

6.具有认同性，这一节俗活动为莆仙人民所认同，其特别的价值和意义也得到历史学民俗学专家的高度认同。⑧

在福建仙游大部地方、莆田华亭一带,除"做大岁"外,每年农历正月初三日为祝寿日。虽然是在传统的春节期间,但也有着很特殊的历史文化背景。这个习俗也是源于明代嘉靖年间的倭寇之乱。据《莆田县志》记载,倭寇暂退平海后,莆仙人正月初二日回家掩埋受害的亲人,初三日为幸存的老者祝贺。后来,正月初三日便演变为一个新的节日——祝寿日。⑨

希腊哲人亚里士多德曾言,史是"叙述已然之事",诗是"叙述或然之事",因此"诗言普遍而历史则记特殊"。福建的春联不仅是人类通感的一份传承,还是一份地域历史的特殊载体,包含着属于自己民间聚落的习俗演绎和历史情绪。

注释:

①早在两千多年前的战国时期,中原春节就户悬"桃梗",又称"桃符",是悬挂于大门两旁的长方形桃木板。最初人们以桃木刻人形挂在门旁以避邪,后来画门神像于桃木上,再简化为直接在桃木板上题写门神的名字;春联的另一来源是春贴,古人在立春日常贴上"宜春"二字。

②莫高窟藏经洞出土的敦煌遗书(卷号"斯坦因0610")上记录了十二副在岁日、立春日所写的春联。其中唐人刘丘子于开元十一年(723)撰写的"三阳始布,四序初开",较后蜀主孟昶的题联约早240年,入选中国世界纪录协会世界最早的春联。

③伴随着门神的出现和用象征喜气吉祥的红纸来书写桃符,桃符以往所肩负的驱邪避灾的使命逐渐转移给门神,而桃符则用来表达人们祈求来年福运降临和五谷丰登的美好心愿。

④廖汉臣:《台湾的年节》,南投:台湾省文献委员会,1973年,第13页。

⑤中央文明办调研组:《我们的节日》,北京:学习出版社,2006年,第9页。

⑥福建省文明办:《福建节庆习俗》,福州:海峡文艺出版社,2011年,第19页。

⑦林兆明:《闽台年节习俗》,北京:作家出版社,2007年,第30页。

⑧福建省文明办:《福建节庆习俗》,福州:海峡文艺出版社,2011年,第342页。

⑨有的乡村把每年农历正月初十日作为祝寿日,也有的选双月双日作为祝寿日,也都是基于一段值得纪念的历史文化。

从祭祀礼仪看祖先崇拜的本根意识

周仪扬[*]

祭祀是宗族社会中联系家族成员的精神纽带。我国自古以来就有"国之大事,在祀与戎"的说法,实际上,祭祀不仅在国家政治生活中,而且在村民族众的日常生活中也占有特别重要的位置,所以说祭祀也是习俗。重祭祀,是知恩感恩、慎终追远的具体表现。

一、祭祀的形式

首先要明了祭祀主要有几种形式。因为祭祀本身也是一种习俗,所以祭祀时间、内容、形式及礼仪等,不同地区差别也不小。我们就以闽南常见祭祀礼仪为例。

在我国各姓氏、家族的家训族规中均有关于祭祀的条文和严格的要求。如许氏族训:"遵祖训,重宗祠。"冯氏族训:"睦宗族、和乡党,谨祭祀、循祠规。"又如宋氏族训:"祭祖之日,举仁孝之心;咸集祭之,不忘本。"叶氏族训:"岁时蒸尝,济济跄跄。享祀不忒,隆福孔长。"范氏族训:"祖宗虽远,祭祀必诚。清明冬至,不得闲临。"傅氏族训:"维持纲常,虔诚祭祀,整肃家规。"等等。

概括起来,在古代,闽南流行的祭祀主要有家祭、墓祭、祠祭。

第一种家祭(也称寝祭),内容比较多,又繁杂。一年中凡重大节日以及朔望、祖先诞辰忌日等都必须举行祭礼致敬。所谓"四时之祭,元旦、清明、端午、中元、重九、冬至、除夕,各以时物为荐,子姓享馂余",有

---

[*] 作者是晋江市谱牒民俗学会创会会长。本文收录于《谱牒民俗探微》(中国经典文化出版社 2017 年版)中。

的家族还把家祭的时间明确写进家法族规,要求家族成员严格遵守,按时致祭。

朔望祭礼次数繁多,而礼仪较简单。每逢农历初一(朔)、十五(望)准备几样时鲜、酒醴,供于神龛之上,燃烛、焚香、烧金楮、行礼。祭毕,时鲜、酒醴让全家食用。这一习俗现已不流行,多改在初一、十五上宫庙祭拜神明或挡境。

诞忌之祭:遇祖先或亲人的诞忌之日,"牺牲酒醴,备极丰洁"。诞忌之祭的对象不是全体祖先,而是某个祖先,上香时要吁请祖先的名称,才不致混乱。诞忌之祭也有等级的差别,新逝去的考妣,供奉较丰富,祖考妣次之,高、曾又次之,总之血缘关系越亲,供奉越丰。

中元祭祀称为馈神。中元指农历七月十五日,这本是佛教的节日,称"盂兰盛会",后来影响到民间,成了汉族村民族众祭祀祖先的重要节日。

第二种墓祭,也就是扫墓。一般在清明举行,也有以重阳正日或十日或冬至举行,全国各地不一。扫墓是全家族的重要活动。在节前就要做好准备,筹办祭品祭器、仪仗鼓乐、铁铲锄头、扫帚、献墓、五色纸钱。是日,全族成年男女要衣冠整齐,有官爵、功名者还要冠带齐备,清晨齐集祠堂,先到共同始祖的坟墓,然后各房分别至各房祖先墓地,祭扫各房之祖。最后各小家庭的成员到自己祖先的墓地扫墓。先后次序,不得有乱,扫墓时首先要清除祖墓边的杂草,把墓庭打扫干净,然后举行仪式,陈设祭品压五色纸钱,再就是拜者、酹者、哭者……最后焚香楮。扫墓仪式完毕,所有的牺牲酒醴、祭品祭器都抬回祠堂,在祠堂料理菜肴,参加的族众约定时间到祠堂饱餐一顿,或将祭品分给各房各户在家宴饮。也有的家族在祭扫完毕后,就地野餐。

扫墓的本意,在于"伸孝思而识祖墓",对死去的亲人寄托哀思,表示不忘家族本源,是一种"事死如事生,事亡如事存"之道。

第三种祠祭,我们叫春冬两祭,是家族中最盛大、最隆重的祭奠。"祭礼,有宗祠者,每于春秋择吉日合族入祠致祭。"有的地方家族祠堂只举行秋祭,晋江大多在冬至日前后举行,也有一些地方把春日族祭与扫墓结合。

祠祭日期选定后,祠堂主事和协事全力进行准备。首先要备办祭品祭器,筹办宴席,组织鼓乐仪仗。祠祭的费用,早时有置祭田的家族,用祭田收入开支,收入越多,花费越多。如果公田不够,或没有公田的,则按族众捐赠,或按户口摊派,但这会造成困难族人的经济负担。

各个家族往往在家法族规中对祠堂仪式都加以规定,对参加族祭的族众在仪表、礼节、行为、言语等方面都有极其苛刻的要求。全体族众要事先沐浴、更衣,整齐服装,凡族众均必须参加祠祭,老幼咸集,不得借故不到。是日,族长开启大门,族众分男女依长幼尊卑次序慢步入祠,至厅堂神位前整齐排列,然后由族长开始主持庄严肃穆的祭祖仪式。

祭祀仪式正式进行时,放鞭炮,同时击鼓撞钟,钟鼓齐鸣,香烟缭绕。举行祭祀时,海外侨胞、台湾同胞也纷纷组团或合家扶老携幼赶来参加,亲身感受庄严肃穆的氛围,感受宗族的繁荣和团结,也深深感受到割舍不掉的亲情、友情和乡情。

祭祀仪式中还有一个环节是合族大聚餐,也叫吃祠堂桌,也有的叫吃份头。多数宗族是按辈分、年龄分出桌次入席,以明"长幼之序,秩然有伦"。现在有很大改动,即宗人购买桌份,因此,一些大族往往上百桌,小则也有几十桌,非常热闹,有的还有抽奖助兴和分发纪念品。

二、祠堂祭祖的目的

纵观以上祭祀,我们可以看出在中国家族社会中,最重要的神灵是祖先。祭祀祖先就是为了缅怀祖先并祈求祖先的保佑,实际上是利用宗族成员对父祖的自然感情,依靠根深蒂固的宗法观念和伦理道德,最终深刻地影响人们的思想行为。

在古代,人们认为忽视对祖宗的祭祀会招致水旱天灾的恶果,因此祭祀活动要经常进行。祠堂祭祖以血亲关系的延续为纽带,形成宗族内部的亲和力和凝聚力,进而起到维系家族和稳定地方社会的作用。

概括起来祭祖的目的有三:

其一,尊祖。"报本返始,以伸孝思。"

其二,收族。"统族人以奉祀也,祭已往之祖,而收见在之族。"

其三,固宗。"凡治人之道,莫急于礼。礼有五经,莫重于祭。"

祭祖时,"长幼毕集,亲疏秩然"。祭祖活动是凝聚族人的基本方式,可以巩固宗族组织,使它具有稳定性,长期保持下去。

谱牒编修体例与礼仪
——以晋江为例

施若凡[*]

福建是一个移民社会,晋江自不例外。当地的土著原为闽越族,两汉以后,又有北方中原汉人南迁,这些移民带来先进的生产技术和文化,很快与闽越族同化。晋江的文化历史,相对于中原地区,虽然起步比较晚,但发展快,被誉为"海滨邹鲁",形成颇具特色的地域文化。其中的谱牒文化,则是重要的组成部分。

谱牒,又称家谱、谱乘等,是中华民族数千年历史的产物,堪称传统文化百花园中的一朵奇葩。其蕴含着丰富的社会、政治、经济、文化等方面的珍贵史料,对于历史学、民俗学、人口学、社会学、遗传学、经济学等的深入研究,皆有不可或缺的独特作用,影响深远。

根据编修范围的大小,谱牒可分为宗族(族谱)、支谱(房谱)。它用表谱的形式,记录以血缘关系为纽带的家族繁衍及相关事迹,包含源流、世系、字辈、婚姻、郡望、堂号、祠庙、恩荣、绣像、墓葬、族规、家礼、艺文、胜迹、族产等内容,上以绍述祖宗,下而垂鉴子孙,增进"木本水源、敦亲睦族"的思想情感。

一、晋江谱牒编修体例

晋江的谱牒编修,起始于宋元,盛行于明清,延续至当今。其编修体例撷采欧式(即欧阳修所创之体)与苏式(即苏洵所创之体)之长,加

---

[*] 作者是晋江市谱牒民俗学会第七届会长。本文于2018年"谱牒研究与闽台民俗礼仪"研讨会上发表。

以改进。具体做法为:将"图"与"牒"分开,成为两个独立部分,便于阅读查寻。所谓"图",即描画宗支图。每图记五世,五世以下,格尽另起。名字之间,以线条连接,纵线表示父子关系,横线表示兄弟关系。并依据宗法制度,父子自上而下排列,兄弟自右而左排列。所谓"牒",即记录生卒娶葬以及子女等内容,以辈分为独立单位而排列。同一辈分的,即以该支系的长幼次序排列。

在谱牒的编修中,尤其注重使用专业术语。如:已故的父亲,称考;已故的母亲,称妣;幼亡,称殇;在世之妻,称配;订婚而未过门,称聘;已婚而离异,称娶;女子出嫁,称适;女儿招婿,称赘;丈夫亡故又另招丈夫,称醮;等等。

谱牒的编修间隔时间,一般遵行"二十年一小修,六十年一大修"的规训,以三代不修谱为不孝。

二、晋江谱牒编修礼仪

晋江的谱牒在编修过程中,一般皆遵从传统的礼俗仪规,其具体做法为:

(一)诹吉。选择黄道吉日,由该族(房、祧)主事者到祖宗灵前焚香以告,执修者亦焚香以祝。各家各户报送相关资料,由执修者核查后收执。

(二)开笔。执修者于所诹之吉辰,焚香后列案开笔书写。大都象征性地写好谱名,事后另行编修。

(三)合谱。谱牒编修完整后,装订成册。又有将谱书陈列于祖宗案前,焚香以告。

(四)点谱。遴选吉日举行点谱仪式,该仪式一般结合祔祧而举行。所谓点谱,即延请一位具有文职要衔或德高望重者为鸿题官,对谱书题红。其操作则由司仪唱礼,鸿题官依礼而行。具体为:宣告鸿题仪式开始;鸣礼炮;奏大乐;鸿题官升座;贤裔捧谱而立;鸿题官举笔拈朱;和鸡冠血;指日;呼气;捧谱贤裔呼气;众贤裔齐呼气;谱牒依序题红;礼成;贤裔捧谱归档;乐止。

（五）告祖。鸿题完毕，继而举行告祖仪式，于祖宗灵前焚香，继而启读告祖祝文。

（六）领谱。各房（祧）于告祖后领取相应的谱书，即将谱书依序分发给各房祧，同时确立保管人。如谱书若干部，则编有序号，如天部、地部（两部）；上部、中部、下部（三部）；春部、夏部、秋部、冬部（四部）；金部、木部、水部、火部、土部（五部）；甲部、乙部、丙部、丁部、戊部、己部……；等等。

（七）验谱。为规范管理，有的宗族会定期集中验证谱书是否保管妥当。

修谱、神牌升阶及祭祖仪式

王再兴　周仪扬[*]

千百年来,晋江地区的修谱、神牌升阶及祭祖是最为主要的民俗文化活动。这三项是紧密联系在一起的,环环相扣:建宗祠必修谱,修谱必神牌升阶,神牌升阶后必祭祖。即便不是重建宗祠,每间隔一段时间也都要整理谱系,重新梳理神位昭穆,从而又进行新一轮晋主、晋禄(升阶),再接着又是每年周而复始的"春、秋"祭祖活动。以上的活动,纷繁复杂,包含丰富的文化元素,千百年来已为人们所接受,形成很独特的民俗文化。每逢宗族盛事,凡涉及修谱、祭祖活动的,海外华侨、港澳台同胞都不远万里回乡参加。

一、修谱

(一)修谱的时间

民间修谱有一定周期性,但无具体时间,主要考虑4个因素:

1. 社会安定,经济富足,即所谓"盛世修谱牒"。

2. 距上次修谱在20年以上,就需要增补"生""卒""娶""嫁"等内容,避免年久失详。这种情况无须全谱重写。

3. 如因战事、灾荒或其他原因造成族谱几十年未曾续修,则应考虑对族谱进行系统撰修,包括更换谱纸,重新抄录,重写谱序等。

---

[*] 作者王再兴是晋江市谱牒民俗学会顾问;周仪扬是晋江市谱牒民俗学会创会会长。本文发表于《晋江谱牒研究》总第26期,2010年6月。

4.偶然事件造成族谱破坏,如水浸、火烧、虫蛀等,这种情况非紧急抢救,进行重修不可。

(二)修谱程序及礼仪

择日:族人决定修谱后的第一件事是择日。族长以"宗族法人"的身份到择日馆选择日子,一般应避开农历的"鬼节"及清明节所在月份,当地认为此二月令"大事不用"。

延请修谱先生。应找较好口碑的,能用毛笔写一手好楷书的先生来主持修谱。有时预先请修谱先生送来有关作品,综合考察,择优聘用。

开谱之日,宗长及修谱先生应于宗祠神案前烧香、祷告,祈求一切顺利;修谱先生则向神灵表明受族人邀请修谱,定当恪尽职守,认真做好这一工作,杜绝昭穆纷乱。此时,族人便把谱册交修谱先生保管。族谱平时秘不示人,也不可随便翻动,并用红绸包裹,藏之高阁。通常只有发生白事或远方宗族客人来访时才可开启,开卷之前,还要先点香祷告。

二、神牌升阶

族谱修好后,神牌也写清楚了,接下去就要择日升阶。现在的神牌升阶仪式都是依附于宗祠或公厅落成"谢土"。以前,宗祠建成后,因经济或其他原因,往往没马上"晋主升阶",只是简单"谢土",等待适当的时候再举行升阶仪式,现在大体上都是"谢土"与升阶一起操办,可省事,也更隆重。

择定升阶吉日的前二日,各家各户要打扫卫生,张灯结彩贴红联;宗祠或公厅也要布置得红红火火。这一天,要把旧神牌及夫妻双故世的木主火化,其"主牌灰"用红布包裹,放于泡沫箱中,再用红纸包好,写好封条,插上"金花"(纸扎品),放置海中。送"主牌灰"应有三牲果合酒,以奉敬海上"好兄弟"。

升阶前一日,全族男男女女都要统一换上红色衣服,准备"游神牌"

或"游禄主"。这时,要先用"金花"和红绸彩球装饰好神牌和禄主,放在红的供盘上,然后依次捧着,跟着族人组成队伍浩浩荡荡地在村中游行,这就叫作"游神牌"或"游禄主"。其顺序如下:五音吹乐队或西乐队开路—花担(花篮)—提大灯—牵大彩—谱盒—神主牌—禄主—匾牌—男女裔孙随行—放花炮。有的隆重的,请来多个乐队穿插其中。回来后,神主牌放置大厅中,等待明早吉日良时,升阶吉庆。

"游神牌"回来后,男丁挂匾挂灯彩,女人在大厅中"搓丸"以示团结。接着全族男女在一起吃一顿团圆饭。

入夜,全族男女聚集于宗祠或公厅,宗亲相见非常亲切,互叙衷情,其乐融融。大家一起等待明晨神牌升阶的时刻。

吉时一到,执事及合族男女厅前序立,礼生高唱开始,鼓乐齐奏,鞭炮齐鸣。族长分别于各神案(天公、土地公、挡境等)前上香。点主先生唱"安龛祝词"(详见附录一)。接着,请修谱先生"点谱"。之后由辈分低的年轻人把神牌放进龛中,这就是升阶。此时,族中男女大呼"发!发!发!添丁进财,加冠晋禄",鼓乐齐奏,鞭炮齐发。接着高挂枣灯,烘炉火旺,以示发达。礼生再唱祝颂词:"苍壤逢天开,前龙隐后狮。今日兴盛举,纳吉龛堂阶。"大家再次高呼:"添丁进财,兴旺发达!"到此,升阶告结束。

三、祭祖仪式

神牌未曾升阶时,龛中是空的,升阶后,说明先人已经入主神龛,裔孙祭拜也有了对象,接下来就是祭祖了。除准备一应的供品、礼器之外,大凡参加者都应统一着装,无法统一服装的也要统一戴红披带。礼生应统一穿唐装或长衫马甲。准备就绪后,听礼生唱词,参祭人员则配合祭礼。

礼生唱:奏大乐,主、陪祭案前序立、披红、参神、跪。

如果是宗祠落成的首次祭祖,此时应由修谱先生代读"嘏词"(详见附录二)。读毕,开始上香、进酒,读"酬天祝文""后土祝文""祭祖文"(详见附录三、四、五)。接着进香、进酒、进果合、进六味、进三牲等,共

进二十四道珍馐美味,每样供品都有雅称。单式祭祖唱词,一唱一献如下:

1. 清香上献——紫气东来(香)
2. 旨酒一樽——千年陈酿(酒)
3. 瑶池仙果——佳果生津(果品)
4. 三才朝晖——六味贻芳(六味)
5. 三星拱照——三元及第(三牲)
6. 玉燕双飞——鸿毛齐美(燕)
7. 跪乳知孝——苏武牧羊(羊肉)
8. 竹禽报晓——翰音频报(鸡蛋)
9. 五谷丰登——汉果初朝(发糕)
10. 南山呈秀——松柏常青(松菇)
11. 枯木逢春——华发新枝(木耳)
12. 一片宏图——肉肉方正(方肉)
13. 团香珍藏——包罗万象(上包)
14. 金鲤化龙——鲤跃龙门(鲤鱼)
15. 红甲先登——金榜题名(蟹)
16. 红虾光彩——霞光灿烂(虾)
17. 高朋满座——兴旺发达(饼)
18. 金乌西坠——孤鹜齐飞(肝肺)
19. 玉兔东升——蟾宫折桂(肚)
20. 龙虫天降——海中美味(沙蚕)
21. 玉蛤含珠——海味珍藏(蛤干)
22. 水梭穿江——海鲜跃渊(鳗)
23. 佳果迎春——金囊满盈(柑橘)
24. 文章华国——翰墨飘香(乌贼)

还有枣灯、茶、毛血、丸、粽、金帛等不在二十四碗之列,另有唱法。祭礼的唱法有多种版本,各地不同,但最主要的是唱法与对应的供品应有合理性,不能太随意。礼生唱词有多种形式,有四字句、七字句;筵席供品有蔬菜筵、水果筵、动物筵。礼生要掌握多套唱词,以免临场尴尬。

另外,在天公、土地公、祖宗同时设神案时,大都采用三跪九叩方式,即"西阶出,东阶入",分三次连环祭礼。

祭祖仪式结束后,大宴宾朋。

附录:

一、安龛祝词

　　本堂穴坐　　　,北领青山,南观大洋。青山丛翠,灵龟献宝。东西村舍,鳞次栉比。人丁兴旺,遥馨瑞祥。灵爽悠长,南燕长春。乾坤灵光,天造地成。楠木栋梁,各司其长。紫气东来,涤荡瑕秽。修礼存香,以妥以侑。将炽其昌,堂龛迪安。安龛大吉!

二、椵词

列位祖考妣以慈爱之心命纲祝告:

　　兹尔孝孙,无分西东;趑趄慎思,拜献一堂;祖考欣慰,殊觉有光。追我始祖,太原立基,开辟闽疆,名扬四海,位列三公。传家积德,千古流芳;瓜瓞绵长,奕世永昌;千枝百派,其本则同。先代之德,九世仰恭;出孝入悌,和睦肃雍;诗书礼乐,无愧乃宗;忠孝廉节,慎守勿忘;士农工商,经纪勿松。凡我族裔,源出一堂;非伯即叔,一本同宗;事无巨细,宜相忍让;勿致人笑,不令祖伤;非为莫作,勿坠家风;绳尔祖武,耀我宗枋。祖考申告,率由具章;切遵切记,耿耿勿忘!

年　月　日

三、酬天祝文

　　玉皇大帝座前曰:乾坤开辟圣德无私神恩广布德泽黎庶昭彰功布天下恩赐太岳巍巍施惠众子南城府里,泽惠万民,威灵赫濯,难以言致。兹晋邑十一都某某村某氏宗祠重光,修谱合龛,涓卜　年　月　日酬天之敬,伏祈照鉴,福庇群生,植禄千秋,吉星高照,诚惶诚恐,呈拜:恭维大帝,天道不远。普度众生,日月辉光。佑我百姓,无灾无殃。丁财并进,福寿绵长。乃炽乃昌,长发其祥。千秋福荫,赐福无疆。克昌厥后,瓜瓞绵长。神在其上,鉴此微衷!

四、后土祝文

　　维公元　年　月　日主祭——裏陪祭暨合族男女,为某宗祠落成并列祖列宗神牌升阶,谨以牲醴、香楮之仪致敬于后土尊神之前曰:

坤后载物,德合无疆,惟尔有神,笼绥四方。舍次栉比,人丁兴旺,翳我祖祠,奠定斯乡。仰赖神庇,栋宇安康,巍峨祠貌,长发其祥。保我后嗣,寝炽寝昌,合龛吉时,敬荐馨香。鹤驭四翔,伏惟尚飨!

五、祭祖文

维　年　月　日,主祭裔孙率合族男女,仅以牲醴、庶馐、香楮、金帛之仪,致辞祭于某氏某祖祠列祖列宗及历世祖考妣之神位前曰:

太原传芳,祖德荣宗,源溯轩黄,晋邑耀光。青山丛翠,祖祠光宗,振泽家风,人寿年丰。人文蔚起,桂馥兰香,燕奕贻谋,灵爽护长。——家庙晋枋,昭告祖翁,庇佑我后,俾炽而昌。金樽酒醴,春秋是将!

尚飨!

代 跋
——根深叶茂

周仪扬[*]

秋风送爽,硕果飘香。
几多付出,几多收获。

在晋江市谱牒民俗学会成立二十七周年之际,我们策划编印《新时代晋江谱牒学论丛》,以作纪念。这一想法得到全体会员的热烈响应,也得到晋江市社会科学界联合会的鼎力支持。如今本书即将付梓,趁此机会,谈点感受,拟作后记。

晋江市谱牒民俗学会成立之初,便将谱牒学、民俗学作为主要研究方向。一路走来,可以说是一路艰辛、一路欢歌。我们既感到欣慰,也看到不足。最值得庆幸的是,全体会员始终坚持互教互学、互助互鉴,使学会研究工作二十七年如一日,成果斐然,有目共睹,得到了有关部门的赞赏,也得到了专家学者的充分肯定,同时与我国台湾的同人和外国的专家学者建立了长期互通交流协作的机制。

一个地方学术团体成功的关键在于有明确的方向,有一套符合本地特色的工作机制,有自觉与时代同行的精神,有担起研究课题任务的信心。我们二十七年来的研究与实践正好印证了这一点。二十七年来,我们举办了13场以谱牒研究与社会热点为主题的研讨会,出版了13本论文集和8本画册,同时不定期出版了48期会刊。在创办初期,我们还编印了102期简讯,后来还开设了网站,与电视台录制了近100期的谱牒及民俗的专题节目,受到广大观众的热烈欢迎。我们还根据自身的能力和特点,组织进社区、进学校、进企业宣传谱牒文化,加强社会调研,扩大传播范围。

本书中的文章是在以上研究成果中筛选出来的,既有专家学者的

---

[*] 作者是晋江市谱牒民俗学会创会会长。

大作,对我们研究起着很好的示范和借鉴的作用,也有本会会员的文章,以资鼓励和推动,让更多人能够并且愿意参与其中。

我国的谱牒文化有着几千年历史,源远流长,经过先辈一代又一代、一轮又一轮的编修,谱牒资料十分丰富。在新时代,谱牒文化继续发挥着不可替代的作用。比如,重视谱牒文化有助于家训家教家风建设。每次启动新一轮修谱,或宗祠重修、翻建,或举行点谱、升阶、游禄等一系列仪式,都有海内外的宗亲从四面八方赶来参加,盛况空前。现场既热闹又庄严,让我们的内心不由自主地对祖先产生一种崇敬之情,从而在心底里对家庭、家族产生一种责任感。激发人人自觉行动起来,增强家教家风建设的实效性,进一步构筑中华民族共有的精神家园。又如,重视谱牒文化有助于海外华侨华人、台湾同胞等寻根问祖。充分利用谱牒资源,搭建两岸同胞乃至全世界中华儿女交流往来的桥梁。

进入新时代,我们要把握好谱牒文化的新特点、新课题,一步一步深入挖掘。同时,在弘扬谱牒文化的过程中,也要与其他文化交流互鉴,守正创新,赋予新时代谱牒文化以新的内容。而弘扬谱牒文化这一使命还得靠人,靠一群践行者的努力和推动。我们要大胆探索,加强团结、协作、沟通,认真总结,为构建新时代谱牒文化做出新的贡献。

最后,衷心感谢各界朋友的支持和厚爱,感谢全体同人的努力和奉献,感谢各位领导、专家学者的关心和指导!限于水平,对于本书中的不足之处,敬希各位专家学者和广大读者指正。

2024 年 8 月
于深沪爱莲斋